Schadensersatzklagen gegen Staaten wegen schwerer
Menschenrechtsverletzungen im Europäischen Zivilprozessrecht

Stefan Rinke

Schadensersatzklagen gegen Staaten wegen schwerer Menschenrechtsverletzungen im Europäischen Zivilprozessrecht

Zugleich ein Beitrag zum Verhältnis der EuGVVO zur Staatenimmunität

BWV • BERLINER WISSENSCHAFTS-VERLAG

Bibliografische Informationen der Deutschen Nationalbibliothek

Die Deutsche Nationalbibliothek verzeichnet diese Publikation in der Deutschen Nationalbibliografie; detaillierte bibliografische Daten sind im Internet über http://dnb.d-nb.de abrufbar.

ISBN 978-3-8305-3680-2

© 2016 BWV • BERLINER WISSENSCHAFTS-VERLAG GmbH,
Markgrafenstraße 12–14, 10969 Berlin
E-Mail: bwv@bwv-verlag.de, Internet: http://www.bwv-verlag.de
Printed in Germany. Alle Rechte, auch die des Nachdrucks von Auszügen, der photomechanischen Wiedergabe und der Übersetzung, vorbehalten.

*in Erinnerung an
Jürgen*

*für
Bärbel & Tina*

Inhaltsübersicht

Abkürzungsverzeichnis XXIII

Vorrede 3

Erstes Kapitel – Einführung 7
    A. Herausforderung des Europäischen Zivilprozessrechts 7
    B. Gegenstand der Untersuchung 30
    C. Rahmen der Untersuchung 41

Zweites Kapitel – Judikatur 47
    A. Ausgangsverfahren 47
    B. Die Entscheidung des IGH im Verfahren zwischen Deutschland und Italien 87
    C. Aktuelle Judikatur 96

Drittes Kapitel – Konventionsvorschläge der Haager Konferenz für Internationales Privatrecht von 1999 und 2001 .. 117
    A. Entstehungsgeschichte 120
    B. Immunitätsverhältnis der Haager Entwürfe 128
    C. Anwendbarkeit schwerer Menschenrechtsverletzungen als „Zivilsache" 131
    D. Systematik der „Menschenrechtsklausel" in Art. 18 Abs. 3 138
    E. Weiterentwicklung der Konventionsarbeiten 146
    F. Übertragbarkeit der Konventionsarbeiten 150

Viertes Kapitel – Verhältnis der EuGVVO zur Staatenimmunität 155
    A. Konflikt zwischen der EuGVVO und der Staatenimmunität 156

Inhaltsübersicht

B. Der „deutsche" Lösungsweg 159

C. Rechtsprechungspraxis des EuGH 164

D. Konfliktauflösung 179

E. Zwischenergebnis 229

Fünftes Kapitel – Anwendbarkeit der EuGVVO 233

    A. Anwendbarkeit ratione loci 233

    B. Anwendbarkeit ratione temporis 233

    C. Anwendbarkeit ratione personae 240

    D. Anwendbarkeit ratione materie 241

    E. Zwischenergebnis 274

Sechstes Kapitel – Folgenbetrachtungen und Lösungsvorschlag . 275

    A. Zuständigkeitsstatute für schwere Menschenrechtsverletzungen 275

    B. Korrekturmöglichkeiten der EuGVVO 284

    C. Eignung des Europäischen Zivilprozessrechts 307

    D. Lösungsmöglichkeiten 315

    E. Ausblick 322

Nachwort 329

Thesen 331

Anhang 335

    A. Textverzeichnis 335

    B. Literaturverzeichnis 338

    C. Fundstellenverzeichnis 373

Inhaltsverzeichnis

Abkürzungsverzeichnis XXIII

Vorrede 3

Erstes Kapitel – Einführung 7

A. Herausforderung des Europäischen Zivilprozessrechts 7
    I. Das historisch angelegte Spannungsverhältnis 7
    II. Problementwicklung 8
        1. Ausgangspunkt 8
        2. Der Gang vor Zivilgerichte 10
            a) Mangelnde Effizienz völkerrechtlicher
                Kompensationsregelungen 10
            b) Problemkreise der zivilrechtlichen Geltendmachung 12
        3. Der Drang vor fremde Zivilgerichte 14
        4. Fremdgerichtliche Immunitätsbarriere 15
    III. Die Rechtskonzepte zur Überwindung der Immunitätsbarriere
        im Falle schwerer Menschenrechtsverletzungen 17
        1. Die Suche nach Rechtskonzepten 17
        2. Immunitätsausnahme wegen schwerer Menschenrechtsverletzungen 18
        3. Konzentration auf das Europäische Zivilprozessrecht 21
            a) Der Integrationsstand des Europäischen Rechtsraums 21
            b) Die Herausforderung der justiziellen Zusammenarbeit
                in Zivilsachen 23
            c) Die Hoffnung auf die Europäische Urteilsfreizügigkeit 24
            d) Die erprobter Effizienz der EuGVVO 27
    IV. Problembeschreibung 27
        1. Öffnung der EuGVVO für Verfahren gegen Staaten 28
        2. Konfliktpunkte mit der Staatenimmunität 28
        3. Konfliktpotential 30

Inhaltsverzeichnis

B. Gegenstand der Untersuchung 30
  I. Klagen und Entscheidungen 30
  II. Schadensbegriff 31
  III. Einschränkung auf staatliche Verletzungshandlungen 33
  IV. Begriff der schweren Menschenrechtsverletzungen 35
    1. Menschenrechte 36
    2. Verletzung von Menschenrechten 37
    3. Schwere Menschenrechtsverletzung 37
  V. Europäisches Zivilverfahrensrecht 40

C. Rahmen der Untersuchung 41
  I. Interdisziplinarität 42
  II. Transnationalität 43
  III. Methodische Grundlagen 43

Zweites Kapitel – Judikatur 47

A. Ausgangsverfahren 47
  I. Hintergrund der Klagewelle in Griechenland 47
    1. Spezifischer Hintergrund der Klagewelle in Griechenland 48
    2. Allgemeiner Anstoß zur Klagewelle in Griechenland 51
  II. Verfahren um das Kriegsverbrechen von Dístimo 53
    1. Historischer Sachverhalt 53
    2. Strafrechtliche Aufarbeitung 54
    3. Zivilgerichtliche Aufarbeitung 55
      a) Erkenntnisverfahren vor griechischen Gerichten 55
      b) Erkenntnisverfahren vor deutschen Gerichten 57
      c) Individualbeschwerde vor dem EGMR 58
    4. Anerkennung und Vollstreckung des Livadía-Urteils 59
      a) Vollstreckung in der Bundesrepublik Deutschland 59
      b) Vollstreckung des Urteils in Griechenland 60
        aa) Beschwerde zum EGMR 61
        bb) Nationaler Verfahrensgang 62
      c) Anerkennung und Vollstreckung des Livadía-Urteils in Italien .. 63
        aa) Hintergrund 63

		bb) Corte d'Appello di Firenze	64
		cc) Corte Suprema di Cassazione	66
		dd) Weitere Vollstreckungsmaßnahmen.	68
		d) Vollstreckung in Belgien und in Vermögen der EU	69
	III.	Verfahren um *Miltiadis Margellos*	69
		1. Historischer Sachverhalt.	70
		2. Verfahrensgang.	70
		3. Reduzierung der möglichen Zuständigkeitsbegründung	71
	IV.	Verfahren um das Massaker von Kalavryta	71
		1. Historischer Sachverhalt.	72
		2. Juristische Aufarbeitung.	73
		a) Nationaler Verfahrensgang	73
		b) Vorlage zum EuGH.	74
		c) Anrufung des EGMR	76
	V.	Verfahren um *Luigi Ferrini*	77
		1. Hintergrund der Klagewelle in Italien	78
		2. Historischer Sachverhalt.	79
		3. Fehlende Entschädigung.	80
		4. Verfahrensgang.	85

B. Die Entscheidung des IGH im Verfahren zwischen Deutschland und Italien 87

	I.	Hintergrund	87
	II.	Verfahrensgang.	89
		1. Klagebegehren der Bundesrepublik Deutschland	89
		2. Widerklage Italiens.	90
		3. Intervention Griechenlands	91
	III.	Zulässigkeit der Klage	92
		1. Jurisdiktionsgewalt des IGH.	92
		2. Konstruierter Rechtsstreit.	93
	IV.	Urteilspruch des IGH	94
	V.	Bedeutung für die hiesige Problemstellung	95

C. Aktuelle Judikatur 96

	I.	Überblick	97
		1. Das Vorfeld der juristischen Aufarbeitung	97

Inhaltsverzeichnis

		2. Die Forumsuche zur juristischen Aufarbeitung 99
		3. Die unaufgearbeitete Vergangenheit. 100
	II.	Verfahren um den Zweiten Weltkrieg 101
		1. Zivilrechtliche Verfahren 101
		a) Griechenland. 103
		b) Italien 104
		aa) Verfahren um *Giovanni Mantelli* und Weitere........... 105
		bb) Verfahren um das Massaker von Civitella 106
		cc) Weitere Verfahren. 108
		c) Polen... 109
		2. Strafrechtliche Verfahren 110
		a) Verfahren um *Klaas Carel Faber* 110
		b) Verfahren um Sant'Anna di Stazzema 111
	III.	Verfahren nach den postjugoslawischen Konflikten 112
		1. Verfahren um den Völkermord von Srebrenica 112
		2. Verfahren um Varvarin 115

Drittes Kapitel – Konventionsvorschläge der Haager Konferenz für Internationales Privatrecht von 1999 und 2001.. 117

A.	Entstehungsgeschichte 120
I.	Einordnung. 120
II.	Hintergrund der Haager Konferenzarbeiten...................... 122
III.	Neuverhandlungen 123
	1. Vorarbeiten 123
	2. Der Entwurf der Spezialkommission vom 30. Oktober 1999 124
	3. Entwurf der Diplomatischen Konferenz vom 6. – 20. Juni 2001.... 125
	4. Rahmenbedingungen 126

B.	Immunitätsverhältnis der Haager Entwürfe 128
I.	Kollisionsregelung.. 128
II.	Aussagegehalt in Bezug auf schwere Menschenrechtsverletzungen.... 129

Inhaltsverzeichnis

C. Anwendbarkeit schwerer Menschenrechtsverletzungen als „Zivilsache". 131
    I.   Auslegungsmaßstab für „Zivil- und Handelssachen" 131
    II. Gegenstand der „Menschenrechtsklausel"....................... 133
        1. Hintergrund der „Menschenrechtsklausel".................... 133
        2. Tatbestände schwerer Menschenrechtsverletzungen 135
           a) Völkermord, Verbrechen gegen die Menschlichkeit und
              Kriegsverbrechen 135
           b) Sonstige schwere Verbrechen gegen Internationales Recht 135
    III. Schwere Menschenrechtsverletzungen als „Zivilsache" 136
        1. Einverleibung in den Anwendungsbereich.................... 136
        2. Regelfall schwerer Menschenrechtsverletzungen als „Zivilsache" . . 137
        3. Abgrenzungslinie 137

D. Systematik der „Menschenrechtsklausel" in Art. 18 Abs. 3 138
    I.   Struktur der Konvention.................................... 139
    II. Kategorien des Gemischten Abkommens 140
    III. Systematisierung der „Menschenrechtsklausel" 141
        1. Zuständigkeitsregelung................................. 141
           a) Der Mangel an Gerichtsständen für „isolierte" Zivilklagen..... 142
           b) Der Mangel an Gerichtsständen für Adhäsionsverfahren....... 143
           c) Grauzonenlösung 143
        2. Anerkennung und Vollstreckung 145

E. Weiterentwicklung der Konventionsarbeiten....................... 146
    I.   Scheitern der Konventionsarbeiten 146
        1. „Menschenrechtsklausel" als Grund des Scheiterns............. 147
        2. Maßgebliche Gründe des Scheiterns 148
    II. Verschlankung der Konvention 149
    III. Aussichten 150

F. Übertragbarkeit der Konventionsarbeiten 150
    I.   Historischer Übertragungsansatz............................. 151
    II. Systematischer Übertragungsansatz........................... 152
    III. Schlussfolgerungen 153

Viertes Kapitel – Verhältnis der EuGVVO zur Staatenimmunität 155

A. Konflikt zwischen der EuGVVO und der Staatenimmunität 156
    I.   Der Umweg über das Adhäsionsverfahren. 156
    II. Die Konfliktpunkte zwischen EuGVVO und Staatenimmunität 158

B. Der „deutsche" Lösungsweg. 159
    I.   Das (deutsche) Trennungsmodell. 159
    II. Prioritätsverhältnis 160
    III. Das Problem der Entkontextualisierung. 161
    IV. Das divergierende Verständnis von Jurisdiktion 162

C. Rechtsprechungspraxis des EuGH 164
    I.   Rechtsprechung bezüglich der EuGVVO bzw. des früheren EuGVÜ .. 165
        1. EuGH, Rs. C-172/91 (Volker Sonntag ./. Thomas Waidmann) 165
        2. EuGH, Rs. C-292/05 (Irini Lechouritou u. a. ./. Deutschland)...... 166
            a) Aussagegehalt der EuGH-Entscheidung. 167
            b) Aussagegehalt der Schlussanträge 168
        3. EuGH, Rs. C-154/11 (Mahamdia ./. Algerien)................... 170
        4. EuGH, Rs. C-343/04 und C–115/08 (Land Oberösterreich ./. ČEZ) . 171
    II. Rechtsprechung zum Europäischen Wettbewerbsrecht 173
        1. EuGH, verb. Rs. 89, 104, 114, 116, 117, 125 bis 129/85 („Zellstoff") 173
        2. EuGH, Rs. C-364/92 („SAT") und Rs. T-155/04, C-113/07 P („Selex")... 174
            a) Einführung 174
            b) EuGH, C-364/92 („SAT"). 174
            c) EuG, T-155/04 („Selex"). 175
            d) EuGH, C–113/07 P („Selex") im Rechtsmittelverfahren 176
    III. Vertragsverletzungsverfahren wg. Einfuhrzöllen auf Kriegsmaterial ... 178

D. Konfliktauflösung 179
    I.   Vorüberlegungen 179
        1. High Court (Grovit ./. De Nederlandsche Bank) 179
        2. Lösungsansatz. 181

II. Art. 71 EuGVVO – Subsidiaritätslösung bezüglich
völkerrechtlicher Verträge 182
1. Systematik des Art. 71 Abs. 1 EuGVVO 183
2. Anwendbarkeit des Art. 71 Abs. 2 EuGVVO.................. 184
3. Völkervertragliche Regelungen 185
   a) Überblick 186
   b) Europäisches Übereinkommen zur Staatenimmunität
      vom 16. Mai 1972................................... 186
      aa) Anwendungsfall von Art. 71 EuGVVO................ 187
      bb) Distanzdelikte gemäß Art. 11 Europäisches
          Übereinkommen zur Staatenimmunität 187
      cc) Streitkräftevorbehalt gemäß Art. 31 Europäisches
          Übereinkommen zur Staatenimmunität 188
      dd) Immunitätsverzicht durch internationale Vereinbarung
          gemäß Art. 2 lit. a des Europäischen Übereinkommens
          zur Staatenimmunität 189
      ee) Vollstreckungsimmunität 189
      ff) Zusammenfassung 190
   c) UN-Übereinkommen zur Staatenimmunität................ 190
      aa) (potentieller) Anwendungsfall von Art. 71 EuGVVO 191
      bb) Systematik und Diskussionsstand 192
      cc) Staatenbegriff.................................. 192
      dd) Distanzdelikte gemäß Art. 12 UN-Übereinkommen zur
          Staatenimmunität 193
      ee) Streitkräftevorbehalt........................... 195
      ff) Art. 10 Abs. 1 UN-Übereinkommen zur Staatenimmunität.. 197
      gg) Immunitätsverzicht durch internationale Vereinbarung
          gemäß Art. 7 lit. (a) des UN-Übereinkommens
          zur Staatenimmunität 197
      hh) Vollstreckungsimmunität 198
      ii) Zusammenfassung 198
   d) Spezielles Völkervertragsrecht zur Staatenimmunität 199
      aa) Wiener Konvention über diplomatische Beziehungen...... 199
      bb) Wiener Konventionen über konsularische Beziehungen.... 199

cc) Internationales Übereinkommen zur einheitlichen Feststellung einzelner Regeln über die Immunität der staatlichen Seeschiffe............................. 200
4. Schlussfolgerungen....................................... 200
III. Immunitätslösung außerhalb Art. 71 EuGVVO................... 200
1. Rechtsaktübergreifende Aussagen zur Immunitätsproblematik..... 201
   a) Erwägungsgrund 14. der EuEheVO...................... 202
   b) Die Bedeutung des Ausschlusses von *acta iure imperii*........ 202
      aa) Überblick zum Ausschluss von *acta iure imperii*......... 202
      bb) Entstehungsgeschichte des Ausschlusses von *acta iure imperii* 204
      cc) Bewertung 205
2. Unanwendbarkeit der Immunitätsregeln 207
   a) Ausgangslage 208
   b) Problembeschreibung................................. 208
   c) Modifikation des nationalen Zivilverfahrensrecht 210
      aa) *Anti-suit injunction*................................ 210
      bb) *Forum non conveniens* 211
   d) Übertragbarkeit der Modifikationstheorie 212
      aa) Vorüberlegung 213
      bb) Übertragbarkeit im Lichte des deutschen Trennungsmodells 214
      cc) Verwehrung der Immunitätsbehauptung im Anwendungsbereich der EuGVVO 215
      dd) Stellungnahme 216
3. Immunitätsverzicht....................................... 217
   a) Methodische Vorüberlegungen 218
      aa) Möglichkeit für einen Immunitätsverzicht............... 218
      bb) Völkerrechtliche Zulässigkeit eines Immunitätsverzichts... 219
      cc) Kontrollüberlegung 219
   b) Souveränitätsübertragung............................... 220
      aa) Immunitätsverzicht durch Art. 81 AEUV................ 221
      bb) Immunitätsverzicht durch die EuGVVO selbst 222
      cc) Kontrollüberlegung und Zwischenergebnis.............. 223
   c) Immunitätsverzicht nach den Regelungsbereichen der EuGVVO 224
      aa) Immunitätsverzicht vor dem Erstgericht 224

                bb) Immunitätsverzicht vor dem Zweitgericht............... 226
                    aaa) Immunität vor dem zweitgerichtlichem
                         Feststellungsverfahren nach Art. 33 Abs. 3 EuGVVO.. 226
                    bbb) Immunität vor dem zweitgerichtlichem
                         Vollstreckbarerklärungsverfahren 227
                    ccc) Immunität vor dem zweitgerichtlichen
                         Vollstreckungssystem......................... 228
     IV. Zusammenfassung 229

E. Zwischenergebnis 229
     I.   Bedeutung für das „deutsche" Trennungsmodell.................. 230
     II. Auffangtatbestand des *ordre public* 230
     III. Auslegungshoheit des EuGH 231

Fünftes Kapitel – Anwendbarkeit der EuGVVO............... 233

A. Anwendbarkeit ratione loci 233

B. Anwendbarkeit ratione temporis................................. 233
     I.   Intertemporalität des Rechts................................. 234
     II. Zeitliche Bezugspunkte der EuGVVO.......................... 236
     III. Intertemporale Betrachtung des Immunitätsprinzips 237

C. Anwendbarkeit ratione personae................................. 240

D. Anwendbarkeit ratione materie.................................. 241
     I.   Auslegung 242
          1. Grammatikalische Vorgaben............................. 242
          2. Genetische Anhaltspunkte 243
          3. Systematische Auslegung............................... 243
          4. Teleologische Auslegung 244
             a) Gegenseitiges Vertrauen 244
             b) Teleologische Lösungsstrategie 246
     II. Abgrenzungslinie von öffentlich-rechtlichen Sachen 247
          1. Abgrenzungsvorgabe des EuGH 247
          2. Abgrenzungslinie der Rs. Sonntag........................ 249

		a) Weiterführung der Abgrenzungslinie 249
		b) Konkretisierung mit einem Abgrenzungskriterium 250
		c) Bewertung... 251
III.	Rechtswidrigkeit von Hoheitsakten als Lösungsmodell 254	
IV.	Kasuistik... 256	
	1. Kriegsverbrechen 257	
		a) Mitgliedstaatliche Rechtsprechung........................ 257
		aa) Polnische Spruchpraxis 257
		bb) Italienische Spruchpraxis zu Ferrini und Dístimo 258
		cc) Deutsche Spruchpraxis um das Kriegsverbrechen von Dístimo.. 260
		dd) Griechische Spruchpraxis um das Kriegsverbrechen von Dístimo 262
		b) Rechtsprechung des EuGH in der Rs. C-292/05.............. 262
		c) Stellungnahme 263
	2. Verbrechen der Aggression................................ 265	
	3. Verbrechen gegen die Menschlichkeit 265	
	4. Völkermord.. 267	
		a) Begriffsfassung des Völkermords........................ 267
		b) Schlussfolgerung..................................... 268
	5. Sonstige schwere völkerrechtliche Verbrechen 269	
		a) Verschwindenlassen 269
		b) Das Verbrechen der Apartheid 270
		c) Verbot der Folter.................................... 270
		d) Verbrechen gegen das humanitäre Völkerrecht 271
		e) Völkermord.. 272
V.	Inanspruchnahme der individuell Verantwortlichen 272	

E. Zwischenergebnis 274

Sechstes Kapitel – Folgenbetrachtungen und Lösungsvorschlag. 275

A. Zuständigkeitsstatute für schwere Menschenrechtsverletzungen 275
   I. Entscheidungszuständigkeit.................................. 275
      1. Allgemeiner Gerichtsstand des Art. 2 Abs. 1 EuGVVO 275

2. Art. 5 Nr. 3 EuGVVO.................................. 277
　　　　　a) Anwendungsbereich des Art. 5 Nr. 3 EuGVVO.............. 277
　　　　　b) Gerichtspflichtigkeit am Deliktsort...................... 278
　　　　　c) Zusammenfassung.................................. 279
　　　3. Exorbitante Gerichtsstände............................... 279
　　　4. *Ordre public*-Zuständigkeit............................... 281
　　　5. Gerichtsstand für Adhäsionsklagen nach Art. 5 Nr. 4 EuGVVO 282
　　II. Anerkennungs- und Vollstreckungszuständigkeit.................. 283

B. Korrekturmöglichkeiten der EuGVVO 284
　　I. Korrekturmöglichkeiten auf Zuständigkeitsebene.................. 284
　　II. Anerkennungshindernisse 284
　　　1. Fehlende Vollstreckbarkeit................................ 284
　　　2. Ungeschriebenes Anerkennungshindernis der Staatenimmunität ... 285
　　　3. Anerkennungshindernisse nach Art. 34 Nr. 2 EuGVVO 286
　　　　　a) Recht und Last zur Prozessführung 287
　　　　　b) Problemkonstellation bei Adhäsionsklagen 288
　　　4. Anerkennungshindernis des *ordre public* nach
　　　　　Art. 34 Nr. 1 EuGVVO.................................. 289
　　　　　a) Maßstab... 289
　　　　　b) Anspruch auf rechtliches Gehör nach Verfahrenseinleitung..... 289
　　　　　　　aa) Recht und Last zur Prozessführung.................. 290
　　　　　　　bb) Problemkonstellation bei Adhäsionsklagen............. 290
　　　　　c) Immunität als *ordre public*-Vorbehalt..................... 291
　　　　　d) Souveränitätsinteressen des Staates 292
　　　　　　　aa) Spannungen zwischen den Mitgliedstaaten............. 293
　　　　　　　bb) Erweiterung der Europäischen Union 295
　　　　　　　cc) Gerichtliche Zugänglichkeit als Kompetenzkonflikt 296
　　　　　　　dd) Konkordanz zum Menschenrechtsschutz................ 297
　　　　　e) Exorbitante Schadensverpflichtungen..................... 299
　　　　　　　aa) Exorbitante Schadensersatzsummen 299
　　　　　　　bb) Exorbitant abweichende Schadenspositionen 300
　　　　　f) Kollisionsrechtliche Kontrolle 300
　　　　　g) Gerichtliche Zugänglichkeit als Bewältigungsfrage.......... 302
　　　　　h) *forum* und *enforcement shopping* 304

aa) *forum shopping* 305
bb) *enforcement shopping* 305
III. Korrekturmöglichkeiten auf Vollstreckungsebene 306

C. Eignung des Europäischen Zivilprozessrechts 307
I. Folgenabschätzung für das Europäische Zivilprozessrecht
im Allgemeinen 307
II. Folgenabschätzung für die EuGVVO im Speziellen 308
1. Vereinfachung und Vorhersehbarkeit 308
2. Vermeidung paralleler Zuständigkeiten 309
3. Überbeanspruchung des Exequaturverfahrens bzw. des *ordre public* 309
   a) Überstrapazierung des bisherigen Exequaturverfahrens 309
   b) Gefährdung der Abschaffungsperspektive des *ordre public* 310
4. Subsidiäre Zuständigkeit nach den Reformvorschlägen 312
   a) Subsidiäre Zuständigkeit nach Art. 25 Reformvorschlag
      zur EuGVVO 312
   b) Notzuständigkeit nach Art. 26 Reformvorschlag zur EuGVVO . . 313
III. Zusammenfassung und Schlussfolgerungen 314

D. Lösungsmöglichkeiten. 315
I. Ungeeignetheit des *ordre public*-Vorbehalts 316
II. Pauschalklauseln *de lege ferenda*. 316
1. Ausschluss von acta iure imperii 316
2. Erweiterung des Ausnahmekatalogs der EuGVVO 317
3. Kollisionsklausel in Bezug auf das Immunitätsverhältnis 318
III. Erweiterung des „Privatpersonentests" 319
1. Teleologischer Ansatz. 319
2. Vorarbeiten der Haager Konferenz für Internationales Privatrecht . . 320
   a) Erste (bisherige) Stufe des Privatpersonentests 320
   b) Zweite (neuerliche) Stufe des Privatpersonentests 321
   c) Dritte (neuerliche) Stufe des Privatpersonentests 321
   d) Stellungnahme 321
3. Eigener Lösungsvorschlag 322

E. Ausblick 322
  I. Weiterverfolgung des Diskurses um eine Immunitätsausnahme
     wegen schwerer Menschenrechtsverletzungen 323
  II. Internationale Entschädigungsinstitutionen 324
  III. Außergerichtliche Streitbeilegungen 325
  IV. Behandlung im Internationalen Zivilprozessrecht 326

Nachwort 329

Thesen 331

Anhang 335

A. Textverzeichnis 335

B. Literaturverzeichnis 338

C. Fundstellenverzeichnis 373
  1. IGH 373
  2. EGMR 374
  3. EuGH und EuG 374
  4. BVerfG 380
  5. BGH 380
  6. Griechische Gerichte 381
  7. Italienische Gerichte 383

Abkürzungsverzeichnis

a.A.	andere Ansicht
a.a.O.	am angegebenen Ort
a.E.	am Ende
ABl. EU	Amtsblatt der Europäischen Union
Abs.	Absatz
AJCL	American Journal of Comperative Law
AJIL	American Journal of International Law
Anm.	Anmerkung(en)
AöR	Archiv des öffentlichen Rechts
APuZ	Aus Politik und Zeitgeschichte
Areopag	Areios Pagos, Oberstes Griechisches Gericht
Art.	Artikel
ASICL	Annual Survey of International & Comparative Law
Aufl.	Auflage
AVR	Archiv des Völkerrechts
Az.	Aktenzeichen
BAG	Bundesarbeitsgericht
BAGE	Entscheidungen des Bundesarbeitsgerichts
Bd.	Band
BerDGVR	Berichte der Deutschen Gesellschaft für Völkerrecht
Beschl.	Beschluss
BGBl.	Bundesgesetzblatt der Bundesrepublik Deutschland
BGH	Bundesgerichtshof
BGHZ	Entscheidungen des Bundesgerichtshofs in Zivilsachen
BT-Drucks.	Bundestagsdrucksache
BVerfG	Bundesverfassungsgericht
BVerfGE	Entscheidungen des Bundesverfassungsgerichts
BVerfGK	Kammerentscheidungen des Bundesverfassungsgerichts
BVerwGE	Entscheidungen des Bundesverwaltungsgerichts
bzw.	beziehungsweise
DB	Betriebsberater – Zeitschrift für Recht, Steuern und Wirtschaft
ders.	derselbe
DGAPanalyse	Zeitschrift des Forschungsinstituts der Deutschen Gesellschaft für Auswärtige Politik e.V.
dies.	dieselbe(n)
DÖV	Die Öffentliche Verwaltung

Abkürzungsverzeichnis

DVBl.	Deutsches Verwaltungsblatt
EGMR	Europäischer Gerichtshof für Menschenrechte
Einl.	Einleitung
EJIL	European Journal of International Law
endg.	endgültig
EuG	Gericht der Europäischen Union
EuGH	Gerichtshof der Europäischen Union
EUI	European University Institute
EuLF	The European Legal Forum – Forum iuris communis Europae
EuR	Europarecht – Die Zeitschrift
EuZW	Europäische Zeitschrift für Wirtschaftsrecht
f., ff.	folgende
FamRZ	Zeitschrift für das gesamte Familienrecht
FAZ	Frankfurter Allgemeine – Zeitung für Deutschland
Fußn.	Fußnote
GA	Goltdammer's Archiv für Strafrecht
GPR	Zeitschrift für Gemeinschaftsprivatrecht
GreifRecht	Greifswalder Halbjahresschrift für Rechtswissenschaft
GRUR	Gewerblicher Rechtsschutz und Urheberrecht
GRUR Int.	GRUR International – Gewerblicher Rechtsschutz und Urheberrecht – Internationaler Teil
GYIL	German Yearbook of International Law
h.M.	herrschende Meinung
Harvard ILJ	Harvard International Law Journal
Hrsg.	Herausgeber
i.H.v.	in Höhe von
I.L.Pr.	International Litigation Procedure
i.V.m.	in Verbindung mit
ICLQ	International and Comparative Law Quarterly
IGH	Internationaler Gerichtshof
ILC	International Law Commission
ILM	International Legal Materials
ILR	International Law Reports
IPRax	Praxis des Internationalen Privat- und Verfahrensrechts
IPRspr.	Die deutsche Rechtsprechung auf dem Gebiete des Internationalen Privatrechts
IStGH	Internationaler Strafgerichtshof
IStGHJ	Internationaler Strafgerichtshof für das ehemalige Jugoslawien
IStGHR	Internationaler Strafgerichtshof für Ruanda
JICJ	Journal of International Criminal Justice

JR	Juristische Rundschau
JZ	Juristenzeitung
KJ	Kritische Justiz. Vierteljahresschrift für Recht und Politik
KOM	Dokumente der Europäischen Union
KritV	Kritische Vierteljahresschrift für Gesetzgebung und Rechtswissenschaft
LG	Landgericht
lit.	litera
Lit.	Literatur
LMK	Kommentierte BGH-Rechtsprechung Lindenmaier-Möhring
MDR	Monatsschrift für Deutsches Recht – Zeitschrift für die Zivilrechts-Praxis
Mio.	Million(en)
n.F.	neue Fassung
Nachw.	Nachweis(en)
NILR	The Netherlands International Law Review
NJ	Neue Justiz
NJW	Neue Juristische Wochenschrift
No.	Numero (Nummer oder Aktenzeichen)
Nr.	Nummer(n)
NS	Nationalsozialismus
NVwZ	Neue Zeitschrift für Verwaltungsrecht
OLG	Oberlandesgericht
OLGR	OLG Reporte
RabelsZ	Rabels Zeitschrift für ausländisches und internationales Privatrecht
RdC	Recueil des Cours de l'Académie de droit international de la Haye (Collected Courses of the Hague Academy of International Law)
RG	Reichsgericht
RGZ	Entscheidungen des Reichsgerichts in Zivilsachen
RHDI	Revue hellénique de droit international – Hellenic Review of Interna-tional Law
RIW	Recht der Internationalen Wirtschaft
Rn.	Randnummer
Rs.	Rechtssache
RW	Rechtswissenschaft
Rz.	Randziffer
S.	Seite(n)
SAM	Steueranwaltsmagazin
Slg.	Sammlung der Rechtsprechung des Gerichtshofes und des Gerichts erster Instanz
sog.	so genannt(e/es)
st. Rpsr.	ständige Rechtsprechung

Abkürzungsverzeichnis

Trav. Com. Fr. Dr. Int. Pr.	Tavaux du Comité français de droit international privé
u.a.	unter anderen / unter anderem
UAbs.	Unterabsatz
UN	Vereinte Nationen (United Nations)
UN-Doc.	UN-Dokumentennummer
UNTS	United Nations Treaty Series
Urt.	Urteil
US	United States
USA	Vereinigte Staaten von Amerika (United States of America)
v.	vom
VersR	Zeitschrift für Versicherungsrecht, Haftungs- und Schadensrecht
VfZ	Vierteljahreshefte für Zeitgeschichte
vgl.	vergleiche
VO	Verordnung
Vol.	Volume
wg.	wegen
WiRO	Wirtschaft und Recht in Osteuropa
WM	Wertpapier-Mitteilungen – Zeitschrift für Wirtschafts- und Bankrecht
ZaöRV	Zeitschrift für ausländisches öffentliches Recht und Völkerrecht
ZERP-Arbeitspapier	Arbeitspapier des Zentrums für Europäische Rechtspolitik der Universität Bremen
ZEuP	Zeitschrift für Europäisches Privatrecht
ZfRV	Zeitschrift für Rechtsvergleichung, Internationales Privatrecht und Europarecht
ZfSR	Zeitschrift für Schweizerisches Recht
ZIP	Zeitschrift für Wirtschaftsrecht und Insolvenzpraxis
ZIS	Zeitschrift für Internationale Strafrechtsdogmatik
ZÖR	Österreichische Zeitschrift für Öffentliches Recht
ZRP	Zeitschrift für Rechtspolitik
ZVglRWiss	Zeitschrift für Vergleichende Rechtswissenschaften
ZZP	Zeitschrift für Zivilprozess
ZZPInt	Zeitschrift für Zivilprozess International – Jahrbuch des internationalen Zivilprozessrechts

„,Recht' ist nicht nur eine aus Utilitätsgründen der Willkür gesetzte Grenze, vielmehr ein humanitäres Ideal, ein unveräußerlicher Anspruch und ein moralischer Besitz des Individuums, welches ‚Recht' für sich und andere fordert."

Hans Georg Calmeyer[1]

---

1 Zitiert aus dem Osnabrücker Hans-Calmeyer-Archiv, Sign. B 1, 1946, entnommen aus *Peter Niebaum:* Ein Gerechter unter den Völkern – Hans Calmeyer in seiner Zeit (2001), S. 298. *Hans Calmeyer* ist der einzige deutsche Jurist, der von der israelischen Gedenkstätte Yad Vashem den Titel des *„Gerechten unter den Völkern"* verliehen bekam. Der Staat Israel ehrte ihn posthum dafür, dass er im Zweiten Weltkrieg unter Einsatz seines Lebens auf juristischem Wege unzähligen Menschen das Leben gerettet hatte, vgl. dazu die Begründung und Würdigung Yad Vashems, abgedruckt ebenda, S. 375 ff. sowie *Matthias Middelberg:* Judenrecht, Judenpolitik und der Jurist Hans Calmeyer in den besetzten Niederlanden 1940–1945, Osnabrücker Schriften zur Rechtsgeschichte, Bd. 5 (2005).

Vorrede

Das Europäische Zivilprozessrecht steht vor Herausforderungen, die seine Initiatoren nicht vorhersahen.[2] Sein unionales „Herzstück"[3], die Europäische Verordnung über die gerichtliche Zuständigkeit und die Anerkennung und Vollstreckung von Entscheidungen in Zivil- und Handelssachen (EuGVVO)[4], ist Schauplatz für Klagen und Entscheidungen geworden, die wegen schwerer Menschenrechtsverletzungen angestrengt werden. Erlebten Schadensersatzklagen wegen schwerer Menschenrechtsverletzungen bisher vor allem in den USA ihre „Hochkonjunktur"[5], ist mittlerweile der europäische Rechtsraum in den Mittelpunkt der gerichtlichen Durchsetzung von schweren Menschenrechtsverletzungen gerückt. Vor europäischen Zivilgerichten strengen Opfer und deren Hinterbliebene Verfahren gegen Staaten an, um Schadensersatz für ihr erlittenes Unrecht zu erstreiten. Respektive versuchen Opfer von Kriegsverbrechen aus dem Zweiten Weltkrieg, erstrittene Entscheidungen gegen die Bundesrepublik Deutschland unter Zuhilfenahme der EuGVVO durchzusetzen. Der Gerichtshof der Europäischen Union (EuGH) entschied am 15. Februar 2007, dass der Anwendungsbereich der EuGVVO für die Durchsetzung entsprechender Menschenrechtsentscheidungen nicht zur Verfügung stehe. Dessen zum Trotz bemühte die italienische Corte d'Appello di Firenze „in gelebter Normalität der Urteilsfreizügigkeit im

---

2   Vgl. den Generalbericht von *Burkhard Hess* zur Evaluierung der EuGVVO (Study JLS/C4/2005/03) aus *Burkhard Hess/Thomas Pfeiffer/Peter Schlosser:* The Brussels I Regulation No 44/2001 – The Heidelberger Report on the Application of the Regulation Brussels I in the 25 Member States (2008): *"(...) new challenges and functions of the Judgment Regulation (...) which had not been foreseen when the Judgment Regulation was enacted",* Rn. 71.
3   Generalanwalt *Dámaso Ruiz-Jarabo Colomer* sprach vom „Markstein" zwischen den Gerichten, vgl. Schlussanträge zur Rs. C-159/02 (Gregory Paul Turner ./. Felix Fareed Ismail Grovit) v. 20.11.2003, Slg. 2004 (I), S. 3567–3577, Rn. 31.
4   Hier zitiert in der bis Anfang 2015 geltenden Fassung durch die Verordnung (EG) Nr. 44/2001 des Rates vom 22.12.2000 über die gerichtliche Zuständigkeit und die Anerkennung und Vollstreckung von Entscheidungen in Zivil- und Handelssachen.
5   So *Markus Rau:* Schadensersatzklagen wegen extraterritorial begangener Menschenrechtsverletzungen: der US-amerikanische Alien Tort Claims Act, IPRax 2000, S. 558. Von „Konjunktur" derartiger Prozesse in den USA spricht auch *Burkhard Hess:* Staatenimmunität bei Menschenrechtsverletzungen, aus: Wege zur Globalisierung des Rechts, Festschrift für Rolf A. Schütze (1999), S. 269; vgl. auch *Gerfried Fischer:* Schadensersatzansprüche wegen Menschenrechtsverletzungen im Internationalen Privat- und Prozeßrecht, aus: Vertrauen in den Rechtsstaat, Festschrift für Walter Remmers (1995), S. 448 ff.

Vorrede

Europäischem Rechtsraum"[6] die EuGVVO für die Anerkennung und Vollstreckung von Entscheidungen wegen schwerer Menschenrechtsverletzungen.[7] Erst die römische Corte Suprema di Cassazione nahm wegen der Entscheidung aus Luxemburg davon Abstand, weil sie auch nach nationalem Recht die Anerkennung und Vollstreckung bejahen konnte.[8] Diese Entscheidungen sind vorläufige Höhepunkte zahlreicher Ausgangsverfahren, die die Möglichkeiten des Europäischen Zivilprozessrechts ausloten, um Kompensation für schwere Menschenrechtsverletzungen vor nationalen Zivilgerichten zu erlangen und durchzusetzen.

Ihre Zusammenführung erlebten die Verfahren vor dem Internationalen Gerichtshof (IGH), der mit Urteil vom 3. Februar 2012 der vieldiskutierten Immunitätsausnahme wegen schwerer Menschenrechtsverletzungen vorerst einen Riegel vorgeschoben hat. Eben damit verbleibt der zivilprozessualen Geltendmachung schwerer Menschenrechtsverletzungen derzeit nur das Rechtsregime der EuGVVO, hat doch der IGH darüber keine Entscheidungsgewalt und hat doch der EuGH lediglich über Kriegsverbrechen und damit nur über einen Ausschnitt an schweren Menschenrechtsverletzungen entschieden.

Zu dieser Entwicklung drängt der wunde Punkt des Menschenrechtsschutzes; die Diskrepanz zwischen Verbürgung von Menschenrechten und deren Durchsetzung.[9] Eingangs und vor allem sei daran erinnert, dass Menschenrechte nicht allein einen moralischen Anspruch formulieren, sondern ein rechtliches Gehalt postulieren.[10] Anders also als die Moral, können Menschenrechte erst dann Geltung behaupten, wenn sie befolgt und durchgesetzt werden.[11] Demgemäß hat die Fortentwicklung der Menschenrechte

---

6 So in Besprechung eben diesen Urteils *Michael Stürner:* Staatenimmunität und Brüssel I-Verordnung – Die zivilprozessuale Behandlung von Entschädigungsklagen wegen Kriegsverbrechen im Europäischen Justizraum, IPRax 2008, S. 197.

7 Corte d'Appello di Firenze, Dekret v. 02.05.2005 – cass. un. 486/2007 (Fundstellenverzeichnis); *Michael Stürner:* Staatenimmunität und Brüssel I-Verordnung – Die zivilprozessuale Behandlung von Entschädigungsklagen wegen Kriegsverbrechen im Europäischen Justizraum, IPRax 2008, S. 197 (Fußn. 1); BT-Drucks. 16/1634 v. 30.05.2006, S. 7.

8 Dies sowohl in der Instanzentscheidung vom 06.05.2008 (Az.: 14199) als auch in der Hauptsacheentscheidung vom 12.01.2011 (Az.: 11163/11). Zu den Ausgangsverfahren sogleich in Abschnitt A des zweiten Kapitels ab S. 47.

9 *Jürgen Habermas:* Kants Idee des Ewigen Friedens – aus dem historischen Abstand von 200 Jahren, KJ 1995, S. 305.

10 Ebenda und ganz stellvertretend *Thomas Sukopp:* Menschenrechte – Anspruch und Wirklichkeit – Menschenwürde, Naturrecht und die Natur des Menschen (2003), S. 30.

11 Allgemein zum Rechtsverständnis bei *Thomas de Maizière:* Grenzen des Rechts, NJ 2003, S. 281 mit Verweis auf *Immanuel Kant.* So erinnert auch *Jürgen Habermas* in eben der Tradition von *Immanuel Kant* daran, dass „[d]er Begriff des Menschenrechts nicht moralischer Herkunft [ist], sondern eine spezifische Ausprägung des modernen Begriffs subjektiver Rechte, also einer juristischen Begrifflichkeit. Menschenrechte sind von Haus aus juridischer Natur. Was ihnen den Anschein moralischer Rechte verleiht, ist nicht ihr Inhalt, erst recht nicht ihre Struktur, sondern ein Geltungssinn, der über natio-

seit Mitte des letzten Jahrhunderts virulent ihre *gerichtliche Durchsetzung* herausgefordert. Waren lange Zeit vornehmlich das Völkerrecht und das (Internationale) Strafrecht mit der Bewältigung schwerer Menschenrechtsverletzungen befasst,[12] verspricht die zivilrechtliche Geltendmachung von schweren Menschenrechtsverletzungen einen der großen Durchsetzungsmängel schließen zu können: Den nämlich zwischen Klagbarmachung von Schadensersatz und tatsächlicher Entschädigungsleistung für das erlittene Unrecht der Opfer und deren Angehörigen. Das in Rede stehende Schicksal ist nämlich den Opfern genauso gegenwärtig wie deren Wunsch nach tatsächlichem monetären Ausgleich.

Scheinbar unverträglich aber kollidiert ihr Bedürfnis mit dem Interesse der Gubernative, ihre hoheitlichen Handlungsspielräume vor fremder Judizierung zu verteidigen. So treffen die mit diesem Hintergrund angestrengten „Menschenrechtsklagen" im Zivilverfahrensrecht auf den völkerrechtlichen Verfahrensschutz der Beklagten: Die Immunität der Staaten vor gerichtlicher Inanspruchnahme.[13] Das Internationale Zivilprozessrecht trifft damit auf den großen Konflikt zwischen universalen Menschenrechten und der völkerrechtlichen Staatenimmunität. Bereits auf dem Weg zu einem weltweit konzipierten Anerkennungs- und Vollstreckungsübereinkommen hat sich die Haager Konferenz für Internationales Privatrecht dem Thema angenommen. Sowenig ihren Arbeitsentwürfen Erfolg beschieden war, so ungebrochen bleibt die Tragweite der in diesem Rahmen konzipierten „Menschenrechtsklausel".

Nunmehr steht der gewachsene Integrationsstand des Europäischen Zivilprozessrechts auf dem Prüfstand, den Konflikt auflösen zu können. Für seine Fortentwicklung birgt das Konfliktpotential entsprechende rechtspolitische Sprengkraft, wovon auch die Revision der EuGVVO[14] nicht unbeeindruckt blieb. In diesem Lichte muss die insoweit erfolgte Nachjustierung der EuGVVO, namentlich der Ausschluss von *acta iure imperii* aus dem Anwendungsbereich der EuGVVO, verstanden und kritisch betrachtet werden. Insbesondere der autonome Anwendungsbereich der EuGVVO muss und kann sich vor dem Sanktuarium staatlicher Souveränität behaupten.

---

nalstaatliche Rechtsordnungen hinausweist.": Kants Idee des Ewigen Friedens – aus dem historischen Abstand von 200 Jahren, KJ 1995, S. 310.
12 Dazu *Christine Hess:* Die rechtliche Aufarbeitung von Kriegsverbrechen und schwerwiegenden Menschenrechtsverletzungen – eine Analyse aus der Perspektive der Opfer (2007).
13 *Gerhard Hafner:* Das Übereinkommen der Vereinten Nationen über die Immunität der Staaten und ihres Vermögens von der Gerichtsbarkeit, ZÖR 61 (2006), S. 388.
14 Verordnung (EU) Nr. 1215/2012 des Europäischen Parlaments und des Rates vom 12.12.2012 über die gerichtliche Zuständigkeit und die Anerkennung und Vollstreckung von Entscheidungen in Zivil- und Handelssachen (Neufassung), ABl. EU Nr. L 351/1 v. 20.12.2012, S. 1. Die revidierte EuGVVO löst weitestgehend ab dem 10.01.2015 die bisherige Fassung der EuGVVO ab.

Vorrede

Die Arbeit untersucht den Themenkomplex in sechs Kapiteln. Die ersten beiden Kapitel dienen der Einführung und Grundlagenlegung. Das *erste Kapitel* entwickelt das Problem und stellt den Gegenstand und den Rahmen der Untersuchung dar. Das *zweite Kapitel* konzentriert sich auf die Judikatur, die das Thema überhaupt erst virulent gemacht hat und von diesem dann angestoßen wurde. Der erste Abschnitt des Kapitels arbeitet den Verlauf und die Zusammenhänge der Ausgangsverfahren auf, die den Hintergrund dieser Arbeit bilden. Damit wird *in praxi* die Herausforderung aufgezeigt, mit der das Europäische Zivilprozessrecht auf Klagen und Entscheidungen wegen schwerer Menschenrechtsverletzungen zu antworten hat. Darauf folgt ein Exkurs zur Entscheidung des IGH im Rechtsstreit zwischen Deutschland und Italien zusammen mit einem Überblick zur Aktualität der Thematik.

Entsprechend seiner bereits angeklungenen Bedeutung und wegen seiner Komplexität soll der einzig zur Verfügung stehende Kodifikationsansatz das Thema betreffend vor die Klammer gezogen werden. Das *dritte Kapitel* widmet sich eingehend den Arbeitsentwürfen der Haager Konferenz für Internationales Privatrecht aus den Jahren 1999 und 2001. Seine Entstehungsgeschichte und sein Anwendungsbereich erarbeiten die Aussagekraft der vorgeschlagenen „Menschenrechtsklausel" für das hiesige Thema und sollen wiederum Bezugspunkt sein, um an verschiedenen Stellen der Untersuchung darauf zurückgreifen zu können.

Die anschließenden beiden Kapitel bilden den Hauptteil der Untersuchung. Das *vierte Kapitel* widmet sich dem bislang wenig und bisweilen verkürzt besprochenen Verhältnis zwischen der EuGVVO und der Staatenimmunität. Es ist das umfangreichste Kapitel der Untersuchung, was den Umstand widerspiegelt, dass die Staatenimmunität den wichtigsten Vorwand dafür darstellt, Schadensersatzklagen gegen Staaten wegen schwerer Menschenrechtsverletzungen von ihrer Behandlung durch die EuGVVO fernzuhalten. Zugleich sind die Besonderheiten dieses Verhältnisses der Grund, weshalb sich das Europäische Zivilprozessrecht dem Themenkomplex stellen muss. Das *fünfte Kapitel* untersucht sodann die Anwendbarkeit der EuGVVO selbst. Dazu gibt es, anders als zuvor, eine Rechtsprechung des EuGH, gleichsam aber wenig dogmatische Durchdringung. Eine solche hier entwickelnd, soll die Betrachtung in einer Kasuistik münden, um aufzuzeigen, ob und für welche schweren Menschenrechtsverletzungen die EuGVVO nach dem derzeitigen Begriffsverständnis offen steht.

Die Schlussfolgerungen daraus zieht das *sechste und abschließende Kapitel*. Dessen drei erste Abschnitte hinterfragen die Konformität der unionalen Zuständigkeits- und Anerkennungsregeln zur Behandlung der Thematik sowie die Eignung des Europäischen Zivilprozessrechts im Eigentlichen. Daraus ziehen die letzten beiden Abschnitte die Konsequenzen und schlagen als Ergebnis der Untersuchung, neben verschiedenen Lösungsperspektiven *de lege ferenda,* eine Lösungsmöglichkeit *de lege lata* vor. Die Zusammenfassung und das Fazit bilden schließlich das Nachwort der Untersuchung.

Erstes Kapitel

Einführung

A. Herausforderung des Europäischen Zivilprozessrechts

Es mag ungewohnt anmuten, das Europäische Zivilprozessrecht mit Klagen und Entscheidungen wegen schwerer Menschenrechtsverletzungen gegen Staaten konfrontiert zu sehen. Das Recht scheint hier derweil nur *prima facie* mit zwei völlig verschiedenen Themen befasst. Die überkommene Behandlung schwerer Menschenrechtsverletzungen steht genau vor den Grenzen, die in der Europäischen Union überwunden sind. Nach einer einführenden Übersicht (I. Teil) wird die demgemäße Herausforderung des Europäischen Zivilprozessrechts entwickelt (II. Teil), eingeschränkt (III. Teil) und genauer beschrieben (IV. Teil).

I. Das historisch angelegte Spannungsverhältnis

Noch im Jahr 2005 beschreibt *Paul R. Dubinsky* das historisch angelegte Spannungsverhältnis in dem Aufeinandertreffen zwischen den Menschenrechten und dem Internationalen Privatrecht mit dem Worten „*the coming conflict*".[15] Dabei wählt er als Ausgangspunkt für seine Behauptung die internationale Ordnung, wie sie durch den Westfälischen Frieden vor 350 Jahren eingerichtet wurde.[16] Seitdem liefen die unterschiedlichen Entwicklungen des Menschenrechtsschutzes und der Internationalen Privatrechtsvereinheitlichung zumindest in ihrem Ansatz parallel, die Nationalstaatlichkeit und den diesbezüglichen Normenpositivismus zu überwinden.[17] Soweit beide Entwicklungen aber ihre Erfolge zeitigten, so unabhängig taten sie dies größtenteils voneinander. *Paul R. Dubinsky* betont dabei, dass die Bestrebungen zur Vereinheitlichung des Internationalen Privatrechts im Kern das Prozessrecht als Gegenstand auserwählte. Der Menschenrechtsschutz dagegen hat den prozeduralen Mechanismen erst dann Aufmerksamkeit geschenkt, als es dies zur Durchsetzung notwendig erachtete.[18] Damit beschrieben ist nicht zwingend ein gegenläufiger Konflikt, jedenfalls aber das zwangsweise Aufeinandertreffen der beiden Rechtsdisziplinen.

---

15 *Paul R. Dubinsky:* Human Rights Law Meets Private Law Harmonization – The Coming Conflict, The Yale Journal of International Law 30 (2005), S. 211–317.
16 Ebenda, S. 212.
17 Ebenda, S. 212 f.
18 Ebenda, S. 213.

Erstes Kapitel – Einführung

II. Problementwicklung

Aus diesem historischen Spannungsverhältnis heraus entwickelt sich sodann der hier untersuchte Problemkreis. Die Behandlung schwerer Menschenrechtsverletzungen im Europäischen Rechtsraum steht dafür exemplarisch[19] und bisweilen singulär.

1. Ausgangspunkt

Als Ausgangspunkt sei wiederum daran erinnert, dass die rechtliche Behandlung schwerer Menschenrechtsverletzungen Rechtsfragen berührt, die ebenso sensibel wie vielschichtig sind. Jede Menschenrechtsverletzung fordert das Recht zur Reaktion.[20] In grundsätzlich drei Richtungen kann das geschehen: Durch Maßnahmen zur Verhinderung künftiger Menschenrechtsverletzungen, durch die strafrechtliche Heranziehung der Täter, oder dadurch, sich derer Opfer anzunehmen.[21] Letzteres steht allzu oft an letzter Stelle und wird entsprechend vernachlässigt. Dennoch treffen die Schrecken schwerer Menschenrechtsverletzungen in erster Linie deren Opfer.[22] Ihr zentrales Interesse ist die Schadensersatzpflicht von Staaten als sekundäre Rechtsfolge für hoheitlich zugefügtes Unrecht. Und mehr noch als die Bestrafung der Täter ist eine

---

19 Daran angelehnt entwickelt auch *Paul R. Dubinsky* seinen Gedanken, vgl. ebenda, S. 214 ff.
20 *Christoph J. M. Safferling:* Can Criminal Prosecution be the Answer to massive Human Rights Violations?, German Law Journal 5 (2004), S. 1478.
21 Ebenda, S. 1478 f.
22 Immer wieder wird in diesem Zusammenhang auf die großen Maler verwiesen, die – wie so viele Künste und fernab juristischer Kategorien – die Schrecken von Verwerfungen „mit ihrer Last an Vernichtung und Massenmord" darstellen, etwa *Francisco de Goya* mit seiner Serie von 82 Stichen *„Los desastres de la guerra"* und davon inspiriert vor allem *„Guernica"* von *Pablo Picasso,* vgl. Schlussanträge des Generalanwalts *Dámaso Ruiz-Jarabo Colomer* zur Rs. C-292/05 (Eirini Lechouritou u.a.) v. 08.11.2006, Slg. 2007 (I), S. 1521–1539, Rn. 2; *Karsten Thorn:* Schadensersatzansprüche der Zivilbevölkerung gegen ausländische Besatzungsmächte, BerDGVR 44 (2009), S. 306 sowie sogar titelbestimmend bei *Reinhold Geimer:* Los Desastres de la Guerra und das Brüssel I-System, IPRax 2008, S. 225–227. Der italienische Maler *Beconi Serafino* widmete einen fast 15-jährigen Zyklus von insgesamt 260 Werken dem hier noch relevanten Massaker von *Sant'Anna di Stazzema.* Dieses prägte seine Heimat gleich wie ihn, wie er doch nationalsozialistische Gefangenschaft und Deportation überlebte. Seine Werke finden sich posthum gesammelt anlässlich ihrer Ausstellung im herzoglichen Palast zu Sant'Anna, vgl. *Antonella Serafini* (Hrsg.): Sant'Anna Di Stazzema, La Strage – Dipinti e disegni 1951–1966 (2001). Von den deutschen Malern darf *Bernhard Heisig* hervorgehoben werden, dessen Werke sich mit gleicher autobiografischer Authentizität vor allem dem Krieg mit seiner Gewalt und Brutalität widmeten, vgl. der Nachruf von *Helmut Schmidt:* Besessen bis zum Ende – Meine Erinnerungen an den großen deutschen Maler Bernhard Heisig, DIE ZEIT, Nr. 25 v. 16.06.2011, S. 49.

A. Herausforderung des Europäischen Zivilprozessrechts

Entschädigung ihr ganz praktisches Bedürfnis. Zwar kann kein monetärer Ausgleich das erlittene Leid schwerer Menschenrechtsverletzungen wiedergutmachen.[23] Doch erfüllt jede Kompensation des erlittenen Schadens ein grundsätzliches Gerechtigkeitsverlangen[24] und bewirkt zugleich eine starke symbolische Bedeutung[25], gerade für die Anerkennung des erlittenen Leids des Opfers.[26] Möge eine Schadlosstellung angesichts des Leids noch so aussichtslos erscheinen, so wird der Wille zur Wiedergutmachung spürbar transportiert, über das monetäre Element hinaus sowohl moralisch als auch politisch.[27] Neben dem eigentlichen Anspruchsziel hat das klageweise Vorgehen selbst eine psychologische Wirkung. Für das Opfer geriert die Frage der klageweisen Wiedergutmachung zum Surrogat für etwaige Frustration über bisherige und mögliche Sühne und Wiedergutmachung.[28] Erst der Zivilprozess vermag mit der entmündigenden Stellung des Opfers zu brechen[29] und selbst mit einer pekuniären

---

23 Statt vieler sei hier auf die Worte des ehemaligen Bundespräsident *Horst Köhler* verwiesen, der in seiner Rede zum abschließenden Festakt der Stiftung „Erinnerung, Verantwortung und Zukunft" äußerte: „Das menschliche Leid kann nie wieder gutgemacht werden", vgl. Regierungserklärung v. 12.06.2007.
24 *Christoph J. M. Safferling:* Can Criminal Prosecution be the Answer to massive Human Rights Violations?, German Law Journal 5 (2004), S. 1480; *Theodoor Cornelis van Boven:* Human Rights and Rights of Peoples, EJIL 6 (1995), S. 476; *Christoph J. M. Safferling:* Can Criminal Prosecution be the Answer to massive Human Rights Violations?, German Law Journal 5 (2004), S. 1480.
25 *Martin Seegers:* Das Individualrecht auf Wiedergutmachung – Theorie, Struktur und Erscheinungsformen der völkerrechtlichen Staatenverantwortlichkeit gegenüber dem Individuum (2005), S. 79; *Yael Danieli:* Preliminary reflections from a psychological perspective, aus: Seminar on the Right to Restitution, Compensation and Rehabilitation for Victims of Gross Violations of Human Rights and Fundamental Freedoms, 2. Aufl. (2004), S. 205; *Eike Michael Frenzel/Richard Wiedemann:* Das Vertrauen in die Staatenimmunität und seine Herausforderung – Die Bewältigung von NS-Unrecht im Mehrebenensystem, NVwZ 2008, S. 1091.
26 *Eike Michael Frenzel/Richard Wiedemann:* Das Vertrauen in die Staatenimmunität und seine Herausforderung – Die Bewältigung von NS-Unrecht im Mehrebenensystem, NVwZ 2008, S. 1091; auch der ehemalige Bundespräsident *Horst Köhler* sprach in seiner Rede zum abschließenden Festakt der Stiftung „Erinnerung, Verantwortung und Zukunft" davon, dass die Opfer durch die Zahlungen vor allem eine „öffentliche Anerkennung" ihres Schicksals erfahren hätten, wiedergegeben nach der Pressemitteilung des Bundespräsidialamtes v. 12.06.2007.
27 So die Symbolfigur des griechischen Widerstandes im Zweiten Weltkrieg *Manolis Glezos:* Ein Unrecht muß gesühnt werden – Immer mehr Griechen verklagen Deutschland, DIE ZEIT, Nr. 40 v. 29.09.1995, S. 12.
28 Stellvertretend dazu bei *Detlev Vagts/Jens Drolshammer/Peter Murray:* Mit Prozessieren den Holocaust bewältigen? Die Rolle des Zivilrechts und Zivilprozesses beim Versuch der Wiedergutmachung internationaler Katastrophen, ZfSR 118 (1999), S. 519.
29 *Aline Levin:* Die Beweggründe für die gemeinsame Entschädigung durch den deutschen Staat und die deutsche Industrie für historisches Unrecht (2007) S. 45; *Detlev Vagts/Jens*

Entscheidung einen positiven psychologischen Effekt zu entfalten.[30] Insoweit bringt die zivilrechtliche Aufarbeitung nicht nur direkte Individualkompensation, sondern ermöglicht auch eine psychologische Dimension der Aufarbeitung.[31]

2. Der Gang vor Zivilgerichte

a) Mangelnde Effizienz völkerrechtlicher Kompensationsregelungen

Die längste Zeit war die Frage der Entschädigung von Opfern schwerer Menschenrechtsverletzungen eine Domäne des Völkerrechts und die überwiegend öffentlich-rechtlich ausgestaltet.[32] Trotz zahlreicher völkerrechtlicher Kompensationsmechanismen haben Opfer schwerer Menschenrechtsverletzungen jedoch nur selten volle Entschädigungszahlungen für erlittenes Unrecht erhalten.[33] Für die Opfer und Angehörigen schwerer Menschenrechtsverletzungen gleichen ihre Entschädigungsbemühungen der *kafkaesken* Türhüterparabel:[34]

> *„Vor dem Gesetz steht ein Türhüter. Zu diesem Türhüter kommt ein Mann vom Lande und bittet um Eintritt in das Gesetz. Aber der Türhüter sagt, dass er ihm jetzt den Eintritt nicht gewähren könne. (...) Solche Schwierigkeiten hat der Mann vom Lande nicht erwartet, das Gesetz soll doch jedem und immer zugänglich sein (...)."*[35]

Drolshammer/Peter Murray: Mit Prozessieren den Holocaust bewältigen? Die Rolle des Zivilrechts und Zivilprozesses beim Versuch der Wiedergutmachung internationaler Katastrophen, ZfSR 118 (1999), S. 521.

30 *Moritz von Unger:* Menschenrechte als transnationales Privatrecht (2008), S. 23; *Theodoor Cornelis van Boven:* Human Rights and Rights of Peoples, EJIL 6 (1995), S. 475; *Martin Seegers:* Das Individualrecht auf Wiedergutmachung – Theorie, Struktur und Erscheinungsformen der völkerrechtlichen Staatenverantwortlichkeit gegenüber dem Individuum (2005), S. 79.

31 *Christoph J. M. Safferling:* Can Criminal Prosecution be the Answer to massive Human Rights Violations?, German Law Journal 5 (2004), S. 1480.

32 Dazu *Burkhard Hess:* Kriegsentschädigungen aus kollisionsrechtlicher und rechtsvergleichender Sicht, BerDGVR 40 (2003), S. 125. Exemplarisch dazu stehen die sogleich anzusprechenden bundesdeutschen Entschädigungsgesetze.

33 *Aleksandar Jakšić:* Direktklagen von Kriegsopfern gegen Staaten mit genauerem Blick auf die NATO Operation „Allied Force" in der BR Jugoslawien, Belgrade Law Review 57 (2009), S. 162.

34 Im Zusammenhang mit der strafrechtlichen Verfolgung individuell Verantwortlicher bemüht *Andreas Fischer-Lescano* auch die Türhüterparabel: Weltrecht als Prinzip – Die Strafanzeige in Deutschland gegen Donald Rumsfeld wegen der Folterungen in Abu Ghraib, KJ 38 (2005), S. 84.

35 Zitiert nach der handschriftlichen Originalfassung von *Franz Kafka:* Der Proceß, 4. Aufl. (2010), S. 226. Eingehend dazu die gesammelten Beiträge bei *Ulrich Mölk* (Hrsg.): Li-

A. Herausforderung des Europäischen Zivilprozessrechts

Die völkerrechtlichen Durchsetzungsmechanismen sind tatsächlich wenig effektiv und für den Einzelnen *de facto* nur schwer zugänglich.[36] Obwohl etwa die Entschädigungsbemühungen der Bundesrepublik Deutschland für das NS-Unrecht international gewürdigt wurden[37], stehen diese exemplarisch für den nur lückenhaften monetären Ausgleich. Immer bleibt das Individuum auf die staatliche Entscheidungsprärogative verwiesen. Zudem begrenzen die im öffentlichen Kollisionsrecht vorherrschende Anknüpfung an das Territorialprinzip und an die Staatsangehörigkeit etwaige Entschädigungsleistungen auf Personen, die sich im Staatsgebiet des zahlenden Staates aufhalten, sowie auf dessen Staatsangehörige mit Wohnsitz im Ausland.[38] Bekanntes Beispiel dafür ist der *ratio personae* beschränkte Anwendungsbereich des Bundesentschädigungsgesetzes (BEG). Nach § 4 BEG erhielten lediglich Personen im Staatsgebiet der früheren Bundesrepublik eine Entschädigung für das NS-Unrecht.[39] Der klassische diplomatische Schutz schränkt damit den Begünstigtenkreis stark und rein pragmatisch ein.[40] Als zahlenmäßiger Beleg seien die 70.000 Anträge aufgrund des Gesetzes zur Zahlbarmachung von Renten aus Beschäftigungen in einem Ghetto

---

teratur und Recht – Literarische Rechtsfälle von der Antike bis in die Gegenwart (1996), S. 325–255.

36 *Beth van Schaack:* In Defense of Civil Redress: The Domestic Enforcement of Human Rights Norms in the Context of the Proposed Hague Judgements Convention, Harvard ILJ 42 (2001), S. 143.

37 Gewürdigt etwa durch die UN Study concerning the right to restitution, compensation and rehabilitation for victims of gross violations of human rights and fundamental freedoms, Final report submitted by Special Rapporteur *Theodoor Cornelis van Boven,* UN-Doc. E/CN.4/Sub.2/1993/8 v. 02.07.1993, 45th Session, Rn. 125.

38 Erläuternd dazu der bisher umfassendste Bericht durch die Bundesregierung über Wiedergutmachung und Entschädigung für nationalsozialistisches Unrecht v. 31.10.1986, BT-Drucks. 10/6287 v. 31.10.1986, S. 12.

39 Vgl. *Uwe Kischel:* Widergutmachungsrecht und Reparationen – Zur Dogmatik der Kriegsfolgen, JZ 1997, S. 129.

40 Ein bezeichnendes Beispiel lässt sich anhand der Familie der *Annelies Marie Frank,* bekannt durch das Tagebuch der Anne Frank, nachzeichnen. Ihre deutsche Familie emigrierte 1934 von Frankfurt am Main nach Amsterdam in die Niederlande und wurde nach fast zwei Jahren Leben im Versteck deportiert und in verschiedenen Konzentrationslagern ermordet, vgl. das Nachwort der deutschsprachigen Aufl. zum Tagebuch der Anne Frank (2001). Der einzige Überlebende, ihr Vater *Otto Frank,* stellte am 13. Juni 1966 Antrag auf Entschädigung nach dem BEG. Er konnte sich dabei einzig auf den Tatbestand stützen, dass seine ältere Tochter Margot Betti Frank seit Ostern 1932 für etwa anderthalb Jahre die Elementarschule in Frankfurt am Main besuchte. Nur dies erfüllte den Tatbestand des § 64 BEG in Verbindung mit §§ 115 ff. BEG-SG. Dem Antrag wurde am 22. Januar 1968 in Höhe von 4.000 DM stattgegeben, Aktenzeichen I 6 W 40 205/89/A/-/Fr, Amsterdamer Anne Frank Stichting.

Erstes Kapitel – Einführung

(ZRBG)[41] genannt, von denen über 90 Prozent abgelehnt wurden.[42] Wiederum waren 96 Prozent der klageweisen Geltendmachung gegen den Rentenversicherer erfolglos.[43] Den Gang vor die Zivilgerichte zu suchen ist zumeist also nur Spiegel der enttäuschenden Entschädigung durch Gesetze oder internationale Vereinbarungen.

b) Problemkreise der zivilrechtlichen Geltendmachung

Entsprechend bedeutend ist die Frage, ob und wie Ansprüche gegen Staaten zivilgerichtlich geltend gemacht und durchgesetzt werden können.[44] Insbesondere in den letzten beiden Jahrzehnten suchten Überlebende von schweren Menschenrechtsverletzungen sowie deren Opferfamilien die Durchsetzung von Normen vor nationalen Gerichten.[45] Anders als das Völkerrecht, das keinen eigenen Vollstreckungsapparat wie die innerstaatlichen Rechtsordnungen kennt[46], kann das Zivilrecht auf nationale Durchsetzungsmechanismen zurückgreifen. Wo das Völkerrecht keine effizienten Mittel zur gerichtlichen Durchsetzung findet, sind die nationalen ordentlichen Gerichte in der Lage, die Aufgabe zu übernehmen.[47] Das Zivilrecht und insbesondere der Zivilprozess erscheinen daher in dem Maße attraktiv, wie bisherige Entschädigungsmechanismen versagen. Darin liegt mit anderen Worten das beschrieben, was *Paul R. Dubinsky* als *„the coming conflict"* bezeichnet.[48]

Einher mit jeder Hoffnung, die mit dem Ausweichen auf das Zivilrecht also verbunden steht, ergeben sich sowohl aus materiell-rechtlicher als auch aus verfahrensrechtlicher Perspektive vieldiskutierte Problemkreise. Materiell-rechtlich sind das vor allem die Diskurse um die Anspruchsbegründung wegen schwerer Menschenrechtsverletzungen, insbesondere darum,

---

41 BGBl. Teil I, S. 2074.
42 *Jürgen Zarusky:* Entschädigungspolitik, Rechtsprechung und historische Forschung (2010), S. 7.
43 *Stephan Lehnstaedt:* Ghetto-„Bilder" – Historische Aussagen in Urteilen der Sozialgerichtsbarkeit, aus: Entschädigungspolitik, Rechtsprechung und historische Forschung (2010), S. 90.
44 *Karsten Thorn:* Schadensersatzansprüche der Zivilbevölkerung gegen ausländische Besatzungsmächte, BerDGVR 44 (2009), S. 307.
45 *Beth van Schaack:* In Defense of Civil Redress: The Domestic Enforcement of Human Rights Norms in the Context of the Proposed Hague Judgements Convention, Harvard ILJ 42 (2001), S. 143.
46 Stellvertretend *Karin Oellers-Frahm:* Zur Vollstreckung der Entscheidungen internationaler Gerichte im Völkerrecht, ZaöRV 36 (1976), S. 678.
47 *Karl Kreuzer:* Clash of civilizations und Internationales Privatrecht, RW 2010, S. 177.
48 Siehe zuvor ab S. 7.

A. Herausforderung des Europäischen Zivilprozessrechts

– ob ein Anspruch neben dem völkerrechtlichen Exklusivitätsanspruch überhaupt bestehen kann[49] und
– aus welchen Rechtsnormen ein Anspruch auf Schadensersatz hergeleitet werden kann, insbesondere aus welchen völkerrechtlichen und/oder zivilrechtlichen Normen.[50]

Welches Recht über die Individualansprüche wegen der schweren Menschenrechtsverletzung entscheidet, ist dabei vornehmliche Weichenstellung des Internationalen Privatrechts.[51] Dieses wird teilweise auch herangezogen, um einem etwaigen Nor-

---

49 Ursprünglich schloss die Prämisse, dass jeder Krieg ein Massenschadensereignis sei, seiner Natur her individuelle Schadensersatzansprüche aus. Individualansprüche setzten daher voraus, dass diese durch einen völkerrechtlichen Vertrag eigens konstituiert wurden, wie es etwa durch den Versailler Vertrag in seinem Teil X der Fall war. Die Konzeption des klassischen diplomatischen Schutzes hat im modernen Völkerrecht aber eine allmähliche Verschiebung hin zur individuellen Anspruchsberechtigung erfahren, vgl. *Christian Tomuschat:* Reparations for Grave Human Rights Violations, Tulane Journal of International and Comparative Law 10 (2002), S. 173; *Stefan Kadelbach:* Staatenverantwortlichkeit für Angriffskriege und Verbrechen gegen die Menschlichkeit, BerDGVR 40 (2003), S. 81.

50 Dazu umfassend bei *Nora Matthiesen:* Wiedergutmachung für Opfer internationaler bewaffneter Konflikte – Die Rechtsposition des Individuums bei Verletzungen des humanitären Völkerrechts (2012) sowie *Philipp Stammler:* Der Anspruch von Kriegsopfern auf Schadensersatz – Eine Darstellung der völkerrechtlichen Grundlagen sowie der Praxis internationaler Organisationen und verschiedener Staaten zur Anerkennung individueller Wiedergutmachungsansprüche bei Verstößen gegen humanitäres Völkerrecht (2009). Bis heute ist ein eigenständiger völkerrechtlicher Anspruch auf Entschädigung für die Verletzung von Menschenrechten nicht ausdrücklich kodifiziert. Dennoch finden sie Erwähnung in regionalen Menschenrechtsverträgen, vgl. auch Art. 41 EMRK. Grundsätzlich können zwei Ansätze zur Anspruchsbegründung unterschieden werden. Zum einen wird das Völkerrecht nach einem eigenständigem Individualanspruch untersucht. Zum anderen ist streitig, wie weit neben den oben dargestellten völkerrechtlichen Mechanismen auf zivilrechtliche Anspruchsnormen zurückgegriffen werden kann, vgl. *Axel Halfmaier:* Menschenrechte und Internationales Privatrecht im Kontext der Globalisierung, RabelsZ 68 (2004), S. 671 ff.; *Martin Seegers:* Das Individualrecht auf Wiedergutmachung – Theorie, Struktur und Erscheinungsformen der völkerrechtlichen Staatenverantwortlichkeit gegenüber dem Individuum (2005), S. 3; *Stefanie Schmahl:* Amtshaftung für Kriegsschäden, ZaöRV 66 (2006), S. 704.

51 Der staatenübergreifende Sachverhalt kann sich entweder nach dem Recht des Schädigerstaates, nach dem Recht des Staates, wo die Menschenrechtsverletzung stattgefunden hat, oder aber alternativ nach Völkerrecht richten. Qualifiziert wird dabei nach der *lex fori*. Dafür bieten sich zwei Anknüpfungsgegenstände an. Zum einen die Anknüpfung an die deliktische Handlung, die jeder Menschenrechtsverletzung innewohnt. Grundsätzlich ergibt sich für das Deliktsstatut die *lex loci delicti commissi* mit der Anknüpfung an das Recht des Handlungsortes. Soweit es aber um Menschenrechtsverletzungen durch staatliches Handeln geht, wird die Tatortregel durch die besondere Anknüpfung für Amts-

menmangel abzuhelfen.⁵² Die materiell-rechtlichen Probleme sollen in dieser Untersuchung aber nicht Gegenstand der Auseinandersetzung sein. Die Untersuchung stellt vielmehr die zivilverfahrensrechtliche Geltendmachung materiell-rechtlicher Fortschritte in ihren Mittelpunkt. Der Arbeit zu Grunde liegt dafür die Annahme, dass ein Anspruch wegen schwerer Menschenrechtsverletzungen begründet werden kann. Demgemäß ist Raum für die relevanten verfahrensrechtlichen Fragen. Entsprechend der Trennung zwischen dem Erkenntnisverfahren und dem Vollstreckungsverfahren stellen sich hier die Fragen,

– vor welchen Zivilgerichten ein solcher Anspruch geltend gemacht werden können
– und welche Foren für die Anerkennung und Vollstreckung eines klagezusprechenden Urteils zur Verfügung stehen.

3. Der Drang vor fremde Zivilgerichte

Noch unproblematisch sind diese Problemkreise zu behandeln, soweit vor den Gerichten des Staates geklagt wird, dem das Unrecht vorgeworfen wird. Dort bestehen in aller Regel weder Probleme mit der Gerichtsbarkeit über eine staatliche Handlung noch Schwierigkeiten mit der Internationalen Zuständigkeitsbegründung. Der Geschädigte sieht sich dem Staat aber zugleich auf Beklagtenseite sowie als Rechtsprechungsorgan gegenüber. Das ist zivilprozessual keine ungewöhnliche Konstellation. Der Geschädigte wäre aber gezwungen, vor den Gerichten des Staates zu klagen, der die Menschenrechtsverletzung begangen haben soll. Hier säßen Täter selbst über

---

haftung verdrängt. Um den Schutz der Souveränität bzw. der Organisationshoheit des Staates zu gewährleisten, geht die Sonderanknüpfung vor, vgl. bei *Stefanie Schmahl:* Amtshaftung für Kriegsschäden, ZaöRV 66 (2006), S. 700; *Anatol Dutta:* Amtshaftung wegen Völkerrechtsverstößen bei bewaffneten Auslandseinsätzen deutscher Streitkräfte, AöR 133 (2008), S. 206; *Burkhard Hess:* Staatenimmunität bei Menschenrechtsverletzungen, aus: Wege zur Globalisierung des Rechts, Festschrift für Rolf A. Schütze (1999), S. 283; *Axel Halfmeier:* Menschenrechte und Internationales Privatrecht im Kontext der Globalisierung, RabelsZ 68 (2004), S. 671 ff.

52 Zumeist scheitern individuelle Schadensersatzansprüche an einer traditionellen Völkerrechtslehre. Die künstliche Trennung zwischen dem Völker- und Nationalrecht löst einen unbefriedigenden Normenmangel aus, der überkommen als Normenwiderspruch teleologischer Art wahrgenommen wird. *Aleksandar Jakšić* erkennt darin einen Wertungswiderspruch, den er vorschlägt durch Anpassung nach den Grundsätzen des IPR zu lösen. Er befürwortet er die völkerrechtliche Anspruchsbegründung unter der Modifizierung deliktischer Haftungsfolgen, vgl. *Aleksandar Jakšić:* Direktklagen von Kriegsopfern gegen Staaten mit genauerem Blick auf die NATO Operation „Allied Force" in der BR Jugoslawien, Belgrade Law Review 57 (2009), S. 163 ff.

ihre Taten zu Gerichte.[53] Das zwar nicht im personellen Sinne, aber jedenfalls im sachlichen. Dies ist weder dem Geschädigten zumutbar, noch einem effektiven Zivilrechtsschutz zuträglich.[54] So zeigt die Praxis deutlich, dass ein Gerichtsstand im Schädigerstaat den Opfern vielfach nicht weiterhilft.[55] Die materiell-rechtlichen Grenzen sind für die Opfer zumeist enttäuschend. Der Gang vor die Zivilgerichte geriert mithin zum Drang vor fremde Zivilgerichte. Hier verspricht auch die der Unionalisierung zu Grunde liegende These von der Gleichwertigkeit der Justizsysteme keine Abhilfe. Im Gegenteil bestätigt der Befund deren kritische Betrachtung[56] und ist aus zivilprozessualer Perspektive als *forum und enforcement shopping* zu akzeptieren.[57]

4. *Fremdgerichtliche Immunitätsbarriere*

Insbesondere dann, wenn ein schweres Menschenrechtsverbrechen grenzüberschreitend stattfindet, kommt eine Klage vor den Gerichten des Staates in Betracht, dessen Angehörige die Opfer sind. Vor fremden Zivilgerichten verlagern sich aber die Rechtsprobleme vom Materiellen ins Prozessuale. Hier muss vor allem eine Hürde genommen werden: Die Immunität des Schädigerstaates vor der fremdgerichtlichen Inanspruchnahme. Der Drang vor fremde Zivilgerichte „kostet" damit die Immunitätsbarriere.

Begriff und Inhalt der Immunität begleiten das Thema und die Untersuchung entsprechend im Schwerpunkt.[58] Entsprechend aufwendig werden im bisherigen Kontext die Darstellungen zum Wesen der Immunität und ihrer Entwicklung geführt.[59] Lesenswert und zusammenfassend erscheint in diesem Zusammenhang das hier noch darzustellende Urteil des IGH vom 3. Februar 2012.[60] An dieser einleitenden Stelle soll die

---

53 *Rolf Wagner:* Die Bemühungen der Haager Konferenz für Internationales Privatrecht um ein Übereinkommen über die gerichtliche Zuständigkeit und ausländische Entscheidungen in Zivil- und Handelssachen – Ein Sachstandsbericht nach dem 1. Teil der Diplomatischen Konferenz, IPRax 2001, S. 543.
54 Ebenda.
55 Ebenda; *Markus Rau:* Schadensersatzklagen wegen extraterritorial begangener Menschenrechtsverletzungen: der US-amerikanische Alien Tort Claims Act, IPRax 2000, S. 558.
56 Mit Nachw. bei Geimer/Schütze-*Reinhold Geimer:* Europäisches Zivilverfahrensrecht, 3. Aufl. 2010, Einl., Rn. 258.
57 Dazu näher an späterer Stelle ab S. 304.
58 *Ratione personae* wird hier allein die Immunität von Staaten angesprochen, wobei diesbezüglich auf die spätere Begriffsfestlegung auf S. 35 verwiesen wird.
59 Vgl. *Matthias Rossi,* der das Verhältnis zwischen Staatenimmunität und Europäischen Zivilprozessrecht vom IGH zu befinden sieht: Staatenimmunität im europäischen Zivilprozessrecht, Jahrbuch für Italienisches Recht 23 (2010), S. 50 ff.
60 Dazu im zweiten Abschnitt des zweiten Kapitel unter S. 87.

Erinnerung daran genügen, dass die Regel der Staatenimmunität im Wesentlichen auf das in Art. 2 Abs. 1 UN-Charta niedergelegte Prinzip der souveränen Gleichheit von Staaten zurückgeführt wird.[61] Aus dieser Überzeugung ergibt sich, dass ein jeder Staat nach innen und nach außen (gleich) souverän ist. Die innere Souveränität beschreibt die Verfassungsautonomie eines Staates. Sie ist Grund und Voraussetzung für die Entscheidungsgewalt seiner Gerichte.[62] So ausgestattet üben die Gerichte eines Staates im Grundsatz unbeschränkte Gerichtsbarkeit im entsprechenden Hoheitsgebiet aus.[63] Soweit jedenfalls, bis sie auf die äußere Souveränität eines anderen Staates treffen. Diese bedeutet die Freiheit vor fremdstaatlicher Gerichtsbarkeit, das heißt die extraterritoriale Freiheit eines souveränen Staates, für seine Akte niemandem Rechenschaft ablegen zu müssen und keiner Rechtsgewalt als der eigenen unterworfen zu sein.[64] Das Immunitätsinstitut beschreibt so gesehen die Grenze der Rechtsmacht eines Staates im Verhältnis zu einem anderen Staat.[65]

Diese Grenzziehung blieb wie das Recht selbst nie statisch. Vielmehr ist die Reichweite des Immunitätsanspruches seit seiner Formulierung einem ständigen Schrumpfungsprozess unterworfen.[66] Hier ist entsprechend der zuvor beschriebenen Problemkreise der zivilrechtlichen Geltendmachung zwischen Erkenntnis- und Vollstreckungsverfahren zu unterscheiden. Im Bereich des Vollstreckungsverfahrens blieb der Gedanke einer absoluten Immunität in den meisten Staaten lange wirksam.[67] Erst mit der Unterscheidung zwischen hoheitlichem und nicht hoheitlichem Verwendungszweck hat diese Betrachtung eine Wende genommen.[68] Im Rahmen der Vollstreckungs-

---

61 Statt vieler *Matthias Rossi:* Staatenimmunität im europäischen Zivilprozessrecht, Jahrbuch für Italienisches Recht 23 (2010), S. 50 f. Daneben finden sich die die Unabhängigkeit der Staaten und deren Würde als Begründungsansätze, vgl. Nagel/Gottwald-*Nagel Gottwald:* Internationales Zivilprozessrecht, 6. Aufl. (1997), § 2, Rn. 2.
62 *Wolfgang Eickhoff:* Inländische Gerichtsbarkeit und internationale Zuständigkeit für Aufrechnung und Widerklage unter besonderer Berücksichtigung des Europäischen Gerichtsstands- und Vollstreckungsübereinkommens (1986), S. 21.
63 Ebenda, S. 22.
64 *Moritz von Unger:* Menschenrechte als transnationales Privatrecht (2008), S. 67.
65 In diesem Sinne auch *Moritz von Unger:* Menschenrechte als transnationales Privatrecht (2008), S. 60.
66 Vgl. etwa die Präambel des Europäischen Übereinkommens über Staatenimmunität v. 16.05.1972. Zum dogmatischen Verhältnis zwischen Grundsatz und Ausnahme bei *Wilfried Schaumann,* der der absoluten Immunität ihr historisches Primat abspricht: Die Immunität ausländischer Staaten nach Völkerrecht, BerDGVR 8 (1968), S. 22 f.
67 *Helmut Damian:* Staatenimmunität und Gerichtszwang (1985), S. 9.
68 BVerfG, Beschl. v. 13.12.1997 – 2 BvM 1/76 (Leitsatz 7), BVerfGE 46, S. 342–404 = NJW 1978, S. 485–494 = DB 1978, S. 342–343 = DVBl. 1978, S. 496–501 = WM 1978, S. 26–31; mit Anm. *Albert Bleckmann:* Zwangsvollstreckung gegen einen fremden Staat, NJW 1978, S. 1092–1094; *Rudolf Geiger:* Zur Lehre vom Völkergewohnheitsrecht in der Rechtsprechung des Bundesverfassungsgerichts, AöR 103 (1978), S. 382–407 sowie

immunität sind nur solche Maßnahmen völkerrechtlich untersagt, die Gegenstände von Staaten betreffen, die „im Zeitpunkt des Beginns der Vollstreckungsmaßnahme hoheitlichen Zwecken des fremden Staates dienen".[69] Weitergehend ist die Staatenimmunität auf Erkenntnisebene zurückgedrängt. Insbesondere für staatswirtschaftliches Handeln sowie fiskal- und verwaltungsprivatrechtlicher Tätigkeiten hat sich eine Immunitätsausnahme herausgebildet.[70]

III. Die Rechtskonzepte zur Überwindung der Immunitätsbarriere im Falle schwerer Menschenrechtsverletzungen

In dieser Geübtheit der Immunitätseinschränkung und aufgeschreckt von nicht abklingenden Verwerfungen, wird nunmehr eine Einschränkung der Immunitätsbarriere zur Bewältigung von schwersten Menschenrechtsverletzungen gefordert.[71]

1. Die Suche nach Rechtskonzepten

Lange Zeit suchten ausländische Kläger aus diesem Grunde die Vorteile des US-amerikanischen Zivilprozessrechts.[72] Attraktiv ist es nicht nur durch seine exorbitanten Gerichtsstände, für die ein Anknüpfungspunkt des Beklagten im Forumstaat genügt.[73] Insbesondere ermöglichte der *Foreign Sovereign Immunities Acts* (FSIA) kraft des-

---

jüngst *Matthias Weller:* Vollstreckungsimmunität für Kunstleihgaben ausländischer Staaten, IPRax 2011, S. 574–576.
69 Ebend. Leitentscheidung des BVerfG, Leitsatz 8.
70 Stellvertretend dazu *Christian Appelbaum:* Einschränkungen der Staatenimmunität in Fällen schwerer Menschenrechtsverletzungen – Klagen von Bürgern gegen einen fremden Staat oder ausländische staatliche Funktionsträger vor nationalen Gerichten (2007), S. 273. Für Deutschland das BVerfG, Urt. v. 30.04.1963 – 2 BvM 1/62 (Fundstellenverzeichnis).
71 Vorsichtig bei *Oliver Dörr:* Staatliche Immunität auf dem Rückzug?, AVR 41 (2003), S. 201–219; aus neuerer Zeit bei *Eric Engle:* Private Law Remedies for Extraterritorial Human Rights Violations (2006); *Moritz von Unger:* Menschenrechte als transnationales Privatrecht (2008).
72 *Markus Rau:* Schadensersatzklagen wegen extraterritorial begangener Menschenrechtsverletzungen: der US-amerikanische Alien Tort Claims Act, IPRax 2000, S. 558; *Burkhard Hess:* Staatenimmunität bei Menschenrechtsverletzungen, aus: Wege zur Globalisierung des Rechts, Festschrift für Rolf A. Schütze (1999), S. 270.
73 Was an dieser Stelle von dem Regelungsgegenstand des Alien Tort Claims Acts als Regelung der sachlichen Zuständigkeit zu unterscheiden ist, vgl. *Markus Rau:* Schadensersatzklagen wegen extraterritorial begangener Menschenrechtsverletzungen: der US-amerikanische Alien Tort Claims Act, IPRax 2000, S. 558.

Erstes Kapitel – Einführung

sen § 1605 (a) (5) „spektakuläre Verfahren" gegen fremde Staaten.[74] Im Jahr 1989 begrenzte jedoch der U.S. Supreme Court die Haftbarmachung fremder Staaten bei Inlandsdelikten und beendete die Suche nach einer allgemeinen Immunitätsausnahme für Völkerrechtsverletzungen.[75] Wenn auch das Jahr 1989 ein Ende für die US-amerikanischen Klagen bedeutete, tat sich in dem „Wendejahr" ein so großer Themenkomplex auf, der sich seine Wege zur juristischen Auseinandersetzung in Europa suchte. Die gerichtliche Aufarbeitung des Zweiten Weltkriegs stand mit der Wiedervereinigung Deutschlands offen.[76]

Anders als im *common law* basierten Rechtskreis hat der *civil law*-Rechtskreis die Frage der Behandlung von schweren Menschenrechtsverletzungen lange Zeit als strafrechtliche Angelegenheit verstanden und fortentwickelt.[77] Außerhalb des Strafrechts stellte sich die Barriere der Immunität indes nur als schwer überwindbar dar. Nicht umsonst wird „das Konzept des juristischen Menschenrechtsschutzes in der Krise" gesehen.[78] Nun hat das letzte Jahrzehnt aber zwei Entwicklungen vorangebracht, die beide nicht neu oder miteinander bedingt waren, deren dynamische Entwicklung sich wiewohl als Rechtskonzepte zur Überwindung der Immunitätsbarriere anbieten.

2. Immunitätsausnahme wegen schwerer Menschenrechtsverletzungen

Der bisherige Schwerpunkt des Diskurses liegt in der Begründung einer Immunitätsausnahme im Falle von schweren Menschenrechtsverletzungen. Die einzelnen Begründungansätze sind mannigfaltig[79], ruhen aber im Kern auf der Schwere der

---

74 *Burkhard Hess:* Staatenimmunität bei Menschenrechtsverletzungen, aus: Wege zur Globalisierung des Rechts, Festschrift für Rolf A. Schütze (1999), S. 271 sowie grundlegend *ders.:* Staatenimmunität bei Distanzdelikten – Der private Kläger im Schnittpunkt von zivilgerichtlichen und völkerrechtlichen Rechtsschutz (1992), S. 79 ff.
75 *Burkhard Hess:* Staatenimmunität bei Menschenrechtsverletzungen, aus: Wege zur Globalisierung des Rechts, Festschrift für Rolf A. Schütze (1999), S. 271 f.
76 Zur Entstehung der damit verbundenen Klagewellen sogleich im ersten Abschnitt des zweiten Kapitels, in Bezug auf Griechenland ab S. 48 und in Bezug auf Italien ab S. 78.
77 *Beth van Schaack:* In Defense of Civil Redress: The Domestic Enforcement of Human Rights Norms in the Context of the Proposed Hague Judgements Convention, Harvard ILJ 42 (2001), S. 144.
78 So *Wolfgang Kaleck,* Generalsekretär des European Center for Constitutional and Human Rights, zitiert nach *Andrea Böhm/Ulrich Ladurner:* „Die Gesetze des Dschungels", DIE ZEIT Nr. 44 v. 28.10.2010, S. 19.
79 Überblick bei *Christian Appelbaum:* Einschränkungen der Staatenimmunität in Fällen schwerer Menschenrechtsverletzungen – Klagen von Bürgern gegen einen fremden Staat oder ausländische staatliche Funktionsträger vor nationalen Gerichten (2007), S. 273 ff.; *Oliver Dörr:* Staatliche Immunität auf dem Rückzug?, AVR 41 (2003), S. 213 ff. und insbesondere die Entscheidungsgründe im Urteil des IGH vom 3. Februar 2012 (Deutschland ./. Italien), Rn. 59 ff. (Fundstellenverzeichnis).

A. Herausforderung des Europäischen Zivilprozessrechts

Menschenrechtsverletzung selbst, um die Hürde der Staatenimmunität zu überspringen. Deutlich wird dies insbesondere bei den Konzepten des *Immunitätsverlusts*[80], namentlich der Verwirkung[81], des implizierten Verzichts[82] oder gar der Repressalie.[83] Daneben stehen *Abwägungsmodelle*[84], die die Immunität auf die Waage mit anderen Rechtsgütern stellen. *Prozessuales* Gegengewicht der Staatenimmunität ist dabei das Recht auf effektiven Rechtsschutz, wobei hier vor allem der EGMR interessante Ansätze erkennen lässt.[85] Als *materielles* Gegengewicht und zugleich inhaltlich gewichtigstes Argument wird der *ius cogens*-Charakter der Menschenrechte selbst zu Felde geführt.[86] Was die Normenhierarchie in Bezug auf das Völkerstrafrecht bereits errungen hat, müsse unterschiedslos auch im Zivilprozess gelten.[87] Die Grenzlinie verlaufe insofern nicht zwischen strafrechtlicher und zivilrechtlicher Jurisdiktion, sondern zwischen unterschiedlichen Eingriffsintensitäten bei auswärtiger Rechtsmacht.[88]

---

80 So zusammenfassend und nachgehend bei *Christian Appelbaum:* Einschränkungen der Staatenimmunität in Fällen schwerer Menschenrechtsverletzungen – Klagen von Bürgern gegen einen fremden Staat oder ausländische staatliche Funktionsträger vor nationalen Gerichten (2007), S. 273.
81 Stellvertretend gefordert von der Generalanwältin am EuGH *Juliane Kokott:* Mißbrauch und Verwirkung von Souveränitätsrechten bei gravierenden Völkerrechtsverstößen, aus: Recht zwischen Umbruch und Bewahrung, Festschrift für Rudolf Bernhard (1995), S. 135–151 sowie von *Norman Paech:* Staatenimmunität und Kriegsverbrechen, AVR 47 (2009), S. 59 ff.
82 Zum Hintergrund und Begründungsmodell im Pinochet-III-Urteil eingehend bei *Moritz von Unger:* Menschenrechte als transnationales Privatrecht (2008), S. 83.
83 Nachgehend bei *Christian Appelbaum:* Einschränkungen der Staatenimmunität in Fällen schwerer Menschenrechtsverletzungen – Klagen von Bürgern gegen einen fremden Staat oder ausländische staatliche Funktionsträger vor nationalen Gerichten (2007), S. 273 ff. sowie *Matthias Rossi,* der das Verhältnis zwischen Staatenimmunität und Europäischen Zivilprozessrecht vom IGH zu befinden sieht: Staatenimmunität im europäischen Zivilprozessrecht, Jahrbuch für Italienisches Recht 23 (2010), S. 58 ff.
84 Bei teilweise als konkrete Pflichtenkollision bezeichnet wird, vgl. *Tim René Salomon:* Die Staatenimmunität als Schild zur Abwehr gerechter Ansprüche? Zwangsarbeiterklagen vor italienischen Zivilgerichten gegen Deutschland, Bucerius Law Journal 2009, S. 64; *Oliver Dörr:* Staatliche Immunität auf dem Rückzug?, AVR 41 (2003), S. 216.
85 Vgl. *Christian Maierhöfer:* Der EGMR als „Modernisierer" des Völkerrechts? Staatenimmunität und ius cogens auf dem Prüfstand – Anmerkung zu den Urteilen Fogarty, McElhinney und Al-Adsani, EuGRZ 2002, S. 391–398.
86 Dazu *Christian Appelbaum:* Einschränkungen der Staatenimmunität in Fällen schwerer Menschenrechtsverletzungen – Klagen von Bürgern gegen einen fremden Staat oder ausländische staatliche Funktionsträger vor nationalen Gerichten (2007), S. 238 ff.
87 *Norman Paech:* Staatenimmunität und Kriegsverbrechen, AVR 47 (2009), S. 58; *Lorna McGregor:* State Immunity and jus cogens, ICQL 55 (2006), S. 437 ff. (444).
88 *Moritz von Unger:* Menschenrechte als transnationales Privatrecht (2008), S. 61.

Erstes Kapitel – Einführung

Diesen Begründungsmodellen ist eine gewisse Dynamik nicht abzusprechen, haben sie doch bis zur Anrufung des IGH im Streit zwischen Deutschland und Italien geführt. Zaghaft findet sich die Anerkennung einer *Tendenz* des Völkerrechts zur Einschränkung der Staatenimmunität im Falle schwerer Menschenrechtsverletzungen auch vor dem IGH[89], dem EuGH[90], dem EGMR[91] als auch – mit Verweis auf die Ausgangsverfahren – dem BGH.[92] Entsprechend beobachten die *International Law Commission*[93] sowie das internationale Schrifttum[94] diese Entwicklung. Mit der Verwendung des Begriffs „Tendenz"[95] ist aber Zurückhaltung geboten, sind doch die Anforderun-

---

[89] Vgl. die umfangreichste abweichende Meinung von der von Belgien benannten Richterin *Christine Van den Wyngaert* im Urteil des IGH v. 14.02.2002 im Fall betreffend den Haftbefehl vom 11. April 2000 (Demokratische Republik Kongo ./. Belgien), Rn. 23, dazu *Nikolaus Schultz:* Ist Lotus verblüht?, ZaöRV 62 (2002), S. 721 ff.

[90] Schlussanträge des Generalanwalts *Dámaso Ruiz-Jarabo Colomer* zur Rs. C-292/05 (Eirini Lechouritou u. a.) v. 08.11.2006, Slg. 2007 (I), S. 1521–1539, Rn. 60.

[91] In seiner Entscheidung vom 12.12.2002 (Aikaterini Kalogeropoulou u. a. ./. Bundesrepublik Deutschland und Griechenland) sprach der EGMR davon, dass die Immunitätsrestriktion für schwere Menschenrechtsverletzungen sich „zur Zeit" noch nicht durchgesetzt habe (siehe Fundstellenverzeichnis) und verweist auf seine ausdrücklichen Feststellungen in seiner Rechtsprechung v. 21.11.2001 – Az.: 31253/96 (McElhinney ./. Ireland), EuGRZ 2002, 415 (418), Az.: 37112/97 (Fogarty ./. the United Kingdom) sowie die am selbigen Tag ergangene Concurring Opinion der Richter *Matti Pellonpää* und Sir *Nicolas Bratza* im vielbesprochenen Fall Al-Adsani ./. the United Kingdom – Az.: 35763/97. Alle drei Entscheidungen sind besprochen bei *Christian Maierhöfer:* Der EGMR als „Modernisierer" des Völkerrechts? Staatenimmunität und ius cogens auf dem Prüfstand – Anmerkung zu den Urteilen Fogarty, McElhinney und Al-Adsani, EuGRZ 2002, S. 391–398.

[92] Der BGH spricht in seinem Dístimo-Urteil v. 26.06.2003 – III ZR 245/98 (Fundstellenverzeichnis) wörtlich von „Bestrebungen", NJW 2002, S. 3489.

[93] Report of the Commission to the General Assembly on the work of its 51th session, Yearbook of the International Law Commission (1999), Bd. II, UN-Doc. A/CN.4/SER.A/1999/Add.l, S. 172.

[94] *Georg Ress:* Supranationaler Menschenrechtsschutz und der Wandel der Staatlichkeit, ZaöRV 64 (2004), S. 621 ff.; *Annalisa Ciampi:* The Italian Court of Cassation Asserts Civil Jurisdiction over Germany in a Criminal Case Relating to the Second World War – The Civitella Case, JICJ 7 (2009), S. 614; *Catherine Kessedjian:* Les actions civiles pour violation des droits de l'homme – Aspects de Droit International Privé, Trav. Com. Fr. Dr. Int. Pr. 2002–2004, S. 151–184.

[95] Das lateinische Wort „tandere" bedeutet „ausstrecken" und suggeriert ein Streben, eine Neigung und eine Häufung von Ereignissen in eine bestimmte Richtung, vgl. Der Brockhaus, Bd. 14 (1995), S. 53. Zwar findet sich das Wort nicht selten im Zusammenhang mit der Feststellung der Reichweite der Staatenimmunität in Rechtsprechung und Rechtstexten. Gerade die Entwicklung des Inzidenten ist in Bezug auf die hiesige Fragestellung aber offen und durch das Urteil des IGH vom 3. Februar 2012 (Deutschland ./. Italien) vorerst versperrt.

A. Herausforderung des Europäischen Zivilprozessrechts

gen an die Änderungen des (völkergewohnheitsrechtlichen) Immunitätskonzepts unlängst höher als die Euphorie dahinter. Großer Begründungsaufwand wird daher für die Frage aufgewendet, unter welchen Bedingungen das Völkergewohnheitsrecht entsteht und sich ändert.[96] Auch hier erscheinen die Ausführungen des noch zu besprechenden Urteils des IGH vom 3. Februar 2012 lesenswert. Dieser beendete den Diskurs um eine Immunitätsausnahme im Falle schwerer Menschenrechtsverletzungen mit der erwarteten Feststellung, dass diese derzeit nicht Bestandteil des geltenden Völker(gewohnheits)rechts sei.

3. Konzentration auf das Europäische Zivilprozessrecht

So zaghaft sich also eine Tendenz andeutet und so eindeutig der IGH mit 12 zu 3 Stimmen diesen Diskurs vorerst beendet hat, so attraktiv bietet sich das Europäische Zivilprozessrecht als alternatives Rechtskonzept zur Behandlung von schweren Menschenrechtsverletzungen an. Wie schon angedeutet und noch zu besprechen sein wird, stand auch dieser Ansatz bereits auf höchstrichterlichem Prüfstand, namentlich vor dem EuGH in der Rs. C-292/05. Indes hat dieser nur ausschnittsweise dazu Stellung genommen und dem Grunde nach das Thema offen gelassen. Soweit auch das Internationale Privatrecht auf den ersten Blick nicht zur Bewältigung schwerer Menschenrechtsverletzungen berufen scheint, so bietet es sich doch für die moderne Bewältigung von schweren Menschenrechtsverletzungen an.[97] Gerade das Europäische Zivilprozessrecht ist in seinem dogmatischen Ansatz und seiner praktischen Bedeutung nicht ohne Grund für die Behandlung von schweren Menschenrechtsverletzungen besonders herausgefordert.

a) Der Integrationsstand des Europäischen Rechtsraums

Die Einschränkung auf den Europäischen Rechtsraum geschieht nicht, weil Europa eine besonders starke Tendenz zur Immunitätsdurchbrechung im Falle schwerer Menschenrechtsverletzung geprägt hätte. Abgesehen von den vereinzelt gebliebenen Judikaten der Ausgangsverfahren[98] ist aus der Perspektive des Völkerrechts

---

96 Vgl. mustergültig das Oberstes Gericht der Republik Polen v. 29.10.2010 – IV CSK 465/09, diesbezüglich auszugsweise übersetzt in IPRax 2011, S. 596 f. und besprochen von *Michael Stürner:* Staatenimmunität bei Entschädigungsklagen wegen Kriegsverbrechen, IPRax 2011, S. 600 ff.
97 *Catherine Kessedjian:* Les actions civiles pour violation des droits de l'homme – Aspects de Droit International Privé, Trav. Com. Fr. Dr. Int. Pr. 2002–2004, S. 152.
98 Damit gemeint sind jene Verfahren, welche die hiesige Thematik vor die Gerichte des europäischen Justizraums gebracht haben und nacheinander zur Anrufung des EuGH und des IGH sowie mehrfach des EGMR geführt haben.

der US-amerikanische Rechtsraum die treibende Kraft zur Durchsetzung von Individualansprüchen von Opfern schwerer Menschenrechtsverletzungen.[99] Dabei ist der europäische Rechtsraum freilich von dem gleichen Konflikt zwischen Immunität und Menschenrechten geprägt. Auch noch ohne Singularität zeichnet den Europäischen Rechtsraum aus, dass er nach der allgemeinen Erklärung der Menschenrechte große Fortschritte im völkervertragrechtlichen Menschenrechtsschutz geleistet hat.[100] Eine andere Eigenschaft macht den Europäischen Rechtsraum zum herausragenden Untersuchungsgegenstand. Während noch die Herausbildung der europäischen Staaten auf der souveränen Herrschaft über ein definiertes Territorium gründete, folgt der Europäische Einigungsprozess einer globalen Idee.[101] Das Projekt einer staatenübergreifenden Union entspricht in diesem Sinne der zuvor angesprochenen Zurückdrängung von Souveränitätsinteressen der Staatengemeinschaft. In der Folge ist im europäischen Rechtsgebilde ein Integrationsstand gewachsen, der bisherige Immunitätserwägungen, auch das hiesige Thema betreffend, überwunden haben könnte.

Besonders darf betont werden, dass die heutige Verwirklichung der alten Europaidee auch als Antwort auf die entfesselte Verletzung von Menschenrechten nach dem Zweiten Weltkrieg zu verstehen ist.[102] Dieses „ehrgeizige und historisch beispiellose" Projekt ist eben aus der historischen Einsicht heraus erwachsen, dass schwerste Menschenrechtsverletzungen keinen Platz mehr haben dürfen.[103] Mit der Behandlung von schweren Menschenrechtsverletzungen holt die Europäische Union gewissermaßen ihre eigene Vergangenheit wieder ein. Gerade unter diesem Blickwinkel wird gleichermaßen die Verantwortung dem Thema gegenüber deutlich, wie zum anderen das Zerrüttungspotential in der Weise, dass das Erreichte mit dem Vergangenen konfrontiert wird. Wiewohl wenn ein *geeintes* Europa teilweise als *politisches* Hindernis für die Realisierung von Entschädigungsansprüchen zwischen seinen Mitgliedstaaten ge-

---

99 *Andreas Fischer-Lescano:* Subjektivierung völkerrechtlicher Regelungen – Die Individualrechte auf Entschädigung und effektiven Rechtsschutz bei Verletzungen des Völkerrechts, AVR 45 (2007), S. 354.
100 *Michael Bothe:* Wandel des Völkerrechts – Herausforderungen an die Steuerungsfähigkeit des Rechts im Zeitalter der Globalisierung, KritV 2008, S. 242.
101 *Norman Paech:* Staatenimmunität und Kriegsverbrechen, AVR 47 (2009), S. 51 mit Verweis auf *Jürgen Habermas:* Jenseits des Nationalstaats? Bemerkungen zu Folgeproblemen der wirtschaftlichen Globalisierung, aus: Politik und Globalisierung (1998), S. 67 ff.
102 Gewürdigt durch den Friedensnobelpreis im Jahr 2012; Überblick bei *Andreas Haratsch/Christian Koenig/Matthias Pechstein:* Europarecht, 8. Aufl. (2012), Rn. 6.
103 Vgl. die Erinnerung an die friedenswahrende Funktion des Europäischen Gemeinschaftsprojektes vom Präsidenten des Deutschen Bundestags *Norbert Lammert:* Inventur statt Ausverkauf, FAZ v. 01.11.2011, S. 10 und in Bezug auf den hiesigen Kontext bei *Joseph Halevi Horowitz Weiler:* Europe's Dark Legacy Reclaiming Nationalism and Patriotism, aus: Darker Legacies of Law in Europe: The Shadow of National Socialism and Fascism Over Europe and Its Legal Traditions (2003), S. 389 f.

sehen wird,[104] kann es tatsächlich eine juristische Plattform zur Auflösung der Immunitätsbarriere für schwere Menschenrechtsverletzungen bilden.[105] Anders nämlich als der aufwendig geführte Diskurs um eine Immunitätsausnahme *wegen* schwerer Menschenrechtsverletzungen das Schild der Souveränität erst zu durchdringen versucht, bietet die Europäische Union einen bereits weit geöffneten Souveränitätsmantel. Nicht die Schwere einer Menschenrechtsverletzung ist hier Anlass zur zwangsweisen Abweisung von Souveränitätsinteressen, sondern die freiwillige Verbundenheit und gemeinsame Zusammenarbeit der Europäischen Mitgliedstaaten. Letzteres bietet sich in Form der justiziellen Zusammenarbeit als ein eigenes Rechtskonzept an, um Fälle schwerer Menschenrechtsverletzungen zu behandeln.[106]

b) Die Herausforderung der justiziellen Zusammenarbeit in Zivilsachen

Bereits seit den 30er Jahren ist durch zahlreiche Vertragsschlüsse in Bezug auf die Anerkennung und Vollstreckung von Entscheidungen ein Rechtsraum gewachsen, wie er außerhalb Europas unübertroffen ist.[107] Sein singulärer Charakter ist eben die Konsequenz aus der ersten Hälfte des 20. Jahrhunderts. Mit der historischen Einsicht zu einem vereinten Europa öffneten sich wie zuvor angedeutet die europäischen Staaten einander.[108] Ein Schlüsselprojekt war das Brüsseler Übereinkommen, mit dem die sechs Gründungsstaaten der Europäischen Gemeinschaften seit 1968 ein gemeinsames Europäisches Zivilverfahrensrecht entwickelten. Dieses wurde Schritt für Schritt erweitert und 1997 mit Inkrafttreten des Vertrags von Amsterdam auf gemeinsame,

---

104 Zumindest soweit es um die tatsächliche Geltendmachung von Entschädigungsfragen geht: *Anestis Nessou:* Griechenland 1941–1944 – Deutsche Besatzungspolitik und Verbrechen gegen die Zivilbevölkerung – eine Beurteilung nach dem Völkerrecht (2009), S. 603. *Karl Doehring* betont in Bezug auf Griechenland und Deutschland die wirtschaftlichen Machtverhältnisse und sieht in einem daraus behaupteten jahrzehntelangen Nutznießen den Wegfall der Geschäftsgrundlage für anhaltende Reparationsforderungen: Reparationen für Kriegsschäden, aus: Jahrhundertschuld – Jahrhundertsühne: Reparationen, Wiedergutmachung, Entschädigung für nationalsozialistisches Kriegs- und Verfolgungsunrecht (2001), S. 51.
105 *Manolis Glezos:* Ein Unrecht muß gesühnt werden – Immer mehr Griechen verklagen Deutschland, DIE ZEIT, Nr. 40 v. 29.09.1995, S. 12.
106 An dieser Stelle der Untersuchung sei dafür stellvertretend und in seiner Allgemeinheit *Maximilian Pichl* genannt: Staatssouveränität auf der Kippe? Der Kampf und Entschädigungszahlungen im Recht, FoR 2010, S. 60.
107 *Arthur Taylor von Mehren:* Recognition of United States Judgements Abroad and Foreign Judgments in the United States – Would an International Convention Be Useful?, RabelsZ 57 (1993), S. 449 ff.
108 Das deutsche Grundgesetz betont dies insbesondere in seinen Art. 23 bis Art. 26 und Art. 59 Abs. 2, vgl. *Anatol Dutta:* Amtshaftung wegen Völkerrechtsverstößen bei bewaffneten Auslandseinsätzen deutscher Streitkräfte, AöR 133 (2008), S. 211.

unionale[109] Säulen gehoben.[110] Mit der EuGVVO als Herzstück und zahlreichen weiteren Regelungen haben die Mitgliedstaaten der Europäischen Union einen *acquis communautaire* in „Zivil- und Handelssachen" aufgebaut.[111] Dieses Vertragswerk ist so „hoch integrativ"[112], dass die Mitgliedstaaten nicht (mehr) frei ihre nationalen Interessen der mittlerweile unionalisierten Zusammenarbeit vorschieben können. Befreit von der nationalen Rechtszersplitterung und losgelöst vom Diskurs um die Immunitätsausnahme, könnte die vertiefte justizielle Zusammenarbeit in Zivilsachen zumindest die prozessualen Hürden auflösen und damit den Zugang zum Gericht ermöglichen. Es gilt mithin zu untersuchen, wie weit die vereinheitlichten Zuständigkeitsvorschriften sowie die unionale Urteilsfreizügigkeit die Behandlung von Klagen und Entscheidungen gegen Staaten wegen schwerer Menschenrechtsverletzungen ermöglichen können.

c) Die Hoffnung auf die Europäische Urteilsfreizügigkeit

Über den Zugang zum Recht hinaus bietet sich die EuGVVO auch aus einem anderen Blickwinkel für die Behandlung von schweren Menschenrechtsverletzungen an. In der Praxis ist das europäische *Zuständigkeitsregime* der EuGVVO nur von geringem Interesse für die Geltendmachung von schweren Menschenrechtsverletzungen. Die Ausgangsverfahren haben gezeigt, dass vor allem die europäische *Urteilsfreizügigkeit* herausgefordert wird. Der erstrittene Klageerfolg bleibt nämlich wegen der Trennung der gerichtlichen Geltendmachung in Kognition und Exekution nur ein vorläufiger. Die Trennung zwischen Erkenntnis- und Vollstreckungsverfahren hat zur Folge, dass die Durchsetzung eines Anspruchs losgelöst vom zuerkannten Anspruch erfolgen muss, der Titel gewissermaßen mediatisiert ist.[113] So wie jedes Urteil Ausdruck staatlicher Souveränität Autorität ist[114], machen seine Wirkungen an den territorialen

---

109 Bzw. nach damaligem Terminus „gemeinschaftliche Säulen" bedeutend.
110 Übersicht bei *Thomas Rauscher:* Internationales Privatrecht, 3. Aufl. 2009, Rn. 1516 ff.
111 Vgl. Vorschlag für eine Verordnung (EG) des Rates über die gerichtliche Zuständigkeit und die Anerkennung und Vollstreckung von Entscheidungen in Zivil- und Handelssachen, KOM(1999) 348 endg. v. 14.07.1999, Rn. 1.2.
112 *Kirsten Schmalenbach:* Die rechtliche Wirkung der Vertragsauslegung durch IGH, EuGH und EGMR, ZÖR 59 (2004), S. 215.
113 *Andreas Nelle:* Anspruch, Titel und Vollstreckung im internationalen Rechtsverkehr (2000), S. 10.
114 *Johannes Sedlmeier:* Internationales und europäisches Verfahrensrecht – Neuere Entwicklungen bei der gegenseitigen Urteilsanerkennung in Europa und weltweit, EuLF 2002, S. 25.

Grenzen eines jeden Staates Halt und bleiben auf diesen beschränkt.[115] Insoweit ist der Ausspruch der Schadensersatzpflichtigkeit nur ein erster Schritt zum Erreichen tatsächlicher Auszahlungen. Mit dem zweiten Schritt wird die tatsächliche Durchsetzung des Urteils verlangt.

Soweit Schadensersatzklagen wegen schwerer Menschenrechtsverletzungen erfolgreich sind, enttäuschen die beklagten Schädigerstaaten mit fehlender Erfüllung auf das klagezusprechende Urteil eines fremden Gerichts. Anders als bei der Befolgung von internationalen Entscheidungen[116] oder Entscheidungen der eigenen Gerichtsbarkeit hat die überkommene Rechtsprechung nicht auch die Erfüllungsbereitschaft des Schuldnerstaates nach sich gezogen. Kaum eines der Urteile wegen schwerer Menschenrechtsverletzungen ist je „effektiv befriedigt worden".[117] So besteht die große Gefahr der Konterkarierung aller Bemühungen, wenn jeder gerichtliche Erfolg ein Ideeller bliebe. Urteile auf Schadensersatzsummen in Millionenhöhe haben bei undurchbrochener Vollstreckungsimmunität lediglich symbolischen Feststellungscharakter[118], in den mahnenden Worten von *Shakespeares Shylock* gesprochen:

"If you deny it, let the danger light upon your charter and your [] freedom."[119]

Die Durchsetzung einer Entscheidung wird ein Kläger zunächst vor den Gerichten des Staates versuchen, die bereits über die Klage entschieden haben. Das schon aus dem Grund, weil dort im Erkenntnisverfahren die Hürde der Immunität überwunden wurde. Vor der Sensibilität des Vollstreckungsverfahrens macht aber selbst der Diskurs um schwere Menschenrechtsverletzungen bisher Halt. Die Nachprüfung und Entschei-

---

115 Zusammenhängend bei *Dieter Martiny:* Handbuch des Internationalen Zivilverfahrensrechts, Bd. III/1 – Anerkennung ausländischer Entscheidungen nach autonomem Recht (1984), S. 14 (Rz. 26).
116 *Karin Oellers-Frahm:* Zur Vollstreckung der Entscheidungen internationaler Gerichte im Völkerrecht, ZaöRV 36 (1976), S. 654.
117 *Burkhard Hess:* Staatenimmunität bei Menschenrechtsverletzungen, aus: Wege zur Globalisierung des Rechts, Festschrift für Rolf A. Schütze (1999), S. 283 f. Vgl. auch *Arndt Scheffler,* der von einer „Uneinbringlichkeit" spricht: Die Bewältigung hoheitlich begangenen Unrechts durch fremde Zivilgerichte (1997), S. 291.
118 *Burkhard Hess:* Kriegsentschädigungen aus kollisionsrechtlicher und rechtsvergleichender Sicht, BerDGVR 40 (2003), S. 189; *ders.:* Staatenimmunität bei Menschenrechtsverletzungen, aus: Wege zur Globalisierung des Rechts, Festschrift für Rolf A. Schütze (1999), S. 285.
119 *William Shakespeare:* The Merchant of Venice, Akt IV, Szene 1, Zeile 39 f., Originalausgabe von 1600; hier zitiert nach der Ausgabe von John Russell Brown (1961). Eingehend und zur Vorgeschichte Shakespeares Kaufmann von Venedig vgl. die gesammelten Beiträge in *Ulrich Mölk (Hrsg.):* Literatur und Recht – Literarische Rechtsfälle von der Antike bis in die Gegenwart (1996), S. 94–228.

dung über die Vollstreckbarkeit sind eine der letzten „Bastionen der Souveränität"[120]. Dort, wo wertegebundene Normen zur Geltung gebracht werden sollen, wie sie die Menschenrechte formulieren, wird die Anerkennung und Vollstreckung zumeist versagt.[121] Hier verquickt nämlich das nationale Recht die Frage der Vollstreckbarkeit mit einer politischen Entscheidung.[122] Das nationale Zivilprozessrecht der Europäischen Mitgliedstaaten, etwa in Griechenland[123] oder in den Niederlanden[124] sieht die Einspruchmöglichkeit des Justizministeriums vor, wenn die Vollstreckung mit völkerrechtlichen Verpflichtungen im Widerspruch steht. Soweit also Vollstreckungsversuche im Ausland nicht schon am fehlenden Inlandsvermögen der Beklagten scheitern, dann mindestens an der Vollstreckungsimmunität[125] oder ihrer Durchsetzbarkeit. Auf Ebene der Durchsetzung solcher Urteile besteht daher die große Gefahr, dass sich die staatliche Exklusivität erhält und damit jede individuelle Entschädigung ins Leere laufen lässt.[126] Um also eine Idealisierung von klagezusprechenden Urteilen zu verhindern, verbleibt als Vehikel zur Durchsetzung nur noch klagezusprechende Urteile nach der EuGVVO anerkennen und vollstrecken zu lassen. An dieser Stelle steht das Europäische Prozessrecht nicht mehr nur als Alternative zur Immunitätsdurchbrechung, sondern geriert zur einzigen Möglichkeit, das Urteil durchzusetzen. Der Integrationsstand des Europäischen Rechtsraums hat nämlich staatenübergreifend eine Freizügigkeit für den freien Verkehr von Urteilen hergestellt.[127] Weil die zuvor

---

120 *Johannes Sedlmeier:* Internationales und europäisches Verfahrensrecht – Neuere Entwicklungen bei der gegenseitigen Urteilsanerkennung in Europa und weltweit, EuLF 2002, S. 35.
121 *Gralf-Peter Calliess:* Value-added Norms, Local Litigation, and Global Enforcement – Why the Brussels-Philosophy failed in The Hague, German Law Journal 5 (2004), S. 1495.
122 *Kostas E. Beys:* Die Zwangsvollstreckung gegen einen ausländischen Staat im hellenischen Recht, aus: Grenzüberschreitungen – Beiträge zum Internationalen Verfahrensrecht und zur Schiedsgerichtsbarkeit, Festschrift für Peter Schlosser (2005), S. 37.
123 Vgl. Art. 923 der griechischen Zivilprozessordnung. Daran scheiterte letztlich die Vollstreckung des Livadía-Urteils in Griechenland, ausführlich im zweiten Kapitel ab S. 63.
124 Vgl. § 3 des niederländischen Gerichtsvollziehergesetzes, der auch in den Verfahren um den Völkermord von Srebrenica zum Streitgegenstand geworden ist.
125 *Burkhard Hess:* Staatenimmunität bei Menschenrechtsverletzungen, aus: Wege zur Globalisierung des Rechts, Festschrift für Rolf A. Schütze (1999), S. 284.
126 *Andreas Fischer-Lescano:* Subjektivierung völkerrechtlicher Regelungen – Die Individualrechte auf Entschädigung und effektiven Rechtsschutz bei Verletzungen des Völkerrecht, AVR 45 (2007), S. 322.
127 Schon der *Jenard*-Bericht zum EuGVÜ (1968) konstatiert dies auf S. 42, nun ausführlich bestätigt durch den Generalbericht von *Burkhard Hess* zur Evaluierung der EuGVVO (Study JLS/C4/2005/03) aus *Burkhard Hess/Thomas Pfeiffer/Peter Schlosser:* The Brussels I Regulation No 44/2001 – The Heidelberger Report on the Application of the

beschriebene Tendenz bisher jedenfalls halt macht vor der Durchdringung der Vollstreckungsimmunität[128], konzentriert sich jedenfalls die Praxis auf diese Hoffnung.

d) Die erprobter Effizienz der EuGVVO

Im Übrigen verspricht die EuGVVO das anhaltende Effizienzproblem des hiesigen Themas zu bewerkstelligen, das trotz – oder gerade wegen – des Ausweichens auf zivilrechtliche Ansprüche zu beklagen ist. Bisher enttäuschen nämlich sowohl die Erfolgsaussichten von Schadensersatzklagen wegen schwerer Menschenrechtsverletzungen gegen fremde Staaten, als auch – wie zuvor beschrieben – die Anerkennung und Vollstreckung von vereinzelt erstrittenen Urteilen. Dementsprechend attraktiv ist jede Nutzbarmachung der Erfolgsstatistik, welche die EuGVVO aufweist. Sie ist beachtetermaßen von erprobter Effizienz, sind doch über 90 Prozent aller Forderungsdurchsetzungen auf Grund der EuGVVO erfolgreich[129], werden nicht einmal fünf Prozent der Durchsetzungsversuche gerichtlich angefochten[130] und dauern die Verfahren im Schnitt nur Tage oder Wochen, selten einige Monate.[131] Die beeindruckende Effizienz der EuGVVO ist nicht nur Motivation zur Behandlung von schweren Menschenrechtsverletzungen im Rahmen der EuGVVO, sondern soll entsprechenden Nutzen bringen.

IV. Problembeschreibung

Mit diesem Hintergrund geriert die Immunitätsproblematik zum Schwerpunkt in der Herausforderung des Europäischen Zivilverfahrensrechts. Dass und wo sich dieses Problem im Rahmen des Europäischen Zivilverfahrensrechts stellt, soll nachfolgend beschrieben werden.

Regulation Brussels I in the 25 Member States (2008), Rn. 52; *Aurelio Lopez-Tarruella* spricht daher von der „fünften Grundfreiheit" der Union: Der ordre public im System von Anerkennung und Vollstreckung nach dem EuGVÜ, EuLF 2000, S. 123.

128 *Annalisa Ciampi:* The Italian Court of Cassation Asserts Civil Jurisdiction over Germany in a Criminal Case Relating to the Second World War – The Civitella Case, JICJ 7 (2009), S. 609.

129 Ausnahme ist Griechenland, in dem nur jeder zweite Durchsetzungsversuch erfolgreich ist: Zusammenfassend im Generalbericht von *Burkhard Hess* zur Evaluierung der EuGVVO (Study JLS/C4/2005/03) aus *Burkhard Hess/Thomas Pfeiffer/Peter Schlosser:* The Brussels I Regulation No 44/2001 – The Heidelberger Report on the Application of the Regulation Brussels I in the 25 Member States (2008), Rn. 51 und zu den Antworten der ersten Fragestellung betreffend der mitgliedstaatlichen Anwendungspraxis der mitgliedstaatlichen Gerichten ebenda, Rn. 39 ff.

130 Vgl. ebenda, Rn. 51 a. E.

131 Vgl. ebenda, Rn. 52.

Erstes Kapitel – Einführung

1. Öffnung der EuGVVO für Verfahren gegen Staaten

In der Regel berühren Sachverhalte, die dem Europäischen Zivilprozessrecht unterfallen, nicht den Immunitätsanspruch von Staaten. Ihre Souveränitätskompetenz in „Zivil- und Handelssachen" ist soweit zurückgestellt, dass sie keines immunitätsrechtlichen Schutzes vor gerichtlicher Inanspruchnahme vor fremden Gerichten bedürfen. Problematisch wird es allerdings dort, wo sowohl das Rechtsregime der EuGVVO als auch das Rechtsprinzip der Staatenimmunität die Erfassung eines Sachverhalts beanspruchen.[132] Dass es zu dieser Konstellation überhaupt kommen kann, hat erst langsam die Rechtsprechung des EuGH zur EuGVVO ermöglicht. Erstmals dehnte das Urteil LTU den Anwendungsbereich des Übereinkommens auf Rechtsstreitigkeiten zwischen einer Behörde und einer Privatperson aus.[133] Seit der Rs. Sonntag ist erprobt, dass auch ein Staat mit Hilfe der EuGVVO in Anspruch genommen werden kann. Im Rahmen der EuGVVO kann es daher durchaus vorkommen, dass ein Staat vor dem Gericht eines anderen Mitgliedstaates in Anspruch genommen wird. In diesem Fall wird regelmäßig das Institut der Staatenimmunität virulent.

2. Konfliktpunkte mit der Staatenimmunität

Die Immunität von Staaten dient zum Schutz vor deren fremdgerichtlicher Inanspruchnahme. Als Prozesshürde wird sie damit auf zwei[134] Ebenen erheblich, namentlich der des Erkenntnisverfahrens und der des Vollstreckungsverfahrens. Beide Ebenen werden im Europäischen Rechtsraum nicht allein von den nationalen Rechten im Verhältnis zum Völkerrecht aufgelöst. Vielmehr koordiniert die EuGVVO sowohl Regelungen des Erkenntnis- sowie des Vollstreckungsverfahrens. Entsprechend ergeben sich daraus die folgenden Konfliktpunkte:

---

132 *James Fawcett/Janeen Carruthers/Peter North:* Private International Law, 14. Aufl. 2008, S. 402; *Adrian Briggs/Peter Rees:* Civil Jurisdiction and Judgments, 5. Aufl. 2009, Rn. 4.09.
133 EuGH, Urt. v. 14.10.1976 – Rs. 29/76 (LTU ./. Eurocontrol), Rn. 4 und 5; bestätigt insbesondere durch die hier noch bedeutsamen EuGH-Urteile v. 16.12.1980 – Rs. 814/79 (Niederlande ./. Reinhold Rüffer), Rn. 8 und Urt. v. 21.04.1993 – Rs. C-172/91 (Volker Sonntag ./. Thomas Waldmann), Rn. 20 (allesamt im Fundstellenverzeichnis aufgeführt) sowie die Schlussanträge des Generalanwalts *Dámaso Ruiz-Jarabo Colomer* zur Rs. C-292/05 (Eirini Lechouritou u.a.) v. 08.11.2006, Slg. 2007 (I), S. 1521–1539, Rn. 25.
134 Teilweise wird der Staatenimmunität eine Rechtserheblichkeit auf drei Ebenen zuerkannt, dazu sogleich.

A. Herausforderung des Europäischen Zivilprozessrechts

Auf Ebene des Erkenntnisverfahrens

– *erstens* dort, wo die Internationale Entscheidungszuständigkeit des Erstgerichts bestimmt wird,

Auf Ebene des Anerkennungs-, Vollstreckbarerklärungs- und Vollstreckungsverfahrens

– *zweitens* dann, wenn das Zweitgericht seine Internationale Anerkennungs*zuständigkeit* annimmt,

– *drittens* dort, wo die Anerkennungsfähigkeit des Ersturteils wegen des Einwands der Immunität vom Zweitgericht bestimmt werden muss, insbesondere der anerkennungsrechtliche *ordre public* bemüht wird,

– *viertens* dann, wenn das Zweitgericht für das Vollstreckbarerklärungsverfahren *zuständig* ist sowie

– schließlich *fünftens* für die Frage, ob der Vollstreckbarkeit nicht die Vollstreckungsimmunität entgegensteht.

Mitunter wird hier – quasi als eigenständige Ebene – auch die Frage des anwendbaren Rechts als beeinflusst betrachtet.[135] Aus Souveränitätsgründen wird dieses an das Recht des potentiell haftenden Staates gebunden.[136] Zweifelsfrei ist die Frage des anwendbaren Rechts ein Problem bei der Behandlung schwerer Menschenrechtsverletzungen und berührt damit auch das Europäische Kollisionsrecht im engeren Sinne. Eine echte Immunitätsproblematik ist darin aber nicht erkennbar. Vielmehr ist die Frage des anwendbaren Rechts streng von der zivilprozessualen Geltendmachung zu trennen. Materielle Rechtsfragen sind nicht Gegenstand des Europäischen Zivilverfahrensrechts und bleiben der hiesigen Untersuchung außen vor. Dem entspricht wiederum die reine prozessuale Natur des Immunitätsprinzips.[137] Es zieht sich im Grunde durch alle sechs Kapitel und wirft insbesondere das Kollisionsproblem zwischen dem völkerrechtlichen Rechtsinstitut der Immunität und der Anwendbarkeit des Europäischen Zivilprozessrechts auf, worauf das vierte Kapitel gesondert eingeht.

---

135 *Karsten Thorn:* Schadensersatzansprüche der Zivilbevölkerung gegen ausländische Besatzungsmächte, BerDGVR 44 (2009), S. 306 und 313.
136 Etwa OLG Köln, Urt. v. 03.12.1998 – 7 U 222/97, IPRax 1999, S. 251–257 = NJW 1999, S. 1555–1560 = VersR 2000, S. 590–595 = WM 1999, S. 242–250 mit Anm. von *Christian Tomuschat:* Rechtsansprüche ehemaliger Zwangsarbeiter gegen die Bundesrepublik Deutschland?, IPRax 1999, S. 237–240. Kritisch zu dieser Begründung *Anatol Dutta:* Amtshaftung wegen Völkerrechtsverstößen bei bewaffneten Auslandseinsätzen deutscher Streitkräfte, AöR 133 (2008), S. 207.
137 Dazu Näheres im fünften Kapitel ab S. 238.

Erstes Kapitel – Einführung

3. Konfliktpotential

Auf Ebene der Anwendbarkeit schlägt die immunitätssensible Diskussion über schweren Menschenrechtsverletzungen auf die Frage durch, ob der Anwendungsbereich der EuGVVO davon beeinflusst ist. Soweit hier ein Anwendungsbereich bejaht wird, sind schließlich die Vorschriften der EuGVVO gefordert, die besonderen Probleme von Klagen und Entscheidungen wegen schwerer Menschenrechtsverletzungen zu würdigen. Gerade letzteres stellt ein immenses Konfliktpotential dar, im Vorwort mit rechtspolitischer Sprengkraft beschrieben bzw. in diesem Kapitel bereits mit Zerrütungspotential ausgezeichnet. Das gilt neben der immensen rechtspolitischen Bedeutung des Themas vor allem auch für die EuGVVO selbst, deren Erfolg und Fortentwicklung eben davon abhängt, sensible Souveränitätsinteressen aus deren Regelungsregime fern zu halten.

B. Gegenstand der Untersuchung

Die Behandlung von Klagen und Entscheidungen über Schadensersatzansprüche gegen Staaten wegen schwerer Menschenrechtsverletzungen kann nicht ohne feststehende Termini und determinierte Konzepte auskommen. Zur Einführung in den Themenkomplex soll sich im Folgenden den bereits angesprochen Begriffen und den zu Grunde gelegten Themeneinschränkungen genähert werden. Dafür soll *nomen atque omen* nacheinander der Gegenstand der Untersuchung erläutert werden, nämlich die Behandlung

- von Klagen und Entscheidungen (dazu unter I.)
- über Schadensersatzansprüche (dazu unter II.)
- gegen Staaten (dazu unter III.)
- wegen schwerer Menschenrechtsverletzungen (dazu unter IV.).

I. Klagen und Entscheidungen

Zur Begriffsklärung seien die Begriffe der Klage sowie der Entscheidung vorab geklärt. Beide Begriffe werden dem Verständnis des Europäischen Zivilverfahrensrechts unterstellt, das den Rahmen der Untersuchung vorgibt. Weder die EuGVVO noch andere Rechtsakte des Europäischen Zivilverfahrensrechts kennen eine Legaldefinition des Klagebegriffs. Genauso wie sich das Europäische Primärrecht in Art. 81 AEUV mit der Eingrenzung auf „Zivilsachen" begnügt, ist auch hier der Klagebegriff weit zu verstehen. Ihm unterfällt grundsätzlich jede „Zivil- und Handelssache", wie es die Anwendungsbereiche der Verordnungen des Europäischen Zivilverfahrensrechts vorsehen. Dafür unbeachtlich ist, innerhalb welcher Gerichtsbarkeit ein Gericht befasst wird. Für die hier maßgebliche Einordnung als „Zivil- und Handelssachen" im Rahmen des Europäischen Zivilprozessrechts sind allein die materiellen Kriterien maßgebend, vgl. Art. 1 Abs. 1 S. 1 EuGVVO[138], Art. 2 Abs. 1 S. 1 EuVTVO, Art. 2 Abs. 1 S. 1 EuMahnVO, Art. 2 Abs. 1 S. 1 EuVTVO. Daher ist es grundsätzlich unerheblich, ob ein Verfahren im Rahmen der (nationalstaatlich festgelegten) Zivilgerichtsbarkeit angestrengt wird oder der Strafgerichtsbarkeit zuzuordnen ist. Gemäß dieser Prämisse bleibt es sogar ohne Unterschied, ob etwa, wie im Falle der ehemaligen Guantanamo-Häftlinge in der Diskussion, Militärgerichte oder „zivile" Gerichte die Strafgerichtsbarkeit ausüben.[139]

Dementsprechend ist auch der Begriff der Entscheidung weit zu verstehen. Er kann im Sinne der EuGVVO jede erlassene Entscheidung umfassen, ohne Rücksicht auf ihre Bezeichnung wie Urteil, Beschluss, Zahlungsbefehl oder Vollstreckungsbescheid, einschließlich des Kostenfestsetzungsbeschlusses eines Gerichtsbediensteten, vgl. Art. 32 EuGVVO.[140] Einschränkend ergibt sich lediglich, dass nicht alle Entscheidungen der Vollstreckung bedürfen. Es bleiben abweisende Urteile oder Entscheidungen über Zulässigkeitsfragen oder Beweiswürdigung der Untersuchung außen vor. Allein Entscheidungen, die auf Ersatz eines Schadens lauten, der durch hoheitlich begangenes Unrecht entstanden ist, sind auf ihre Freizügigkeit im Europäischen Rechtsraum zu untersuchen.

II. Schadensbegriff

Mit dem Begriff des Schadens domestiziert die klageweise Geltendmachung von schweren Menschenrechtsverletzungen das weithin unwägbare Leid der Opfer und Hinterbliebenen. Das Zivilrecht arbeitet dabei nicht mit der völkerrechtlichen Kategorie der Reparation, die allein auf die Verletzung des Kriegsrechts und des Angriffskriegsverbots zugeschnitten ist.[141] Deutlich wird diese Emanzipation im Vergleich zu dem Begriff der Wiedergutmachung, der spezifisch auf die Reparation des NS-Unrechts ausgerichtet ist. Vielmehr öffnet sich der zivilrechtliche Begriff des Schadensersatzes für jeden Sachverhalt, aus dem der Einzelne gegenüber dem Staat Kompen-

---

138 Geimer/Schütze-*Reinhold Geimer:* Europäisches Zivilverfahrensrecht, 3. Aufl. 2010, Art. 1 EuGVVO, Rn. 27.
139 Wie dies vor allem die italienischen Ausgangsverfahren zeigen, siehe dazu im dritten Abschnitt des zweiten Kapitels ab S. 104.
140 Dazu kritisch *Thomas Rauscher:* Von prosaischen Synonymen und anderen Schäden – Zum Umgang mit der Rechtsprache im EuZPR/EuIPR, IPRax 2012, S. 41 f.
141 *Uwe Kischel:* Wiedergutmachungsrecht und Reparationen – Zur Dogmatik der Kriegsfolgen, JZ 1997, S. 130.

sation verlangt. Dabei können sich die Anspruchsziele grundsätzlich gleichen. Was ersatzfähig ist, richtet sich nach den materiellen Gesetzen der Mitgliedstaaten. Grundsätzlich ist zwischen dem Vermögensschaden und dem Personenschaden zu unterscheiden. Diese Anspruchsziele entsprechen völkerrechtlich den Rechtsgebieten der Rückerstattung und der Entschädigung.[142] Das Recht der Vermögensentschädigung bzw. die völkerrechtliche Rückgewähr feststellbarer Vermögensgegenstände betrifft etwa Hausrat, Schmuckgegenstände sowie sonstiges Eigentum bis hin zum unbeweglichen Eigentum.[143] Daneben erfasst das Prinzip Personenschadensersatz nach europäischen und internationalen Maßgaben den Schutz für die Rechtsgüter Leben, Körper, Gesundheit, Freiheit und Eigentum sowie für das allgemeine Persönlichkeitsrecht.[144] Damit können Menschenrechtsverletzungen zumindest haftungsrechtlich vollständig erfasst werden.[145]

Im Rahmen der Restitution ist das Recht auf Ersatz des Schadens der Wiederherstellung nachrangig, vgl. auch Art. 36 Abs. 1 *Draft Articles on State Responsibility,* auf welche wegen des engen Bezugs zur Staatenverantwortlichkeit noch mehrfach Bezug genommen wird. Nach dessen Abs. 2 sind ersetzbar alle finanziell abschätzbaren Schäden, was es dem Opfer ermöglichen soll, den Schaden effektiv zu beseitigen.[146] Das erfasst zum einen auch immaterielle Schäden.[147] Zum anderen fällt darunter, was lange Zeit nicht selbstverständliche Einsicht war; dass erlittenes Unrecht nämlich auch und gerade psychische Belastungen zeitigen kann. Noch in den zwanziger Jahren statuierte die traditionelle Lehrmeinung der Psychiatrie, dass die Psyche körperlich gesunder Menschen so gut wie unbegrenzt belastbar sei.[148] Dass zugefügtes Unrecht sogar in psychisch bedingte Gesundheitsschäden münden kann, setzte sich erst in der modernen Denkschule Mitte der 60er Jahre durch.[149] Zwar fällt eine Entschädigung für hoheitlich begangenes Unrecht fast ausschließlich pekuniär aus. Teilaspekt einer jeden Entschädigung für begangenes Unrecht muss aber die psychologische Unterstützung sein, wie es mittlerweile Art. 14 der „Grundprinzipien und Leitlinien betreffend

---

142 So systematisierend der bisher umfassendste Bericht durch die Bundesregierung über Wiedergutmachung und Entschädigung für nationalsozialistisches Unrecht v. 31.10.1986, BT-Drucks. 10/6287 v. 31.10.1986, S. 8.
143 Ebenda, S. 10.
144 Vgl. BT-Drucks. 17/992 v. 12.03.2010, S. 6.
145 Vgl. ebenda.
146 *Nora Matthiesen:* Wiedergutmachung für Opfer internationaler bewaffneter Konflikte – Die Rechtsposition des Individuums bei Verletzungen des humanitären Völkerrechts (2012), S. 71.
147 Ebenda.
148 Mit Nachw. bei *Hans Günter Hockerts:* Wiedergutmachung in Deutschland – Eine historische Bilanz 1945–2000, VfZ 49 (2001), S. 188.
149 Ebenda.

das Recht der Opfer von groben Verletzungen der internationalen Menschenrechtsnormen und schweren Verstößen gegen das humanitäre Völkerrecht auf Rechtsschutz und Wiedergutmachung" unter anderem vorsieht.[150] Ein darüber hinausgehender Anspruch auf psychologische Betreuung wurde zwar vereinzelt eingefordert, hat sich aber als finanzielle Schranke erwiesen.[151] Ersatzzahlungen für psychische Schäden sind gemeinhin nur als kompensatorische Leistung für tatsächliche Manifestationen solcher realisierbar. Auch die Konventionsentwürfe der Haager Konferenz für ein weltweites Gerichtsstandsübereinkommen sahen vor, den zu ersetzenden Schaden nur auf Ersatz des tatsächlich erlittenen Schadens auszurichten, vgl. Art. 18 Abs. 3 Variante 2 des Textentwurfes von 1999 bzw. Art. 18 Abs. 3 des Textentwurfes aus 2001. Sogenannte *punitive damages,* wie sie noch von der ersten Variante des Textentwurfes von 1999 anerkannt waren, wurden von der Spezialkommission selbst redaktionell ausgeschlossen.[152]

III. Einschränkung auf staatliche Verletzungshandlungen

Die Untersuchung beschränkt sich des Weiteren auf staatliche Verletzungshandlungen. Dabei ist es nicht allein Staaten vorbehalten, Menschenrechtsverletzungen zu begehen. Die Vielfalt der Verletzungshandlungen ist hier so vielfältig wie das Unrecht nur sein kann. Etwa können Unternehmen schwere Menschenrechtsverletzungen begehen,[153] gelten doch wirtschaftliche Interessen vielfach als ein Begehungsmotiv.[154] Unternehmen sind nicht nur völkerstrafrechtlich in der Verantwortung[155], sondern gel-

---

150 So die UN-Declaration of Basic Principles of Justice for Victims of Crime and Abuse of Power, A/RES/40/43 v. 29.11.1985, dazu *Yael Danieli:* Preliminary reflections from a psychological perspective, aus: Seminar on the Right to Restitution, Compensation and Rehabilitation for Victims of Gross Violations of Human Rights and Fundamental Freedoms, 2. Aufl. (2004), S. 196.
151 Für NS-Opfer stellvertretend: *Hermann-Josef Brodesser/Bernd Josef Fehn/Tilo Franosch/Wilfried Wirth:* Wiedergutmachung und Kriegsfolgenliquidation – Geschichte – Regelungen – Zahlungen (2000), S. 214.
152 Dazu im dritten Kapitel auf S. 136.
153 Mit Nachw. bei *Peter Mankowski:* Gerichtsbarkeit und internationale Zuständigkeit deutscher Zivilgerichte bei Menschenrechtsverletzungen, aus: Universalität der Menschenrechte (2009), S. 148.
154 Bezüglich der Menschenrechtsverletzung in der Demokratischen Republik Kongo: UN-Resolution: UN-Doc. A/RES/55/56 v. 29.01.2001: The role of diamonds in fuelling conflict – breaking the link between the illicit transaction of rough diamonds and armed conflict as a contribution to prevention and settlement of conflicts. Dazu eindringlich der damalige Chefankläger des Internationalen Strafgerichtshofs *Luis Moreno Ocampo:* ICC Press Release No. pids.009.2003-EN v. 16.07.2003 sowie der Bericht von Human Rights Watch: The Curse of Gold – Democratic Republic of Congo (2005).
155 Bezüglich der I.G. Farben vor Gericht von *Florian Jeßberger:* JZ 2009, S. 924–932.

ten auch als leistungsfähige Schuldner.[156] So wird gegen Unternehmen etwa wegen schwerer Menschenrechtsverletzungen während des Zweiten Weltkriegs[157], während des südafrikanischen Apartheidregimes[158], während des Genozids an den Herero in Südafrika und Namibia[159] oder etwa während der Militärdiktatur in Argentinien[160] auf Entschädigungszahlungen geklagt. Bezüglich ihrer Inanspruchnahme hindert kein Immunitätsprinzip ein gerichtliches Vorgehen, auch wenn staatliche Souveränitätsinteressen berührt sein können.[161] Wie noch zu zeigen sein wird, können auch Private[162] oder Internationale Organisationen Menschenrechtsverletzungen begehen. Die thematische Einschränkung auf Staaten verfolgt aber ein methodisches Ziel. Zum einen wohnt gerade staatlich ausgeübten Menschenrechtsverletzungen eine Massivität inne, die den noch zu klärenden Tatbestand der schweren Menschenrechtsverletzung begründet. Zum anderen können eine Reihe von Rechtsfragen im Grundsatz nur für Staaten beantwortet werden, was insbesondere für das Konstrukt der Immunität gilt. Es wird im Übrigen noch angesprochen, dass diese Problematik sich etwa bei Internationalen Organisationen verkompliziert.[163] Im Übrigen entspricht die Konzentrierung auf den Staat als Beklagten der praktischen Überlegung, dass bisweilen vor allem der Staat ein leistungsfähiger Schuldner für die Geltendmachung von Schadensersatzansprüchen im Falle schwerster Menschenrechtsverletzungen ist.

---

156 Das hat etwa der Rechtsstreit gegen den Ölkonzern Royal Dutch Shell gezeigt, der die Verfahren wegen der Hinrichtung des nigerianischen Umweltschützers *Ken Saro-Wiwa* mit einer Zahlung von 15,5 Millionen Dollar außergerichtlich beendete, vgl. *Lina Staubach:* Transnationale Konzerne und die Menschenrechte – Auf den Spuren privater Akteure in der Global Governance, Forum Recht 2010, S. 52–55.
157 Vgl. die Berichte der Bundesregierung über den Stand der Rechtssicherheit für deutsche Unternehmen im Zusammenhang mit der Stiftung „Erinnerung, Verantwortung und Zukunft", zuletzt der Elfte: Unterrichtung durch die Bundesregierung, BT-Drucks. 17/1398 v. 15.04.2010.
158 Vor allem in den USA ist das der Fall. Dort haben auf der Grundlage des Alien Tort Claims Act (ATCA) mehrere Unternehmen in Form einer Sammelklage auch deutsche Unternehmen auf Schadenersatz verklagt, die Richterin am Bezirksgericht New York erklärte die Klage gegen fünf der beklagten Unternehmen am 8. April 2009 für zulässig, vgl. BT-Drucks. 17/992 v. 12.03.2010, S. 2.
159 Einordnend und mit Nachw. bei *Reiner Geulen:* Deutsche Firmen vor US-Gerichten, NJW 2003, S. 3245.
160 Vor einem Gericht in der Provinz San Martín ist ein Verfahren gegen die Daimler AG wegen Menschenrechtsverletzungen zur Zeit der Militärdiktatur anhängig (Nr. 4012 Az. 292), vgl. BT-Drucks. 17/829 v. 25.02.2010, S. 3.
161 Vgl. BT-Drucks. 17/992 v. 12.03.2010, S. 2.
162 Überblick bei *Bruno Simma/Andreas L. Paulus:* The responsibility of individuals for Human Rights Abuses in internal conflicts, AJIL 93 (1999), S. 302–316.
163 Siehe im Zusammenhang mit den Verfahren um Srebrenica auf S. 114.

B. Gegenstand der Untersuchung

Der Staat, von dem hier die Rede ist, ist rechtlich ein komplexes Gebilde. Im Bereich etwa der Staatenverantwortlichkeit genügt es zwar, ihn als Rechtssubjekt des Völkerrechts anzusprechen.[164] Im Bereich der Staatenimmunität jedoch besteht die Notwendigkeit zu definieren, welche juristischen Personen für den Staat handeln. Hier kann das Kodifizierungsergebnis der *International Law Commission* vor die Klammer gestellt werden: Nach Art. 2 Abs. 1 lit. b) des UN-Übereinkommens zur Staatenimmunität bezeichnet der Ausdruck „Staat"

- seine verschiedenen staatlichen Organe (lit. i),
- Gliedstaaten eines Bundesstaates oder Gebietskörperschaften des Staates, die berechtigt sind, Handlungen in Ausübung der Hoheitsgewalt vorzunehmen, und die in dieser Eigenschaft handeln (lit. ii)[165],
- Einrichtungen oder Stellen des Staates oder andere Rechtsträger, soweit sie berechtigt sind, Handlungen in Ausübung der Hoheitsgewalt des Staates vorzunehmen, und solche Handlungen tatsächlich vornehmen (lit. iii),
- Vertreter des Staates, die in dieser Eigenschaft handeln (lit. iv)

Dieses weite Verständnis sei mithin dem Begriff des Staates unterstellt.[166] Im Umkehrschluss dazu seien nichtstaatliche Handlungen solche von Privatpersonen. Hier kommt es nicht auf den (umstrittenen) völkerrechtlichen Haftungsstatuts an, sondern allein auf die Abgrenzung zur Staatenhandlung als solche.[167]

IV. Begriff der schweren Menschenrechtsverletzungen

Im Rahmen der zivilrechtlichen Geltendmachung von hoheitlich begangenem Unrecht gibt es verschiedenste Menschenrechtsverletzungen, an die anzuknüpfen wäre. In der Praxis relevant und aktuell ist beispielsweise die Beschlagnahme von Kunstge-

---

164 Vgl. Draft articles on Responsibility of States for Internationally Wrongful Acts der ILC, angenommen auf ihrer 53. Sitzung (2001), Report of the Commission to the General Assembly on the work of ist 53th session, Yearbook of the ILC (2001), Vol. II (Part 2), UN-Doc. A/CN.4/SER.A/2001/Add. 1 (Part 2) und Anlage zur Resolution 56/83 v. 12.12.2001 der Generalversammlung der Vereinten Nationen.
165 Das Europäische Übereinkommen zur Staatenimmunität aus dem Jahr 1972 sieht in seinem Art. 28 noch vor, dass Gliedstaaten nur dann staatliche Immunitätsträger sind, wenn der Bundesstaat eine dahingehende Erklärung abgibt.
166 Zum nicht unumstrittenen Begriffsverständnis siehe an entsprechender Stelle im Zusammenhang mit der Erläuterung des UN-Übereinkommens zur Staatenimmunität ab S. 192.
167 Vgl. dazu und in diesem Sinne bei *Joachim Wolf:* Die Haftung der Staaten für Privatpersonen nach Völkerrecht (1997), S. 59 f.

genständen[168], die hier aber nicht den Gegenstand der Untersuchung bildet. Vielmehr sollen nur „schwere Menschenrechtsverletzungen" bestimmenden Charakter für den Gegenstand der Untersuchung haben. Der Terminus ist schrittweise zu konkretisieren.

1. Menschenrechte

Eine Untersuchung über Klagen und Entscheidungen wegen schwerer Menschenrechtsverletzungen kommt nicht ohne eine Definition des Begriffs der Menschenrechte aus. Wegen ihrer historischen Entwicklung ist dies die vielleicht schwierigste Begriffsfestlegung.[169] Ihr eingangs[170] formulierter Anspruch auf Universalität beschreibt bereits ihre formale Struktur, wonach Menschenrechte für alle Menschen gelten.[171] Sie gelten egalitär, für alle in gleicher Weise und können keinem Menschen abgesprochen werden.[172] Sie bilden „ein Wertesystem universal (...) als Regelung für das Zusammenleben der künftigen Gemeinschaft aller Menschen und Staaten".[173] Die Vereinten Nationen interpretieren drei Generationen von Menschenrechten.[174] Dabei umfasst die erste Generation die „echten" Menschenrechte. Das zentrale Dokument, der Internationale Pakt über bürgerliche und politische Rechte (Zivilpakt), zählt dazu das Recht auf Leben, das Verbot der Folter und der Sklaverei, das Recht auf Persönliche Freiheit und Sicherheit, aber auch Gedanken-, Religions- und Meinungsfreiheit

---

168 Beispielsweise wurde im Jahr 2009 eine im Bundesstaat Tennessee eingereichte Klage gegen die Bundesrepublik Deutschland auf Zahlung von Schadensersatz wegen Beschlagnahme und Versteigerung von Kunstgegenständen während des Zweiten Weltkriegs in erster Instanz durch das US-Bundesgericht in Nashville abgewiesen, vgl. Elfter Bericht der Bundesregierung über den Stand der Rechtssicherheit für deutsche Unternehmen im Zusammenhang mit der Stiftung „Erinnerung, Verantwortung und Zukunft", Unterrichtung durch die Bundesregierung, BT-Drucks. 17/1398 v. 15.04.2010, S. 3. Die Kläger wurden u. a. von Rechtsanwalt Prof. *Burt Neuborne* vertreten, der bis August 2008 Mitglied des Kuratoriums der Stiftung EVZ war, vgl. ebenda.
169 Eingehend *Thomas Sukopp:* Menschenrechte – Anspruch und Wirklichkeit – Menschenwürde, Naturrecht und die Natur des Menschen (2003), S. 29 ff.
170 Siehe die Vorrede auf Seite S. 3.
171 *Thomas Sukopp:* Menschenrechte – Anspruch und Wirklichkeit – Menschenwürde, Naturrecht und die Natur des Menschen (2003), S. 32.
172 Zu den Problematiken dieser Begriffsfestlegung bei *Thomas Sukopp:* Menschenrechte – Anspruch und Wirklichkeit – Menschenwürde, Naturrecht und die Natur des Menschen (2003), S. 32.
173 Nach dem bereits verstorbenen italienischen Rechtsphilosophen *Norberto Bobbio* in seinem letzten Werk: Das Zeitalter der Menschenrechte – Ist Toleranz durchsetzbar? (1999), S. 17 f. Nachgehend *Bardo Fassbender:* Idee und Anspruch der Menschenrechte im Völkerrecht, APuZ 2008, S. 3.
174 *Thomas Sukopp:* Menschenrechte – Anspruch und Wirklichkeit – Menschenwürde, Naturrecht und die Natur des Menschen (2003), S. 25.

sowie das Recht auf ein faires Gerichtsverfahren. Die Allgemeine Erklärung der Menschenrechte sichert diese Rechte durch eine Reihe wirtschaftlicher, sozialer und kultureller Menschenrechte ab, die sog. zweite Generation der Menschenrechte.[175] Soweit diese Festlegungen im Einzelnen umstritten bleiben[176], kann die Arbeit den Kreis der betreffenden Menschenrechte durch das Augenmerk auf „schwerste Verletzungen" von Menschenrechten im Folgenden genügend konkretisieren. Denn diese Wendung kann auf einen enumerativ aufgezählten und sogleich darzustellenden Katalog zurückgreifen.

2. *Verletzung von Menschenrechten*

Grundsätzlich sind Menschenrechtsverletzungen als völkerrechtswidrige Handlungen einzustufen. Da sich die Untersuchung, wie auch die *Draft Articles on State Responsibility,* auf Völkerrechtsverletzungen von Staaten beschränkt, kann hier auf die drei Elemente eines völkerrechtswidrigen Handelns eines Staates nach Art. 2 *Draft Articles on State Responsibility* zurückgegriffen werden. Danach liegt ein völkerrechtswidriges Handeln eines Staates vor, wenn

ein Verhalten, bestehend aus einer Handlung oder Unterlassung:
a) dem Staat nach dem Völkerrecht zurechenbar ist und
b) eine Verletzung einer völkerrechtlichen Verpflichtung des Staates begründet.

Während die Art. 3 ff. der *Draft Articles on State Responsibility* bestimmen, wann ein zurechenbares Verhalten eines Staates vorliegt, regeln deren Art. 12 ff. das Vorliegen einer Verletzung. Die hiesige Einschränkung erfolgt im Kern und im Folgenden durch das qualifizierende Merkmal der Schwere der Verletzung.

3. *Schwere Menschenrechtsverletzung*

Nicht jede Menschenrechtsverletzung eignet sich zum Gegenstand der Untersuchung. Der Begriff der Menschenrechtsverletzung kann etwa im Lichte der EMRK sehr weitgehend verstanden werden. Zwar zieht jeder völkerrechtswidrige Akt die Verantwortlichkeit des Staates für sein Handeln nach sich, vgl. Art. 1 der *Draft Articles on State Responsibility.* Nach deren Art. 31 Abs. 1 unterliegt der verantwortliche Staat der Verpflichtung, volle Wiedergutmachung für den Nachteil zu leisten, der durch sein völkerrechtswidriges Handeln verursacht wurde. Das schließt nach Art. 31 Abs. 2 je-

---

175 *Stephan Hobe:* Einführung in das Völkerrecht, 9. Aufl. (2008), S. 422 f.
176 Zumal in Bezug auf die jüngere dritte Generation mit Rechten etwa auf eine saubere Umwelt oder auf Entwicklung, vgl. *Eibe H. Riedel:* Menschenrechte der dritten Dimension, EuGRZ 1989, S. 9 ff.

den materiellen und immateriellen Schaden ein, der von dem völkerrechtswidrigen Handeln eines Staates verursacht wurde. Die *International Law Commission* hat damit aber keine Aussage darüber getroffen, auf welchem Weg die Wiedergutmachung geschieht. Sie trifft insbesondere keine Aussage dazu, ob Private auf dem Zivilklageweg gegen Staaten vorgehen können. Wie eingeleitet, gilt es dort die Immunität der Staaten zu überwinden. Dazu aber besteht Einigkeit, dass nicht jeder bloß völkerrechtswidrige Akt dem Staat seinen Verfahrensschutz nimmt. Vielmehr wird nur im Rahmen von schwersten Verletzungen eine solche Möglichkeit diskutiert.

Zwar hat sich die internationale Gemeinschaft dagegen entschieden, den Oberbegriff der Völkerrechtsverletzung nach der Intensität an Rechtswidrigkeit zu untergliedern. So ist die frühere Unterscheidung zwischen völkerrechtlichen Verbrechen und völkerrechtlichem Delikt[177] von der *International Law Commission* aufgegeben worden.[178] Eine *qualifizierte* Völkerrechtsverletzung wird heute dann angenommen, wenn es sich um eine schwere Verletzung von Verpflichtungen nach zwingenden Normen des allgemeinen Völkerrechts handelt, vgl. Art. 40 Abs. 1 der *Draft Articles on State Responsibility*. Die Verletzung einer solchen Verpflichtung ist danach schwer, wenn sie eine grobe oder systematische Nichterfüllung der Verpflichtung durch den verantwortlichen Staat enthält, vgl. Art. 40 Abs. 2 *Draft Articles on State Responsibility*.

Der Begriff der *schweren* Verletzung des humanitären Völkerrechts ist seit den Kriegsverbrecher-Tribunalen von Nürnberg und Tokio geläufig.[179] Noch die UN-Menschenrechtskommission[180] setzte eine Unterkommission zur Verhinderung von Diskriminierung und für Minderheitenschutz[181] ein, die 1989 den Versuch unternahm, die Entwicklung der Entschädigung von Menschenrechtsopfern zusammenzufassen. In einem vorbereitenden Abschlussbericht von *Theodoor Cornelis van Boven* wird der Begriff enumerativ wie folgt definiert:

> "genocide; slavery and slavery-like practices; summary or arbitrary executions; torture and cruel, inhuman or degrading treatment or punishment; enforced disappearance; arbitrary and prolonged detention; deportation or forcible trans-

---

177 Dazu *Rainer Hofmann:* Zur Unterscheidung Verbrechen und Delikt im Bereich der Staatenverantwortlichkeit, ZaöRV 45 (1985), S. 195–231.
178 Vgl. Art. 19 der Draft articles on Responsibility of States for Internationally Wrongful Acts der ILC von 1996, Report of the Commission to the General Assembly on the work of its 53th session, Yearbook of the ILC (1996), Vol. II (Part 2), S. 58–65, UN Doc. A/CN.4/L.600 v. 11.08.2000); *Theodor Schweisfurth:* Völkerrecht (2006), S. 233 (Rn. 32).
179 *Moritz von Unger:* Menschenrechte als transnationales Privatrecht (2008), S. 110.
180 Heutiger UN-Menschenrechtsrat.
181 Seit 1999 umbenannt in Unterkommission zur Förderung und dem Schutz von Menschenrechten.

B. Gegenstand der Untersuchung

fer of population; and systematic discrimination, in particular based on race or gender"[182]

Weiter gefasst hat es auf nationaler Ebene das „Gesetz zur Förderung der nationalen Einheit und Versöhnung"[183], welches als Grundlage der Wahrheits- und Versöhnungskommission nach Ende der Apartheid vom südafrikanischen Parlament am 28. Juni 1995 verabschiedet wurde.[184] Es diente der Ahndung schwerer Menschenrechtsverletzungen, sein Art. 1 a. E. bestimmte:

"'gross violation of human rights' means the violation of human rights through the killing, abduction, torture or severe ill-treatment of any person; or any attempt, conspiracy, incitement, instigation, command or procurement to commit an act referred to in paragraph (a)".

Auf nationaler wie internationaler Ebene zeigen sich mithin Abweichungen. Um zum Kern der hiesigen Auseinandersetzung zu gelangen, genügt es jedoch, auf einen engen und weitgehend unbestrittenen Kreis zurückzugreifen. Alle Mitgliedstaaten der Europäischen Union sind Vertragsstaaten des Römischen Statuts des Internationalen Strafgerichtshofs. Dahinter steht die Erwägung, dass die schweren Verbrechen, für die der Internationale Strafgerichtshof zuständig ist, alle Mitgliedstaaten angehen.[185] In diesem Zusammenhang versteht auch die Europäische Union unter schwersten Verbrechen solche, welche die internationale Gemeinschaft als Ganzes berühren, nament-

---

[182] Study concerning the right to restitution, compensation and rehabilitation for victims of gross violations of human rights and fundamental freedoms, Final report submitted by Special Rapporteur *Theodoor Cornelis van Boven,* UN-Doc. E/CN.4/Sub.2/1993/8 v. 02.07.1993, 45th Session, Item 4 of the provisional agenda (principle 1), S. 56 (Rn. 137).

[183] Promotion of National Unity and Reconciliation Act (1995), Act No. 34 (1995), abgedruckt bei *Emily Hahn-Godeffroy:* Die südafrikanische Truth and Reconciliation Commission (1998).

[184] Dazu ebenda sowie mit Bezug zum hiesigen Thema bei *Christine Hess:* Die rechtliche Aufarbeitung von Kriegsverbrechen und schwerwiegenden Menschenrechtsverletzungen – eine Analyse aus der Perspektive der Opfer (2007), S. 85–95 sowie *Martin Seegers:* Das Individualrecht auf Wiedergutmachung – Theorie, Struktur und Erscheinungsformen der völkerrechtlichen Staatenverantwortlichkeit gegenüber dem Individuum (2005), S. 191–195.

[185] Erwägungsgrund Nr. 4 des Gemeinsamen Standpunkts 2001/443/GASP vom 11. Juni 2001 zum Internationalen Strafgerichtshof; angenommen, überarbeitet und verstärkt durch die Gemeinsamen Standpunkte 2002/474/GASP v. 20.06.2002 und 2003/444/GASP v. 16.06.2003.

lich das Verbrechen des Völkermords[186], Verbrechen gegen die Menschlichkeit[187], Kriegsverbrechen[188] und Verbrechen der Aggression[189], vgl. Art. 5 Abs. 1 Rom-Statut. Als Opfer dieser Tatbestände sind alle Personen anzusehen, die physische, emotionale oder wirtschaftliche Schäden erlitten haben, wozu gegebenenfalls auch Familienangehörige und Verwandte gehören.[190] Dies deckt sich mit den Leitlinien des Europarats, die er im Jahr 2004 ausgearbeitet hat. Diese sollen zum Schutz der Opfer von Terroranschlägen die „Leitlinien über die Menschenrechte und den Kampf gegen den Terrorismus" ergänzen. Opfer im Sinne der Leitlinien sind Personen, die durch einen Terroranschlag körperliche oder psychische Schäden erlitten haben sowie, soweit im Einzelfall angemessen, enge Familienmitglieder.

V. Europäisches Zivilverfahrensrecht

Die Untersuchung beschränkt die Behandlung von Schadensersatzansprüchen wegen schwerer Menschenrechtsverletzungen auf den Europäischen Rechtsraum respektive das Europäische Zivilverfahrensrecht. Dabei ist der Begriff des europäischen Justizraums kein festgeschriebener. Der europäische Gesetzgeber versteht darunter die justizielle Zusammenarbeit zwischen den Mitgliedstaaten zur Gewährleistung von Rechtssicherheit, Ermöglichung der Rechtsangleichung, Beseitigung der durch Unterschiede im Zivilrecht und Zivilprozess bedingten Hindernisse sowie die Förderung der gegenseitigen Anerkennung gerichtlicher Entscheidungen und Urteile.[191] Exkurse

---

186 Nach Art. 6 Rom-Statut bedeutet Völkermord jede Handlung, die in der Absicht begangen wird, eine nationale, ethnische, rassische oder religiöse Gruppe als solche ganz oder teilweise zu zerstören, dazu konkret im fünften Kapitel ab S. 267.
187 Enumerative Definition in Art. 7 Rom-Statut, dazu konkret im fünften Kapitel ab S. 265.
188 Kriegsverbrechen sind schwere Verletzungen der Genfer Abkommen sowie der Bestimmungen des ersten Zusatzprotokolls (ZP I), vgl. Art. 8 Rom-Statut bzw. Art. 85 ZP I, dazu konkret im fünften Kapitel ab S. 257.
189 Nach Art. 5 Abs. 2 Rom-Statut stand eine Kodifizierung dieses Tatbestands längste Zeit aus. Mit dem Kompromiss von Kampala wurde die Aggression als „use of armed force by a State against the sovereignty, territorial integrity or political independence of another State, or in any other manner inconsistent with the Charter of the United Nations" definiert, vgl. Art. 8bis Abs. 2 des durch die UN Resolution RC/Res.6 am 11.06.2010 geänderten Rom-Statuts n.F. definiert, dazu *Stefan Barriga:* Der Kompromiss von Kampala zum Verbrechen der Aggression – Ein Blick aus der Verhandlungsperspektive, ZIS 2010, S. 644. Zur historischen Begriffsentwicklung bei *Gerhard Leibholz:* „Aggression" im Völkerrecht und im Bereich ideologischer Auseinandersetzung, VfZ 6 (1958), S. 165–171.
190 Begriffsfindung nach § 18 f. der UN-Declaration of Basic Principles of Justice for Victims of Crime and Abuse of Power, A/RES/40/43 v. 29.11.1985, Annex.
191 Vgl. Art. 2 Abs. 1 des Kommissionsvorschlags für eine Verordnung des Rates über eine allgemeine Rahmenregelung für Maßnahmen der Gemeinschaft zur Erleichterung

in den außereuropäischen Rechtsraum, insbesondere den US-amerikanischen, sind daher nur dann Gegenstand der Untersuchung, soweit sie der Problemlösung zuträglich sind.

Die EuGVVO gilt zwischen den Mitgliedstaaten der Europäischen Union mit Ausnahme des Königreichs Dänemark[192], vgl. Art. 1 Abs. 3 EuGVVO. Auf dieses erstreckt sich der Integrationsstand der EuGVVO auf Grund eines besonderen Abkommens mit der Europäischen Union.[193] Im Verhältnis zu Island, Norwegen und zur Schweiz hat das revidierte Übereinkommen von Lugano inhaltlich parallele Vorschriften geschaffen.[194] Da die genannten Rechtsakte in den hier vertieften Fragen weitgehend den Rechtsstand der EuGVVO installieren bzw. entsprechen, werden im Folgenden nur die Vorschriften der EuGVVO zitiert, wobei auf sie in ihrer Fassung durch die Verordnung 44/2001 verwiesen wird. Soweit sich die Untersuchung auf die novellierte EuGVVO in der Fassung durch die Verordnung 1215/2012 bezieht, wird dies durch entsprechende Formulierung kenntlich gemacht; der im Übrigen divergierende Rechtsstand kann für die hiesige Untersuchung außer Betracht bleiben.[195]

C. Rahmen der Untersuchung

Vor die Klammer gezogen sollen auch die Rahmenbedingungen erläutert werden, die der Untersuchung zu Grunde liegen. Diese sind geprägt von der Interdisziplinarität

---

der Verwirklichung des europäischen Rechtsraums in Zivilsachen vom 22.11.2001, KOM(2001) 221 endg., veröffentlich im ABl. EU Nr. C 213 E v. 31.07.2001, S. 271.

192 Dänemark beteiligt sich generell nicht an den Arbeiten der justiziellen Zusammenarbeit in Zivilsachen nach Art. 61 lit. c) i.V.m. Art. 65 EG, vgl. Art. 69 EG i.V.m. mit dem Protokoll über die Position Dänemarks (zum Amsterdamer Vertrag), ABl. EG Nr. C 340 v. 10.11.1997, S. 101.

193 Abkommen zwischen der Europäischen Gemeinschaft und dem Königreich Dänemark v. 15.10.2005 über die gerichtliche Zuständigkeit und die Anerkennung und Vollstreckung von Entscheidungen in Zivil- und Handelssachen (ABl. EU Nr. L 299 v. 16.11.2005, S. 62), in Kraft getreten am 01.07.2007. Zum Integrationsgrad bei *Burkhard Hess:* Europäisches Zivilprozessrecht (2010), S. 41 ff.

194 Das LugÜ-II gilt hinsichtlich der EFTA-Staaten nicht in Lichtenstein und demzufolge auch nicht im Verhältnis zu Lichtenstein, vgl. dazu *Burkhard Hess:* Europäisches Zivilprozessrecht (2010), S. 197.

195 Für Dänemark ist eine Fortführung der Beteiligung an der EuGVVO angekündigt, wobei dies im Schrifttum auch mit Skepsis gesehen wird, vgl. mit Nachw. bei *Jan von Hein:* Die Neufassung der Europäischen Gerichtsstands- und Vollstreckungsverordnung (EuGVVO), RIW 2013, S. 98. Für die betreffenden EFTA-Staaten ist eine erneute Revision des LugÜ-II noch nicht in Sicht. Insoweit kommt es für einen ungewissen Zeitraum zu einem divergierenden Rechtsstand, vgl. ebenda.

Erstes Kapitel – Einführung

und Transnationalität der hiesigen Fragestellung (dazu unter I. und II.), welche insbesondere den methodischen Ansatz der Untersuchung (dazu unter III.) beeinflusst.

I. Interdisziplinarität

Über den Rahmen des Europäischen Zivilprozessrechts hinaus verschränken sich zur Behandlung der Thematik Fragen des Völkerrechts mit Besonderheiten des Europarechts. Die Diskussion über die Interdisziplinarität des Themas ist so alt wie seine Behandlung. Schon 1943 setzte sich der nach Tel Aviv emigrierte deutsche Jurist *Siegfried Moses* damit auseinander, wie die Aufarbeitung des NS-Unrechts reguliert werden könnte.[196] Er ging damals davon aus, dass allein das Völkerrecht den Rahmen für die Behandlung der Entschädigungsproblematik bildet.[197] Auch wenn er seine Weitsicht *ex post* insoweit bewies, dass er schon damals die Inanspruchnahme eines souveränen Staates problematisierte[198], ist heute mitunter jede Rechtsdisziplin mit der Thematik konfrontiert. Eine jede bezeichnet die Rechtsbeziehungen zwischen ihren Regelungssubjekten.[199] Das sind im Völkerrecht die Beziehungen zwischen Völkerrechtssubjekten, insbesondere zwischen Staaten, im Privatrecht die Beziehungen zwischen Privaten. Entsprechend konträr werden die monetären Rechtsfolgen von Menschenrechtsverletzungen behandelt. Das Völkerrecht kennt bisher nur eine Reparationspflicht als mediatisierten Anspruch der Bevölkerung auf Restitution an sich. Die Perspektive des Privatrechts ist dagegen eine individuelle: Es behandelt den Anspruch des Einzelnen auf Grund von Schäden an Körper und Gesundheit, psychischer Schäden wegen des Verlusts naher Angehöriger, Verletzung rechtlich schützenswerter Interessen wie Erwerbsfähigkeit oder Verlust oder Entzug von Eigentum. Zwischen diesen Disziplinen steht das Internationale Privatrecht, welches wiederum das Verhältnis einzelner Rechtsordnungen zueinander regelt.[200] Es bietet damit die Offenheit für jene Interdisziplinarität, auf die die Behandlung von Menschenrechten angewiesen ist.

---

196 Die Wiedergutmachungsforderungen der Juden, Mitteilungsblatt des Irgun Olej Merkas Europa v. 02.07.1943, zitiert nach *Siegfried Moses:* Die jüdischen Nachkriegsforderungen (Tel Aviv 1944), nachgedruckt in: Ius Vivens – Quellentexte zur Rechtsgeschichte, Bd. 4 (1998), S. 21 ff.
197 Ebenda, S. 18; vgl. auch *Hermann Fischer-Hübner:* Zur Geschichte der Entschädigungsmaßnahmen für Opfer nationalsozialistischen Unrechts, aus: Die Kehrseite der „Wiedergutmachung" – Das Leiden von NS-Verfolgten in den Entschädigungsverfahren (1990), S. 11.
198 *Siegfried Moses:* Die jüdischen Nachkriegsforderungen (Tel Aviv 1944), nachgedruckt in: Ius Vivens – Quellentexte zur Rechtsgeschichte, Bd. 4 (1998), S. 5 f.
199 *Knut Ipsen:* Völkerrecht, 5. Aufl. 2004, § 1, Rn. 1.
200 *Thomas Rauscher:* Internationales Privatrecht, 3. Aufl. 2009, Rn. 1.

II. Transnationalität

In dem Maße nun, in dem die Rechtsdisziplinen miteinander konkurrieren, verschränken sie sich auch miteinander. Die hiesige Untersuchung greift auf nationales, europäisches wie internationales Recht zurück. Damit ist das Thema ein Beispiel für die Verschränkung dieser Rechtsordnungen und Gerichtsbarkeiten.[201] Das verbindende Element der Menschenrechte durchbricht mit der gerichtlichen Geltendmachung den Dualismus von nationalem und internationalem Recht und überwindet damit das Paradigma der Zwischenstaatlichkeit. Es liegt damit im Grenzbereich eines, nach *Philip C. Jessup* formuliert, transnationalen Privatrechts.[202] Aus der Perspektive der hiesigen Untersuchung verquickt sich dieses nunmehr mit dem Mehrebenensystem des Europäischen Rechtsraums. Insoweit gerieren die Menschenrechte aus verfahrensrechtlicher Perspektive zu einem *transnationalen Zivilverfahrensrecht*.

III. Methodische Grundlagen

Die Interdisziplinarität und Transnationalität führen unumgänglich zu einem Methodenpluralismus.[203] Im Vorfeld der Untersuchung erscheint daher eine Präzisierung des methodischen Ansatzes als dienlich. Die methodischen Grundlagen für die Untersuchung gibt zunächst der für das Internationale Privatrecht prägende Friedrich Carl von Savigny selbst vor: Die Untersuchung nähert sich mit dem maßgeblich von ihm beeinflussten[204] allgemeinen Interpretationskanon dem Thema an, auf den auch der EuGH bei der Auslegung des Gemeinschaftsrechts zurückgreift. Die klassischen Auslegungsmethoden gelten grundsätzlich für das Völkerrecht, für das Unionsrecht im Speziellen wie gleichsam für die EuGVVO.[205] Die fortschreitende Integration der Europäischen Union führt dabei zu einer besonderen Gewichtung der systematischen

---

201 *Eike Michael Frenzel/Richard Wiedemann:* Das Vertrauen in die Staatenimmunität und seine Herausforderung – Die Bewältigung von NS-Unrecht im Mehrebenensystem, NVwZ 2008, S. 1088; *Karsten Thorn:* Schadensersatzansprüche der Zivilbevölkerung gegen ausländische Besatzungsmächte, BerDGVR 44 (2009), S. 306.
202 Dazu und zur Geburtsstunde einer transnationalen Menschenrechtsklage durch die Berufungsentscheidung des Court of Appeal von Manhattan v. 30.06.1980 im Fall 630 F.2d 876 (Filártiga ./. Peña-Irala) bei *Moritz von Unger:* Menschenrechte als transnationales Privatrecht (2008), S. 15.
203 *Stefan Oeter:* Zur Zukunft der Völkerrechtswissenschaft in Deutschland, ZaöRV 67 (2007), S. 675 (681).
204 *Friedrich Karl von Savigny:* Juristische Methodenlehre nach der Ausarbeitung von Jacob Grimm (1951); *ders.:* System des heutigen römischen Rechts, Bd. I (1840).
205 *Stephan M. Grundmann:* Die Auslegung des Gemeinschaftsrechts durch den Europäischen Gerichtshof – Zugleich eine rechtsvergleichende Studie zur Auslegung im Völkerrecht und im Gemeinschaftsrecht (1997), S. 32.

und – von Savigny noch zurückhaltend verwendeten[206] – teleologischen Interpretation.[207]

Neben zahlreichen anderen Auslegungsmethoden, auf die der EuGH im Übrigen zurückgreift[208], geben den weiteren methodischen Rahmen zur Rechtsfindung – auch für den Europäischen Justizraum[209] – die Wiener Vertragsrechtskonventionen (WVK) vor. Demgemäß ist die Spruchpraxis eine maßgebliche Erkenntnisquelle, vgl. Art. 31 Abs. 2 lit. b) WVK. Insbesondere gilt dies für den EuGH, der die Wahrung des Rechts bei der Auslegung und Anwendung der Verträge von Lissabon sichert, vgl. Art. 19 AEUV.[210] Besondere Bedeutung kommt demgemäß auch den Schlussanträgen des Generalanwalts des EuGH zu.[211] Die Untersuchung der Spruchpraxis entspricht einem induktiven Vorgehen, um aus den judikativen Entwicklungen einen zu verallgemeinernden Gehalt zu ermitteln. Der konträre Ansatz ist ein deduktiver: In einer wertenden Betrachtung sollen Tatbestände und Rechtsfolgen ermittelt werden.[212] Denn ein Recht, dem die Gerechtigkeitsidee als Regulativ abhanden kommt, verliert irgendwann seine gesellschaftliche Daseinsberechtigung.[213] Gerade die Thematik der schweren Menschenrechtsverletzungen verlangt ein deduktives Vorgehen.[214] Auch die *International Law Commission* beispielsweise wählte einen solchen Ansatz in ihren *Draft Articles on State*

---

206   *Stephan M. Grundmann:* Die Auslegung des Gemeinschaftsrechts durch den Europäischen Gerichtshof – Zugleich eine rechtsvergleichende Studie zur Auslegung im Völkerrecht und im Gemeinschaftsrecht (1997), S. 32.
207   *Rudolf Streinz:* Europarecht, 9. Aufl. 2012, Rn. 614. Im Übrigen ist die Gewichtung lebhaft umstritten.
208   *Jochen Anweiler* zählt insgesamt 10 Auslegungsmethoden auf: Die Auslegungsmethoden des EuGH (1997), S. 141–173.
209   Diese geben, obwohl weder die Europäische Union (vgl. Art. 1 WVK) noch alle Mitgliedstaaten daran gebunden sind, in ihren wesentlichen Vorschriften die Regeln des Völkergewohnheitsrechts wieder, so dass sie Bestandteil der Rechtsordnung der Europäischen Union sind, vgl. EuGH, Urt. v. 16.06.1998 – C-162/96 (Racke ./. Hauptzollamt Mainz), Rn. 24 und 45 f., Slg. 1998 (I), S. 3655–3709 = EuZW 1998, S. 694–698 = EWS 1998, S. 387–391; mit Anm. bei *Frank Hoffmeister:* Die Bindung der Europäischen Gemeinschaft an das Völkergewohnheitsrecht der Verträge, EWS 1998, S. 365–371.
210   Dabei gilt die Rechtsprechung des EuGH zur EuGVVO, EuGVÜ und zum Luganer Übereinkommen als kontinuitiv, vgl. *Peter Schlosser:* EU-Zivilprozessrecht, 3. Aufl. 2009, Einl., Rn. 28.
211   Vgl. *Mariele Dederichs:* Die Methodik des EuGH – und Bedeutung methodischer Argumente in den Begründungen des Gerichtshofes der Europäischen Gemeinschaften (2004), S. 37–64.
212   *Stefan Kadelbach:* Staatenverantwortlichkeit für Angriffskriege und Verbrechen gegen die Menschlichkeit, BerDGVR 40 (2003), S. 65.
213   *Stefan Oeter:* Zur Zukunft der Völkerrechtswissenschaft in Deutschland, ZaöRV 67 (2007), S. 675 (683).
214   Beide methodischen Ansätze liegen beispielsweise der Arbeit von *Elisabeth Handl* zu Grunde: Staatenimmunität und Kriegsfolgen am Beispiel des Falles Distomo – Anmer-

Responsibility.[215] So verstanden, muss jede juristische Betrachtung im Lichte des Untersuchungsgegenstands erfolgen, mithin die Ausstrahlungskraft der Menschenrechte berücksichtigen. Gleichwohl erscheint ein solches Vorgehen in einem Kompetenzsystem wie der EuGVVO nicht ohne Problem. Als Kollisionsrecht agiert diese neutral und sucht emanzipiert vom Ergebnis nach dem räumlich anwendbaren Forum. Diese „Blindheit" des Kollisionsrechts[216] steht indes dort nicht in Gefahr, wo die EuGVVO gerade offen ist für Wertungen. Insbesondere ist das beim *ordre public*-Vorbehalt der Fall. Darüber hinaus sind alle Mitgliedstaaten an die gleichen Menschenrechte gebunden, womit diesbezüglich Divergenzen kollisionsrechtlicher Art ausgeschlossen sind. Bezüglich der deduktiven Wertung im Lichte des Menschenrechtsschutzes ist die entsprechende Neutralität nicht zu beklagen.[217]

Im Kern ist die argumentative Übertragbarkeit als deduktive Methodik für die hiesige Untersuchung sogar entscheidend. Dies schon dort, wo der lebhafte Diskurs um Immunitätsausnahmen wegen schwerer Menschenrechtsverletzungen aus Perspektive der EuGVVO betrachtet wird. Durchweg stellt sich auch die Frage, wie weit sich die Vorarbeiten der Haager Konferenz für Internationales Privatrecht als Schablone für die EuGVVO eignen. Diese Herangehensweise wird in Rechtsprechung[218] und Rechtswissenschaft[219] praktiziert und als rechtsvergleichende Methode gerade im Europäischen Justizraum geübt.[220] Mit entsprechendem Maßstab soll auch die Untersuchung methodisch vorgehen.

---

kungen zur Entscheidung des Obersten Gerichtshofs Griechenlands (Areopag) vom 4. Mai 2000, ZÖR 61 (2006), S. 433–448.

215 *Stefan Kadelbach:* Staatenverantwortlichkeit für Angriffskriege und Verbrechen gegen die Menschlichkeit, BerDGVR 40 (2003), S. 65.

216 Geimer/Schütze-*Reinhold Geimer:* Europäisches Zivilverfahrensrecht, 3. Aufl. 2010, Einl., Rn. 116 ff.

217 Ähnlich argumentiert *Burkhard Hess,* wenn er angesichts der fortschreitenden Vergemeinschaftung der Kollisionsnormen konstatiert, dass die „Blindheit" der EuGVVO mehr und mehr in einem koordierten Rechtsraum übergeht, vgl. *Burkhard Hess:* Europäisches Zivilprozessrecht (2010), S. 217 (Rn. 70).

218 Vgl. EuG, Urt. v. 12.12.2006 – Rs. T-155/04 (SELEX Sistemi Integrati SpA ./. Kommission), Rn. 68 (Fundstellenverzeichnis).

219 Ganze Untersuchungen basieren auf der Methodik der Übertragbarkeit, etwa *Ted Oliver Ganten:* Die Drittwirkung der Grundfreiheiten (2000) oder *Peter Unruh:* Die Unionstreue – Anmerkungen zu einem Rechtsgrundsatz der Europäischen Union, EuR 2002, S. 41–66.

220 Der größte Rechtsvergleicher in diesem Zusammenhang ist der EuGH. Aber auch der Europäische Gesetzgeber legt etwa bei der Konzeptionierung des Europäischen Kollisionsrechts die Übertragbarkeit der EuGH-Rechtsprechung zu Grunde, vgl. im Hinblick auf die Rom II-Verordnung bei *Henning Grosser:* Der ordre public-Vorbehalt im Europäischen Kollisionsrecht, Bucerius Law Journal 2008, S. 10.

Erstes Kapitel – Einführung

Schließlich bleibt zu betonen, was nicht immer als Selbstverständlichkeit erscheint: Das Brüsseler Übereinkommen über die gerichtliche Zuständigkeit und die Vollstreckung gerichtlicher Entscheidungen in Zivil- und Handelssachen (EuGVÜ) vom 27. September 1968 ist mit der „Vergemeinschaftung" der justiziellen Zusammenarbeit in Zivilsachen mit Vertrag von Amsterdam vom 2. Oktober 1997 in die Form einer Verordnung überführt worden. Es handelt sich demgemäß nicht (mehr) nur um einen völkerrechtlichen Vertrag, sondern folgt den Besonderheiten des supranationalen Unionsrechts. Der Integrationsgrad der justiziellen Zusammenarbeit in Zivilsachen der Europäischen Union ist gleichermaßen Teil der zuvor entwickelten Problemstellung, wie er dessen Lösungsansatz sein wird.

Zweites Kapitel
Judikatur

Zur weiteren Einführung stellt das zweite Kapitel die Verfahren dar, die den Ausgang der hiesigen Thematik bilden und zur Anrufung des EuGH (unter A.) sowie des IGH führten (unter B.). Daran anknüpfend soll zur Aktualität des Themas Bezug genommen werden (dazu unter C.).

A. Ausgangsverfahren

Längste Zeit entwickelte sich das Europäische Zivilprozessrecht von der hiesigen Thematik unbeeindruckt. Erst die Praxis hat es in einer Reihe von Verfahren mit der Behandlung von schweren Menschenrechtsverletzungen konfrontiert. Diese „Ausgangsverfahren"[221] werfen die hier gestellten Kernfragen der Untersuchung auf und verdeutlichen die Herausforderung, der sich die Zivilgerichte der Mitgliedstaaten im europäischen Justizraum zur Bewältigung von schweren Menschenrechtsverletzungen stellen müssen. Ihnen gemeinsam liegen Schadensersatzklagen gegen die Bundesrepublik Deutschland zu Grunde, die sich auf ihr historisches Erbe des nationalsozialistischen Unrechts beziehen. Sie sind Teil der Aufarbeitung von nicht mehr aber auch nicht weniger als vier Verbrechen des Zweiten Weltkriegs, deren Hintergründe und Zusammenhänge nur vereinzelt[222] angedeutet wurden.

I. Hintergrund der Klagewelle in Griechenland

Obwohl die Bundesrepublik Deutschland für die Aufarbeitung des NS-Unrechts große Anstrengungen unternommen hat[223], ist bis heute kein dogmatischer Rahmen

---

221 *Peter Mankowski* spricht in Bezug auf die sogleich dargestellten Verfahren vor griechischen Gerichten von „Ausgangssachverhalten": Gerichtsbarkeit und internationale Zuständigkeit deutscher Zivilgerichte bei Menschenrechtsverletzungen, aus: Universalität der Menschenrechte (2009), S. 162.
222 Eingehend bei *Andreas Fischer-Lescano:* Subjektivierung völkerrechtlicher Regelungen – Die Individualrechte auf Entschädigung und effektiven Rechtsschutz bei Verletzungen des Völkerrecht, AVR 45 (2007), S. 299–381 und *Norman Paech:* Staatenimmunität und Kriegsverbrechen, AVR 47 (2009), S. 36–92.
223 Gewürdigt etwa durch die UN Study concerning the right to restitution, compensation and rehabilitation for victims of gross violations of human rights and fundamental free-

dafür gefunden.[224] Gleichwohl das Bewusstsein über das historische Leid überdauert, drängt aber die Zeit zur juristischen Aufarbeitung des NS-Unrechts. Deutlich wird dies an den regelrechten „Klagewellen" im hiesigen Zusammenhang, vor allem vor griechischen Gerichten. Drei der vier Sachverhalte, die den Ausgangsverfahren zu Grunde liegen, haben ihren Ausgangspunkt dort gefunden. Dabei wird die historische Faktenlage über das nationalsozialistische Besatzungsregime in Griechenland nur selten noch erschüttert.[225] Dennoch zählte die Bundesregierung in Griechenland schon 2001 bis zu zehntausend Klagen auf Entschädigung für SS-Massaker und anderen Kriegsschäden mit bis zu 65.000 Einzelklägern.[226] In keinem anderen Land wurden so viele Entschädigungsklagen angestrengt.[227]

1. Spezifischer Hintergrund der Klagewelle in Griechenland

Die Klagewelle in Griechenland ist nicht ohne Ursache. Griechenland erlitt unter seiner Besetzung im Zweiten Weltkrieg hohe Opferzahlen, allein 30.000 Zivilpersonen wurden bei Vergeltungsmaßnahmen der Wehrmacht und von SS-Einheiten getötet, insgesamt 520.000 Opfer sind gezählt.[228] Zudem war die Ausbeutung Griechenlands auch eine wirtschaftliche: Griechenland hatte von allen besetzten Ländern pro Kopf die höchsten Besatzungskosten zu zahlen.[229] Während Italien und Bulgarien, welche

---

doms, Final report submitted by Special Rapporteur *Theodoor Cornelis van Boven,* UN-Doc. E/CN.4/Sub.2/1993/8 v. 02.07.1993, 45th Session, Rn. 125.

224 *Uwe Kischel:* Wiedergutmachungsrecht und Reparationen – Zur Dogmatik der Kriegsfolgen, JZ 1997, S. 126.

225 Im Jahr 2008 erweckte mediales Aufsehen, dass der deutsche Schriftsteller *Erwin Strittmatter* im SS-Polizei-Gebirgsjäger-Regiment 18 auf dem Balkan und in Griechenland am Partisanenkrieg teilnahm. Sein Biograph *Günther Drommer* ergänzte zehn Jahre nach seinem Standardwerk über Strittmatter dazu ein Buch mit einem eigenen Kapitel zum Kriegsverbrechen von Distimo, an dem Strittmatter laut Drommers Recherchen nicht beteiligt war: Erwin Strittmatter und der Krieg unserer Väter – Fakten, Vermutungen, Ansichten – eine Streitschrift (2010).

226 Erster Bericht der Bundesregierung über den Stand der Rechtssicherheit für deutsche Unternehmen im Zusammenhang mit der Stiftung „Erinnerung, Verantwortung und Zukunft", BT-Drucks. 14/7434 v. 06.11.2001, Anlage 12.

227 Ebenda.

228 Zahlen nach *Anestis Nessou:* Griechenland 1941–1944, Deutsche Besatzungspolitik und Verbrechen gegen die Zivilbevölkerung – eine Beurteilung nach dem Völkerrecht (2009), S. 32; Die Angaben sind unterschiedlich, der griechische „Widerstandskämpfer" *Manolis Glezos* listet 12.000 getötete Zivilisten infolge indirekter kriegerischer Auseinandersetzungen und insgesamt 820.960 Opfer auf: Ein Unrecht muß gesühnt werden – Immer mehr Griechen verklagen Deutschland, DIE ZEIT, Nr. 40 v. 29.09.1995, S. 12.

229 Dazu *Anestis Nessou:* Griechenland 1941–1944, Deutsche Besatzungspolitik und Verbrechen gegen die Zivilbevölkerung – eine Beurteilung nach dem Völkerrecht (2009), S. 313 ff.

A. Ausgangsverfahren

Griechenland zusammen mit Deutschland von 1941 bis 1944 besetzt hatten, ihre gesamten aus dem Krieg resultierenden Reparationsverpflichtungen gegenüber Griechenland erfüllten, ließ die Bundesrepublik Deutschland große Posten der Reparationszahlungen offen.[230] Mit dem Hintergrund, dass Griechenland von allen ehemaligen Kriegsgegnern den geringsten Anteil an Entschädigungen erhalten hat, ist die Entschädigungsfrage in Griechenland seit jeher von historischer Brisanz.[231]

Nicht zufällig datiert die Welle von Gerichtsverfahren gegen die Bundesrepublik Deutschland erst aber auf den Anfang der 90er Jahre. Das Potsdamer Abkommen vom 2. August 1945 sah eine Verteilung der deutschen Gebiete und Vermögenswerte einschließlich des deutschen Auslandsvermögens vor.[232] Griechenland hatte, soweit zur Befriedigung von Reparationsleistungen eine Beschlagnahme des deutschen Auslandsvermögens erfolgte, daran partizipiert.[233] Nach Art. 5 Abs. 2 des Londoner Schuldenabkommens vom 27. Februar 1953 waren „bis zur endgültigen Regelung der Reparationsfrage" sämtliche Reparationsansprüche zurückgestellt.[234] Individualansprüche waren solange nicht klagbar.[235] Diese Regelung sollte die Leistungsfähigkeit der Bundesrepublik vor Überbeanspruchung bewahren und so die Wiederherstellung der Wirt-

---

230 Dabei handelt es sich insbesondere um die Rückzahlung einer Zwangsanleihe, vgl. weiter mit Auflistung bei *Manolis Glezos:* Ein Unrecht muß gesühnt werden – Immer mehr Griechen verklagen Deutschland, DIE ZEIT, Nr. 40 v. 29.09.1995, S. 12.
231 Insbesondere geht es um die Rückzahlung der sog. Zwangsanleihe, die das Deutsche Reich als Besatzungsmacht 1942 der griechischen Staatsbank auferlegt hatte, vgl. Die Forderung wird mit 3,5 Mrd. US-$ zuzüglich Zinsen beziffert, vgl. Antwort der Bundesregierung BT-Drucks. 14/3992 v. 15.08.2000, S. 4.
232 Die Bundesrepublik Deutschland hat die Rechtswirkung der Potsdamer Beschlüsse niemals anerkannt, vgl. *Christian Tomuschat:* Die Vertreibung der Sudetendeutschen – Zur Frage des Bestehens von Rechtsansprüchen nach Völkerrecht und deutschem Recht, ZaöRV 56 (1996), S. 37 ff.
233 Vgl. BT-Drucks. 13/2878 v. 07.11.1995. Die Interalliierte Reparationsagentur (IARA) bezifferte in ihrem letzten Jahresbericht von 1961 die von ihr erfassten und verteilten Werte auf rund 520 Mio. $ nach dem Kurswert des Jahres 1938, vgl. *Helmut Rumpf:* Die deutsche Frage und die Reparationen, ZaöRV 33 (1973), S. 347. Die Bundesregierung bezifferte die Reparations- und Restitutionsschäden im Bundesgebiet auf insgesamt 4782 Mrd. RM, vgl. Begründung zum Reparationsschädengesetz vom 12.2.1969 in BT-Drucks. V/2432 v. 23.12.1967, S. 77.
234 Abkommen über Deutsche Auslandsschulden v. 27.02.1953 über deutsche Auslandsschulden, BGBl. 1953 II 333 (336). Art. 5 ist abgedruckt und besprochen bei *Hugo Hahn:* Entschädigung für Zwangsarbeit im Zweiten Weltkrieg – Zum Fälligwerden von Ansprüchen gegen die Bundesrepublik im Lichte des Artikels 5 Abs. 2 des Londoner Schuldenabkommens, aus: Recht und Kriminalität, Festschrift für Friedrich-Wilhelm Krause (1990), S. 93 ff. (101 f.). Dieses gilt zwischen Deutschland und Griechenland.
235 BGH, Urt. v. 19.06.1973 – VI ZR 74/70, NJW 1973, S. 1549–1552 = MDR 1973, S. 1015–1016 = WM 1973, S. 871–874.

schaftsbeziehungen sowie die Abwicklung der Vor- und Nachkriegsschulden sicherstellen.[236] Das griechische Königreich behielt sich derweil vor,

> *„mit dem Verlangen nach Regelung weiterer Forderungen, die aus nationalsozialistischen Verfolgungsmaßnahmen während Kriegs- und Besatzungszeit herrühren, bei einer allgemeinen Prüfung gemäß Artikel 5 Abs. 2 des Abkommens über deutsche Auslandsschulden vom 27. Februar 1953 heranzutreten".*[237]

Erst mit dem deutsch-griechischen Vertrag vom 18. März 1960 verpflichtete sich Deutschland zur Zahlung von 115 Millionen DM an Griechenland,

> *„zugunsten der aus Gründen der Rasse, des Glaubens oder der Weltanschauung von nationalsozialistischen Verfolgungsmaßnahmen betroffenen griechischen Staatsangehörigen, die durch diese Verfolgungsmaßnahmen Freiheitsschäden oder Gesundheitsschäden erlitten haben, sowie besonders auch zugunsten von Hinterbliebenen der infolge dieser Verfolgungsmaßnahmen Umgekommenen. [...] Mit der Zahlung sind alle den Gegenstand dieses Vertrages bildenden Fragen im Verhältnis der Bundesrepublik Deutschland zu dem Königreich Griechenland, unbeschadet etwaiger gesetzlicher Ansprüche griechischer Staatsangehöriger, abschließend geregelt".*[238]

Die Verteilung des Geldes blieb der griechischen Regierung vorbehalten.[239] Auch wenn die Wirksamkeit solcher Verträge im Hinblick auf Art. 7 des IV. Genfer Abkommens[240] zum Schutz der Zivilpersonen bezweifelt wird[241], hat die deutsche Politik damit jahr-

---

236 BVerwG, Urt. v. 12.06.1970 – VII C 64.68, BVerwGE 35, S. 262 (263).
237 Vertrag über Leistungen zugunsten griechischer Opfer von NS-Verfolgungsmaßnahmen zwischen Griechenland und der Bundesrepublik, BGBl. II 1960, S. 1597 f.; dazu Kleine Anfrage bzgl. Reparations- und Entschädigungszahlungen für NS-Verbrechen in Griechenland II, BT-Drucks. 13/3277 v. 30.11.1995, S. 2 und dazu die Antwort der Bundesregierung mit der BT-Drucks. 13/3538 v. 22.01.1996.
238 Vertrag über Leistungen zugunsten griechischer Opfer von NS-Verfolgungsmaßnahmen zwischen Griechenland und der Bundesrepublik, BGBl. II 1960, S. 1596.
239 *Andreas Fischer-Lescano:* Völkerrechtliche Praxis der Bundesrepublik Deutschland in den Jahren 2000 bis 2002 – 1. Teil – Allgemeine Fragen des Völkerrechts und Individualrechte, ZaöRV 64 (2004), S. 207.
240 Dort heißt es: „Keine besondere Vereinbarung darf die Lage der geschützten Personen, wie sie durch das vorliegende Abkommen geregelt ist, beeinträchtigen oder die Rechte beschränken, die ihnen das Abkommen einräumt".
241 Allgemein bei *Shin Hae Bong:* Compensation for Victims of Wartime Atrocities – Recent Developments in Japan's Case Law, JICJ 3 (2005), S. 203; konkret anhand der Pendantverträge mit der Italienischen Republik bei *Andreas Fischer-Lescano/Carsten Gericke:* Der IGH und das transnationale Recht – Das Verfahren BRD ./. Italien als Wegweiser der zukünftigen Völkerrechtsordnung, KJ 2010, S. 85 = ZERP-Arbeitspapier 2/2010, S. 11 =

A. Ausgangsverfahren

zehntelang griechische Forderungen[242] nach Entschädigung für diese Verbrechen abgelehnt.[243] Vor allem in den 50er und 60er Jahren verquickte die Bundesregierung die Gewährung deutscher Wirtschaftshilfe mit der Kriegsverbrecherfrage.[244] Die Bundesregierung wollte nach der sog. *Brioni*-Formel noch offene Fragen aus der Vergangenheit durch eine langfristige Zusammenarbeit auf wirtschaftlichen und anderen Gebieten lösen.[245] Mehr als 30 Milliarden DM finanzielle Leistungen flossen im bi- und multilateralen Kontext an Griechenland und sollten die uneingeschränkte Bereitschaft zu enger Kooperation dokumentieren.[246] Während insoweit zeitnah Reparationszahlungen beschlossen wurden und die strafrechtliche Aufarbeitung zumindest auf der gemeinsamen Agenda stand[247], hielt eine zivilrechtliche Aufarbeitung lange inne.

2. Allgemeiner Anstoß zur Klagewelle in Griechenland

Nachdem auch nach Abschluss des Vertrags über die abschließende Regelung in Bezug auf Deutschland vom 12. September 1990[248] keinerlei Entschädigungen oder Re-

---

The ICJ and Transnational Law – The "Case Concerning Jurisdictional Immunities" as an Indicator for the Future of the Transnational Legal Order, ZERP-Arbeitspapier 2/2011, S. 11.

242 Bereits in den Jahren 1964 und 1966 gab es förmliche Hinweise auf Rückzahlungsansprüche gegen die Bundesrepublik Deutschland, vgl. *Anestis Nessou:* Griechenland 1941–1944, Deutsche Besatzungspolitik und Verbrechen gegen die Zivilbevölkerung – eine Beurteilung nach dem Völkerrecht (2009), S. 496 f.

243 Vgl. Kleine Anfrage zum Verhalten der Bundesregierung gegenüber griechischen Forderungen nach Entschädigungszahlung für das SS-Massaker in Distomo am 10. Juni 1944, BT-Drucks. 14/3918 v. 20.07.2000, S. 1 sowie Antwort der Bundesregierung BT-Drucks. 14/3992 v. 15.08.2000, S. 3.

244 Vgl. *Hagen Fleischer:* „Endlösung" der Kriegsverbrecherfrage – Die verhinderte Ahndung deutscher Kriegsverbrechen in Griechenland, in: Transnationale Vergangenheitspolitik – Der Umgang mit deutschen Kriegsverbrechen in Europa nach dem Zweiten Weltkrieg (2006), S. 514 ff.; *Anestis Nessou:* Griechenland 1941–1944, Deutsche Besatzungspolitik und Verbrechen gegen die Zivilbevölkerung – eine Beurteilung nach dem Völkerrecht (2009), S. 419 f.

245 Vgl. die Unterrichtung der deutschen Bundesregierung über bisherige Wiedergutmachungsleistungen, BT-Drucks. 13/4787 v. 03.06.1996, S. 2.

246 Presseerklärung der Bundesregierung vom 25.06.2000; *Andreas Fischer-Lescano:* Völkerrechtliche Praxis der Bundesrepublik Deutschland in den Jahren 2000 bis 2002 – 1. Teil – Allgemeine Fragen des Völkerrechts und Individualrechte, ZaöRV 64 (2004), S. 207. Im Vergleich dazu steht eine Summe von 70 Milliarden DM, auf die im Jahr 2001 die Entschädigungsforderungen aus Griechenland beziffert werden, vgl. *Christoph Schminck-Gustavus:* Nemesis – Anmerkungen zum Urteil des Areopag zur Entschädigung griechischer Opfer von NS-Kriegsverbrechen, KJ 2001, S. 116.

247 Strafrechtliche Verjährung drohte in den 65ern, dazu sogleich.

248 Sog. „Zwei-plus-Vier-Vertrag" v. 12.09.1990, BGBl. 1990 II, 1318. Griechenland ist zwar nicht dessen Vertragspartei, kann aber wegen Art. 36 Abs. 1 S. 2 WVK als gebun-

Zweites Kapitel – Judikatur

parationen von deutscher Seite an Griechenland bzw. an griechische Opfer gezahlt wurden, wurde das Thema wieder virulent. Soweit auch bis zum Inkrafttreten des Zwei-plus-Vier-Vertrages zivilrechtliche Ansprüche als gehemmt galten[249], drohte fünf Jahre später der Ablauf der ordentlichen fünfjährigen Verjährungsfrist für zivilrechtliche Ansprüche des griechischen Zivilgesetzbuchs.

Noch am 14. November 1995 regte die griechische Regierung mit diplomatischer Note neue Entschädigungsverhandlungen an, was von deutscher Seite aber zurückgewiesen wurde.[250] Spätestens damit[251] wurden in Griechenland durch Anregung der Präfekten zweier besonders stark betroffener Regionen[252] mehrere tausend Klagen zehntausender griechischer Privatpersonen[253] wegen zahlreicher Vergeltungsmaßnahmen deutscher Besatzungstruppen anhängig gemacht.[254] Die Opfer gründeten Klägervereinigungen vor allem in den Gemeinden Patra und Voiotia, wobei sich in letzterer vornehmlich ehemalige Bewohner des Dorfes Dístimo zusammenschlossen.[255] Der Präfekt der griechischen Normarchie Böotien mit der Gemeinde Dístimo, *Ioánnis Stamoúlis*[256],

---

    den angesehen werden, weil es das Moratorium des Londoner Schuldenabkommens nicht mehr beachten muss. Spätestens aber mit Unterzeichnung der Erklärung der Staats- und Regierungschefs zum Abschluss des KSZE-Gipfels hat Griechenland aber auf seine Ansprüche verzichtet, vgl. bei *Bernhard Kempen:* Der Fall Distomo – Griechische Reparationsforderungen gegen die Bundesrepublik Deutschland, aus: Tradition und Weltoffenheit, Festschrift für Helmut Steinberger (2002), S. 192 ff.
249 Vgl. ausdrücklich die Leitsätze 1–3 des OLG Stuttgart, Urt. v. 20.06.2000 – 12 U 37/00, NJW 2000, S. 2680–2684, bestätigt durch den BGH, Urt. v. 26.06.2003 – III ZR 245/98 (Fundstellenverzeichnis); *Anatol Dutta:* Anmerkung zu EuGH v. 15.02.2007 – Rs. C-292/05, ZZP 11 (2006), S. 210.
250 BT-Drucks. 13/3277 v. 30.11.1995, S. 2.
251 *Anestis Nessou:* Griechenland 1941–1944, Deutsche Besatzungspolitik und Verbrechen gegen die Zivilbevölkerung – eine Beurteilung nach dem Völkerrecht (2009), S. 497.
252 *Manolis Glezos:* Ein Unrecht muß gesühnt werden – Immer mehr Griechen verklagen Deutschland, DIE ZEIT, Nr. 40 v. 29.09.1995, S. 12.
253 Die Zahlen schwanken, die Bundesregierung spricht von 65.000 Einzelklägern in bis zu 10.000 Klagen, vgl. Erster und Vierter Bericht der Bundesregierung über den Stand der Rechtssicherheit für deutsche Unternehmen im Zusammenhang mit der Stiftung „Erinnerung, Verantwortung und Zukunft", BT-Drucks. 14/7434 v. 06.11.2001, Anlage 12 bzw. BT-Drucks. 15-1026 v. 19.05.2003, Anlage 10. Andere Zahlen sprechen von einer Prozessflut von bis zu 50.000 anhängigen Klagen, vgl. Der Spiegel 1/1998 v. 29.12.1997: Blutbad im Bergstädtchen, S. 45.
254 Vgl. BT-Drucks. 14/3992 v. 15.08.2000, S. 4.
255 *Andreas Fischer-Lescano:* Subjektivierung völkerrechtlicher Regelungen – Die Individualrechte auf Entschädigung und effektiven Rechtsschutz bei Verletzungen des Völkerrecht, AVR 45 (2007), S. 342.
256 *Ioánnis Stamoális,* von 1989 bis 1998 Präfekt der Nomarchie Böotien und zwischen 1989 und 1994 Mitglied des Europäischen Parlaments, war treibende Kraft hinter der Klagewelle, vgl. Spiegel 31/1998, S. 132. Er verstarb im Jahr 2007.

A. Ausgangsverfahren

strengte daher 1995 vor dem Landgericht seiner Präfektur, dem Polymelés Protodikeío Livadía, die Verfahren um das Kriegsverbrechen von Dístimo an.

II. Verfahren um das Kriegsverbrechen von Dístimo

Die Verfahren um das Kriegsverbrechen von Dístimo vom 10. Juni 1944 haben seit über fünfzehn Jahren die Gerichte dreier europäischer Staaten sowie zweier Europäischer Spruchkörper beschäftigt und zu einer Anrufung des Internationalen Gerichtshofs geführt.

1. Historischer Sachverhalt

Hintergrund ist eine historische Grausamkeit im nazi-besetzten Griechenland nur vier Monate vor seiner Befreiung im Oktober 1944. Auf dem Balkan sahen sich Hitlers Achsenmächte besonders heftigem Partisanenwiderstand gegenüber. Darauf antworteten die Deutschen Besatzer jener Tage nahezu täglich mit brutalen Vergeltungsmaßnahmen.[257] Im besagten griechischen Ort Dístimo (Δίστομο) reagierte eine der deutschen Wehrmacht eingegliederte SS-Einheit mit besonderer Brutalität. Am 10. Juni 1944 wurden etwa 214 Einwohner jeden Alters und Geschlechts auf grausamste Arten getötet. Das Dorf wurde anschließend niedergebrannt.[258] Der Delegierte des Internationalen Komitees des Roten Kreuzes beschrieb bei Entdeckung des Massakers in Dístimo:

„Über der Gegend lag ein fürchterlicher Gestank von Brand und Verwesung. [...] Überall lagen Tote. [...] Darunter waren Frauen, deren Bäuche aufgeschlitzt waren. Die Eingeweide quollen heraus. Einigen Frauen waren die Brüste abgeschnitten, Männern hatte man das Geschlechtsteil abgetrennt. Daneben lagen Kinder, deren Schädel zertrennt waren. In den ausgebrannten Häusern glimmte noch die Glut".[259]

---

257 Diese wurde von *Hermann Neubacher,* Sonderbeauftragter des Auswärtigen Amtes am Balkan forciert. Ihm untergliedert im Abwehrstab der Heeresgruppe E war *Kurt Waldheim,* der später für zwei Perioden zum UN-Generalsekretär ernannt wurde. *Kurt Waldheim* war in seiner Funktion über das Massaker von Dístimo informiert, dazu The Waldheim-Report v. 08.02.1988, submitted by the International Commission of Historians (1993), S. 184.
258 *Dieter Begemann:* Distimo 1944, aus: Orte des Grauens – Verbrechen im Zweiten Weltkrieg (2003), S. 33.
259 Zitiert nach *Dieter Begemann,* der noch am 27.11.2001 mit jenem Sture Linnér ein Interview führte: Distimo 1944, aus: Orte des Grauens – Verbrechen im Zweiten Weltkrieg (2003), S. 30.

Zweites Kapitel – Judikatur

Das Massaker unterliegt der juristischen Kategorie des Repressalienexzesses.²⁶⁰ Die Schilderung verdeutlicht aber auch das individuelle Leid, das mit der Thematik untrennbar verknüpft ist. Im Übrigen wird die bloße Beispielhaftigkeit jener Verbrechen dadurch deutlich, dass eben der 10. Juni 1944 auch an das Kriegsverbrechen in der französischen Ortschaft Oradour-sur-Glane erinnert, bei dem eine SS-Einheit dreimal so viele Zivilisten wie in Dístimo ermordet hat.²⁶¹

2. Strafrechtliche Aufarbeitung

Das Kriegsverbrechen von Dístimo ist (völker-)strafrechtlich mehrfach behandelt worden. Es gehörte zu den Anklagepunkten im Nürnberger Südostgeneräleprozess von 1948.²⁶² Erst ab Ende der 50er Jahre, nach Zentralisierung der Strafverfolgung sowohl in Ost- als auch in Westdeutschland, wurden ausländische Tatorte zum strafrechtlichen Ahndungsschwerpunkt.²⁶³ Nach Zählung der Bundesregierung liefen 392 Ermittlungsverfahren gegen insgesamt 1.269 ehemalige Angehörige der deutschen Wehrmacht, der Waffen-SS und der Polizei wegen Kriegsverbrechen in Griechenland.²⁶⁴ Zumeist musste die Staatsanwaltschaft aber trotz Hinweisen des Griechischen Nationalen Kriegsverbrecherbüros (ONHCG) die Ermittlungsverfahren einstellen. Das LG Konstanz stellte im Jahr 1958 Voruntersuchungen gegen zwei ehemalige SS–Angehörige ein.²⁶⁵ In einem anderen Fall stellte das LG München trotz Hinweisen des ONHCG seine Ermittlungsverfahren wegen Verjährung ein.²⁶⁶ Das ONHCG, zu dessen Leiter der Generalstaatsanwalt beim Areios Pagos, dem Obersten Gerichts-

---

260 Dazu *Jörn Axel Kämmerer:* Kriegsrepressalie oder Kriegsverbrechen? – Zur rechtlichen Beurteilung der Massenexekutionen von Zivilisten durch die deutsche Besatzungsmacht im Zweiten Weltkrieg, AVR 37 (1999), S. 283 ff. (290) und *Anestis Nessou:* Griechenland 1941–1944 – Deutsche Besatzungspolitik und Verbrechen gegen die Zivilbevölkerung – eine Beurteilung nach dem Völkerrecht (2009), S. 280 ff.
261 Es waren 642 Opfer, vgl. *Ahlrich Meyer:* Oradour 1944, aus: Orte des Grauens – Verbrechen im Zweiten Weltkrieg (2003), S. 176–186.
262 *Anestis Nessou:* Griechenland 1941–1944 – Deutsche Besatzungspolitik und Verbrechen gegen die Zivilbevölkerung – eine Beurteilung nach dem Völkerrecht (2009), S. 407.
263 *Christiaan Frederik Rüter/Klaus Bästlein:* Die Ahndung von NS-Gewaltverbrechen im deutsch-deutschen Vergleich – Das „Unsere-Leute-Prinzip", ZRP 2010, S. 93.
264 Antwort der Bundesregierung auf eine parlamentarische Anfrage, BT-Drucks. 14/3992 v. 15.08.2000, S. 4.
265 Einstellungsbeschluss der Staatsanwaltschaft Konstanz v. 21.01.1958, vgl. *Dieter Begemann:* Distomo 1944, aus: Orte des Grauens – Verbrechen im Zweiten Weltkrieg (2003), S. 34 (Fußn. 14).
266 Einstellungsbeschluss der Staatsanwaltschaft Ludwigsburg v. 21.01.1958, vgl. *Dieter Begemann:* Distomo 1944, aus: Orte des Grauens – Verbrechen im Zweiten Weltkrieg (2003), S. 34 (Fußn. 15).

hof Griechenlands[267], bestellt wurde, verfolgte zwar selbst insgesamt 1.235 Tatkomplexe sowie 5.052 Verdächtige.[268] Die griechischen Auslieferungsanträge litten aber zumeist entweder an Substantiierungsmangel oder an der schlichten Unauffindbarkeit der Auszuliefernden.[269] Die Dístimo-Verfahren sind damit ein Paradebeispiel für das Scheitern der Strafverfolgung von NS-Unrecht.[270] Sie fand ein Ende im Jahr 1972,[271] die strafrechtliche Bearbeitung in Bezug auf die zuvor erwähnte französische Ortschaft Oradour-sur-Glane verlief immerhin bis 1995.[272]

3. *Zivilgerichtliche Aufarbeitung*

Während die strafrechtliche Aufarbeitung der nationalsozialistischen Besatzungspraxis in Griechenland wesentlich in die Nachkriegszeit fiel, rückte deren zivilrechtliche Aufarbeitung aus eingangs genannten Gründen erst lange danach in die Wahrnehmung einer größeren Öffentlichkeit.[273]

a) Erkenntnisverfahren vor griechischen Gerichten

Erst in den 90er Jahren mussten sich griechische Zivilgerichte mit dem Massaker von Dístimo beschäftigen.[274] Die Präfektur Böotien strengte im eigenen Namen sowie im Namen von *Konstantinos Avoritis* und 256 weiteren Kindern der Todesopfer sowie Überlebenden eine Klage vor dem Polymelés Protodikeío Livadía an. Die Bundesrepublik Deutschland verweigerte die Annahme einer Abschrift der Klage und die

---

267 Dieser ist auch unter dem eingedeutschten Begriff Areopag bekannt.
268 *Anestis Nessou:* Griechenland 1941–1944 – Deutsche Besatzungspolitik und Verbrechen gegen die Zivilbevölkerung – eine Beurteilung nach dem Völkerrecht (2009), S. 415.
269 Ebenda.
270 Ebenda, S. 459.
271 Vgl. mit Nachw. bei *Dieter Begemann,* der noch am 27.11.2001 mit jenem Sture Linnér ein Interview führte: Distimo 1944, Orte des Grauens – Verbrechen im Zweiten Weltkrieg (2003), S. 34.
272 *Ahlrich Meyer:* Oradour 1944, aus: Orte des Grauens – Verbrechen im Zweiten Weltkrieg (2003), S. 184.
273 Nachgezeichnet bei *Anestis Nessou:* Griechenland 1941–1944 – Deutsche Besatzungspolitik und Verbrechen gegen die Zivilbevölkerung – eine Beurteilung nach dem Völkerrecht (2009), S. 32 sowie in der 61. Ausgabe der ZÖR (2006) mit gesammelten Beiträgen zur griechischen Rechtsprechung.
274 Überblick bei *Bernhard Kempen:* Der Fall Distomo – Griechische Reparationsforderungen gegen die Bundesrepublik Deutschland, aus: Tradition und Weltoffenheit, Festschrift für Helmut Steinberger (2002), S. 179–195; *Moritz von Unger:* Menschenrechte als transnationales Privatrecht (2008), S. 200–232; *Gernot Biehler:* Auswärtige Gewalt – Auswirkungen auswärtiger Interessen im innerstaatlichen Recht (2005), S. 308 ff.

Zweites Kapitel – Judikatur

Beteiligung im Verfahren selbst.[275] Das griechische Landgericht stützte seine Zuständigkeit aber auf Art. 5 EuGVÜ.[276] Es gab am 30. Oktober 1997 der Schadensersatzklage der 257 Überlebenden und Nachkommen hinsichtlich des Schmerzensgeldbegehrens statt; im Übrigen wies es die Forderung nach Ersatz des materiellen Schadens wegen fehlender Substantiiertheit ab.[277] Die Bundesrepublik Deutschland wurde mit Versäumnisurteil zu Schadensersatz i.H.v. 240 Millionen Drachmen verurteilt.[278] Das Gericht stützte sich dabei auf die Spruchpraxis des Nürnberger Militärgerichtshofs.[279] Die Bundesrepublik Deutschland legte unter Verzicht auf das Rechtsmittel der Berufung Sprungrevision zum Areios Pagos ein und suchte damit, nicht nur wegen seines Pathos, mit dem es seine Urteile zu verkünden vermag[280], das oberste griechische Gericht auf. Vor dem Areios Pagos wurde sogar *Georgios Aléxandros Mangákis*[281] hinzubestellt.[282] Mit Beschluss vom 11. Juni 1999 wurde das Verfahren durch die erste Kammer wegen der grundsätzlichen Bedeutung der Sache an das Plenum des Areios Pagos verwiesen. Der Große Senat verwarf am 13. April 2000 die Revision und ver-

---

275 *Anestis Nessou:* Griechenland 1941–1944 – Deutsche Besatzungspolitik und Verbrechen gegen die Zivilbevölkerung – eine Beurteilung nach dem Völkerrecht (2009), S. 498.
276 Kritisch dazu *Karsten Thorn:* Schadensersatzansprüche der Zivilbevölkerung gegen ausländische Besatzungsmächte, BerDGVR 44 (2009), S. 307.
277 Versäumnisurteil v. 25.09.1997, veröffentlicht am 30.10.1997 – Case No. 137/1997 (Fundstellenverzeichnis).
278 Das entsprach zur Zeit des Urteils etwa 59,89 Mio. DM, also rund 30 Mio. Euro. Dabei ähneln die Maßstäbe des griechischen Schadensersatzrechts den deutschen Rechtsvorstellungen, vgl. dazu eingehend bei *Ioannis K. Karakostas/Nicola Emmanouil:* Die Anwendung des Grundsatzes der Verhältnismäßigkeit bei der Bemessung der Höhe der Geldentschädigung für immateriellen Schaden durch den Richter im griechischen Recht, ZEuP 2009, S. 349–367.
279 *Norman Paech:* Staatenimmunität und Kriegsverbrechen, AVR 47 (2009), S. 42.
280 Worauf *Christoph Schminck-Gustavus* mit Bezug auf die Historie und gebliebene Symbolik des Gerichts zu Recht hinweist: Nemesis – Anmerkungen zum Urteil des Areopag zur Entschädigung griechischer Opfer von NS-Kriegsverbrechen, KJ 2001, S. 111.
281 *Georgios Aléxandros Mangákis* kämpfte als Partisan gegen die deutschen Besatzer und saß nachdem Zweiten Weltkrieg unter der griechischen Militärdiktatur in politischer Gefangenschaft ein. Seine Befreiung gelang mit Hilfe aus deutschen Regierungskreisen, vgl. Der Spiegel 18/1972 v. 24.04.1972: Polit-Krimi zwischen Bonn und Athen, S. 90 sowie KJ 1973: Laudatio für einen Antifaschisten, S. 90–93. Nach dem Ende der Diktatur bekleidete er in Griechenland öffentliche Ämter unter anderem als griechischer Justizminister und als Zentralbankpräsident. Seine juristischen Verdienste als Professor in Athen und Heidelberg würdigt die FS für ihn: Strafrecht – Freiheit – Rechtsstaat, Athen 1999. Er war Vorsitzender des „Vereins der Vereinten Widerstandskräfte" und schrieb seine Geschichte in seiner Monographie nieder: Freiheit, meine Geliebte (2001). Zehn Jahre später verstarb er am 5. September 2011.
282 Vgl. *Christoph Schminck-Gustavus:* Nemesis – Anmerkungen zum Urteil des Areopag zur Entschädigung griechischer Opfer von NS-Kriegsverbrechen, KJ 2001, S. 111.

A. Ausgangsverfahren

urteilte die Bundesrepublik Deutschland, die Gerichtskosten der Revisionsbeklagten zu tragen.[283] Das Urteil wurde mit einer Mehrheit von 16 der 20 Richter gefällt, auch wenn der Präsident des Areios Pagos mit der Minderheit votierte.[284] Damit wurde das Urteil, kurz nachdem der damalige Bundespräsident *Johannes Rau* noch Griechenland besuchte[285], rechtskräftig.[286] Der Kostenfestsetzungsbeschluss lautete auf 1 Million Drachmen.[287]

b) Erkenntnisverfahren vor deutschen Gerichten

Parallel zu diesem Rechtsstreit wurde von *Argýris Sfountoúris* und seinen drei Schwestern, deren Eltern bei dem Massaker von Dístimo getötet wurden, eine Klage vor dem LG Bonn angestrengt. Es wurde damit in kurzer Zeit nacheinander mit Schadensersatzklagen gegen die Bundesrepublik Deutschland wegen Verbrechen aus dem zweiten Weltkrieg beschäftigt.[288] Das LG Bonn wies rund vier Monate vor dem erst-

---

283 Areios Pagos v. 04.05.2000 – Case No. 11/2000 (Fundstellenverzeichnis).
284 *Christoph Schminck-Gustavus:* Nemesis – Anmerkungen zum Urteil des Areopag zur Entschädigung griechischer Opfer von NS-Kriegsverbrechen, KJ 2001, S. 111.
285 Auf diesen Umstand weist selbst der Europäische Integrationsbericht von 2000/2001 hin, vgl. *Peter A. Zervakis:* Griechenland, Jahrbuch der Europäischen Integration 2000/2001, S. 348. Dazu noch näher in Bezug auf den historischen Hintergrund um das Verfahren des Massakers von Kalavryta ab S. 71.
286 Fälschlich konstatiert *Burkhard Hess,* dass das Urteil aufgehoben wurde: Kriegsentschädigungen aus kollisionsrechtlicher und rechtsvergleichender Sicht, BerDGVR 40 (2003) auf S. 110. Das von ihm zitierte Urteil des Areopags v. 17.09.2002 – 6/2002 erging in Anrufung des sogleich dargestellten *Margellos*-Verfahrens, hier ab S. 69. Wie weit ein Judikat des griechischen Sondergericht Auswirkungen zeitigt, ist im innerstaatlichen Recht zwar umstritten, jedenfalls hat es aber keine Aufhebungskraft *ex tunc*, vgl. *Reinhold Geimer:* Völkerrechtliche Staatenimmunität gegenüber Amtshaftungsansprüchen ausländischer Opfer von Kriegsexzessen, LMK 2003, S. 216; *Karsten Thorn:* Schadensersatzansprüche der Zivilbevölkerung gegen ausländische Besatzungsmächte, BerDGVR 44 (2009), S. 311.
287 *Anestis Nessou:* Griechenland 1941–1944 – Deutsche Besatzungspolitik und Verbrechen gegen die Zivilbevölkerung – eine Beurteilung nach dem Völkerrecht (2009), S. 503. Die Kosten entsprachen nach damaligem Wechselkurs 5.740 DM, umgerechnet 2.934,82 Euro, vgl. ebenda.
288 Bereits im Jahr 1992 wurde das LG Bonn mit der Frage konfrontiert, ob die Bundesrepublik Deutschland wegen zwischen 1943 und 1945 geleisteter Zwangsarbeit auf Schadensersatz in Anspruch genommen werden kann, weshalb es mit Vorlagebeschluss vom 02.07.1993 (Az.: 1 O 134/92) den BVerfG anrief. Dazu parallel musste auch das LG Bremen entscheiden, welches ebenfalls das Verfahren aussetzte und das BVerfG anrief, Vorlagebeschluss v. 03.12.1992 – 1 O 2889/1990 a, JZ 1993, S. 633 = NVwZ 1993, S. 917. Beide Beschlüsse sind abgedruckt bei *Albrecht Randelzhofer/Oliver Dörr:* Entschädigung für Zwangsarbeit? – Zum Problem individueller Entschädigungsansprüche von ausländischen Zwangsarbeitern während des Zweiten Weltkrieges gegen die Bun-

instanzlichen griechischen Urteil die Schadensersatzklage als unbegründet ab.[289] Die deutschen Verfahren blieben ebenfalls in den Instanzen beim OLG Köln[290] und vor dem BGH erfolglos. Dieser verwarf den Revisionsantrag zunächst mit Versäumnisurteil vom 14. Oktober 1999. Auf den Einspruch der Kläger hin wurde ein neuer Termin zur mündlichen Verhandlung mehrfach verschoben, in eben der Erwartung des Urteils des Areios Pagos aus dem unten dargestellten *Margellos*-Verfahren. Dieses erging am 17. September 2002, mit Urteil vom 26. Juni 2003 wurde das Revisionsurteil aufrechterhalten.[291] Das Verfahren endete erst 2006 mit einer Nichtannahme einer Verfassungsbeschwerde beim BVerfG.[292]

c) Individualbeschwerde vor dem EGMR

Dagegen legten die vier Kläger[293] am 9. Juni 2006 Individualbeschwerde vor dem EGMR ein.[294] Fünf Jahre später lehnte dieser mit Urteil vom 31. Mai 2011 die Beschwerde als unzulässig ab. Die Beschwerdeführer sahen in der Weigerung der deutschen Gerichte, ihnen eine Entschädigung zuzusprechen, eine Eigentumsverletzung aus Art. 1 Nr. 1 Protokoll zur EMRK. Dahingehend betonte der EGMR,

„dass die Konvention nach seiner gefestigten Rechtsprechung den Mitgliedstaaten keine spezifische Verpflichtung auferlegt, Wiedergutmachung für Unrecht oder Schäden zu leisten, die ihre Vorgängerstaaten verursacht haben."[295]

---

desrepublik Deutschland (1994), S. 103 ff. und das Anrufungsergebnis des BVerfG besprochen bei *Stefanie Schmahl:* Amtshaftung für Kriegsschäden, ZaöRV 66 (2006), S. 699–718.

289 LG Bonn, Urt. v. 23.06.1997 – Az.: 1 O 358/95, abgedruckt in: *Siegfried Moses:* Die jüdischen Nachkriegsforderungen (Tel Aviv 1944), aus: Ius Vivens – Quellentexte zur Rechtsgeschichte, Bd. 4 (1998), Anhang III. Mit Anm. bei *Anestis Nessou:* Griechenland 1941–1944 – Deutsche Besatzungspolitik und Verbrechen gegen die Zivilbevölkerung – eine Beurteilung nach dem Völkerrecht (2009), S. 514–573.
290 OLG Köln, Urt. v. 27.08.1998 – Az.: 7 U 167/97, OLGR Köln 1999, S. 5–8; mit Anm. bei *Jörn Axel Kämmerer:* Kriegsrepressalie oder Kriegsverbrechen? – Zur rechtlichen Beurteilung der Massenexekutionen von Zivilisten durch die deutsche Besatzungsmacht im Zweiten Weltkrieg, AVR 37 (1999), S. 286; *Anestis Nessou:* Griechenland 1941–1944 – Deutsche Besatzungspolitik und Verbrechen gegen die Zivilbevölkerung – eine Beurteilung nach dem Völkerrecht (2009), S. 519–573.
291 BGH, Urt. v. 26.06.2003 – Az.: III ZR 245/98 (Fundstellenverzeichnis).
292 BVerfG, Beschl. v. 15.02.2006 – Az.: 2 BvR 1476/03 (Fundstellenverzeichnis).
293 Frau *Astero Liaskou* verstarb während des Verfahrens. Ihre vier Kinder teilten dem Gerichtshof mit, dass sie das Verfahren in ihrem Namen fortführen wollten, vgl. Pressemitteilung des EGMR 92 (2011) v. 06.07.2011.
294 Individualbeschwerde Nr. 24120/06 (Sfountouris u. a. ./. Bundesrepublik Deutschland).
295 Zusammenfassende Übersetzung aus der Pressemitteilung des EGMR 92 (2011) v. 06.07.2011.

A. Ausgangsverfahren

Der EGMR, der mittlerweile vermehrt mit Sachverhalten aus dem Zweiten Weltkrieg befasst ist[296], war der Auffassung, dass das deutsche und das internationale Recht nicht willkürlich angewendet wurden, zumal die nationalen Gerichte grundsätzlich in einer besseren Lage seien, das innerstaatliche Recht auszulegen. Daher konnten die Beschwerdeführer im Lichte des Eigentumsschutzes

> *„keine berechtigte Erwartung haben, eine Entschädigung für den erlittenen Schaden zu erhalten."*[297]

Entsprechend aussichtslos war die Berufung auf das Diskriminierungsverbot aus Art. 14 EMRK in Verbindung mit Art. 1 des Zusatzprotokolls Nr. 1 zur EMRK. Schon gar nicht wurde eine Verletzung von Art. 6 Abs. 1 EMRK moniert.

4. Anerkennung und Vollstreckung des Livadía-Urteils

a) Vollstreckung in der Bundesrepublik Deutschland

Angesichts der eindeutigen Aussagen des BGH zur Nichtvollstreckbarkeit des Livadía-Urteils[298], bestätigt durch das BVerfG[299] und bekräftigt von der deutschen Bundesregierung[300], wurde davon Abstand genommen, eine Vollstreckung des Livadía-Urteils in der Bundesrepublik Deutschland zu versuchen.[301] Die Bundesregierung lehnte jede Zahlung auf den ausgeurteilten Betrag ab.[302] Nachdem auch die öffentliche Ankündigung von *Ioánnis Stamoúlis,* alsbald die Zwangsvollstreckung in bundesdeutsches Vermögen betreiben zu wollen[303], ergebnislos blieb[304], wurde in mehreren Mitglied-

---

296 Mit Nachw. bei *Kerstin Bartsch/Björn Elberling:* Jus Cogens vs. State Immunity, Round Two – The Decision of the European Court of Human Rights in the Kalogeropoulou et al. v. Greece and Germany Decision, German Law Journal 4 (2003), S. 477 (Fußn. 2).
297 Zusammenfassende Übersetzung aus der Pressemitteilung des EGMR 92 (2011) v. 06.07.2011.
298 BGH, Urt. v. 26.06.2003 – Az.: III ZR 245/98 (Fundstellenverzeichnis).
299 BVerfG, Beschl. v. 15.02.2006 – Az.: 2 BvR 1476/03 (Fundstellenverzeichnis), Leitsatz 1a und Rn. 18 des Nichtannahmebeschlusses.
300 BT-Drucks. 14/3992 v. 15.08.2000, S. 2.
301 Entgegen der missverständlich Aussage von *Norman Paech:* Staatenimmunität und Kriegsverbrechen, AVR 47 (2009), S. 37.
302 So ausdrücklich die Antwort der Bundesregierung zu den entsprechenden parlamentarischen Anfragen, BT-Drucks. 16/1634 v. 30.05.2006, S. 7 und BT-Drucks. 16/9955 v. 08. 07. 2008, S. 3.
303 Vgl. dessen kurz aufeinanderfolgende Interviews im Spiegel 28/1998 v. 06.07.1998: Pfändung in Brüssel?, S. 20 sowie Spiegel 31/1998 v. 27.07.1998: Völlig unverständlich, S. 132.
304 Kontaktgespräche des griechischen Präfekten mit deutschen Partei- und Regierungsvertretern über die Entschädigungsfrage blieben ohne Erfolg, vgl. *Christoph Schminck-Gus-*

59

Zweites Kapitel – Judikatur

staaten[305] der „steinige" Weg der Auslandsvollstreckung des Livadía-Urteils versucht.[306]

b) Vollstreckung des Urteils in Griechenland

Zunächst leiteten die Kläger am 26. Mai 2000 das nach griechischem Recht vorgesehene Verfahren zur Zwangsvollstreckung ein.[307] Sie stellten den deutschen Behörden eine vollstreckbare Ausfertigung des Urteils zu.[308] Drei Tage später übergab die Bundesregierung dem griechischen Botschafter in Berlin eine Protestnote.[309] Zum Zwecke vorbereitender Vollstreckungsmaßnahmen erschien die Gerichtsvollzieherin am 11. Juli 2000 im Goethe-Institut in Athen[310] sowie am 19. Juli 2000 in der Schliemann-Villa und anderen Einrichtungen des Deutschen Archäologischen Instituts in Athen.[311] Mit der Deutschen Schule in Athen und Thessaloniki standen noch weitere in Griechenland gelegene deutsche Vermögensgegenstände kurz vor der Immobiliarzwangsvollstreckung.[312] Alles samt Gebäude, die nicht der deutschen diplomatischen Vertretung dienen und folglich nicht dem völkerrechtlichen Vollstreckungsverbot von Art. 22 Abs. 3 des Wiener Übereinkommens über diplomatische Beziehungen unterfallen.[313] Dabei sollte ausgerechnet das Goethe-Institut zu Beginn seiner Geschichte

---

tavus: Nemesis – Anmerkungen zum Urteil des Areopag zur Entschädigung griechischer Opfer von NS-Kriegsverbrechen, KJ 2001, S. 112.
305 BT-Drucks. 16/1634 v. 30.05.2006, S. 2.
306 *Anatol Dutta:* Amtshaftung wegen Völkerrechtsverstößen bei bewaffneten Auslandseinsätzen deutscher Streitkräfte, AöR 133 (2008), S. 198.
307 Sachverhaltsangabe nach EGMR v. 12.12.2002 – 59021/00 (Aikaterini Kalogeropoulou u. a. ./. Bundesrepublik Deutschland und Griechenland) – Fundstellenverzeichnis.
308 *Anestis Nessou:* Griechenland 1941–1944 – Deutsche Besatzungspolitik und Verbrechen gegen die Zivilbevölkerung – eine Beurteilung nach dem Völkerrecht (2009), S. 509.
309 BT-Drucks. 14/3992 v. 15.08.2000, S. 2.
310 Für das der deutsche Botschafter als Hausherr auftrat.
311 *Anestis Nessou:* Griechenland 1941–1944 – Deutsche Besatzungspolitik und Verbrechen gegen die Zivilbevölkerung – eine Beurteilung nach dem Völkerrecht (2009), S. 509; *Andreas Fischer-Lescano:* Völkerrechtliche Praxis der Bundesrepublik Deutschland in den Jahren 2000 bis 2002 – 1. Teil – Allgemeine Fragen des Völkerrechts und Individualrechte, ZaöRV 64 (2004), S. 207; *Eberhard Rondholz:* Blutspur durch Hellas – Auf eine angemessene Entschädigung wartet das Land bis heute, DIE ZEIT 11/2001 v. 08.03.2001, S. 86.
312 Ebenda sowie *Anestis Nessou:* Griechenland 1941–1944 – Deutsche Besatzungspolitik und Verbrechen gegen die Zivilbevölkerung – eine Beurteilung nach dem Völkerrecht (2009), S. 509.
313 *Kostas E. Beys:* Die Zwangsvollstreckung gegen einen ausländischen Staat im hellenischen Recht, aus: Grenzüberschreitungen – Beiträge zum Internationalen Verfahrensrecht und zur Schiedsgerichtsbarkeit, Festschrift für Peter Schlosser (2005), S. 45.

A. Ausgangsverfahren

die Sympathien für das westliche Nachkriegsdeutschland gewinnen.[314] Die deutsche Bundesregierung protestierte gegen die Vorgänge am 11. Juli 2000 gegenüber dem griechischen Gesandten in Berlin und durch den deutschen Botschafter in Athen am 19. Juli 2000 per Verbalnote[315] und erklärte die vollstreckungsvorbereitenden Maßnahmen als „im Widerspruch zum geltenden Völkerrecht" stehend.[316] Nach griechischem Zivilprozessrecht seien sie nicht nur durch Art. 966 des hellenischen Zivilgesetzbuches als unveräußerliche, im öffentlichen Interesse stehende Sachen geschützt.[317] Letztlich aber scheiterte jedoch alle Bemühungen, da nach Art. 923 hellenischer Zivilprozessordnung[318] für die Zwangsvollstreckung gegen einen ausländischen Staat aber die Erlaubnis des griechischen Justizministers erforderlich ist.[319] Der dahingehende Antrag wurde vom damaligen Justizminister *Michalis Stathopoulos* unbeantwortet gelassen und bekam von der griechischen Regierung keine Genehmigung.[320] Es begab sich im Übrigen auch zu der Zeit, dass Griechenland in die Euro-Zone eintrat.[321]

aa) Beschwerde zum EGMR

Während die Kläger die Zwangsvollstreckung weiter verfolgten[322], führten sie am 14. Juli 2000 Beschwerde vor dem EGMR gegen Deutschland und Griechenland. Der EGMR wies die Beschwerde zweieinhalb Jahre später als insgesamt unzulässig

---

314 *Thomas E. Schmidt:* Die Selbstdarsteller – Das Goethe-Institut hat eine Tradition, aber keinen klaren Auftrag, DIE ZEIT Nr. 28 v. 07.07.2011, S. 12.
315 BT-Drucks. 14/3992 v. 15.08.2000, S. 2.
316 Presseerklärung der deutschen Bundesregierung v. 25.06.2000.
317 *Kostas E. Beys:* Die Zwangsvollstreckung gegen einen ausländischen Staat im hellenischen Recht, aus: Grenzüberschreitungen – Beiträge zum Internationalen Verfahrensrecht und zur Schiedsgerichtsbarkeit, FS für Peter Schlosser (2005), S. 46.
318 Im griechischen Wortlaut abgedruckt bei *Anestis Nessou:* Griechenland 1941–1944 – Deutsche Besatzungspolitik und Verbrechen gegen die Zivilbevölkerung – eine Beurteilung nach dem Völkerrecht (2009), S. 509 (Fußn. 1843).
319 Dazu *Kostas E. Beys:* Die Zwangsvollstreckung gegen einen ausländischen Staat im hellenischen Recht, aus: Grenzüberschreitungen – Beiträge zum Internationalen Verfahrensrecht und zur Schiedsgerichtsbarkeit, Festschrift für Peter Schlosser (2005), S. 37–48.
320 *Anestis Nessou:* Griechenland 1941–1944 – Deutsche Besatzungspolitik und Verbrechen gegen die Zivilbevölkerung – eine Beurteilung nach dem Völkerrecht (2009), S. 509.
321 Auf einen möglichen Zusammenhang deutet die „Opferanwältin" *Gabriele Heinecke* in einem Interview hin: Junge Welt v. 17.06.2010, Nr. 137, S. 3. Vorsichtige Andeutungen genereller Verstrickungen finden sich bei *Anestis Nessou:* Griechenland 1941–1944 – Deutsche Besatzungspolitik und Verbrechen gegen die Zivilbevölkerung – eine Beurteilung nach dem Völkerrecht (2009), S. 598 f.
322 Dazu sogleich.

zurück.³²³ Er erkannte zwar, dass Art. 6 Abs. 1 EMRK auch ein Recht auf Vollzug eines Urteils gewährt, stellte dieses Recht aber in Abwägung mit den Grundsätzen des Völkerrechts über die Gewährung von Staatenimmunität. In diesem Verhältnis maß der EGMR der Staatenimmunität soviel Gewicht zu, dass er die Beschwerde als offensichtlich unbegründet zurückwies. Daran gemessen erkannte der EGMR abermals auch keinen Verstoß gegen Art. 1 Zusatzprotokoll Nr. 1 zur EMRK. Einstimmig wurde die Verantwortlichkeit Deutschlands wegen der Nichtvollstreckung in Griechenland abgelehnt.

bb) Nationaler Verfahrensgang

Trotz fehlender Genehmigung und anhängiger Beschwerde vor dem EGMR setzten die Gläubiger die Zwangsvollstreckung in Griechenland fort.³²⁴ Die Bundesrepublik Deutschland beantragte vor dem LG Athen am 17. Juli 2000 die Verfahrensaussetzung³²⁵ und erwirkte damit am 19. Juli 2000 eine einstweilige Verfügung auf Aussetzung der Zwangsvollstreckung.³²⁶ Dagegen legten die Kläger Rechtsmittel beim LG Athen ein, das am 25. Juli 2000 zurückgewiesen wurde.³²⁷ Erst daraufhin wurden die Maßnahmen zur Vollstreckungsvorbereitung am Deutschen Archäologischen Institut abgebrochen. Im Hauptsacheverfahren lehnte das LG Athen jedoch den Antrag Deutschlands auf Aufhebung der Zwangsvollstreckung am 10. Juni 2001 ab.³²⁸ Da-

---

323 EGMR v. 12.12.2002 (Aikaterini Kalogeropoulou u.a. ./. Bundesrepublik Deutschland und Griechenland) – 59021/00 (Fundstellenverzeichnis).
324 *Anestis Nessou:* Griechenland 1941–1944 – Deutsche Besatzungspolitik und Verbrechen gegen die Zivilbevölkerung – eine Beurteilung nach dem Völkerrecht (2009), S. 510.
325 *Andreas Fischer-Lescano:* Subjektivierung völkerrechtlicher Regelungen – Die Individualrechte auf Entschädigung und effektiven Rechtsschutz bei Verletzungen des Völkerrecht, AVR 45 (2007), S. 342 f.; *Anestis Nessou:* Griechenland 1941–1944 – Deutsche Besatzungspolitik und Verbrechen gegen die Zivilbevölkerung – eine Beurteilung nach dem Völkerrecht (2009), S. 510.
326 LG Athen v. 19.09.2000 – 8206/2000 mit Anm. bei *Andreas Fischer-Lescano:* Völkerrechtliche Praxis der Bundesrepublik Deutschland in den Jahren 2000 bis 2002 – 1. Teil: Allgemeine Fragen des Völkerrechts und Individualrechte, ZaöRV 64 (2004), S. 207; BT-Drucks. 14/3992 v. 15.08.2000, S. 2.
327 *Andreas Fischer-Lescano:* Subjektivierung völkerrechtlicher Regelungen – Die Individualrechte auf Entschädigung und effektiven Rechtsschutz bei Verletzungen des Völkerrecht, AVR 45 (2007), S. 343.
328 LG Athen, Entscheidungen v. 10.07.2001 – 3666/2001 und 3667/2001 mit Anm. bei *Andreas Fischer-Lescano:* Völkerrechtliche Praxis der Bundesrepublik Deutschland in den Jahren 2000 bis 2002 – 1. Teil: Allgemeine Fragen des Völkerrechts und Individualrechte, ZaöRV 64 (2004), S. 207; *Anestis Nessou:* Griechenland 1941–1944 – Deutsche Besatzungspolitik und Verbrechen gegen die Zivilbevölkerung – eine Beurteilung nach dem Völkerrecht (2009), S. 510.

nach sei Art. 923 der griechischen Zivilprozessordnung nicht mit Art. 2 Abs. 3 IPBPR und Art. 6 Abs. 1 EMRK in Einklang zu bringen.[329] Das Urteil verneint auch ein öffentliches Interesse an der Tätigkeit des Goethe-Instituts, gleichwohl die Goethe-Institute seit nunmehr über 60 Jahren ein Bestandteil der bundesdeutschen Außenpolitik sind.[330]

Die Bundesregierung legte hiergegen am 16. Juli 2001 Berufung beim OLG Athen ein und beantragte unter Hinweis auf die ausstehende höchstrichterliche Klärung erneut einen Antrag auf einstweilige Anordnung der Aussetzung der Zwangsvollstreckung vor dem LG Athen. Das LG Athen erließ die beantragte einstweilige Anordnung mit Wirkung bis zum 19. September 2001, hob den einstweiligen Rechtsschutz am 14. August 2001 aber wieder auf.[331] Ein erneuter Antrag auf einstweiligen Rechtsschutz wurde durch das OLG Athen am 28. August 2001 abgelehnt. In der Hauptsache gibt das OLG Athen der eingelegten Berufung am 14. September 2001 statt und erklärte die Zwangsvollstreckung für unzulässig.[332] Der Areios Pagos bestätigte dies mit Urteil vom 28. Juni 2002.

c) Anerkennung und Vollstreckung des Livadía-Urteils in Italien

Nachdem sowohl in Griechenland als auch in Deutschland jede Aussicht auf Vollstreckungserfolg genommen schien, suchten die Urteilsgläubiger im Jahr 2005 die Vollstreckung in anderen Staaten.

aa) Hintergrund

Nicht zufällig rückte Italien, das sein hellenisches Nachbarland anfangs selbst okkupierte, in den Fokus der Vollstreckungsbemühungen. Italienische Gerichte judizieren

---

329 *Anestis Nessou:* Griechenland 1941–1944 – Deutsche Besatzungspolitik und Verbrechen gegen die Zivilbevölkerung – eine Beurteilung nach dem Völkerrecht (2009), S. 510.
330 *Willy Brandt* prägte seiner Zeit das Bild einer „dritten" Säule deutscher Außenpolitik, vgl. *Thomas E. Schmidt:* Zarte Diplomaten, DIE ZEIT Nr. 29 v. 14. Juli 2011, S. 52 (53) sowie *ders.:* Die Selbstdarsteller – Das Goethe-Institut hat eine Tradition, aber keinen klaren Auftrag, DIE ZEIT Nr. 28 v. 07.07.2011, S. 12.
331 OLG Athen, Urteile v. 14.09.2001, 6847/2001 und 6848/2001 mit Anm. bei *Andreas Fischer-Lescano:* Völkerrechtliche Praxis der Bundesrepublik Deutschland in den Jahren 2000 bis 2002 – 1. Teil: Allgemeine Fragen des Völkerrechts und Individualrechte, ZaöRV 64 (2004), S. 208 *Anestis Nessou:* Griechenland 1941–1944 – Deutsche Besatzungspolitik und Verbrechen gegen die Zivilbevölkerung – eine Beurteilung nach dem Völkerrecht (2009), S. 511.
332 *Andreas Fischer-Lescano:* Subjektivierung völkerrechtlicher Regelungen – Die Individualrechte auf Entschädigung und effektiven Rechtsschutz bei Verletzungen des Völkerrecht, AVR 45 (2007), S. 343.

aus Sicht von NS-Opfern nicht nur günstig[333] und traditionell immunitätsrestriktiv.[334] Vor allem auf Grund des nachstehend noch zu erläuternden *Ferrini*-Verfahrens erschien den Urteilsgläubigern eine Anerkennung und Vollstreckung des griechischen Livadía-Urteils in Italien als besonders aussichtsreich.[335] Und nicht zuletzt unterhält die Bundesrepublik Deutschland in keinem anderen Land so viele kulturelle Institutionen wie in Italien[336], was aus Vollstreckungsperspektive jedenfalls attraktiv ist. Lediglich für die hiesige Untersuchung ist das Ausweichen auf das italienische Forum nicht immer von Vorteil, jedenfalls soweit die italienische Rechtsprechung durch das Zitierverbot an einer echten Auseinandersetzung mit der Literatur verhindert ist.[337]

bb) Corte d'Appello di Firenze

Die Aussichten auf einen Vollstreckungserfolg konnte man am kostengünstigsten zunächst mit dem Kostenfestsetzungsbeschluss des Landgerichts Livadía ausloten. Gerichtliche Kostenentscheidungen fallen nämlich in den Anwendungsbereich der

---

333 Etwa ordnete die Corte Suprema di Cassazione Partisanenangriffe auf die deutsche Besatzungsmacht als zulässige Repressalie ein, was wichtig ist für deren völkerrechtliche Einordnung, vgl. mit Nachw. bei *Jörn Axel Kämmerer:* Kriegsrepressalie oder Kriegsverbrechen? – Zur rechtlichen Beurteilung der Massenexekutionen von Zivilisten durch die deutsche Besatzungsmacht im Zweiten Weltkrieg, AVR 37 (1999), S. 293. Auch sei auf die zu deutschen Gerichten konträre Rechtsauffassung bezüglich der Italienischen Militärinternierten verwiesen, dazu ab S. 77.

334 Was Richter *Kenneth Keith* in seiner *seperate opinion* zum Urteil des IGH v. 3.02.2012 (Deutschland ./. Italien) in Rn. 17 (Fundstellenverzeichnis) gesondert betont und nachweist. Nachgehend und mit weiteren Nachweisen bei *Helmut Damian:* Staatenimmunität und Gerichtszwang (1985), S. 6 f.; eingehend auch *Francesco Francioni:* The Jurisdence of international Human Rights Enforcement – Reflections of the Italien Experience, aus: Enforcing International Human Rights in domestic Courts (1997), S. 15 ff. Er charakterisiert ebenda: „the Italien jurisprudence on the enforcement of international human rights law [is] as in many aspects of Italien life, the attitude of those courts shows somewhat of an anarchic streak", S. 24.

335 *Michael Stürner:* Staatenimmunität und Brüssel I-Verordnung – Die zivilprozessuale Behandlung von Entschädigungsklagen wegen Kriegsverbrechen im Europäischen Justizraum, IPRax 2008, S. 199; *Karsten Thorn:* Schadensersatzansprüche der Zivilbevölkerung gegen ausländische Besatzungsmächte, BerDGVR 44 (2009), S. 310.

336 Zu den über 30 deutsch-italienische Kulturinstituten zählen unter anderem 5 wissenschaftliche Institute, 4 Häuser mit Stipendien für Künstler, 7 Goethe-Institute, drei Deutsche Schulen sowie die Villa Vigoni, vgl. Plenarprotokoll des Deutschen Bundestags 16/214 v. 26.03.2009, S. 23258. Generell ist Italien Sitz überdurchschnittlich vieler staatlicher Einrichtungen, was die italienische Rechtsprechung demgemäß vielbeschäftigt, vgl. *Andrea Schulz:* Gerichtsbarkeit und Immunität im Spiegel der italienischen Rechtsprechung 1989–1993, AVR 33 (1995), S. 378.

337 Mit Nachw. bei *Martin Gebauer:* Strafschadensersatz und italienischer *ordre public* – Urteil des italienischen Kassationshofs vom 19. Januar 2007, ZEuP 2009, S. 413 f.

A. Ausgangsverfahren

EuGVVO, wenn sie eine „Zivil- und Handelssache" im Sinne der Verordnung darstellen, vgl. Art. 32 a.E. EuGVVO. Wegen des engen Zusammenhangs zwischen der Kostenentscheidung und der Hauptsache ist dafür die Rechtsnatur der Hauptsache zu qualifizieren.[338] Die Urteilsgläubiger reichten bei der Corte d'Appello di Firenze einen Antrag auf Vollstreckbarerklärung des über 3.000 Euro lautenden Kostenfestsetzungsbeschlusses des Landgerichts Livadía ein.[339] Die Anerkennung und Vollstreckung des Kostenfestsetzungsbeschlusses wurde damit zum Lackmustest für die Vollstreckungsmöglichkeiten von Menschenrechtsentscheidungen unter dem Rechtsregime der EuGVVO. Mit Beschluss vom 2. Mai 2005 entsprach die Corte d'Appello di Firenze dem Antrag der Kläger und erklärte das Livadía-Urteil auf Basis der EuGVVO hinsichtlich der Gerichtskosten und eines Teilbetrags von knapp 3.000 Euro für vollstreckbar.[340] Daraufhin wurde das deutsche Kulturinstitut in Loveno di Menaggio, die Villa Vigoni[341], mit einer Zwangshypothek belastet.[342] Wie von Art. 41 S. 2 EuGVVO vorgesehen, wurde die Bundesrepublik Deutschland am Verfahren

---

338 *Dieter Martiny:* Handbuch des Internationalen Zivilverfahrensrechts, Bd. III/2 – Anerkennung nach multilateralen Staatsverträgen – Anerkennung nach bilateralen Staatsverträgen – Vollstreckbarerklärung (1984), Kap. II, Rn. 46; *Jan Kropholler/Jan von Hein:* Europäisches Zivilprozessrecht, 9. Aufl. 2011, Art. 32 EuGVVO, Rn. 11. Abweichende Begründung bei *Wolfgang Grunsky:* Probleme des EWG-Übereinkommens über die gerichtliche Zuständigkeit und die Vollstreckung gerichtlicher Entscheidungen in Zivil- und Handelssachen, JZ 1973, S. 642.
339 *Anestis Nessou:* Griechenland 1941–1944, Deutsche Besatzungspolitik und Verbrechen gegen die Zivilbevölkerung – eine Beurteilung nach dem Völkerrecht (2009), S. 597.
340 Corte d'Appello di Firenze, Dekret v. 02.05.2005 – cass. un. 486/2007 (Fundstellenverzeichnis); *Michael Stürner:* Staatenimmunität und Brüssel I-Verordnung – Die zivilprozessuale Behandlung von Entschädigungsklagen wegen Kriegsverbrechen im Europäischen Justizraum, IPRax 2008, S. 197 (Fußn. 1); *Julia Schaarschmidt:* Die Reichweite des völkerrechtlichen Immunitätsschutzes – Deutschland v. Italien vor dem IGH, Beiträge zum Europa- und Völkerrecht 5 (2010), S. 9; BT-Drucks. 16/1634 v. 30.05.2006, S. 7.
341 Die Bundesrepublik Deutschland ist seit 1984 durch Annahme eines Vermächtnisses Eigentümerin der Liegenschaft. Das Vermächtnis enthält die Auflage, den Grundbesitz als Begegnungsstätte insbesondere zur Förderung der deutsch-italienischen Beziehungen in Wissenschaft, Bildung und Kultur unter Einbeziehung ihrer Verflechtungen mit Wirtschaft, Gesellschaft und Politik zu nutzen, vgl. Bundeshaushaltsplan 2007: Beitrag und Aufwendungsersatz an den Verein Villa Vigoni e. V.; zusammenfassend auch das Urteil des IGH, Urt. v. 03.02.2012 (Deutschland ./. Italien), Rn. 119 (Fundstellenverzeichnis).
342 BT-Drucks. 16/5560 v. 08.06.2007, S. 34; *Andreas Fischer-Lescano/Carsten Gericke:* Der IGH und das transnationale Recht – Das Verfahren BRD ./. Italien als Wegweiser der zukünftigen Völkerrechtsordnung, KJ 2010, S. 82 = ZERP-Arbeitspapier 2/2010, S. 6 = The ICJ and Transnational Law – The „Case Concerning Jurisdictional Immunities" as an Indicator for the Future of the Transnational Legal Order, ZERP-Arbeitspapier 2/2011, S. 7.

zur Vollstreckbarerklärung nicht beteiligt; erst auf deren Rechtsbehelf hin fand nach Art. 43 Abs. 1 EuGVVO eine Auseinandersetzung statt.[343] Die Bundesregierung war der Ansicht, dass die unterbliebene Genehmigung des griechischen Justizministers nach § 923 griechischer Zivilprozessordnung einer Vollstreckbarerklärung entgegenstehe.[344] Die Corte d'Appello di Firenze hat am 22. März 2007 die Widerspruchsklage der Bundesrepublik Deutschland gegen die Vollstreckbarkeitserklärung des griechischen Urteils abgewiesen.[345] Die Richter stützten ihre Entscheidung auf Art. 38 Abs. 1 EuGVVO, wonach im Urteilsstaat gegebene Vollstreckungshindernisse nicht zwingend auch im Vollstreckungsstaat zu berücksichtigen sind.[346] Im Übrigen spreche der *ordre public* nicht gegen dieses Ergebnis, sondern unterstreiche es im Gegenteil mit der Wertung des Art. 35 Abs. 3 EuGVVO, wonach die Zuständigkeit des Erststaates keiner Nachprüfung unterliegt.[347] Während diese Lesart des *ordre public* von *Michael Stürner* kritisiert wird[348], betont das florentinische Gericht in diesem Zusammenhang das Konzept der justiziellen Zusammenarbeit, welches eben nicht im Widerspruch zum internationalen Recht angewendet wurde, sondern gerade die Konsequenz unionaler Zusammenarbeit sei.[349] Die Corte d'Apello stellte sich damit gegen die einen Monat zuvor ergangene Entscheidung des EuGH in der Rs. C-292/05.[350]

cc) Corte Suprema di Cassazione

Auf das Rechtsmittel gegen die Bestätigung nahm die Corte Suprema di Cassazione mit Urteil vom 29. Juni 2008 zur Anerkennung und Vollstreckung folgende Position ein:

---

343 *Michael Stürner:* Staatenimmunität und Brüssel I-Verordnung – Die zivilprozessuale Behandlung von Entschädigungsklagen wegen Kriegsverbrechen im Europäischen Justizraum, IPRax 2008, S. 199.
344 BT-Drucks. 16/1634 v. 30.05.2006, S. 7.
345 Corte d'Appello di Firenze v. 22.03.2007 – cass. un. 2360-2005.
346 *Michael Stürner:* Staatenimmunität und Brüssel I-Verordnung – Die zivilprozessuale Behandlung von Entschädigungsklagen wegen Kriegsverbrechen im Europäischen Justizraum, IPRax 2008, S. 204.
347 Corte d'Appello di Firenze v. 22.03.2007 – cass. un. 2360-2005 a. E.
348 *Michael Stürner:* Staatenimmunität und Brüssel I-Verordnung – Die zivilprozessuale Behandlung von Entschädigungsklagen wegen Kriegsverbrechen im Europäischen Justizraum, IPRax 2008, S. 204, wobei dieser aber das deutsche Begriffsverständnis zwischen Gerichtsbarkeit und Zuständigkeit als Maßstab seiner Kritik anlegt, dazu im vierten Kapitel ab S. 159.
349 Vgl. Corte d'Appello di Firenze v. 22.03.2007 – cass. un. 2360-2005 a. E.
350 Fälschlicherweise notieren *Eike Michael Frenzel* und *Richard Wiedemann,* dass die Corte d'Apello nicht unter dem Eindruck der EuGH-Entscheidung stand, vgl.: Das Vertrauen in die Staatenimmunität und seine Herausforderung – Die Bewältigung von NS-Unrecht im Mehrebenensystem, NVwZ 2008, S. 1089.

A. Ausgangsverfahren

„4. Die Verordnung EG 44/2001 ist im vorliegenden Fall, wie zuerst die Bf., deren Vortrag sich die Gegnerin angeschlossen hat, richtigerweise gerügt hat, in zeitlicher wie sachlicher Hinsicht unanwendbar (vgl. EuGH Rs. 295/05). In der Sache führt die unrichtige Berufung auf die EuGVVO zur Berichtigung der Urteilsbegründung in diesem Punkt gem. Art. 384 letzter Halbs. it. ZPO, nicht jedoch zur Aufhebung des angegriffenen Urteils. Denn die Vollstreckbarkeit des Ausspruchs des Areopags in Italien ergibt sich aus der korrekten Anwendung der Vorschriften des IPR, nämlich Art. 64 ff. des Gesetzes Nr. 218/1995."[351]

Die Corte Suprema di Cassazione begründete das Urteil mit den Worten:

„Jedoch befindet sich die Nichtanwendbarkeit der Immunität des ausländischen Staates auf die Zivilgerichtsbarkeit wegen sog. acta iure imperii, die sich als Verbrechen gegen die Menschlichkeit darstellen, [...] vollständig im Einklang mit dem früheren von diesem Gericht, Vereinigte Senate, verkündetem Urteil Nr. 5044 aus 2004 (Ferrini), welches hier nochmals bekräftigt wird und in Übereinstimmung mit der Anerkennung des absoluten Primats der grundlegenden Werte der Freiheit und Würde des Menschen."[352]

Das Verfahren, mit dem die Bundesregierung die Löschung dieser Hypothek beantragt hat, wurde vom Landgericht Como mit Beschluss vom 14. Dezember 2009 bis zu der Entscheidung im Hauptsacheverfahren der Revision gegen das Urteil des OLG Florenz vom 21. Oktober 2008 ausgesetzt.[353] Die Corte Suprema di Cassazione bestätigte mit Urteil vom 12. Januar 2011 die Vollstreckbarerklärung.[354] Einem Abwarten auf die Entscheidung des IGH stellte es das Gebot der Verfahrensbeschleunigung aus Art. 6 Abs. 1 EMRK entgegen.[355] Auch in der Hauptsache betonte die Corte Suprema di Cassazione die Durchbrechung der Staatenimmunität für Fälle schwerer Menschenrechtsverletzungen, womit sich die Vollstreckung nicht nach der EuGVVO beurteile.[356]

---

351 Corte Suprema di Cassazione v. 29.05.2008 – no. 14201 (Fundstellenverzeichnis).
352 Corte Suprema di Cassazione, sez. un. v. 06.05.2008 – no. 14199 (Fundstellenverzeichnis).
353 Kleine Anfrage an die Bundesregierung, BT-Drucks. 17/574 v. 27.01.2010, S. 1 und Antwort der Bundesregierung auf eine Kleine Anfrage, BT-Drucks. 17/709 v. 11.02.2010, S. 2.
354 Corte Suprema di Cassazione v. 12.01.2011 – 11163/11, mit Anm. bei *Michael Stürner:* Staatenimmunität bei Entschädigungsklagen wegen Kriegsverbrechen, IPRax 2011, S. 600 ff.
355 Ebenda, S. 602.
356 Ebenda.

Zweites Kapitel – Judikatur

dd) Weitere Vollstreckungsmaßnahmen

Zudem wurden Forderungen der Deutschen Bahn gegenüber den italienischen Eisenbahnen aus dem Verkauf internationaler Fahrscheine im Personenverkehr geltend gemacht.[357] Am 2. Oktober 2009 fand dazu vor dem Landgericht Rom die Verhandlung zur Vollstreckungsklage in das Vermögen der Deutschen Bahn in Italien statt. Zwischenzeitlich hatten die Kläger die Einnahmen italienischer Bahngesellschaften in Höhe von 25 Millionen Euro gepfändet, die aber durch Überweisung an die Deutsche Bahn wieder freigegeben wurden.[358] Das Gericht gab den Klägern auf, eine Erklärung abzugeben, inwieweit die italienischen Bahnen (Dritt–)Schuldner von (pfändbaren) Forderungen der Bundesrepublik Deutschland (und nicht nur der Deutschen Bahn) sind.[359] Am 8. Januar 2010 hat vor dem Vollstreckungsgericht in Rom das diesbezügliche Verfahren zur Abgabe der Drittschuldnererklärung stattgefunden.[360] Es setzte das Vollstreckungsverfahren aus und entschied, diese Frage zum Gegenstand eines eigenen Feststellungsverfahrens zu machen.[361] Darin wird unter anderem geklärt, ob die erfolgte Beschlagnahme von Vermögenswerten der Deutschen Bahn AG in Italien gegen den sog. Überleitungsvertrag verstößt.[362] Nach Art. 3 Abs. 1 des Sechsten Teils wird

> „[d]ie Bundesrepublik [] in Zukunft keine Einwendungen gegen die Maßnahmen erheben, die gegen das deutsche Auslands- oder sonstige Vermögen durchgeführt worden sind oder werden sollen, das beschlagnahmt worden ist für Zwecke der Reparation oder Restitution oder aufgrund des Kriegszustandes oder aufgrund von Abkommen, die die Drei Mächte mit anderen alliierten Staaten, neutralen Staaten oder ehemaligen Bundesgenossen Deutschlands geschlossen haben oder schließen werden."

Der ausgesprochene Verzicht auf Einwendungen bezieht sich demgemäß ausschließlich auf Vermögen, das bereits vor Vertragsabschluss bzw. Inkrafttreten des Überleitungsvertrages zu Restitutionszwecken beschlagnahmt worden ist.[363] Derweil wurden die Zwangsvollstreckungsverfahren mit Dekret des damaligen Ministerpräsidenten

---

357 Der Spiegel 12/2009 v. 16.03.2009: Bahn soll für SS-Opfer zahlen, S. 16; Antwort der Bundesregierung auf eine Kleine Anfrage, BT-Drucks. 17/709 v. 11.02.2010, S. 2.
358 Antwort der Bundesregierung auf eine Kleine Anfrage, BT-Drucks. 17/709 v. 11.02.2010, S. 2.
359 Ebenda.
360 Kleine Anfrage an die Bundesregierung, BT-Drucks. 17/574 v. 27.01.2010, S. 1.
361 Antwort der Bundesregierung auf eine Kleine Anfrage, BT-Drucks. 17/709 v. 11.02.2010, S. 2.
362 Ebenda, S. 6.
363 Ebenda.

A. Ausgangsverfahren

Silvio Berlusconi vom 28. April 2010 vorläufig aufgehoben.[364] Dem Dekret folgte ein Gesetz, welches für die Dauer seiner Gültigkeit – damals bis zum 31. Dezember 2011 – neue Vollstreckungsmaßnahmen ausschließt.[365] Der neue Ministerpräsident, *Mario Monti,* verpasste es wiederum nicht, ein wiederholtes Dekret pünktlich zum 29. Dezember 2011 zu erlassen, bis nun der IGH in der Sache entschied.[366]

d) Vollstreckung in Belgien und in Vermögen der EU

Wohl weil belgische Gerichte gleich den italienischen reformatorisch zur Staatenimmunität stehen[367], ließen es die Kläger nicht unversucht, das Livadía-Urteil auch in Belgien anerkennen und vollstrecken zu lassen. Jedenfalls hat der Präfekt der griechischen Normarchie Böotien, *Ioánnis Stamoúlis,* zu Lebzeiten auch Vollstreckungsversuche in Belgien nicht ausgeschlossen.[368] Dieser verwies[369] in dem Zusammenhang der Urteilsvollstreckung gemeinsam mit *Aléxandros Mangákis*[370] immer wieder darauf, die Entschädigungsleistungen von der EU-Kommission einfordern zu wollen, die wiederum die EU-Leistungen an die Bundesrepublik Deutschland um den entsprechenden Betrag kürzen könne.[371] Diese Forderungen haben aber eher medialen Charakter als eine normative Grundlage für eine Vollstreckung in Belgien selbst.

III. Verfahren um *Miltiadis Margellos*

Unter Eindruck der eben beschriebenen Dístimo-Rechtsprechung und mit vorstehendem Hintergrund kam es in der Folge zu einer Flut von Schadensersatzklagen gegen die Bundesrepublik Deutschland in Griechenland. Wenig Aufmerksamkeit bekam das Verfahren um *Miltiadis Margellos,* welches jedoch hier bereits angesprochen und entsprechend wichtig zum Verständnis der Ausgangsverfahren ist.

---

364 Az.: DL n.63/2010, vgl. BT-Drucks. 17/2105 v. 15.06.2010, S. 1. Der Antwort der Bundesregierung zufolge ging dem keine Vereinbarung zwischen den Regierungen in Rom und Berlin voraus, vgl. BT-Drucks. 17/2340 v. 29.06.2010, S. 1 f.
365 BT-Drucks. 17/2340 v. 29.06.2010, S. 3.
366 Vgl. IGH, Urt. v. 3.02.2012 (Deutschland ./. Italien), Rn. 35 (Fundstellenverzeichnis); siehe dazu im Anschluss an die Darstellung der Ausgangsverfahren auf S. 87.
367 Mit Nachw. bei *Helmut Damian:* Staatenimmunität und Gerichtszwang (1985), S. 6 f.
368 Vgl. dessen kurz aufeinanderfolgende Interviews im Spiegel 28/1998 v. 06.07.1998: Pfändung in Brüssel?, S. 20 sowie Der Spiegel 31/1998 v. 27.07.1998: Völlig unverständlich, S. 132.
369 Vgl. ebenda, S. 132.
370 Vgl. bei: *Christoph Schminck-Gustavus:* Nemesis – Anmerkungen zum Urteil des Areopag zur Entschädigung griechischer Opfer von NS-Kriegsverbrechen, KJ 2001, S. 116.
371 Ebenda.

Zweites Kapitel – Judikatur

1. Historischer Sachverhalt

Das Verfahren hatte ein Geschehen nur unweit vom Kriegsverbrechen in Dístimo zum Gegenstand. Kurze Zeit danach nämlich, am 5. August 1944, vergelteten deutsche Truppen die unablässige Partisanenaktivität in der Präfektur Fokida. Am 29. August 1944 brannten sie das Bergdorf Lidoriki nieder und zerstörten jedwedes Eigentum von Grund auf.[372] In diesem Zusammenhang verlor auch der damalige Einwohner *Miltiadis Margellos* seine zwei Häuser, sein Lager, seinen gesamten Haushalt sowie andere seiner Gegenstände.

2. Verfahrensgang

Miltiadis Margellos machte sein Schicksal zum Gegenstand zweier Klagen auf Ersatz der erlittenen Sachschäden. Das LG Amfissa wies zunächst beide Klagen am 5. September 1995 wegen fehlender Zuständigkeit ab. Auf Berufung des Klägers hin hat das OLG Athen beide Verfahren verbunden und sich für zuständig erklärt. Der Berufung wurde am 2. Februar 1999 stattgegeben. Deutschland wurde zur Zahlung von 61,45 Millionen Drachmen Schadensersatz verurteilt[373], zuzüglich Zinsen und Gerichtskosten in Höhe von 1,8 Mio. Drachmen.[374] Die Bundesrepublik Deutschland legte am 23. Juli 1999 Revision zum Areios Pagos ein. Die erste Kammer des Areios Pagos entschied zwei Jahre später, am 5. Februar 2001, die Revision wegen Zweifeln über die Interpretation des Grundsatzes der Staatenimmunität an das Anotato Eidiko Dikastirio, das Oberste Sondergericht, zu verweisen.[375] Mit Urteil vom 17. September 2002 wies das Anotato Eidiko Dikastirio die Klage wegen Staatenimmunität mit 6 zu 5 Stimmen ab.[376] Dieser Ausspruch ist insoweit einschneidend für die griechische Judikative, als dass seine Urteile gemäß Art. 100 Abs. 4 der griechischen Verfassung unanfechtbar sind und nach Art. 54 Abs. 1 des griechischen Gesetzbuches über das Anotato Eidiko Dikastirio *erga omnes* alle Gerichte und sonstigen staatlichen Organe Griechenlands bezüglich der Frage, ob und inwieweit eine bestimmte Regel des Völkerrechts als allgemein anerkannt anzusehen ist, binden.

---

372 Sachverhalt nach ILR 129 (2007), S. 526.
373 Das entsprach Zeit des Urteils ca. 316.000 DM.
374 Das entsprach wiederum ca. 11.000 DM; Efeteio Athinon v. 02.02.1999 – 1122/1999 (Bundesrepublik Deutschland ./. Miltiadis Margellos).
375 Areios Pagos v. 05.02.2001 – 131/2001 (Bundesrepublik Deutschland ./. Miltiadis Margellos).
376 Anotato Eidiko Dikastririo v. 17.09.2002 – 6/2002 (Fundstellenverzeichnis), Besprechung der Mehrheits- und des Minderheitsvotums bei *Andreas Auer:* Staatenimmunität und Kriegsfolgen am Beispiel des Falles Distomo – Anmerkungen zum Urteil des Obersten Sondergerichts vom 17. September 2002, ZÖR 61 (2006), S. 449–461.

3. Reduzierung der möglichen Zuständigkeitsbegründung

Der vieldiskutierte Weg einer Immunitätsausnahme für Fälle schwerer Menschenrechtsverletzungen war vor den griechischen Gerichten wegen der zuvor betonten Bindungswirkung seither versperrt. Die Zuständigkeitsbegründung für Schadensersatzklagen gegen die Bundesrepublik Deutschland wegen NS-Verbrechen reduzierte sich zwangsläufig auf die Frage, ob die EuGVVO bzw. das damalige EuGVÜ bemüht werden kann. Zwar stützte sich das Anotato Eidiko Dikastirio in seinen Entscheidungsgründen auf ein Gutachten von *Reinhold Geimer*[377], der die Anwendung des damaligen EuGVÜ vom Prinzip der Staatenimmunität als gesperrt ansieht.[378] Zu dahingehenden Einwendungen des Klägers erklärte sich das Anotato Eidiko Dikastirio indes für unzuständig, die Interpretation und Anwendung des Europäischen Zivilprozessrechts obliege den ordentlichen Gerichten und könne zu einer Verweisung an den EuGH führen.[379] Als Oberstes Sondergericht entscheidet nämlich das Anotato Eidiko Dikastirio letztinstanzlich nur Auslegungsfragen zum Völkerrecht.[380] Daher verwies es die Hauptsache wieder an den Areios Pagos zurück.[381] Der Kläger *Miltiadis Margellos* hat bis heute keine Fortführung des Verfahrens beantragt.[382] Allein ein Nebenintervenient namens *Eirini Lechouritou* beantragte die Fortsetzung des Verfahrens vor der Patras, was aber abgewiesen wurde.[383]

IV. Verfahren um das Massaker von Kalavryta

Eben dieser Nebenintervenient führte eigene Verfahren mit selbigem Hintergrund und bemühte bis zuletzt seinen Einfluss auf das Verfahren vor dem Areios Pagos. Noch im Revisionsverfahren der *Margellos*-Klage lehnte das Gericht eine Nebenintervention u. a. von *Lechoritou* ab. Erst das Anotato Eidiko Dikastirio ließ eine erneute Nebenintervention zu, welche aber wie beschrieben dem Ausgang des Urteils vor dem Areios

---

377 *Karsten Thorn:* Schadensersatzansprüche der Zivilbevölkerung gegen ausländische Besatzungsmächte, BerDGVR 44 (2009), S. 307.
378 *Reinhold Geimer:* Los Desastres de la Guerra und das Brüssel I-System, IPRax 2008, S. 226; *ders.:* Völkerrechtliche Staatenimmunität gegenüber Amtshaftungsansprüchen ausländischer Opfer von Kriegsexzessen, LMK 2003, S. 216.
379 Anotato Eidiko Dikastrio v. 17.09.2002 – 6/2002 (Fundstellenverzeichnis).
380 *Karsten Thorn:* Schadensersatzansprüche der Zivilbevölkerung gegen ausländische Besatzungsmächte, BerDGVR 44 (2009), S. 307.
381 Anotato Eidiko Dikastrio v. 17.09.2002 – 6/2002 (Fundstellenverzeichnis).
382 Hierzu gibt es nach griechischem Verfahrensrecht keine Fristen, es ist aber mittlerweile von der Erledigung des Verfahrens auszugehen.
383 *Andreas Fischer-Lescano:* Subjektivierung völkerrechtlicher Regelungen – Die Individualrechte auf Entschädigung und effektiven Rechtsschutz bei Verletzungen des Völkerrecht, AVR 45 (2007), S. 343.

Zweites Kapitel – Judikatur

Pagos keine Wende zu geben vermochte. Anders aber als *Miltiadis Margellos* ging *Eirini Lechouritou* mangels Alternative den letzten verbleibenden Weg zum EuGH.

1. Historischer Sachverhalt

Dass es nicht an ähnlichen Schicksalen wie den beiden vorgenannten mangelt, wird schon dadurch deutlich, dass ab 1943 vor allem die Peloponnes in den Mittelpunkt gewalttätiger Auseinandersetzungen rückte[384] und der Widerstand der Griechischen Volksbefreiungsarmee ELAS[385] sich auf deren Nordwestseite konzentrierte. Dort liegt Kalavryta (Καλάβρυτα), ein Ort belegt mit griechischer Geschichte. Er ist Ausgangspunkt des griechischen Aufstands gegen die Osmanen und wurde Zeuge des größten Kriegsverbrechens[386] unter deutscher NS-Besatzung auf griechischen Boden.[387] Das griechische Bergdorf wurde eines der ersten Orte, in dem die deutsche Wehrmacht sog. „Sühnemaßnahmen" gegen Partisanenaktionen durchführte. Die 117. Jägerdivision der Wehrmacht vergalt die Erschießung deutscher Gefangener mit der Hinrichtung von 676[388] Einwohnern im Zuge des „Unternehmens Kalavryta". Die meisten Toten gab es am 13. Dezember 1943 in jenem Kalavryta.[389] Die deutschen Wehrmachtssoldaten separierten die Männer von den Frauen und erschossen sie außerhalb

---

384 Chronologie der deutschen Gewaltmaßnahmen auf der Peloponnes bei *Anestis Nessou:* Griechenland 1941–1944, Deutsche Besatzungspolitik und Verbrechen gegen die Zivilbevölkerung – eine Beurteilung nach dem Völkerrecht (2009), S. 216 ff.
385 Ethnikós Laikós Apelevtherotikós Stratós, verbunden mit der politischen Organisation Ethnikó Apelevtherotikó Métopo (EAM) als „Nationale Befreiungsfront". Zur Geschichte der Resistance in Griechenland bei *Christopher Woodhouse*, VfZ 6 (1958), S. 138–150.
386 Zu dieser völkerrechtlichen Einordnung bei *Jörn Axel Kämmerer:* Kriegsrepressalie oder Kriegsverbrechen? – Zur rechtlichen Beurteilung der Massenexekutionen von Zivilisten durch die deutsche Besatzungsmacht im Zweiten Weltkrieg, AVR 37 (1999), S. 283 ff. (290).
387 *Eberhard Rondholz:* Kalavryta 1943, aus: Orte des Grauens – Verbrechen im Zweiten Weltkrieg (2003), S. 61.
388 Angabe nach den Verfahrensakten des EuGH v. 15.02.2007 – Rs. C-292/05 (Lechouritou u. a. ./. Bundesrepublik Deutschland), Rn. 9 (Fundstellenverzeichnis). Die Zahlen schwanken von ungefähren Angaben in Höhe „etwa 700 Erschossene" nach *Eberhard Rondholz:* Kalavryta 1943, aus: Orte des Grauens – Verbrechen im Zweiten Weltkrieg (2003), S. 61 bis zur exakten Angabe von 674 Männer und 22 Frauen und Kindern bei *Walter Manoschek:* Kraljevo – Kragujevać – Kalavryta – Die Massaker der 717. Infanteriedivision bzw. 117. Jägerdivision am Balkan, aus: Von Lidice bis Kalavryta – Widerstand und Besatzungsterror – Studien zur Repressalienpraxis im Zweiten Weltkrieg (1999), S. 93.
389 Sachverhaltsdarstellung bei *Anestis Nessou:* Griechenland 1941–1944, Deutsche Besatzungspolitik und Verbrechen gegen die Zivilbevölkerung – eine Beurteilung nach dem Völkerrecht (2009), S. 221 ff.

A. Ausgangsverfahren

des Dorfes. Das Dorf selbst wurde in Brand gesetzt und hatte Ausmaße an Brutalität erlebt, welche an die Gründung des Roten Kreuzes erinnern.[390] Nur die in der Schule gefangenen Frauen und Kinder konnten sich dank der Hilfe eines Soldaten retten.[391] Erst spät, anlässlich des ersten Besuches eines deutschen Bundespräsidenten der Gedenkstätte Kalavryta im Jahr 2000, konstatierte Altbundespräsident *Johannes Rau* in bundespräsidialer Tradition:[392]

> *„Nur wer seine Vergangenheit kennt und annimmt, kann den Weg in eine gute Zukunft finden."*[393]

2. Juristische Aufarbeitung

Auch das Massaker von Kalavryta wurde im Nürnberger Südostgeneräleprozess von 1948 mit dem zuvor genannten Ergebnis angeklagt.[394] In der Bundesrepublik Deutschland war es Gegenstand mehrerer Ermittlungsverfahren, die jedoch durchweg eingestellt wurden.[395] Die zivilrechtlichen Auseinandersetzungen führten wie angedeutet bis zu einer Vorlage zum EuGH und waren damit wesentlich ergiebiger.

a) Nationaler Verfahrensgang

Im Jahr 1995 erhoben die Hinterbliebenen des Massakers von Kalavryta *Eirini Lechouritou, Vasileios Karkoulias, Georgios Pavlopoulos, Panagiotis Brátsikas, Dimitrios Sotiropoulos* und *Georgios Dimopoulos* gegen die Bundesrepublik Deutschland vor dem Polymeles Protodikeio Kalavriton *(Πολυμελές Πρωτοδικείο Καλαβρυτών)*

---

390 So auch der Generalanwalts *Dámaso Ruiz-Jarabo Colomer* in seinen Schlussanträgen zur Rs. C-292/05 (Eirini Lechouritou u. a.) v. 08.11.2006, Slg. 2007 (I), S. 1521–1539, Rn. 3.
391 Der Spiegel 41/1969 v. 06.10.1969: Aktion Kalawrita, S. 171.
392 *Roman Herzog* etwa sprach am 13.02.1995 zum 50. Jahrestag der Zerstörung von Dresden im Zweiten Weltkrieg: „Man kann Geschichte nicht überwinden, man kann weder Ruhe noch Versöhnung finden, wenn man sich nicht der ganzen Geschichte stellt".
393 Gedenkrede von *Johannes Rau* v. 04.04.2000, zitiert nach *Dieter S. Lutz:* Zehn „Ernstfälle des Friedens" – Bundespräsident Johannes Rau formuliert in und mit seinen Beiträgen und Reden eine friedenspolitische Konzeption, aus: Hamburger Beiträge zur Friedensforschung und Sicherheitspolitik 124 (2000), S. 19 (Fußn. 38).
394 *Anestis Nessou:* Griechenland 1941–1944 – Deutsche Besatzungspolitik und Verbrechen gegen die Zivilbevölkerung – eine Beurteilung nach dem Völkerrecht (2009), S. 407. Der einzig dafür belangte Verantwortliche, Fliegergeneral Hellmuth Felmy, befand sich während das Massaker von Kalavryta im Urlaub, vgl. Der Spiegel 41/1969 v. 06.10.1969: Aktion Kalawrita, S. 172, so dass von den Handelnden niemand belangt wurde.
395 *Anestis Nessou:* Griechenland 1941–1944 – Deutsche Besatzungspolitik und Verbrechen gegen die Zivilbevölkerung – eine Beurteilung nach dem Völkerrecht (2009), S. 453–456.

Klage auf Ersatz des materiellen Schadens sowie finanzielle Wiedergutmachung des immateriellen Schadens und des seelischen Leids, welche ihnen durch das Verhalten der deutschen Streitkräfte entstanden sind.[396] Das Gericht wies die Klage 1998 „mit der Begründung ab, dass den griechischen Gerichten die Zuständigkeit für die Entscheidung über die Klage fehle, weil der Beklagte als souveräner Staat gemäß Art. 3 Abs. 2 der griechischen Zivilprozessordnung Immunität genieße".[397] Gegen dieses Urteil legten die Kläger im Januar 1999 Berufung beim Appellationsgerichtshof der Region Patras, dem Efeteio Patron *(Εφετείο Πατρών),* ein. Das Berufungsgericht erklärte im Jahr 2001 das Rechtsmittel zwar für zulässig, setzte aber anschließend das Verfahren aus, um eine Entscheidung des Anotato Eidiko Dikastirio in dem Parallelverfahren von *Miltiadis Margellos* abzuwarten. Im Jahr 2002 entschied das Anotato Eidiko Dikastirio hierzu, dass ein beklagter Staat in diesem Fall Immunität genieße. Nach Art. 100 Abs. 4 der griechischen Verfassung sind Urteile des Anotato Eidiko Dikastirio unanfechtbar und binden gemäß Art. 54 Abs. 1 des Gesetzbuchs über das Anotato Eidiko Dikastirio *erga omnes*. Da das Gericht sich nicht zu der Zuständigkeitsbegründung durch die EuGVVO äußern konnte, wählten die Kläger daher eine entsprechende Rechtsfrage zur Berufung. Sie beriefen sich auf die EuGVVO, „insbesondere auf seinen Art. 5 Nr. 3 und 4, der ihrer Ansicht nach die Staatenimmunität in allen Fällen aufgehoben hat, in denen rechtswidrige Handlungen im Hoheitsgebiet des Staates des angerufenen Gerichts begangen werden". Diese Rechtsfrage hatte das Anotato Eidiko Dikastirio aus Kompetenzgründen unbeantwortet gelassen.[398] Wegen der engen Verbindung des Verfahrens zum *Margellos*-Verfahren nahm die Bundesrepublik Deutschland an dem Verfahren nun teil, so dass die mündliche Verhandlung erst für den 20. Januar 2005 angesetzt wurde.

b) Vorlage zum EuGH

Noch im Jahr 2003 versuchte die deutsche Bundesregierung, das Europäische Zivilprozessrecht von jeglicher Inanspruchnahme fernzuhalten. Mit den Erfahrungen aus dem Dístimo-Urteil hatte man sich dafür eingesetzt, dass der Anwendungsbereich des Europäischen Vollstreckungstitels für *acta iure imperii* ausdrücklich verschlossen und für die Bestätigung einer Staatshaftung für deutsche Kriegsverbrechen unattraktiv ist.[399] Die EuGVVO enthielt aber eine solche Bereichsausnahme noch nie

---

396 Vgl. Aktenwiedergabe des EuGH in der Vorabentscheidung v. 15.02.2007 – Rs. C-292/05 (Lechouritou u. a. ./. Bundesrepublik Deutschland), Rn. 10 (Fundstellenverzeichnis).
397 Ebenda, Rn. 11.
398 Siehe oben.
399 Dazu näher im vierten Kapitel ab S. 204.

A. Ausgangsverfahren

ausdrücklich, was sie spätestens nach Redaktion der EuVTVO[400] in den Mittelpunkt des juristischen Interesses rückte. Nicht nur stärkten die griechischen Gerichte die Geltungskraft des EuGVÜ.[401] Das Efeteio Patron hielt sodann eine Entscheidung des EuGH darüber für erforderlich, ob das Rechtsmittel in den Anwendungsbereich des EuGVVO[402] fällt und legte mit Beschluss vom 8. Juni 2005 dem EuGH folgende zwei Fragen zur Vorabentscheidung vor:[403]

„1. Fallen in den sachlichen Anwendungsbereich gemäß Artikel 1 des Brüsseler Übereinkommens Schadenersatzklagen, die von natürlichen Personen gegen einen Vertragsstaat als zivilrechtlich Verantwortlichen für Handlungen oder Unterlassungen seiner Streitkräfte erhoben werden, wenn diese Handlungen oder Unterlassungen während der militärischen Besetzung des Wohnstaates der Kläger nach einem von dem Beklagten geführten Angriffskrieg geschehen sind und sich in offensichtlichem Widerspruch zum Kriegsrecht befinden und auch als Verbrechen gegen die Menschlichkeit angesehen werden können?

2. Ist die Berufung des beklagten Staates auf die Einrede der Immunität mit dem System des Brüsseler Übereinkommens mit der Folge vereinbar, dass, wenn diese Frage bejaht wird, die Anwendung des Übereinkommens automatisch ausgeschlossen wird, und zwar für Handlungen und Unterlassungen der Streitkräfte des Beklagten, die vor dem Inkrafttreten dieses Übereinkommens, d. h. in den Jahren 1941 bis 1944, geschehen sind?"

Das Vorlageverfahren und die mündliche Verhandlung vom 28. September 2006 fielen in die Vorbereitungsphase der deutschen Ratspräsidentschaft. An deren Ende erklärten die Mitgliedstaaten anlässlich des 50. Jahrestages der Unterzeichnung der Römischen Verträge:

---

400 Auch dazu ebenda.
401 *Evangelos Vassilakakis:* Die Anwendung des EuGVÜ und der EuGVO in der griechischen Rechtsprechung, IPRax 2005, S. 279 ff.
402 Der Rechtsstreit fällt noch in den zeitlichen Anwendungsbereich des Brüsseler Übereinkommens in der Fassung des EuGVÜ. Seit dem 1. März 2002 ist es in eine EG-Verordnung überführt (EuGVVO), vgl. Übergangsregelung Art. 66, 68 EuGVVO. Die Auslegungskompetenz des EuGH folgte für das EuGVÜ aus dem sog. Luxemburger Auslegungsprotokoll, für die EuGVVO mittlerweile aus Art. 65 EG. Freilich gelten die Aussagen des EuGH also auch für das Brüsseler Übereinkommen in der heutigen Fassung der EuGVVO.
403 Vgl. ABl. EU C 243/8 DE v. 1.10.2005.

Zweites Kapitel – Judikatur

"Wir stehen vor großen Herausforderungen, die nicht an nationalen Grenzen haltmachen. Die Europäische Union ist unsere Antwort darauf."[404]

Die beiden Rollen verlangten zumindest politisches Geschick.[405] Zudem wurde die Bundesrepublik Deutschland unter anderem von *Burkhard Hess* vertreten, der mit seiner Dissertation die Grundlagen für die heute anerkannte Immunitätsausnahme für Distanzdelikte legte[406] und damit einen Argumentationsstrang der Kläger selbst bediente. Auch der EuGH war sich seiner Verantwortung für das sensible Thema bewusst.[407] Er verneinte aber mit Entscheidung vom 15. Februar 2007 im Ergebnis die Anwendbarkeit der EuGVVO für Handlungen von Streitkräften und ließ eine Antwort auf die Frage nach der Anwendbarkeit der EuGVVO offen. Beide Aspekte sollen hier getrennt und an entsprechender Stelle später behandelt werden. Wie aber noch darzustellen ist, setzte die Beantwortung der Vorlagefrage durch den EuGH keineswegs einen Schlusspunkt unter die Thematik.[408]

c) Anrufung des EGMR

Gegen die Entscheidung des EuGH erhob die Klägerin *Eirini Lechouritou* Beschwerde vor dem EGMR mit der Begründung, die Entscheidung aus Luxemburg zur Unanwendbarkeit der EuGVVO verletzte sie in ihren Rechten auf ein faires Verfahren nach Art. 6 EMRK, auf eine wirksame Beschwerde nach Art. 13 EMRK sowie auf Eigentum nach Art. 1 Nr. 1 des Protokolls zur EMRK. So spektakulär bereits die Vorlage zum EuGH war, so ungewöhnlich war die Überprüfung dessen Entscheidung vor dem EGMR. Während dieser sich bereits mit der Rechtmäßigkeit legislativen

---

404 Erklärung anlässlich des 50. Jahrestages der Unterzeichnung der Römischen Verträge, sog. Berliner Erklärung v. 25.03.2007.
405 Die Rolle der Ratspräsidentschaft verlangt eine gewisse Neutralität, vgl. *Andreas Maurer:* Die Verhandlungen zum Reformvertrag unter deutschem Vorsitz, APuZ 43/2007, S. 3–8.
406 *Burkhard Hess:* Staatenimmunität bei Distanzdelikten – Der private Kläger im Schnittpunkt von zivilgerichtlichen und völkerrechtlichen Rechtsschutz (1992).
407 *Carole Lyons:* A Door into the Dark – Doing Justice to History in the Courts of the European Union, EUI Working Papers LAW 11/2008, S. 21.
408 Insofern unzutreffend bei *Anestis Nessou:* Griechenland 1941–1944 – Deutsche Besatzungspolitik und Verbrechen gegen die Zivilbevölkerung – eine Beurteilung nach dem Völkerrecht (2009), S. 31 und 603, der auf S. 597 selbst auf die fortgesetzten Vollstreckungsbemühungen in Italien hinweist. Die Proklamation eines Schlussstrichs gibt es bereits seit Mitte der 60er Jahre, ohne dass er bis heute erreicht ist, dazu *Hans Günter Hockerts:* Wiedergutmachung in Deutschland – Eine historische Bilanz 1945–2000, VfZ 49 (2001), S. 187 f.

A. Ausgangsverfahren

Handelns der Europäischen Union beschäftigte[409], betrat er mit der Überprüfung judikativen Unrechts der Europäischen Union regelrechtes Neuland.[410] Wohl deswegen wartete die zuständige 5. Kammer des EGMR die Entscheidung des IGH zwischen Deutschland und Italien ab, bevor es die Beschwerde zwei Monate später mit Entscheidung vom 3. April 2012 als offensichtlich unbegründet zurückwies.[411] Soweit die Beschwerde gegen die Europäische Union gerichtet war, sei dies bereits deswegen der Fall, weil die Europäische Union bis dato der EMRK nicht beigetreten war[412] und ihr damit *ratione personae* (noch) nicht unterliegt. In Bezug auf die Beschwerde gegen Deutschland und die 26 weiteren Mitgliedstaaten der Europäischen Union trennte der EGMR zunächst zwischen den monierten Rechten aus Art. 6 und 13 EMRK und dem aus Art. 1 Nr. 1 des Protokolls zur EMRK. In Bezug auf Letzteres sah der EGMR schon gar nicht den Schutzbereich eröffnet. Die verfahrensrechtlichen Konventionsgrundrechte sah er dagegen durchaus tangiert und unterzog die Entscheidung des EuGH einer Willkür- oder Angemessenheitskontrolle.[413] Dazu genügte ihm, dass dieser zur Entscheidung zuständig war und diese umfassend und substantiiert begründete. Die Art und Weise, wie der EuGH die EuGVVO auslegte, wurde – entgegen dem Vorbringen der Klägerin – keiner erneuten Prüfung unterzogen.

V. Verfahren um *Luigi Ferrini*

Auch vor italienischen Gerichten entwickelte sich eine regelrechte „Klageflut"[414] um die Entschädigung von NS-Unrecht. Anders als in Bezug auf Griechenland, wo der Hintergrund der Klageflut vor die Klammer gesetzt werden muss, war in Bezug auf Italien ein Verfahren selbst deren Anstoß. Ihren berühmten Ausgangspunkt nämlich nahm die Entwicklung mit dem Verfahren um *Luigi Ferrini*. Im Zusammenhang mit

---

409 Insbesondere zur sog. *Bosphorus*-Rechtsprechung des EGMR bei *Andreas Haratsch:* Die Solange-Rechtsprechung des Europäischen Gerichtshofs für Menschenrechte – Das Kooperationsverhältnis zwischen EGMR und EuGH, ZaöRV 66 (2006), S. 927–947.
410 Auch wenn zwischen EGMR und EuGH ein Kooperationsverhältnis in der Art einer Solange-Rechtsprechung entwickelt wurde, vgl. ebenda.
411 EGMR, Urt. v. 3.04.2012 – 37937/07 (noch nicht veröffentlicht).
412 *Walter Obwexer:* Der Beitritt der EU zur EMRK: Rechtsgrundlagen, Rechtsfragen und Rechtsfolgen, EuR 2012, S. 115–148.
413 Mit Verweis auf EGMR, Urt. v. 19.12.1997 (Brualla Gomez de la Torre ./. Spanien), ECHR Reports of Judgments and Decisions 1997-VIII, S. 2945.
414 *Julia Schaarschmidt:* Die Reichweite des völkerrechtlichen Immunitätsschutzes – Deutschland v. Italien vor dem IGH, Beiträge zum Europa- und Völkerrecht 5 (2010), S. 6; Kritisch zur Angst vor einer solchen „flood of litigation" bei: *Annalisa Ciampi:* The Italian Court of Cassation Asserts Civil Jurisdiction over Germany in a Criminal Case Relating to the Second World War – The Civitella Case, JICJ 7 (2009), S. 609.

Zweites Kapitel – Judikatur

den vorstehenden griechischen Verfahren war es das Sprungbrett für alle aktuellen Verfahren das Thema betreffend bis hin zur Anrufung des IGH.[415]

1. Hintergrund der Klagewelle in Italien

Die Auseinandersetzung mit Kriegs- und NS-Verbrechen im Balkan- und Russlandfeldzug ließ die deutschen Kriegsverbrechen in Italien lange im Schatten.[416] Erst Mitte der 80er Jahre wurde der Mythos eines „fairen"[417] Krieges in Italien angetastet, in den 90er Jahren folgten eingehende Untersuchungen.[418] Im Gegensatz zum nationalsozialistischen Besatzungsregime in Griechenland beginnt sich die historische Faktenlage gerade erst zu verdichten und wirft noch einen großen Forschungsbedarf auf.[419] Dabei erlebte das Land nach seinem Frontwechsel einen heftigen Partisanenwiderstand.[420] Genannt werden über 20.000 Opfer der deutschen Kriegsverbrechen.[421] Entsprechend wurde das lange Zeit geschlossene Kapitel[422] der *Italienischen Militärinternierten* in der grundlegenden Arbeit von *Gerhard Schreiber*[423] vielsagend mit dem Untertitel „verraten, verachtet, vergessen" beschrieben. Es war *Luigi Ferrini,* der – wie es das Schicksal hunderttausender anderer war – als italienischer Soldat von dem Deutschen

---

415 Vgl. Klageschrift der Bundesrepublik Deutschland vor dem hier noch anschließend zu besprechenden Verfahren vor dem IGH (Federal Republic of Germany ./. Italian Republic), S. 2 sowie eingehend bei *Karin Oellers-Frahm:* Judicial Redress of War-Related Claims by Individuals – The Example of the Italian Courts, aus: From Bilateralism to Community Interest – Essays in Honour of Judge Bruno Simma (2011), S. 1055–1078.
416 *Steffen Prauser:* Mord in Rom? Der Anschlag in der Via Rasella und die deutsche Vergeltung in den Fosse Ardeatine im März 1944, VfZ 50 (2002), S. 269.
417 So der letzte Oberbefehlshaber auf dem italienischen Kriegsschauplatz, *Vietinghoff-Scheel,* über den „Feldzug in Italien", zitiert nach *Gerhard Schreiber:* Deutsche Kriegsverbrechen in Italien – Täter, Opfer, Strafverfolgung (1996), S. 216.
418 Zu nennen ist insbesondere letztgenannte Arbeit.
419 Vgl. *Steffen Prauser:* Mord in Rom? Der Anschlag in der Via Rasella und die deutsche Vergeltung in den Fosse Ardeatine im März 1944, VfZ 50 (2002), S. 270 und mit selbigem Hintergrund *Klaus Wiegrefe:* „Gewünschtes Einschlafen", Der Spiegel 3/2012 v. 16.01.2012, S. 32 f.
420 Diesem zum Opfer fiel übrigens jener *Heinrich Schönfelder,* der die Sammlung deutscher Gesetzestexte begründete. *Heinrich Schönfelder* promovierte in Würdigung des italienischen Faschismus zur „Veredlung der Diktatur". Im Januar 1942 wurde er als Leutnant und Militärrichter der Luftwaffe nach Italien versetzt und amtierte ab 1943 als Kriegsgerichtsrat. Am 3. Juli 1944 starb er durch einen Partisanenangriff, vgl. *Hans Wrobel:* Heinrich Schönfelder – Sammler Deutscher Gesetze 1902–1944 (1997).
421 *Gerhard Schreiber:* Die italienischen Militärinternierten im deutschen Machtbereich 1943–1945 (1990), S. 7 f.
422 *Steffen Prauser:* Mord in Rom? Der Anschlag in der Via Rasella und die deutsche Vergeltung in den Fosse Ardeatine im März 1944, VfZ 50 (2002), S. 270 (Fußn. 4).
423 Die italienischen Militärinternierten im deutschen Machtbereich 1943–1945 (1990).

A. Ausgangsverfahren

Reich „interniert" wurde und nach vielseitig enttäuschten Entschädigungsbemühungen um Entschädigung vor deutschen wie italienischen Gerichten suchte.

2. *Historischer Sachverhalt*

Bereits nach dem Beginn des Zweiten Weltkriegs wurden Hunderttausende aus den deutsch besetzten Ländern Europas nach Deutschland gebracht, vor allem Franzosen, Belgier und Niederländer.[424] Für Italien änderte sich die Situation erst nach der alliierten Landung auf Sizilien, woraufhin Benito Mussolini abgesetzt wurde und das faschistische Italien aus dem Kriegsbündnis mit Deutschland ausscherte. Schon vor Kriegsbeginn angeworbene „Fremdarbeiter" wurden mit dem Frontwechsel Italiens schlechter behandelt. Dazu kamen mehrere hunderttausend vor allem junge Italiener, die in ihrer Heimat festgenommen und zur Zwangsarbeit nach Deutschland deportiert wurden. Den zahlenmäßig größten Teil bildeten aber entwaffnete und gefangen gesetzte italienische Soldaten. Deutsche Truppen besetzten den Norden Italiens und nahmen schätzungsweise 600.000 bis 675.00 italienische Soldaten in „Kriegsgefangenschaft". Der nach Italien versetzte *Erwin Rommel* befahl:

> *„Dieser Krieg ist ein totaler Krieg. Soweit die Männer Italiens nicht mehr die Gelegenheit haben, mit der Waffe für die Freiheit und Ehre ihres Vaterlandes zu kämpfen, haben sie die Pflicht, ihre volle Arbeitskraft in diesem Kampf einzusetzen."*[425]

Folglich wurden sie nach Deutschland verschleppt und gezwungen, für die deutsche Kriegswirtschaft zu arbeiten.[426] Seit dem 20. September 1943, jenen Tag des Attentats auf Adolf Hitler also, wurden sie fortan als „Italienische Militärinternierte" bezeichnet.[427] Diese Bezeichnung beschreibt weniger den historischen Sachverhalt, als dass er

---

424 *Jens-Christian Wagner:* Zwangsarbeit in den Konzentrationslagern, aus: Zwangsarbeit im Nationalsozialismus und die Rolle der Justiz – Täterschaft, Nachkriegsprozesse und die Auseinandersetzung um Entschädigungsleistungen (2007), S. 50.
425 Zitat entnommen aus Vierteljahresschrift für Sicherheit und Frieden, Bd. 17, S. 103. Dazu der Befehl des Oberkommandos der Wehrmacht, Akten zur Deutschen Auswärtigen Politik, Bd. VI (1979), Dok.-Nr. 300, S. 515. Damit besiegelte gerade derjenige das Schicksal der italienischen Soldaten, der ihnen einstmals zur Unterstützung nach Libyen abkommandiert war.
426 Vgl. *Gerhard Schreiber:* Die italienischen Militärinternierten im deutschen Machtbereich 1943–1945 (1990), S. 231.
427 Ebenda zu den unklaren Hintergründen des Befehls, S. 444 ff.

Zweites Kapitel – Judikatur

als Euphemismus[428] den Zwangsarbeiterstatuts vernebelte.[429] Die Italienischen Militärangehörigen stellten mit Angehörigen der Roten Armee und der französischen Streitkräfte den größten Teil der zwei Millionen Soldaten, die in Industrie und Landwirtschaft Zwangsarbeit leisten mussten.[430] Ein Jahr später, mit Befehl vom 4. September 1944, wurden die Italienischen Militärinternierten durch Anordnung des Oberkommandos der Wehrmacht in ein ziviles Arbeitsverhältnis überführt, ohne dass *de facto* eine andauernde Besserung damit verbunden war.[431] Dieses Schicksal teilte auch der damals 18-jährige italienische Staatsbürger *Luigi Ferrini*. Er wurde am 4. August 1944 festgenommen und aus dem italienischen Arezzo in das Arbeitslager Kahl deportiert, um bis zum 20. April 1945 im Bau von Stollen zum Flugzeugbau Zwangsarbeit zu leisten.[432]

3. Fehlende Entschädigung

Den Italienischen Militärinternierten blieb bis heute jede finanzielle Entschädigung verwehrt.[433] Anfangs war es Italien selbst, das als einstiger Verbündeter des Deut-

---

428 Der bewusste Umgang der Nationalsozialisten – die *Lingua Tertii Imperii* – die Sprache des Dritten Reichs, wurde am eindringlichsten von *Victor Klemperer* beschrieben: LTI – Notizbuch eines Philologen, 22. Aufl. (2007).
429 *Jens-Christian Wagner:* Zwangsarbeit in den Konzentrationslagern, aus: Zwangsarbeit im Nationalsozialismus und die Rolle der Justiz – Täterschaft, Nachkriegsprozesse und die Auseinandersetzung um Entschädigungsleistungen (2007), S. 49; *Maximilian Pichl:* Staatssouveränität auf der Kippe? Der Kampf und Entschädigungszahlungen im Recht, FoR 2010, S. 59.
430 *Ulrich Herbert:* Nicht entschädigungsfähig? Die Wiedergutmachungsansprüche der Ausländer, aus: Ludolf Herbst/Constantin Goschler (Hrsg.): Wiedergutmachung in der Bundesrepublik Deutschland (1989), S. S. 273 f.
431 Vgl. *Gerhard Schreiber:* Die italienischen Militärinternierten im deutschen Machtbereich 1943–1945 (1990), S. 430 f. und 501; In Bezug auf die ebenfalls formale Überführung von französischen Kriegsgefangenen in den Zivilarbeiterstatus gleichermaßen bei *Jens-Christian Wagner:* Zwangsarbeit in den Konzentrationslagern, aus: Zwangsarbeit im Nationalsozialismus und die Rolle der Justiz – Täterschaft, Nachkriegsprozesse und die Auseinandersetzung um Entschädigungsleistungen (2007), S. 48 sowie aus dem selben Sammelband *Gabriele Hammermann:* Die Verhandlungen um eine Entschädigung der italienischen Militärinternierten 1945–2007, aus: Zwangsarbeit im Nationalsozialismus und die Rolle der Justiz – Täterschaft, Nachkriegsprozesse und die Auseinandersetzung um Entschädigungsleistungen (2007), S. 132.
432 Sachverhaltangabe nach *Peter Mankowski:* Gerichtsbarkeit und internationale Zuständigkeit deutscher Zivilgerichte bei Menschenrechtsverletzungen, aus: Universalität der Menschenrechte (2009), S. 165 f. sowie *Robin Falk Lengelsen:* Aktuelle Probleme der Staatenimmunität im Verfahren vor den Zivil- und Verwaltungsrecht (2011), S. 168 f.
433 *Tim René Salomon:* Die Staatenimmunität als Schild zur Abwehr gerechter Ansprüche? Zwangsarbeiterklagen vor italienischen Zivilgerichten gegen Deutschland, Bucerius Law Journal 2009, S. 62.

schen Reichs auf der Pariser Friedenskonferenz mit Friedensvertrag vom 10. Februar 1947[434] mit Reparationsleistungen bedacht wurde. Gleichzeitig musste es sich gegenüber seinem einstigen Verbündeten Deutschland „in seinem Namen und im Namen italienischer Staatsangehöriger aller Ansprüche gegen Deutschland und deutsche Staatsangehörige, die am 8. Mai 1945 ausstanden", begeben.[435] Diese Bestimmung findet zwar keine Anwendung auf die Individualansprüche italienischer Staatsangehöriger.[436] Die Hoffnungen der ehemaligen Italienischen Militärinternierten auf Kompensation wurden jedoch mehrmals enttäuscht.

Ihre Ansprüche wurden durch Art. 5 Abs. 2 und 4 des kurz zuvor ausgehandelten Londoner Schuldenabkommens als „ausgeklammert" betrachtet und bis zu der endgültigen Regelung der Reparationsfrage zurückgestellt.[437] Das Gesetz zur Entschädigung für Opfer der nationalsozialistischen Verfolgung (BEG) fand nach seinem § 4 Abs. 1 quasi keine Anwendung auf nichtdeutsche Staatsangehörige. Die entsprechende Ausdehnung geschah erst in der Folgezeit mit einer Reihe von bilateralen Verträgen.[438] Das

---

434 Art. 74 ff. des Friedensvertrags der alliierten Siegermächte mit Italien vom 10. Februar 1947, abgedruckt in UNTS 49 (1950), S. 133 ff. und AJIL 42 (1948), Beiheft, S. 42 ff.

435 Ebenda; gleichsam wie auch Ungarn, Rumänien und Bulgarien als Kriegsverbündeten des Deutschen Reichs in den Friedensverträgen mit den alliierten Siegermächten vom 10. Februar 1947 auf Reparationsleistungen verzichten mussten.

436 Vgl. Art. 2 des Gesetzes zu dem Vertrag vom 2. Juni 1961 zwischen der Bundesrepublik Deutschland und der Italienischen Republik über Leistungen zugunsten italienischer Staatsangehöriger, die von nationalsozialistischen Verfolgungsmaßnahmen betroffen worden sind, BGBl. III v. 28.06.1963, S. 251–254; *Andreas Fischer-Lescano/Carsten Gericke:* Der IGH und das transnationale Recht – Das Verfahren BRD ./. Italien als Wegweiser der zukünftigen Völkerrechtsordnung, KJ 2010, S. 84 = ZERP-Arbeitspapier 2/2010, S. 10 f. = The ICJ and Transnational Law – The "Case Concerning Jurisdictional Immunities" as an Indicator for the Future of the Transnational Legal Order, ZERP-Arbeitspapier 2/2011, S. 11 f.

437 *Cornelius Pawlita:* Geschichte der Entschädigung in der Bundesrepublik Deutschland, aus: Zwangsarbeit im Nationalsozialismus und die Rolle der Justiz Täterschaft, Nachkriegsprozesse und die Auseinandersetzung um Entschädigungsleistungen (2007), S. 71; kritisch dazu aus dem gleichen Sammelband bei *Joachim Rumpf:* Die Entschädigungsansprüche ausländischer Zwangsarbeiter vor Gericht – Wie die deutsche Industrie mit Art. 5 Abs. 2 Londoner Schuldenabkommen die Klagen ausländischer Zwangsarbeiter/-innen abwehrte, aus: Zwangsarbeit im Nationalsozialismus und die Rolle der Justiz – Täterschaft, Nachkriegsprozesse und die Auseinandersetzung um Entschädigungsleistungen (2007), S. 90 ff.

438 Die Lückenhaftigkeit des bundesdeutschen Entschädigungsrechts führte zwischen 1959 und 1964 zum Abschluss von zwölf bilateralen Verträgen mit westlichen Staaten im Umfang von insgesamt 977 Millionen DM abgeschlossen, vgl. *Cornelius Pawlita:* Geschichte der Entschädigung in der Bundesrepublik Deutschland, aus: Zwangsarbeit im Nationalsozialismus und die Rolle der Justiz Täterschaft, Nachkriegsprozesse und die Auseinandersetzung um Entschädigungsleistungen (2007), S. 74.

geschah mit dem deutsch-italienischen „Vertrag über Leistungen zugunsten italienischer Staatsangehöriger, die von nationalsozialistischen Verfolgungsmaßnahmen betroffen worden sind"[439] vom 2. Juni 1961.[440] Im „Gegenzug"[441] erneuerte Italien seinen Forderungsverzicht durch ein Globalabkommen mit Deutschland ebenfalls vom 2. Juni 1961.[442] Gemäß dessen Art. 2 Abs. 1 wurde auf alle Ansprüche endgültig verzichtet, die „auf Rechte und Tatbestände zurückgehen, die in der Zeit vom 1. September 1939 bis 8. Mai 1945 entstanden sind". Diese Regelung verstand sich nach Art. 3 des Globalabkommens zwar als abschließend, abermals jedoch nicht in Bezug auf Individualansprüche.[443] Gleichwohl verweist die Bundesregierung bis heute auf diese Regelungen.[444] Aufgrund jedes der beiden Abkommen aus dem Jahr 1961 hat die Bundesrepublik Deutschland in den 60er Jahren je 40 Millionen DM für italienische Opfer nationalsozialistischer Verfolgungsmaßnahmen gezahlt.[445]

Das gesamte Regelungskonglomerat findet indes keine Anwendung auf Zwangsarbeiter, soweit sie nicht aus Gründen politischer Gegnerschaft noch aus Gründen der Rasse, des Glaubens oder wegen ihrer Nationalität vom nationalsozialistischen Regime verfolgt wurden. Vor allem die Bundesregierung verneint, dass der kriegsbedingte Arbeitseinsatz von Einwohnern besetzter Gebiete und Kriegsgefangenen ein typisches NS-Unrecht sei, als vielmehr eine kriegstypische Begleiterscheinung dar-

---

439 BGBl. 1963 II, S. 793. Art. 1 des Friedensvertrags begrenzte den persönlichen Anwendungsbereich auf „aus Gründen der Rasse, des Glaubens oder der Weltanschauung von nationalsozialistischen Verfolgungsmaßnahmen betroffene italienische Staatsangehörige".
440 Vgl. *Tim René Salomon:* Die Staatenimmunität als Schild zur Abwehr gerechter Ansprüche? Zwangsarbeiterklagen vor italienischen Zivilgerichten gegen Deutschland, Bucerius Law Journal 2009, S. 62.
441 Ebenda.
442 Abkommen zwischen der BRD und der Italienischen Republik über die Regelung gewisser vermögensrechtlicher, wirtschaftlicher und finanzieller Fragen, BGBl. 1963 II, S. 669.
443 *Andreas Fischer-Lescano/Carsten Gericke:* Der IGH und das transnationale Recht – Das Verfahren BRD ./. Italien als Wegweiser der zukünftigen Völkerrechtsordnung, KJ 2010, S. 84 = ZERP-Arbeitspapier 2/2010, S. 10 f. = The ICJ and Transnational Law – The "Case Concerning Jurisdictional Immunities" as an Indicator for the Future of the Transnational Legal Order, ZERP-Arbeitspapier 2/2011, S. 11 f. Dass die Sperrwirkung dieser Verzichte nicht auch die der IMI erfasst, indiziert schon die Widerklage Italiens gegen die Bundesrepublik Deutschland vor dem IGH, dazu auf S. 90.
444 Vgl. etwa die entsprechende Antwort der Bundesregierung, BT-Drucks. 17/709 v. 11.02.2010, S. 6.
445 Vgl. Antwort der Bundesregierung auf eine parlamentarische Anfrage, BT-Drucks. 16/11884 v. 10.02.2009, S. 2.

stelle.⁴⁴⁶ Dem Krieg und der kriegerischen Besetzung wurde das Stigma „Nationalsozialismus" weitgehend entzogen.⁴⁴⁷ Neue Untersuchungen eröffnen derweil eine andere Lesart des nationalsozialistischen „Referenzrahmens". Die systematisch angelegte und rassistisch motivierte Vernichtung von Millionen von Kriegsgefangenen fällt danach durchaus aus dem Rahmen des herkömmlichen „Normalkrieges" und kann durchaus, wenn nicht mit Nachdruck, als typisch nationalsozialistische Vernichtungspolitik charakterisiert werden.⁴⁴⁸ Wie so oft Tagebucherinnerungen einen geschichtlichen Zugang verschaffen⁴⁴⁹, wird diese Betrachtung etwa durch die Aufzeichnungen von *Elio Materassi* deutlich, der sein Martyrium als italienischer Militärinternierter in seinen Aufzeichnungen festhält und darin an keinen Unterschied zur Behandlung von Zwangsarbeitern und KZ-Häftlingen glauben lässt.⁴⁵⁰

Ein verstärkter Blick auf die Bedingungen der Zwangsarbeiter führte tatsächlich erst in den 90er Jahren zu einer veränderten Wahrnehmung und Beantwortung dieser Frage.⁴⁵¹ Dies eben zu jener Zeit, als die juristischen Auseinandersetzungen um Zwangsarbeiterklagen aus den USA⁴⁵² sowie der dadurch entwickelte politische

---

446 Vgl. ebenda in umwundener Formulierung bzw. ausführlich bei *Gabriele Hammermann:* Die Verhandlungen um eine Entschädigung der italienischen Militärinternierten 1945–2007, aus: Zwangsarbeit im Nationalsozialismus und die Rolle der Justiz – Täterschaft, Nachkriegsprozesse und die Auseinandersetzung um Entschädigungsleistungen (2007), S. 132 ff.

447 *Cornelius Pawlita:* Geschichte der Entschädigung in der Bundesrepublik Deutschland, aus: Zwangsarbeit im Nationalsozialismus und die Rolle der Justiz Täterschaft, Nachkriegsprozesse und die Auseinandersetzung um Entschädigungsleistungen (2007), S. 80.

448 Eindringlich und erst jüngst dazu *Sönke Neitzel/Harald Welzer:* Soldaten – Protokolle vom Kämpfen, Töten und Sterben (2011); zustimmend die Buchbesprechung von Wolfram Wette in DIE ZEIT: „Das hat Spaß gemacht – Sönke Neitzel und Harald Welzer entdecken in den Abhörprotokollen der Alliierten die ganz normale Unmenschlichkeit deutscher Soldaten im Zweiten Weltkrieg", S. 49.

449 Auf das Tagebuch der *Anne Frank* wurde hier bereits auf S. 11 ein Bezug hergestellt, die zuvor genannten Soldatenbriefe liefern ähnliche Primärliteratur.

450 *Elio Materassi* verstarb 2011 im Alter von 89 Jahren. Seine Enkel schickten seine Tagebuchaufzeichnungen der Gedenkstätte bei Bremen, wo er zwei Winter lang zur Zwangsarbeit gezwungen wurde und die heute u. a. mit deren Übersetzung an den Bunkerbau durch Zwangsarbeiter erinnert wird.

451 Die eben erwähnten Tagebuchaufzeichnungen von *Elio Materassi* wurden beispielsweise erst 1992 von seiner Heimatstadt Pontassieve veröffentlicht. In Bezug auf die deutsche Entschädigungsrechtsprechung bei *Cornelius Pawlita:* Geschichte der Entschädigung in der Bundesrepublik Deutschland, aus: Zwangsarbeit im Nationalsozialismus und die Rolle der Justiz Täterschaft, Nachkriegsprozesse und die Auseinandersetzung um Entschädigungsleistungen (2007), S. 81 f.

452 In den USA werden mittlerweile angesichts des Foreign Sovereign Immunities Act vor allem *non state actors* verklagt. Gegen deutsche Unternehmen wurden seit Herbst 1998 ca. 55 Sammelklagen früher Zwangsarbeiter und anderer NS-Opfer in den USA angestrengt,

Druck[453] durch eine völkerrechtliche Vereinbarung[454] zur Gründung einer mit 10 Milliarden DM ausgestatteten Stiftung beendet wurden.[455] Die Stiftung „Erinnerung, Verantwortung und Zukunft" (EVZ) wurde im Jahr 2000 eigens mit dem Ziel gegründet, etwaige Entschädigungslücken zu schließen.[456] Italien wurde bei den Verhandlungen nicht beteiligt.[457] Sie zahlte bis zum Abschluss der Auszahlungen rund 4,4 Milliarden Euro an etwa 1,7 Millionen ehemalige Zwangsarbeiter.[458] Über Partnerorganisationen sollten Finanzmittel zur Gewährung von Leistungen an ehemalige Zwangsarbeiter und von anderem Unrecht aus der Zeit des Nationalsozialismus Betroffene bereitgestellt werden.[459] Aus ihren Mitteln erhielten 3.300 italienische Zwangsarbeiter 1,9 Millionen Euro ausgezahlt. Gemäß § 11 Abs. 3 des Gesetzes zur Errichtung der Stiftung EVZ begründet Kriegsgefangenschaft jedoch keine Leistungsberechtigung. Im Ergebnis führt

---

vgl. *Burkhard Hess:* Kriegsentschädigungen aus kollisionsrechtlicher und rechtsvergleichender Sicht, BerDGVR 40 (2003), S. 110. Den bekannten Anfang der erfolgreichen Klagen gegen vornehmlich deutsche Unternehmen setzten die erstinstanzlich erfolglosen Klagen eines NS-Zwangsarbeiters aus Auschwitz-Birkenau, dessen gesamte Familie in den Konzentrationslagern Treblinka und Auschwitz-Birkenau ermordet wurde. Richterin *Patricia Wald* formulierte in ihrer *dissenting opinion* in einem US-amerikanischen Verfahren des KZ-Opfers *Hugo Princz* die bedeutungsträchtige Annahme, dass in Fällen schwerster Menschenrechtsverletzungen, der Boden der Immunitätsgewährung verlassen werde. Darstellung und Vertiefung bei *Peter Heidenberger,* der den Berufungskläger vertrat: Die Praxis von US-Gerichten zur Staatenimmunität Deutschlands, ZVglRWiss 97 (1998), S. 440 ff. Das Verfahren endete in einem außergerichtlichen Vergleich, abgedruckt in ILM 35 (1996), S. 193. *Hugo Princz* verstarb fünf Jahre später am 31. Juli 2001, Richterin *Patricia Wald* sitzt mittlerweile am ICTY.

453 In den USA zwingen *settlement class actions* mit dem gerichtlichen Kostendruck und außergerichtlichen Boykottstrategien zu einem frühzeitigen Vergleich, vgl. *Burkhard Hess:* Kriegsentschädigungen aus kollisionsrechtlicher und rechtsvergleichender Sicht, BerDGVR 40 (2003), S. 195. Ob dies einer juristischen Vergangenheitsbewältigung Genüge tut ist zweifelhaft, vgl. ebenda, widersprechend aber *Moritz von Unger:* Menschenrechte als transnationales Privatrecht (2008), S. 21 f.
454 United States – Germany Agreement concerning the Foundation „Remembrance, Responsibility and the Future" v. 17.07.2000, U.S.-Ger., ILM 39 (2000), S. 1298.
455 Gesetz zur Errichtung der Stiftung „Erinnerung, Verantwortung und Zukunft" v. 2.08.2000, BGBl. 2000 I, S. 263 ff.
456 *Cornelius Pawlita:* Geschichte der Entschädigung in der Bundesrepublik Deutschland, aus: Zwangsarbeit im Nationalsozialismus und die Rolle der Justiz Täterschaft, Nachkriegsprozesse und die Auseinandersetzung um Entschädigungsleistungen (2007), S. 75.
457 So die Sachverhaltszusammenfassung des EGMR v. 04.09.2007 – Az.: 45563/04 (A.N.R.P. und 275 andere gegen Deutschland).
458 Vgl. Sechster und abschließender Bericht der Bundesregierung über den Abschluss der Auszahlungen und die Zusammenarbeit der Stiftung „Erinnerung, Verantwortung und Zukunft" mit den Partnerorganisationen, BT-Drucks. 16/9963 v. 09.07.2008, Tabellen 2 und 5.
459 Ebenda.

A. Ausgangsverfahren

dies zu dem Paradoxon, dass die Italienischen Militärinternierten zwar wie Zwangsarbeiter behandelt wurden[460], jedoch keine Entschädigung als solche erhielten. Trotz Umbenennung wurden sie formal als Kriegsgefangene im Sinne des Völkerrechts behandelt.[461] Gerade dieser Status war es aber, der ihnen durch die „Firmierung" als Militärinternierte genommen wurde. An den durch Pionierarbeit vor Zivilgerichten errungenen Entschädigungen nahmen sie durch diesen Winkelzug nie Teil.

4. *Verfahrensgang*

In dieser Konsequenz wurde auch *Luigi Ferrini* ablehnend beschieden, dass er – mangels Status als Kriegsgefangener – keine Entschädigung nach dem Gesetz zur Errichtung einer Stiftung EVZ erhalten könne.[462] Angeführt von der *Associazione Nazionale Reduci Dalla Prigionia dall'Internamento e dalla Guerra di Liberazione* (A.N.R.P.) und zusammen mit 941 weiteren Beschwerdeführern erhob *Luigi Ferrini* am 11. August 2001 Verfassungsbeschwerde gegen das Stiftungsgesetz, soweit es gesetzlich „das Nichtbestehen von Schadensersatzansprüchen gegen Deutschland wegen erlittener Deportation und Zwangsarbeit" feststellte und darüber hinaus für die Gewährung der Entschädigung der Rechtsweg ausgeschlossen wurde. Das BVerfG lehnte mit Beschluss vom 28. Juni 2004 die Annahme der Verfassungsbeschwerde ab.[463] Ein halbes Jahr später reichten der A.N.R.P.[464], *Luigi Ferrini* und weitere 274 ehemals Mi-

---

460 Es kam zu massiven Verletzungen der Gleichbehandlungs- und Fürsorgepflichten, Verstöße gegen das Verbot der Zwangsarbeit in der Kriegswirtschaft sowie Misshandlungen, Erschießungen und Deportationen in Konzentrationslager, vgl. *Tim René Salomon:* Die Staatenimmunität als Schild zur Abwehr gerechter Ansprüche? Zwangsarbeiterklagen vor italienischen Zivilgerichten gegen Deutschland, Bucerius Law Journal 2009, S. 63.
461 *Christian Tomuschat:* Leistungsberechtigung der Italienischen Militärinternierten nach dem Gesetz zur Errichtung einer Stiftung „Erinnerung, Verantwortung und Zukunft"?, Archiv des Bundesverbandes Information und Beratung für NS-Verfolgte v. 31.07.2001, S. 25.
462 *Andreas Fischer-Lescano:* Subjektivierung völkerrechtlicher Regelungen – Die Individualrechte auf Entschädigung und effektiven Rechtsschutz bei Verletzungen des Völkerrecht, AVR 45 (2007), S. 340.
463 BVerfG, Beschl. v. 28.06.2004 – 2 BvR 1379/01 (Fundstellenverzeichnis).
464 Associazione Nazionale reduci dalla Prigionia, der Italienischer Verband der Zwangsarbeiter und Kriegsgefangenen.

Zweites Kapitel – Judikatur

litärinternierte dagegen eine Individualbeschwerde vor dem EGMR ein, welcher – mit der Thematik bereits vertraut[465] – deren Annahme am 4. September 2007 ablehnte.[466] Nachdem alle diese Tore verschlossen waren, verblieb der einzige gangbare Weg vor die Gerichte des eigenen Staates. Zunächst lehnte auch das italienische Tribunale Arezzo eine entsprechende Klage von *Luigi Ferrini* wegen fehlender Gerichtsbarkeit ab[467], bestätigt durch die zweitinstanzliche Corte d'Appello de Firenze.[468] Hatten aber italienische Gerichte das Immunitätsrecht schon immer geschichtsträchtig fortentwickelt[469], sprach das höchste italienische Gericht im Jahr 2004 unter Durchbrechung der Staatenimmunität den sog. *Italienischen Militärinternierten* Entschädigung zu. Die italienische Corte di Cassazione verneinte mit vielbesprochenem Bezug auf schwere Menschenrechtsverletzungen den Einwand auf Staatenimmunität.[470] Im hiesigen Zusammenhang entscheidend, verneinte sie zuvorderst auch den Anwendungsbereich der EuGVÜ wegen dessen sachlicher Unanwendbarkeit.[471] Eine Vollstreckung des *Ferrini*-Urteils in Deutschland wurde, entgegen der Bemerkung *Peter Mankowskis,* nie versucht.[472]

---

465 Bereits im Jahr 2005 musste der EGMR über die Individualbeschwerde von *Bronisław Woś* befinden, der im Zweiten Weltkrieg bereits als Dreizehnjähriger zur Zwangsarbeit in seinem Heimatland Polen eingesetzt wurde. Seine Bemühungen um entsprechende Kompensation aus den Mitteln der Stiftung Polnisch-Deutsche Aussöhnung blieben sowohl vor den polnischen Gerichten als auch vor dem EGMR ohne Erfolg, vgl. EGMR, Urt. v. 1.03.2005 – 22860/02 (Bronisław Woś ./. Republik Polen).
466 EGMR, Urt. v. 04.09.2007 – 45563/04 (A.N.R.P. und 275 andere gegen Deutschland).
467 Trib. Arezzo, Urt. v. 03.11.2000 (Ferrini ./. Repubblica Federale di Germania) mit Anm. bei *Andrea Bianchi:* Ferrini v. Federal Republic of Germany, AJIL 99 (2005), S. 242; *Michael Stürner:* Staatenimmunität und Brüssel I-Verordnung – Die zivilprozessuale Behandlung von Entschädigungsklagen wegen Kriegsverbrechen im Europäischen Justizraum, IPRax 2008, S. 201.
468 Corte d'Appello de Firenze v. 14.01.2002 – 2084/00 (Ferrini ./. Repubblica Federale di Germania) mit Anm. bei *Andrea Bianchi:* Ferrini v. Federal Republic of Germany, AJIL 99 (2005), S. 242; *Michael Stürner:* Staatenimmunität und Brüssel I-Verordnung – Die zivilprozessuale Behandlung von Entschädigungsklagen wegen Kriegsverbrechen im Europäischen Justizraum, IPRax 2008, S. 201.
469 Dazu auf S. 63.
470 Corte di Cassazione, sez. un. v. 11.03.2004 (Ferrini ./. Repubblica Federale di Germania) – 5044/2004 (Fundstellenverzeichnis).
471 *Michael Stürner:* Staatenimmunität und Brüssel I-Verordnung – Die zivilprozessuale Behandlung von Entschädigungsklagen wegen Kriegsverbrechen im Europäischen Justizraum, IPRax 2008, S. 201.
472 Dieser verweist auf den Nichtannahmebeschluss des BVerfG v. 28.06.2004 (Fundstellenverzeichnis), der aber noch zu einem Zeitpunkt erging, in dem Ferrini in Italien kein klagezusprechendes Urteil erstritten hatte, vgl. *Peter Mankowski:* Gerichtsbarkeit und internationale Zuständigkeit deutscher Zivilgerichte bei Menschenrechtsverletzungen, aus: Universalität der Menschenrechte (2009), S. 166.

B. Die Entscheidung des IGH im Verfahren zwischen Deutschland und Italien

Die hochbrisanten Ausgangsverfahren wurden mit der Anrufung des IGH zusammengeführt und durch dessen Urteil vom 3. Februar 2012 mit einem wiederholten Schlusspunkt versehen. Zur Abrundung der bisherigen Darstellung der Zusammenhänge sei daher auf den Hintergrund der Anrufung des IGH (unter I.) sowie den dortigen Verfahrensgang eingegangen. Jeweils gesondert wird die Zulässigkeit sowie die Begründetheit der Klage kritisch betrachtet und anschließend auf die Bedeutung des Urteils für die hiesige Untersuchung eingegangen (unter V.).

I. Hintergrund

Ein halbes Jahr nach der Entscheidung der Corte Suprema di Cassazione wurde am 18. November 2008 eine deutsch-italienische Regierungskonsultation einberufen. Symbolträchtig fand diese im Zusammenhang mit einem Besuch des damaligen deutschen Außenministers im ehemaligen nationalsozialistischen Konzentrationslager *Risiera di San Sabba* bei Triest statt.[473] Dermaßen eingerahmt einigten sich beide Staaten auf eine juristische Auseinandersetzung vor dem IGH.[474] Nach einer insgesamt mehr als einjährigen Vorbereitung[475] erhob die Bundesrepublik Deutschland am 23. Dezember 2008 Klage gegen Italien in Den Haag.

Den Disput vermögen beide Parteien auf das Europäische Übereinkommen zur friedlichen Beilegung von Streitigkeiten zu stützen, welches in Bezug auf beide am 18. April 1961 in Kraft getreten ist. Längste Zeit aber bestand kein Zeitdruck, sich der obligatorischen Gerichtsbarkeit des IGH zu unterwerfen.[476] Was nach Beitritt beider deutschen Staaten zur Charta der Vereinten Nationen 35 Jahre wartete, erfolgte sodann im Gleichschritt zu den Entscheidungen der Ausgangsverfahren. Um die Au-

---

[473] Im März 2009 folgte in eben der zur Anspruchssicherung dienenden Villa Vigoni eine Historikerkonferenz „zur Aufarbeitung der historischen Geschehnisse und Schaffung einer gemeinsamen Erinnerungskultur".

[474] Vgl. Joint Declaration, adopted on the occasion of German-Italian Governmental Consultations, Trieste v. 18.11.2008, beigefügt als Annex der Klageschrift v. 22.12.2008 vor dem IGH.

[475] Vgl. *Eike Michael Frenzel/Richard Wiedemann:* Das Vertrauen in die Staatenimmunität und seine Herausforderung – Die Bewältigung von NS-Unrecht im Mehrebenensystem, NVwZ 2008, S. 1091 mit Verweis auf die schon in der SZ v. 07.06.2008 geäußerten Überlegungen der Bundesregierung, den IGH anzurufen.

[476] Hintergrund bei *Christophe Eick:* Die Anerkennung der obligatorischen Gerichtsbarkeit des Internationalen Gerichtshofs durch Deutschland, ZaöRV 68 (2008), S. 763 ff.

torität des IGH zu unterstreichen,⁴⁷⁷ hatte die Bundesregierung Ende April 2008 beschlossen, die obligatorische Gerichtsbarkeit des IGH nach Art. 36 Abs. 2 IGH-Statut anzuerkennen.⁴⁷⁸ Dabei stand ihr für die Austragung des Rechtstreits im Übrigen auch die Möglichkeit offen, den Rechtsweg zum Europäischen Gerichtshof für Immunität nach dem Zusatzprotokoll zum Europäischen Übereinkommen über Staatenimmunität von 1972 zu eröffnen. Dann wäre die sehr interessante Konstellation erwachsen, die aus der Zusammensetzung des Gerichts nach Art. 4 Abs. 2 und 3 resultiert. Danach wird der Präsident des Europäischen Gerichtshofs für Immunität nicht nur vom Präsidenten des EGMR gestellt. Vor allem setzt sich der Europäische Gerichtshof für Immunität aus den Mitgliedern des EGMR zusammen. Der EGMR aber hat sich in einer Reihe von Entscheidungen als „Modernisierer"⁴⁷⁹ der Staatenimmunität im Lichte von Menschenrechtsverletzungen erwiesen. Die Spruchkörperbesetzung des Europäischen Gerichtshofs für Immunität wäre damit jedenfalls nicht im Sinne der deutschen Bundesregierung. Die Bundesrepublik Deutschland hat davon Abstand genommen, dieses Zusatzprotokoll zu ratifizieren.⁴⁸⁰ Der Weg zum IGH wäre nach Art. 2 Abs. 1 Satz 1 des Zusatzprotokolls versperrt gewesen.

Mit der Klage vor dem IGH erreichte die Bundesregierung zunächst einen gewissen Suspensiveffekt dahingehend, dass während des Verfahrens vor dem IGH keine Maßnahmen der Zwangsvollstreckung gegen Vermögenswerte der Bundesrepublik in Italien zu befürchten waren.⁴⁸¹ Denn der IGH erkennt es als ein allgemeines Rechtsprinzip des Völkerrechts an, dass die Parteien eines Rechtsstreits während eines anhängi-

---

477   Ebenda, S. 763.
478   Bekanntmachung zur Charta der Vereinten Nationen vom 29. Mai 2008, abgedruckt in ZaöRV 68 (2008), S. 776 f. mit Anm. bei *Christophe Eick:* Die Anerkennung der obligatorischen Gerichtsbarkeit des Internationalen Gerichtshofs durch Deutschland, ZaöRV 68 (2008), S. 763–777. Die rechtspolitische Gemengelage für den Zeitpunkt ist vielfältig, hervorzuheben ist das Streben Deutschlands nach einem ständigen Sitz in einem vergrößerten UN-Sicherheitsrat. Dennoch sollten die Ausgangsverfahren nicht unbeachtet bleiben. Zu den Überlegungen bei *Michael Bothe/Eckart Klein:* Bericht einer Studiengruppe zur Anerkennung der Gerichtsbarkeit des IGH gemäß Art. 36 Abs. 2 IGH-Statut, ZaöRV 67 (2007), S. 825–841.
479   *Christian Maierhöfer:* Der EGMR als „Modernisierer" des Völkerrechts? Staatenimmunität und ius cogens auf dem Prüfstand – Anmerkung zu den Urteilen Fogarty, McElhinney und Al-Adsani, EuGRZ 2002, S. 391–398.
480   Bericht der Bundesregierung über den Stand der Unterzeichnung und Ratifikation europäischer Abkommen und Konventionen durch die Bundesrepublik Deutschland für den Zeitraum Juli 2005 bis Juni 2007, Abschnitt III: Europarats-Übereinkommen, deren Unterzeichnung oder Ratifikation nicht beabsichtigt ist, Nr. 74A, BT-Drucks. 16/5375 v. 11.05.2007, S. 7.
481   Antwort der Bundesregierung auf eine Kleine Anfrage, BT-Drucks. 17/709 v. 11.02.2010, S. 7.

B. Die Entscheidung des IGH im Verfahren zwischen Deutschland und Italien

gen Verfahrens von allen Maßnahmen Abstand nehmen müssen, die die in Streit stehenden Rechte gefährden könnten.[482] Dementsprechend hat Italien per Dekrete bzw. darauf folgende Gesetze vom 28. April 2010, 23. Juni 2010 und 29. Dezember 2011 bis zuletzt neue Vollstreckungsmaßnahmen ausgeschlossen.[483]

II. Verfahrensgang

Es war erst das vierte Mal, dass die Bundesrepublik Deutschland vor den mittlerweile vielbeschäftigten[484] Gerichtshof der Vereinten Nationen zog, zum ersten Mal jedoch eine über zweijährige Verfahrensdauer herausforderte.[485] Dies liegt nicht zuletzt in der Konstellation der Klage begründet, der seitens Italiens mit einer Widerklage geantwortet wurde, seitens Griechenland eine Intervention veranlasste und eine Ganze Reihe von Stellungnahmen hervorrief.

1. *Klagebegehren der Bundesrepublik Deutschland*

Die Bundesrepublik Deutschland brachte in sechs Punkten die hier bereits besprochenen Ausgangsverfahren hervor, wovon drei[486] unmittelbar die Vollstreckungsfrage betreffen:

"14. On the basis of the preceding submissions, Germany prays the Court to adjudge and declare that the Italian Republic:

(...)

---

482 Mit Verweis auf den LaGrand-Fall bei *Hans Sachs:* Rechtsdurchsetzung bei Entscheidungen des IGH, Beiträge aus Sicherheitspolitik und Friedensforschung 23 (2005), S. 144 ff. (145).
483 Vgl. IGH, Urt. v. 3.02.2012 (Deutschland ./. Italien), Rn. 35 (Fundstellenverzeichnis) sowie zuvor dargestellt ab S. 68.
484 UN-Bericht des IGH v. 01.08.2008 – 31.07.2009, General Assembly, Official Records, 64th Session, Supplement No. 4, Rn. 8.
485 In den Jahren 1967–1969 stritt die Bundesrepublik Deutschland mit den Niederlanden und Dänemark um die Schürfrechte auf dem Festlandsockel unter der Nordsee, 1972–1974 wurde mit Island um das Fischereiwesen gestritten und schließlich im Jahr 1999–2001 über die Völkerrechtsmäßigkeit der Hinrichtung der LaGrands.
486 *Andreas Fischer-Lescano/Carsten Gericke:* Der IGH und das transnationale Recht – Das Verfahren BRD ./. Italien als Wegweiser der zukünftigen Völkerrechtsordnung, KJ 2010, S. 79 f. = ZERP-Arbeitspapier 2/2010, S. 2 ff. = The ICJ and Transnational Law – The "Case Concerning Jurisdictional Immunities" as an Indicator for the Future of the Transnational Legal Order, ZERP-Arbeitspapier 2/2011, S. 2 ff.

Zweites Kapitel – Judikatur

2) by taking measures of constraint against 'Villa Vigoni', German State property used for government non-commercial purposes, also committed violations of Germany's jurisdictional immunity;

3) by declaring Greek judgements based on occurrences similar to those defined above in request No. 1 enforceable in Italy, committed a further breach of Germany's jurisdictional immunity.

(...)

Accordingly, the Federal Republic of Germany prays the Court to adjudge and declare that

(...)

5) the Italian Republic must, by means of its own choosing, take any and all steps to ensure that all the decisions of its courts and other judicial authorities infringing Germany's sovereign immunity become unenforceable;"[487]

Die Klage vor dem IGH lautet mithin darauf feststellen zu lassen, dass Italien „*by means of its own choosing*" alle Schritte unternehmen soll, dass es alle relevanten Entscheidungen, die in Rechtskraft erwachsen sind, nicht durchgesetzt werden können.[488] Die Klageschrift griff damit die Formulierung des IGH aus seiner Rechtsprechung in den Fällen *La Grand* und *Avena* auf.[489]

2. *Widerklage Italiens*

Italien hat am 23. Dezember 2009 seinerseits Widerklage mit dem Ziel erhoben, die Reparationspflicht der Bundesrepublik Deutschland für das streitgegenständliche NS-Unrecht feststellen zu lassen.[490] Dieses Begehren stand derart offensichtlich außerhalb der zeitlichen Jurisdiktionsgewalt des IGH, dass er nur ein halbes Jahr später, am 6. Juni 2010, die Widerklage gemäß Art. 80 seiner Verfahrensordnung als unzulässig abwies.[491] Diese Offensichtlichkeit spricht gewissermaßen dafür, dass die Parteien deutlich machen wollten, welche Bedeutung dem Rechtsstreit über die eingegrenzte

---

487 Gliederungspunkt V. 14. der deutschen Klageschrift v. 22.12.2008 vor dem IGH.
488 Gliederungspunkt V. 14. Ziff. 5) der deutschen Klageschrift v. 22.12.2008 vor dem IGH.
489 *Annalisa Ciampi:* The Italian Court of Cassation Asserts Civil Jurisdiction over Germany in a Criminal Case Relating to the Second World War – The Civitella Case, JICJ 7 (2009), S. 614 (Fußn. 74).
490 Auf die Widerklage wurde sodann auch schon im elften Bericht der Bundesregierung über den Stand der Rechtssicherheit für deutsche Unternehmen im Zusammenhang mit der Stiftung „Erinnerung, Verantwortung und Zukunft" hingewiesen: Unterrichtung durch die Bundesregierung, BT-Drucks. 17/1398 v. 15.04.2010, S. 4.
491 IGH, Beschl. v. 6.07.2010 (Deutschland ./. Italien), Rn. 31 (Fundstellenverzeichnis).

B. Die Entscheidung des IGH im Verfahren zwischen Deutschland und Italien

Rechtsfrage hinaus zukommt. Auch nicht *obiter dictum* hat sich der IGH in seinem Urteil dazu hinreißen lassen, zu der materiell-rechtlichen Behandlung der streitgegenständlichen Verfahren Stellung zu beziehen.

3. Intervention Griechenlands

Griechenland hat am 13. Januar 2011 eine Intervention in den Rechtsstreit vor dem IGH beantragt. Wiewohl die Verfahrensordnung des IGH keine eigenständige Regelung dafür bereithält, anerkannte der IGH ein halbes Jahr später, am 4. Juni 2011, die Intervention Griechenlands zumindest als Stellungnahme im Sinne des Art. 62 seiner Verfahrensordnung.[492] Eine Parteirolle wurde Griechenland damit aber nicht zugesprochen.[493] Interessant ist in diesem Zusammenhang aber die Erklärung des *ad hoc*-Richters *Giorgio Gaja,* der den Interventionsversuch Griechenlands ablehnend gegenüberstand und dabei bemerkte, dass

> "[i]n the absence, both under international law and under EU law (see judgment of the European Court of Justice in Lechouritou, Case C-292/05, ECJ Reports 2007, p. I-1519), of any obligation for Italy to enforce the Greek judgments in question, Italy is free in its relations with Greece to apply its domestic legislation on the recognition and enforcement of foreign judgments and to grant or refuse enforcement for reasons of its own choice. Greece cannot be said to have any interest of a legal nature in seeing the Greek judgements enforced in Italy".[494]

Gerade über die Frage, wieweit die Staatenimmunität von der EuGVVO als verdrängt anzusehen ist, hatte der EuGH in der zitierten Entscheidung in der Rs. C-292/05 gerade nicht befunden. Zwar schränkt *ad hoc*-Richter *Giorgio Gaja* seine Feststellung auf die in Streit stehenden Fragen ein, doch sind diese so generell formuliert, dass sie jegliche Zivilklagen wegen Verletzung des Internationalen Rechts in Bezug auf den Zweiten Weltkrieg zwischen September 1943 bis Mai 1945 einbeziehen.[495] Der EuGH hat so umfassend aber gerade nicht entschieden, sondern sich nur auf den Vorwurf des Kriegsverbrechens beschränken müssen und im Gegenteil zum IGH-Streit zwischen Deutschland und Italien auch können. Die Vorabentscheidung des EuGH in dem griechischen Ausgangsverfahren um das Massaker von Kalavryta kann so gesehen nicht darauf reduziert werden, dass das Unionsrecht die Fragen der Anerkennung und Voll-

---

492 IGH, Urt. v. 3.02.2012 (Deutschland ./. Italien), Rn. 5 ff. (Fundstellenverzeichnis).
493 Ebenda, Rn. 10.
494 Erklärung des ad-hoc-Richters *Giorgio Gaja* zum Beschluss des IGH v. 4.06.2011 bezüglich der Intervention Griechenlands in den Rechtsstreit zwischen Deutschland und Italien vor dem IGH.
495 IGH, Urt. v. 3.02.2012 (Deutschland ./. Italien), Rn. 14 (Fundstellenverzeichnis).

Zweites Kapitel – Judikatur

streckung von schweren Menschenrechtsverletzungen prinzipiell unberührt lässt. Im Übrigen hat der IGH diesbezüglich auch keine Rechtsprechungskompetenz, so dass der mittlerweile als ständiger Richter am IGH amtierende *Giorgio Gaja* mit dieser pauschalierenden Sichtweise keinen Anschluss fand.

III. Zulässigkeit der Klage

Bereits zweifelhaft und für die hiesige Untersuchung nicht ohne Belang stand die Zulässigkeit der Klage vor dem IGH im Raum.

1. Jurisdiktionsgewalt des IGH

Ohne dass die Streitparteien die Jurisdiktionsgewalt des IGH in Frage stellten, nahm dieser eine diesbezügliche Prüfung von Amts wegen vor.[496] Zeitliche Grenze ist nämlich Art. 27 lit. a) des Europäischen Übereinkommens zur friedlichen Beilegung von Streitigkeiten, wonach Streitigkeiten, die Tatsachen oder Verhältnisse aus der Zeit vor dem Inkrafttreten dieses Übereinkommens zwischen den am Streit beteiligten Parteien betreffen, vorbehalten bleiben. Daran scheiterte zunächst die Widerklage Italiens, welche die Ersatzpflichtigkeit Deutschlands und damit das materielle Recht zum Zeitpunkt der streitgegenständlichen Handlungen forderte. Die Jurisdiktionsgewalt des IGH geht nicht vor den Zeitpunkt des Inkrafttretens des Europäischen Übereinkommens zur friedlichen Beilegung von Streitigkeiten zurück, namentlich den 18. April 1961. Im Übrigen deckt sich diese Ansicht mit den nach Art. 36 Abs. 3 IGH-Statut abgegebenen Vorbehalten Deutschlands zur obligatorischen Gerichtsbarkeit des IGH. Ein genereller Ausschluss von Streitigkeiten zwischen den Mitgliedstaaten der EU vor dem IGH wurde zwar trotz Überlegungen nicht umgesetzt[497], die deutsche Erklärung schließt aber Streitigkeiten aus, die vor der Unterwerfung entstanden sind.[498] Damit sollen insbesondere Fragen und Probleme im Kontext des Zweiten Weltkriegs ausgeschlossen werden.[499] Zum anderen besteht ein doppelter

---

496 Ebenda mit Nachw. in der st. Rspr. des IGH, Rn. 39 ff.
497 Dazu *Andreas Zimmermann:* Deutschland und die obligatorische Gerichtsbarkeit des Internationalen Gerichtshofs, ZRP 2006, S. 249; *Christophe Eick:* Die Anerkennung der obligatorischen Gerichtsbarkeit des Internationalen Gerichtshofs durch Deutschland, ZaöRV 68 (2008), S. 770.
498 Nr. 1 der Bekanntmachung zur Charta der Vereinten Nationen vom 29. Mai 2008, abgedruckt bei *Michael Bothe/Eckart Klein:* Bericht einer Studiengruppe zur Anerkennung der Gerichtsbarkeit des IGH gemäß Art. 36 Abs. 2 IGH-Statut, ZaöRV 68 (2008), S. 776 f. sowie in der Anlage zu BT-Drucks. 16/9218 v. 5.5.2008.
499 *Christophe Eick:* Die Anerkennung der obligatorischen Gerichtsbarkeit des Internationalen Gerichtshofs durch Deutschland, ZaöRV 68 (2008), S. 769.

B. Die Entscheidung des IGH im Verfahren zwischen Deutschland und Italien

Streitkräftevorbehalt[500], wonach Militäreinsätze im Ausland sowie die militärische Nutzung deutschen Hoheitsgebiets nicht der obligatorischen Gerichtsbarkeit des IGH unterfallen.[501]

In Bezug auf die Immunitätsfrage entschied der IGH entgegen den dazu vorgetragenen Stellungnahmen zugunsten seiner Jurisdiktionsgewalt *ratione temporis*. Er betonte dafür in Abgrenzung zum vorher Gesagten, dass die Immunitätsfrage eine verfahrensrechtliche Rechtsfrage betreffe und losgelöst vom Alter der Sachverhalte und des damals anwendbaren materiellen Rechts zu würdigen sei.[502]

2. *Konstruierter Rechtsstreit*

Als schließliche Frage blieb ohne Stellungnahme des IGH, ob der Rechtsstreit, wegen der von beiden Regierungen präsentierten Eintracht, unzulässig konstruiert war. Zu bedenken ist insbesondere, dass auch die italienische Regierung ein besonderes Interesse daran hat, das Prinzip der Staatenimmunität aufrechtzuerhalten.[503] Nach dem Muster der Ausgangsverfahren könnte auch Italien von Kriegsopfern verklagt werden.[504] Es sei nur daran erinnert, dass auch Italien auf eine völkerrechtswidrige Repressionspolitik im Zweiten Weltkrieg vor allem in Jugoslawien und in Griechenland zurückschaut[505], genauso wie seine Kolonialgeschichte in Äthiopien oder Libyen[506]

---

500 Zum Streitstand darüber bei *Michael Bothe/Eckart Klein:* Bericht einer Studiengruppe zur Anerkennung der Gerichtsbarkeit des IGH gemäß Art. 36 Abs. 2 IGH-Statut, ZaöRV 67 (2007), S. 836 ff.
501 Nr. 1 (ii) lit. a) und b) der Bekanntmachung zur Charta der Vereinten Nationen vom 29. Mai 2008, abgedruckt bei *Michael Bothe/Eckart Klein:* Bericht einer Studiengruppe zur Anerkennung der Gerichtsbarkeit des IGH gemäß Art. 36 Abs. 2 IGH-Statut, ZaöRV 67 (2007), S. 776 f. sowie in der Anlage zu BT-Drucks. 16/9218 v. 5.05.2008.
502 IGH, Urt. v. 3.02.2012 (Deutschland ./. Italien), Rn. 44 ff. (Fundstellenverzeichnis).
503 So ausdrücklich der damalige italienische Außenminister *Franco Frattini* in einem Interview mit *Stefan Ulrich:* Wir brauchen eine symbolische Geste, SZ v. 19.06.2008.
504 Darauf verwies bereits allgemein der Sprecher des Auswärtigen Amts *Jens Uwe Plötner* in der Regierungspressekonferenz vom 22.10.2008; vgl. auch *Andreas Fischer-Lescano/Carsten Gericke,* die schlussfolgernd anmerken: Der IGH und das transnationale Recht – Das Verfahren BRD ./. Italien als Wegweiser der zukünftigen Völkerrechtsordnung, KJ 2010, S. 87 f. = ZERP-Arbeitspapier 2/2010, S. 15 = The ICJ and Transnational Law – The "Case Concerning Jurisdictional Immunities" as an Indicator for the Future of the Transnational Legal Order, ZERP-Arbeitspapier 2/2011, S. 15.
505 Vgl. *Enzo Collotti:* Zur italienischen Repressionspolitik auf dem Balkan, aus: Von Lidice bis Kalavryta – Widerstand und Besatzungsterror – Studien zur Repressalienpraxis im Zweiten Weltkrieg (1999), S. 105–124.
506 Noch im Jahr 2008 schloss Italien mit Libyen einen Freundschaftsvertrag, in dem die italienische Regierung sich für die Verbrechen während der Kolonialzeit entschuldigte, bei denen über 100.000 Menschen umkamen, die sich gegen die Kolonialmacht erhoben. Italien sicherte Libyen 5 Milliarden Dollar Wirtschaftshilfe für die dreißigjährige

Zweites Kapitel – Judikatur

viel Streitstoff vorbehält. Eine echte Einflussnahmemöglichkeit der italienischen Regierung auf Gerichte oder Verfahren, wie es beispielsweise in den USA möglich ist, sieht das italienische Recht nicht vor.[507] Für die Italienische Regierung war der IGH daher die „Autorität"[508], mit der die italienischen Gerichte gemaßregelt werden konnten. Das natürliche Interesse der italienischen Regierung hat den IGH jedenfalls nicht dazu bewogen, an der Zulässigkeit der Klage zu zweifeln. Im Übrigen sei daran erinnert, dass nicht nur die deutsche und die italienische Regierung ihre Interessen vor dem IGH suchten, sondern auch andere Länder ihre Sündenfälle aufweisen, wie es in dem in diesem Zusammenhang etwa auch für das so vielfach erwähnte Griechenland der Fall ist.[509]

IV. Urteilsspruch des IGH

Bereits im Jahr 2002, nur drei Monate nach dem bekannten *Al-Adsani*-Urteil des EGMR, festigte der IGH mit einem „Paukenschlag" die traditionellen Immunitätsprinzipien.[510] Zehn Jahre später mäßigte das hier besprochene Urteil des IGH daher wieder einmal die abwertend bezeichneten „neuen Kreuzritter des Fundamentalismus mit humanitärem Anspruch".[511] Der IGH gab der Klage der Bundesrepublik Deutschland gegen Italien mit Urteil vom 2. März 2012 vollumfänglich Recht. Dabei setzte er sich ausführlich mit dem historischen Hintergrund der Streitigkeit sowie den Ausgangsverfahren auseinander.[512] Er verortete das Prinzip der Staatenimmunität zu-

---

Besatzungszeit zu, während Libyen seinerseits 150 Millionen Euro an Italien als Entschädigung dafür leistet, dass nach der „Großen Revolution" Gaddafis im Jahr 1971 über 20.000 Italiener vertrieben und enteignet wurden, vgl. Der Spiegel v. 15.06.2009, S. 107.

507 Mit Nachw. bei *Annalisa Ciampi:* The Italian Court of Cassation Asserts Civil Jurisdiction over Germany in a Criminal Case Relating to the Second World War – The Civitella Case, JICJ 7 (2009), S. 608.

508 *Andreas Fischer-Lescano/Carsten Gericke:* Der IGH und das transnationale Recht – Das Verfahren BRD ./. Italien als Wegweiser der zukünftigen Völkerrechtsordnung, KJ 2010, S. 79 = ZERP-Arbeitspapier 2/2010, S. 2 = The ICJ and Transnational Law – The "Case Concerning Jurisdictional Immunities" as an Indicator for the Future of the Transnational Legal Order, ZERP-Arbeitspapier 2/2011, S. 2.

509 Zu der ethnischen Vertreibung in Griechenland im Jahr 1949 von *Michael Martens:* Griechenlands Sündenfall – Die Geschichte einer (fast) vergessenen Vertreibung, FAZ Nr. 178 v. 2.08.2012, S. 8.

510 *Christian Maierhöfer:* Weltrechtsprinzip und Immunität: das Völkerstrafrecht vor den Haager Richtern, EuGRZ 2003, S. 545.

511 Sie die Worte des *ad hoc*-Richters *Sayeman Bula Bula* in seinem Sondervotum zum Urteil des IGH v. 14.02.2002, Rn. 111; übersetzt nach *Christian Maierhöfer:* Weltrechtsprinzip und Immunität: das Völkerstrafrecht vor den Haager Richtern, EuGRZ 2003, S. 545.

512 IGH, Urt. v. 3.02.2012 (Deutschland ./. Italien), Rn. 20 ff. (Fundstellenverzeichnis).

B. Die Entscheidung des IGH im Verfahren zwischen Deutschland und Italien

nächst als Bestandteil des Völkergewohnheitsrechts und erörterte die Maßstäbe um dahingehendes Recht zu schaffen oder zu ändern.[513] Daran gemessen, scheitern nach Auffassung des IGH sämtliche klassischen Argumente für die Annahme einer Immunitätsausnahme wegen schwerer Menschenrechtsverletzungen, namentlich der Einstufung unrechtmäßiger Staatenhandlungen außerhalb von *acta iure imperii*[514] oder als Distanzdelikte[515], sowie die Betonung der Schwere von Menschenrechtsverletzungen[516] sowie die Heranziehung deren *ius cogens*-Charakters.[517] Immerhin drei der sechzehn Richter sahen dies mit unterschiedlicher Begründung und mit teilweise sehr viel aufwendigerer Begründung im Ergebnis anders.[518] Eine Vertiefung der Entscheidungsgründe im Detail bedarf es für die hiesige Untersuchung nicht, als dass vielmehr die Bedeutung des IGH-Urteils selbst herausgestellt werden muss.

V. Bedeutung für die hiesige Problemstellung

Dem Richterspruch in Den Haag wurde „zentrale Bedeutung für die Zukunft der transnationalen Menschenrechtsdurchsetzung"[519] zugeschrieben. In Bezug auf die Ausgangsverfahren und auf den derzeitigen Stand der Bemühungen um eine Immunitätsausnahme wegen schwerer Menschenrechtsverletzungen nach dem Völkergewohnheitsrecht trifft dies sicher zu, die Rahmenbedingungen für die hiesige Betrachtung des Europäischen Zivilprozessrechts bleiben jedoch unverändert. Die Frage der Durchsetzbarkeit von Schadensersatzansprüchen wegen schwerer Menschenrechtsverletzungen bleibt aber nur *prima facie* beantwort.[520] Das ergibt sich zum einen

---

513 Ebenda, Rn. 55 f.
514 Ebenda, Rn. 60.
515 Ebenda, Rn. 62 ff.
516 Ebenda, Rn. 81 ff.
517 Ebenda, Rn. 92 ff.
518 Namentlich Richter *Antônio Augusto Cançado Trindade,* Richter *Abdulqawi A. Yusuf* und der hier bereits auf S. 91 erwähnte ad hoc-Richter *Giorgio Gaja.*
519 *Andreas Fischer-Lescano/Carsten Gericke:* Der IGH und das transnationale Recht – Das Verfahren BRD ./. Italien als Wegweiser der zukünftigen Völkerrechtsordnung, KJ 2010, S. 78 = ZERP-Arbeitspapier 2/2010, S. 1 = The ICJ and Transnational Law – The "Case Concerning Jurisdictional Immunities" as an Indicator for the Future of the Transnational Legal Order, ZERP-Arbeitspapier 2/2011, S. 1.
520 Anders verstehen das *Andreas Fischer-Lescano* und *Carsten Gericke,* die bereits in der Klageschrift der Bundesrepublik Deutschland diesen Themenkomplex als adressiert verstehen: Der IGH und das transnationale Recht – Das Verfahren BRD ./. Italien als Wegweiser der zukünftigen Völkerrechtsordnung, KJ 2010, S. 80 = ZERP-Arbeitspapier 2/2010, S. 4 = The ICJ and Transnational Law – The "Case Concerning Jurisdictional Immunities" as an Indicator for the Future of the Transnational Legal Order, ZERP-Arbeitspapier 2/2011, S. 4.

Zweites Kapitel – Judikatur

schon daraus, dass der IGH sich antragsgemäß nur bezüglich der Reichweite der Staatenimmunität nach dem Völkergewohnheitsrecht äußern konnte. Die angegriffenen Urteile aus Italien stützten sich wie dargestellt nicht (mehr) auf die EuGVVO, sondern verorteten die Thematik gänzlich im Bereich des Völkergewohnheitsrechts. Zum anderen zeitigen die Aussagen des IGH für das Europäische Zivilprozessrecht wenig Relevanz.[521] Dem IGH fehlt diesbezüglich die Rechtsprechungsgewalt.[522] Die Mitgliedstaaten haben sich gemäß Art. 344 AEUV dazu verpflichtet, Streitigkeiten über die Auslegung oder Anwendung der Verträge nicht anders als gemeinschaftsrechtlich vorgesehen zu regeln.[523] Soweit also der IGH die zaghafte Tendenz zur Immunitätsdurchbrechung wegen schwerer Menschenrechtsverletzungen abgeschnitten hat, umso mehr verschiebt sich der Fokus der Thematik auf die Möglichkeiten des Europäischen Zivilprozessrechts zur Behandlung von schweren Menschenrechtsverletzungen.

C. Aktuelle Judikatur

Die Aktualität der Beschäftigung mit schweren Menschenrechtsverletzungen ist zweifelsohne ungebrochen und speist sich aus zweierlei Gründen. Leidlich sind sie auch heute noch Ausdruck regionaler Konfliktherde und geschehen ohne Ablass über die Erde verteilt. Zum anderen greifen die Mechanismen der juristischen wie politischen Aufarbeitung abseits von medialem Interesse bisweilen langsam. Dieser Erkenntnis folgt sodann die Feststellung, dass auch die Europäischen Mitgliedstaaten in interna-

---

521 Entgegen *Matthias Rossi,* der das Verhältnis zwischen Staatenimmunität und Europäischen Zivilprozessrecht vom IGH zu befinden sieht: Staatenimmunität im europäischen Zivilprozessrecht, Jahrbuch für Italienisches Recht 23 (2010), S. 49.
522 Die unionale Streitzuständigkeit ist durch eine entsprechende Vorbehaltsklausel der deutschen Unterwerfungserklärung berücksichtigt, vgl. Nr. 1 (i) der Bekanntmachung zur Charta der Vereinten Nationen vom 29. Mai 2008, abgedruckt in ZaöRV 68 (2008), S. 776 f. und dort besprochen von *Christophe Eick:* Die Anerkennung der obligatorischen Gerichtsbarkeit des Internationalen Gerichtshofs durch Deutschland, ZaöRV 68 (2008), S. 769 f.
523 Das betrifft solche Streitigkeiten, deren bedeutender Teil die Auslegung oder Anwendung des Gemeinschaftsrechts betrifft, vgl. EuGH v. 30.05.2006 – Rs. C-459/03 (Kommission ./. Irland), Slg. 2006 (I), S. 4636–4720 = EuZW 2006, S. 464–470 = ZUR 2006, S. 591–596; mit Anm. bei *Karen Kaiser:* Zur ausschließlichen Zuständigkeit des EuGH bei Auslegung und Anwendung von zur Gemeinschaftsrechtsordnung gehörenden Bestimmungen, EuZW 2006, S. 470–472. Interessant ist in diesem Zusammenhang die Anrufung des IGH v. 21.12.2009 in einem Streit zwischen Belgien und der Schweiz, welche um die Anwendbarkeit des Lugano-Übereinkommens und in concreto um die Auslegung des Begriffs der „Zivil- und Handelssache" ersuchen.

tionalen Konflikten involviert waren und sind, womit dem hiesigen Thema gewissermaßen eine unabdingliche Aktualität selbst für den Europäischen Rechtsraum anhaftet.[524]

I. Überblick

1. Das Vorfeld der juristischen Aufarbeitung

Obwohl das humanitäre Völkerrecht[525] und die Internationalen Menschenrechte[526] die Staaten zur dahingehenden Sachverhaltsaufklärung verpflichten, kehren vergessene Ereignisse erst spät in die gegenwärtige Aufarbeitung zurück.[527] Mitunter werden einzelne Sachverhalte[528] oder staatliche Verstrickungen[529] erst weit nach ihrem Geschehen publik oder erfahren nur zaghafte Aufarbeitung.[530] Allein die Schwere belegt durchschlagende Gründe für eine Fortführung der Auseinandersetzung, mehr als die

---

524 Vgl. *Burkhard Hess:* European Civil Procedure and Public International Law, aus: From Bilateralism to Community Interest – Essays in Honour of Judge Bruno Simma (2011), S. 938.
525 Vgl. alle vier Genfer Abkommen: Art. 49 des ersten Genfer Abkommens vom 12.08.1949 zur Verbesserung des Loses der Verwundeten und Kranken der bewaffneten Kräfte im Felde, Art. 50 des zweiten Genfer Abkommens vom 12.08.1949 zur Verbesserung des Loses der Verwundeten, Kranken und Schiffbrüchigen der bewaffneten Kräfte zur See, Art. 129 des dritten Genfer Abkommens vom 12.08.1949 über die Behandlung der Kriegsgefangenen und Art. 146 des vierten Genfer Abkommens v. 12.08.1949 über den Schutz von Zivilpersonen in Kriegszeiten.
526 Art. 2 and 6 des Internationale Pakts über bürgerliche und politische Rechte und Art. 6 der UN-Antifolterkonvention.
527 Was wiederum der Hintergrund dieser Vorschriften ist, vgl. und zusammenfassend der „Report of the United Nations Fact-Finding Mission on the Gaza Conflict – Human rights in Palestine and other occupied Arab Territories" (sog. Goldstone-Bericht), UN-Doc. A/HRC/12/48 v. 25.09.2009, Rn. 1804 ff. sowie der Bericht für die UN-Menschenrechtskommission von Philip Alston: „Civil and political rights, including the questions of disappearances and summary executions – Extrajudicial, summary or arbitrary executions", UN-Doc. E/CN.4/2006/53 v. 08.03.2006, Rn. 33 ff.
528 Vgl. etwa die Ermittlungen der tschechischen Polizei zu einem Massaker an Deutschen im Jahr 1945, FAZ v. 19.08.2010, S. 4.
529 Vgl. etwa *Eckart Conze/Norbert Frei/Peter Hayes/Moshe Zimmermann:* Das Amt und die Vergangenheit – Deutsche Diplomaten im Dritten Reich und in der Bundesrepublik (2010).
530 Wie es etwa in Bezug auf die hier bereits erwähnte ethnischen Vertreibung in Griechenland im Jahr 1949 der Fall ist, vgl. *Michael Martens:* Griechenlands Sündenfall – Die Geschichte einer (fast) vergessenen Vertreibung, FAZ Nr. 178 v. 2.08.2012, S. 8.

Zweites Kapitel – Judikatur

Erinnerung daran.[531] Die Aufarbeitung hoheitlich begangenen Unrechts erfährt beinahe tägliche Präsenz. Regierungen, vornehmlich demokratischer Staaten, suchen den Weg der Entschuldigung für vergangene Menschenrechtsverletzungen: Die britische Regierung bat 2010 um Vergebung für den zweiten Blutsonntag der Anglo-Irischen Auseinandersetzung[532], die US-amerikanische Regierung entschuldigte sich 2009 für das Unrecht der Sklaverei von Afro-Amerikanern und ihren Vorfahren sowie für die Vertreibung der amerikanischen Ureinwohner[533], die australische Regierung anerkannte 2008 die Misshandlungen an den indigenen Völkern Australiens. Bezüglich ihrer jüngeren Vergangenheit suchen auch Kroatien[534] und Serbien[535] verstärkt den Weg der Versöhnung für die Verbrechen des Jugoslawien-Kriegs. Gerade anhand des letztgenannten Beispiels wird deutlich, dass eine staatliche Entschuldigung keine Selbstverständlichkeit ist, die politische Anerkennung des historischen Unrechts indes Aufarbeitungsprozesse anzustoßen vermag.[536] Das serbische Parlament rang sich erst 15 Jahre nach Srebrenica zu einer Resolution durch, mit der es seine Entschuldi-

---

531 In diesem Sinne *Eike Michael Frenzel/Richard Wiedemann:* Das Vertrauen in die Staatenimmunität und seine Herausforderung – Die Bewältigung von NS-Unrecht im Mehrebenensystem, NVwZ 2008, S. 1089.
532 Über die Ereignisse vom 30. Januar 1972 legte der britische Premierminister am 15. Juni 2010 den fünftausend Seiten umfassenden Saville-Bericht vor, vgl. FAZ. v. 16. Juni 2010, S. 1 und 5. Kein Jahr später, am 17. Mai 2011, legte Queen Elizabeth II. in der Dubliner Gedenkstätte „Garten der Erinnerung" einen Kranz für die gefallenen irischen Unabhängigkeitskämpfer nieder.
533 *Aram Mattioli:* Auf dem Pfad der Tränen – Ethnische Säuberung im 19. Jahrhundert: Zwischen 1831 und 1838 wurden in den USA Zigtausende Indianer aus ihrer Heimat vertrieben, DIE ZEIT Nr. 30 v. 21.07.2011, S. 18.
534 Mit Beschluss vom 23. Januar 2012 erklärte der IGH die Klage Kroatiens für zulässig, die es am 2. Juli 1999 gegen Serbien wegen Völkermords erhoben hat.
535 Am 04.11.2010 besuchte der serbische Präsident das kroatische Vukovar für Versöhnungsgespräche mit Kroatien zur Entschuldigung für das Verbrechen von Vukovar, dem ersten Massaker des Jugoslawien-Krieges. Das serbische Parlament rang sich zudem 15 Jahre nach Srebrenica zu einer Resolution durch, mit es seine Entschuldigung für den Völkermord von Srebrenica erklärte. Während aber der Internationale Strafgerichtshof für das ehemalige Jugoslawien sowie der Internationale Gerichtshof das Massaker von Srebrenica als Völkermord einordnen, vermied das serbische Parlament diese Einordnung.
536 Vgl. *Michel-André Horelt:* Durch Recht oder Symbolik zur Versöhnung? Ein Vergleich der Versöhnungswirkung des Internationalen Strafgerichtshofs für das ehemalige Jugoslawien (ICTY) und politischer Entschuldigung im ehemaligen Jugoslawien, Die Friedens-Warte 86 (2011), S. 131 ff. An einem anderen Beispiel einleitend und das Thema im Rahmen sog. Transitional Justice vertiefend bei *Stefan Engert:* Die Staatenwelt nach Canossa – Eine liberale Theorie politischer Entschuldigungen, Die Friedens-Warte 86 (2011), S. 155 ff.

gung für den Völkermord von Srebrenica erklärte.[537] Während aber der Internationale Strafgerichtshof für das ehemalige Jugoslawien (ICTY)[538] sowie der IGH[539] das Massaker von Srebrenica als Völkermord einordnen, vermied das serbische Parlament diese Einordnung. Weder die Vereinten Nationen konnten sich bisher zu einer Entschuldigung durchringen noch einer der Staaten, die damals hätten eingreifen können. Dabei wiegt eine Entschuldigung für die Betroffenen mitunter mehr als ein monetärer Ausgleich für erlittenes Unrecht[540] und ist zumeist Anfang einer juristischen Aufarbeitung.[541]

2. Die Forumsuche zur juristischen Aufarbeitung

Einmal angestoßene Verfahren verbinden sich sodann mit der Hoffnung und Chance, vor Gerichten oder begleitend zu deren Verfahren, politische und historische Aufklärung zu erlangen.[542] Das Eine bedeutet keineswegs das Andere, gleichwohl geben Gerichtsverfahren für die erwähnte Entschuldigung, Aufarbeitung und sodann die monetäre Folgenbewältigung auch und insbesondere heute noch ein *Forum*. Die Suche nach einem solchen ist unvermindert aktuell und zunehmend mit der internationalprivatrechtlichen Perspektive verbunden.[543] Als Beispiel sei hier das eher unbekannte Schicksal tausender Menschen genannt, die im Auftrag und mit der Finanzierung der US-Regierung zur Bekämpfung mit Syphilis infiziert wurden.[544] Es war nach

---

537 Dazu ebenfalls bei *Michel-André Horelt:* Durch Recht oder Symbolik zur Versöhnung? Ein Vergleich der Versöhnungswirkung des Internationalen Strafgerichtshofs für das ehemalige Jugoslawien (ICTY) und politischer Entschuldigung im ehemaligen Jugoslawien, Die Friedens-Warte 86 (2011), S. 145 ff.
538 Der ICTY hat sich bereits in seinem erstinstanzlichen Urteil gegen *Radislav Krstić*, Case No. IT-98-33-T of 02. August 2001, S. 172 ff., ausführlichst damit auseinandergesetzt und das Massaker von Srebrenica als Völkermord i.S.d. Art. 4 des Statuts des ICTY eingeordnet.
539 Der IGH sah den Tatbestand des Völkermord i.S.d. Art. II a und b der Völkermordkonvention als erfüllt an, vgl. Urt. v. 26.02.2007 (Bosnien und Herzegowina ./. Serbien), Rn. 297.
540 Vgl. *Yael Danieli:* Preliminary reflections from a psychological perspective, aus: Seminar on the Right to Restitution, Compensation and Rehabilitation for Victims of Gross Violations of Human Rights and Fundamental Freedoms, 2. Aufl. (2004), S. 207 f.
541 Es bleibt beispielsweise abzuwarten, ob nach den Ergebnissen des Saville-Berichts (siehe eine Seite zuvor) die nordirische Staatsanwaltschaft jemals eine Anklage erhebt, vgl. FAZ. v. 16.06.2010, S. 5.
542 Beispielhaft bei *Thomas Moser:* Geschichts-Prozesse – Der Fall einer als Stalinismusopfer entschädigten KZ-Aufseherin und weitere Verfahren, KJ 2001, S. 222–227.
543 Zur rechtskonstruktiven Bedeutung der Suche nach einem Forum siehe einleitend im ersten Kapitel ab S. 10.
544 *Amrai Coen:* Das Experiment des Sadisten, Die Zeit Nr. 25 v. 14.07.2012, S. 17–19.

Zweites Kapitel – Judikatur

dem Zweiten Weltkrieg, als zurückkehrende US-Soldaten die Geschlechtskrankheit zu Tausenden mitbrachten und verzweifelt nach einem Gegenmittel gesucht wurde. Zwischen 1946 und 1948 forschte der Mediziner *John Charles Cutler* zu diesen Zwecken in Guatemala, wo er in dokumentierten 1.308 Fällen ahnungslose Guatemalteken mit Syphilis infizierte und zusammen mit deren Nachfolgegenerationen eine vielfache Anzahl damit ansteckte.[545] *John Charles Cutler* verstarb 2003[546], erst sechs Jahre später stieß man auf seine Verbrechen gegen die Menschlichkeit, wie es der Präsident Guatemalas *Álvaro Colom* ausdrückte.[547] Dem folgte eine förmliche Entschuldigung von US-Präsident *Barack Obama*, der wiederum im Herbst 2011 eine Bioethik-Kommission zur Aufarbeitung der historischen Fakten einsetzte.[548] Noch im Jahr 2011 erhoben knapp 20 Opfer eine auf Schadensersatz gerichtete Sammelklage gegen das US-amerikanische Gesundheitsministerium.[549] Dieses verpflichtete sich im Januar 2012 zu einer Zahlung von 1,8 Millionen Dollar an den Staat Guatemala selbst und beantragte im gleichen Zuge die Klage wegen Unzuständigkeit als unzulässig abzuweisen:[550] „Das Gericht sei ‚nicht das richtige Forum' für eine solche Debatte".[551]

3. Die unaufgearbeitete Vergangenheit

Damit wird nicht nur die ständige Suche nach einem Forum zur Behandlung schwerer Menschenrechtsverletzungen gegenwärtig. Das Beispiel gibt auch der Tatsache Konturen, dass sich selbst westliche Demokratien mit vermeintlich überwundenen Problemen beschäftigen müssen. Das Bewusstsein darüber ist weniger ausgeprägt, als die Behandlung schwerer Menschenrechtsverletzungen für den Europäischen Rechtsraum ein abgeschlossenes Kapitel wäre. Entsprechend ist, auch wenn die Relevanz für das Europäische Zivilprozessrecht wenig augenscheinlich ist, der Europäische Raum von diesem Thema gegenwärtig und potentiell betroffen. Soweit hier nicht der Gedanke einer extraterritorialen Zuständigkeit verfolgt wird, muss sich die Untersuchung dabei auf mögliche Menschenrechtsverletzungen im Anwendungsbereich des Europäischen Zivilprozessrechts konzentrieren. Hier tragen viele Mitgliedstaaten eine unaufgearbeitete Vergangenheit mit sich, in Bezug auf Griechenland wurden

---

545 Ebenda, S. 17 f. (18).
546 Ebenda, S. 19.
547 Ebenda, S. 17.
548 Ebenda.
549 Az.: 1:11-cv-00527-RBW, zitiert nach *Amrai Coen:* Das Expirement des Sadisten, Die Zeit Nr. 25 v. 14.07.2012, S. 18.
550 Ebenda, S. 19.
551 Zitiert nach ebendortiger Übersetzung.

diesbezüglich schon ethnischen Vertreibung in Griechenland im Jahr 1949[552] erwähnt. Ein weites Feld sind auch die staatliche Sterilisationspolitiken, die in Bezug auf die Slowakei bereits vor dem EGMR[553] verhandelt wurden und in Bezug auf Estland, Dänemark, Schweden, Finnland[554], Norwegen[555] und der Tschechischen Republik[556] auf eine Aufarbeitung warten. Vor allem aber sind die Verfahren um den Zweiten Weltkrieg über das Maß der bereits beschriebenen Ausgangsverfahren hinaus für den Europäischen Rechtsraum brisant (dazu unter II.). Das junge Europa kennt daneben aber auch tagesaktuelle Ereignisse (dazu unter III.).

II. Verfahren um den Zweiten Weltkrieg

Im Zusammenhang mit dem Zweiten Weltkrieg blieben die zuvor dargestellten Ausgangsverfahren nicht singulär, sondern waren und sind Anstoß bzw. Begleiterscheinung einer ganzen Flut von Verfahren, die sowohl auf strafrechtlichem als auch auf zivilrechtlichem Wege angestrengt wurden und werden.

1. Zivilrechtliche Verfahren

Entsprechend den Kriegsgeschehen sehen sich Staaten innerhalb und außerhalb[557] Europas in der gerichtlichen Auseinandersetzung wegen des Zweiten Weltkriegs wie-

---

552 Zu der ethnischen Vertreibung in Griechenland im Jahr 1949 von *Michael Martens:* Griechenlands Sündenfall – Die Geschichte einer (fast) vergessenen Vertreibung, FAZ Nr. 178 v. 02.08.2012, S. 8.
553 EGMR, Urt. v. 08.11.2011 – 18968/07 (V.C. v. Slovakia), dazu *Kathrin Braun/Svea L. Herrmann/Ole Brekke:* Zwischen Gesetz und Gerechtigkeit – Staatliche Sterilisationspolitiken und der Kampf der Opfer um Wiedergutmachung, KJ 2012, S. 298 f.
554 Überblick ebenda, S. 299.
555 Ebenda, S. 305 ff.
556 Ebenda, S. 310 ff.
557 Noch 1963 lehnte das Tokyo District Court eine Klage von Opfern der Atombombenabwürfe über Hiroshima und Nagasaki gegen den Staat Japan ab, vgl. Tokyo Distric Court v. 07.12.1963 (Shimoda et al ./. Japan), JAIL 8 (1964), S. 212 ff. Im Jahr 1999 wies das gleiche Gericht in selber Linie die Klage von über 80.0000 niederländischen Kriegsgefangenen ab, die nach Besetzung der ehemals niederländischen Ostindischen Inseln im Zweiten Weltkrieg massiver Menschenrechtsverletzungen ausgesetzt waren, vgl. Tokyo Distric Court v. 30.11.1999 (Dutch Nationals ./. Japan), JAIL 42 (1999), S. 143 ff. Schließlich klagten koreanische, philippinische und chinesische Zwangsprostituierte aus dem Zweiten Weltkrieg (unter dem Euphemismus „Comfort-Women" bekannt) parallel vor japanischen und U.S.-amerikanischen Gerichten gegen den Staat Japan, wobei zumindest erstinstanzliche Erfolge verzeichnet wurden. Zu beiden Urteilen und letztgenannten Verfahren bei *Niclas von Woedtke:* Die Verantwortlichkeit Deutschlands für seine Streitkräfte im Auslandseinsatz und die sich daraus ergebenden Schadensersatz-

Zweites Kapitel – Judikatur

der. Neben Deutschland wurden die damals verbündeten Staaten wie Italien[558] oder Österreich[559] versucht in Anspruch zu nehmen bzw. steht deren Inanspruchnahme zu befürchten, wie etwa in Bezug auf Ungarn.[560] Im Zentrum der Auseinandersetzungen steht aber die Bundesrepublik Deutschland, gegen die vor Gerichtsschauplätzen weltweit Schadensersatzklagen angestrengt werden, lange Zeit in den USA, in jüngerer Zeit auch in Israel[561] und vermehrt vor allem im Europäischen Justizraum. Im Zusammenhang mit dem nationalsozialistischen Unrecht sieht sie sich immer noch Klagen

---

ansprüche von Einzelpersonen als Opfer deutscher Militärhandlungen (2010), S. 273 f.; Überblick bei *Shin Hae Bong:* Compensation for Victims of Wartime Atrocities – Recent Developments in Japan's Case Law, JICJ 3 (2005), S. 187–206; Speziell zu kollisionsrechtlichen Aspekten: *Koresuke Yamauchi:* Staatshaftung für Kriegsgeschädigte im Japanischen IPR, aus: Festschrift für Otto Sandrock (2000), S. 1057–1064; *Andreas Fischer-Lescano:* Subjektivierung völkerrechtlicher Regelungen – Die Individualrechte auf Entschädigung und effektiven Rechtsschutz bei Verletzungen des Völkerrecht, AVR 45 (2007), S. 346 ff. und S. 362 f.

558 Vgl. *Enzo Collotti:* Zur italienischen Repressionspolitik auf dem Balkan, aus: Von Lidice bis Kalavryta – Widerstand und Besatzungsterror – Studien zur Repressalienpraxis im Zweiten Weltkrieg (1999), S. 105–124.

559 Vgl. die Versuche vor US-amerikanischen Gerichten, die Republik Österreich in Anspruch zu nehmen, vgl. BT-Drucks. 14/7434 v. 06.11.2001, S. 12 und 14 bzw. Siebter Bericht der Bundesregierung über den Stand der Rechtssicherheit für deutsche Unternehmen im Zusammenhang mit der Stiftung „Erinnerung, Verantwortung und Zukunft", BT-Drucksache 16/1275 v. 19.04.2006, S. 3. Die Republik Österreich erwehrt sich mit der „Opferthese" darauf lautend, 1938 überfallen worden zu sein und bis Kriegsende nicht existiert zu haben, vgl. *Peer Heinelt:* Die Entschädigung der NS-Zwangsarbeiterinnen und -Zwangsarbeiter (2008), S. 43.

560 *Kinga Timar:* Staatenimmunität und internationale Zuständigkeit im Lichte der aktuellen Rechtsprechung des EuGH, aus: Europäisches Zivilprozessrecht – Einfluss auf Deutschland und Ungarn (2011), S. 226.

561 Im April 2003 wurde vor dem Bezirksgericht in Jerusalem eine Sammelklage gegen die Bundesrepublik Deutschland anhängig gemacht, mit der eine Entschädigung bzw. Herausgabe für bisher noch nicht restituierte Vermögenswerte, die deutschen Juden während der NS-Zeit entzogen wurden, verlangt wird. Während die deutsche Botschaft in Tel Aviv sowie die Berliner Senatsverwaltung für Justiz jede Zustellung der Klage zurückweisen, wurde der Termin zur mündlichen Verhandlungen immer wieder vertagt, zuletzt auf den 2. September 2010. Am 16. Juli 2007 wurde beim Bezirksgericht Tel Aviv eine Sammelklage von Kindern von Holocaustüberlebenden wegen eigener seelischer Schäden eingereicht. Sie machen Ansprüche auf Kostenübernahme für therapeutische Maßnahmen gegen Traumata im Zusammenhang mit der Holocaust-Erfahrung der Eltern in Höhe von etwa 102 Mio. Euro geltend. Auch hier wurde jeder Zustellungsversuch der Kläger durch die deutsche Botschaft Tel Aviv und das Auswärtige Amt zurückgewiesen, vgl. Neunter und Elfter Bericht der Bundesregierung über den Stand der Rechtssicherheit für deutsche Unternehmen im Zusammenhang mit der Stiftung „Erinnerung, Verantwortung und Zukunft", Unterrichtung durch die Bundesregierung, BT-Drucks. 16/9047 v. 28.04.2008, S. 4 und BT-Drucks. 17/1398 v. 15.04.2010, S. 3.

aus Belgien⁵⁶², Frankreich⁵⁶³, Jugoslawien⁵⁶⁴, Polen und eben Italien und Griechenland⁵⁶⁵ gegenüber. Für die Bundesrepublik Deutschland ist die Entschädigungsfrage wegen NS-Unrechts von historischer Brisanz. Brisant sind auch die für die Bundesrepublik Deutschland in Streit stehenden Kosten⁵⁶⁶, das damit anwachsende Zinsenrisiko und nicht zuletzt die erheblichen Anwalts-⁵⁶⁷ und Prozesskosten.⁵⁶⁸

a) Griechenland

Das deutsch-griechische Verhältnis wird durch den Streit um Entschädigung nicht nur durch die eingangs beschriebenen Ausgangsverfahren belastet. Bis heute sind die

---

562 Der Erste Bericht der Bundesregierung über den Stand der Rechtssicherheit für deutsche Unternehmen im Zusammenhang mit der Stiftung „Erinnerung, Verantwortung und Zukunft" zählt 2 Klagen auf Entschädigung für Zwangsarbeit und immaterieller Schäden auf, vgl. BT-Drucks. 14/7434 v. 06.11.2001, Anlage 12.
563 Bereits 38 Klagen auf Entschädigung für Zwangsarbeit nach dem Vierten Bericht der Bundesregierung über den Stand der Rechtssicherheit für deutsche Unternehmen im Zusammenhang mit der Stiftung „Erinnerung, Verantwortung und Zukunft", BT-Drucks. 15-1026 v. 19.05.2003, Anlage 10. Anfang 2001 waren es noch 6 Klagen aus Frankreich, vgl. BT-Drucks. 14/7434 v. 06.11.2001, Anlage 12.
564 Namentlich 4 Klagen auf Entschädigung für Geiselerschießungen und Zwangsarbeit, vgl. Erster und Vierter Bericht der Bundesregierung über den Stand der Rechtssicherheit für deutsche Unternehmen im Zusammenhang mit der Stiftung „Erinnerung, Verantwortung und Zukunft", BT-Drucks. 14/7434 v. 06.11.2001, Anlage 12 bzw. BT-Drucks. 15/1026 v. 19.05.2003, Anlage 10.
565 Erster Bericht der Bundesregierung über den Stand der Rechtssicherheit für deutsche Unternehmen im Zusammenhang mit der Stiftung „Erinnerung, Verantwortung und Zukunft", BT-Drucks. 14/7434 v. 06.11.2001, Anlage 12.
566 Allein bezüglich der Entschädigungsforderungen aus Griechenland wird im Jahr 2001 eine Summe von 70 Milliarden DM genannt, vgl. *Christoph Schminck-Gustavus:* Nemesis – Anmerkungen zum Urteil des Areopag zur Entschädigung griechischer Opfer von NS-Kriegsverbrechen, KJ 2001, S. 116. Nach griechischem Recht ist auch bei Obsiegen nicht mit voller Kostenerstattung der unterlegenen Partei zu rechnen, insbesondere bei von der Gebührenordnung abweichender Honorarvereinbarung.
567 Nach Abschluss des deutsch-amerikanischen Regierungsabkommens wurden knapp 125 Millionen DM in unterschiedlich hohen Einzelbeträgen an 51 Anwaltskanzleien in den USA entsprechend deren Beiträgen zur Entstehung der Stiftung „Erinnerung, Verantwortung und Zukunft" gezahlt, vgl. BT-Drucks. 14/7728 v. 27.11.2001, S. 9.
568 *Julia Schaarschmidt:* Die Reichweite des völkerrechtlichen Immunitätsschutzes – Deutschland v. Italien vor dem IGH, Beiträge zum Europa- und Völkerrecht 5 (2010), S. 5. Die Zahlen werden von der Bundesregierung nicht beziffert, vgl. BT-Drucks. 17/709 v. 11.02.2010, S. 6 f. Zu bedenken sind dabei selbst solche Kosten, die für die Deutsch-Italienischen Historikerkommission anfallen. Auf deutscher Seite sind das insgesamt 153.000 Euro, vgl. BT-Drucks. 17/2340 v. 29.06.2010, S. 6.

Reparationszahlungen eine offene Frage.[569] Ein großer Komplex hat aktuell einen Abschluss gefunden. Er betrifft die etwa 2.000 männlichen Juden aus Thessaloniki, die im Juli 1942 zur Zwangsarbeit verpflichtet wurden. Ein Großteil wurde von der Wehrmacht gegen Zahlung einer Lösegeldsumme von etwa 38 Millionen DM seitens der jüdischen Gemeinde Thessalonikis vorübergehend frei gelassen. Zwischen 1943 und 1944 wurde die gesamte jüdische Bevölkerung der Stadt – fast 50.000 Menschen – nach Auschwitz deportiert und überwiegend ermordet. Die jüdische Gemeinde von Thessaloniki forderte daher von der Bundesrepublik Deutschland mindestens 38 Millionen DM im Hinblick auf ihren Mitgliedern entzogenes Vermögen.[570] Das LG Thessaloniki wies die Klage wegen Staatenimmunität Deutschlands ab. Das zur Berufung angerufene OLG Thessaloniki erklärte demgegenüber am 24. April 2001, also noch vor Entscheidung des Patras, dass die Staatenimmunität in Fällen wie vorliegend nicht gelte. Es wies die Klage aber als zu unbestimmt und unsubstantiiert ab. Im gleichen Jahr noch wurde ein deutsches Grundstück in Thessaloniki zum Generalkonsulat erklärt und damit vorsorglich der Vollstreckung entzogen. Die gegen das Urteil beantragte Revision vor dem Areios Pagos wurde am 3. Februar 2003 als unzulässig abgewiesen.

b) Italien

Noch 2006 konstatierte das House of Lords mit Blick auf das italienische *Ferrini*-Urteil, dass

"*one swallow does not make a rule of international law*".[571]

Mittlerweile folgte die Corte di Suprema di Cassazione aber in 14 weiteren Urteilen seiner Rechtsprechungslinie.[572] Seit 2005 haben etwa 200 Opfer[573] deutscher Kriegsverbrechen in insgesamt 65 Verfahren in Italien die Bundesrepublik Deutschland auf Schadensersatz verklagt.[574]

---

569 So der damalige griechische Außenminister *Dimitris Droutsas* in einem Interview im Spiegel Nr. 10/2010 v. 08.03.2010, S. 81.
570 Die Forderung wird mit 3,5 Mrd. US-Dollar zuzüglich Zinsen beziffert, vgl. Antwort der Bundesregierung BT-Drucks. 14/3992 v. 15.08.2000, S. 4.
571 House of Lords v. 14.06.2006 (Jones and others ./. Saudi Arabia and others), UKHL 26 (2006), Rn. 22.
572 Corte Suprema di Cassazione, Sez. un. v. 06.05.2008, case no. 14199 bis 14212 (Fundstellenverzeichnis).
573 Angaben nach *Norman Paech:* Staatenimmunität und Kriegsverbrechen, AVR 47 (2009), S. 44.
574 Jüngste Angaben nach dem Elften Bericht der Bundesregierung über den Stand der Rechtssicherheit für deutsche Unternehmen im Zusammenhang mit der Stiftung „Erinnerung, Verantwortung und Zukunft", Unterrichtung durch die Bundesregierung, BT-

aa) Verfahren um *Giovanni Mantelli* und Weitere

Einer dieser Beschlüsse betraf die Klage von *Giovanni Mantelli* und 13 weiteren Opfern bzw. Nachkommen, die das hier bereits beschriebene Schicksal der Italienischen Militärinternierten teilten. Sie wurden ins badische Lager Gaggenau deportiert und mussten in einem der Daimler-Benz AG gehörenden Betrieb der deutschen Rüstungsindustrie „Zwangsarbeit" leisten. Im Jahr 2005, ein Jahr nach dem *Ferrini*-Urteil, haben die Kläger vor dem LG Turin Klage gegen die Bundesrepublik Deutschland, gegen die Stiftung EVZ, gegen die Internationale Organisation für Migration (IOM)[575] sowie die DaimlerChrysler AG, als Rechtsnachfolgerin der Daimler-Benz AG, auf Schadensersatz bzw. Entschädigung wegen ungerechtfertigter Bereicherung erhoben.[576] Sie beanspruchen einen Schadensersatz für erlittenes Leid von Deportation und Zwangsarbeit in Höhe von einer Million Euro pro Person. Das Verfahren wurde, angesichts des Gesundheitszustandes der Kläger, beschleunigt verhandelt. Die Bundesrepublik Deutschland sowie die DaimlerChrysler AG beantragten gemäß Art. 41 italienischer ZPO Vorfeststellung der Unzuständigkeit der italienischen Gerichtsbarkeit durch die vereinigten Senate des Kassationshofs. Das Turiner Gericht setzte dafür das laufende Verfahren aus. Die Corte Suprema di Cassazione führte jedoch seine Rechtsprechungslinie des Ferrini-Urteils zu den Italienischen Militärinternierten weiter.[577] Hinsichtlich der Inanspruchnahme der Bundesrepublik Deutschland bejahte das höchste italienische Gericht die Zuständigkeit italienischer Gerichte auf Linie seines *Ferrini*-Urteils. Hinsichtlich der Daimler-Benz AG verdeutlicht der Beschluss Nr. 14201 darüber hinaus, dass die EuGVVO nicht nur für Entscheidungen gegen Staaten für die Bewältigung schwerer Menschenrechtsverletzungen in Frage steht. Für die Inanspruchnahme der Daimler-Benz AG hielt die Corte di Cassazione das Zuständigkeitsregime der EuGVVO für maßgebend.

Nach der Corte di Cassazione ergibt sich die internationale Zuständigkeit der italienischen Gerichte aber weder aus den besonderen Zuständigkeiten nach Art. 5 EuGVVO

Drucks. 17/1398 v. 15.04.2010, S. 3. Die Zahlen steigen beständig. Anfangs zählte die Bundesregierung noch 25 Einzelklagen sowie zwei Sammelklagen vor verschiedenen italienischen Gerichten, vgl. BT-Drucks. 15/5505 v. 06.05.2005, S. 5. In einer Antwort der Bundesregierung auf eine Kleine Anfrage spricht die Bundesregierung schon von 40 Einzelklagen und 6 Sammelklagen mit insgesamt 113 Klägern, vgl. BT-Drucks. 16/2422 v. 21.08.2006, S. 5.

575 Diese ist als Partnerorganisation der Stiftung EVZ für die Bereitstellung von Finanzmitteln zur Gewährung von Leistungen an ehemalige Zwangsarbeiter und von anderem Unrecht aus der Zeit des Nationalsozialismus zuständig, vgl. BVerfG, Beschl. v. 28.06.2004 – 2 BvR 1379/01 (Fundstellenverzeichnis), Rn. 7.
576 Corte Suprema di Cassazione v. 29.05.2008 – no. 14201 (Fundstellenverzeichnis).
577 Ebenda.

noch aus dem allgemeinen Gerichtsstand des Art. 2 EuGVVO. Der EuGH antwortete dem Kassationshof schon auf die Vorlagefrage in der Rs. C–265/02 (Frahuil), dass der Begriff „Vertrag oder Ansprüche aus einem Vertrag" in Art. 5 EuGVVO nicht so verstanden werden kann, dass er eine Situation erfasst, in der es an einer von einer Partei gegenüber einer anderen freiwillig eingegangenen Verpflichtung fehlt.[578] Daran gemessen sah der Kassationshof im Tatbestand der geleisteten Zwangsarbeit keinen Vertrag oder Ansprüche aus einem Vertrag im Sinne von Art. 5 EuGVVO.[579] Auf den allgemeinen Gerichtsstand des Art. 2 EuGVVO hat der Kassationshof wegen mangelnder Substantiierung nicht zurückgegriffen. Im Übrigen äußerte er sich nur zu dem auf den Sachverhalt anwendbaren Recht und lehnte die internationale Zuständigkeit italienischer Gerichte bezüglich der Klage gegen die Daimler-Benz AG ab.

bb) Verfahren um das Massaker von Civitella

Neben diesen „reinen" Zivilklagen bilden in Italien vor allem Strafverfahren vor Militärgerichten den Kern der Auseinandersetzung. Gemäß den Art. 74 ff. des italienischen Strafprozessbuchs können diese nämlich von zivilgerichtlichen Adhäsionsverfahren flankiert werden. Dabei ist das Interesse an strafrechtlicher Aufarbeitung, gleichfalls wie die zivilrechtlichen Klagen, erst mit dem „Wendejahr" wiedererstarkt.[580] Mit Ende des Kalten Krieges verlor die Notwendigkeit des Zusammenhalts mit NATO-Partner Deutschland an Bedeutung.[581] In diesem Zusammenhang öffnete die römische Militär-Oberstaatsanwaltschaft den Zugang zu tausenden Akten.[582] Während Strafverfahren wegen italienischer Kriegsverbrechen vor deutschen Gerichten bis heute enttäuschen[583], gibt es zunehmende Erfolge vor italienischen Gerichten, vor denen im Adhäsionsverfahren erfolgreich auch gegen die Bundesrepublik Deutschland Schadensersatz verlangt wird.

Eine aktuelle Entscheidung datiert aus dem Jahr 2009, mit der ein italienisches Gericht in der Strafsache gegen den ehemaligen Wehrmachtsangehörigen *Max Josef*

---

578 EuGH v. 05.02.2004 – Rs. C-265/02 (Frahuil SA ./. Assitalia SpA), Rn. 24 (Fundstellenverzeichnis).
579 Corte Suprema di Cassazione v. 29.05.2008 – no. 14201 (Fundstellenverzeichnis).
580 Zur Zäsur aus zivilrechtlicher Sicht siehe bereits ab S. 49.
581 Vgl. *Klaus Wiegrefe:* „Gewünschtes Einschlafen", Der Spiegel 3/2012, S. 32; *Georg Bönisch/Carsten Holm/Hans-Jürgen Schlamp:* NS-Verbrechen: „Schrank der Schande", Der Spiegel 17/2001 v. 23.04.2001, S. 56.
582 Vgl. ebenda.
583 Jüngst BGH v. 17.06.2004 – 5 StR 115/03, BGHSt 49, S. 189–201 = NJW 2004, S. 2316–2320 und exemplarisch etwa BGH v. 01.03.1995 – 2 StR 331/94, NJW 1995, S. 1297–1301 = JR 1996, S. 117–121; mit Anm. zu letztgenanntem Urteil bei *Stephanie Scholz:* Zur Frage der Verjährung der Morde von Caiazzo, JR 1996, S. 121–124 sowie *Ekkehard Habel:* Mordverjährung – Glaubwürdigkeit der Justiz?, NJW 1995, S. 2830–2832.

C. Aktuelle Judikatur

Milde die Bundesrepublik Deutschland rechtskräftig auf Schadensersatzzahlung verurteilt hat. Das Urteil nimmt eine Sühnemaßnahme im toskanischen Val di Chiana am 29. Juni 1944 zum Anlass, in dem Wehrmachts-Soldaten der „Division Hermann Göring" einen Partisanenanschlag auf vier Wehrmachts-Soldaten elf Tage zuvor in Montaltuzzo vergalten. In Civitella wurden 212 Opfer gezählt, in den nahe gelegenen Ortschaften San Pancrazio und Cornia weitere 38. Den zwei beteiligten Wehrmachts-Soldaten, *Max Josef Milde* und *Siegfried Bottcher,* wurde vor der italienischen Militärgerichtsbarkeit das Massaker von Civitella vorgeworfen. *Siegfried Bottcher* verstarb zwei Monate vor dem erstgerichtlichen Ausspruch.[584] Das Militärgericht im italienischen La Spezia hat den ehemaligen Wehrmachts-Soldaten *Max Josef Milde* am 10. Oktober 2006 in Abwesenheit gemäß Art. 13 und 185 des italienischen Militärstrafgesetzbuchs[585] zu lebenslanger Haft verurteilt.[586] Mit gleichem Urteil ordnete das Gericht an, dass der ehemalige Soldat sowie die Bundesrepublik Deutschland an zehn Angehörige der Opfer, an den Ministerpräsidenten und vier betroffene Körperschaften, namentlich die Region Toskana, die Provinz Arezzo sowie die Kommunen Civitella in Val di Chiana und Bucine eine noch zu beziffernde Summe als Gesamtschuldner zu zahlen haben.[587] Es eröffnet damit eine andere Konstruktion als die der *Ferrini*-Rechtsprechung, ist aber deutlich davon inspiriert.[588] Das Militär-Appellationsgericht in Rom hat das Urteil am 25. Januar 2008 bestätigt.[589] Eine Revision Deutschlands wurde am 21. Oktober 2008 vom italienischen Kassationsgericht abgewiesen und Deutschland zur Zahlung von 998.000 Euro Schadensersatz nebst 18.225 Euro Verfahrenskosten an die neun Klä-

---

584 Sachverhaltsangabe nach *Annalisa Ciampi:* The Italian Court of Cassation Asserts Civil Jurisdiction over Germany in a Criminal Case Relating to the Second World War – The Civitella Case, JICJ 7 (2009), S. 598.
585 Art. 185 des italienischen Militärstrafgesetzbuchs stellt Gewalt des italienischen Militärs gegen die Zivilbevölkerung des Gegners in Kriegszeiten unter Strafe und findet über Art. 13 des italienischen Militärstrafgesetzbuchs auch auf fremde Militärs Anwendung, die Gewalt gegenüber der italienischen Zivilbevölkerung verüben, vgl. *Annalisa Ciampi:* The Italian Court of Cassation Asserts Civil Jurisdiction over Germany in a Criminal Case Relating to the Second World War – The Civitella Case, JICJ 7 (2009), S. 598.
586 Tribunale militare di La Spezia v. 10.10.2006 – 49/2006 (Milde and Bottcher) mit Anm. bei *Annalisa Ciampi:* The Italian Court of Cassation Asserts Civil Jurisdiction over Germany in a Criminal Case Relating to the Second World War – The Civitella Case, JICJ 7 (2009), S. 598 ff.
587 Antwort der Bundesregierung auf eine Kleine Anfrage, BT-Drucks. 17/709 v. 11.02.2010, S. 4.
588 *Annalisa Ciampi:* The Italian Court of Cassation Asserts Civil Jurisdiction over Germany in a Criminal Case Relating to the Second World War – The Civitella Case, JICJ 7 (2009), S. 601 f.
589 Corte Militare d'Appello v. 18.12.2007 – 72/2008 (Milde) mit Anm. bei *Annalisa Ciampi:* The Italian Court of Cassation Asserts Civil Jurisdiction over Germany in a Criminal Case Relating to the Second World War – The Civitella Case, JICJ 7 (2009), S. 597 ff.

ger verurteilt.[590] Bis hierin war das Civitella-Verfahren das einzige, in dem der italienische Generalstaatsanwalt nicht auf das öffentliche Interesse hinwies.[591] Die Corte Suprema di Cassazione bestätigte das Urteil gegen die Bundesrepublik Deutschland.[592] Es ist damit rechtskräftig.[593]

cc) Weitere Verfahren

Am 28. September 2006 verurteilte das Militärgericht La Spezia einen Angeklagten in Abwesenheit für die Ermordung von 10 Zivilisten im italienischen Falzone di Cortona (Toskana).[594] Das Urteil ist seit dem 11. November 2008 rechtskräftig. Im Oktober 2010 begann sodann vor dem Militärgericht in Verona die Anklage gegen sieben weitere ehemalige Angehörige des Panzerregiments „Hermann Göring", die am 18. März 1944 an der Ermordung von rund 140 Menschen in der Provinz Modena beteiligt gewesen sein sollen.[595] Das Militärgericht Verona hat mit Entscheidung vom 24. Mai 2010 eine Klage zuzulassen.[596] Das Gericht hielt fest, im Falle einer Verurteilung der ehemaligen Wehrmachtssoldaten sei die Bundesrepublik entschädigungspflichtig.[597] Im Übrigen zählte die Bundesregierung bisher etwa 53 Verfahren natürlicher Personen, die vor italienischen Gerichten gegen die Bundesrepublik Deutschland erhoben worden sind.[598] Anfang 2010 bezifferte sie 31 laufende Verfahren, in denen die Kläger

---

590 Antworten der Bundesregierung auf eine Kleine Anfrage, BT-Drucks. 17/709 v. 11.02.2010, S. 4 und BT-Drucks. 16/11307 v. 04.12.2008, S. 5.
591 *Annalisa Ciampi:* The Italian Court of Cassation Asserts Civil Jurisdiction over Germany in a Criminal Case Relating to the Second World War – The Civitella Case, JICJ 7 (2009), S. 608 (Fußn. 46).
592 Corte Suprema di Cassazione v. 13.01.2009 – 1072/2008 mit Anm. bei *Annalisa Ciampi:* The Italian Court of Cassation Asserts Civil Jurisdiction over Germany in a Criminal Case Relating to the Second World War – The Civitella Case, JICJ 7 (2009), S. 597 ff.; *Giuseppe Serranò:* Immunità degli Stati stranieri e crimini internazionali nella recente giurisprudenza della Corte di Cassazione: Rivista di diritto internazionale privato e processuale 65 (2009), S. 605–628.
593 *Annalisa Ciampi:* The Italian Court of Cassation Asserts Civil Jurisdiction over Germany in a Criminal Case Relating to the Second World War – The Civitella Case, JICJ 7 (2009), S. 614.
594 Vgl. Sachverhaltsschilderung und Verweis auf die italienische Rechtsprechung im Urteil des BGH, Beschl. v. 25.10.2010 – 1 StR 57/10, BGHSt 56, S. 11–27 = NJW 2011, S. 1014–1018.
595 Kleine Anfrage v. 15.06.2010, BT-Drucks. 17/2105 v. 15.06.2010, S. 2.
596 Ebenda.
597 Ebenda.
598 Antwort der Bundesregierung auf die Kleine Anfrage betreffend die Entschädigungs-, Schadensersatz- und Reparationsforderungen wegen NS-Unrechts in Griechenland, Italien und anderen ehemals von Deutschland besetzten Staaten, BT-Drucks. 17/709 v. 11.02.2010, S. 3 f.

C. Aktuelle Judikatur

Mindestforderungen in Höhe von insgesamt 8.686.804,35 Euro erheben, 14 weitere Verfahren, in denen die Entschädigungshöhe vom Gericht festzusetzen ist, sowie 8 zwar abgewiesene Verfahren, die aber noch nicht rechtskräftig entschieden sind und in denen eine Forderungssumme von zusammen 214.110.000 Euro Gegenstand ist.[599]

c) Polen

Auch und nicht zuletzt in Bezug auf Polen ist die Entschädigungsfrage immer wieder von Brisanz.[600] Jüngst machte vor polnischen Gerichten *Winicjusz Natoniewski* in einer Entschädigungsklage sein Schicksal beim Massaker von Borów zum Gegenstand. Als Fünfjähriger überlebte er schwer verletzt die Vernichtung seiner polnischen Heimatstadt Szczecyn am 2. Februar 1944. An jenem Tage begann in der Gegend des polnischen Dorfes Borów eine gemeinsame Aktion von Wehrmachtstruppen sowie der Truppen- und Sicherheitspolizei gegen Partisanengruppen, welcher 917 Einwohner der angrenzenden Orte zum Opfer fielen.[601] Etwaige Entschädigungsansprüche polnischer NS-Opfer wurden seit jeher mit Verweis auf den Verzichtvertrag aus dem Jahr 1954 abgewiesen.[602] *Winicjusz Natoniewski* entsprach auch keiner Opferkategorie, die aus den Mitteln der Stiftung Polnisch-Deutsche Aussöhnung hätte Mittel beziehen können, die Anfang der 90er Jahre gegründet wurde. Nach der gefestigten Rechtsprechung der polnischen Zivil- und Verwaltungsgerichte, bestätigt durch den EGMR, gibt es dagegen keine gerichtliche Kontrolle.[603] Als einzig gangbarer Weg verblieb die Behauptung eines separaten Individualanspruchs gegen die Bundesrepublik Deutschland, womit die Ausgangsverfahren in Griechenland und Italien als Vorbilder dienten. Die Verfahren vor den polnischen Gerichten wurden aber in erster und zweiter

---

599 Antwort der Bundesregierung auf eine Kleine Anfrage, BT-Drucks. 17/709 v. 11.02.2010, S. 3 f.
600 *Jan Barcz / Jochen Abraham Frowein:* Gutachten zu Ansprüchen aus Deutschland gegen Polen in Zusammenhang mit dem Zweiten Weltkrieg, ZaöRV 65 (2005), S. 625–650; *Burkhard Hess:* Geschichte vor den Richter! Entschädigungsfragen im deutsch-polnischen Verhältnis, DGAPanalyse 1/2005.
601 *Konrad Schuller:* Der letzte Tag von Borów – Polnische Bauern, deutsche Soldaten und ein unvergangener Krieg (2009).
602 Vgl. *Hugo Hahn* in seiner Stellungnahme zu den „Fragen- und Sachverständigenkatalog" für die öffentliche Anhörung des Innenausschusses des Deutschen Bundestages am 14.12.1989: Entschädigung für Zwangsarbeit im Zweiten Weltkrieg – Zum Fälligwerden von Ansprüchen gegen die Bundesrepublik im Lichte des Artikels 5 Abs. 2 des Londoner Schuldenabkommens, aus: Recht und Kriminalität, Festschrift für Friedrich-Wilhelm Krause (1990), S. 93 ff.
603 Vgl. mit Hintergrund und Nachw. in der polnischen Rspr. im Urt. des EGMR v. 1.03.2005 – 22860/02 (Bronisław Woś ./. Republik Polen).

Instanz unter Hinweis auf den Grundsatz der Staatenimmunität abgewiesen.[604] Die dagegen gerichtete Kassationsbeschwerde scheiterte vor dem Obersten Gerichtshof in Warschau. Das Sąd Najwyższy bestätigte mit Urteil vom 29. Oktober 2010[605] das Prinzip der Staatenimmunität auch für Fälle schwerer Menschenrechtsverletzungen und dogmatisch nah an dem später ergangenen IGH-Urteil. Es äußerte sich kurz und knapp zum Europäischen Zivilprozessrecht mit der Bemerkung, dass die EuGVVO nicht anwendbar sei.[606] Mit dogmatischer Präzision wurde diese Feststellung jedoch den ausführlichen Erörterungen zur Staatenimmunität vorangestellt, was für die Frage nach dem Verhältnis zwischen Immunität und Anwendbarkeit der EuGVVO von entscheidender Reihenfolge ist.

2. *Strafrechtliche Verfahren*

Wie angedeutet, erfährt auch die strafrechtliche Ahndung der Verbrechen des Zweiten Weltkriegs ungebrochene Präsenz.[607] Die Konsequenz daraus ist, dass nicht nur die justizielle Zusammenarbeit in Zivilsachen der Europäischen Union mit der Frage von schweren Menschenrechtsverletzungen befasst ist. Aktuell konfrontieren die hier besprochenen Sachverhalte auch das Europäische Strafprozessrecht mit der Frage der Auslieferung fremder Staatsangehöriger an den jeweiligen Urteilsstaat. Das ist nicht nur als Parallelproblematik interessant, sondern auch im Lichte der Möglichkeiten eines Adhäsionsverfahrens von Belang.

a) Verfahren um *Klaas Carel Faber*

Exemplarisch wie symbolisch steht dafür etwa das Verfahren um einen der meistgesuchten Kriegsverbrecher[608], den im Jahr 2012 verstorbenen *Klaas Carel Faber*. Ein niederländisches Gericht verurteilte diesen zusammen mit seinem Bruder *Piet Faber* wegen der Beteiligung an der Ermordung von 22 Juden und zahlreichen Gefange-

---

604 Antwort der Bundesregierung auf eine Kleine Anfrage, BT-Drucks. 17/709 v. 11.02.2010, S. 2.
605 Urt. v. 29.10.2010 – IV CSK 465/09, Polish Yearbook of International Law 30 (2010), S. 299 ff., auszugsweise abgedruckt und übersetzt in IPRax 2011, S. 596 f.
606 Ebenda, S. 597.
607 Beispielsweise sei hier an das Urteil des LG München v. 12.05.2011 (Az.: 1 Ks 115 Js 12496/08) gegen den mittlerweile verstorbenen *John Demjanjuk* erinnert, vgl. mit diesem Hintergrund bei *Christiaan Frederik Rüter/Klaus Bästlein*: Die Ahndung von NS-Gewaltverbrechen im deutsch-deutschen Vergleich – Das „Unsere-Leute-Prinzip", ZRP (2010), S. 93.
608 *Klaas Carel Faber* steht auf der Liste der zehn meistgesuchten Kriegsverbrecher des jüdischen Simon-Wiesenthal-Zentrums.

C. Aktuelle Judikatur

nen im Transitlager Westerbork[609] 1944 zum Tode. Während *Piet Faber* tatsächlich hingerichtet wurde, wandelte ein Gericht die Todesstrafe 1948 in lebenslange Haft um. Jedoch konnte *Klaas Carel Faber* im Jahr 1952 aus einem Gefängnis der niederländischen Stadt Breda in die Bundesrepublik Deutschland fliehen. Hier wurde die Strafverfolgung bezüglich Totschlags wegen Verjährung eingestellt. Frühe Auslieferungsgesuche der Niederlande wurden abgelehnt. Der gebürtige Niederländer gilt wegen seines Dienstes bei dem Niederländischen SS-Sonderkommando Silbertanne gemäß eines „Führer-Erlasses" aus dem Jahr 1943 als deutscher Staatsbürger. Das LG Düsseldorf lehnte 1957 die Aufnahme eines Verfahrens wegen Mangels an Beweisen ab. Nachdem Ende 2003 die Umsetzungsfrist des Rahmenbeschlusses zum Europäischen Haftbefehl[610] ablief[611], beantragte die Justizbehörde Den Haags im Jahr 2004 die Auslieferung oder die Vollstreckungsübernahme der Strafe von *Klaas Carel Faber*. Das LG Ludwigsburg lehnte dies aber mit Verweis auf die ausgebliebene Wiederaufnahme des Verfahrens ab. Ende 2010 hatten nun die Niederlande erneut einen Europäischen Haftbefehl ausgestellt. Das OLG München lehnte im Mai 2011 die Auslieferung abermals ab.[612]

b) Verfahren um Sant'Anna di Stazzema

In Bezug auf Italien wurde bereits Hintergrund und Bedeutung der strafrechtlichen Verfolgungswelle dargestellt. Beim Militärgericht in La Spezia stehen derzeit noch mehrere Urteile wegen Nazi-Verbrechen aus. Im Jahr 2005 wurden zehn ehemalige SS-Soldaten in Abwesenheit zu lebenslanger Haft verurteilt. Sie sollen für ein Massaker an 560 Zivilisten im toskanischen Dorf Sant'Anna di Stazzema verantwortlich gewesen sein.[613] Auch die Staatsanwaltschaft Stuttgart ermittelt wegen des Massakers von Sant'Anna di Stazzema.[614] Ein Jahr nachdem die bundesdeutsche Umsetzung des Rahmenbeschlusses zum Europäischen Haftbefehl zum 2. August 2006 mit den Vorgaben des Bundesverfassungsgerichts erfolgte, wurde in zwei weiteren Fällen ein Eu-

---
609 Eben in dieses Durchgangslager wurde auch *Anne Frank* deportiert, auf die hier in einem anderen Zusammenhang auf S. 11 bereits eingegangen wurde.
610 Rahmenbeschluss des Rates v. 13.07.2002 über den Europäischen Haftbefehl und die Übergabeverfahren zwischen den Mitgliedstaaten (2002/584/JI), ABl. EU L 190/1 v. 18.07.2002.
611 Vgl. Art. 34 Abs. 1 des Europäischen Haftbefehls.
612 FAZ v. 20.05.2011, S. 4.
613 Zum Sachverhalt und den strafrechtlichen Ermittlungen bereits seit Mitte der 90er-Jahre *Carlo Gentile:* San't Anna di Stazzema 1994, Orte des Grauens – Verbrechen im Zweiten Weltkriegs (2003), S. 231–236.
614 Az.: 1 Js 79109/02, vgl. Schreiben des Justizministeriums Baden-Württemberg v. 15.10.2007, abrufbar unter: http://www.nrw.vvn-bda.de/texte/0369_briefwechsel.htm, zuletzt aufgerufen am: 27.04.2012.

Zweites Kapitel – Judikatur

ropäischer Haftbefehl ausgestellt. Die Republik Italien hat unter Übersendung eines Europäischen Haftbefehls am 15. März 2007 um Auslieferung der Deutschen Werner *Bruss*[615] und *Alfred Concina*[616] gebeten, die in Abwesenheit durch das Militärgericht La Spezia zu einer Freiheitsstrafe von 30 Jahren verurteilt wurden. Regelmäßig hängt aber die Auslieferung zum Zwecke der Straf*vollstreckung* an der Zustimmung des fremdstaatlich Verurteilten. Im Falle von *Werner Bruss* bestimmt das § 80 Abs. 3 IRG und wurde anlässlich dessen richterlicher Anhörung keine Zustimmung erteilt. In diesem Fall verbleibt es bei der Möglichkeit einer *Übernahme der Strafvollstreckung*. Auch hier stellen sich der hiesigen Problematik bekannte Fragen, etwa nach der des europäischen *ordre public* nach § 73 S. 2 IRG. Interessant wird auch die Entwicklung der justiziellen Zusammenarbeit der Europäischen Union in Strafsachen sein, die der Vertrag von Lissabon in den Art. 82 AEUV auf „unionale Säulen" gehoben hat. Diese beruht nun nach dessen Abs. 1 AEUV auf dem Grundsatz der gegenseitigen Anerkennung gerichtlicher Urteile und Entscheidungen und wird unweigerlich vor vergleichbare Probleme gestellt werden, wie es die justizielle Zusammenarbeit in Zivilsachen bereits ist.

III. Verfahren nach den postjugoslawischen Konflikten

Bislang wurden die mitgliedstaatlichen Gerichte der Europäischen Union nur mit Klagen geschädigter Individuen aufgrund lang zurückliegender Sachverhalte aus dem Zweiten Weltkrieg beschäftigt. Noch nicht im Europäischen Rechtsraum, doch im geographischen und beitrittsrelevanten Europa sind die postjugoslawischen Konflikte bereits der Auftakt für Klagen geschädigter Individuen für aktuelle Sachverhalte.[617]

1. Verfahren um den Völkermord von Srebrenica

Das jüngste Kapitel bilden die Schadensersatzklagen gegen das Königreich der Niederlande und die Vereinten Nationen wegen des Völkermords von Srebrenica von

---

615 Vgl. Schreiben des Ministeriums für Justiz, Arbeit und Europa des Landes Schleswig-Holstein v. 11.03.2008, abrufbar unter: http://www.nrw.vvn-bda.de/texte/0369_brief wechsel.htm, zuletzt aufgerufen am: 27.04.2012.
616 Vgl. Schreiben des Sächsischen Staatsministeriums der Justiz v. 02.11.2007, abrufbar unter: http://www.nrw.vvn-bda.de/texte/0369_briefwechsel.htm, zuletzt aufgerufen am: 15.09.2010.
617 Daran erinnern vor allem *Burkhard Hess:* European Civil Procedure and Public International Law, aus: From Bilateralism to Community Interest – Essays in Honour of Judge Bruno Simma (2011), S. 938 und *Anatol Dutta:* Anmerkung zu EuGH v. 15.02.2007 – Rs. C-292/05, ZZP 11 (2006), S. 192.

1995.[618] Dort hatte der UN-Sicherheitsrat mit Resolution 819 vom 16. April 1993 eine Schutzzone eingerichtet.[619] Die konzeptionellen Vorteile einer solchen Schutzzone verkehrten sich aber in der *safe area* Srebrenica zu ihrem fatalen Niedergang. Im Juni 1995 starben etwa 8000 – fast ausschließlich männliche[620] – bosnische Muslime. Aktuell sind in den Niederlanden drei Verfahren vor der Rechtbank[621] s'-Gravenhage (Den Haag) anhängig gemacht worden. Ihnen ist aber bisher weniger Erfolg beschieden, als den US-amerikanischen Verfahren gegen *Radovan Karadžić*.[622] Im ersten Fall verwarf die Rechtbank s'-Gravenhage am 10. September 2008 eine Klage dreier überlebender Familienangehöriger von *Rizo Mustafic* gegen den Niederländischen Staat.[623] Der Verstorbene arbeitete bis zum 13. Juli 1995 als Elektriker für das *Dutchbat* genannte niederländische Bataillon, als er von der Armee der Republika Srpska (VRS) aus dem Compound deportiert und bis heute nicht aufgefunden wurde. Mit gleichem Datum und fast identischem Tenor verwarf das Gericht die Klage *Hasan Nuhanovićs*[624], der als Übersetzer für die UN und das *Dutchbat* arbeitete und in Srebrenica seine Familie verloren hat.[625] Im Gegensatz zum Parallelverfahren verdankte er sein Leben dem Verbleib auf dem Compound, jedoch wurden seine Eltern sowie sein jüngerer Bruder von den VRS gezwungen, das Compound zu verlassen und fielen der VRS zum Opfer. Beide Klagen scheiterten daran, dass das erstinstanzliche Gericht die in Streit stehende Unterlassung der Verhinderung eines Völkermords durch die *Dutchbat*-Soldaten nicht dem Königreich der Niederlande, sondern und ausschließlich den Vereinten Nationen zugerechnet hat. Diese wurden in einem dritten Verfahren von der *Stichting*

---

618 *Karsten Thorn:* Schadensersatzansprüche der Zivilbevölkerung gegen ausländische Besatzungsmächte, BerDGVR 44 (2009), S. 312.
619 UN-Doc. S/RES/819 v. 16.04.1993.
620 Insoweit kann man von einem Völkermord gegen ein Geschlecht sprechen, *Hasan Nuhanović* nennt es daher einen „Gendercide": Under the UN Flag – The International Community and the Srebrenica Genocide (2007), S. 40.
621 Die Rechtbank entspricht im Wesentlichen unserem Landgericht.
622 Noch ungesehen der späteren Geschehnisse in Srebrenica wurde *Radovan Karadžić,* im Jahr 1993, als damalige Präsidenten der Republika Srpska in Bosnien-Herzegowina, in zwei Verfahren auf Schadensersatz wegen schwerer Menschenrechtsverletzungen in den postjugoslawischen Kriegswirren verklagt, dazu *Andreas Fischer-Lescano:* Subjektivierung völkerrechtlicher Regelungen – Die Individualrechte auf Entschädigung und effektiven Rechtsschutz bei Verletzungen des Völkerrecht, AVR 45 (2007), S. 356 f.; *Axel Halfmeier:* Menschenrechte und Internationales Privatrecht im Kontext der Globalisierung, RabelsZ 68 (2004), S. 654 ff. (656).
623 Rechtbank 's-Gravenhage v. 10.08. 2008, case no. 265618/HA ZA 06-1672.
624 Rechtbank 's-Gravenhage v. 10.08. 2008, case no. 265615/HA ZA 06-1671.
625 Der Einzelkläger *Hasan Nuhanović* hinterlässt eine der bisweilen wenigen Primärliteraturen über das Schicksal Srebrenicas: Under the UN Flag – The International Community and the Srebrenica Genocide (2007).

*Mothers of Srebrenica*⁶²⁶ zusammen mit zehn Hinterbliebenen des Srebrenica-Massakers am 4. Juni 2007 neben dem Niederländischen Staat am Sitz des niederländischen Ministeriums für Allgemeine Angelegenheiten in 's-Gravenhage verklagt. Die Klage lautete stufenweise auf 25.000 € Vorschuss pro Person zuzüglich einer durch Auflistung zu ermittelnden Schadensersatzsumme.⁶²⁷ Sie wurde jedoch von der Rechtbank 's-Gravenhage abgelehnt.⁶²⁸ Mit Urteil vom 10. Juli 2008 hat die Rechtbank 's-Gravenhage der Zwischenklage des Niederländischen Staates stattgegeben⁶²⁹, in dem die Gerichtsbarkeit über die Vereinten Nationen moniert wurde. Das Berufungsgericht in Den Haag wies am 30.03.2010 den Versuch zurück, die Problematik an den EuGH zur Vorabentscheidung vorzulegen.⁶³⁰ Hier stand allerdings nicht das Europäische Zivilprozessrecht in Frage als vielmehr das unionale Recht auf effektiven Rechtsschutz.⁶³¹ Die Konstellation stellt mithin ganz neue Probleme einer „Haftungslücke"⁶³² gegenüber den Vereinten Nationen. Im Ergebnis hat für den Völkermord „niemand einen Pfennig bekommen".⁶³³ *Hasan Nuhanović* fordert unvermindert Entschädigung, auch

---

626 Dem niederländischen Recht ist das Rechtsinstitut der Sammelklage fremd, woraufhin eine Stiftung niederländischen Rechts eigenst mit dem Ziel *"the promotion of the interests of – the surviving relatives of – the victims of the Bosnian enclave Srebrenica, the bringing of a collective action (class action), the entering into of settlements and the settlement thereof"* errichtet wurde.

627 Was insgesamt zu eine Schadensersatzhöhe von 4 Billionen Dollar führen würde, vgl. *Ivy Cheung/Nika Dharmadasa/Lauren Flood/Rebecca Pereira/Quang Trinh/Stephanie Tsang:* Mothers of Srebrenica Case (interlocutory proceedings), Mallesons Stephen Jaques Humanitarian Law Perspectives (2009), S. 3. Das wurde bisher summenmäßig mit der amerikanischen *punitive-damages*-Rechtsprechung zum *Alien Tort Claims Act* noch nicht erreicht.

628 Besprechung bei *Ivy Cheung/Nika Dharmadasa/Lauren Flood/Rebecca Pereira/Quang Trinh/Stephanie Tsang:* Mothers of Srebrenica Case (interlocutory proceedings), Mallesons Stephen Jaques Humanitarian Law Perspectives (2009).

629 Rechtbank 's-Gravenhage v. 10.07.2008 Case no. 295247/HA ZA 07-2973 mit Anm. bei Besprechung bei *Ivy Cheung/Nika Dharmadasa/Lauren Flood/Rebecca Pereira/Quang Trinh/Stephanie Tsang:* Mothers of Srebrenica Case (interlocutory proceedings), Mallesons Stephen Jaques Humanitarian Law Perspectives (2009), S. 3 ff.

630 Gegen die Ablehnung ist die Revision vor dem Hoge Raad anhängig. Die Verfolgung von Art. 6 Abs. 1 EMRK vor dem EGMR ist mangels Anwendbarkeit der EMRK *ratione personae* auf die Vereinten Nationen ohne Erfolgsaussicht, vgl. etwa EGMR v. 11.12.2008 – no. 45267/06 (Stephens ./. Cyprus, Turkey and The United Nations).

631 Unter anderem mit diesem Ansatz hat das italienische Tribunale ordinario di Brescia am 9. September 2011 den EuGH zur Vorabentscheidung angerufen, Rs. C-466/11 (Gennaro Currà u. a. ./. Bundesrepublik Deutschland), ABl. C. 347 vom 26.11.2011, S. 12.

632 *Karsten Thorn:* Schadensersatzansprüche der Zivilbevölkerung gegen ausländische Besatzungsmächte, BerDGVR 44 (2009), S. 313.

633 *Hasan Nuhanović:* „Entschädigt die Opfer!", DIE ZEIT Nr. 23 v. 01.06.2011, S. 4.

C. Aktuelle Judikatur

von Serbien.[634] Seiner Klage hat das zweitinstanzliche Berufungsgericht in Den Haag am 5. Juli 2011 nunmehr entsprochen und noch nicht rechtskräftig entschieden, dass die Niederlande den Familien der drei Opfer dem Grunde nach haften.[635]

2. *Verfahren um Varvarin*

Die Erfahrungen mit den UN-Schutzzonen im Kosovo führten bekanntermaßen zum *Dayton Peace Agreement.* Im Jahr 1999 eskalierte die Situation erneut. Am 30. Mai 1999 zerstörten NATO-Kampfflugzeuge die Brücke der jugoslawisch-serbischen Kleinstadt Varvarin über den Fluss Morava. Dabei verloren 10 Zivilisten ihr Leben, 30 wurden zum Teil schwer verletzt. Das LG Bonn verwarf aber die Klage von Opfern und Angehörigen.[636] Es entschied als Gerichtsstand des ersten Dienstsitzes des Bundesministeriums der Verteidigung in gewohnter Regelmäßigkeit[637] unter Eindruck der Dístimo-Entscheidung des BGH.[638] Das OLG Köln[639] sowie der BGH[640] bestätigten das Urteil.[641] Dagegen ist vor dem BVerfG eine Verfassungsbeschwerde anhängig.

---

634 Vgl. ebenda, S. 4.
635 SZ v. 06.07.2011, S. 7 sowie FAZ v. 06.07.2011, S. 6 und 8.
636 LG Bonn, Urt. v. 10.12.2003 – 1 O 361/02, NJW 2004, S. 525 f.; mit Anm. bei *Oliver Dörr:* Schadensersatzklagen wegen der NATO-Luftangriffe 1999 auf Jugoslawien, JZ 2004, S. 574–577.
637 Nach den Urteilen aus 1992 und 1997, dazu auf S. 57.
638 Dazu zuvor auf S. 58. Das LG Bonn war Vorinstanz des BGH, Urt. v. 26.06.2003 – III ZR 245/98 (Fundstellenverzeichnis) gewesen. Streng genommen hat der BGH aber in intertemporaler Hinsicht eine Weiterentwicklung des Völkerrechts offen gelassen, vgl. Rn. 21 f. des Urteils.
639 OLG Köln, Urt. v. 28.07.2005 – 7 U 8/04, NJW 2005, S. 2860–2865, mit Anm. bei *Stefanie Schmahl:* Amtshaftung für Kriegsschäden, ZaöRV 66 (2006), S. 699–718.
640 BGH, Urt. v. 02.11.2006 – III ZR 190/05, BGHZ 169, S. 348–364 = RIW 2007, S. 137–141 = DÖV 2007, S. 429–433 = JZ 2007, S. 532–536; mit Anm. bei *Frank Selbmann:* Entschädigungsansprüche bei Verstößen gegen das Völkerrecht, NJ 2007, S. 102–105.
641 Dazu *Andreas Fischer-Lescano:* Subjektivierung völkerrechtlicher Regelungen – Die Individualrechte auf Entschädigung und effektiven Rechtsschutz bei Verletzungen des Völkerrecht, AVR 45 (2007), S. 369 f.

Drittes Kapitel

Konventionsvorschläge der Haager Konferenz für Internationales Privatrecht von 1999 und 2001

Die Behandlung von Klagen und Entscheidungen über Schadensersatzansprüche wegen schwerer Menschenrechtsverletzungen im Internationalen Zivilprozessrecht ist nicht so neu, wie die ersten juristischen Tauziehen in den eingangs dargestellten Ausgangsverfahren es vermuten lassen. Auf dem Weg zu einem weltweit konzipierten Zuständigkeits-, Anerkennungs- und Vollstreckungsübereinkommen hat die Haager Konferenz für Internationales Privatrecht einen Kodifizierungsvorschlag das Thema betreffend vorgelegt. Der 19. Konferenz lagen zwei Entwürfe der Spezialkommission für ein „Übereinkommen über die gerichtliche Zuständigkeit und ausländische Entscheidungen in Zivil- und Handelssachen" vom 30. Oktober 1999[642] sowie ein daraus entwickelter Arbeitsentwurf der Diplomatischen Konferenz vom 6. bis zum 20. Juni 2001[643] vor.[644] Zwar wurden die Konventionsvorschläge weder umgesetzt, noch sahen sie eine abschließende Regelung in Bezug auf das hiesige Thema vor. Gleichwohl äußern sie sich zu dessen grundsätzlichen Rechtsfragen mit ungebrochener Aussagekraft. Vorbereitend sei die Entstehungsgeschichte der Konventionsvorschläge aus den Jahren 1999 und 2001 nachgezeichnet. Damit vorgezeichnet wird sogleich die Nähe zum Europäischen Zivilprozessrecht als Grundlage für alle späteren Diskurse. Vorab die textrelevanten Auszüge zum Vergleich:

---

642 Preliminary draft convention on jurisdiction and foreign judgments in civil and commercial matters adopted by the Special Commission on 30 October 1999.
643 Summary of the Outcome of the Discussion in Commission II of the First Part of the Diplomatic Conference 6–20 June 2001, Interim Text, Prepared by the Permanent Bureau and the Co-reporters.
644 Sammlung der Nachweise im Schrifttum bei Nagel/Gottwald-*Peter Gottwald:* Internationales Zivilprozessrecht, 6. Aufl. (2007), § 3, Rn. 506.

Drittes Kapitel – Vorschläge der Haager Konferenz von 1999 und 2001

Entwurf der Spezialkommission vom 30. Oktober 1999	**Entwurf Diplomat. Konferenz vom 6.–20. Juni 2001**
Chapter I – Scope of the Convention *Article 1 Substantive scope* 1. *The Convention applies to civil and commercial matters. It shall not extend in particular to revenue, customs or administrative matters.* *(...)* 3. *A dispute is not excluded from the scope of the Convention by the mere fact that a government, a governmental agency or any other person acting for the State is a party thereto.* 4. *Nothing in this Convention affects the privileges and immunities of sovereign States or of entities of sovereign States, or of international organisations.* *(...)* *Chapter II – Jurisdiction* *Article 18 Prohibited grounds of jurisdiction* 1. *Where the defendant is habitually resident in a Contracting State, the application of a rule of jurisdiction provided for under the national law of a Contracting State is prohibited if there is no substantial connection between that State and the dispute.*	*Chapter I – Substantive scope* *Article 1 Substantive scope* 1. *The Convention applies to civil and commercial matters. It shall not extend in particular to revenue, customs or other administrative matters.* *(...)* 4. *A dispute is not excluded from the scope of the Convention by the mere fact that a government, a governmental agency or any person acting for the State is a party thereto.* 5. *Nothing in this Convention affects the privileges and immunities of sovereign States or of entities of sovereign States, or of international organisations.* *(...)* *Chapter II – Jurisdiction* *[Article 18 Prohibited grounds of jurisdiction* *[1. Where the defendant is habitually resident in a Contracting State, the application of a rule of jurisdiction provided for under the national law of a Contracting State is prohibited if there is no substantial connection between that State and [either] the dispute [or the defendant].]*

Textvergleich der Konventionsvorschläge

Entwurf der Spezialkommission vom 30. Oktober 1999	**Entwurf Diplomat. Konferenz vom 6.–20. Juni 2001**
2. In particular, jurisdiction shall not be exercised by the courts of a Contracting State on the basis solely of one or more of the following (...)	2. [In particular,] [Where the defendant is habitually resident in a Contracting State,] jurisdiction shall not be exercised by the courts of a Contracting State on the basis [solely of one or more] of the following (...)
3. Nothing in this Article shall prevent a court in a Contracting State from exercising jurisdiction under national law in an action [seeking relief] [claiming damages] in respect of conduct which constitutes –	[3. Nothing in this article shall prevent a court in a Contracting State from exercising jurisdiction under national law in an action claiming damages in respect of conduct which constitutes –
[Variant One:]	
[a) genocide, a crime against humanity or a war crime[, as defined in the Statute of the International Criminal Court]; or]	[a) genocide, a crime against humanity or a war crime]; or]
[b) a serious crime against a natural person under international law; or]	b) a serious crime under international law, provided that this State has exercised its criminal jurisdiction over that crime in accordance with an international treaty to which it is a Party and that claim is for civil compensatory damages for death or serious bodily injuries arising from that crime.
[c) a grave violation against a natural person of non-derogable fundamental rights established under international law, such as torture, slavery, forced labour and disappeared persons].	
[Sub-paragraphs [b) and] c) above apply only if the party seeking relief is exposed to a risk of a denial of justice because proceedings in another State are not possible or cannot reasonably be required.]	Sub-paragraph b) only applies if the party seeking relief is exposed to a risk of a denial of justice because proceedings in another State are not possible or cannot reasonably be required.]]
Variant Two:	
a serious crime under international law, provided that this State has established its criminal jurisdiction over that crime in accordance with an international treaty to which it is a party and that the claim is for civil compensatory damages for death or serious bodily injury arising from that crime.]	

Drittes Kapitel – Vorschläge der Haager Konferenz von 1999 und 2001

A. Entstehungsgeschichte

I. Einordnung

Die Haager Konferenz für Internationales Privatrecht hat sich der Aufgabe verschrieben, die Vereinheitlichung der Regeln des Internationalen Privatrechts fortzuentwickeln.[645] Dementsprechend sind schwere Menschenrechtsverletzungen nicht ihr originäres Kodifikationsinteresse, genausowenig wie deren internationalzivilprozessuale Behandlung.[646] Gleichwohl ist die Haager Konferenz für Internationales Privatrecht nicht zufällig auf das hiesige Thema gestoßen. So unermüdlich nämlich schwere Menschenrechtsverletzungen vor die Gerichtssäle der Welt gebracht werden, so unausweichlich ist ihre programmatische Behandlung in Den Haag. Es ist sowohl ihr aufkommender Erfolg wie selbst ihr Misserfolg, welche das Bedürfnis ihrer Koordination wachsen lässt.

Nun gibt es weltweit Bestrebungen, die Territorialität der nationalen Zivilprozesse zu überwinden. Neben der Haager Konferenz für Internationales Privatrecht befassen sich insbesondere das *American Law Institute* zusammen mit dem *Institute International pour l'Unification du Droit Privé (Unidroit)* mit einer Ausarbeitung von „*Transnational Rules of Civil Procedure*"[647], um die Regeln für internationale Zivilprozesse zu vereinheitlichen.[648] Auch deren Arbeitsfeld ist die Anerkennung und Vollstreckung von Entscheidungen.[649] Der entsprechend vorgelegte Diskussionsentwurf von *Geoffrey C. Hazard* und *Michele Taruffo*[650] erfasst nach Art. 1 (a) aber nur Streitigkeiten aus

---

[645] So kodifiziert es Art. 1 der Satzung seit dem Jahr 1955, mit deren Inkrafttreten die Haager Konferenz für Internationales Privatrecht zu einer ständigen zwischenstaatlichen Organisation wurde. Grundsätzlich bei *Haimo Schack:* Hundert Jahre Haager Konferenz für IPR – Ihre Bedeutung für die Vereinheitlichung des Internationalen Zivilverfahrensrechts, RabelsZ 57 (1993), S. 224–262.

[646] Das machten die Berichterstatter bereits anlässlich des ersten Konventionsvorschlags aus dem Jahr 1999 deutlich: *Nygh/Pocar*-Bericht (2000), S. 84.

[647] Vorentwurf von *Geoffrey C. Hazard jr.* und *Michele Taruffo* v. 01.04.1999, Abdruck in deutscher Übersetzung von *Gerhard Walter:* Modellregln für den internationalen Zivilprozeß – deutscher Text, ZZP 112 (1999), S. 204–216.

[648] Dazu *Rolf Stürner:* Modellregeln für den Internationalen Zivilprozeß? Zum Stand eines gemeinsamen Vorhabens des American Law Institute und des Institut International pour l'Unification du Droit (Unidroit), ZZP 112 (1999), S. 185–203.

[649] *Rolf Stürner:* Modellregeln für den Internationalen Zivilprozeß? Zum Stand eines gemeinsamen Vorhabens des American Law Institute und des Institut International pour l'Unification du Droit (Unidroit), ZZP 112 (1999), S. 189.

[650] *Geoffrey C. Hazard/Michele Taruffo:* Transnational Rules of Civil Procedure, preliminary draft no. 1, abgedruckt beim Erstgenannten: Preliminary Draft of the ALI Transnational Rules of Civil Procedure, Texas International Law Journal 33 (1998), S. 489 ff.

A. Entstehungsgeschichte

Kauf, Miete, Darlehen, Investition oder andere geschäftliche Transaktionen.[651] Dieser sehr enge Anwendungsbereich bleibt ohne Relevanz für schwere Menschenrechtsverletzungen und damit für die hiesige Betrachtung ohne Mehrwert. Ohnehin hielten sich die Entwürfe gegenüber einer allgemeinen Regelung der Anerkennung und Vollstreckung ausdrücklich zurück, um die kontroversen Verhandlungen der Haager Konferenz für ein weltweites Gerichtsstands- und Vollstreckungsübereinkommen abzuwarten.[652] So bleiben die Kodifikationsarbeiten für eine weltweite Gerichtsstands- und Vollstreckungskonvention eine Domäne der Haager Konferenz für Internationales Privatrecht.

Was für das Völkerrecht die Kodifikationsbestrebungen im Bereich der Staatenverantwortlichkeit sind, sind für das Internationale Privatrecht die Bemühungen um ein weltweit konzipiertes Zuständigkeits-, Anerkennungs- und Vollstreckungsübereinkommen. Es gilt als eines der wichtigsten Übereinkommen auf dem Gebiet des Kollisionsrechts, das jemals von der Haager Konferenz in Angriff genommen wurde.[653] Obwohl die Voraussetzungen dafür als durchaus schwierig gelten[654], erklärt dies die „Hartnäckigkeit"[655], mit der in Den Haag stetig an einem solch ambitionierten Übereinkommen gearbeitet wird. Soweit auch alle bisherigen Bemühungen der Haager Konferenz in Bezug auf ein allgemeines Gerichtsstands- und Vollstreckungsübereinkommen gescheitert sind[656], sind ihre dahingehenden Vorarbeiten und Konventionsentwürfe wegweisend für die Fortentwicklung des Internationalen Privatrechts. Dies gilt vor allem auch für die Europäische Union, die zusammen mit all ihren Mitglied-

---

651 Dazu kritisch *Rolf Stürner:* Modellregeln für den Internationalen Zivilprozeß? Zum Stand eines gemeinsamen Vorhabens des American Law Institute und des Institut International pour l'Unification du Droit (Unidroit), ZZP 112 (1999), S. 194.

652 *Rolf Stürner:* Modellregeln für den Internationalen Zivilprozeß? Zum Stand eines gemeinsamen Vorhabens des American Law Institute und des Institut International pour l'Unification du Droit (Unidroit), ZZP 112 (1999), S. 195.

653 *Edward C. Y. Lau:* Update on the Hague Convention on the Recognition and Enforcement of Foreign Judgements, ASICL 6 (2000), S. 13 ff.; *Charles T. Kotuby:* External competence of the European Community in the Hague Conference on Private International Law – Community harmonization and worldwide unification, NILR 2001, S. 21.

654 *Rolf Wagner:* Die Bemühungen der Haager Konferenz für Internationales Privatrecht um ein Übereinkommen über die gerichtliche Zuständigkeit und ausländische Entscheidungen in Zivil- und Handelssachen – Ein Sachstandsbericht nach dem 1. Teil der Diplomatischen Konferenz, IPRax 2001, S. 535.

655 *Giesela Rühl:* Das Haager Übereinkommen über die Vereinbarung gerichtlicher Zuständigkeiten – Rückschritt oder Fortschritt?, IPRax 2005, S. 410.

656 Vgl. *Haimo Schack:* Perspektiven eines weltweiten Anerkennungs- und Vollstreckungsübereinkommens, ZEuP 1993, S. 306.

Drittes Kapitel – Vorschläge der Haager Konferenz von 1999 und 2001

staaten der Haager Konferenz angehört[657] und sich einer engen Zusammenarbeit mit ihr verschrieben hat.[658]

II. Hintergrund der Haager Konferenzarbeiten

Bereits zu ihrer fünften Konferenz im Jahr 1925 legte die Haager Konferenz für Internationales Privatrecht ein Übereinkommen über die Anerkennung und Vollstreckung gerichtlicher Entscheidungen vor.[659] Diesem sollte jedoch, wie so vielen weiteren diesbezüglichen Anläufen, kein Erfolg beschieden sein. So sah der Konventionsvorschlag einerseits einen weiten Anwendungsbereich vor, in dem es auch nichtvermögensrechtliche Entscheidungen, Schiedssprüche und gerichtliche Vergleiche erfasste. Andererseits überließ es aber die Anerkennungszuständigkeit dem nationalen Recht des Anerkennungsstaates. Mindestens aus diesen Gründen konnte über den ersten Konventionsentwurf keine Einigung erzielt werden.[660] In der Nachkriegszeit gab sich die Haager Konferenz in ihrer siebenten Sitzung nicht nur eine neue Satzung, sondern unternahm in ihrer achten Sitzung im Jahr 1958 auch einen erneuten Anlauf. Diesmal wurde zwar an einer *convention double* gearbeitet, jedoch mit äußerst abgeschwächtem Inhalt[661], was gleichfalls keinen Erfolg zeitigen sollte. Und so war auch der vorerst letzte Konventionsversuch vom 1. Februar 1971 eine „besonders schwere

---

657 Beschluss des Rates 2006/719/EG vom 5. Oktober 2006 über den Beitritt der Europäischen Gemeinschaft zur Haager Konferenz für Internationales Privatrecht, ABl. L 297 vom 26.10.2006, S. 1–14. Das Vereinigte Königreich und Irland haben sich gemäß Artikel 3 der dem Vertrag über die Europäische Union und dem Vertrag zur Gründung der Europäischen Gemeinschaft beigefügten Protokoll über die Position des Vereinigten Königreichs und Irlands an der Annahme dieses Beschlusses beteiligt, vgl. dessen Erwägungsgrund Nr. 12. Ausgenommen bleibt Dänemark, vgl. Abs. 5 des einzigen Artikels des Beschlusses.

658 Das Stockholmer Programm des Europäischen Rates für ein offenes und sicheres Europa im Dienste und zum Schutz der Bürger v. 10./11.12.2009, S. 14; dazu *Rolf Wagner:* Die politischen Leitlinien zur justiziellen Zusammenarbeit in Zivilsachen im Stockholmer Programm, IPRax 2010, S. 100.

659 Die Konvention war, anders als etwa das belgisch-niederländische Abkommen vom 28.03.1925, als eine sog. *convention simple* konzipiert, dazu *Haimo Schack:* Perspektiven eines weltweiten Anerkennungs- und Vollstreckungsübereinkommens, ZEuP 1993, S. 306 f.

660 *Giesela Rühl:* Das Haager Übereinkommen über die Vereinbarung gerichtlicher Zuständigkeiten – Rückschritt oder Fortschritt?, IPRax 2005, S. 410.

661 *Haimo Schack* bezeichnet den Entwurf als „wohl magerste convention double aller Zeiten": Perspektiven eines weltweiten Anerkennungs- und Vollstreckungsübereinkommens, ZEuP 1993, S. 306 f.

A. Entstehungsgeschichte

Geburt".⁶⁶² Es wurde bisher nur von drei Staaten ratifiziert.⁶⁶³ Während aber in Europa die Erfolgsgeschichte des Brüsseler Übereinkommens zunächst in der Fassung des EuGVÜ begann, schien außerhalb Europas das Bedürfnis nach einem Anerkennungs- und Vollstreckungsübereinkommen nicht groß.⁶⁶⁴

III. Neuverhandlungen

1. Vorarbeiten

Seit Inkrafttreten des EuGVÜ vergingen Jahrzehnte ohne ernsthafte Bemühungen einer Fortsetzung der Redaktionsarbeiten.⁶⁶⁵ Die Erfolgsgeschichte des Brüsseler Übereinkommens aber inspirierte zu ehrgeizigen Neuverhandlungen.⁶⁶⁶ Im Jahr 1992 haben demgemäß die außenvorstehenden USA der Haager Konferenz ihr Interesse an einem neuen weltweit konzipierten Anerkennungs- und Vollstreckungsübereinkommen angemeldet.⁶⁶⁷ Die USA verfolgten damit das Ziel, die Anerkennung und Vollstreckung US-amerikanischer Urteile im Ausland zu fördern.⁶⁶⁸ Die Interessen der Mitgliedstaa-

---

662 *Dagmar Coester-Waltjen:* Die Anerkennung gerichtlicher Entscheidungen in den Haager Übereinkommen, RabelsZ 57 (1993), S. 284.
663 Niederlande, Zypern und Portugal.
664 Ebenda, S. 289; *Catherina Kessedjian:* Jurisdiction and Foreign Judgements in Civil and Commercial Matters – the Draft Convention proposed by the Hague Conference on Private International Law, Forum Internationale 26 (2000), S. 44.
665 *Catherina Kessedjian:* Jurisdiction and Foreign Judgements in Civil and Commercial Matters – the Draft Convention proposed by the Hague Conference on Private International Law, Forum Internationale 26 (2000), S. 45.
666 *Beth van Schaack:* In Defense of Civil Redress: The Domestic Enforcement of Human Rights Norms in the Context of the Proposed Hague Judgements Convention, Harvard ILJ 42 (2001), S. 175.
667 *Catherina Kessedjian:* Jurisdiction and Foreign Judgements in Civil and Commercial Matters – the Draft Convention proposed by the Hague Conference on Private International Law, Forum Internationale 26 (2000), S. 45 f.; *Haimo Schack:* Perspektiven eines weltweiten Anerkennungs- und Vollstreckungsübereinkommens, ZEuP 1993, S. 306 mit Verweis auf das Working Document Nr. 1 der US-Delegation zur Sitzung der Sonderkommission vom 1. bis 4. Juni 1992. *Arthur Taylor von Mehren:* Recognition of United States Judgements Abroad and Foreign Judgments in the United States – Would an International Convention Be Useful?, RabelsZ 57 (1993), S. 455 f. Die Urheberschaft geht auf eben *Arthur Taylor von Mehren* zurück, vgl. Erläuternder Bericht von *Trevor Hartley/Masato Dogauchi* zum Übereinkommen vom 30. Juni 2005 über Gerichtsstandsvereinbarungen der Haager Konferenz für Internationales Privatrecht, S. 30.
668 Das gilt insbesondere gegenüber denjenigen Staaten, mit denen keine staatsvertragliche Lösung vereinbart ist, vgl. *Rolf Wagner:* Die Bemühungen der Haager Konferenz für Internationales Privatrecht um ein Übereinkommen über die gerichtliche Zuständigkeit und ausländische Entscheidungen in Zivil- und Handelssachen – Ein Sachstandsbericht

ten der Europäischen Union waren anders gelagert. Ihre Konventionsbemühungen gingen vor allem dahin, Zuständigkeitsregeln zu vereinheitlichen, insbesondere als exorbitant angesehene Zuständigkeitsvorschriften zu unterbinden.[669] Im Jahre 1993 beschloss die Haager Konferenz auf ihrer 17. Sitzung, die Frage der Anerkennung und Vollstreckung von ausländischen Entscheidungen in Zivil- und Handelssachen in das Arbeitsprogramm der Konferenz wieder aufzunehmen.[670] Am 19. Oktober 1996 entschieden die Staaten auf der 18. Sitzung der Haager Konferenz:

> *"to include in the Agenda of the Nineteenth Session the question of jurisdiction, of recognition and enforcement of foreign judgments in civil and commercial matters"*.[671]

2. *Der Entwurf der Spezialkommission vom 30. Oktober 1999*

Sodann arbeiteten Delegationen von 45 Staaten an den entsprechenden Entwürfen.[672] Es folgten lange Vorarbeiten, allein die dazu eingerichtete Spezialkommission hielt fünf mehrwöchige Sitzungen für den Vorentwurf ab.[673] Die Spezialkommission der Haager Konferenz verabschiedete am 30. Oktober 1999 den vorläufigen Entwurf eines „Übereinkommens über die gerichtliche Zuständigkeit und ausländische Urteile in Zi-

---

nach dem 1. Teil der Diplomatischen Konferenz, IPRax 2001, S. 534. Eingehend *Helmut Grothe:* Exorbitante Gerichtszuständigkeiten im Rechtsverkehr zwischen Deutschland und den USA, RabelsZ 58 (1994), S. 687.

669 *Rolf Wagner:* Die Bemühungen der Haager Konferenz für Internationales Privatrecht um ein Übereinkommen über die gerichtliche Zuständigkeit und ausländische Entscheidungen in Zivil- und Handelssachen – Ein Sachstandsbericht nach dem 1. Teil der Diplomatischen Konferenz, IPRax 2001, S. 534. Schon der *Jenard*-Bericht zum EuGVÜ (1968) führt dies als einen der Entstehungsgründe für das EuGVÜ an, S. 7.

670 Vgl. Bericht von *Catherine Kessedjian:* International jurisdiction and foreign judgments in civil and commercial matters, Preliminary Document Nr. 7 v. 7.04.1997, Rn. 20.

671 Vgl. ebenda, Rn. 26.

672 Vgl. *Beth van Schaack:* In Defense of Civil Redress: The Domestic Enforcement of Human Rights Norms in the Context of the Proposed Hague Judgements Convention, Harvard ILJ 42 (2001), S. 141. Die Europäische Union konnte erst 2007 nach einer Satzungsänderung der Haager Konferenz für Internationales Privatrecht beitreten. Zum damaligen Zeitpunkt waren 47 Mitglieder beigetreten, heute hat sich die Anzahl der Mitgliedstaaten auf 72 erhöht zuzüglich der Europäischen Gemeinschaft selbst.

673 Vgl. *Arthur Taylor von Mehren:* The Hague Jurisdiction and Enforcement Convention Project Faces an Impasse – A Diagnosis and Guidelines for a Cure, IPRax 2000, S. 465; *ders.:* Drafting a Convention on International Jurisdiction and the Effects of Foreign Judgments Acceptable World-Wide – Can the Hague-Conference Project Succeed?, AJCL 49 (2001), S. 191.

A. Entstehungsgeschichte

vil- und Handelssachen".[674] Der Entwurf ist eng ausgerichtet am damaligen EuGVÜ[675] und regelt – ohne dass die Kurzbetitelung inhaltlich Abstriche zeitigen würde[676] – die internationale Zuständigkeit sowie die Anerkennung und Vollstreckung ausländischer Entscheidungen in Zivil- und Handelssachen. Der 1999 vorgelegte Entwurf erklärt sich im systematischen Zusammenhang der übrigen Vorschriften sowie dem erläuternden Bericht von *Fausto Pocar* und *Peter Edward Nygh* zu diesem Entwurf.[677]

3. *Entwurf der Diplomatischen Konferenz vom 6. – 20. Juni 2001*

Trotz positiver Resonanz des ersten Entwurfs, vor allem auch aus Deutschland[678], wies der Konventionsentwurf von 1999 trotz seiner Ausarbeitung anhand des Mehrheitsprinzips[679] noch großen Verhandlungsbedarf auf. Während insbesondere die USA Handlungsbedarf äußerten, baten andere Staaten wiederum um Zeitaufschub.[680] Es kam daher zu einem Novum der Haager Konferenz, indem die anschließende 19. Diplomatische Konferenz in zwei Teilen abgehalten werden sollte, um die Entwurfsarbeiten bestmöglich mit den nationalen Kreisen abzustimmen.[681] Der erste Teil der Diplomatischen Konferenz fand vom 6. bis zum 20. Juni 2001 statt und führte zu

---

674 Ohne Abstriche an der inhaltlichen Programmatik wurde diese Kurzbezeichnung gewählt.
675 *Rolf Wagner:* Die Bemühungen der Haager Konferenz für Internationales Privatrecht um ein Übereinkommen über die gerichtliche Zuständigkeit und ausländische Entscheidungen in Zivil- und Handelssachen – Ein Sachstandsbericht nach dem 1. Teil der Diplomatischen Konferenz, IPRax 2001, S. 536.
676 Ebenda.
677 Sog. *Nygh/Pocar*-Bericht aus dem Jahr 2000 (Textverzeichnis).
678 Vgl. *Rolf Wagner:* Die Bemühungen der Haager Konferenz für Internationales Privatrecht um ein Übereinkommen über die gerichtliche Zuständigkeit und ausländische Entscheidungen in Zivil- und Handelssachen – Ein Sachstandsbericht nach dem 1. Teil der Diplomatischen Konferenz, IPRax 2001, S. 536 sowie *Fritz-René Grabau/Jürgen Hennecka:* Entwicklung des weltweiten Zuständigkeits- und Anerkennungsübereinkommens – Aktueller Überblick, RIW 2001, S. 572. Punktiv kritisch *Burkhard Hess:* Die Anerkennung eines Class Action Settlement in Deutschland, JZ 2000, S. 373–382.
679 Vgl. *Arthur Taylor von Mehren:* The Case for a Convention-mixte Approach to Jurisdiction to Adjudicate and Recognition and Enforcement of Foreign Judgments, RabelsZ 61 (1997), S. 86.
680 *Rolf Wagner:* Die Bemühungen der Haager Konferenz für Internationales Privatrecht um ein Übereinkommen über die gerichtliche Zuständigkeit und ausländische Entscheidungen in Zivil- und Handelssachen – Ein Sachstandsbericht nach dem 1. Teil der Diplomatischen Konferenz, IPRax 2001, S. 536.
681 *Rolf Wagner:* Die Bemühungen der Haager Konferenz für Internationales Privatrecht um ein Übereinkommen über die gerichtliche Zuständigkeit und ausländische Entscheidungen in Zivil- und Handelssachen – Ein Sachstandsbericht nach dem 1. Teil der Diplomatischen Konferenz, IPRax 2001, S. 533 f. sowie *ders.* nachbetrachtend: Das Haager

einem leicht veränderten Textentwurf des Übereinkommens. Der Entwurf der ersten Diplomatischen Konferenz erhielt aufgrund des ausnahmsweise gewählten Konsensprinzips[682] eine große Anzahl von Alternativvorschlägen und wies mit knapp 200 Fußnotenanmerkungen einen noch großen Regelungsbedarf auf. Es sollte jedoch keine Fortführung finden, der zweite Teil der Diplomatischen Konferenz wurde nie abgehalten.

4. Rahmenbedingungen

Zur Zeit ihrer Redaktion wurden die Entwurfsarbeiten von der Thematik um schwere Menschenrechtsverletzungen begleitet. Nicht nur standen die Neuverhandlungen eines weltweiten Anerkennungs- und Vollstreckungsübereinkommens unter dem Eindruck aufgebrochener Konfliktherde. Die 90er Jahre beschreiben dabei einen eindrucksvollen Stärkungsprozess des Menschenrechtsschutzes. Auf der Agenda der internationalen Gemeinschaft standen heftige Menschenrechtsverletzungen, vor allem im Kosovo[683] und in Ruanda.[684] Der internationale Menschenrechtsschutz drängte das Völkerrecht zu der Entwicklung der *"responsibility to protect"*.[685] Das Völkerstrafrecht reagierte mit der Einrichtung internationaler Strafgerichtshöfe und etablierte mit der Gründung des Internationalen Strafgerichtshofs in Den Haag das erste permanente internationale Strafgericht für die Ahndung schwerster Menschenrechtsverletzungen.[686] Gerade in Bezug auf dessen Statut zur Verfolgung schwerer

---

Übereinkommen vom 30.6.2005 über Gerichtsstandsvereinbarungen, RabelsZ 73 (2009), S. 107.

682 Worauf insbesondere die US-Amerikaner hinarbeiteten, vgl. *Arthur Taylor von Mehren:* Drafting a Convention on International Jurisdiction and the Effects of Foreign Judgments Acceptable World-wide – Can the Hague-Conference Project Succeed?, AJCL 49 (2001), S. 192 f.; *Rolf Wagner:* Das Haager Übereinkommen vom 30.6.2005 über Gerichtsstandsvereinbarungen, RabelsZ 73 (2009), S. 107.

683 Vgl. die beiden UN-Berichte Report of the Secretary-Genreal on violations of international humanitarian law in the areas of Srebrenica, Zepa, Banja Luka and Sanski most, UN-Doc. S/1995/988 v. 27.11.1995 sowie Report of the Secretary-Genreal – The fall of Srebrenica, UN-Doc. A/54/549 v. 15. November 1999; zurückgehend auf Art. 18 der General Assembly Resolution A/RES/53/35 v. 30.11.1998.

684 Vgl. Report of the Indipendent Inquiry into the Actions of the the United Nations during the 1994 Genocide in Rwana, UN-Doc. S/1999/1257 v. 15.12.1999.

685 Aus der jüngeren Literatur sei hier stellvertretend auf die Nachzeichnung von *Andreas von Arnauld* verwiesen, die 2009 im ersten Heft des 84. Bandes der Friedenswarte erschien, der sich ausschließlich mit der „Souveränität im Wandel" beschäftigt: Souveränität und responsibility to protect, Die Friedens-Warte 84 (2009), S. 11–52.

686 Überblick im Bericht der Wissenschaftlichen Dienste des Deutschen Bundestags Nr. 96/09 v. 13.11.2009: Internationale Strafgerichte.

A. Entstehungsgeschichte

Menschenrechtsverletzungen[687] erkannte die Diplomatische Konferenz die Verpflichtung, die strafrechtlichen Entwicklungen auf zivilrechtlicher Ebene zu begleiten.[688] Das Zivilrecht erreichte diese Entwicklung unverkennbar in Form der überkommenden Geltendmachung von schweren Menschenrechtsverletzungen vor nationalen Zivilgerichten. Eingangs in den USA und später aufkommend in Europa herrschte ein lebhafter Diskurs um die extraterritoriale Geltendmachung schwerer Menschenrechtsverletzungen. So prägten etwa die Schadensersatzklagen wegen NS-Verbrechen die Rahmenbedingungen.[689]

Die Arbeitsgruppe der *International Law Commission* diskutierte im Jahr 1999 die Immunitätsbeschränkung im Fall von Zivilklagen wegen schwerer Menschenrechtsverletzungen im Rahmen der Konventionsentwürfe für ein UN-Übereinkommen zur Staatenimmunität.[690] Damit wurden die jeweils wichtigsten Kodifikationsmaterien sowohl des Völkerrechts als auch des Internationalen Privatrechts von dem hiesigen Thema beeinflusst. Allerdings kamen die *International Law Commission* sowie die Generalversammlung der Vereinten Nationen zu dem Schluss, eine dahingehende Diskussion wegen einer Gefährdung des Redaktionskonsenses nicht im Text zu reflektieren.[691] Die Haager Konferenz für Internationales Privatrecht ließ hingegen ihre Überlegungen das Thema betreffend in ihren Entwürfen widerspiegeln.

---

687 Vgl. der sechste Präambularparagraph des Rom-Statuts.
688 So ausdrücklich im *Nygh/Pocar*-Bericht (2000), S. 84. An dieser Stelle sei erwähnt, dass *Fausto Pocar*, der als Berichterstatter für UNIDROIT teilnahm, von 1984 bis 2000 Mitglied des UN-Menschenrechtsausschusses und zwischen 1991 bis 1992 dessen Vorsitzender war. Seit 2000 ist er Richter der Berufungskammer des Internationalen Strafgerichtshofs für Ruanda. Gleichfalls war er seit 2000 Richter am ICTY, dessen Vizepräsident er von März 2003 bis November 2005 war.
689 Vgl. *Fritz-René Grabau/Jürgen Hennecka:* Entwicklung des weltweiten Zuständigkeits- und Anerkennungsübereinkommens – Aktueller Überblick, RIW 2001, S. 572.
690 Report of the Commission to the General Assembly on the work of its 51th session, Yearbook of the International Law Commission (1999), Bd. II, UN-Doc. A/CN.4/SER.A/1999/Add.l, Anhang zum Annex 7 (S. 171).
691 *Gerhard Hafner,* der maßgeblich an den Vorarbeiten zu diesem Übereinkommen beteiligt war: Das Übereinkommen der Vereinten Nationen über die Immunität der Staaten und ihres Vermögens von der Gerichtsbarkeit, ZÖR 61 (2006), S. 394. Amnesty International kritisiert aus diesem Grund das Übereinkommen und empfahl bereits mehreren Regierungen, es nicht zu ratifizieren, vgl. ebenda.

Drittes Kapitel – Vorschläge der Haager Konferenz von 1999 und 2001

B. Immunitätsverhältnis der Haager Entwürfe

Bevor auf die eigentlichen Vorschläge für die Behandlung schwerer Menschenrechtsverletzungen eingegangen werden kann, gilt zu klären, wie sich die Konvention – wäre sie in Kraft getreten – zum Prinzip der Staatenimmunität verhalten hätte.

I. Kollisionsregelung

Noch zu Anfang der Kodifikationsinitiative plädierte *Haimo Schack* dafür, das Verhältnis zwischen der Konvention und dem Prinzip der Staatenimmunität dergestalt zu lösen, dass „gegen Staaten gerichtete Entscheidungen" vom Anwendungsbereich ausgenommen sein sollten.[692] Eine solche Ausnahme wurde noch in Art. 2 Abs. 2 des Abkommens zwischen den USA und dem Vereinigten Königreich vom 26.10.1976[693] aufgenommen.[694] Unter anderem aber führte der dadurch empfindlich eingeschränkte Anwendungsbereich des Abkommens zu ernsthaften Divergenzen zwischen beiden Staaten, die letztlich zum Scheitern des Abkommens führten.[695] Schon aus dieser Erfahrung kam ein genereller Ausschluss von Streitigkeiten, in denen Staaten auf der einen oder anderen Seite Partei sind, nicht in Frage. Zumal eine solche Ausklammerung die Einsicht konterkarieren würde, dass staatliches Handeln außerhalb seiner hoheitlichen Natur judizierbar ist. Die Haager Konferenz für Internationales Privatrecht entschied sich demgemäß nicht für eine solche Verengung des Anwendungsbereichs *ratione personae*. Vielmehr hat sie die Grenzziehung für die Inanspruchnahme eines Staates den Fragen der Immunität und des sachlichen Anwendungsbereichs überlassen.[696] Sowohl Art. 1 Abs. 4 des Arbeitsentwurfs von 1999 als auch Art. 1 Abs. 5 des Arbeitsentwurfes von 2001 regeln gleichlautend:

> *"Nothing in this Convention affects the privileges and immunities of sovereign States or of entities of sovereign States, or of international organisations."*

---

692 *Haimo Schack:* Perspektiven eines weltweiten Anerkennungs- und Vollstreckungsübereinkommens, ZEuP 1993, S. 317 (Fußn. 80).
693 Abgedruckt in ILM 16 (1977), S. 71–87.
694 Die bilateralen Verhandlungen wurden nach den Erfahrungen um die erfolglosen Bemühungen der Haager Konferenz um ein weltweites Abkommen angestrengt, dazu *Haimo Schack:* Perspektiven eines weltweiten Anerkennungs- und Vollstreckungsübereinkommens, ZEuP 1993, S. 309 ff.
695 *Haimo Schack:* Perspektiven eines weltweiten Anerkennungs- und Vollstreckungsübereinkommens, ZEuP 1993, S. 309 f.
696 Dagegen plädierte *Haimo Schack* für eine Ausklammerung von Entscheidungen, die die Immunität von Staaten berühren, vgl. Perspektiven eines weltweiten Anerkennungs- und Vollstreckungsübereinkommens, ZEuP 1993, S. 317 (Fußn. 80).

B. Immunitätsverhältnis der Haager Entwürfe

Damit bleiben das Völkervertragsrecht sowie das ungeschriebene Völkerrecht unberührt. Diese ausdrückliche Kollisionsregelung mutet angesichts der Kodifikationsmaterie von „Zivil- und Handelssachen" ungewöhnlich an, war und ist sie doch ohne *international-zivilprozessuales* Vorbild.[697] Zumal, wie üblich, Rechtsmaterien mit spezifischem oder öffentlichem Interesse vom Anwendungsbereich ausgenommen sind. Dass es zu einer ausdrücklichen Regelung die Staatenimmunität betreffend kam, kann durchaus in Verbindung mit der noch zu besprechenden „Menschenrechtsklausel" verstanden werden. Zwar normiert Art. 2 Abs. 6 des später auf Gerichtsstandsvereinbarungen verschlankten Übereinkommens fast identisch:

„*Dieses Übereinkommen berührt nicht die Vorrechte und Immunitäten von Staaten oder internationalen Organisationen in Bezug auf sie selbst und ihr Vermögen.*"

Die diesbezügliche Kommentierung betont den deklaratorischen Charakter, wonach die mögliche Beteiligung von Staaten an Gerichtsstandsvereinbarungen gemäß Art. 2 Abs. 5 des späteren Übereinkommens über Gerichtsstandsvereinbarungen keine Vorrechte oder Immunitäten berührt.[698] Diese Gefahr scheint im Rahmen einer Prorogation kaum gegeben. Vielmehr muss sie als Relikt und damit im Zusammenhang mit der Behandlung schwerer Menschenrechtsverletzungen gelesen werden, wie sie die beiden Arbeitsentwürfe aus 1999 und 2001 vorsahen.[699] Die Spezialkommission sah sich zu der Klarstellung veranlasst, da die Konvention ausdrücklich auch die Streitbeteiligung von Staaten für möglich erachtete, vgl. Art. 1 Abs. 3 Entwurf 1999 bzw. Art. 1 Abs. 4 Entwurf 2001.[700] Die Kollisionsregelung erscheint vielmehr im Rahmen eines allgemeinen Gerichtsstandsübereinkommens sinnvoll, vor allem im Zusammenhang mit der „Menschenrechtsklausel".

II. Aussagegehalt in Bezug auf schwere Menschenrechtsverletzungen

Gemäß Art. 1 Abs. 4 des Arbeitsentwurfes von 1999 bzw. Art. 1 Abs. 5 des Arbeitsentwurfes von 2001 sollte die Konvention nicht die Vorrechte und Immunitäten von Staaten oder internationalen Organisationen berühren. Damit löst das Haager Gerichtsstandsübereinkommen den Konflikt zwischen Konventionsanwendung und Immunitätsgewährung zugunsten des Vorrangs Letzterer. Es war der erklärte Wille der

---

[697] Ähnliche Formulierungen finden sich freilich in immunitätsregelnden Übereinkommen, vgl. etwa Art. 31 des Europäischen Übereinkommens zur Staatenimmunität.
[698] Ebenda.
[699] Auf diese Redaktionsübernahme weisen *Trevor Hartley/Masato Dogauchi* hin: Erläuternder Bericht zum Übereinkommen vom 30. Juni 2005 über Gerichtsstandsvereinbarungen der Haager Konferenz für Internationales Privatrecht, Rn. 87.
[700] Vgl. nur zum ersten Arbeitsentwurf aus 1999 im *Nygh/Pocar*-Bericht (2000), S. 37.

Drittes Kapitel – Vorschläge der Haager Konferenz von 1999 und 2001

Diplomatischen Konferenz, keine neuen Fakten für eine Zurückdrängung der Staatenimmunität zu schaffen, auch nicht im Falle schwerer Menschenrechtsverletzungen. Andersherum sperrte sie sich nicht dagegen, dass die einzelstaatlichen Gerichte im Rahmen ihrer Gerichtsbarkeit sich derer annehmen, wie noch zu besprechen sein wird.

Gleichwohl dieser Ansatz nicht zwingend ist, erscheint er im Hintergrund der Redaktionsarbeiten konsequent und spiegelt insbesondere die Entwicklungen in den USA wider. Dort ist die Durchsetzung von Menschenrechtsverletzungen ohnehin – anders als bei der *civil law*-Familie – der zivilrechtlichen Klagbarkeit überlassen.[701] Der U.S. Supreme Court hat jedoch im Jahr 1989, also noch vor Anfang der Neuverhandlungen in Den Haag, die Haftbarmachung fremder Staaten unter dem FSIA beendet. Daraufhin konzentrierte sich das *private law enforcement* auf die Inanspruchnahme von Privaten, vorzugsweise von Unternehmen. Die Fortschreibung des Diskurses um die Immunitätsausnahme im Falle schwerer Menschenrechtsverletzungen sollte, wie die Kollisionsregel verdeutlicht, nicht im Rahmen der Haager Konferenz für Internationales Privatrecht betrieben werden.

Im Übrigen ist interessant, dass gemäß der Klarstellung beider Arbeitsentwürfe auch die Vorrechte von Internationalen Organisationen unberührt bleiben sollten. Zwar stand 1999 der Beitritt der Europäischen Union zur Haager Konferenz für Internationales Privatrecht noch nicht an, auch wenn die Forderung danach in der Rechtswissenschaft bereits Jahre vor dem tatsächlichen Beitritt der Europäischen Union aufkam.[702] Dies kann einerseits als Reaktion auf die Vergemeinschaftung der justiziellen Zusammenarbeit ihrer Mitgliedstaaten verstanden werden und der damit einhergehenden Unsicherheit darüber, wer in Europa die Abschlusskompetenz trägt.[703] Ohnehin war die Europäische Union damals noch in Form der Europäischen Gemeinschaft bereits seit 1960 als Beobachter in der Haager Konferenz vertreten.[704] Zeitgleich zum Konventionsentwurf befasste sich aber auch eine andere Internationale Organisation mit schweren Menschenrechtsverletzungen, die sie hätte verhindern sollen: Die Vereinten Natio-

---

[701] Diese hat sich demgegenüber für die tragende Verantwortung der Straf- und Internationalen Gerichtsbarkeit entschieden, vgl. *Beth van Schaack:* In Defense of Civil Redress: The Domestic Enforcement of Human Rights Norms in the Context of the Proposed Hague Judgements Convention, Harvard ILJ 42 (2001), S. 143 f.

[702] Etwa *Jürgen Basedow:* Was wird aus der Haager Konferenz für Internationales Privatrecht?, aus: Festschrift für Werner Lorenz (2001), S. 463 (473); *Burkhard Hess:* Die Integrationsfunktion des Europäischen Zivilprozessrechts, IPRax 2001, S. 389 (395 f.).

[703] *Rolf Wagner:* Das Haager Übereinkommen vom 30.6.2005 über Gerichtsstandsvereinbarungen, RabelsZ 73 (2009), S. 105; *Burkhard Hess:* Europäisches Zivilprozessrecht (2010), S. 68 f.

[704] *Jan Asmus Bischoff:* Die Europäische Gemeinschaft und die Konventionen des einheitlichen Privatrechts (2010), S. 96.

C. Anwendbarkeit schwerer Menschenrechtsverletzungen als „Zivilsache"

nen legten 1999 ihre Untersuchungsergebnisse zu den Völkermorden 1994 in Ruanda[705] und 1995 von Srebrenica[706] vor. Auch wenn sich die Haager Konferenz gemäß Art. 3 ihres Statuts in der Fassung vom 30. Juni 2005 bisher nur für *"Regional Economic Integration Organisations"* geöffnet hat, erscheint die Klarstellung mit diesem Hintergrund doppelt sinnvoll. Letztlich aber lässt der Konventionsvorschlag auch in Bezug auf die Streitbeteiligung Internationaler Organisationen deren Vorrechte unberührt und ist demgemäß offen für jede Entwicklung.

C. Anwendbarkeit schwerer Menschenrechtsverletzungen als „Zivilsache"

Soweit also die Konventionsvorschläge der Haager Konferenz für Internationales Privatrecht offen waren für die Entwicklung im Recht der Staatenimmunität, so entscheidend ist nun, ob sie auch ihren Anwendungsbereich für schwere Menschenrechtsverletzungen zur Verfügung stellen.

I. Auslegungsmaßstab für „Zivil- und Handelssachen"

Beide Konventionsentwürfe aus 1999 und 2001 formulieren den Anwendungsbereich *ratione materiae* wohlbekannt und gleichlautend:

> *"Article 1 Substantive scope*
>
> *1. The Convention applies to civil and commercial matters. It shall not extend in particular to revenue, customs or other administrative matters."*

Mit der Festlegung auf „Zivil- und Handelssachen" in Art. 1 folgen die Entwürfe ihren internationalen Vorbildern[707] und einer langen Tradition der Haager Konventionen.[708] Der Ausdruck „Zivil- und Handelssachen" wurde bereits im Übereinkommen zum Zivilprozess vom 14. November 1896 verwendet.[709] Zu dieser Zeit war freilich nicht an die Erfassung von Rechtssachen zu denken, in denen Private auf Schadenser-

---

705 Vgl. Report of the Indipendent Inquiry into the Actions of the United Nations during the 1994 Genocide in Rwana, UN-Doc. S/1999/1257 v. 15.12.1999.
706 Vgl. die beiden UN-Berichte Report of the Secretary-General on violations of international humanitarian law in the areas of Srebrenica, Zepa, Banja Luka and Sanski most, UN-Doc. S/1995/988 v. 27.11.1995 sowie Report of the Secretary-Genreal – The fall of Srebrenica, UN-Doc. A/54/549 v. 15. November 1999; zurückgehend auf Art. 18 der General Assembly Resolution A/RES/53/35 v. 30.11.1998.
707 Insbesondere die dem Brüssler Übereinkommen in allen seinen Fassungen.
708 *Nygh/Pocar*-Bericht (2000), S. 2.
709 Vgl. dessen Art. 1, 5 und 17.

Drittes Kapitel – Vorschläge der Haager Konferenz von 1999 und 2001

satz wegen erlittener schwerer Menschenrechtsverletzungen klagen. Einhundert Jahre später bietet die Konvention aber eine Reihe von Anhaltspunkten für diese Annahme. Die Konvention erfasst im Grundsatz sämtliche „Zivil- und Handelssachen". Erst negativ nimmt sie verschiedene Sachbereiche davon aus. Der Ausnahmekatalog in Art. 1 Abs. 1 S. 2 sowie Abs. 2 und 3 betrifft keine Fälle schwerer Menschenrechtsverletzungen. Ob solche als „Zivilsachen" anzusehen sind, muss durch Auslegung ermittelt werden. Dabei nimmt die Haager Konferenz – der Systematik von Grundsatz und Ausnahme des Begriffs folgend – seit jeher an:

„*Der Ausdruck ‚Zivil- und Handelssachen' ist weit auszulegen.*"[710]

Dabei erinnert die Haager Konferenz an die Prinzipien zur Auslegung des Begriffs „Zivil- und Handelssache", die eine Spezialkommission der Haager Konferenz im Jahr 1989 anhand des Zustellungs-[711] und des Beweisaufnahmeübereinkommens[712] herausgearbeitet hat.[713] Danach bestand erstens Einigkeit darüber, dass der Begriff der „Zivil- und Handelssache" konventionsautonom ausgelegt werden soll.[714] Dies führt zweitens dazu, dass

"*In the 'grey area' between private and public law, the historical evolution would suggest the possibility of a more liberal interpretation of these words.*"[715]

Die Konvention soll der Entwicklung „im Graubereich" zwischen öffentlichem Recht und dem Privatrecht offen sein. Diese Offenheit ermöglicht eine dynamische Auslegung des Begriffs, die eine flexible Interpretation einleitet.

---

710 So die Kommission auf der vierten Tagung der Haager Konferenz für Internationales Privatrecht, die mit der Revision des Abkommens vom 14. November 1896 zur Regelung von Fragen des Internationalen Privatrechts beauftragt war, zitiert nach dem *Jenard*-Bericht zum EuGVÜ (1968), S. 9.
711 Übereinkommen über die Zustellung gerichtlicher und außergerichtlicher Schriftstücke im Ausland in Zivil- oder Handelssachen vom 15. November 1965, in Deutschland umgesetzt mit Gesetz v. 22.12.1977, BGBl. 1977 II, S. 1453.
712 Haager Übereinkommen über die Beweisaufnahme im Ausland in Zivil- oder Handelssachen vom 18. März 1970, in Deutschland umgesetzt mit Gesetz v. 22.12.1977, BGBl. 1977 II, S. 1472.
713 *Nygh/Pocar*-Bericht (2000), S. 31.
714 Nr. 1 der Prinzipien zur Auslegung des Begriffs der „Zivil- und Handelssache" nach der Spezialkommission der Haager Konferenz aus dem Jahr 1989 anhand des Zustellungs- und des Beweisaufnahmeübereinkommens, *Nygh/Pocar*-Bericht (2000), S. 32.
715 Nr. 2 der Prinzipien zur Auslegung des Begriffs der „Zivil- und Handelssache" nach der Spezialkommission der Haager Konferenz aus dem Jahr 1989 anhand des Zustellungs- und des Beweisaufnahmeübereinkommens, *Nygh/Pocar*-Bericht (2000), S. 32.

C. Anwendbarkeit schwerer Menschenrechtsverletzungen als „Zivilsache"

II. Gegenstand der „Menschenrechtsklausel"

Den wichtigsten und mithin entscheidenden Hinweis darauf, ob schwere Menschenrechtsverletzungen als „Zivilsache" betrachtet werden können, liefern die Konventionsentwürfe selbst. Es ist Art. 18 Abs. 3 beider Konventionen, der eine spezifische Regelung für schwere Menschenrechtsverletzungen aufstellt. Hier erlangen die Konventionsvorschläge von 1999 und 2001 ihre eigentliche Bedeutung für die hiesige Untersuchung.

1. Hintergrund der „Menschenrechtsklausel"

Unter dem ständigen Eindruck schwerer Menschenrechtsverletzungen und in dem ausdrücklichen Bewusstsein der Tendenz zu deren gerichtlichen Geltendmachung[716] formulierte die Haager Konferenz den besagten Art. 18 Abs. 3. Im Rahmen der Arbeitsdiskussionen war die Frage danach, ob Klagen, die sich auf Menschenrechtsverletzungen stützen, überhaupt vom Anwendungsbereich des Übereinkommens erfasst sein sollen, von besonderer Bedeutung.[717] Besonders im Rahmen der 4. Tagung der Spezialkommission der Haager Konferenz für internationales Privatrecht zur Frage der Anerkennung und Vollstreckung ausländischer Urteile in Zivil- und Handelssachen vom 7. bis 18. Juni 1999 wurde diskutiert, ob Klagen, die sich auf Menschenrechtsverletzungen stützen, überhaupt vom Anwendungsbereich des Übereinkommens erfasst sein sollten.[718] Die Vorschrift wurde vor allem aus US-amerikanischer Perspektive forciert, um eine weltweite Akzeptanz der *human right class action* durchzusetzen.[719] Die Einbeziehung von Menschenrechtsverletzungen in den Anwendungsbereich des Übereinkommens sei für die Bevölkerung der USA von großer Bedeutung gewesen.[720] Zudem nahm eine Koalition von Nichtregierungsorganisationen Einfluss auf die Kon-

---

716 *Nygh/Pocar*-Bericht (2000), S. 84.
717 Bericht der österreichischen Gesandten *Sabine Riedl* zur Haager Konferenz für internationales Privatrecht, Spezialkommission zur Frage der Anerkennung und Vollstreckung ausländischer Urteile in Zivil- und Handelssachen vom 7. bis 18.6.1999 in Den Haag, abrufbar unter: http://www.richtervereinigung.at/haag1a.htm, dort unter Art. 20.
718 Ebenda.
719 Dazu *Beth van Schaack:* The Civil Enforcement of Human Rights Norms in Domestic Courts, ILSA Journal of International & Comparative Law 6 (2000), S. 295 (300); *William J. Aceves:* Liberalism and international legal scholarship – the Pinochet Case and the move toward a universal system of transnational law litigation, Harvard ILJ 41 (2000), S. 180.
720 Was laut Bericht der österreichischen Gesandten *Sabine Riedl* zur Haager Konferenz für internationales Privatrecht, in informellen Gesprächen deutlich gemacht wurde, abrufbar unter: http://www.richtervereinigung.at/haag1a.htm, dort unter Art. 20.

ventionsarbeiten.[721] Während sich insbesondere die USA und Israel mit großer Vehemenz dafür aussprachen, äußerten sich lediglich China[722], Deutschland und Österreich sowie die Nichtregierungsorganisation IADL[723] vorsichtig.[724] Die österreichische Delegation übte Zurückhaltung vor einer weitreichenden Normierung und bezweifelte, dass die gesandten Experten im Bereich des internationalen Privatrechts das richtige Gremium seien, um Menschenrechtsverletzungen zu diskutieren.[725] Den Diskussionen lag das Bewusstsein zugrunde,

„dass unter Umständen Ansprüche aus im zweiten Weltkrieg erlittenen Schäden – sofern sie noch nicht verjährt sind – vor jedem Gericht der Welt, in dem der Kläger seinen Aufenthalt hat, eingeklagt werden könnten".[726]

Für den ersten Entwurf des besagten Art. 18 Abs. 3 legte die Spezialkommission zwei Alternativvorschläge vor. Auf Grund der Abstimmungen im üblicherweisen Mehrheitsprinzip konnte sie sich jedenfalls darauf verständigen, die Regelung aufzunehmen, dass aber wiederum auf Kosten einer argen und bis zuletzt herrschenden Uneinigkeit.[727] Die Diplomatische Konferenz vom 6.–20. Juni 2001 wurde daher ausnahmsweise nach dem Konsensprinzip abgehalten. Eben einen Konsens konnte die Klausel aber nicht finden.[728] Der gesamte Art. 18 Abs. 3 steht unter dem Vorbehalt, in

---

721 Dieser gehörten Vertreter von Amnesty International, The Center for Justice & Accountability, Fédération Internationale des Ligues des Droits de l'Homme, Human Rights Watch, the International Association of Democratic Lawyers, Lawyers for Human Rights und Redress Trust an. Eingehend auf deren Einfluss bei *Beth van Schaack:* In Defense of Civil Redress: The Domestic Enforcement of Human Rights Norms in the Context of the Proposed Hague Judgements Convention, Harvard ILJ 42 (2001), S. 182 ff.
722 *Beth van Schaack:* In Defense of Civil Redress: The Domestic Enforcement of Human Rights Norms in the Context of the Proposed Hague Judgements Convention, Harvard ILJ 42 (2001), S. 187 f.
723 International Association of Democratic Lawyers.
724 Bericht der österreichischen Gesandten *Sabine Riedl* zur Haager Konferenz für internationales Privatrecht, Spezialkommission zur Frage der Anerkennung und Vollstreckung ausländischer Urteile in Zivil- und Handelssachen vom 7. bis 18.6.1999 in Den Haag, abrufbar unter: http://www.richtervereinigung.at/haag1a.htm, dort unter Art. 20.
725 Ebenda.
726 Ebenda.
727 So *Catherine Kessedjian,* die von 1996 bis 2000 Generalsekretärin der Haager Konferenz für Internationales Privatrecht war und in dieser Zeit die Konventionsarbeiten leitete: Les actions civiles pour violation des droits de l'homme – Aspects de Droit International Privé, Trav. Com. Fr. Dr. Int. Pr. 2002–2004, S. 163 und rückblickend *Andrea Schulz:* The Hague convention of 30 june 2005 on choice of court agreements, Yearbook of private international law, Volume VII (2005), S. 4.
728 Vgl. Rn. 124 zum Entwurf in der revidierten Fassung von 2001.

C. Anwendbarkeit schwerer Menschenrechtsverletzungen als „Zivilsache"

späteren Diskussionen ein Einvernehmen zu finden.[729] Nichtsdestotrotz hat man sich dafür entschieden, den Stand der Diskussionen im Text zu reflektieren. Den Kompromissvorschlag zu den bisherigen Alternativen legte Frankreich vor.[730]

2. Tatbestände schwerer Menschenrechtsverletzungen

Zunächst seien die Tatbestände schwerer Menschenrechtsverletzungen erläutert, derer sich die Haager Entwürfe in Art. 18 Abs. 3 annimmt.

a) Völkermord, Verbrechen gegen die Menschlichkeit und Kriegsverbrechen

Mit der Variante in Art. 18 Abs. 3 lit. a) lehnte sich die Haager Konferenz an das seit dem 17. Juli 1998 verabschiedete Rom-Statut des Internationalen Strafgerichtshofs an.[731] Allein der Tatbestand des Verbrechens der Aggression, dessen Definitionsarbeiten bis in das Jahr 2010 hineinreichten[732], bleibt unerwähnt. Es darf derweil angenommen werden, dass, soweit sich die Internationale Gemeinschaft auf eine Begriffseinrahmung verständigt hat, auch das Verbrechen der Aggression den Kanon erweitert. Denn diese Variante erfasst alle solchen schwersten Verbrechen, die von der Internationalen Gemeinschaft geächtet werden, vgl. im Umkehrschluss Art. 18 Abs. 3 lit. b) des Konventionsentwurfs.

b) Sonstige schwere Verbrechen gegen Internationales Recht

Beachtlich ist die Öffnung des enumerativen Kanons auf sonstige schwere Verbrechen gegen Internationales Recht in Art. 18 Abs. 3 lit. b) des Konventionsentwurfs. Dies erfolgt kumulativ unter zwei Voraussetzungen. Zum ersten muss der Staat seine Strafgerichtsbarkeit im Rahmen eines Internationalen Vertrags auf das jeweilige Verbrechen ausüben. Dabei ist das „Ausüben" einer Strafgerichtsbarkeit enger zu verstehen als das bloße Anerkennen einer Strafverfolgungspflicht.[733] Hier wird die geschlossene

---

729 Ebenda.
730 *Rolf Wagner:* Die Bemühungen der Haager Konferenz für Internationales Privatrecht um ein Übereinkommen über die gerichtliche Zuständigkeit und ausländische Entscheidungen in Zivil- und Handelssachen – Ein Sachstandsbericht nach dem 1. Teil der Diplomatischen Konferenz, IPRax 2001, S. 543.
731 *Nygh/Pocar*-Bericht (2000), S. 84. Auf einen direkten Bezug wurde nur deswegen Abstand genommen, weil das Rom-Statut zu dieser Zeit noch nicht in Kraft getreten war, vgl. Fußn. 120 des Konventionsentwurfs. Das Rom-Statut trat nach Art. 126 Nr. 1 am ersten Tag des Monats in Kraft, der auf den sechzigsten Tag nach Hinterlegung der sechzigsten Ratifikations-, Annahme-, Genehmigungs- oder Beitrittsurkunde beim Generalsekretär der Vereinten Nationen folgte, nämlich am 1. Juli 2002.
732 Vgl. dazu die Ausführungen auf S. 40 und S. 265.
733 Worauf Fußn. 122 des *Nygh/Pocar*-Bericht (2000) hinweist.

Drittes Kapitel – Vorschläge der Haager Konferenz von 1999 und 2001

Parallele zum Strafrecht auch normativ deutlich. Zum anderen begrenzt der Konventionsentwurf den relevanten Sachverhalt auch in einer anderen Beziehung. Die Schadensersatzklage darf nur auf Ersatz des tatsächlich erlittenen Schadens gerichtet sein, sog. *"compensatory damages"*. Damit ausgeschlossen ist die Geltendmachung von *"non-compensatory damages"*, den sog. *"punitive damages"*.

III. Schwere Menschenrechtsverletzungen als „Zivilsache"

1. Einverleibung in den Anwendungsbereich

Auch wenn Art. 18 Abs. 3 außerhalb des Kapitels über den Anwendungsbereich der Konvention steht, entspricht es gleichwohl der autonomen Auslegungsmethode, bei Zweifeln über den Anwendungsbereich die gesamten Konventionsbedingungen einzubeziehen. Streng genommen trifft Art. 18 Abs. 3 nur eine Zuständigkeitsregel für den Fall, dass ein dem Streit zu Grunde liegendes *Verhalten* eine schwere Menschenrechtsverletzung darstellt:

> *"an action [seeking relief] [claiming damages] in respect of conduct which constitutes (...)"*

Wenn die Konvention aber eine Zuständigkeitsregelung gleich welcher Ausgestaltung für Klagen wegen schwerer Menschenrechtsverletzungen trifft, dann kann sie das überhaupt nur innerhalb ihres Anwendungsbereichs tun. Ansonsten wäre die Regelung gegenstandslos und keiner längeren Diskussion wert gewesen. Es ist im Umkehrschluss die Ansicht der Haager Konferenz für Internationales Privatrecht, dass schwere Menschenrechtsverletzungen in den Anwendungsbereich von „Zivil- und Handelssachen" fallen *können*. Andersherum ist aber nicht jede schwere Menschenrechtsverletzung zwingend eine solche „Zivilsache". Denn allein das Vorliegen einer schweren Menschenrechtsverletzung verleiht einer Streitigkeit noch nicht *eo ipso* den Charakter einer „Zivilsache". Denn die rechtliche Reaktion auf schwere Menschenrechtsverletzungen ist mannigfaltig. Gerade in der Inanspruchnahme von Staaten kann auch eine öffentlich-rechtliche Streitigkeit vorliegen, die wiederum aus dem Anwendungsbereich der Konvention herausfallen kann. Andersherum spricht die bloße Streitbeteiligung von Staaten nicht gegen das Vorliegen einer „Zivilsache". Diese Grenzziehung kann nicht durch einen Umkehrschluss aus Art. 18 Abs. 3 geleistet werden. In den überlieferten Dokumenten lassen sich zwei genetische Ansätze finden, die im Zusammenhang mit der „Menschenrechtsklausel" auf den Anwendungsbereich einer „Zivil- und Handelssache" rückschließen lassen.

C. Anwendbarkeit schwerer Menschenrechtsverletzungen als „Zivilsache"

2. Regelfall schwerer Menschenrechtsverletzungen als „Zivilsache"

Zum einen ergibt sich aus dem vorstehend geschilderten Hintergrund der „Menschenrechtsklausel" deren Daseinsberechtigung. Die Spezialkommission wollte den aufstrebenden Menschenrechtsschutz um die Möglichkeit ergänzen, das verantwortliche *Individuum* nicht mehr nur strafrechtlich zu verantworten, sondern auch zivilrechtlich haftbar zu machen.[734] Dieser Flankenschlag verdeutlicht, dass sich die Spezialkommission auf solche Streitsachen fokussierte, in denen Opfer und Hinterbliebene schwerer Menschenrechtsverletzungen versuchen, deren individuelle Verursacher umfassend verantwortlich zu machen. Aus zivilrechtlicher Sicht nennen die Berichterstatter dafür zwei Möglichkeiten:[735] Zum einen die adhäsionsrechtliche Inanspruchnahme eines Angeklagten im Rahmen des Strafprozesses. Zum anderen sollte die Möglichkeit zur „isolierten" Zivilrechtsklage belassen sein, also zur Inhaftnahme Einzelner. Diese beiden Regelfälle bilden den eigentlichen Kern von Fällen schwerer Menschenrechtsverletzungen, die unter den Anwendungsbereich der Konvention fallen sollen.[736] Die Inanspruchnahme des hinter dem Individuum stehenden Staates wurde insoweit nicht als Regelfall einer Streitsache in Bezug auf schwere Menschenrechtsverletzungen betrachtet.

3. Abgrenzungslinie

Der Wortlaut der Konvention beschränkt sich derweil nicht auf den Regelfall. Vielmehr ist damit lediglich das Motiv beschrieben, schwere Menschenrechtsverletzungen nicht auf die schwarze Liste zu setzen und damit aus dem Anwendungsbereich herauszunehmen.[737] Das wird deutlich, indem beide Konventionsentwürfe die Bedeutung des Begriffs einer „Zivil- und Handelssache" in Bezug auf Streitigkeiten mit Staaten näher erläutern.[738] Gleichlautend bestimmten Art. 1 Abs. 3 des Arbeitsentwurfes 1999 bzw. Art. 1 Abs. 4 des Arbeitsentwurfes 2001:

---

734 *Nygh/Pocar*-Bericht (2000), S. 84.
735 Ebenda.
736 *Beth van Schaack:* In Defense of Civil Redress: The Domestic Enforcement of Human Rights Norms in the Context of the Proposed Hague Judgements Convention, Harvard ILJ 42 (2001), ausdrücklich erst zusammenfassend auf S. 200.
737 Was wiederum an der besagten Stelle im *Nygh/Pocar*-Bericht (2000) auf S. 84 deutlich sowie sogleich zur Systematik der Konvention erläutert wird.
738 *Nygh/Pocar*-Bericht (2000), S. 36.

Drittes Kapitel – Vorschläge der Haager Konferenz von 1999 und 2001

> *"A dispute is not excluded from the scope of the Convention by the mere fact that a government, a governmental agency or any person acting for the State is a party thereto."*[739]

Danach gilt die Anwendung der Konvention unbeeindruckt davon, ob ein Staat, eine staatliche Behörde oder eine Person, die für den Staat handelt, Streitpartei eines Sachverhalts ist. Eine genetische Auslegung dieses Absatzes ergibt vielmehr, dass die Abgrenzungslinie mit einer Konkretisierung des Begriffs der „Zivilsache" selbst versucht wurde. Eine Delegation der Haager Konferenz fasste nach ihrem Verständnis nämlich solche Streitigkeiten unter diesen Absatz, die folgende „Kernkriterien" erfüllen:[740]

– *the conduct upon which the claim is based is conduct in which a private person can engage;*
– *the injury alleged is injury which can be sustained by a private person;*
– *the relief requested is of a type available to private persons seeking a remedy for the same injury as the result of the same conduct.*

Diese Vorgaben stellen eine Art dreistufigen „Privatpersonentest" auf. Dieser hat zwar keinen ausdrücklichen Anklang im Wortlaut der Konventionsvorschläge gefunden, sondern kommentiert lediglich Art. 1 der Entwürfe. Die Berichterstatter zum Entwurf aus 1999 hielten auch fest, keine abschließende Definition gefunden zu haben, bestätigten gleichwohl diese „Kernkriterien".[741] Der „Privatpersonentest" erinnert aber an die mittlerweile gefundene Abgrenzungslinie im Europäischen Zivilprozessrecht, die mit der Rs. Sonntag im Jahr 1993 – also die Haager Neuverhandlungen begleitend – Eingang in die Rechtsprechung des EuGH gefunden hat.

D. Systematik der „Menschenrechtsklausel" in Art. 18 Abs. 3

Beide Arbeitsentwürfe der Haager Konferenz von 1999 und 2001 sahen mithin im Anwendungsbereich von „Zivil- und Handelssachen" eine Klausel für Streitigkeiten wegen schwerer Menschenrechtsverletzungen vor. Eben diese Vorarbeiten bilden bis heute den einzigen Kodifizierungsversuch das Thema betreffend. Obwohl im

---

739 Auch das endgültige Übereinkommen über Gerichtsstandsvereinbarungen behielt gemäß Art. 2 Abs. 5 diese Erläuterung bei: „Verfahren sind vom Anwendungsbereich dieses Übereinkommens nicht schon deshalb ausgeschlossen, weil ein Staat, einschließlich einer Regierung, einer Regierungsstelle oder einer für einen Staat handelnden Person, Verfahrenspartei ist.
740 Working Document No 286, zitiert nach dem *Nygh/Pocar*-Bericht (2000), S. 36 f.
741 *Nygh/Pocar*-Bericht (2000), S. 36 f.

D. Systematik der „Menschenrechtsklausel" in Art. 18 Abs. 3

Schrifttum nur vernachlässigt behandelt, erscheint der Haager Vorstoß als „höchst innovativ".[742] Die ausführlichste – bezeichnendermaßen US-amerikanisch geprägte – Beschäftigung mit der „Menschenrechtsklausel" findet sich bei *Beth von Schaack*.[743] Abseits davon finden sich nachgehende Überlegungen nur bei *Rolf Wagner*[744] sowie diesbezügliche Bemerkungen bei *Fritz-René Grabau* und *Jürgen Hennecka*.[745]

I. Struktur der Konvention

Herkömmlich folgen Konventionen im Bereich des Internationalen Zivilprozessrechts zweierlei Konzepten. Einerseits zur Option stand ein reines Anerkennungs- und Vollstreckungsübereinkommen ohne Regelungen zur Entscheidungszuständigkeit. Es ist aber das ständige europäische Interesse, die Internationalen Zuständigkeiten unter Einengung derjenigen, die als exorbitant betrachtet werden, zu vereinheitlichen.[746] Entsprechend hat eine *convention simple,* welche die nationalen Gerichtsstände des Erkenntnisverfahrens unangetastet belässt, nur geringe Aussichten auf Ratifizierung.[747] Zur Verhinderung exorbitanter Gerichtsstände erschien eine *convention double* aussichtsreicher, die sowohl Regelungen zur Anerkennungszuständigkeit als auch zur Entscheidungszuständigkeit enthält.[748] Das setzt aber ein gewisses Integrationsmoment und eine Kohärenz der Rechtssysteme voraus.[749] Im Bereich der Anerken-

---

742 *Beth van Schaack:* In Defense of Civil Redress: The Domestic Enforcement of Human Rights Norms in the Context of the Proposed Hague Judgements Convention, Harvard ILJ 42 (2001), S. 143.
743 Ebenda, S. 141 ff..
744 Die Bemühungen der Haager Konferenz für Internationales Privatrecht um ein Übereinkommen über die gerichtliche Zuständigkeit und ausländische Entscheidungen in Zivil- und Handelssachen – Ein Sachstandsbericht nach dem 1. Teil der Diplomatischen Konferenz, IPRax 2001, S. 543. Als Leiter des Referats für Internationales Privatrecht des Bundesministeriums für Justiz vertrat *Rolf Wagner* später zusammen mit *Burkhard Hess* als Vertretungsbevollmächtigte in dem EuGH-Verfahren gegen die Bundesrepublik Deutschland.
745 Entwicklung des weltweiten Zuständigkeits- und Anerkennungsübereinkommens – Aktueller Überblick, RIW 2001, S. 571 f.
746 *Rolf Wagner:* Die Bemühungen der Haager Konferenz für Internationales Privatrecht um ein Übereinkommen über die gerichtliche Zuständigkeit und ausländische Entscheidungen in Zivil- und Handelssachen – Ein Sachstandsbericht nach dem 1. Teil der Diplomatischen Konferenz, IPRax 2001, S. 534.
747 Etwa hatte das Haager Übereinkommen vom 1. Februar 1971 über die Anerkennung und Vollstreckung von Urteilen in Zivil- und Handelssachen mit den Niederlanden, Zypern und Portugal nur drei Signatarstaaten, dazu bereits auf S. 123.
748 *Jörg-Marcus Leisle:* Dependenzen auf dem Weg vom EuGVÜ, über die EuGVVO, zur EuZPO, S. 212.
749 Ebenda.

Drittes Kapitel – Vorschläge der Haager Konferenz von 1999 und 2001

nung und Vollstreckung liegen die Interessen zwischen den Europäern und den US-Amerikanern noch nicht weit auseinander.[750] In Konflikt traten dagegen insbesondere die ausdifferenzierten Zuständigkeitsregeln der kontinentaleuropäischen Staaten mit denen der weit gefassten US-amerikanischen Zuständigkeitsregeln. Der Neuversuch zur Kodifizierung eines weltweit angelegten Übereinkommens war von Anfang an von der Prämisse geprägt, dass die Vereinigten Staaten von Amerika das Übereinkommen mitratifizieren.[751] Mit diesem Hintergrund kamen die Europäischen Staaten den US-Amerikanern in dem Punkt entgegen, ein abschließendes System an Zuständigkeitsregeln mit einer deklaratorischen „schwarzen Liste" verbotener Gerichtsstände fallen zu lassen.[752] Der Konsens lag demgemäß in einem sog. Gemischten Abkommen.[753]

II. Kategorien des Gemischten Abkommens

Die Systematik einer sog. *convention mixte* kennt drei Kategorien von Gerichtsständen mit jeweils unterschiedlichen Auswirkungen auf die Anerkennung und Vollstreckung.[754] In erster Kategorie vereinheitlicht eine sog. „weiße Liste" jene Gerichtsstände, die in allen Vertragsstaaten zur Verfügung gestellt werden müssen. Stützt sich ein Gericht auf die „weiße" Zuständigkeit, ist die Entscheidung in den anderen Vertragsstaaten nach den Regeln des Übereinkommens anzuerkennen und zu vollstrecken, vgl. Art. 25 Abs. 1 beider Konventionsentwürfe. Eine zweite Kategorie maßre-

---

750   *Rolf Wagner:* Die Bemühungen der Haager Konferenz für Internationales Privatrecht um ein Übereinkommen über die gerichtliche Zuständigkeit und ausländische Entscheidungen in Zivil- und Handelssachen – Ein Sachstandsbericht nach dem 1. Teil der Diplomatischen Konferenz, IPRax 2001, S. 535.
751   *Haimo Schack:* Entscheidungszuständigkeiten in einem weltweiten Gerichtsstands- und Vollstreckungsübereinkommen, ZEuP 1998, S. 956; *Rolf Wagner:* Das Haager Übereinkommen vom 30.6.2005 über Gerichtsstandsvereinbarungen, RabelsZ 73 (2009), S. 105.
752   Ebenda.
753   Vgl. *Arthur Taylor von Mehren:* The Case for a Convention-mixte Approach to Jurisdiction to Adjucate and Recognition and Enforcement of Foreign Judgments, RabelsZ 61 (1997), S. 86. Das Konzept einer *mixed convention* wurde maßgeblich vom ihm entwickelt, vgl. ein Nachruf von *Ralf Michaels/Giesela Rühl:* Arthur Taylor von Mehren – 10. August 1922 – 16. Januar 2006, RabelsZ 70 (2006) S. 233 f. sowie Working Document Prel. Doc. No. 1 of May 1994, S. 4 ff. und dessen Annex.
754   Dazu *Ralf Michaels:* Some Fundamental Jurisdictional Conceptions as Applied in Judgment Conventions, Duke Law School Legal Studies Paper 123 (2006) sowie *Rolf Wagner:* Die Bemühungen der Haager Konferenz für Internationales Privatrecht um ein Übereinkommen über die gerichtliche Zuständigkeit und ausländische Entscheidungen in Zivil- und Handelssachen – Ein Sachstandsbericht nach dem 1. Teil der Diplomatischen Konferenz, IPRax 2001, S. 537.

D. Systematik der „Menschenrechtsklausel" in Art. 18 Abs. 3

gelt verbotene Gerichtsstände. Den Gerichten der Vertragsstaaten ist es versagt, ihre Zuständigkeit auf Gerichtsstände der sog. „schwarze Liste" zu stützen. Eine nach nationalen Regeln dennoch ergangene Entscheidung darf in den anderen Vertragsstaaten weder anerkannt noch vollstreckt werden, vgl. Art. 26 beider Konventionsentwürfe. Und schließlich verbleibt eine dritte Kategorie all jener Gerichtsstände, die zwar nicht verboten sind auszuüben, die aber nicht den Anerkennungs- und Vollstreckungsregeln der Konvention folgen. Vielmehr verbleibt es in dieser „Grauzone" dabei, dass nur nach dem autonomen Recht des Anerkennungs- und Vollstreckungsstaates anerkannt und vollstreckt werden kann, vgl. Art. 24 beider Konventionsentwürfe. Das soll eine gewisse Flexibilität gewährleisten.[755]

III. Systematisierung der „Menschenrechtsklausel"

Mit diesem Hintergrund lässt sich nun die besagte Regelung bezüglich schwerer Menschenrechtsverletzungen in Art. 18 Abs. 3 systematisieren. Entsprechend der Konventionsnatur ist sowohl zwischen der Regelung auf Zuständigkeitsebene als auch in Bezug auf die Anerkennung und Vollstreckung zu differenzieren.

1. Zuständigkeitsregelung

Der Art. 18 Abs. 3 ist im Kapitel über die Zuständigkeitsvorschriften der Konventionsentwürfe verortet. Die Norm begründet jedoch keine Konventionszuständigkeit. Im Gegenteil ist die „Menschenrechtsklausel" in der „schwarzen Liste" verortet, vgl. Art. 18 Abs. 1 und 2. Ihre Ausformulierung war stark umstritten.[756] Während Abs. 1 eine Generalklausel formuliert und Abs. 2 enumerativ verbotene internationale Zuständigkeiten aufzählt, nimmt Abs. 3 schwere Menschenrechtsverletzungen aus schwarzen Liste heraus:

> "Nothing in this Article shall prevent a court in a Contracting State from exercising jurisdiction under national law in an action [seeking relief] [claiming damages] in respect of conduct which constitutes (...)."

Ausdrücklich dürfen die Vertragsstaaten der Konvention bei zugrundeliegenden Sachverhalten also auf ihr nationales Zuständigkeitsrecht zurückgreifen. Wie bereits

---

755 *Haimo Schack:* Perspektiven eines weltweiten Anerkennungs- und Vollstreckungsübereinkommens, ZEuP 1993, S. 316.
756 *Rolf Wagner:* Die Bemühungen der Haager Konferenz für Internationales Privatrecht um ein Übereinkommen über die gerichtliche Zuständigkeit und ausländische Entscheidungen in Zivil- und Handelssachen – Ein Sachstandsbericht nach dem 1. Teil der Diplomatischen Konferenz, IPRax 2001, S. 542 f.

Drittes Kapitel – Vorschläge der Haager Konferenz von 1999 und 2001

beschrieben, hatten die Urheber der Konvention insbesondere zwei Fälle von Streitigkeiten vor Augen: Zum einen die „isolierte" Zivilklage gegen eine verantwortliche Person, zum anderen die Adhäsionsverfahren. Für beide Fallgruppen ermangelt es an geeigneten Gerichtsständen.

a) Der Mangel an Gerichtsständen für „isolierte" Zivilklagen

Für Menschenrechtsverletzungen stellt der Entwurf dem Geschädigten hauptsächlich den Gerichtsstand der unerlaubten Handlung am Begehungsort nach Art. 10 und den allgemeinen Beklagtengerichtsstand nach Art. 3 zur Verfügung. Das *forum delicti* begründet einen Gerichtsstand des Geschädigten am Orte der Verletzung. Soweit der Menschenrechtsverletzer seine Ländergrenzen verlässt, könnte der Geschädigte vor andere Gerichte ziehen, als der Verletzerstaat bereithält. Art. 10 ermöglicht insoweit einen Gerichtsstand für Distanzdelikte.[757] Daneben steht dem Geschädigten nach Art. 3 der allgemeine Beklagtengerichtsstand zur Verfügung. Beide Gerichtsstände fallen bei Menschenrechtsverletzung in der Regel zusammen und helfen dem Opfer vielfach nicht.[758] Der Geschädigte ist gezwungen, vor den Gerichten des Staates zu klagen, der die Menschenrechtsverletzung begangen hat. Nicht nur müssen hier die eigenen Rechtspflegeorgane des Staates den Sachverhalt durchdringen, dem das Unrecht vorgehalten wird.[759] Mehr noch sitzen hier Täter selbst über ihre Taten zu Gericht.[760] Dies ist weder dem Geschädigten zumutbar noch einem effektiven Zivilrechtsschutz zuträglich.[761] Die Zuhilfenahme eines vieldiskutierten universellen Gerichtsstands der Menschenrechtsverletzung leidet zumeist daran, dass dieser keine wesentliche Verbindung zwischen dem Gerichtsstaat und der Streitigkeit aufweist[762] und deshalb der Generalklausel von Art. 18 Abs. 1 und damit dem Konventionsanliegen zum Opfer fällt, exorbitante Gerichtsstände zu vermeiden. Für die „isolierte" Zivilklage weißt der Konventionsentwurf mithin einen Mangel an Gerichtsständen auf.

---

757 Kritisch bei *Haimo Schack:* Entscheidungszuständigkeiten in einem weltweiten Gerichtsstands- und Vollstreckungsübereinkommen, ZEuP 1998, S. 945.
758 *Rolf Wagner:* Die Bemühungen der Haager Konferenz für Internationales Privatrecht um ein Übereinkommen über die gerichtliche Zuständigkeit und ausländische Entscheidungen in Zivil- und Handelssachen – Ein Sachstandsbericht nach dem 1. Teil der Diplomatischen Konferenz, IPRax 2001, S. 543.
759 Dieser Konflikt ist Gegenstand zahlreicher Verpflichtungen zur Aufklärung eines Sachverhalts auch gegen sich selbst, wie bereits mit Nachw. auf S. 97 beschrieben.
760 *Rolf Wagner:* Die Bemühungen der Haager Konferenz für Internationales Privatrecht um ein Übereinkommen über die gerichtliche Zuständigkeit und ausländische Entscheidungen in Zivil- und Handelssachen – Ein Sachstandsbericht nach dem 1. Teil der Diplomatischen Konferenz, IPRax 2001, S. 543.
761 Ebenda.
762 Ebenda.

D. Systematik der „Menschenrechtsklausel" in Art. 18 Abs. 3

b) Der Mangel an Gerichtsständen für Adhäsionsverfahren

Ein entsprechender Mangel an Gerichtsständen wird auch im Hinblick auf ein Adhäsionsverfahren deutlich. Wird im Rahmen eines Strafverfahrens ein solches angestrengt, bietet die Konvention keine spezielle Zuständigkeitsregelung auf. Im Gegenteil hätte eine etwaige Annexzuständigkeit eines Strafgerichts für die Zivilklage über Umwege einen exorbitanten Gerichtsstand zugelassen, die zwar das Strafrecht für schwere Menschenrechtsverletzungen entwickelt hat, die es aber nach europäischem Interesse zu vermeiden galt. Aus diesen Gründen konnte man sich in den Entwürfen von 1999 und 2001 nicht auf die ausdrückliche Erwähnung eines Adhäsionsverfahrens einigen.[763] So verbleibt es bei dem Generalverbot aus Art. 18 Abs. 3, der exorbitante Annexzuständigkeiten verpönt. Eine diesbezügliche Zuständigkeit müsste auf die zuvor genannten allgemeinen Gerichtsstände des Wohnsitzstaates nach Art. 3 bzw. der Verletzungshandlung nach Art. 10 gestützt werden.[764] Nimmt man aber die zuvor sowie die eingangs beschriebenen Bedenken ernst, ist auch ein Verfahren im involvierten Staat dem Zweifel ausgesetzt, effektiven Rechtsschutz nicht gewährleisten zu können.

c) Grauzonenlösung

Art. 18 Abs. 3 schafft aus diesen Gründen einen „Zwischenbereich" für Menschenrechtsverletzungen. Diese Regelung führt nach ihrem Wortlaut und gemäß der Grauzonensystematik nicht etwa konstitutiv eine staatsvertragliche Zuständigkeit ein.[765] Sie sieht vielmehr vor, dass die wegen schwerer Menschenrechtsverletzungen möglichen Zuständigkeitsbegründungen in den Konventionsstaaten nicht eingeschränkt werden sollen.[766] Dabei fällt Art. 18 Abs. 3 aus der Regelungssystematik der Konvention zur eigentlichen „Grauzone" der *convention mixte* heraus. Die eigentliche Grauzone der Konvention wird von Art. 17 beider Konventionsentwürfe bestimmt. Dort

---

763 *Catherine Kessedjian:* Les actions civiles pour violation des droits de l'homme – Aspects de Droit International Privé, Trav. Com. Fr. Dr. Int. Pr. 2002–2004, S. 174.
764 Zur Auffangfunktion dieser Gerichtsstände im Rahmen der EuGVVO bei Geimer/Schütze-*Reinhold Geimer:* Europäisches Zivilverfahrensrecht, 3. Aufl. 2010, Art. 71 EuGVVO, Rn. 285 f.
765 *Rolf Wagner:* Die Bemühungen der Haager Konferenz für Internationales Privatrecht um ein Übereinkommen über die gerichtliche Zuständigkeit und ausländische Entscheidungen in Zivil- und Handelssachen – Ein Sachstandsbericht nach dem 1. Teil der Diplomatischen Konferenz, IPRax 2001, S. 543; *Fritz-René Grabau/Jürgen Hennecka:* Entwicklung des weltweiten Zuständigkeits- und Anerkennungsübereinkommens – Aktueller Überblick, RIW 2001, S. 571 f.
766 Nagel/Gottwald-*Peter Gottwald:* Internationales Zivilprozessrecht, 6. Aufl. 2007, § 2, Rn. 13.

Drittes Kapitel – Vorschläge der Haager Konferenz von 1999 und 2001

wird für verschiedene Zuständigkeitsbereiche der Konvention auch das autonome Zuständigkeitsrecht der Konventionsstaaten erlaubt. Da aber, wie zuvor beschrieben, die Geltendmachung schwerer Menschenrechtsverletzung wenig Anknüpfung an die Zuständigkeitsvorschriften der Konvention finden, konnte die Regelung nicht dort verortet werden. Diese redaktorische Notwendigkeit bedeutet gleichsam, dass Art. 18 Abs. 3 keine Kategorie *sui generis* schaffen wollte, sondern der Grauzone angegliedert sein sollte. Der zuvor beschriebene Mangel an Gerichtsständen wird so behoben.

Die Besonderheit in *dieser* Grauzone ist, dass auch exorbitante Gerichtsstände ohne Anknüpfungspunkt bemüht werden können, vgl. im Umkehrschluss Art. 18 Abs. 1, von dem Abs. 3 gerade eine Ausnahme schafft. So trägt die „menschenrechtliche" Grauzone den Kompromisscharakter zwischen Verhinderung exorbitanter Gerichtsstände und effektivem Menschenrechtsschutz. Es ist ein Zugeständnis des bereits mehrfach betonten europäischen Interesses, wonach exorbitante Gerichtsstände eigentlich zu verbieten waren, vgl. Art. 18 Abs. 1 der Konventionsvorschläge.[767] Der ausnahmsweise Rückgriff auf exorbitante Gerichtsstände hat allerdings eine Gegenausnahme „gekostet". Der Grundgedanke des Kompromisses hat sich nämlich in der Konvention manifestiert. Der Kompromiss beruht grundlegend auf der Annahme, einen Rechtsschutz vor den konventionsautonomen Zuständigkeitsnormen nicht effektiv erlangen zu können. Um tatsächlich nur diese Fälle zu erfassen, setzen Art. 18 Abs. 3 Variante 1 des Entwurfes von 1999 sowie Art. 18 Abs. 3 des Entwurfs von 2001 eben diesen Umstand voraus. In der ersten (ohnehin in Klammern gesetzten) Variante von 1999 wurde überlegt, die Grauzonenklausel folgendermaßen einzuschränken:

> "Sub-paragraphs (...) above apply only if the party seeking relief is exposed to a risk of a denial of justice because proceedings in another State are not possible or cannot reasonably be required."

Der spätere Entwurf von 2001 verzichtete auf die Klammersetzung und verband diese Forderung leicht abgeändert fakultativ mit der „Menschenrechtsklausel". Darin Anklang findet die Lehre des *forum non conveniens* bzw. *forum conveniens*.[768] Das „ungeliebte Kind der Europäer"[769] hat in abgeschwächter Form in Art. 22 Einzug ge-

---

767 *Rolf Wagner:* Die Bemühungen der Haager Konferenz für Internationales Privatrecht um ein Übereinkommen über die gerichtliche Zuständigkeit und ausländische Entscheidungen in Zivil- und Handelssachen – Ein Sachstandsbericht nach dem 1. Teil der Diplomatischen Konferenz, IPRax 2001, S. 543.
768 *Catherine Kessedjian:* Les actions civiles pour violation des droits de l'homme – Aspects de Droit International Privé, Trav. Com. Fr. Dr. Int. Pr. 2002–2004, S. 163.
769 Formulierung in diesem Zusammenhang bei *Rolf Wagner:* Die Bemühungen der Haager Konferenz für Internationales Privatrecht um ein Übereinkommen über die gerichtliche Zuständigkeit und ausländische Entscheidungen in Zivil- und Handelssachen – Ein Sachstandsbericht nach dem 1. Teil der Diplomatischen Konferenz, IPRax 2001, S. 543.

D. Systematik der „Menschenrechtsklausel" in Art. 18 Abs. 3

funden.[770] Das quasi umgekehrte Verständnis bestimmt Art. 18 Abs. 3 S. 2. Danach erlaubt die Konvention die nationalen Zuständigkeitsvorschriften nur in Fällen einer solchen Rechtsverweigerung, wenn ein Verfahren nicht möglich oder vernünftigerweise nicht betrieben werden könnte. Während die Vorzugsvariante von 1999 ganz auf die Absicherung verzichtet, ist selbst diese Absicherung nicht in Bezug auf Völkermord sowie Verbrechen gegen die Menschlichkeit formuliert. Ein Kern an schweren Menschenrechtsverletzungen ist also ganz unabhängig den nationalen Zuständigkeitsvorschriften zugänglich.

2. Anerkennung und Vollstreckung

Die Systematisierung des Art. 18 Abs. 3 auf Zuständigkeitsebene wirft angesichts der Verortung im Kapitel über die Zuständigkeitsvorschriften keine besonderen Schwierigkeiten auf. Nach welchen Regeln aber Entscheidungen wegen schwerer Menschenrechtsverletzungen anerkannt und vollstreckt werden, beantwortet die Konvention nicht ausdrücklich. Für den Graubereich der Konvention aus Art. 17 erlaubt Art. 24 diesbezüglich den Rückgriff auf das autonome Recht der Konventionsstaaten. Art. 24 nennt jedoch Art. 18 Abs. 3 nicht. Art. 18 wird von Art. 26 dergestalt behandelt, dass er die Anerkennung und Vollstreckung für die verpönten Gerichtsstände verbietet. Soweit aber Art. 18 Abs. 3 gerade Streitigkeiten wegen schwerer Menschenrechtsverletzungen von der schwarzen Liste ausnimmt, ist den Konventionsstaaten die Anerkennung und Vollstreckung jedenfalls nicht verboten. Sie ist aber auch nicht von Art. 25 Nr. 1 erlaubt, der ausdrücklich nur auf die „weißen" Zuständigkeiten Bezug nimmt. Streng genommen sieht die Konvention also keine Regelung für die Anerkennung und Vollstreckung von Entscheidungen vor, die aufgrund schwerer Menschenrechtsverletzungen ergehen.

Es würde der Natur der Konvention widersprechen, allein die Zuständigkeit in Bezug auf bestimmte Streitigkeiten zu regeln, nicht aber deren Anerkennung und Vollstreckung. Nicht nur wäre so eine eigenständige, vierte Kategorie geschaffen. Vor allem wäre die Regelung zu Art. 18 Abs. 3 rein akademischer Natur, wenn nicht auch die Anerkennung und Vollstreckung mitbedacht würde. Ohne deren Einbeziehung wäre es ohnehin den Konventionsstaaten überlassen, die Anerkennung und Vollstreckung diesbezüglich zu regeln. Im Einklang mit den drei Kategorien der Konvention liegt daher vielmehr die Verortung in der Grauzone nahe.[771] Danach wären in ande-

---

770 Dazu ebenda, S. 543 f.
771 *Rolf Wagner*: Die Bemühungen der Haager Konferenz für Internationales Privatrecht um ein Übereinkommen über die gerichtliche Zuständigkeit und ausländische Entscheidungen in Zivil- und Handelssachen – Ein Sachstandsbericht nach dem 1. Teil der Diplomatischen Konferenz, IPRax 2001, S. 543 sowie *Fritz-René Grabau/Jürgen Hennecka*:

ren Vertragsstaaten ergangene Entscheidungen außerhalb der Konvention anzuerkennen und zu vollstrecken.

E. Weiterentwicklung der Konventionsarbeiten

Wie bereits angeklungen, hat das ehrgeizige Projekt der Haager Konferenz trotz intensiven Verhandlungsstunden keinen Erfolg gefunden.[772] Noch der erste Teil der Diplomatischen Konferenz 2001 erweiterte das umstrittene Textmaterial von 1999, rettete jedoch nicht die Materie. Der zweite Teil der Diplomatischen Konferenz wurde auf frühestens Ende 2002 verschoben.[773] Der Juni 2001 erlebte mit dem ersten Teil zugleich auch den letzten Teil der Diplomatischen Konferenz.[774] Das Scheitern der Konventionsarbeiten hat, neben personellen Diskontinuitäten[775], vielfältige inhaltliche Gründe.[776]

I. Scheitern der Konventionsarbeiten

Von besonderem weil zentralem Untersuchungsinteresse ist hier, inwieweit die „Menschenrechtsklausel" die Herzensangelegenheit der Haager Konferenz zu Fall gebracht

---

Entwicklung des weltweiten Zuständigkeits- und Anerkennungsübereinkommens – Aktueller Überblick, RIW 2001, S. 572.

772 Bereits vor den Interimsentwürfen warnte *Haimo Schack* vor einer „Totgeburt" der Konvention: Entscheidungszuständigkeiten in einem weltweiten Gerichtsstands- und Vollstreckungsübereinkommen, ZEuP 1998, S. 932 und 955 f.

773 *Rolf Wagner:* Die Bemühungen der Haager Konferenz für Internationales Privatrecht um ein Übereinkommen über die gerichtliche Zuständigkeit und ausländische Entscheidungen in Zivil- und Handelssachen – Ein Sachstandsbericht nach dem 1. Teil der Diplomatischen Konferenz, IPRax 2001, S. 534.

774 *Andrea Schulz:* Reflection Paper to Assist in the preparation of a Convention on Jurisdiction and Recognition and Enforcement of Foreign Judgments in Civil and Commercial Matters, Preliminary Document Nr. 19 aus August 2002, S. 5.

775 Zum einen verließ im Jahr 2000 mit *Catherine Kessedjian* eine Generalsekretärin die Haager Konferenz, die der Thematik besondere Aufmerksamkeit schenkte, vgl. *dies.:* Les actions civiles pour violation des droits de l'homme – Aspects de Droit International Privé, Trav. Com. Fr. Dr. Int. Pr. 2002-2004, S. 151–184. Zum anderen sei hier an den Berichterstatter *Peter Edward Nygh* erinnert, der am 19. Juni 2002 verstarb, vgl. *Debbie Bennett:* Peter Edward Nygh; Australian Law Journal 76 (2002), S. 595.

776 Überblick bei *Burkhard Hess:* Steht das geplante weltweite Zuständigkeits- und Vollstreckungsübereinkommen vor dem Aus?, IPRax 2000, S. 342 f.; *William E. O'Brian Jr.:* The Hague Convention on Jurisdiction and Judgments – The Way Forward, Modern Law Review 66 (2003), S. 491–509.

hat (dazu unter 1.) oder aber, ob andere Gründe das Scheitern maßgeblich verursachten (dazu unter 2.).

1. „Menschenrechtsklausel" als Grund des Scheiterns

Die US-Amerikaner bestimmten das Schicksal der Haager Konvention. Nachdem von ihnen die Initiative zu dem neuen Übereinkommen ausging und ihnen ein Kompromiss in Form einer *mixed convention* zugesprochen wurde, scheiterte die Konvention gleichfalls an ihnen. Bereits in einem Brief vom 22. Februar 2000 an den Präsidenten und an alle Delegationen der Haager Konferenz teile das US State Departments mit, der Entwurf von 1999 habe in den USA keine Chance auf Ratifizierung.[777] Die Unvereinbarkeit der europäischen und US-amerikanischen Positionen[778] ist hier insoweit interessant, als dass insbesondere die dortige Anwaltschaft im Laufe der Verhandlungen immer weniger bereit war, auf die weiten US-amerikanischen Zuständigkeitsregeln zu verzichten.[779] Insoweit war Art. 18 Abs. 3 kein Störfaktor, wenn überhaupt seine Umstrittenheit. Als ein wichtiger Grund des Scheiterns wird tatsächlich der sog. Justizkonflikt[780] zwischen den USA und Europa gesehen, gerade gegenüber Deutschland.[781] Zu jener Zeit sahen sich die Bundesrepublik Deutschland sowie deutsche Unternehmen einer Klageflut wegen ihrer Vergangenheit gegenüber.

Entsprechend unerwünscht erscheint die „Menschenrechtsklausel" aus europäischer, respektiver deutscher Sicht. Ohnehin war ursprünglich angedacht, die schwierigen Verhandlungen durch die Einbeziehung problematischer Materien nicht zusätzlich zu erschweren.[782] Eigentlich sollten sämtliche als exorbitant betrachteten Gerichtsstände

---

777 Abgedruckt bei *Arthur Taylor von Mehren:* Drafting a Convention on International Jurisdiction and the Effects of Foreign Judgments Acceptable World-Wide – Can the Hague-Conference Project Succeed?, AJCL 49 (2001), S. 192 sowie im Newsletter der Deutsch-Amerikanischen Juristen-Vereinigung aus dem Jahr 2000, S. 44.
778 *Rolf Knieper:* Einige Probleme des Internationalen Zivilprozessrechts, WiRO 2007, S. 137.
779 *Rolf Wagner:* Das Haager Übereinkommen vom 30.6.2005 über Gerichtsstandsvereinbarungen, RabelsZ 73 (2009), S. 106.
780 Nachzeichnend bei *Rolf A. Schütze:* Aktuelle Fragen der Anerkennung und Vollstreckbarerklärung von US-Amerikanischen Schiedssprüchen und Gerichtsurteilen in Deutschland, aus: Ausgewählte Probleme des internationalen Zivilprozessrechts (2006), S. 337 ff.
781 *Gralf-Peter Calliess:* Value-added Norms, Local Litigation, and Global Enforcement – Why the Brussels-Philosophy failed in The Hague, German Law Journal 5 (2004), S. 1491; *Samuel P. Baumgartner:* The Proposed Hague Convention on Jurisdiciton and Foreign Judgements – Trans-Atlantic lawmaking for transnational litigagtion (2003), S. 95 ff.
782 *Haimo Schack:* Perspektiven eines weltweiten Anerkennungs- und Vollstreckungsübereinkommens, ZEuP 1993, S. 317.

Drittes Kapitel – Vorschläge der Haager Konferenz von 1999 und 2001

auf die „schwarze Liste" gesetzt werden.[783] Die praktische Wirksamkeit der Konvention hing gerade von der Kürze ihrer Grauzone ab.[784] In diesem Sinne kann der umstrittenen „Menschenrechtsklausel" sicher kein positiver Einfluss auf das Verhandlungsgeschick der Delegationen beschieden werden, daraus aber einen Grund ihres Scheiterns herauszulesen wäre vorschnell. Zumal das Belassen der „Menschenrechtsklausel" in der Grauzone zwar streitig war, darin letztlich aber keine Änderung des rechtlichen *status quo* beabsichtigt wurde.[785]

2. Maßgebliche Gründe des Scheiterns

Die eigentlichen Gründe des Scheiterns sind vielmehr in Form anderer problematischer Materien zu identifizieren. Insbesondere Fragen des Immatrialgüterrechts[786] und die unvorhersehbaren Auswirkungen technischer Entwicklungen, wie etwa des Internets[787], waren Stolpersteine auf dem Weg zu einem weltweiten Gerichtsstands- und Vollstreckungsübereinkommen. Übergeordneter und maßgeblicher Grund des Scheiterns war schließlich, dass sich das Haager Übereinkommen zwar eng an das Europäische Erfolgsmodell der EuGVVO anlehnte[788], ohne sich aber auf dessen Säulen stützen zu können. So werden für das Scheitern eines *weltweit* konzipierten Anerkennungs- und Vollstreckungsabkommens die fehlende Harmonisierung sowohl des Kollisionsrechts als auch des Privatrechts insgesamt verantwortlich gemacht.[789]

---

783 Ebenda, S. 315.
784 Ebenda, S. 331; *ders.*: Entscheidungszuständigkeiten in einem weltweiten Gerichtsstands- und Vollstreckungsübereinkommen, ZEuP 1998, S. 931–956; *Jörg-Marcus Leisle:* Dependenzen auf dem Weg vom EuGVÜ, über die EuGVVO, zur EuZPO, S. 213.
785 *Rolf Wagner:* Die Bemühungen der Haager Konferenz für Internationales Privatrecht um ein Übereinkommen über die gerichtliche Zuständigkeit und ausländische Entscheidungen in Zivil- und Handelssachen – Ein Sachstandsbericht nach dem 1. Teil der Diplomatischen Konferenz, IPRax 2001, S. 543.
786 Vgl. *Andrea Schulz:* The Hague convention of 30 june 2005 on choice of court agreements, Yearbook of private international law, Volume VII (2005), S. 4 sowie die Mitteilung von *Alfons Schäfers:* Haager Konferenz für internationales Privatrecht – Entwurf eines Übereinkommens über gerichtliche Zuständigkeiten und ausländische Urteile in Zivil- und Handelssachen, GRUR 2001, S. 809 f.
787 Vgl. *Andrea Schulz:* The Hague convention of 30 june 2005 on choice of court agreements, Yearbook of private international law, Volume VII (2005), S. 4 sowie der Erläuternde Bericht von *Trevor Hartley/Masato Dogauchi* zum Übereinkommen vom 30. Juni 2005 über Gerichtsstandsvereinbarungen der Haager Konferenz für Internationales Privatrecht, S. 15.
788 *Rolf Wagner:* Das Haager Übereinkommen vom 30.6.2005 über Gerichtsstandsvereinbarungen, RabelsZ 73 (2009), S. 104.
789 Vgl. *Gralf-Peter Calliess,* der dies sogar als schweren Fehler bezeichnet: Value-added Norms, Local Litigation, and Global Enforcement – Why the Brussels-Philosophy failed

II. Verschlankung der Konvention

Um ein vollständiges Scheitern der Verhandlungen zu vermeiden, entschied sich die Kommission für Allgemeine Angelegenheiten und Politik der Haager Konferenz dazu, eine Arbeitsgruppe mit eben der Rettung der Entwurfsarbeiten einzusetzen.[790] Ein gemeinsamer Konsens konnte aber nur in der Verschlankung der Konvention auf ein reines Gerichtsstandsübereinkommen erreicht werden.[791] Im Jahr 2005 wurde nach langen Verhandlungen das Haager Übereinkommen über Gerichtsstandsvereinbarungen[792] von der 20. Diplomatischen Konferenz verabschiedet.[793] Die bisweilen erhobene Kritik an diesen engen Anwendungsbereich[794] wird dem grundsätzlichen Verdienst der Konventionsarbeiten zwar nicht gerecht[795], der praxisorientierte Konsens hatte gleichwohl den Vorteil, sowohl die „Europäer" als auch die US-Amerikaner unter einer Konvention zu vereinen.[796]

---

in The Hague, German Law Journal 5 (2004), S. 1497 f.; *Johannes Sedlmeier:* Internationales und europäisches Verfahrensrecht – Neuere Entwicklungen bei der gegenseitigen Urteilsanerkennung in Europa und weltweit, EuLF 2002, S. 44.

790 Vgl. *Andrea Schulz:* The Hague convention of 30 june 2005 on choice of court agreements, Yearbook of private international law, Volume VII (2005), S. 5 sowie der Erläuternde Bericht von *Trevor Hartley/Masato Dogauchi* zum Übereinkommen vom 30. Juni 2005 über Gerichtsstandsvereinbarungen der Haager Konferenz für Internationales Privatrecht, S. 31.

791 *Rolf Wagner:* Das Haager Übereinkommen vom 30.6.2005 über Gerichtsstandsvereinbarungen, RabelsZ 73 (2009), S. 108.

792 Deutsche Fassung in ABl. EU Nr. L 133 vom 29.5.2009, S. 3 ff., abgedruckt bei *Rolf Wagner:* Das Haager Übereinkommen vom 30.6.2005 über Gerichtsstandsvereinbarungen, RabelsZ 73 (2009), S. 150 ff. An der abgestimmten Übersetzung zwischen Deutschland, Österreich und der Schweiz im Jahr 2006 nahm der hiesige Verfasser teil.

793 Dazu *Rolf Wagner:* Das Haager Übereinkommen vom 30.6.2005 über Gerichtsstandsvereinbarungen, RabelsZ 73 (2009), S. 100–149 sowie *Florian Eichel:* Das Haager Übereinkommen über Gerichtsstandsvereinbarungen vom 30.6.2005 – Eine Bestandsaufnahme nach der Unterzeichnung durch die USA, RIW 2009, S. 289–297; weitere Nachweise im Schrifttum bei Nagel/Gottwald-*Peter Gottwald:* Internationales Zivilprozessrecht, 6. Aufl. 2007, § 3, Rn. 505.

794 *Martin Fricke:* Das Haager Übereinkommen über Gerichtsstandsvereinbarungen unter besonderer Berücksichtigung seiner Bedeutung für die Versicherungswirtschaft, VersR 2006, S. 482; *Giesela Rühl:* Das Haager Übereinkommen über die Vereinbarung gerichtlicher Zuständigkeiten: Rückschritt oder Fortschritt?: IPRax 2005, S. 415.

795 *Rolf Wagner:* Das Haager Übereinkommen vom 30.6.2005 über Gerichtsstandsvereinbarungen, RabelsZ 73 (2009), S. 143.

796 Die USA haben die Konvention von 2005 am 19.01.2009 unterzeichnet. Die Mitgliedstaaten der EU werden selbst nicht der Konvention beitreten, für sie unterzeichnet die EU als Mitglied der Haager Konferenz selbst, vgl. Beschluss des Rates vom 26.02.2009 über die Unterzeichnung – im Namen der Europäischen Gemeinschaft – des Übereinkommens über Gerichtsstandsvereinbarungen (2009/397/EG), ABl. EU Nr. L 133 vom 29.5.2009,

Drittes Kapitel – Vorschläge der Haager Konferenz von 1999 und 2001

III. Aussichten

Wiewohl die Bemühungen der Haager Konferenz für eine weltweite Entsprechung zur EuGVVO gescheitert sind, bleibt die vorgeschlagene Kodifikation von einigem Wert, nicht nur insbesondere für das hier besprochene Thema, sondern auch für jeden späteren Anlauf. Allein die Tatsache, dass sich der Art. 18 nach 1999 zwei Jahre später auch im Konventionsentwurf von 2001 bewährt hat, kann als Bestätigung der Materie gesehen werden.[797] Erfahrungsgemäß warten die bisherigen Entwürfe der Haager Konferenz auf geduldigem Papier, die zu den nächsten Anläufen für ein weltweit angelegtes Übereinkommen wieder aus ihren Schubladen herausgenommen werden.[798] Wieder aufgenommen werden dann sicherlich auch die Diskussionen um Art. 18 und dessen Abs. 3. Die Relevanz von Menschenrechten für den privatrechtlichen Gerichtsstand wirft für die Haager Konferenz ungebrochen „ungelöste Probleme" auf.[799] Einen erneuten Kodifikationsversuch zu einem allgemeinen Zuständigkeits-, Anerkennungs- und Vollstreckungsübereinkommen soll es aber nicht vor Inkrafttreten der verschlankten Konvention zu Gerichtsstandsvereinbarungen geben.[800] Die Ratifikation des Haager Gerichtsstandsübereinkommens steht bis heute aus. Sowieso haben die Verzögerungen bei der Revision der EuGVVO dies nicht beschleunigt.[801]

F. Übertragbarkeit der Konventionsarbeiten

Um nun auf die Konventionsarbeiten der Haager Konferenz zurückgreifen zu können, müssen deren Vorgaben auf die EuGVVO übertragbar sein. Dabei ist es nicht unge-

---

S. 1 ff. Die Unterzeichnung der Europäische Union erfolgte sodann am 01.04.2009, wobei Dänemark wegen Art. 1 und 2 des Protokolls über die Position Dänemarks zum Vertrag über die Europäische Union davon nicht eingeschlossen ist, vgl. die Erklärung der Europäischen Union zur Unterzeichnung vom 01.04.2009.

797 *Catherine Kessedjian:* Les actions civiles pour violation des droits de l'homme – Aspects de Droit International Privé, Trav. Com. Fr. Dr. Int. Pr. 2002–2004, S. 174.

798 *Rolf Wagner:* Das Haager Übereinkommen vom 30.6.2005 über Gerichtsstandsvereinbarungen, RabelsZ 73 (2009), S. 148; *Karl Kreuzer:* Entnationalisierung des Privatrechts durch globale Rechtsintegration?, aus: Raum und Recht, Festschrift 600 Jahre Würzburger Juristenfakultät (2002), S. 247 (287 f.).

799 *Arthur Taylor von Mehren:* The Hague Jurisdiction and Enforcement Convention Project Faces an Impasse – A Diagnosis and Guidelines for a Cure, IPRax 2000, S. 466.

800 *Heinz-Peter Mansel/Karsten Thorn/Rolf Wagner:* Europäisches Kollisionsrecht 2010 – Verstärkte Zusammenarbeit als Motor der Vereinheitlichung?, IPRax 2011, S. 30.

801 *Rolf Wagner:* Aktuelle Entwicklungen in der europäischen justiziellen Zusammenarbeit in Zivilsachen, NJW 2010, S. 1709.

wöhnlich, auf Redaktionsarbeiten zurückzugreifen, auch wenn aus ihnen kein in Kraft getretenes Recht erwachsen ist.[802]

I. Historischer Übertragungsansatz

Methodisch könnte die Übertragung der Haager Konventionsvorschläge zum einen im Rahmen der historischen Auslegung unternommen werden. Die Haager Konferenz für Internationales Privatrecht gilt als das „bedeutendste Forum universeller Kollisionsrechtsvereinheitlichung".[803] Schon die hier bereits besprochene Europäische Konvention über Staatenimmunität hat Anlehnung an die Haager Beratungen des Jahres 1966 genommen.[804] Für die EuGVVO ist die historische Interpretation wegen ihrer einstigen Entstehung als völkerrechtliche Übereinkunft schon wegen Art. 32 WVK ein interpretationsweisender Anhaltspunkt.[805] Die Genese der künftigen EuGVVO lehnt sich sogar ausdrücklich auf das Haager Gerichtsstandsübereinkommen an, wie es nach Verschlankung der Konventionsarbeiten zur Unterzeichnung aufgelegt wurde.[806]

Die Haager Konventionarbeiten wurden aber u. a. um die „Menschenrechtsklausel" verschlankt, was einer Übertragbarkeit insoweit entgegensteht. Das damalige EuGVÜ wurde zu jener Zeit in eine Verordnung überführt, als die Haager Kodifikationsarbeiten ihren Höhepunkt erreichten. Die Revisionsarbeiten an „Brüssel I" begannen bereits mit der Einsetzung einer *ad-hoc*-Gruppe aus Vertretern der Mitgliedstaaten und der Lugano-Staaten Schweiz, Norwegen und Island Anfang Dezember 1995.[807] Gleichwohl sahen die Mitgliedstaaten zur Zeit der Redaktionsarbeiten keinen Ände-

---

802 Vgl. Schlussanträge des Generalanwalts *Dámaso Ruiz-Jarabo Colomer* v. 16.10.2008 zur Rs. C–339/07 (Christopher Seagon ./. Deko Marty Belgium NV), Rn. 38 und dazu *Sebastian Mock:* Anmerkung zu den Schlussanträgen des Generalanwalts Colomer vom 16.10.2008, Rs. C-339/07 (Zuständigkeit für Insolvenzanfechtungsklagen im Anwendungsbereich der EuInsVO, ZInsO 2008, S. 1381–1382.
803 *Jan Asmus Bischoff:* Die Europäische Gemeinschaft und die Konventionen des einheitlichen Privatrechts (2010), S. 35 f.
804 *Ekkehard Schumann:* Aktuelle Fragen und Probleme des Gerichtsstands des Vermögens (§ 23 ZPO) – Zugleich ein Beitrag über Gerichtsverfahren gegen ausländische Staaten, ZZP 93 (1980), S. 427.
805 Dazu allgemein bei *Burkhard Hess:* Methoden der Rechtsfindung im Europäischen Zivilprozessrecht, IPRax 2006, S. 354 f.
806 Vgl. Vorschlag für eine Verordnung des Europäischen Parlaments und des Rates über die gerichtliche Zuständigkeit und die Anerkennung und Vollstreckung von Entscheidungen in Zivil- und Handelssachen, KOM(2012), 748 endg. v. 14.12.2010, S. 5 und 10.
807 Vgl. Vorschlag für eine Verordnung (EG) des Rates über die gerichtliche Zuständigkeit und die Anerkennung und Vollstreckung von Entscheidungen in Zivil- und Handelssachen, KOM(1999) 348 endg. v. 14.07.1999, Rz. 1.2.

Drittes Kapitel – Vorschläge der Haager Konferenz von 1999 und 2001

rungsbedarf an der Bestimmung des Anwendungsbereichs des Brüssel I-Projektes.[808] Die historische Auslegung der EuGVVO ist demgemäß keine genügende Grundlage für eine Übertragbarkeit.

II. Systematischer Übertragungsansatz

Vor allem aber die damit angeklungene enge Verzahnung zwischen dem Europäischen Gesetzgeber und der Haager Konferenz für Internationales Privatrecht verlangt eine systematische Berücksichtigung der Haager Konventionsarbeiten. Die mitgliedstaatlichen Gesetzgeber arbeiten eng zusammen mit der Haager Konferenz für Internationales Privatrecht und stimmen ihre Initiativen für Rechtsinstrumente aufeinander ab.[809] Die Europäische Union ist seit dem 3. April 2007 Mitglied der Haager Konferenz, welche aufgrund der großen Dominanz Europas als stark eurozentrisch ausgerichtet bezeichnet werden kann.[810] Bei der Übertragung von Argumenten muss allerdings ständig beachtet werden, dass die Haager Entwürfe von 1999/2001, im Gegensatz zur EuGVVO, einen weltweiten Kodifizierungsansatz verfolgten. Damit einher ging der Anspruch, eine unweit größere Rechtsfamilie zu vereinigen, als es der europäische Rechtsraum verlangt. Das ist insoweit nicht schädlich, wie der Europäische Rechtsraum mittlerweile Rechtskreise des *common law* und des *civil law* vereint. Bei der Bestimmung des hier relevanten Begriffs der „Zivil- und Handelssache" hat sich die Haager Konferenz zumal an der EuGVVO bzw. dem Luganer Übereinkommen orientiert.[811] Wiederum knüpfte das damalige EuGVÜ *ratione materie* an die vergleichbaren Formulierungen, insbesondere an die Haager Zivilprozessrechtsübereinkommen, an.[812] Mithin besteht im sachlichen Anwendungsbereich, trotz räumlicher Geltungs-

---

808 Vgl. Vorschlag für eine Verordnung (EG) des Rates über die gerichtliche Zuständigkeit und die Anerkennung und Vollstreckung von Entscheidungen in Zivil- und Handelssachen, KOM(1999) 348 endg. v. 14.07.1999, Rz. 4.5.
809 Vgl. Punkt 3.4.5. des Haager Programms zur Stärkung von Freiheit, Sicherheit und Recht in der Europäischen Union v. 4./5.11.2004, zusammenfassend *Rolf Wagner*: Die Aussagen zur justiziellen Zusammenarbeit in Zivilsachen im Haager Programm, IPRax 2005, S. 66 (67).
810 *Jan Asmus Bischoff*: Die Europäische Gemeinschaft und die Konventionen des einheitlichen Privatrechts (2010), S. 29 ff. (35).
811 *Rolf Wagner*: Das Haager Übereinkommen vom 30.6.2005 über Gerichtsstandsvereinbarungen, RabelsZ 73 (2009), S. 104; *Stephen B. Burbank*: Jurisdictional equilibration – the proposed Hague Convention and progress in nation law, AJCL 49 (2001), S. 204; *Arthur Taylor von Mehren*: Drafting a Convention on International Jurisdiction and the Effects of Foreign Judgments Acceptable World-Wide – Can the Hague-Conference Project Succeed?, AJCL 49 (2001), S. 196 f.
812 *Jenard*-Bericht zum EuGVÜ (1968), S. 84; *Burkhard Hess*: Europäisches Zivilprozessrecht (2010), S. 249.

unterschiede, ein traditioneller Gleichlauf. In systematischer Hinsicht kann durchaus auf die Vorarbeiten der Haager Konferenz zurückgegriffen werden.

III. Schlussfolgerungen

Zu bedenken bleibt, dass für den weltweiten Ansatz des Haager Gerichtsstandsübereinkommens vom *convention double*-Vorbild der EuGVVO abgerückt werden musste. Der Konsens zwischen streitenden Interessen der Europäer und US-Amerikaner wurde in Form einer *convention mixed* gefunden. Gerade die „Menschenrechtsklausel" der Haager Entwürfe in Art. 18 Abs. 3 war in eben der Grauzone der Konvention verortet. Obwohl sich die Haager Entwürfe insoweit von der EuGVVO entfernten, blieben sie aber in ihrem Grundsatz immer orientiert an den europäischen Erfolgsmodellen.[813] Vor allem wegen dieser engen Verzahnung können die unterschiedlichen Konventionsnaturen zwischen den Haager Entwürfen und der EuGVVO unbeachtet bleiben. Jedenfalls im Rahmen der hiesigen Untersuchung sind die Vorarbeiten der Haager Konferenz für Internationales Privatrecht in einer wertenden Betrachtung übertragbar. Dies gilt umso mehr, als dass die novellierte EuGVVO einen Gleichlauf zum Haager Gerichtsstandsübereinkommen anstrebt[814] und sich damit dessen Genese als Teil der zukunftigen EuGVVO manifestiert.

---

[813] Konkret am damaligen EuGVÜ, vgl. *Arthur Taylor von Mehren:* Drafting a Convention on International Jurisdiction and the Effects of Foreign Judgments Acceptable World-Wide – Can the Hague-Conference Project Succeed?, AJCL 49 (2001), S. 196 f.; *Rolf Wagner:* Das Haager Übereinkommen vom 30.6.2005 über Gerichtsstandsvereinbarungen, RabelsZ 73 (2009), S. 104; *Stephen B. Burbank:* Jurisdictional equilibration – the proposed Hague Convention and progress in nation law, AJCL 49 (2001), S. 204.

[814] Vgl. Vorschlag für eine Verordnung des Europäischen Parlaments und des Rates über die gerichtliche Zuständigkeit und die Anerkennung und Vollstreckung von Entscheidungen in Zivil- und Handelssachen, KOM(2012), 748 endg. v. 14.12.2010, S. 5 und 10.

Viertes Kapitel

Verhältnis der EuGVVO zur Staatenimmunität

Bevor die EuGVVO selbst auf ihre Anwendbarkeit und ihre Voraussetzungen untersucht werden kann, stellt sich eine Problematik höchster Grundsätzlichkeit: Es gilt zu klären, wie sich die EuGVVO zur Staatenimmunität verhält. Das Verhältnis der EuGVVO zur Staatenimmunität ist eine ungewöhnliche[815] Rechtsfrage im Bereich des Europäischen Zivilprozessrechts, die bisweilen nur verkürzt behandelt[816], zuweilen gar nicht gesehen wird.[817] Selbst die begleitenden Berichte zum EuGVÜ und dessen Anpassungen in Folge seiner Erweiterungen sparen die Problematik aus.[818] Demgemäß ermangelt der Diskurs an wissenschaftlicher Durchdringung und ist wenig entwickelt. Seine Klärung geriert aber zur „Gretchenfrage" dafür, ob sich das Europäische Zivilprozessrecht den Klagen und Entscheidungen gegen Staaten wegen schwerer Menschenrechtsverletzungen überhaupt stellen kann und muss.

---

815 High Court v. 20.12.2005 (Grovit ./. De Nederlandsche Bank), I.L.Pr. 22 (2006), S. 479, Rn. 33. *Matthias Rossi* formuliert diese Einschätzung dahingehend, dass das Verhältnis in der Praxis zwar eine untergeordnete Rolle spielt, seine abstrakte Bedeutung aber immens ist: Staatenimmunität im europäischen Zivilprozessrecht, Jahrbuch für Italienisches Recht 23 (2010), S. 47 f.
816 Etwa bei Thomas Rauscher-*Peter Mankowski:* Europäisches Zivilprozess- und Kollisionsrecht, 3. Aufl. 2011, Bd. I, Art. 1 Brüssel I-VO, Rn. 2b bis 2f; zu nennen ist hier auch *Matthias Rossi,* der sich zwar in einem Beitrag diesem Thema verschreibt, in seinen Ausführungen aber weitestgehend allgemeiner Natur bleibt: Staatenimmunität im europäischen Zivilprozessrecht, Jahrbuch für Italienisches Recht 23 (2010), S. 47–64. Das Problem zwar annehmend aber gleichfalls nicht vertiefend bei *Robin Falk Lengelsen:* Aktuelle Probleme der Staatenimmunität im Verfahren vor den Zivil- und Verwaltungsrecht (2011), S. 78 ff. sowie *Michael Stürner:* Staatenimmunität und Brüssel I-Verordnung – Die zivilprozessuale Behandlung von Entschädigungsklagen wegen Kriegsverbrechen im Europäischen Justizraum, IPRax 2008, S. 203 f.
817 Worauf schon der Lordrichter *Michael George Tugendhat* am High Court v. 20.12.2005 (Grovit ./. De Nederlandsche Bank) hinweist, I.L.Pr. 22 (2006), S. 479, Rn. 33.
818 Lediglich der Bericht von *Demetrios Evrigenis,* fortgeführt von *Konstantin Kerameus,* aus dem Jahr 1986 (Textverzeichnis) schneidet an, dass der Anwendungsbereich von „Zivil- und Handelssachen" traditionell souveräne Bereiche ausspart, Rn. 28. Eine andeutende Umschreibung findet sich dazu im Bericht von *Peter Schlosser* aus dem Jahr 1978, S. 83 (Rn. 25).

Viertes Kapitel – Verhältnis der EuGVVO zur Staatenimmunität

A. Konflikt zwischen der EuGVVO und der Staatenimmunität

I. Der Umweg über das Adhäsionsverfahren

Zunächst sei eine Konstellation aufgegriffen, mit der eine jede schwere Menschenrechtsverletzung über Umwege die Anwendbarkeit der EuGVVO herausfordern kann, jedoch keinen Konflikt zwischen ihr und der Staatenimmunität beschwört. Dabei handelt es sich um die Nutzbarmachung eines kombinierten Effekts aus der Fortschrittlichkeit der Immunitätsdurchbrechung bei der strafrechtlichen Verfolgung individuell Verantwortlicher mit den Grundsätzen des EuGH aus der Rs. Sonntag. Die strafrechtliche Verfolgung von Tätern schwerer Menschenrechtsverletzungen steht nicht nur in der Wahrnehmung in der Öffentlichkeit im Vordergrund.[819] Das Strafrecht ist in der exterritorialen Verfolgung der Täter weit fortgeschrittener als das Zivilrecht. Das Völkerstrafrecht hat eigene Adhäsionsverfahren sowohl für die Ad hoc-Tribunale der Vereinten Nationen[820] als auch in weitergefasster Ausgestaltung vor dem IStGH[821] installiert.[822] Auch wenn vor Letztgenanntem die Wiedergutmachung der Opfer erst-

---

[819] *Andrea Böhm/Heinrich Wefing:* Schlechte Zeiten für Diktatoren – Mladić kommt vor Gericht – und nicht allein: Das Recht macht Fortschritte im Ringen mit der Macht, DIE ZEIT Nr. 23 v. 11.06.2011, S. 3.

[820] Nach Art. 24 Abs. 3 des IStGHJ-Statut bzw. Art. 23 Abs. 3 IStGHR sowie Art. 105 f. beider Verfahrensregelungen ist der Gerichtshof jeweils befugt, die Rückgabe entzogener Vermögensrechte an Geschädigte anzuordnen. Ein über diese reine Vindikationsregelung hinausgehender Schadensersatzanspruch ist nicht vorgesehen und gemäß Art. 106 beider Verfahrensregelung nur vor nationalen Gerichten geltend zu machen. Dazu *Andreas Fischer-Lescano:* Subjektivierung völkerrechtlicher Regelungen – Die Individualrechte auf Entschädigung und effektiven Rechtsschutz bei Verletzungen des Völkerrecht, AVR 45 (2007), S. 324 f. und *Burkhard Hess:* Kriegsentschädigungen aus kollisionsrechtlicher und rechtsvergleichender Sicht, BerDGVR 40 (2003), S. 166.

[821] Nach Art. 75 Abs. 1 Rom-Statut kann der Gerichtshof die Wiedergutmachung einschließlich Rückerstattung, Entschädigung und Rehabilitierung des Opfers feststellen. Gemäß Art. 75 Abs. 2 erlässt der Gerichtshof diese Anordnung unmittelbar gegen den Verurteilten oder ordnet an, dass die zuerkannte Wiedergutmachung über einen Treuhandfonds nach Art. 79 Rom-Statut erfolgt. Nach Art. 110 Art. 4 lit. b) Rom-Statut kann die freiwillige Hilfe des Verurteilten bei der Lokalisierung von Vermögensgegenständen zu diesen Zwecken zu einer Herabsetzung der Strafe führen. Verfügen die Verurteilten nicht über die materiellen Rahmen, erfolgt die Entschädigung aus den Mitteln des Victims Trust Fund. Im Übrigen sind die Verfahrensregeln zur Wiedergutmachung der *class action* ausgestaltet. Auch hier bleiben nach Art. 75 Abs. 6 weitergehende Rechte unberührt. Dazu *Andreas Fischer-Lescano:* Subjektivierung völkerrechtlicher Regelungen – Die Individualrechte auf Entschädigung und effektiven Rechtsschutz bei Verletzungen des Völkerrecht, AVR 45 (2007), S. 325 f. und *Burkhard Hess:* Kriegsentschädigungen aus kollisionsrechtlicher und rechtsvergleichender Sicht, BerDGVR 40 (2003), S. 167.

[822] Das jüngst eingerichtete *Special Tribunal for Lebanon* (STL) sieht angesichts seines eingeschränkten Auftrags kein eigenständiges Adhäsionsverfahren vor, sondern verweist in

mals bereits im Statut eines Gerichts festgeschrieben wurde[823], sieht keines der vorgestellten Adhäsionsverfahren eine subsidiäre Haftung des hinter dem Angeklagten stehenden Staates vor.[824] Noch im Entwurf des Rom-Statuts war die Befugnis des Gerichtshofs vorgesehen, auch Staaten zur Wiedergutmachung zu verurteilen.[825] Dieses Ziel aber musste schon deswegen aufgegeben werden, weil dies mit dem Zweck des Strafverfahrens unvereinbar ist.[826] Die zivilrechtliche Inanspruchnahme eines Staates ist aber durch Haftungsübernahme für den im Wege des Adhäsionsverfahrens verantwortlich gemachten Einzeltäter konstruierbar. Ohne den nachstehenden Ausführungen zum Anwendungsbereich der EuGVVO vorwegzugreifen, seien diese insoweit zusammengefasst, als dass der EuGH mit der Rs. Sonntag die Anwendbarkeit der EuGVVO auch für die Frage der Staatshaftung geöffnet hat, die im Wege von Adhäsionsverfahren entstehen kann.[827] Vor allem *Catherine Kessedjian,* die zu der Zeit der Redaktion des weltweit konzipierten Gerichtsstandsübereinkommens Generalsekretärin der Haager Konferenz für Internationales Privatrecht war, spricht sich für die adhäsionsrechtliche Inanspruchnahme von individuell Verantwortlichen aus.[828] Konsequenz des adhäsionsrechtlichen „Aufhängers" ist die Umgehung des Einwands der Staatenimmunität.[829] Soweit für den Beklagten nämlich als Individuum der Einwand der Immunität *ratione personae* nicht gilt, kann sich entsprechend auch kein Konflikt mit der EuGVVO einstellen. Weiterführend muss daher diese Konstellation dem nachfolgenden Kapitel vorbehalten sein.

    Art. 25 Abs. 3 STL-Statut nur auf die Möglichkeit zur Geltendmachung von Schadensersatzansprüchen vor den zuständigen Gerichten, vgl. Statute of the Special Tribunal for Lebanon, Anhang zu S/RES/1757 v. 30.05.2007.
823 Was *Christine Hess* betont: Die rechtliche Aufarbeitung von Kriegsverbrechen und schwerwiegenden Menschenrechtsverletzungen – eine Analyse aus der Perspektive der Opfer (2007), S. 205.
824 Worauf *Stefanie Schmahl* zu Recht hinweist: Amtshaftung für Kriegsschäden, ZaöRV 66 (2006), S. 703.
825 Triffterer-*David Donat-Cattin:* Commentary on the Rome Statute of the International Criminal Court, 2. Aufl. 2008, Art. 75 Rom-Statut, Rn. 5 ff.
826 Ebenda sowie *Christoph J. M. Safferling:* Das Opfer völkerrechtlicher Verbrechen: Die Stellung der Verbrechensopfer vor dem Internationalen Strafgerichtshof, Zeitschrift für die gesamte Strafrechtswissenschaft, 115 (2003), S. 352–384.
827 Dazu sogleich ab S. 165.
828 *Catherine Kessedjian:* Les actions civiles pour violation des droits de l'homme – Aspects de Droit International Privé, Trav. Com. Fr. Dr. Int. Pr. 2002–2004, S. 151–184.
829 Zu diesen Bedenken bei *Sebastian Kubis:* Amtshaftung im GVÜ und ordre public, ZEuP 1995, S. 857; *Burkhard Hess:* Amtshaftung als „Zivilsache" im Sinne von Art. 1 Abs. 1 EuGVÜ, IPRax 1994, S. 14 f.

Viertes Kapitel – Verhältnis der EuGVVO zur Staatenimmunität

II. Die Konfliktpunkte zwischen EuGVVO und Staatenimmunität

Im Umkehrschluss und dem hiesigen Thema entsprechend kommt es zu einem Konflikt nur dann, wenn der Staat auf Beklagtenseite steht und dieser fremdgerichtlich in Anspruch genommen wird. Dabei kann das Verhältnis zwischen der EuGVVO und der Staatenimmunität streng genommen an den *fünf* hier bereits angesprochenen[830] Konfliktpunkten virulent werden:

Im erstgerichtlichen Erkenntnisverfahren

– erstens dann, wenn die EuGVVO die Entscheidungs*zuständigkeit* des Erstgerichts gemäß Art. 2 bis 31 EuGVVO vereinheitlicht.

Im zweitgerichtlichen

– Anerkennungs- und Vollstreckbarerklärungsverfahren
– zweitens dann, wenn das Zweitgericht seine Zuständigkeit zur Feststellung der Anerkennung gemäß Art. 33 Abs. 1 im Kapitel 3 der EuGVVO annimmt[831],
– drittens dann, wenn vor dem Zweitgericht die Anerkennungs*fähigkeit* des Ersturteils wegen des Einwands der Staatenimmunität nach Maßgabe der Art. 34 und 35 der EuGVVO bestimmt werden muss. Diese Schnittstelle soll hier als Problematik der Anerkennungshindernisse vorerst zurückgestellt bleiben.
– viertens weiterhin dann, wenn das Zweitgericht für das Vollstreckbarerklärungsverfahren *zuständig* ist sowie

Im zweitgerichtlichen Vollstreckungsverfahren

– schließlich fünftens für die Frage, ob der Vollstreckbarkeit nicht eine Vollstreckungsimmunität entgegensteht.

Problematisch ist mithin, ob die EuGVVO trotz Immunitätserwägungen vor der Zuständigkeit im Entscheidungs-, Anerkennungs- und Vollstreckbarerklärungsverfahren überhaupt angewendet werden kann. Alle drei Prozessvoraussetzungen begründet die EuGVVO *positiv:* Sie vereinheitlicht sowohl die Zuständigkeits- als auch die Anerkennungs- und Vollstreckungsregeln.[832] Dagegen dient die Staatenimmunität *negativ*

---

830 Siehe oben auf S. 29.
831 Vgl. Geimer/Schütze-*Reinhold Geimer:* Europäisches Zivilverfahrensrecht, 3. Aufl. 2010, Art. 33 EuGVVO, Rn. 93.
832 Spezielle Regelungen zu Fragen der Rechtshängigkeit oder bezüglich einstweiliger Maßnahmen einschließlich solcher, die auf eine Sicherung gerichtet sind, verstehen sich im Kontext dieser Vereinheitlichung.

als Schutz vor gerichtlicher Inanspruchnahme.[833] Wenn hier also von dem Verhältnis zwischen der EuGVVO und der Staatenimmunität gesprochen wird, sind diese Konstellationen im Konkreten gemeint. Klagen wegen schwerer Menschenrechtsverletzungen stehen in eben diesem Spannungsfeld gegenläufiger Prozessrechtsinstitute.

B. Der „deutsche" Lösungsweg

Inmitten dieses Spannungsverhältnisses verquickt sich jeder Lösungsversuch der deutschen Jurisprudenz und Judikatur mit ihrem spezifischen Verständnis von Gerichtsbarkeit. Aufgrund des deutschen und sogleich zur Erläuterung stehenden Trennungsmodells wird ein Prioritätsverhältnis betont, welches den Konflikt fernab juristischen Aufwands aufzulösen scheint. Die Herausstellung des „deutschen" Lösungsweges ist Grundlage jeder späteren Betrachtung der Rechtsprechung und der hiesigen Konfliktauflösung.

I. Das (deutsche) Trennungsmodell

Es ist eine Besonderheit des deutschen Rechts, bereits *terminologisch* zwischen Gerichtsbarkeit und Internationaler Zuständigkeit zu unterscheiden.[834] Die deutsche Literatur[835] sowie die ständige deutsche Rechtsprechung[836] trennen beide Prozessvoraussetzungen „rigoros"[837]. Unter der Internationalen Zuständigkeit wird die Zuweisung von Rechtsprechungsaufgaben an einen Staat verstanden.[838] Etabliert wurde der

---

833 Auf diesen gegenläufigen Mechanismus weißt auch *Michael Stürner* hin: Staatenimmunität und Brüssel I-Verordnung – Die zivilprozessuale Behandlung von Entschädigungsklagen wegen Kriegsverbrechen im Europäischen Justizraum, IPRax 2008, S. 203.
834 Grundlegend bei *Heinrich Matthies:* Die deutsche Internationale Zuständigkeit (1955).
835 Vgl. *Reinhold Geimer:* Zur Prüfung der Gerichtsbarkeit und der internationalen Zuständigkeit bei der Anerkennung ausländischer Urteile (1966), S. 69 ff.; *Helmut Damian:* Staatenimmunität und Gerichtszwang (1985), S. 63; *Walther J. Habscheid:* Die Immunität ausländischer Staaten nach deutschem Zivilprozeßrecht, BerDGVR 8 (1968), S. 164 ff.
836 St. Rspr. seit BGH, Beschl. v. 14.06.1965 – Az.: GSZ 1/65, BGHZ 44, S. 46–52 = JZ 1966, S. 237–239 = NJW 1965, S. 1665–1666 = MDR 1965, S. 723–724 = WM 1965, S. 714–716; mit Verweis auf RGZ 126, S. 196 ff. und RGZ 150, S. 265 (268).
837 *Burkhard Hess:* Staatenimmunität bei Distanzdelikten – Der private Kläger im Schnittpunkt von zivilgerichtlichen und völkerrechtlichen Rechtsschutz (1992), S. 387.
838 *Reinhold Geimer:* Internationales Zivilprozessrecht, 6. Aufl. 2009, S. 338 (Rn. 844).

Viertes Kapitel – Verhältnis der EuGVVO zur Staatenimmunität

Begriff von *Robert Neuner* im Jahr 1929.[839] Darauf reagierend trennte *Maximilian Pagenstecher*[840] den Begriff von der Gerichtsbarkeit ab, dem sich später auch das Reichsgericht[841] anschloss.[842] Heute bleiben dadurch aus deutscher Sicht die Fragen der Gerichtsbarkeit, mithin auch jeder Immunitätseinwand, von den anderslautenden Regelungsbereichen der EuGVVO getrennt.[843]

II. Prioritätsverhältnis

Soweit die Fragen der Gerichtsbarkeit, der internationalen Zuständigkeit sowie der Anerkennung und Vollstreckung streng voneinander zu unterscheiden sind, bleibt diese Trennung nicht folgenlos. Für jedes Prozessinstitut scheint das Verhältnis zur Immunität eine Selbstverständlichkeit. Denn die Immunitätsfrage muss schon im Rahmen der Gerichtsbarkeit über einen Sachverhalt beantwortet werden. Erst, und nur dann, wenn die Gerichtsbarkeit bejaht wird, können sich die zivilprozessualen Fragen der Zuständigkeit oder der Anerkennung und Vollstreckung überhaupt stellen. Jedes nationale Gericht muss sich also erst seiner Gerichtsbarkeit vergewissern, bevor es die übrige Verfahrenszulässigkeit überprüft. Aus deutscher Sicht geht die Gerichtsbarkeit der Internationalen Zuständigkeit bzw. der Anerkennung und Vollstreckung von Entscheidungen zwingend vor.[844] Folglich ist die Immunitätsfrage notwendig *vor* den Rechtsinstituten zu prüfen, die Regelungsgegenstand der EuGVVO sind.[845] So-

---

839 *Robert Neuner:* Internationale Zuständigkeit (1929). Dabei bezog sich dieser auf Vorarbeiten im Schrifttum, Vorgaben des Völkerrechts sowie im Wege der Rechtsvergleichung, S. 1 ff.
840 *Maximilian Pagenstecher:* Besprechung des zuvor genannten Beitrags von Robert Neuner in Zeitschrift für Ausländisches und Internationales Privatrecht 4 (1930), S. 713–723 sowie Gerichtsbarkeit und internationale Zuständigkeit als selbstständige Prozeßvoraussetzungen – Zugleich ein Beitrag zur Lehre von der internationalen Prorogation, RabelsZ 11 (1937), S. 337–483.
841 RG, Urt. v. 16.05.1938, RGZ 157, 389.
842 Zur Entstehungsgeschichte bei *Heinrich Matthies:* Die deutsche Internationale Zuständigkeit (1955), S. 8 ff.
843 Geimer/Schütze-*Reinhold Geimer:* Internationale Urteilsanerkennung, Bd. 1, Halbband 1 (1983), S. 49.
844 *Reinhold Geimer:* Internationales Zivilprozessrecht, 6. Aufl. 2009, S. 339 (Rn. 846); kritisch bei *Robin Falk Lengelsen:* Aktuelle Probleme der Staatenimmunität im Verfahren vor den Zivil- und Verwaltungsrecht (2011), S. 84.
845 *Burkhard Hess:* Amtshaftung als „Zivilsache" im Sinne von Art. 1 Abs. 1 EuGVÜ, IPRax 1994, S. 14; Thomas Rauscher-*Peter Mankowski:* Europäisches Zivilprozess- und Kollisionsrecht, 3. Aufl. 2011, Bd. I, Art. 1 Brüssel I-VO, Rn. 2b; dagegen sprechen *Jan Kropholler* und *Jan von Hein* lediglich von einer Beachtung der Immunitätsregeln „neben" der EuGVVO: Europäisches Zivilprozessrecht, 9. Aufl. 2011, Vorbemerkungen zu Art. 33 EuGVVO, Rn. 5.

weit eine Trennung angenommen wird, ergibt sich für die getrennte Prüfung beider Zivilprozessrechtsvoraussetzungen mehr noch eine „logische Priorität"[846] zueinander.

III. Das Problem der Entkontextualisierung

Aus dieser Trennung und dem daraus folgenden Prioritätsverhältnis heraus wird der Konflikt zwischen EuGVVO und der Staatenimmunität im Falle schwerer Menschenrechtsverletzungen abgekürzt gelöst. Zumeist wird nämlich die Frage der Gerichtsbarkeit ganz unabhängig von der EuGVVO angesprochen.[847] Es wäre aber voreilig, mit Verweis auf die Trennungshypothese zwischen EuGVVO und Staatenimmunität die gesamte Frage der Gerichtsbarkeit der EuGVVO vorzuverlagern. Das vermittelt nämlich den Anschein, außerhalb und ganz unabhängig von der EuGVVO den Diskurs um die Immunitätsausnahme wegen schwerer Menschenrechtsverletzungen führen zu können. Eine Kontextualisierung mit dem Europäischen Zivilprozessrecht wird der isolierten Betrachtung dieses völkerrechtlichen Streits zurückgestellt. Zumal der EuGH keine Auslegungskompetenz darüber hätte, die Staatenimmunität in Fällen schwerster Menschenrechtsverletzungen zu beurteilen.[848] Folglich ist die Befassung des Europäischen Zivilprozessrechts bisher ganz davon abhängig, welches Lager im Diskurs um die Immunitätsausnahme wegen schwerer Menschenrechtsverletzungen aufgeschlagen wird. Soweit man sich der immunitätsdurchbrechenden „Tendenz" anschließt, kann die Gerichtsbarkeit bejaht und auf die Anwendbarkeit der EuGVVO eingegangen werden. Wird die Immunitätsdurchbrechung wegen schwerer Menschenrechtsverletzungen aber traditionell abgelehnt, schneidet die folglich fehlende Gerichtsbarkeit über das hoheitliche Unrecht jede Befassung des Europäischen Zivilprozessrechts ab. Bei einem solchen Vorgehen belässt man mithin den lebhaften Diskurs um schwere Menschenrechtsverletzungen außerhalb der EuGVVO. Das Europäische Zivilprozessrecht wäre damit gänzlich *entkontextualisiert*.

---

846 Vgl. *Burkhard Hess:* Staatenimmunität bei Distanzdelikten – Der private Kläger im Schnittpunkt von zivilgerichtlichen und völkerrechtlichen Rechtsschutz (1992), S. 387; *Reinhold Geimer:* Internationales Zivilprozessrecht, 5. Aufl. 2005, S. 295 (Rn. 846). Den Begriff verwendet bereits *Rainer Hausmann* in seiner Entscheidungsbesprechung: Zur Prüfung der Gerichtsbarkeit der New Yorker Gerichte über ein iranisches Staatsunternehmen im inländischen Arrestverfahren, S. IPRax 1982, S. 52.
847 Thomas Rauscher-*Peter Mankowski:* Europäisches Zivilprozess- und Kollisionsrecht, 3. Aufl. 2011, Bd. I, Art. 1 Brüssel I-VO, Rn. 3e; *Karsten Thorn:* Schadensersatzansprüche der Zivilbevölkerung gegen ausländische Besatzungsmächte, BerDGVR 44 (2009), S. 313.
848 Schlussanträge des Generalanwalts *Dámaso Ruiz-Jarabo Colomer* zur Rs. C-292/05 (Eirini Lechouritou u. a.) v. 08.11.2006, Slg. 2007 (I), S. 1521–1539, Rn. 78.

IV. Das divergierende Verständnis von Jurisdiktion

Dass diese Entkontextualisierung die eigentliche Fragestellung nicht beantworten kann, wird in Anbetracht der divergierenden Verständnisse von Jurisdiktion deutlich. Denn das Trennungsprinzip ist nicht zwingend.[849] Es ist weder in der ZPO noch im GVG vorgeschrieben. Mit der zukünftigen Ausgestaltung der EuGVVO zumindest in Bezug auf Zuständigkeitsvereinbarungen als *loi uniforme*[850] hat die Funktion der Internationalen Zuständigkeit sogar teilweise „ausgedient".[851] Diese Auffassung steht nicht allein; bereits vor 45 Jahren äußerte *Hermann Basse* entsprechende Zweifel[852], *Burkhard Hess* plädierte vor zwanzig Jahren:

> „*Die begriffliche Unterscheidung zwischen Gerichtsbarkeit und internationaler Zuständigkeit läßt sich also nicht aufrecht erhalten. Sie sollte deshalb aufgegeben werden.*"[853]

Auch das Völkervertragsrecht, das beide Rechtsmaterien überwiegend kodifiziert, gibt eine strikte Trennung nicht vor.[854] Die begriffliche Trennung zwischen Gerichtsstand und Internationaler Zuständigkeit vermochte sich demgemäß auch international nicht durchzusetzen.[855] In Frankreich etwa werden die Fälle der *immunité de juridiction* zur internationalen Unzuständigkeit, sog. *incompétence,* gerechnet.[856] Das ungarische Recht fasst beide Begriffe unter demselben Rechtsbegriff zusammen.[857] Selbst das ös-

---

849 *Burkhard Hess:* Staatenimmunität bei Distanzdelikten – Der private Kläger im Schnittpunkt von zivilgerichtlichen und völkerrechtlichen Rechtsschutz (1992), S. 387 ff.; *Robin Falk Lengelsen:* Aktuelle Probleme der Staatenimmunität im Verfahren vor den Zivil- und Verwaltungsrecht (2011), S. 84; *Wilfried Schaumann:* Die Immunität ausländischer Staaten nach Völkerrecht, BerDGVR 8 (1968), S. 7.
850 Vgl. Art. 25 Abs. 1 der novellierten EuGVVO, der im Gegensatz zu Art. 23 Abs. 1 S. 1 der noch geltenden EuGVVO nicht mehr auf den (Wohn-)Sitz der Parteien abstellt.
851 Darauf weißt schon *Ivo Bach* hin: Drei Entwicklungsschritte im europäischen Zivilprozessrecht – Kommissionsentwurf für eine Reform der EuGVVO, ZRP 2011, S. 97 f. Jedenfalls fallen dann die Fragen nach der Internationalen Zuständigkeit mit der Anwendbarkeit der EuGVVO *de facto* zusammen.
852 *Hermann Basse:* Das Verhältnis zwischen der Gerichtsbarkeit des Gerichtshofes der Europäischen Gemeinschaften und der deutschen Zivilgerichtsbarkeit (1967), S. 112 ff.
853 *Burkhard Hess:* Staatenimmunität bei Distanzdelikten – Der private Kläger im Schnittpunkt von zivilgerichtlichen und völkerrechtlichen Rechtsschutz (1992), S. 390.
854 Ebenda, S. 388.
855 Ebenda, S. 152.
856 Geimer/Schütze-*Reinhold Geimer:* Internationale Urteilsanerkennung, Bd. 1, Halbband 1 (1983), S. 49.
857 Worauf *Kinga Timar* im hiesigen Kontext hinweist: Staatenimmunität und internationale Zuständigkeit im Lichte der aktuellen Rechtsprechung des EuGH, aus: Europäisches Zivilprozessrecht – Einfluss auf Deutschland und Ungarn (2011), S. 242.

B. Der „deutsche" Lösungsweg

terreichische Recht hat sich erst in jüngerer Zeit dem deutschen Duktus angenähert.[858] So findet sich sogar in der deutschen Literatur die Trennung nicht haarscharf vollzogen[859] bzw. ein allgemeines Verständnis von Jurisdiktion angelegt: *Reinhold Geimer* spricht noch in den Berichten und Dokumenten des Kolloquiums über „die Auslegung des Brüsseler Übereinkommens durch den Europäischen Gerichtshof und der Rechtsschutz im europäischen Raum" von der *Gerichtsbarkeit nach dem Übereinkommen*.[860] Während die deutsche Fassung der EuGVVO von „Zuständigkeit" spricht, formuliert beispielsweise die englische Fassung allgemein *„jurisdiction"* und nimmt damit Bezug auf den weiteren Begriff von Jurisdiktion im völkerrechtlichen Sinne. Jurisdiktion in diesem Sinne ist schwer zu deklarieren[861] und umfasst allgemein, was unter Gerichtsbarkeit *und* Internationaler Zuständigkeit verstanden wird.[862]

Nun sind dem Europäischen Rechtsinstrumenten sprachliche Divergenzen nicht unbekannt[863], ihre methodische[864] und konzeptionelle[865] Auflösung gleichwohl ungeklärt. Soweit das Zivilverfahrensrecht unionsrechtlich geprägt ist, hat der nationale Rechtsanwender ein unionsautonomes Verständnis anzulegen, mithin alle Sprachfas-

---

858 *Franz Matscher:* Zur prozessualen Behandlung der inländischen Gerichtsbarkeit (der internationalen Zuständigkeit) – eine Skizze, aus: Grenzüberschreitungen – Beiträge zum Internationalen Verfahrensrecht und zur Schiedsgerichtsbarkeit, Festschrift für Peter Schlosser (2005), S. 561–578.
859 *Heiko Sauer:* Jurisdiktionskonflikte in Mehrebenensystemen – Die Entwicklung eines Modells zur Lösung von Konflikten zwischen Gerichten unterschiedlicher Ebenen in vernetzten Rechtsordnungen (2008), S. 124.
860 Wobei er gleichwohl die Trennung des Begriffs zu dem der Zuständigkeit einhält, vgl.: *Reinhold Geimer:* Der Justizgewährungsanspruch nach dem Brüsseler Übereinkommen, aus: Internationale Zuständigkeit und Urteilsanerkennung in Europa – Berichte und Dokumente des Kolloquiums „Die Auslegung des Brüsseler Übereinkommens durch den Europäischen Gerichtshof und der Rechtsschutz im europäischen Raum" (1993), S. 35.
861 Vgl. *Cedric Ryngaert:* Jurisdiction in International Law (2008), S. 1 und 5 ff.
862 *Rainer Esser:* Klagen gegen ausländische Staaten, aus: Studien zum vergleichenden und internationalen Recht, Bd. 6 (1990), S. 16.
863 *Thomas Rauscher:* Von prosaischen Synonymen und anderen Schäden – Zum Umgang mit der Rechtssprache im EuZPR/EuIPR, IPRax 2012, S. 40–48.
864 Mit zahlreichen Nachweisen bei *Stephan M. Grundmann:* Die Auslegung des Gemeinschaftsrechts durch den Europäischen Gerichtshof – Zugleich eine rechtsvergleichende Studie zur Auslegung im Völkerrecht und im Gemeinschaftsrecht (1997), S. 220 ff. In Bezug auf eine Rechtssache, in der allein die deutsche Textfassung von denen der anderen Mitgliedstaaten abwich, vertrat Generalanwalt *Francesco Capotorti* sogar, „dass, wenn Auslegungen eines Textes in einer bestimmten Sprache abstrakt möglich sind, diejenige vorzuziehen ist, die sich den Paralleltexten in den anderen Sprachen eher annährt", vgl. Schlussanträge zu EuGH, Rs. 250/80 (Anklagemyndigheden ./. Hans Ulrich Schumacher u. a.) v. 29.09.1981, Slg. 1981 (I), S. 2481–2488 (2486).
865 Dazu insbesondere bei *Thomas Rauscher:* Von prosaischen Synonymen und anderen Schäden – Zum Umgang mit der Rechtssprache im EuZPR/EuIPR, IPRax 2012, S. 47 f.

Viertes Kapitel – Verhältnis der EuGVVO zur Staatenimmunität

sungen des Unionsrechts zu berücksichtigen und einheitlich zu interpretieren.[866] Die Bevorzugung des Textverständnisses einer Sprache ist wegen der Gleichwertigkeit aller authentischen Texte nach Art. 55 EUV ausgeschlossen.[867] Dort, wo allgemein von Jurisdiktion gesprochen wird, kann auch kein Trennungs- und Prioritätsverhältnis festgestellt werden. Vielmehr kann das Verständnis von Jurisdiktion auch umgekehrt lauten, dass erst nach Feststellung der Jurisdiktionsgewalt die Immunitätsfrage aufkommen kann.[868] Indes braucht sich das Europäische Zivilprozessrecht hier nicht mit dem divergierenden Verständnis von Jurisdiktion auseinandersetzen. Es vermag die Kollision zwischen der EuGVVO und der Staatenimmunität auch unabhängig davon aufzulösen.

C. Rechtsprechungspraxis des EuGH

Eine solche – von der divergierenden *lex fori* seiner Mitgliedstaaten unabhängige – Sichtweise findet sich vor allem in der Rechtsprechung des Gerichtshofs der Europäischen Union. Darin sind zwar nur wenige Aussagen zum Verhältnis zwischen dem Unionsrecht und dem Einwand der Immunität zu finden.[869] Verwertbare Ansätze finden sich aber sowohl vereinzelt schon zur EuGVVO als auch in der übrigen Spruchpraxis zum unionalen Recht.[870]

---

866 Ebenda kritisch, S. 43; Überblick bei *Margit Hintersteininger:* Zur Interpretation des Gemeinschaftsrechts, ZÖR 53 (1998), S. 250.
867 *Stephan M. Grundmann:* Die Auslegung des Gemeinschaftsrechts durch den Europäischen Gerichtshof – Zugleich eine rechtsvergleichende Studie zur Auslegung im Völkerrecht und im Gemeinschaftsrecht (1997), S. 218.
868 *Burkhard Hess:* Staatenimmunität bei Distanzdelikten – Der private Kläger im Schnittpunkt von zivilgerichtlichen und völkerrechtlichen Rechtsschutz (1992), S. 388 f.
869 Aus der aktuellen Judikatur beschäftigte das Vorabentscheidungsersuchen des Landesarbeitsgerichts Berlin-Brandenburg den EuGH mit der Rs. C–154/11 (Ahmed Mahamdia ./. Demokratische Volksrepublik Algerien) ausdrücklich mit der Frage der Staatenimmunität (noch nicht veröffentlicht, Überblick in BB 2011, S. 1012). Die dortige Klagekonstellation betraf *in concreto* aber die Inanspruchnahme des Staates Algeriens und fällt damit als Drittstaatenproblematik – wie noch zu sehen sein wird – aus der hiesigen Betrachtung heraus.
870 Kasuistisch und mit teilweise anderen Verfahren vor dem EuGH beschäftigt sich auch *Burkhard Hess* mit der Frage: European Civil Procedure and Public International Law, aus: From Bilateralism to Community Interest – Essays in Honour of Judge Bruno Simma (2011), S. 937 ff.

I. Rechtsprechung bezüglich der EuGVVO bzw. des früheren EuGVÜ

1. EuGH, Rs. C-172/91 (Volker Sonntag ./. Thomas Waidmann)

Schon früh hatte es im Rahmen eines Vorabentscheidungsverfahrens vor dem EuGH die Gelegenheit gegeben, den Anwendungsbereich des damaligen EuGVÜ vom Immunitätsprinzip abzugrenzen.[871] Dessen Hintergrund ist so tragisch wie die daraus erwachsene Konstellation und „Leitentscheidung"[872] von zentraler Bedeutung für die hiesige Betrachtung ist. Vor dem *Tribunale penale Bozen* leitete die Republik Italien ein Strafverfahren gegen den deutschen Lehrer *Volker Sonntag* ein. Dieser sollte sich als Aufsichtspflichtiger für den Tod des Schülers *Thomas Waidmann* verantworten, der im Rahmen eines Schulausflugs in die italienischen Alpen bei deren Bewanderung tödlich verunglückte. Das italienische Strafgericht verurteilte den in Deutschland verbeamteten Lehrer dafür wegen fahrlässiger Tötung.[873] Im Adhäsionsverfahren wurde der Familie des verstorbenen Schülers, die sich in diesem Rahmen an dem Verfahren beteiligte, Schadensersatz in Form von Schmerzensgeld sowie für die Kosten für Bergung und Beerdigung, bisheriger Grabpflege, Kleidung des Verunglückten sowie Ersatz für entgangenen Unterhalt zugesprochen.[874] Im italienischen Erkenntnisverfahren hielten sich die Kläger allein an den handelnden Lehrer und nicht an das Land Baden-Württemberg als dessen Anstellungskörperschaft. Erst im Vollstreckbarerklärungsverfahren vor deutschen Gerichten versuchte auch das deutsche Bundesland – nachdem ihm der Lehrer den Streit zu verkünden versuchte – dem Beschwerdeverfahren als Streithelfer beizutreten, was aber wegen Art. 36 ff. des damaligen EuGVÜ nicht (mehr) möglich war.[875] Im Rahmen der Anerkennung der italienischen Adhäsionsentscheidung verblieb nur noch eine Heranziehung des deutschen *ordre public* gemäß des damaligen Art. 27 Nr. 1 EuGVÜ, dem heutigen Art. 34 Nr. 1 EuGVVO.[876]

Der gegen die Klauselerteilung letztinstanzlich angerufene BGH formulierte seine Vorlagefragen an den EuGH nur in Bezug auf die Anwendbarkeit des EuGVÜ. Ge-

---

871 Vgl. *Burkhard Hess:* Amtshaftung als „Zivilsache" im Sinne von Art. 1 Abs. 1 EuGVÜ, IPRax 1994, S. 14.
872 Vgl. ebenda, S. 10 bzw. *Ulrich Soltész,* der von einer „Grundsatzentscheidung" im „Grenzbereich zwischen öffentlichem Recht und Privatrecht" spricht: Der Begriff der Zivilsache im Europäischem Zivilprozessrecht – Zur Auslegung von Art. 1 Abs. 1 EuGVÜ (1998), S. 57.
873 Tribunale penale Bozen, Urteil vom 25.01.1988, Angaben nach EuGH.
874 EuGH, Urt. v. 21.04.1993 – Rs. C-172/91 (Volker Sonntag ./. Thomas Waidmann), Rn. 5 (Fundstellenverzeichnis) sowie *Ulrich Soltész:* Der Begriff der Zivilsache im Europäischem Zivilprozessrecht – Zur Auslegung von Art. 1 Abs. 1 EuGVÜ (1998), S. 58.
875 Zum Weitergang des Verfahrens vor dem BGH bei *Sebastian Kubis:* Amtshaftung im GVÜ und ordre public, ZEuP 1995, S. 858 ff.
876 BGH, Beschl. v. 16.09.1993 – IX ZB 82/90 (Fundstellenverzeichnis), Rz. 24 ff.

Viertes Kapitel – Verhältnis der EuGVVO zur Staatenimmunität

nauso wie die Gläubiger den Einwand der Staatenimmunität „fürchteten"[877], war er im Hinblick auf die Amtshaftung „naheliegend".[878] Gleichwohl ordnete der EuGH in voller Besetzung[879] die immunitätssensible Amtshaftung in den Anwendungsbereich des damaligen EuGVÜ ein. Auf einen Konflikt mit dem Immunitätsprinzip ging er aber nicht ein. Selbst die Schlussanträge des Generalanwalts *Marco Darmon* erkannten zwar das Souveränitätsinteresse Deutschlands, sahen jedoch kein Immunitätsproblem.[880] Der Immunitätseinwand wurde nicht einmal von dem Beklagten angeregt, der als Lehrer persönlich für einen tragischen Unfall in Anspruch genommen wurde. Die Immunitätsfrage ist aber von Amts wegen zu beachten.[881] Selbst in einem Verfahren, in dem ein Staat nicht Partei ist, aber seine Souveränitätsansprüche berührte, bietet die Staatenimmunität eine Barriere vor fremdgerichtlicher Judizierung, vgl. Art. 6 Abs. 2 lit. (b) UN-Übereinkommen zur Staatenimmunität. Wenn also die Staatenimmunität einer Anwendung der heutigen EuGVVO vorginge, hätte der EuGH zwingend von Amts wegen die souveränen Interessen der Bundesrepublik Deutschland mittels deren zivilprozessualen Schild schützen müssen. Soweit das zweitgerichtliche Verfahren in dem beklagten Staat selbst gesucht wurde, gelang gewissermaßen die Umgehung des Immunitätsproblems. Dass der damit beschäftigte EuGH darin kein Problem sah, legt im Umkehrschluss nahe, dass die Behandlung als „Zivil- und Handelssachen" nicht *per se* von Immunitätserwägungen abgeschnitten wird.

2. *EuGH, Rs. C-292/05 (Irini Lechouritou u. a. ./. Deutschland)*

Die Möglichkeit zu einer Stellungnahme des EuGH lag in der Rs. C-292/05 (Irini Lechouritou u. a. ./. Deutschland) deutlich günstiger. Der EuGH wurde erstmals ausdrücklich zu dem Verhältnis zwischen EuGVVO und dem Prinzip der Staatenimmunität befragt. Während die erste Vorlagefrage vorbereitend den Anwendungsbereich auslotete, formulierte die zweite Vorlagefrage wie folgt:

> „*Ist die Berufung des beklagten Staates auf die Einrede der Immunität mit dem System des Brüsseler Übereinkommens [...] vereinbar?*"[882]

---

877   *Sebastian Kubis:* Amtshaftung im GVÜ und ordre public, ZEuP 1995, S. 857.
878   Vgl. *Burkhard Hess:* Amtshaftung als „Zivilsache" im Sinne von Art. 1 Abs. 1 EuGVÜ, IPRax 1994, S. 14 f., der ebenda in Fußn. 52 klarstellt, dass es im Eigentlichen – im Ergebnis aber ohne Unterschied – um die Immunität der Anstellungskörperschaft geht, nicht um die der Bundesrepublik Deutschland.
879   Vgl. ebenda, S. 11.
880   Schlussanträge des Generalanwalts *Marco Darmon* zur Rs. C-172/91 (Volker Sonntag ./. Thomas Waidmann) v. 02.12.1992, Slg. 1993 (I), S. 1963–1989, Rn. 47 ff.
881   Stellvertretend und nachgehend bei *Walther J. Habscheid:* Die Immunität ausländischer Staaten nach deutschem Zivilprozeßrecht, BerDGVR 8 (1968), S. 182.
882   ABl. C 243 v. 01.10.2005, S. 9.

C. Rechtsprechungspraxis des EuGH

Die Kläger der Ausgangsverfahren der Rs. C-292/05 argumentierten – ohne dass ihr Vorbringen neu war[883] – dass im Anwendungsbereich der EuGVVO[884] die Staatenimmunität „aufgehoben" sei.[885] Der untechnische Ausdruck verdeutlicht die Schwierigkeit, die „Nichtgeltung" des Immunitätsprinzips im Anwendungsbereich der EuGVVO zu beschreiben.

a) Aussagegehalt der EuGH-Entscheidung

Der EuGH verneinte in der Rs. C-292/05 das Vorliegen einer „Zivil- und Handelssache" und ließ die Beantwortung der zweiten Vorlagefrage ausdrücklich – und entgegen bisweilen anderer Lesart[886] – unbeantwortet.[887] Da um die Vorabentscheidung diesbezüglich ersucht wurde, ist aber selbst die Dahinstellung des Immunitätsproblems interessant. Freilich hielt sich die Zweite Kammer des EuGH an die vorgegebene Reihenfolge der Vorlagefragen. Streng nach dem deutschen Duktus von der Trennung zwischen Gerichtsbarkeit und Internationaler Zuständigkeit und dem daraus erwachsenden Prioritätsverhältnis hätte der EuGH die Frage der sachlichen Anwendbarkeit aber nur nach Behandlung des Immunitätsproblems beantworten dürfen. Wenn die Frage der Immunität zwingend der Anwendbarkeit vorginge, wäre es dem EuGH belassen, die Reihenfolge der zu beantwortenden Vorlagefragen sachdienlich[888]

---

883 Vgl. das Klagevorbringen vor dem hier noch zu besprechenden Urteil des High Court v. 20.12.2005 (Grovit ./. De Nederkandsche Bank), I.L.Pr. 22 (2006), S. 479, Rn. 35 f.
884 Der Rechtsstreit fiel – entgegen dem Vorbringen der Kläger – noch in den zeitlichen Anwendungsbereich des EuGVÜ. Der EuGH entschied also aufgrund seiner Auslegungskompetenz nach dem Protokoll betreffend die Auslegung des Übereinkommens vom 27. September 1968 über die gerichtliche Zuständigkeit und die Vollstreckung gerichtlicher Entscheidungen in Zivil- und Handelssachen durch den Gerichtshof, ABl. 1975, L 204, S. 28 bzw. seiner konsolidierten Fassung, ABl. 1998, C 27, S. 28 (sog. Luxemburger Auslegungsprotokoll) und formulierte die Vorlagefragen entsprechend um, vgl. deutlich die Schlussanträge des Generalanwalts *Dámaso Ruiz-Jarabo Colomer* zur Rs. C-292/05 (Eirini Lechouritou u. a.) v. 08.11.2006, Slg. 2007 (I), S. 1521–1539, Rn. 4.
885 Vgl. die Zusammenfassung des Klägervorbringens in der Entscheidung des EuGH v. 15.02.2007, Rs. C-292/05 (Lechouritou u. a. ./. Bundesrepublik Deutschland), Rn. 15 (Fundstellenverzeichnis).
886 *Peter Mankowski:* Gerichtsbarkeit und internationale Zuständigkeit deutscher Zivilgerichte bei Menschenrechtsverletzungen, aus: Universalität der Menschenrechte (2009), S. 167.
887 EuGH v. 15.02.2007 – Rs. C-292/05 (Lechouritou u. a. ./. Bundesrepublik Deutschland), Rn. 47 (Fundstellenverzeichnis).
888 Vgl. zu dieser Sachdienlichkeit EuGH v. 16.07.2009 – Rs. C–537/07 (Evangelina Gómez-Limón Sánchez-Camacho ./. INSS, TGSS und Alcampo SA), Rn. 30; *Karl Riesenhuber:* Europäische Methodenlehre – Handbuch für Ausbildung und Praxis (2006), S. 542.

zu ändern.⁸⁸⁹ Zudem judiziert der EuGH mit einer gewissen Methodenökonomie.⁸⁹⁰ Wenn also das Immunitätsverhältnis so offensichtlich zu klären gewesen wäre, wie es teilweise suggeriert wird, hätte der EuGH die Reihenfolge der Beantwortung effizientermaßen umdrehen können. Das Verhältnis war aber nicht so offensichtlich entscheidbar. Im Gegenteil ersparte sich der EuGH die Beantwortung dieser sehr viel komplexeren Rechtsfrage.⁸⁹¹ Der EuGH zog es vor, sich allein der mitunter diffizilen und verkürzt gebliebenen Subsumierung des sachlichen Anwendungsbereichs zu widmen.⁸⁹² So gesehen ist es auffällig, dass der EuGH die Beantwortung der Frage nach dem Anwendungsbereich der EuGVVO vor der Immunitätsproblematik begangen hat. Ohne dass der EuGH rechtlich verbindliche Aussagen getroffen hat, spricht sein methodisches Vorgehen für die hier noch zu entwickelnde Ansicht, die Anwendbarkeit der EuGVVO nicht zur Disposition von Immunitätserwägungen gestellt zu sehen.

b) Aussagegehalt der Schlussanträge

Mit der Nichtbeantwortung der Immunitätsfrage folgte der EuGH den Schlussanträgen des Generalanwalts *Dámaso Ruiz-Jarabo Colomer* vom 8. November 2006.⁸⁹³ Dieser führte hilfsweise zu dieser Problematik aus, dass

> *„der Grundsatz par in parem non habet imperium, zumindest in Bezug auf Handlungen iure imperii, gilt und dadurch der Rechtsweg versperrt ist. Zuständigkeit setzt Rechtsprechungsgewalt voraus, die sie einschränkt, um aus der Gesamtheit der Gerichte eines Territoriums dasjenige bestimmen zu können, das über einen bestimmten Rechtsstreit zu entscheiden hat. (...) Die Staatenimmunität ist daher in einem Bereich anzusiedeln, der dem Brüsseler Übereinkommen vorgeht".*⁸⁹⁴

Der Generalanwalt sieht demnach die Staatenimmunität als Rechtsmaterie vor der EuGVVO an. Damit ist allerdings noch nicht entschieden, ob die Staatenimmunität im Anwendungsbereich der EuGVVO ausgenommen ist. Dies bleibt – entgegen an-

---

889 So wie der EuGH die Beantwortung Vorlagefragen in eben der Rs. Sonntag teilweise umgekehrte, vgl. EuGH v. 21.04.1993 – Rs. 172/91 (Volker Sonntag ./. Waidmann), Rn. 17 (Fundstellenverzeichnis).
890 *Margit Hintersteininger:* Zur Interpretation des Gemeinschaftsrechts, ZÖR 53 (1998), S. 253.
891 *Anatol Dutta:* Anmerkung zu EuGH v. 15.02.2007 – Rs. C-292/05, ZZP 11 (2006), S. 216.
892 Zur Besprechung des EuGH-Urteils unter diesem Gesichtspunkt ab S. 262.
893 Abgedruckt in der Slg. 2007 (I), S. 1521–1539 und gesondert besprochen bei *Robin Falk Lengelsen:* Aktuelle Probleme der Staatenimmunität im Verfahren vor den Zivil- und Verwaltungsrecht (2011), S. 78 ff.
894 Schlussanträge des Generalanwalts *Dámaso Ruiz-Jarabo Colomer* zur Rs. C-292/05 (Eirini Lechouritou u. a.) v. 08.11.2006, Slg. 2007 (I), S. 1521–1539, Rn. 76 ff.

derer Lesart[895] – auch gemäß der Aussage von *Dámaso Ruiz-Jarabo Colomer* offen. Der spanische Generalanwalt legt nämlich ein Verständnis an, das er vom spanischen Recht kennt[896], welches aber nicht zwischen der Gerichtsbarkeit und der Internationalen Zuständigkeit trennt.[897] Er begreift das Prioritätsverhältnis nicht im Sinne einer strikten Trennung zwischen Gerichtsbarkeit und Internationaler Zuständigkeit. Das wird schon deutlich, wenn er anschließend, in Anlehnung an den IGH[898], formuliert:

„Beide Begriffe schließen sich weder gegenseitig aus, noch widersprechen sie sich, wenngleich sie eng ineinander greifen."[899]

Nach deutschem Verständnis ist dies aber der Fall, beide Begriffe widersprechen sich und greifen gemäß dem Trennungsmodell nicht ineinander. Die Aussagen des Generalanwalts dürfen also nicht mit dem Duktus gelesen werden, der aus deutscher Sicht für Gerichtsbarkeit und Internationaler Zuständigkeit besteht. Der Generalanwalt leitet vielmehr nur ihre Wechselwirkung her. Dass wird in seiner anschließenden Überlegung deutlich:

„wenn es nicht möglich ist, Klage zu erheben, ist es ohne Belang, welches Gericht für die Entscheidung über die Klage zuständig ist".[900]

Aus „deutscher" Sicht ist die Frage der Internationalen Zuständigkeit im Falle fehlender Gerichtsbarkeit nicht nur ohne Belang, sondern wäre im Ansatz verkehrt. Der spanische Generalanwalt legt mithin ein Verständnis an, dass unabhängig vom spezifisch

---

895 Vgl. *Robin Falk Lengelsen:* Aktuelle Probleme der Staatenimmunität im Verfahren vor den Zivil- und Verwaltungsrecht (2011), S. 84 und *Peter Mankowski* im Kommentar von *Thomas Rauscher:* Europäisches Zivilprozeß- und Kollisionsrecht, 3. Aufl. 2011, Art. 1 Brüssel I-VO, Rn. 2b (Fußn. 24).
896 Die Rolle der „Sozialisation im Kreise des Gerichtshofs" wird resümierend bei *Günter H. Roth* thematisiert: Zusammenfassung und Schlussfolgerungen, aus: Der EuGH und die Souveränität der Mitgliedstaaten – Eine kritische Analyse richterlicher Rechtsschöpfung auf ausgewählten Rechtsgebieten (2008), S. 600.
897 Vgl. anlässlich der jungen Novellierung des spanischen Zivilprozeßrechts die Beiträge von *Carlos Esplugues-Mota:* Die internationale Zuständigkeit spanischer Gerichte und ihre Überprüfung in dem neuen spanischen Zivilprozeßgesetz vom 7.1.2000, ZZPInt 5 (2000), S. 132 ff. und *Manuel Ortells Ramos:* Der neue spanische Zivilprozeß – Leitlinien der Ley de Enjuiciamiento Civil vom 7. Januar 2000, ZZPInt 5 (2000), S. 97 f.
898 IGH v. 14.02.2002 (Demokratische Republik Kongo ./. Belgien), Rn. 59, in deutscher Übersetzung bei *Christian Maierhöfer:* EuGRZ 2003, S. 563–584; mit Anm. von *ebendiesem:* Weltrechtsprinzip und Immunität: das Völkerstrafrecht vor den Haager Richtern, EuGRZ 2003, S. 545–554 sowie *Nikolaus Schultz:* Ist Lotus verblüht?, ZaöRV 62 (2002), S. 703–758.
899 Schlussanträge des Generalanwalts *Dámaso Ruiz-Jarabo Colomer* zur Rs. C-292/05 (Eirini Lechouritou u. a.) v. 08.11.2006, Slg. 2007 (I), S. 1521–1539, Rn. 77 a. E.
900 Ebenda, Rn. 78.

Viertes Kapitel – Verhältnis der EuGVVO zur Staatenimmunität

„deutschen" Lösungsweg versucht, eine Lesart zu finden. Zweieinhalb Jahre später – im Jahr seines unerwarteten Todes[901] – äußerte er sich in seinen Schlussanträgen zu den Vertragsverletzungsverfahren im Streit um Einfuhrzölle auf Kriegsmaterial und trat in diesem Zusammenhang ganz ausdrücklich gegen die Immunitätsvorwände im Anwendungsbereich des Unionsrechts ein.[902]

3. EuGH, Rs. C-154/11 (Mahamdia ./. Algerien)

Mit dem Verhältnis der Staatenimmunität zur EuGVVO musste sich der EuGH auch in dem Verfahren in der Rs. C-154/11 auseinandersetzen. Dem Verfahren lag ein arbeitsrechtlicher Streit zu Grunde, in dem der in der Bundesrepublik Deutschland ansässige Ahmed Mahamdia von Algerien Vergütung einklagte. Die Vorlagefragen betrafen zwar nur die Aspekte des Gerichtsstands und der dahingehenden Vereinbarung, die Demokratische Volksrepublik Algerien berief sich jedoch auf den Einwand der Staatenimmunität.[903] Der EuGH hielt sich strikt an die Vorlagefragen und verwies insoweit auf die Schlussanträge, in denen der Generalanwalt *Paolo Mengozzo* vorab auf diese Problematik einging.[904] Dieser weist auf die Schwierigkeiten hin, die sich bei der Ermittlung des diesbezüglichen Stands des Völkerrechts ergeben und resümiert, dass auch die Rechtsprechung des EGMR insoweit nicht weiterführend ist.[905] Eine zwingende Prüfungsreihenfolge lassen die Schlussanträge nicht erkennen[906], im Gegenteil werden die Überlegungen wie folgt abgeschlossen:

„Ich möchte jedoch darauf hinweisen, dass diese Erwägung, die ganz und gar hypothetisch ist(19), die Würdigung der Anwendbarkeit der Verordnung Nr. 44/2001

---

901 *Dámaso Ruiz-Jarabo Colomer* verstarb am 12. November 2009. Neben seiner Ernennung zum Generalanwalt am EuGH seit 1995 war er seit 1992 als Ad-hoc-Richter am Europäischen Gerichtshof für Menschenrechte tätig, vgl. *Harm Schepel/Rein Wesseling:* The Legal Community: Judges, Lawyers, Officials and Clerks in the Writing of Europe, European Law Journal 3 (1997), S. 165–188 (177) und Nachruf in der Presserklärung des EuGH Nr. 100/09 v. 12.11.2009.
902 Dazu sogleich auf S. 178.
903 Vgl. EuGH, Urt. v. 19.07.2012 – Rs. C-154/11 (Ahmed Mahamdia ./. Demokratische Volksrepublik Algerien), Rn. 24 f. sowie 53 ff., RIW 2012, S. 630–634 mit Anm. *Abbo Junker:* Grenzen der Staatenimmunität und europäische Gerichtsstände bei arbeitsrechtlichen Streitigkeiten von Botschaftsangestellten, EuZA 2013, S. 83–95.
904 So zusammenfassend bei ebenda, S. 86.
905 Vgl. Schlussanträge des Generalanwalts *Paolo Mengozzo* zur Rs. C-154/11 v. 24.05.2012, Rn. 25 f.
906 Entgegen *Abbo Junker:* Grenzen der Staatenimmunität und europäische Gerichtsstände bei arbeitsrechtlichen Streitigkeiten von Botschaftsangestellten, EuZA 2013, S. 86.

C. Rechtsprechungspraxis des EuGH

nicht beeinflussen kann, da sie über die Frage der gerichtlichen Zuständigkeit, die sich uns stellt, hinausgeht."[907]

4. EuGH, Rs. C-343/04 und C-115/08 (Land Oberösterreich ./. ČEZ)

Die Immunitätsproblematik im Rahmen der EuGVVO war schließlich bereits Gegenstand vor österreichischen Gerichten.[908] Zwar wird an dieser Stelle fälschlich ein Urteil des österreichischen Obersten Gerichtshofs[909] im Fall Schelling dahingehend verstanden, es hätte wegen des Einwands der Staatenimmunität die EuGVVO unangewendet gelassen.[910] Wie noch zu besprechen sein wird, setzte sich dieses Urteil aber allein mit dem Begriff der „Zivil- und Handelssache" auseinander. Ein anderer Sachverhalt vor österreichischen Gerichten betraf vielmehr das Verhältnis zwischen Immunität und dem damaligen EuGVÜ und führte schließlich zur Anrufung des EuGH. Es tangiert zwar nicht den hiesigen Bereich schwerer Menschenrechtsverletzungen, gleichwohl aber das Spannungsfeld zwischen Immunität und der Anwendbarkeit der EuGVVO. Ein geradezu klassisches Spannungsfeld in diesem Sinne stellen nämlich grenzüberschreitende Klagen im Umweltrecht dar.[911] Langwierig ist dabei die Auseinandersetzung des Landes Oberösterreich gegen das Energieversorgungsunternehmen ČEZ, das im benachbarten Tschechien das Kernkraftwerk Temelín betreibt.[912] In den diplomatischen Beziehungen „zwischen Wien und Prag ist das Thema Temelín zum permanenten Störfall geworden".[913] Beide Regierungen schöpften bilaterale Verhandlungen aus.[914] Mangels völkerrechtlichen oder europarechtlichen Streitbei-

---

907 Vgl. Schlussanträge des Generalanwalts *Paolo Mengozzo* zur Rs. C-154/11 v. 24.05.2012, Rn. 28.
908 Dazu unter der hiesigen Fragestellung bei *Burkhard Hess:* European Civil Procedure and Public International Law, aus: From Bilateralism to Community Interest – Essays in Honour of Judge Bruno Simma (2011), S. 939 f.
909 OGH v. 14.05.2001 – 4 Ob 97/01b (Karl Schelling ./. Königreich Belgien).
910 *Anatol Dutta:* Anmerkung zu EuGH v. 15.02.2007 – Rs. C-292/05, ZZP 11 (2006), S. 217.
911 Generalbericht von *Burkhard Hess* zur Evaluierung der EuGVVO (Study JLS/C4/2005/03) aus *Burkhard Hess/Thomas Pfeiffer/Peter Schlosser:* The Brussels I Regulation No 44/2001 – The Heidelberger Report on the Application of the Regulation Brussels I in the 25 Member States (2008), Rn. 74 ff. Erstmals war der EuGH in der Rs. 21/76 (Handelskwekerij G. J. Bier B. V. ./. Mines de Potasse d'Alence S. A.) v. 30.11.1976, Slg. 1976 (I), S. 1735–1748 = NJW 1977, S. 493–494, mit diesem Rechtsgebiet befasst.
912 Eingehend *Waldemar Hummer:* Temelín – Das Kernkraftwerk an der Grenze, ZÖR 62 (2008), S. 501–557.
913 Kein Ende des Streits um das AKW Temelín – Permanenter Störfall zwischen Wien und Prag?, NZZ v. 14./15.07.2007, S. 7.
914 Die sog. Schlussfolgerungen des Melker Prozesses und dem Follow-up sind mit der gemeinsamen Erklärung der Tschechischen Republik und der Republik Österreich zu den

Viertes Kapitel – Verhältnis der EuGVVO zur Staatenimmunität

legungsperspektiven[915] wählten das Land Oberösterreich als Eigentümer mehrerer Grundstücke in Grenznähe zu Tschechien sowie verschiedene andere private Eigentümer den Klageweg gegen die ČEZ. Vor österreichischen Zivilgerichten wollten sie den tschechischen Betreiber des Kernkraftwerks zur Unterlassung von Immissionen durch das Kernkraftwerk Temelín verpflichten. Die Kläger stützten sich dabei auf Art. 16 Nr. 1 lit. a) des damaligen EuGVÜ. Die ČEZ machte für die Unzuständigkeit der österreichischen Gerichte aber u. a. geltend, dass solche Unterlassungsklagen völkerrechtswidrig in die Territorial- und Gerichtshoheit der Tschechischen Republik eingreifen und dort nicht vollstreckbar wären.[916] Der Österreichische Oberste Gerichtshof rief im außerordentlichen Revisionsverfahren den EuGH zur Auslegung des damaligen EuGVÜ an.[917] Der EuGH verneinte eine Zuständigkeitsbegründung auf Art. 16 Nr. 1 lit. a) Brüsseler Übereinkommen.[918] Davon unbeeindruckt erklärte sich der Österreichische Oberste Gerichtshof nach nationalen Zuständigkeitsvorschriften für zuständig[919] und rief in Ansehung von Art. 5 Abs. 2 EuGVVO erneut den EuGH an. Abermals beschäftigte sich dieser zwar nicht mit dem Verhältnis zwischen Europäischem Zivilprozessrecht und der Staatenimmunität.[920] Den Verfahren vor dem EuGH ist aber genauso gemeinsam wie immanent, dass die Belange der Souveränität nicht die Anwendbarkeit der EuGVVO sperren, sondern diese sich nur einschränkend auf die Auslegung des Anwendungsbereichs auswirken können[921] bzw. den *ordre public* berühren.

---

bilateralen Vereinbarung über das Kernkraftwerk Temelin in die Schlussakte zum Vertrag über den Beitritt zehn neuer Mitgliedstaaten zur Europäischen Union, darunter der Tschechischen Republik, eingeflossen, ABl. EU Nr. L 236 v. 23.09.2003, S. 17 (974); abgedruckt im Bundesgesetzblatt für die Republik Österreich III v. 28.12.2001, 1565–1579.
915 *Waldemar Hummer:* Temelín – Das Kernkraftwerk an der Grenze, ZÖR 63 (2008), S. 532 ff.
916 Vgl. Angaben des EuGH, Urt. v. 18.05.2006 – Rs. C-343/04 (Land Oberösterreich ./. ČEZ as), Rn. 15 (Fundstellenverzeichnis).
917 OGH, Beschl. v. 21.07.2004 – 3 Ob 266/03v.
918 EuGH v. 18.5.2006 – Rs. C-343/04 (Land Oberösterreich ./. ČEZ as), Rn. 15 (Fundstellenverzeichnis).
919 OGH v. 26.07.2006 – 3Ob134/06m, örtlich zuständig nach §§ 27a, 81 JN. Zuvor erklärte das OLG Linz einen außerordentlichen Revisionskurs zum OGH für unzulässig und hätte damit streng genommen bereits den EuGH zur Vorabentscheidung anrufen müssen, vgl. *Peter Mayr:* Die „österreichischen" EuGH-Entscheidungen zu EuGVÜ/EuGVVO, aus: Europäisches Zivilverfahrensrecht in Österreich – Bilanz nach 10 Jahren (2007), S. 66.
920 Zu beiden Entscheidungen in Bezug auf die hiesige Fragestellung bei *Burkhard Hess:* European Civil Procedure and Public International Law, aus: From Bilateralism to Community Interest – Essays in Honour of Judge Bruno Simma (2011), S. 939.
921 Das deutet der EuGH in seiner ersten Anrufung in den Verfahren an, Urt. v. 18.5.2006 – Rs. C-343/04 (Land Oberösterreich ./. ČEZ as), Rn. 23 (Fundstellenverzeichnis).

II. Rechtsprechung zum Europäischen Wettbewerbsrecht

Die folgenden zwei Entscheidungen sind zwar außerhalb der Auslegung zur EuGVVO angesiedelt, behandeln aber allgemein das Spannungsverhältnis zwischen souveränen Interessen gegenüber der Anwendung unionalen Rechts.

1. EuGH, verb. Rs. 89, 104, 114, 116, 117, 125 bis 129/85 („Zellstoff")

In den verbundenen Rechtssachen 89/85, 104/85, 114/85, 116/85, 117/85, 125 bis 129/85 traf das Europäische Wettbewerbsrecht auf den wettbewerbsrechtlichen Einwand des Interventionsverbots. Als Kehrseite zur staatlichen Souveränität untersagt es die Anwendung von Zwangsmitteln in jeder Form unterhalb der Gewaltschwelle in die Angelegenheiten eines anderen Staates.[922] Diesen Einwand brachten eine Reihe von Zellstoffherstellern sowie zwei ihrer Verbände gegen die Feststellung der Kommission hervor, dass sie gegen Art. 85 EWG-Vertrag verstoßen und entsprechende Geldbußen zu zahlen hätten.[923] Einige kanadische Klägerinnen betonten die Gefährdung der Souveränität Kanadas.[924] Der EuGH beließ es aber dabei

> „zu bemerken, daß dieses Argument darauf hinausläuft, die Zuständigkeit der Gemeinschaft für die Anwendung ihrer Wettbewerbsvorschriften auf Verhaltensweisen wie diejenigen, die im vorliegenden Fall festgestellt wurden, in Frage zu stellen."[925]

Der EuGH betonte damit in der Rs. Zellstoff, dass die Jurisdiktionsgewalt der Kommission im Rahmen der Europäischen Wettbewerbsvorschriften unabhängig etwaigen Vorbringens nationaler Souveränitätsinteressen begründet wird.[926] In diesem Zusammenhang konstatiert *Cedric Ryngaert,* dass innerhalb Europas allein Deutschland die souveränen Interessen dem Wettbewerbsrecht voranstellt[927], was wiederum dem deutschen Trennungsprinzip entspricht. Soweit der EuGH die Anwendbarkeit des Unionsrechts nicht gefährden will, sah er im Übrigen auch nicht die Gefahr einer völkerrechtswidrigen Anwendung des Europäischen Wettbewerbsrechts.[928]

---

922 *Dietmar Baetge:* Globalisierung des Wettbewerbsrechts – Eine internationale Wettbewerbsordnung zwischen Kartell- und Welthandelsrecht (2009), S. 283 f.
923 EuGH v. 27.09.1988 – Rs. 89/85, 104/85, 114/85, 116/85, 117/85, 125 BIS 129/85 (Zellstoff ./. Kommission der Europäischen Gemeinschaften), Rn. 7 (Fundstellenverzeichnis).
924 Ebenda, Rn. 8.
925 Ebenda, Rn. 22.
926 *Cedric Ryngaert:* Jurisdiction in International Law (2008), S. 172 f.
927 Ebenda, S. 177.
928 EuGH v. 27.09.1988 – Rs. 89/85, 104/85, 114/85, 116/85, 117/85, 125 BIS 129/85 (Zellstoff ./. Kommission der Europäischen Gemeinschaften), Rn. 19 ff. (Fundstellenverzeichnis).

Viertes Kapitel – Verhältnis der EuGVVO zur Staatenimmunität

2. *EuGH, Rs. C-364/92 („SAT") und Rs. T-155/04, C-113/07 P („Selex")*

a) Einführung

Ein bezeichnendes Kapitel schreiben auch die Verfahren im Zusammenhang mit der Europäischen Organisation für Flugsicherung. Die sog. *Eurocontrol* ist eine über fünfzigjährige internationale Organisation mit regionaler Aufgabenstellung auf dem Gebiet der Flugsicherung unter Berücksichtigung der Erfordernisse der Landesverteidigung, die mit den Zivil- und Militärbehörden der Vertragsstaaten zusammenarbeitet, vgl. Art. 1 ihres Gründungsübereinkommens. Vor dem EuGH war nicht nur die EuGVVO zweifach mit ihr beschäftigt.[929] Die Luxemburger Richter hatten sich wiederholt damit zu beschäftigen, ob *Eurocontrol* ein Unternehmen im Sinne des Europäischen Wettbewerbsrechts darstellt. Zwar waren die Rs. C-364/92 („SAT") sowie die Rs. T–155/04 und C-113/07 P („Selex") demnach mit wettbewerbsrechtlichem Hintergrund ausgestaltet. Soweit aber die *Eurocontrol* ihre Immunität vor einer Geltungserstreckung des Europäischen Rechts einwendet[930], ist der Unternehmensbegriff aus Art. 101 ff. AEUV nur Einfallstor für Rechtsfragen ganz grundsätzlicher Natur. Auch wenn es sich hierbei um die Immunität bzw. um die Vorrechte einer Internationalen Organisation handelt, sind diese Aussagen vielsagend für das Verhältnis von Unionsrecht zur Immunitätsgewährung. Als Internationale Organisation genießt *Eurocontrol* kraft Völkergewohnheitsrecht Immunität vor Inanspruchnahme, soweit sie sich nicht selbst derer unterwirft.[931]

b) EuGH, C-364/92 („SAT")

Noch in der Rs. „SAT" lehnte der EuGH seine wettbewerbsrechtliche Zuständigkeit über die *Eurocontrol* ab.[932] In den Ausgangsverfahren verlangte die *Eurocontrol* vor belgischen Gerichten die Einziehung von Streckengebühren von der Luftfahrtgesellschaft *SAT*.[933] Diese verweigerte die Entrichtung von Gebühren mit der Ansicht, un-

---

929 Beide besprechend bei *Ulrich Soltész:* Der Begriff der Zivilsache im Europäischem Zivilprozeßrecht – Zur Auslegung von Art. 1 Abs. 1 EuGVÜ (1998), S. 39 ff.
930 Darauf verweisen die Schlussanträge der Generalanwältin *Verica Trstenjak* v. 03.07.2008 zur Rs. C–113/07 P (SELEX Sistemi Integrati SpA ./. Kommission der Europäischen Gemeinschaften und Eurocontrol) wiederholt, vgl. ebenda Rn. 8 ff. (20).
931 Vgl. allgemein *Walther J. Habscheid:* Die Immunität internationaler Organisationen im Zivilprozeß, ZZP 110 (1997), S. 269–286 sowie dazu EuGH, Urt. v. 26.03.2009 – Rs. C-113/07 P, (SELEX Sistemi Integrati SpA, Kommission der Europäischen Gemeinschaften, Eurocontrol), Rn. 59 f., Slg. 2009 (I), S. 2207–2289.
932 EuGH, Urt. v. 19.01.1994 – Rs. C-364/92 (SAT Fluggesellschaft mbH ./. Eurocontrol), Rn. 9 ff., Slg. 1994 (I), S. 43–65 = EuZW 1994, S. 248–250 = NJW 1994, S. 2344–2345.
933 Ebenda, Rn. 5.

terschiedliche Gebührentarife für gleichwertige Leistungen würden einen Missbrauch einer beherrschenden Stellung im Sinne des Europäischen Wettbewerbsrechts durch Eurocontrol darstellen.[934] Dem EuGH wurde vorab die Frage zur Entscheidung vorgelegt, ob die *Eurocontrol* ein Unternehmen im Sinne der damaligen Art. 86 und 90 des Vertrages anzusehen ist.[935] Die *Eurocontrol* machte dagegen geltend, dass

> *„als internationale Organisation, deren Beziehungen zur Gemeinschaft sich nach dem Völkerrecht bestimmten, unterliege sie nicht der Gerichtsbarkeit des Gerichtshofes".*[936]

Der EuGH verwarf diesen Einwand mit dem Verweis auf seine Auslegungshoheit über das Recht der Europäischen Union.[937] Der Einwand setzte sich aber im Rahmen des Unternehmensbegriffs fort. Die Regierungen Deutschlands und Griechenlands sowie Frankreichs und des Vereinigten Königreichs bestritten die Anwendbarkeit des Europäischen Wettbewerbsrechts auf *Eurocontrol* mit Verweis auf die Anwendungspraxis des damaligen EuGVÜ.[938] Wie auch bei der Auslegung des EuGVÜ sei die Ausübung hoheitlicher Befugnisse maßgebend für die Abgrenzung von *„ius imperii"* gegenüber der Anwendung des Europäischen Rechts.[939] Diese Parallele zum EuGVÜ griff der EuGH auf und verneinte den Unternehmenscharakter von *Eurocontrol*.[940] Soweit *Eurocontrol* auf Rechnung der Vertragsstaaten Aufgaben in ihrem hoheitlichen Interesse wahrnimmt[941], sind ihre Tätigkeiten typischer Ausdruck hoheitlicher Vorrechte ohne wirtschaftlichen Charakter.[942]

c) EuG, T-155/04 („Selex")

Diese Rechtsprechung wird durch ihre Weiterführung mit der Rs. „Selex" interessant. Das so lautende Unternehmen aus dem Luftverkehrsmanagement beantragte bei der Kommission die Feststellung, dass die *Eurocontrol* im Rahmen ihrer Aufgabe gegen das Europäische Wettbewerbsrecht verstoßen habe. Die Kommission sah zwar das Europäische Wettbewerbsrecht grundsätzlich auf Internationale Organisationen anwendbar, wies den Antrag aber mit Verweis auf die fehlende Unternehmereigenschaft

---

934 Ebenda, Rn. 6.
935 Ebenda, Rn. 8.
936 Ebenda, Rn. 9.
937 Ebenda, Rn. 11 f.
938 Ebenda, Rn. 17.
939 Ebenda, Rn. 16 f.
940 Ebenda, Rn. 20 ff. (32).
941 Ebenda, Rn. 28.
942 Ebenda, Rn. 31.

Viertes Kapitel – Verhältnis der EuGVVO zur Staatenimmunität

von *Eurocontrol* zurück.[943] Dagegen erhob die *Selex* Klage vor dem EuGH. *Eurocontrol* erklärte das Europäische Wettbewerbsrecht – wie schon zur Rs. „SAT" – wegen Immunitätsschutz und mangels Unternehmereigenschaft für unanwendbar.[944] Diese Verteidigungsmittel wurden jedoch nur von *Eurocontrol* als Streithelferin der Beklagten zu deren Unterstützung vorgebracht. Dies hat der EuGH als unzulässiges, weil den Rahmen des Rechtsstreits änderndes Verteidigungsmittel angesehen.[945] Ohne also darauf einzugehen, ob die *Eurocontrol* sich auf den Einwand der Immunität berufen kann, hat der EuGH, gleichfalls wie die Kommission, die Anwendbarkeit des Unionsrechts *ratio materie* und *ratio personae* geprüft.[946] Anders aber als die Kommission das Urteil in der Rs. „SAT" verstanden haben wollte, musste der nichtwirtschaftliche Charakter von *Eurocontrol* nach jedem vorgeworfenen Verhalten gesondert geprüft werden.[947] Für ihre Tätigkeiten der technischen Normierung sowie in Forschung und Entwicklung sei sie streitgegenständlich nicht als Unternehmen im Sinne des Europäischen Wettbewerbsrechts anzusehen.[948] Allerdings sieht der EuGH in der Unterstützungstätigkeit für nationale Verwaltungen eine lediglich wirtschaftliche Tätigkeit.[949] Auf diesem Gebiet können spezialisierte Privatunternehmen genauso tätig werden[950], was an den sog. „Privatpersonentest" erinnert. Auch wenn die Nichtigkeitsklage im Ergebnis gleichwohl gescheitert ist, unterwarf der EuGH eine Internationale Organisation entgegen jeder Immunitätserwägung dem Europäischen Recht.

d)   EuGH, C-113/07 P („Selex") im Rechtsmittelverfahren

Im Rechtsmittelverfahren stand darum der Immunitätseinwand von *Eurocontrol* nochmals auf dem Prüfstand.[951] *Eurocontrol* machte geltend, die Gemeinschaft könne sie nach dem allgemeinen Grundsatz *in parem non habet imperium* nicht ihren eigenen

---

943   EuG, Urt. v. 12.12.2006 – Rs. T-155/04 (SELEX Sistemi Integrati SpA ./. Kommission), Rn. 15 (Fundstellenverzeichnis).
944   Ebenda, Rn. 41.
945   Der EuGH sah darin nicht ein weiteres Argument zur Verteidigung, sondern ein weiteres Verteidigungsmittel an sich, was nicht von Art. 40 Abs. 4, 53 Abs. 1 der Satzung des Gerichtshofes, sowie Art. 116 § 3 der Verfahrensordnung des Gerichts vorgesehen ist, vgl. EuG, Urt. v. 12.12.2006 – Rs. T-155/04 (SELEX Sistemi Integrati SpA ./. Kommission), Rn. 42 f. (Fundstellenverzeichnis).
946   Ebenda, Rn. 45 ff.
947   Ebenda, Rn. 51 ff.
948   Ebenda, Rn. 55 ff.
949   Ebenda, Rn. 83 ff. (92).
950   Ebenda, Rn. 87.
951   EuGH v. 26.03.2009 – Rs. C-113/07 P, (SELEX Sistemi Integrati SpA, Kommission der Europäischen Gemeinschaften, Eurocontrol, Slg 2009, I-2207-2289, Rn. 11, 21 und 53 ff.

C. Rechtsprechungspraxis des EuGH

Regeln unterwerfen.[952] Schließlich gehöre die Frage der Immunität zur gleichen Kategorie wie grundlegende Fragen des zwingenden Rechts, die der Gemeinschaftsrichter von Amts wegen zu beachten habe.[953] Der EuGH sah sich aber mit Verweis auf seine Rechtsprechung zur Rs. „SAT" zur Entscheidung zuständig.[954] Dass er sich zur Immunitätsprüfung nicht von Amts wegen verpflichtet fühlt[955], widerspricht gleichwohl der herrschenden Meinung.[956] Wenn der EuGH die *Eurocontrol* trotz Immunitätseinwand dem Europäischen Wettbewerbsrecht unterordnet, setzt er seiner materiell-rechtlichen Prüfung dessen Geltung voraus.[957] Er nimmt dazu zwar nicht ausdrücklich Stellung, verbleibt aber bei einer materiell-rechtlichen Prüfung. Die Frage, ob *Eurocontrol* hoheitliche Befugnisse wahrnimmt oder sich wirtschaftlich betätigt, war damit nicht Frage einer Immunitätsgewährung, sondern allein Frage des sachlichen Anwendungsbereichs.[958] Die Schlussanträge fassen diesen Gedanken in Ansehung des Immunitätseinwands so zusammen:

„Eine Qualifikation als ‚Unternehmen' im Sinne des Art. 82 EG setzt jedoch zunächst logisch voraus, dass Eurocontrol die Vorschriften des Gemeinschaftsrechts überhaupt entgegengehalten werden können."[959]

In diesem Sinne verstanden geht es dem EuGH nicht darum, auf Immunitätserwägungen nicht von Amts wegen eingehen zu müssen. Sicher sind dem EuGH Aspekte der Immunität fremd[960], ihre Ignorierung ist vielmehr Ausdruck dessen, dass im Anwendungsbereich des unionalen Rechts keine Schranken herrschen, über die der EuGH nicht wachen kann.

---

952 Ebenda, Rn. 58.
953 Ebenda, Rn. 61.
954 Ebenda, Rn. 62.
955 Ebenda, Rn. 64 und Leitsatz 1; damit folgt der EuGH den Schlussanträgen seiner Generalanwältin *Verica Trstenjak* v. 03.07.2008 – Rs. C-113/07 P (SELEX Sistemi Integrati SpA ./. Kommission der Europäischen Gemeinschaften und Eurocontrol), Rn. 32.
956 Stellvertretend und nachgehend bei *Walther J. Habscheid:* Die Immunität ausländischer Staaten nach deutschem Zivilprozeßrecht, BerDGVR 8 (1968), S. 182.
957 So die Schlussanträge der Generalanwältin *Verica Trstenjak* v. 03.07.2008 – Rs. C-113/07 P (SELEX Sistemi Integrati SpA ./. Kommission der Europäischen Gemeinschaften und Eurocontrol), Rn. 22.
958 EuGH v. 26.03.2009 – Rs. C-113/07 P (SELEX Sistemi Integrati SpA, Kommission der Europäischen Gemeinschaften und Eurocontrol), Slg. 2009 (I), S. 2207–2289, Rn. 66 ff.; sowie in erster Instanz EuG, Urt. v. 12.12.2006 – Rs. T-155/04 (SELEX Sistemi Integrati SpA ./. Kommission), Rn. 50 ff. (Fundstellenverzeichnis).
959 Schlussanträge der Generalanwältin *Verica Trstenjak* v. 03.07.2008 – Rs. C-113/07 P (SELEX Sistemi Integrati SpA ./. Kommission der Europäischen Gemeinschaften und Eurocontrol), Rn. 22.
960 Ebenda, Rn. 32.

Viertes Kapitel – Verhältnis der EuGVVO zur Staatenimmunität

III. Vertragsverletzungsverfahren wg. Einfuhrzöllen auf Kriegsmaterial

Im Hinblick auf die Souveränität der Mitgliedstaaten ist schließlich das Vertragsverletzungsverfahren besonders sensibel[961] wie geeignet für eine Aussage zwischen der mitgliedstaatlichen Souveränität und dem Unionsrecht. In einem Vertragsverletzungsverfahren warf die Kommission der Republik Finnland (C-284/05), dem Königreich Schweden (C-294/05), der Bundesrepublik Deutschland (C-372/05), der Italienischen Republik (C-387/05 und C-239/06), der Hellenischen Republik (C-409/05) und dem Königreich Dänemark (C-461/05) erfolgreich vor, Zölle und deren Zinsen für die Einfuhr von Kriegsmaterial und *„Dual-Use"*-Material nicht an die Union abgeführt zu haben.[962] Die Mitgliedstaaten machten insbesondere ihre wesentlichen Sicherheits- und Verteidigungsinteressen geltend, was ihnen insbesondere nach Art. 296 EGV zustehe.[963] Anders als die Mitgliedstaaten behaupten, unterliegen deren materielle Kontrolle einer solchen Entscheidung den Unionsgerichten.[964] Der Generalanwalt *Dámaso Ruiz-Jarabo Colomer* stellt dazu fest:

„Der Gedanke, dass diese wesentlichen Interessen [...] durch Osmose die Anwendbarkeit des Gemeinschaftsrechts beschränken können, durchzieht die Hauptsache und dringt in verschiedene Fragen vor, wie die der Beweislast oder die außerordentlich delikate Frage der Immunitäten der öffentlichen Gewalt."[965]

Damit wird weder die einheitliche Anwendung des Unionsrechts, noch die mitgliedstaatliche Ermessensbefugnis beeinträchtigt.[966]

---

961 Vgl. die souveränitätsschonende Zweistufigkeit nach Art. 258 ff. AEUV sowie *Andreas Haratsch/Christian Koenig/Matthias Pechstein:* Europarecht, 8. Aufl. (2012), Rn. 491.
962 EuGH v. 15.12.2009, Rs. C-284/05 (Kommission ./. Republik Finnland), Rs. C-294/05 (Kommission ./. Königreich Schweden), Rs. C-372/05 (Kommission ./. Bundesrepublik Deutschland), Rs. C-387/05 und C-239/06 (Kommission ./. Italienische Republik), Rs. C-409/05 (Kommission ./. Hellenische Republik), Rs. C-461/05 Kommission ./. Königreich Dänemark).
963 Schlussanträge des Generalanwalts *Dámaso Ruiz-Jarabo Colomer* v. 10.02.2009 – Rs. C-284/05 (Kommission ./. Republik Finnland), Rs. C-294/05 (Kommission ./. Königreich Schweden), Rs. C-372/05 (Kommission ./. Bundesrepublik Deutschland), Rs. C-387/05 und C-239/06 (Kommission ./. Italienische Republik), Rs. C-409/05 (Kommission ./. Hellenische Republik), Rs. C-461/05 Kommission ./. Königreich Dänemark), Rn. 3 und 103 ff.
964 Ebenda, Rn. 120 f.
965 Ebenda, Rn. 46.
966 Ebenda, Rn. 121.

„Diese Trennlinie zwischen der nationalen und der Gemeinschaftssphäre ist mit größter Vorsicht zu ziehen, aber auch mit Nachdruck, damit die Harmonie in der Union obsiegt."[967]

Mit einem Immunitätseinwand würden sich die Mitgliedstaaten der Überprüfung entziehen, ob ihre Interessen verhältnismäßig das Unionsrecht beeinträchtigen.[968] Die Folge wäre ein Rückfall in politisch motivierte, nichtjudizierbare Räume, entsprechend der am Ende des neunzehnten Jahrhunderts überwundenen Theorie der *„acte de gouvernement"*.[969] Der Generalanwalt *Dámaso Ruiz-Jarabo Colomer* erteilt dem pauschalen Immunitätsvorwand im Anwendungsbereich der damaligen Europäischen Gemeinschaft daher eine deutliche Absage:

„Eine derartige Laxheit würde eine Art von politischen Maßnahmen autorisieren, die Zonen der Immunität schaffen würden, die für die Gemeinschaft und meiner Ansicht nach auch für die Stellung, die in ihrem Rahmen den Staaten zukommt, tödlich wären."[970]

D. Konfliktauflösung

Mithin vermag der Konflikt zwischen der EuGVVO und der Staatenimmunität nicht durch die Feststellung ihrer prüfungstechnischen Reihenfolge aufgelöst zu werden. Weder kann diese das divergierende Verständnis der Mitgliedstaaten von Jurisdiktion überwinden, noch mit der dargestellten Rechtsprechung des EuGH in Einklang gebracht werden.

I. Vorüberlegungen

1. High Court (Grovit ./. De Nederlandsche Bank)

Der Konfliktauflösung vorabgestellt sei vielmehr ein mitgliedstaatliches Urteil als Vorüberlegung. Dabei haben sich mitgliedstaatliche Gerichte erst ganz vereinzelt dem Verhältnis zwischen der EuGVVO und dem Prinzip der Staatenimmunität angenommen. Bisher ist keine mitgliedstaatliche Entscheidung ersichtlich, die das Immunitätsprinzip aufgrund des Anwendungsbereichs der EuGVVO als „verdrängt" ansieht. Die Ausgangsverfahren bemühten zwar im Rahmen von Streitigkeiten um schwere

---

[967] Ebenda, Rn. 122.
[968] Ebenda, Rn. 124.
[969] Ebenda, Fußn. 87 zu Rn. 133.
[970] Ebenda, Rn. 133.

Viertes Kapitel – Verhältnis der EuGVVO zur Staatenimmunität

Menschenrechtsverletzungen mitunter die EuGVVO, behandelten die Immunitätszurückdrängung gleichfalls als Frage der schweren Menschenrechtsverletzungen. Allein das griechische Verfahren um das Kriegsverbrechen von Kalavryta nähert sich dieser Frage, wie gesehen mit nur beschränkter Aussagekraft vor dem EuGH.

Zur Auflösung des Verhältnisses zwischen der EuGVVO und der Staatenimmunität sind indes die Aussagen des englischen *High Court* im Fall *Grovit* gegen *De Nederlandsche Bank* u.a. vom 20. Dezember 2005[971] von besonderem Interesse. Mitarbeiter der *Bank of England* versuchten gegen Aussagen der Niederländischen Bank vor englischen Gerichten vorzugehen. Die Zuständigkeit für die entsprechende Unterlassungsklage stützte sich auf Art. 5 Abs. 3 EuGVVO. Dagegen wandte die Niederländische Bank ein, hoheitlich gehandelt zu haben und damit immun vor fremdgerichtlicher Inanspruchnahme zu sein. Die Kläger hielten insbesondere entgegen, was der EuGH bereits bezüglich des *forum non conveniens* betonte:

> *"It must be observed that (...) the Brussels Convention is mandatory in nature and that, according to its terms, there can be no derogation from the principle it lays down except in the cases expressly provided for by the Convention."*[972]

Der Lordrichter *Michael George Tugendhat* entschied im Ergebnis, dass das europäische Zuständigkeitsrecht nicht die Staatenimmunität verdrängt.[973] Er konnte sich aber nicht – wie teilweise verstanden[974] – auf ein Trennungsverhältnis zwischen Gerichtsbarkeit und den Regelungsbereichen der EuGVVO stützen. Denn das englische Recht trennt nicht zwischen Gerichtsbarkeit und Internationaler Zuständigkeit.[975] Vielmehr fragte der Lordrichter:

> *"Is the Regulation to be read subject to, or as excluding, the doctrine of state immunity in international law?"*[976]

---

971 High Court v. 20.12.2005 (Grovit ./. De Nederlandsche Bank), I.L.Pr. 22 (2006).
972 Vgl. Besprechung der High Court Entscheidung v. 20.12.2005 (Grovit ./. De Nederlandsche Bank) von Lordrichter *Michael George Tugendhat*, I.L.Pr. 22 (2006), S. 479, Rn. 36 mit Verweis auf das Urteil des EuGH v. 01.03.2005 – C-281/02 (Andrew Owusu ./. N. B. Jackson), Rn. 37 (Fundstellenverzeichnis).
973 High Court v. 20.12.2005 (Grovit ./. De Nederlandsche Bank), I.L.Pr. 22 (2006), Rn. 47 ff.
974 *Karsten Thorn:* Schadensersatzansprüche der Zivilbevölkerung gegen ausländische Besatzungsmächte, BerDGVR 44 (2009), S. 313.
975 Vgl. *Adrian Briggs/Peter Rees:* Civil Jurisdiction and Judgements, 5. Aufl. 2009, Rn. 4.09.
976 High Court v. 20.12.2005 (Grovit ./. De Nederlandsche Bank), I.L.Pr. 22 (2006), Rn. 34.

Unter dieser Fragestellung und gestützt auf Art. 71 EuGVVO zieht der Lordrichter das Europäische Übereinkommen über die Staatenimmunität heran.[977] Hier wird im Englischen die fehlende Trennung zwischen Gerichtsbarkeit und Internationaler Zuständigkeit besonders deutlich. Beide Texte, sowohl das Europäische Übereinkommen über die Staatenimmunität als auch die EuGVVO sprechen in ihrem Regelungsgegenstand allgemein von *„jurisdiction"*. Der Lordrichter verwies aber darauf, dass das Europäische Übereinkommen über die Staatenimmunität sich erst 1972 mit dem Prinzip der Staatenimmunität befasste, zu einem Zeitpunkt also, als die damalige EuGVÜ bereits vier Jahre lang in Kraft gesetzt war. Daraus wird geschlussfolgert, dass das EuGVÜ nicht auch schon vorher die Staatenimmunität regeln wollte.[978] Im Übrigen spricht der Lordrichter der Streitigkeit den Charakter einer „Zivil- und Handelssache" ab.[979]

Aus diesem Grund wird das Urteil nur teilweise als die Frage abschließend beantwortend verstanden.[980] Im Rahmen der Auswertung der EuGVVO sieht das *British Institute of International and Comparative Law* die Fragestellung trotz der Aussagen im genannten Fall Grovit aus Sicht der englischen und walisischen Gerichtspraxis als ungelöst.[981] So sehr auch eine eingehende Beschäftigung mit Art. 71 EuGVVO fehlt, so weiterführend ist aber der Ansatz, den der Lordrichter anregt.

2. Lösungsansatz

Die EuGVVO hat zwar die Staatenimmunität nicht zum Regelungsgegenstand. Die EuGVVO bewahrt aber nur teilweise – entgegen anders lautender Lesart[982] – Stillschweigen darüber, wie ihr Verhältnis zur Staatenimmunität aufzulösen ist. Der von Lordrichter *Michael George Tugendhat* bemühte Art. 71 EuGVVO regelt das Verhältnis der EuGVVO zu speziellem *Völkervertragsrecht*. Soweit das Recht der Staatenimmunität völkervertraglich geregelt ist, muss also dieser Kollisionsnorm nachgegangen werden. Nun ist die Staatenimmunität aber nicht abschließend durch Völkervertragsrecht kodifiziert. Gewissermaßen fasst *Reinhold Geimer* schon 1983, mit ungebrochener Gültigkeit noch in Bezug auf das damalige EuGVÜ, die Vorüberlegungen bis hierin zusammen:

---

977 Ebenda, Rn. 37 ff.
978 Ebenda, Rn. 47.
979 Ebenda, Rn. 60.
980 *Karsten Thorn:* Schadensersatzansprüche der Zivilbevölkerung gegen ausländische Besatzungsmächte, BerDGVR 44 (2009), S. 313.
981 Study JLS/C4/2005/03, Evaluation of Questionnaire No. 3 (National Reporters), S. 195.
982 So Thomas Rauscher-*Peter Mankowski:* Europäisches Zivilprozess- und Kollisionsrecht, 3. Aufl. 2011, Bd. I, Art. 1 Brüssel I-VO, Rn. 3e.

Viertes Kapitel – Verhältnis der EuGVVO zur Staatenimmunität

„Die Regeln über die Befreiung von der Gerichtsbarkeit sind nicht Gegenstand des Übereinkommens. Sie sind durch das allgemeine Völkergewohnheitsrecht normiert, neuerdings auch durch multilaterale Konventionen kodifiziert."[983]

Nur und insoweit die Staatenimmunität also Ursprung Völkergewohnheitsrechts oder allgemeiner Rechtsgrundsätze ist, hält die EuGVVO keine Kollisionsnorm bereit. Es fehlt eine allgemeine Regelung, wie sie etwa die Haager Konferenz für Internationales Privatrecht bei der Redaktion eines weltweiten Gerichtsstands-, Anerkennungs- und Vollstreckungsübereinkommens vorsah. Wie in Kapitel 3 besprochen, sahen beide Konventionsentwürfe gemäß Art. 1 Abs. 4 des Arbeitsentwurfes von 1999 als auch Art. 1 Abs. 5 des Arbeitsentwurfes von 2001 gleichlautend vor:

"Nothing in this Convention affects the privileges and immunities of sovereign States or of entities of sovereign States, or of international organisations."

Soweit die Urheber des damaligen EuGVÜ bzw. der Europäische Gesetzgeber bei dessen Überführung zur EuGVVO auf eine solche Kollisionsregel verzichteten, muss also das Verhältnis zwischen Unionsrecht und Völkergewohnheitsrecht bzw. allgemeinen Rechtsgrundsätzen außerhalb von Art. 71 EuGVVO gesucht werden. Mithin ist allein das Rechtsverhältnis zwischen unionalisiertem Zivilprozessrecht und dem Einwand völkerrechtlicher Natur entscheidend, nicht eine national indoktrinierte Prüfungsreihenfolge. Aus der deutschen Literatur macht sich ersichtlich nur *Anatol Dutta* diesen Lösungsansatz zu Eigen.[984] Es ist nach der Form zu differenzieren, in der die Staatenimmunität im Zivilprozess auftritt. Es wurzelt, ganz unabhängig von der mitgliedstaatlichen Geltungsform, entweder im Völkervertragsrecht (II.) oder im ungeschriebenem Völkerrecht (III.).

II. Art. 71 EuGVVO – Subsidiaritätslösung bezüglich völkerrechtlicher Verträge

Das Verhältnis zwischen der EuGVVO und dem speziellem Völkervertragsrecht gibt Art. 71 EuGVVO vor. Nach dessen Abs. 1 lässt die Verordnung

„Übereinkommen unberührt, denen die Mitgliedstaaten angehören und die für besondere Rechtsgebiete die gerichtliche Zuständigkeit, die Anerkennung oder die Vollstreckung von Entscheidungen regeln."

---

983 Geimer/Schütze-*Reinhold Geimer:* Internationale Urteilsanerkennung, Bd. 1, Halbband 1 (1983), S. 49. Heute fast gleichlautend festhaltend in: Geimer/Schütze-*Reinhold Geimer:* Europäisches Zivilverfahrensrecht, 3. Aufl. 2010, Art. 1 EuGVVO, Rn. 47.
984 *Anatol Dutta:* Anmerkung zu EuGH v. 15.02.2007 – Rs. C-292/05, ZZP 11 (2006), S. 216.

D. Konfliktauflösung

1. Systematik des Art. 71 Abs. 1 EuGVVO

Zu Lasten ihrer Anwendbarkeit lässt die EuGVVO gemäß Art. 71 Abs. 1 EuGVVO solche Übereinkommen unberührt, die für besondere Rechtsgebiete die gerichtliche Zuständigkeit, die Anerkennung oder die Vollstreckung von Entscheidungen regeln. Diese Subsidiaritätsklausel hat ihren Ursprung in dem Vertragstext, aus dem die EuGVVO entstammt, dem EuGVÜ. Der damalige Art. 57 EuGVÜ konstatierte gleichlautend das, was der heutige Art. 71 EuGVVO – lediglich redaktorisch an die unionale Rechtsnatur angepasst – formuliert. Seinerzeit verdrängte die Regelung den völkerrechtlichen *lex posterior*-Grundsatz aus Art. 30 Abs. 3 WVK. Soweit das EuGVÜ auch völkervertragsrechtlicher Natur war, wollte es nicht bereits bestehendes Völkervertragsrecht mit Spezialmaterie ablösen.

Heute ist Art. 71 Abs. 1 EuGVVO im Kontext der primärrechtlichen Kollisionsregel des Art. 351 AEUV zu lesen. Art. 351 AEUV normiert für völkerrechtliche Verträge *gegenüber Drittstaaten* das Gebot des *pacta sunt servanda*.[985] Unabhängig davon, was der Europäische Gesetzgeber normiert, soll kein Mitgliedstaat gegenüber einem Drittstaat vertragsbrüchig werden. Für Konflikte *zwischen den Mitgliedstaaten* gibt es dagegen keine primärrechtliche Kollisionsnorm. Eine völkervertragsrechtliche Verpflichtung vor Inkrafttreten des EWG-Vertrags am 1. Januar 1958 bzw. eine vor Beitritt eines Mitgliedstaates eingegangene völkerrechtliche Verpflichtung wäre nach dem Grundsatz *lex posterior derogat legi priori* zwischen den Mitgliedstaaten vom Unionsrecht verdrängt, vgl. Art. 30 Abs. 3 WVK. Andersherum aber kann sich kein Mitgliedstaat, nach Gründung der Union bzw. Beitritt zur Union durch einen später geschlossenen völkerrechtlichen Vertrag vom Unionsrecht lösen.[986] Mit Abschluss der Europäischen Verträge haben sich die Mitgliedstaaten ihrer „völkerrechtlichen Dispositionsbefugnis begeben"[987], vgl. Art. 48 EUV. Demzufolge kann zwischen den Mitgliedstaaten keine völkervertragliche Verpflichtung dem Unionsrecht entgegenstehen. Davon weicht nun Art. 71 EuGVVO ab. Nach Art. 71 Abs. 1 EuGVVO bleiben solche Übereinkommen unberührt, denen die Mitgliedstaaten angehören und die für besondere Rechtsgebiete die gerichtliche Zuständigkeit, die Anerkennung oder die Vollstreckung von Entscheidungen regeln. Der Zweck dieser Ausnahme besteht darin, auf spezieller Ebene ausgehandelte Zuständigkeitsregeln zu erhalten, die unter Berücksichtigung der

---

985 Vgl. Art. 26 WVK; Schwarze-*Jörg Philipp Terhechte:* EU-Kommentar, 3. Aufl. 2012, Art. 351 AEUV, Rn. 2.
986 *Torsten Körber:* Grundfreiheiten und Privatrecht (2004), S. 405.
987 Ebenda.

Viertes Kapitel – Verhältnis der EuGVVO zur Staatenimmunität

Besonderheiten der Rechtsgebiete aufgestellt wurden.[988] Dies entspricht dem eingeübten Vorbild, den allgemeine Anerkennungs- und Vollstreckungsverträge vorgaben.[989]

2. Anwendbarkeit des Art. 71 Abs. 2 EuGVVO

In ständiger Rechtsprechung betont der EuGH, dass Art. 71 EuGVVO nur solche Völkervertragstexte unberührt lässt, die die besonderen Rechtsgebiete der gerichtlichen Zuständigkeit, der Anerkennung oder der Vollstreckung von Entscheidungen zum Gegenstand haben.[990] Hier von Interesse sind allein Völkervertragstexte, welche die Immunität von Staaten in Fällen schwerer Menschenrechtsverletzungen (mit)regeln. Der Regelungsgegenstand der Staatenimmunität müsste also eine Spezialregelung zu den Regelungsgegenständen der EuGVVO sein.

Nach „deutschem" Sprachduktus fällt wortwörtlich kein völkerrechtlicher Vertrag die Immunität betreffend unter die Subsidiaritätsklausel von Art. 71 Abs. 1 EuGVVO. Die deutsche Sprachfassung der EuGVVO begrenzt den Regelungsbereich der EuGVVO streng auf die (internationale) „Zuständigkeit" und trennt damit sprachlich deutlich von der Gerichtsbarkeit. Für alle, die demgemäß das Prinzip der Immunität gänzlich losgelöst „vor" der EuGVVO betrachten, hieße das in Konsequenz zweierlei: Völkervertragstexte, welche die Immunität zum Gegenstand haben, wären wegen des Prioritätsverhältnisses der gesamten EuGVVO vorgelagert und könnten niemals einen Anwendungsfall des Art. 71 Abs. 1 EuGVVO darstellen. Immunitätsregelungen stünden nicht in Konkurrenz zum Regelungsbereich der EuGVVO, die eben nur die gerichtliche Zuständigkeit sowie die Anerkennung und die Vollstreckung von Entscheidungen zum Gegenstand hat. Darüber hinaus wäre dann, wenn die Gerichtsbarkeit gänzlich losgelöst von der EuGVVO betrachtet wird, der Art. 71 Abs. 1 EuGVVO

---

988 EuGH, Urt. v. 06.12.1994 – Rs. C-406/92 (Tatry ./. Maciej Rataj), Rn. 24 (Fundstellenverzeichnis).
989 Geimer/Schütze-*Reinhold Geimer:* Europäisches Zivilverfahrensrecht, 3. Aufl. 2010, Art. 71 EuGVVO, Rn. 1. So etwa Art. 14 des deutsch-italienischen Abkommen über die Anerkennung und Vollsteckung gerichtlicher Entscheidungen in Zivil- und Handelssachen v. 09.03.1936 bzw. Art. 19 ff. des Vertrags zwischen der Bundesrepublik Deutschland und dem Königreich Griechenland über die gegenseitige Anerkennung und Vollstreckung von gerichtlichen Entscheidungen, Vergleichen und öffentlichen Urkunden in Zivil- und Handelssachen, die gemäß Art. 69 EuGVVO von der EuGVVO ersetzt wurden.
990 Betont durch EuGH, Urt. v. 06.12.1994 – Rs. C-406/92 (Tatry ./. Maciej Rataj), Rn. 24 f. (Fundstellenverzeichnis) und EuGH, Urt. v. 28.10.2004 – Rs. C-148/03 (Nürnberger Allgemeine Versicherungs AG ./. Portbridge Transport International BV), Slg. 2004 (I), S. 10327–10337 = NJW 2005, S. 44–45 = EuZW 2005, S. 28 = EWS 2004, S. 574–575 = EuLF 2004, S. 281–282 = IPRax 2006, S. 256.

schon gar nicht anwendbar. Denn dieser kann überhaupt nur zur Anwendung gelangen, wenn dessen Geltung unterstellt wird.

In der deutschen Kommentarliteratur wird dieser Widerspruch von *Reinhold Geimer* aufgezeigt. Er will die Fragen der Gerichtsbarkeit zwar ganz unabhängig von der EuGVVO geprüft wissen.[991] Entsprechend soll etwa das Europäische Übereinkommen zur Staatenimmunität der EuGVVO außen vor stehen.[992] Gleichwohl lässt es *Reinhold Geimer* in den Anwendungsbereich von Art. 71 Abs. 1 EuGVVO fallen.[993] Diesen Widerspruch verdeutlich er mit Vergleich auf das andere Begriffsverständnis des französischen Rechts.[994] In diesem Zusammenhang muss die logische Divergenz auch redaktorisch beseitigt werden: Obwohl nämlich die Art. 2 ff. des Europäischen Übereinkommens über die Staatenimmunität die Immunität vor der *Gerichtsbarkeit* regeln, spricht *Reinhold Geimer* von einer „in sich geschlossenen *Zuständigkeits*ordnung" als Fall des Art. 71 Abs. 1 EuGVVO.[995] Auch diese kommentatorische Anpassung entspricht der deutschen Sprachbesonderheit.

Eines solchen Widerspruches bedarf es jedoch dann nicht, wenn man das nationale Begriffsverständnis von Jurisdiktion *unangetastet* lässt. Das gelingt in Bezug auf die Subsidiaritätsklausel schon mit der Einigkeit darüber, dass immunitätsregelnde Völkervertragstexte unter die EuGVVO fallen und damit wegen Art. 71 Abs. 1 vorrangig sind.[996]

3. Völkervertragliche Regelungen

Die Kodifizierung der Staatenimmunität ist ein langwieriges wie schwieriges Unterfangen. Es gab bisher zahlreiche Versuche, das Recht der Staatenimmunität völkervertraglich *universal* zu kodifizieren.[997] Nach einem Überblick soll daher auf die relevanten universellen sowie einige spezielle Völkervertragstexte eingegangen werden.

---

991 Geimer/Schütze-*Reinhold Geimer:* Europäisches Zivilverfahrensrecht, 3. Aufl. 2010, Art. 2 EuGVVO, Rn. 47.
992 Ebenda, Rn. 48.
993 Geimer/Schütze-*Reinhold Geimer:* Europäisches Zivilverfahrensrecht, 3. Aufl. 2010, Art. 71 EuGVVO, Rn. 55 bezüglich dessen Zuständigkeitsregeln und Rn. 70 bezüglich dessen Regelung zur Anerkennung und Vollstreckung.
994 Geimer/Schütze-*Reinhold Geimer:* Europäisches Zivilverfahrensrecht, 3. Aufl. 2010, Art. 2 EuGVVO, Rn. 49.
995 Geimer/Schütze-*Reinhold Geimer:* Europäisches Zivilverfahrensrecht, 3. Aufl. 2010, Art. 71 EuGVVO, Rn. 55.
996 High Court v. 20.12.2005 (Grovit ./. De Nederlandsche Bank), I.L.Pr. 22 (2006), S. 479, Rn. 37 ff.
997 Überblick bei *Burkhard Hess:* Staatenimmunität bei Distanzdelikten – Der private Kläger im Schnittpunkt von zivilgerichtlichen und völkerrechtlichen Rechtsschutz (1992), S. 246 ff.

Viertes Kapitel – Verhältnis der EuGVVO zur Staatenimmunität

a) Überblick

Vor allem private Organisationen haben sich zeitig einer Redaktion angenommen. Bereits im Jahr 1891 befasste sich das *Institut de Droit International* mit der Initiative und einem Resolutionsentwurf zur Kodifizierung des Themas vom Internationalprivatrechtler *Ludwig von Bar*.[998] Auch die *Harvard Law School* legte nach fünfjähriger Vorarbeit im Jahr 1932 einen Textentwurf zur Staatenimmunität vor[999], um die Arbeiten der Expertenkommission des Völkerbundes zu unterstützen.[1000] Sie empfahl ein restriktives Immunitätsverständnis für *acta iure gestionis* und ließ selbst Zwangsvollstreckungsmaßnahmen gegen fremde Staaten zu, wenn der Vollstreckungsgegenstand des ausländischen Staates einer Wirtschaftstätigkeit im Gerichtstaat diente.[1001] Die Expertenkommission des Europarats hat auf beide Vorarbeiten zurückgegriffen, um das heute einzig rechtskräftige Übereinkommen zur Staatenimmunität aufzustellen[1002], das Europäische Übereinkommen zur Staatenimmunität.

b) Europäisches Übereinkommen zur Staatenimmunität vom 16. Mai 1972

Sechs Jahre bevor die *International Law Commission* mit ihren Kodifikationsarbeiten für ein weltweites Übereinkommen zur Staatenimmunität begonnen hatte, wurde im Rahmen des Europarats ein Europäisches Übereinkommen über Staatenimmunität vorgelegt. Das zu Basel geschlossene Übereinkommen vom 16. Mai 1972 trat vier Jahre später mit drei Ratifikationen[1003] in Kraft. Es ist entsprechend regional begrenzt und wurde erst von sieben EU-Staaten ratifiziert.[1004] Es ist damit das einzige in Kraft getretene Völkervertragsrecht, das die Immunität von Staaten allgemein regelt. Da-

---

998 Annuaire de l'Institut de Droit International 45 (II) 1954, S. 293 ff. Nachgehend bei *Burkhard Hess:* Staatenimmunität bei Distanzdelikten – Der private Kläger im Schnittpunkt von zivilgerichtlichen und völkerrechtlichen Rechtsschutz (1992), S. 246 f.
999 Dazu ebenda, S. 248 ff.
1000 Federführend war damit der spätere Richter am Internationalen Gerichtshof *Philip C. Jessup,* vgl. und nachgehend *Burkhard Hess:* Staatenimmunität bei Distanzdelikten – Der private Kläger im Schnittpunkt von zivilgerichtlichen und völkerrechtlichen Rechtsschutz (1992), S. 248 ff.
1001 *Burkhard Hess:* Staatenimmunität bei Distanzdelikten – Der private Kläger im Schnittpunkt von zivilgerichtlichen und völkerrechtlichen Rechtsschutz (1992), S. 249 (Fußn. 20).
1002 Ebenda, S. 212 (Rn. 49).
1003 Namentlich derer von Österreich, Belgien und Zypern.
1004 Mit Stand von Mai 2012 sind das die Bundesrepublik Deutschland, Belgien, Österreich, Luxemburg, Niederlande, Schweiz, Vereinigtes Königreich und Zypern, Portugal hat das Abkommen nur gezeichnet.

D. Konfliktauflösung

mit ist es zugleich eines der wichtigsten Verflechtungen zwischen der Europäischen Union und dem Europarat im Bereich des Internationalen Zivilverfahrensrechts.[1005]

aa) Anwendungsfall von Art. 71 EuGVVO

Das Europäische Übereinkommen zur Staatenimmunität regelt ausdrücklich zwar weder die gerichtliche Zuständigkeit noch die Anerkennung oder die Vollstreckung von Entscheidungen.[1006] Vielmehr ist sein alleiniger Regelungsgegenstand die Immunität von der Gerichtsbarkeit und der Vollstreckung. Beide Rechtstexte betreffen aber die Ausübung bzw. die Befreiung von der Jurisdiktion über fremde Staaten. Es besteht daher Einigkeit darüber, dass es *gemäß* Art. 71 EuGVVO Vorrang genießt.[1007]

bb) Distanzdelikte gemäß Art. 11 Europäisches Übereinkommen zur Staatenimmunität

Das Europäische Übereinkommen zur Staatenimmunität verpflichtet seine Vertragsstaaten zur Befreiung von der Gerichtsgewalt über fremde Staaten, wenn nicht ein enumerativ verfasster Ausnahmegrund eingreift, vgl. Art. 15 Europäisches Übereinkommen zur Staatenimmunität sowie dessen dritter Präambularparagraph. Für die hiesige Darstellung von zentraler Bedeutung ist Art. 11 des Europäischen Übereinkommens zur Staatenimmunität, der bestimmt:

> *„Ein Vertragsstaat kann vor einem Gericht eines anderen Vertragsstaats Immunität von der Gerichtsbarkeit nicht beanspruchen, wenn das Verfahren den Ersatz eines Personen- oder Sachschadens betrifft, das schädigende Ereignis im Gerichtsstaat eingetreten ist und der Schädiger sich bei Eintritt des Ereignisses in diesem Staat aufgehalten hat."*

Danach genießt ein Staat für Distanzdelikte wegen Körper- oder Sachschäden keine Staatenimmunität vor fremdgerichtlicher Inanspruchnahme. Die Reichweite dieser Immunitätsausnahme ist aber umstritten. Denn aus der Entstehungsgeschichte des Art. 11 wird deutlich, dass er sich primär auf Verkehrsunfälle im Forumstaat beziehen soll, sog. *„insurable risks"*.[1008] Diese Restriktion hat sich jedoch nicht im Text

---

[1005] *Burkhard Hess:* Europäisches Zivilprozessrecht (2010), S. 210 f.
[1006] *Burkhard Hess:* Staatenimmunität bei Distanzdelikten – Der private Kläger im Schnittpunkt von zivilgerichtlichen und völkerrechtlichen Rechtsschutz (1992), S. 212 (Fußn. 48).
[1007] Geimer/Schütze-*Reinhold Geimer:* Europäisches Zivilverfahrensrecht, 3. Aufl. 2010, Art. 71 EuGVVO, Rn. 55.
[1008] Rn. 49 des Erläuternden Berichts zu Art. 11 des Europäischen Übereinkommens zur Staatenimmunität.

widergespiegelt. Die Motive des Gesetzgebers können allerdings nur soweit berücksichtigt werden, als sie in der Norm erkennbar Ausdruck gefunden haben.[1009] Zumal die Entstehungsgeschichte auch darauf verweist, dass Art. 11 des Europäischen Übereinkommens zur Staatenimmunität an den Entwurfsvorschlag zu Art. 10 Abs. 4 der Haager Konvention vom 1. Februar 1971 über die Anerkennung und Vollstreckung in Zivil- und Handelssachen angelehnt ist.[1010] Schon dieser bestimmte:

"in the case of injuries to the person or damage to tangible property, if the facts which occasioned the damage occurred in the territory of the State of origin, and if the author of the injury or damage was present in that territory at the time when those facts occurred."

Auch für das Haager Übereinkommen ergibt sich aber keine einschränkende Auslegungsdiktion auf bloße Verkehrsunfälle. Sowieso ist jede Ausnahmediktion eng auszulegen, um nicht zum Grundsatz zu verkehren. Eine teleologische Reduktion über den auslegungsrelevanten Text hinaus wäre mithin zu weitgehend.

cc) Streitkräftevorbehalt gemäß Art. 31 Europäisches Übereinkommen zur Staatenimmunität

Das Europäische Übereinkommen kennt aber mit Art. 31 einen ausdrücklichen sog. Streitkräftevorbehalt:

„Dieses Übereinkommen berührt nicht die Immunitäten oder Vorrechte, die ein Vertragsstaat für alle Handlungen oder Unterlassungen genießt, die von seinen Streitkräften oder im Zusammenhang mit diesen im Hoheitsgebiet eines anderen Vertragsstaats begangen werden."

Dabei kommt es nicht darauf an, ob sich die ausländischen Truppen im Rahmen eines Stationierungsübereinkommens oder als Besatzungsarmee im auswärtigen Forumstaat aufhalten.[1011] Allgemein sind Streitkräfte nicht dem zu Basel geschlossenen Rechtsregime unterworfen. Das Europäische Übereinkommen zur Staatenimmunität ist daher weder eine hinreichende Begründung für die griechischen Gerichtsentscheidungen in den eingangs dargestellten Ausgangsverfahren, noch stellt es in Bezug auf

---

1009 Zum deutschen Recht vgl. jüngst BAG, Urt. v. 19.02.2009 – 8 AZR 176/08, NJW 2009, 3386; BAG v. 17.01.2009 – 2 AZR 902/06, Rn. 22, BAGE 129, S. 343–354 = ZIP 2009, S. 1779–1783 = DB 2009, S. 2106–2108 = NJW 2009, S. 3386–3389.
1010 Rn. 47 des Erläuternden Berichts zu Art. 11 des Europäischen Übereinkommens zur Staatenimmunität.
1011 Rn. 116 des Erläuternden Berichts zu Art. 11 des Europäischen Übereinkommens zur Staatenimmunität.

das Handeln von Streitkräften eine wegen Art. 71 Abs. 1 EuGVVO vorrangige Völkervertragsrechtsregel auf.

dd) Immunitätsverzicht durch internationale Vereinbarung gemäß Art. 2 lit. a des Europäischen Übereinkommens zur Staatenimmunität

Gemäß Art. 2 lit. a des Europäischen Übereinkommens zur Staatenimmunität kann ein Vertragsstaat vor einem Gericht eines anderen Vertragsstaates Immunität von der Gerichtsbarkeit nicht beanspruchen, wenn er sich verpflichtet hat, sich der Gerichtsbarkeit dieses Gerichts „durch internationale Vereinbarung" zu unterwerfen. Dem Prinzip der Staatenimmunität kommt danach nur ein dispositiver Charakter zu, auf Grund dessen ein Staat auf seine Ausübung verzichten kann. Soweit also Art. 71 Abs. 1 EuGVVO dem Europäischen Übereinkommen zur Staatenimmunität Vorrang einräumt, könnte dieses wiederum eine Hintertür offen lassen. Als Gegenausnahme kommt nämlich die justizielle Zusammenarbeit in Zivilsachen in Betracht, auf welche sich die Mitgliedstaaten der Europäischen Union gemäß Art. 61 AEUV i.V.m. der EuGVVO verständigt haben. Ob dies der Fall ist, soll an späterer Stelle untersucht werden.[1012]

ee) Vollstreckungsimmunität

Auf Vollstreckungsebene verpflichtet das Europäische Übereinkommen zur Staatenimmunität die Staaten gemäß Art. 20 lediglich, ihre Vollstreckungsverpflichtungen zu erfüllen, hält sie aber gemäß Art. 23 immun vor einer Vollstreckung:[1013]

„In einem Vertragsstaat darf gegen das Vermögen eines anderen Vertragsstaats weder eine Zwangsvollstreckung durchgeführt noch eine Sicherungsmaßnahme getroffen werden, außer in dem Fall und in dem Ausmaß, in denen der Staat selbst ausdrücklich in Schriftform zugestimmt hat."

Damit spiegelte das Europäische Übereinkommen zur Staatenimmunität, entgegen seiner Ambitionen zur tendenziellen Immunitätseinschränkung[1014], nicht den damali-

---

1012 Siehe dazu in diesem Kapitel ab S. 217.
1013 *Gerhard Hafner:* Das Übereinkommen der Vereinten Nationen über die Immunität der Staaten und ihres Vermögens von der Gerichtsbarkeit, ZÖR 61 (2006), S. 393.
1014 Vgl. zweiter Präambularparagraph des Europäischen Übereinkommens zur Staatenimmunität.

Viertes Kapitel – Verhältnis der EuGVVO zur Staatenimmunität

gen Stand des Völkergewohnheitsrechts wieder.[1015] Die meisten Vertragsstaaten haben daher gemäß Art. 26 dahingehende Vorbehalte erklärt.[1016]

ff) Zusammenfassung

Zwar ist das Europäische Übereinkommen zur Staatenimmunität der einzig in Kraft getretene Völkerrechtsvertrag allgemein die Immunität von Staaten betreffend, sein Schicksal derweil ist ungewiss. Zwei Jahre nachdem das Europäische Übereinkommen zur Staatenimmunität in Kraft getreten ist, im Jahre 1978, begannen die Arbeiten der *International Law Comission* zum Recht der Staatenimmunität.[1017] Am Ende des Kodifizierungsprozesses stand 2005 ein international zur Unterzeichnung aufgelegtes Übereinkommen, dass zwar die rechtliche Geltung des Europäischen Übereinkommens zur Staatenimmunität nicht berührt[1018], sein politisches Schicksal aber besiegelt haben könnte. Angesichts der wenigen Ratifikationen und des international weitergeführten Diskurses haben bereits Diskussionen darüber begonnen, ob das Europäische Übereinkommen beendet werden soll.[1019] Jedenfalls aber wegen des UN-Übereinkommens zur Staatenimmunität wird das Europäische Übereinkommen von 1972 über Staatenimmunität weiter an Bedeutung verlieren.[1020]

c) UN-Übereinkommen zur Staatenimmunität

Bereits sechs Jahre, nachdem das Europäische Übereinkommen zur Staatenimmunität in Kraft trat, nahmen die Vereinten Nationen in Gestalt der *International Law Commission* ihre Kodifikationsarbeiten für ein weltweites Übereinkommen zur Staatenimmunität auf. Am 17. Januar 2005 wurde das Übereinkommen der Vereinten Nationen über die Immunität von Staaten und ihres Vermögens von der Gerichtsbarkeit

---

1015 *Reinhold Geimer:* Anerkennung ausländischer Entscheidungen in Deutschland (1995), S. 183 (Rn. 589) und S. 207 (Rn. 692) sowie zustimmend *Norman Paech:* Staatenimmunität und Kriegsverbrechen, AVR 47 (2009), S. 40.
1016 Bis auf Österreich und Zypern, vgl. *Norman Paech:* Staatenimmunität und Kriegsverbrechen, AVR 47 (2009), S. 40.
1017 Auch wenn die Staatenimmunität als mögliches Kodifikationsthema bereits anfänglich im Raum stand, vgl. Yearbook of the International Law Commission 41 (1949), S. 280.
1018 Vgl. Art. 26 des UN-Übereinkommens zur Staatenimmunität.
1019 *Gerhard Hafner:* Das Übereinkommen der Vereinten Nationen über die Immunität der Staaten und ihres Vermögens von der Gerichtsbarkeit, ZÖR 61 (2006), S. 388.
1020 Bericht der Bundesregierung über den Stand der Unterzeichnung und Ratifikation europäischer Abkommen und Konventionen durch die Bundesrepublik Deutschland für den Zeitraum Juli 2005 bis Juni 2007, Abschnitt III: Europarats-Übereinkommen, deren Unterzeichnung oder Ratifikation nicht beabsichtigt ist, Nr. 74A, BT-Drucks. 16/5375 v. 11.05.2007, S. 7.

D. Konfliktauflösung

zur Unterzeichnung aufgelegt.[1021] Zusammen mit dem Europäischen Übereinkommen zur Staatenimmunität ist das UN-Übereinkommen zur Staatenimmunität das bisher einzig zur Unterzeichnung aufgelegte Abkommen die Staatenimmunität allgemein betreffend.[1022] Es ist noch nicht in Kraft getreten.[1023] Von den 27 EU-Staaten haben erst 5 das UN-Übereinkommen zur Staatenimmunität ratifiziert.[1024] Bis zu seinem Inkrafttreten wird dem UN-Übereinkommen zur Staatenimmunität nur Aussagekraft für die Feststellung des Völkergewohnheitsrechts zugemessen. Als mögliches Völkervertragsrecht soll es hier jedoch in Bezug auf Art. 71 Abs. 1 EuGVVO und im Zusammenhang zum Europäischem Übereinkommen zur Staatenimmunität kursorisch dargestellt werden.

aa) (potentieller) Anwendungsfall von Art. 71 EuGVVO

Das UN-Übereinkommen zur Staatenimmunität regelt umfassend die Immunität vor fremdstaatlicher Jurisdiktion über einen Staat und dessen Eigentum, vgl. Art. 1 UN-Übereinkommen zur Staatenimmunität. Darunter versteht die *International Law Commission* im weiten Sinne alles, was mit einer gerichtlichen Tätigkeit verbunden ist.[1025] Es gilt damit, von der Einleitung eines Verfahrens bis hin zur Vollziehung eines Gerichtsentscheids, für das gesamte gerichtliche Verfahren, das gegen einen ausländischen Staat angestrengt wird. Jede Bejahung der Zuständigkeit oder Maßnahmen zur Anerkennung und Vollstreckung einer Entscheidung ist eine solche Ausübung der nationalen Gerichtsbarkeit über einen fremden Staat, womit das UN-Übereinkommen zur Staatenimmunität potentiell, nämlich bei seinem Inkrafttreten, unter die Subsidiaritätsklausel des Art. 71 EuGVVO fällt.[1026]

1021 Verabschiedet auf der 65. Plenarsitzung der Vereinten Nationen mit Resolution 59/38 v. 2. Dezember 2004, ohne Abstimmung, auf Empfehlung des Ausschusses, UN-Doc. A/59/508. Zum Zustandekommen bei *Gerhard Hafner,* der maßgeblich an den Vorarbeiten zu diesem Übereinkommen beteiligt war: Das Übereinkommen der Vereinten Nationen über die Immunität der Staaten und ihres Vermögens von der Gerichtsbarkeit, ZÖR 61 (2006), S. 381–395.
1022 *Thilo Rensmann:* Wertordnung und Verfassung – Das Grundgesetz im Kontext grenzüberschreitender Konstitutionalisierung (2007), S. 391.
1023 Mit Stand vom Juni 2016 hat es bei 28 Zeichnungen erst 8 Ratifikationen gefunden. Gemäß Art. 30 Abs. 1 des UN-Übereinkommens zur Staatenimmunität tritt das Übereinkommen am dreißigsten Tag nach Hinterlegung der dreissigsten Ratifikations-, Annahme-, Genehmigungs- oder Beitrittsurkunde in Kraft.
1024 Namentlich Österreich, Norwegen, Portugal, Rumänien und Schweden.
1025 Yearbook of the International Law Commission (1991), Bd. II (Teil 2), S. 13.
1026 Jedenfalls bezüglich dessen Zuständigkeitsregime: Geimer/Schütze-*Reinhold Geimer:* Europäisches Zivilverfahrensrecht, 3. Aufl. 2010, Art. 2 EuGVVO, Rn. 48.

Viertes Kapitel – Verhältnis der EuGVVO zur Staatenimmunität

bb) Systematik und Diskussionsstand

Das 2005 zur Unterzeichnung aufgelegte UN-Übereinkommen zur Staatenimmunität stand bereits seit 1991 im Textentwurf fast identisch zur Diskussion.[1027] Es etabliert das Prinzip der Staatenimmunität gemäß Art. 5 als Grundsatz. Im Weiteren beschäftigt es sich mit den davon zu ziehenden Ausnahmen. Zwar berücksichtigt das UN-Übereinkommen zur Staatenimmunität gemäß seiner Präambel die aktuellen Entwicklungen im Bereich der Staatenimmunität. Es äußert sich aber nicht ausdrücklich zur Frage der Staatenimmunität wegen schwerer Menschenrechtsverletzungen. Die Beratungen standen aber unter dem Eindruck der sog. *Letelier*-Entscheidung.[1028] Entsprechend diskutierte die Arbeitsgruppe der *International Law Commission* das Problem der Immunitätsbeschränkung im Falle von Zivilklagen wegen schwerer Menschenrechtsverletzungen.[1029] Allerdings kamen sowohl die *International Law Commission* als auch die Generalversammlung der Vereinten Nationen zu dem Schluss, eine dahingehende Diskussion wegen Gefährdung des Redaktionskonsenses nicht im Text aufzunehmen.[1030]

cc) Staatenbegriff

Der Immunitätsgrundsatz gilt freilich nur für Staaten im Sinne des UN-Übereinkommens zur Staatenimmunität, vgl. dessen Art. 5. Bereits aber der Staatenbegriff bildete einen der großen Streitpunkte.[1031] Nach Art. 2 Abs. 1 lit. (b) (iv) des UN-Übereinkommens zur Staatenimmunität umfasst der Staatsbegriff des Übereinkommens auch die staatlichen Stellvertreter, die in Ausübung ihrer Funktion handeln.[1032] Diese Formulie-

---

1027 Vgl. *Gerhard Hafner:* Das Übereinkommen der Vereinten Nationen über die Immunität der Staaten und ihres Vermögens von der Gerichtsbarkeit, ZÖR 61 (2006), S. 384.
1028 *Karsten Thorn:* Schadensersatzansprüche der Zivilbevölkerung gegen ausländische Besatzungsmächte, BerDGVR 44 (2009), S. 320. Dazu *Burkhard Hess:* Staatenimmunität und völkerrechtlicher Rechtsschutz bei politischem Mord – Die Beilegung der Letelier-Affäre vor einer US-chilenischen Schiedskommission im Januar 1992, IPRax 1993, S. 110 ff.
1029 Report of the Commission to the General Assembly on the work of its 51th session, Yearbook of the International Law Commission (1999), Bd. II, UN-Doc. A/CN.4/SER.A/1999/Add.1, Anhang zum Annex 7 (S. 171).
1030 *Gerhard Hafner,* der maßgeblich an den Vorarbeiten zu diesem Übereinkommen beteiligt war: Das Übereinkommen der Vereinten Nationen über die Immunität der Staaten und ihres Vermögens von der Gerichtsbarkeit, ZÖR 61 (2006), S. 394. *Amnesty International* kritisiert aus diesem Grund das Übereinkommen und empfahl bereits mehreren Regierungen, es nicht zu ratifizieren, vgl. ebenda.
1031 Vgl. *Gerhard Hafner:* Das Übereinkommen der Vereinten Nationen über die Immunität der Staaten und ihres Vermögens von der Gerichtsbarkeit, ZÖR 61 (2006), S. 384.
1032 Dazu bereits im ersten Kapitel auf S. 135.

D. Konfliktauflösung

rung kann den Weg für einen Gedankengang ebnen, der mitunter den Begründungsansatz für eine Immunitätsausnahme bildet.[1033] So argumentierten einige Richter in der ersten und dritten Pinochet-Entscheidung damit, dass die Zufügung von Folter keiner offiziellen Funktion des Staates diene.[1034] Im methodischen Ansatz ähnlich ist der Argumentationsstrang dafür, dass die Vereinten Nationen für den Vorwurf des Völkermords sich nicht auf ihre immunen Aufgaben stützen könnten.[1035] Diese Versuche wollen aber nicht den Begriff des Staates verkürzen, kommt es für seine Haftung doch gerade auf die Zurechnung zum Staat an.[1036] Soweit hier also das UN-Übereinkommen zur Staatenimmunität den Begriff des Staates definiert, kann der Diskurs um eine Immunitätsausnahme nicht vorverlagert werden.

dd) Distanzdelikte gemäß Art. 12 UN-Übereinkommen zur Staatenimmunität

Die für das Thema wohl wichtigste[1037] Immunitätsausnahme formuliert Art. 12 des UN-Übereinkommens zur Staatenimmunität:

"Unless otherwise agreed between the States concerned, a State cannot invoke immunity from jurisdiction before a court of another State which is otherwise competent in a proceeding which relates to pecuniary compensation for death or injury to the person, or damage to or loss of tangible property, caused by an act or omission which is alleged to be attributable to the State, if the act or omission occurred in whole or in part in the territory of that other State and if the author of the act or omission was present in that territory at the time of the act or omission."

Art. 12 des UN-Übereinkommens geht auf Art. 11 des Europäischen Übereinkommens zur Staatenimmunität zurück.[1038] Wie sein Europäisches Pendant schließt er für

---

1033 *Christopher Keith Hall:* UN Convention on State Immunity – The need for a Human Rights Protocol, ICLQ 55 (2006), S. 416; *Andrew Dickinson:* Statuts of Forces under the UN Convention on State Immunity, ICLQ 55 (2006), S. 435.
1034 Mit Nachw. bei *Christopher Keith Hall:* UN Convention on State Immunity – The need for a Human Rights Protocol, ICLQ 55 (2006), S. 417.
1035 Dieser Gedankengang knüpft an den Wortlaut des Art. 105 Abs. 1 der UN-Charta an, wonach die Organisation soweit Vorrechte und Immunitäten genießt, wie sie zur „Verwirklichung ihrer Ziele" erforderlich sind.
1036 Vgl. *Wolfram Cremer:* Entschädigungsklagen wegen schwerer Menschenrechtsverletzungen und Staatenimmunität vor nationaler Zivilgerichtsbarkeit, AVR 41 (2003), S. 157 (Fußn. 91).
1037 Dazu *Christopher Keith Hall:* UN Convention on State Immunity – The need for a Human Rights Protocol, ICLQ 55 (2006), S. 418.
1038 Report of the International Law Commission on the Work of Ist Forty-Third Session, Supplement No. 10 (A/46/10), 1991, p. 103, Yearbook of the International Law Commission (1991), Bd. II, S. 46. Wie auf S. 187 bereits geschildert, geht Art. 11 des Euro-

Viertes Kapitel – Verhältnis der EuGVVO zur Staatenimmunität

Schadensersatzklagen wegen Körper- oder Sachschäden die Staatenimmunität vor fremdgerichtlicher Inanspruchnahme aus.[1039] Danach kann aus der zurechenbaren Verletzung absoluter Rechte gegen einen Staat geklagt werden, soweit der Handlungsort im Gerichtsstaat liegt. Die Reichweite dieser Immunitätsausnahmen ist aber umstritten. Denn aus der Entstehungsgeschichte des Art. 12 UN-Übereinkommens zur Staatenimmunität wird deutlich, dass er sich – gleichfalls wie unter Art. 11 seiner Europäischen Entsprechung – primär auf Verkehrsunfälle im Forumstaat beziehen soll, sog. *„insurable risks"*.[1040] Interessant sind hier die Umstände des eingangs angedeuteten Präjudiz des Falles Letelier ./. Republic of Chile.[1041] Der District Court of Columbia verneinte die Immunität Chiles unter Heranziehung des § 1605 (a) (5) FSIA:

> "A foreign state shall not be immune from the jurisdiction of courts of the United States or of the States in any case
>
> (5) (...) in which money damages are sought against a foreign state for personal injury or death, or damage to or loss of property, occuring in the United States and caused by the tortious act or omission of that foreign state or of any official employee of that foreign state while acting within the scope of his office or employment".[1042]

Nun berief sich Chile in einer diplomatischen Note[1043] auf die Berichte der *Judiciary Committees* beider Häuser, die jeweils das besondere Ziel der Regelung herausstellten:

> "The purpose of section (a) (5) is to permit the victim of a traffic accident or other non-commercial tort to maintain an action against a foreign state to the extent otherwise provide by law".[1044]

---

päischen Übereinkommens zur Staatenimmunität auf den Entwurfsvorschlag zu Art. 10 Abs. 4 der Haager Konvention vom 1. Februar 1971 über die Anerkennung und Vollstreckung in Zivil- und Handelssachen zurück, womit sich der Haager Konventionsvorschlag von 1971 in beiden Konventionen zur Staatenimmunität niedergeschlagen hat.

1039 Dazu zuvor ab S. 187.
1040 Report of the International Law Commission on the Work of its Forty-Third Session, Supplement No. 10 (A/46/10), 1991, S. 103, Yearbook of the International Law Commission (1991), Bd. II, S. 45.
1041 Dazu bereits zuvor auf S. 192.
1042 Abgedruckt in ILM 36 (1997), S. 759 ff. sowie auszugsweise bei *Norman Paech:* Staatenimmunität und Kriegsverbrechen, AVR 47 (2009), S. 66.
1043 Ebenda, S. 67.
1044 Abgedruckt in ILM 19 (1980), S. 422 ff. sowie *Norman Paech:* Staatenimmunität und Kriegsverbrechen, AVR 47 (2009), S. 67.

D. Konfliktauflösung

Es ist also ein paralleles Rechtsproblem zu erkennen.[1045] Das US-amerikanische Gericht erklärte dementsprechend, dass die Gesetzgeber zwar vordringlich Autounfälle im Sinn hatten, der Norm aber vom Grundsatz her angelegt sei.[1046] Es konnte sich dafür darauf stützen, dass

> *"Section 1605 (a) (5) is directed primarily at the problem of traffic accidents but is cast in genereal terms as applying to all torts for money damages."*[1047]

Einen solchen Anhaltspunkt gibt das UN-Übereinkommen zur Staatenimmunität aber nicht. Es wäre daher mit dem klaren Wortlaut unvereinbar, die Norm auf Verkehrsunfälle von ausländischen Diplomaten im Aufenthaltsstaat, sog. *"insurable risks"*, bzw. Deliktsklagen wegen Geheimdienstaktivitäten zu beschränken.[1048]

ee) Streitkräftevorbehalt

Anders als das Europäische Übereinkommen zur Staatenimmunität kennt das UN-Übereinkommen zur Staatenimmunität keinen ausdrücklichen Streitkräftevorbehalt.[1049] So klar aber die zuvor beschriebene Deliktsklausel nach erster Studie scheint, so umstritten ist, ob sie auch das Verhalten fremdstaatlicher Streitkräfte im Gerichtsstaat erfasst. Der Text des Übereinkommens gibt dafür keinen Anhaltspunkt. Dessen Kommentierung der *International Law Commission* hält aber ausdrücklich fest, dass nach dem Verständnis der Verfasser:

> *"(...) neither did the article affect the question of diplomatic immunities, as provided in article 3, nor did it apply to situations involving armed conflicts".*[1050]

Fraglich ist nur, welche Auslegungsrelevanz der Kommentierung zukommt. Sicher gehört die Kommentierung des Textes zum interpretationsrelevanten Vertragstext, vgl. den dritten und letzten Präambularparagraphen der UN-Resolution, mit der das

---

1045 Ebenda, S. 66 ff.; *Karsten Thorn:* Schadensersatzansprüche der Zivilbevölkerung gegen ausländische Besatzungsmächte, BerDGVR 44 (2009), S. 320.
1046 Vgl. ILM 19 (1980), S. 423 f.
1047 Ebenda, S. 422.
1048 So aber Geimer/Schütze-*Reinhold Geimer:* Europäisches Zivilverfahrensrecht, 3. Aufl. 2010, Art. 1 EuGVVO, Rn. 1 mit Verweis auf *Peter Schlosser:* Jurisdiction and International Judicial and Administrative Co-Operation, RdC 284 (2000), S. 330.
1049 *Karsten Thorn:* Schadensersatzansprüche der Zivilbevölkerung gegen ausländische Besatzungsmächte, BerDGVR 44 (2009), S. 319.
1050 UN-Doc. A/46/10: Report of the International Law Commission on the work of its forty-third session, 29 April–19 July 1991, Official Records of the General Assembly, 46th session, Supplement No. 10, Yearbook of the International Law Commission (1991), Bd. II (Teil 2), S. 46.

Viertes Kapitel – Verhältnis der EuGVVO zur Staatenimmunität

UN-Übereinkommen angenommen wurde.[1051] Bei den präambularen Interpretationshinweisen handelt es sich nicht nur um *Courtoisie*. Selbst wenn sie keinen authentischen Vertragstext im Sinne des Art. 31 Abs. 2 WÜV darstellen, sind sie jedenfalls „ergänzendes Auslegungsmittel" im Sinne des Art. 32 WÜV.[1052] Der Vorsitzende des *Ad-hoc*-Ausschusses erklärte dieses Verständnis sodann auch zum Gesamteindruck des UN-Übereinkommens.[1053] Damit intendiert keines der beiden Übereinkommen zur Staatenimmunität eine Immunitätsausnahme für Handlungen von Streitkräften im Forumstaat.[1054] Gleichwohl sehen Staaten, die an UN-Friedenseinsätzen teilnehmen, bleibende Interpretationszweifel. So erklärte Norwegen:[1055]

"the Convention does not apply to military activities, including the activities of armed forces during an armed conflict, as those terms are understood under international humanitarian law, and activities undertaken by military forces of a State in the exercise of their official duties. Such activities remain subject to other rules of international law. Similarly, as also noted in the said statement, the Convention does not apply where there is a special immunity regime (...). (...) Finally, Norway understands that the Convention is without prejudice to any future international development in the protection of human rights."

Auch Schweden[1056] gab fast gleichlautend die Erklärung ab,

"that the Convention does not apply to military activities, including the activities of armed forces during an armed conflict, as those terms are understood under international humanitarian law, and activities undertaken by military forces of a State in the exercise of their official functions. (...) Sweden furthermore declares

---

1051 UN-Doc. A/RES/59/38 Resolution adopted by the General Assembly – United Nations Convention on Jurisdictional Immunities of States and Their Property v. 16.12.2004.
1052 Vgl. *Gerhard Hafner,* der maßgeblich an den Vorarbeiten zu diesem Übereinkommen beteiligt war: Das Übereinkommen der Vereinten Nationen über die Immunität der Staaten und ihres Vermögens von der Gerichtsbarkeit, ZÖR 61 (2006), S. 386.
1053 Vgl. *David P. Stewart:* The UN Convention on Jurisdictional Immunities of States and Their Property, AJIL 99 (2005), S. 197 (Fußn. 19) sowie *Gerhard Hafner:* Das Übereinkommen der Vereinten Nationen über die Immunität der Staaten und ihres Vermögens von der Gerichtsbarkeit, ZÖR 61 (2006), S. 387 (Fußn. 24).
1054 Darauf weist auch ausdrücklich der Chairman des Special Committee der UN-Generalversammlung, *Gerhard Hafner,* während der Vorstellung der Immunitätsausnahme im Rechtsausschuss der UN-Generalversammlung hin, vgl. *David P. Steward:* The UN Convention on Jurisdictional Immunities of States and Their Property, AJIL 99 (2005), S. 197 (Fußn. 19).
1055 Zeichnung am 08.07.2005, Ratifikation am 27.03.2006.
1056 Zeichnung am 14.09.2005, Ratifikation am 23.12.2009.

D. Konfliktauflösung

its understanding that the Convention is without prejudice to any future international legal development concerning the protection of human rights."

Im Übrigen stieß das gesamte Übereinkommen wegen der ungewissen Reichweite dieser Regelung bisher auf mangelnde Akzeptanz.[1057] Aus Sicht von Art. 71 Abs. 1 EuGVVO würden Schadensersatzklagen wegen Körper- oder Sachschäden, vorbehaltlich der Ungewissheit im Rahmen bewaffneter Konflikte, keine grundsätzliche Immunität vorgeschoben. Selbst aber wenn militärische Aktivitäten auszuschließen wären, verbliebe ein weites Feld für Distanzdelikte außerhalb internationaler bewaffneter Konflikte, für die ein Staat mithin keine (völkervertraglich festgehaltene) Immunität genießt.

ff) Art. 10 Abs. 1 UN-Übereinkommen zur Staatenimmunität

Im Übrigen verwehrt Art. 10 Abs. 1 des UN-Übereinkommens zur Staatenimmunität für Streitigkeiten, die aus der wirtschaftlichen Aktivität eines Staates erwachsen, grundsätzlich das Eingreifen der Staatenimmunität:

"If a State engages in a commercial transaction with a foreign natural or juridical person and, by virtue of the applicable rules of private international law, differences relating to the commercial transaction fall within the jurisdiction of a court of another State, the State cannot invoke immunity from that jurisdiction in a proceeding arising out of that commercial transaction."

Handelssachen als Unterfall der „Zivilsachen"[1058] kommen für den hiesigen Themenkomplex schon vom Wortlaut her nicht in Betracht. Die hier zentrale Frage, ob schwere Menschenrechtsverletzungen unter den Begriff der „Zivil- und Handelssache" fallen, beschränkt sich auf die Subsumtion von „Zivilsachen". Insoweit bleibt Art. 10 Abs. 1 des UN-Übereinkommens zur Staatenimmunität für die hiesige Betrachtung ohne Relevanz.

gg) Immunitätsverzicht durch internationale Vereinbarung gemäß Art. 7 lit. (a) des UN-Übereinkommens zur Staatenimmunität

Auch das UN-Übereinkommen zur Staatenimmunität ermöglicht den Immunitätsverzicht durch eine internationale Vereinbarung gemäß seinem Art. 7 lit. (a). Wie bereits im Zusammenhang mit dem europäischen Pendant angedeutet, könnte eben die justi-

---

1057 *Karsten Thorn:* Schadensersatzansprüche der Zivilbevölkerung gegen ausländische Besatzungsmächte, BerDGVR 44 (2009), S. 320.
1058 Geimer/Schütze-*Reinhold Geimer:* Europäisches Zivilverfahrensrecht, 3. Aufl. 2010, Art. 1 EuGVVO, Rn. 24.

Viertes Kapitel – Verhältnis der EuGVVO zur Staatenimmunität

zielle Zusammenarbeit in Zivilsachen, auf sich die Mitgliedstaaten der Europäischen Union gemäß Art. 61 AEUV i.V. m. der EuGVVO verständigt haben, eine solche Ausnahme bilden, worauf an späterer Stelle eingegangen werden soll.[1059]

hh) Vollstreckungsimmunität

Der Streit um die Immunität auf Ebene der Vollstreckung von Entscheidungen bildet schließlich eines der großen Divergenzen der Staatengemeinschaft im Kodifizierungsprozess der Staatenimmunität.[1060] Das UN-Übereinkommen zur Staatenimmunität unterscheidet zwischen Vollstreckungsmaßnahmen für Anordnungen, die *vor* dem Urteil gefasst werden gemäß Art. 18 und der Entscheidungsvollstreckung gemäß Art. 19. Beide Normen erlauben die Vollstreckung in das Vermögen eines Staates allgemein, wenn dieser zustimmt, vgl. jeweils lit. (a) (iii) bzw. das Vermögen ausdrücklich für diese Zwecke bestimmt ist, vgl. jeweils lit. (b). Die Entscheidungsvollstreckung darf zudem gemäß Art. 20 lit. (c) in jedes staatliche Vermögen stattfinden, das nicht hoheitlichen Zwecken dient oder bestimmt ist, sich im Gerichtsstaat befindet und mit dem „Rechtsträger in Verbindung steht, gegen den Klage geführt wird".[1061]

ii) Zusammenfassung

Besonders die Aussagen der Art. 18 ff. des UN-Übereinkommens zur Staatenimmunität wären nach Art. 71 EuGVVO zu beachten. Zwar schränken sie den möglichen Vollstreckungsgegenstand eng ein, konnten aber dennoch einen historischen Kodifizierungserfolg erzielen.[1062] Zusammen mit Art. 12 des UN-Übereinkommens zur Staatenimmunität und den Diskussionen um die Immunitätsausnahmen wird eine Tendenz zur Immunitätszurückdrängung deutlich. Gleichwohl verbleibt es dabei, dass das UN-Übereinkommen erst zur Unterzeichnung aufgelegt ist. Solange es nicht in Kraft tritt, ist es kein Bestandteil des geltenden Völkervertragsrechts. Selbst aber mit Rechtskraft berührt das UN-Übereinkommen zur Staatenimmunität gemäß Art. 26 nicht bereits bestehende Völkerrechtsverträge. Insbesondere unberührt bleibt daher das Europäische Übereinkommen zur Staatenimmunität.

1059 Siehe dazu in diesem Kapitel ab S. 217.
1060 Vgl. Report of the Commission to the General Assembly on the work of its 51th session, Yearbook of the International Law Commission (1999), Bd. II, UN-Doc. A/CN.4/SER.A/1999/Add.l, Rn. 16 sowie Annex (Rn. 7).
1061 Dazu *Gerhard Hafner:* Das Übereinkommen der Vereinten Nationen über die Immunität der Staaten und ihres Vermögens von der Gerichtsbarkeit, ZÖR 61 (2006), S. 393.
1062 Ebenda.

D. Konfliktauflösung

d) Spezielles Völkervertragsrecht zur Staatenimmunität

Im Übrigen gibt es zahlreiche Völkerrechtsverträge mit speziellen und damit der EuGVVO vorgehenden Immunitätsmaterien.

aa) Wiener Konvention über diplomatische Beziehungen

So lässt die EuGVVO gemäß ihrem Art. 71 Abs. 1 die Wiener Konvention über diplomatische Beziehungen vom 18. April 1961[1063] unberührt.[1064] Danach ist vor allem die Person des Diplomaten unantastbar, vgl. Art. 29. Im Rahmen seiner Mission ist die Person des Diplomaten gemäß Art. 31 Abs. 1 von der Zivilgerichtsbarkeit weitestgehend immun. Entsprechend sind die Räumlichkeiten, Archive und Schriftstücke einer Mission unverletzlich, vgl. Art. 22 f. Dieser feste Kern des Immunitätsschutzes wird bestätigt von Art. 3 des UN-Übereinkommens zur Staatenimmunität und findet sich etwa im 14. Erwägungsgrund der EuEheVO wieder, die mit ihrem Art. 59 Abs. 1 eine vergleichbare Konkurrenzregelung wie Art. 71 Abs. 1 EuGVVO kennt.

bb) Wiener Konventionen über konsularische Beziehungen

Darüber hinaus gehen die Wiener Konventionen über konsularische Beziehungen vom 24. April 1963[1065] gemäß Art. 71 Abs. 1 der EuGVVO vor.[1066] Diese regeln insbesondere die Vorrechte und Immunitäten für konsularische Vertretungen, Berufskonsulbeamte und sonstige Mitglieder einer konsularischen Vertretung. Gemäß Art. 43 Abs. 1 ist dieser Personenkreis bei Wahrnehmung konsularischer Aufgaben von der Gerichtsbarkeit des Empfangsstaates befreit.[1067] Auch dieser Immunitätsschutz ist gemäß Art. 3 des UN-Übereinkommens zur Staatenimmunität ungebrochen.

1063 BGBl. 1964 II, S. 1957.
1064 Dazu *Burkhard Hess:* European Civil Procedure and Public International Law, aus: From Bilateralism to Community Interest – Essays in Honour of Judge Bruno Simma (2011), S. 935 f.; Geimer/Schütze-*Reinhold Geimer:* Internationale Urteilsanerkennung, Bd. 1, Halbband 1 (1983), S. 49.
1065 BGBl. 1969 II, S. 1585.
1066 Geimer/Schütze-*Reinhold Geimer:* Internationale Urteilsanerkennung, Bd. 1, Halbband 1 (1983), S. 49.
1067 Wobei die davon getroffenen Ausnahmen in Art. 43 Abs. 2 der Wiener Konventionen über konsularische Beziehungen weitergehend als der parallel laufende Art. 31 S. 2 der Wiener Konvention über diplomatische Beziehungen Zivilklagen zulässt, worauf Burkhard Hess im Zusammenhang mit Art. 71 EuGVVO hinweist: European Civil Procedure and Public International Law, aus: From Bilateralism to Community Interest – Essays in Honour of Judge Bruno Simma (2011), S. 936 (Fußn. 22).

Viertes Kapitel – Verhältnis der EuGVVO zur Staatenimmunität

cc) Internationales Übereinkommen zur einheitlichen Feststellung einzelner Regeln über die Immunität der staatlichen Seeschiffe

Schließlich geht auch das Internationale Übereinkommen zur einheitlichen Feststellung einzelner Regeln über die Immunität der staatlichen Seeschiffe vom 10. April 1926 bzw. sein Zusatzprotokoll vom 24. Mai 1934 der EuGVVO gemäß ihrem Art. 71 Abs. 1 vor. Gemäß Art. 3 § 1 werden Kriegsschiffe, Staatsjachten oder andere Schiffe, die einem Staat gehören, grundsätzlich nicht zum Gegenstand einer Beschlagnahme, Arrestierung oder Zurückbehaltung durch irgendeine gerichtliche Maßnahme gemacht und unterliegen keinem gerichtlichen Verfahren.

4. Schlussfolgerungen

Soweit solche Völkervertragstexte eine spezifische Ausnahme von der Gerichtsbarkeit treffen, steht die EuGVVO gemäß ihrem Art. 71 Abs. 1 zurück. Dies muss insbesondere dann gelten, wenn die Streitparteien nicht Vertragsstaaten des jeweiligen Übereinkommens sind.[1068] Soweit das deutsche Trennungsprinzip für sich konsequent verstanden wird, kommt es auf vereinfachtem Wege im Ergebnis zu demselben Schluss.

III. Immunitätslösung außerhalb Art. 71 EuGVVO

Während die EuGVVO mit ihrem Art. 71 auf eine tradierte Kollisionsnorm bezüglich spezieller Völkervertragstexte zurückgreifen kann, gibt es eine solche kollisionsrechtliche „Übung" bezüglich der Regeln des *ungeschriebenen Völkerrechts* nicht. Einzig die beiden im dritten Kapitel besprochenen Konventionsentwürfe sahen gemäß Art. 1 Abs. 4 des Arbeitsentwurfes von 1999 sowie Art. 1 Abs. 5 des Arbeitsentwurfes von 2001 eine pauschale Kollisionsregelung vor. Da die Urheber des damaligen EuGVÜ bzw. der Europäische Gesetzgeber bei dessen Überführung zur EuGVVO auf eine solche Kollisionsregel verzichteten, bewahrt die EuGVVO nun Stillschweigen über die Kollisionslösung der Immunitätsfrage außerhalb völkervertraglicher Regelungen.[1069] Ein Verweis darauf[1070] würde aber als Beantwortung zur Behandlung des Kollisionsfalls zu kurz greifen. Vielmehr ist die scheinbare Lücke Ausgangspunkt für die eigent-

---

1068 Vgl. Generalbericht von *Burkhard Hess* zur Evaluierung der EuGVVO (Study JLS/C4/2005/03) aus *Burkhard Hess/Thomas Pfeiffer/Peter Schlosser:* The Brussels I Regulation No 44/2001 – The Heidelberger Report on the Application of the Regulation Brussels I in the 25 Member States (2008), Rn. 144.
1069 *Anatol Dutta:* Anmerkung zu EuGH v. 15.02.2007 – Rs. C-292/05, ZZP 11 (2006), S. 217.
1070 So *Peter Mankowski* im Kommentar von Thomas Rauscher: Europäisches Zivilprozess- und Kollisionsrecht, 3. Aufl. 2011, Bd. I, Art. 1 Brüssel I-VO, Rn. 3e.

D. Konfliktauflösung

liche Konfliktbewältigung. Für die Antwort darauf sind dort, wo diese Unternehmung gewagt wird, drei Lösungsansätze erkennbar, denen hier schrittweise nachgegangen werden soll. Zunächst soll dafür das Europäische Zivilprozessrecht rechtsaktübergreifend befragt werden und insbesondere im Hinblick auf die Bedeutung eines generellen Ausschlusses von *acta iure imperii* untersucht werden (dazu unter 1.). Anschließend sei ein von der Rechtsprechung fortentwickelter Ansatz aufgegriffen, mit dem die Unanwendbarkeit der Immunitätsregeln für das Europäische Zivilprozessrecht hinterfragt werden kann (dazu unter 2.). Und schließlich wird dem Gedanken gefolgt, die immunitätsrechtlichen Grundsätze im Anwendungsbereich der EuGVVO „verdrängt" anzusehen (dazu unter 3.).

1. Rechtsaktübergreifende Aussagen zur Immunitätsproblematik

Während sich die EuGVVO außerhalb von Art. 71 EuGVVO wie festgestellt nicht zur Immunitätsfrage äußert, gilt dies nicht (mehr) für jüngere Rechtsakte des Europäischen Zivil(prozess)rechts. Ein weiterer Ansatzpunkt ist daher der Versuch, einen Rückschluss vom allgemeinen Regelungsgehalt des Europäischen Zivilprozessrechts auf die Sachverhalte mit immunem Charakter innerhalb der EuGVVO zu schließen. Betreffend „Zivil- und Handelssachen" sind – zeitlich nach der Entscheidung des EuGH in der Rs. C-292/05 – zahlreiche Unionsakte in Kraft getreten, mit denen der Unionsrechtsgeber ein maßgebliches Kriterium der Immunitätsdoktrin aufnimmt. Dieser Entwicklung ist insoweit nachzugehen, als dass die Rechtsakte der Union rechtsaktübergreifend auszulegen sind.[1071] Nur so kann es nach der ständigen Rechtsprechung des EuGH seine volle Wirkung entfalten.[1072] Auch der Gemeinschaftsrechtsgeber normiert eine Auslegung im Einklang des Gemeinschaftsrechts[1073], ist doch das Europäische Zivilprozessrecht miteinander verzahnt.[1074] Nach diesem,

---

1071 Vgl. EuGH v. 28. April 2005, Rs. C–104/03 (St. Paul Dairy Industries NV ./. Unibel Exser BVBA), Rn. 23 f. (Fundstellenverzeichnis) sowie die diesbezüglichen Schlussanträge des Generalanwalts *Dámaso Ruiz-Jarabo Colomer* v. 09.09.2004 betreffend der Auslegung von Art. 24 EuGVVO. Das bedeutet aber nicht unbedingt ein einheitliches Begriffsverständnis zwischen IZVR und IPR, vgl. EuGH, Urt. v. 27.11.2007 – Rs. C-435/06, Rn. 38 ff. (Fundstellenverzeichnis); a.A.: *Karsten Thorn,* der die Einheitlichkeit der Begriffe betont: Schadensersatzansprüche der Zivilbevölkerung gegen ausländische Besatzungsmächte, BerDGVR 44 (2009), S. 326.
1072 Ausdrücklich seit EuGH v. 27.09.1988 – C-189/87 (Athanasios Kalfelis ./. Bankhaus Schröder u. a.), Slg. 1988 (I), S. 5579–5587, Rn. 18 betreffend Art. 5 Nr. 3 des Vorgänger-Übereinkommens zur EuGVVO.
1073 Vgl. Erwägungsgrund 7 der Rom II-Verordnung bezüglich einer harmonischen Auslegung mit der EuGVVO.
1074 Vgl. Art. 25 der Verordnung (EG) Nr. 1346/2000 über Insolvenzverfahren v. 29.05.2000; Art. 6 der Verordnung (EG) Nr. 1896/2006 zur Einführung eines Europäischen Mahn-

Viertes Kapitel – Verhältnis der EuGVVO zur Staatenimmunität

dem Europäischem Rechtsraum wesenseigenen Auslegungsprinzip, können andere Rechtsakte des Europäischen Zivilprozessrechts Aufschluss auch über den Anwendungsbereich der EuGVVO geben.

a) Erwägungsgrund 14. der EuEheVO

Eine immunitätsrelevante Aussage trifft etwa die EuEheVO in ihrem 14. Erwägungsgrund. Danach soll die Anwendung des Völkerrechts im Bereich diplomatischer Immunitäten durch die Wirkungen der in Anlehnung an die EuGVVO sog. Brüssel IIa-Verordnung nicht berührt werden. Da das Recht der diplomatischen Immunität gänzlich völkervertraglich kodifiziert ist, ergeht sich diese Aussage bereits im Anwendungsbereich der Kollisionsnorm des Art. 59 Abs. 1 EuEheVO, die wiederum parallel zu Art. 71 Abs. 1 EuGVVO steht.[1075] Beachtlich ist aber, dass hier das Immunitätsverhältnis ausdrücklich zum Gegenstand eines auslegungsrelevanten Verordnungstextes erwachsen ist und damit die Konfliktsituation keine vorgelagerte Frage des Europäischen Zivilprozessrechts ist[1076], die mit einem bloßen Verweis auf das deutsche Verständnis zwischen Internationaler Zuständigkeit und Staatenimmunität gelöst werden kann.

b) Die Bedeutung des Ausschlusses von *acta iure imperii*

Sodann existiert im Europäischen Zivilprozessrecht ein mittlerweile mehrfach geworfener „Notanker", der in Folge der hiesigen Gesamtproblematik in das Europäische Zivilprozessrecht Einzug gefunden hat, namentlich des vermeintlichen Ausschlusses von *acta iure imperii*.

aa) Überblick zum Ausschluss von *acta iure imperii*

Mit folgender Formulierung werden seit neuester Zeit *acta iure imperi* vom Anwendungsbereich des Europäischen Zivilprozessrechts *expressis verbis* ausgenommen:

„[Die Verordnung] erfasst insbesondere nicht Steuer- und Zollsachen, verwaltungsrechtliche Angelegenheiten sowie die Haftung des Staates für Handlungen

---

verfahrens; Generalbericht von *Burkhard Hess* zur Evaluierung der EuGVVO (Study JLS/C4/2005/03) aus *Burkhard Hess/Thomas Pfeiffer/Peter Schlosser:* The Brussels I Regulation No 44/2001 – The Heidelberger Report on the Application of the Regulation Brussels I in the 25 Member States (2008), Rn. 64 f.

1075 Siehe bereits zuvor auf S. 199.
1076 Vgl. *Burkhard Hess:* European Civil Procedure and Public International Law, aus: From Bilateralism to Community Interest – Essays in Honour of Judge Bruno Simma (2011), S. 936.

D. Konfliktauflösung

oder Unterlassungen im Rahmen der Ausübung hoheitlicher Rechte ('acta iure imperii')."

Diese Formulierung[1077] findet sich mittlerweile in

- *Art. 2 Abs. 1 S. 2 der Verordnung (EG) Nr. 805/2004 des Europäischen Parlaments und des Rates vom 21. April 2004 zur Einführung eines europäischen Vollstreckungstitels für unbestrittene Forderungen*[1078],
- *Art. 2 Abs. 1 S. 2 der Verordnung (EG) Nr. 1896/2006 des Europäischen Parlaments und des Rates vom 12. Dezember 2006 zur Einführung eines Europäischen Mahnverfahrens*[1079]*, die gemäß Artikel 33 ab dem 12.12.2008 bzw. ab dem 12.06.2008 für die Art. 28, 29, 30 und 31 gilt,*
- *Art. 2 Abs. 1 S. 2 Verordnung (EG) Nr. 861/2007 des Europäischen Parlaments und des Rates vom 11. Juli 2007 zur Einführung eines europäischen Verfahrens für geringfügige Forderungen,*
- *Art. 1 Abs. 1 der Verordnung (EG) Nr. 1393/2007 des Europäischen Parlaments und des Rates vom 13. November 2007 über die Zustellung gerichtlicher und außergerichtlicher Schriftstücke in Zivil- oder Handelssachen in den Mitgliedstaaten (Zustellung von Schriftstücken) und zur Aufhebung der Verordnung (EG) Nr. 1348/2000 des Rates.*

Darüber hinaus hat der Ausschluss von *acta iure imperii* sogar Einzug in das Internationale Privatrecht der Europäischen Union gehalten. Die besagte Formulierung findet sich zumindest in

Art 1. Abs. 1 der Verordnung (EG) Nr. 864/2007 des Europäischen Parlamentes und des Rates vom 11. Juli 2007 über das auf außervertragliche Schuldverhältnisse anzuwendende Recht („Rom II").

Schließlich lässt sich der Begriff auch in der novellierten Fassung der EuGVVO finden, dessen Art. 1 Abs. 1 lauten wird:

1077 Sog. *terms of reference*, vgl. Generalbericht von *Burkhard Hess* zur Evaluierung der EuGVVO (Study JLS/C4/2005/03) aus *Burkhard Hess/Thomas Pfeiffer/Peter Schlosser:* The Brussels I Regulation No 44/2001 – The Heidelberger Report on the Application of the Regulation Brussels I in the 25 Member States (2008), Rn. 65.
1078 ABl. EU L 143 v. 30.04.2004, S. 15–39.
1079 ABl. EU L 399 v. 30.12.2006, S. 1–32. Schon mit Art. 1 Abs. 1 des Vorschlags einer Verordnung des Europäischen Parlaments und des Rates zur Schaffung einer Europäischen Mahnverfahrens hat der Gemeinschaftsrechtsgeber eine Bereichsausnahme für *acta iure imperii* vorgeschlagen, vgl. Ratsdokument 14437/05, JUSTCIV 206, Fassung v. 15.11.2005.

Viertes Kapitel – Verhältnis der EuGVVO zur Staatenimmunität

Diese Verordnung ist in Zivil- und Handelssachen anzuwenden, ohne dass es auf die Art der Gerichtsbarkeit ankommt. Sie gilt insbesondere nicht für Steuer- und Zollsachen sowie verwaltungsrechtliche Angelegenheiten oder die Haftung des Staates für Handlungen oder Unterlassungen im Rahmen der Ausübung hoheitlicher Rechte (acta iure imperii).

bb) Entstehungsgeschichte des Ausschlusses von *acta iure imperii*

Die Entstehungsgeschichte der Ausnahmeregelung bezüglich *acta iure imperii* ist unmittelbar mit dem hier besprochenen Themenkomplex verbunden. Die EuVTVO war der erste unionale Rechtsakt mit diesem ausdrücklichen Ausschluss. Dieser „Prototyp" geht auf den ausdrücklichen Wunsch der Bundesrepublik Deutschland zurück.[1080] Der Europäische Vollstreckungstitel stand bei seiner Konzeption gewissermaßen unter Eindruck der Brisanz der Ausgangsverfahren. Die Bundesrepublik Deutschland wollte sicherstellen, dass Entscheidungen über die Staatshaftung für deutsche Kriegsverbrechen nicht als Europäischer Vollstreckungstitel bestätigt werden können.[1081] Noch in der Europäischen Beweisverordnung, die auf Initiative der Bundesrepublik Deutschland zurückgeht[1082], fehlt ein solcher Hinweis. Von der EuVTVO fand der ausdrückliche Ausschluss von *acta iure imperii* sodann Einzug in die EuMahnVO, die sich hinsichtlich ihres Anwendungsbereichs an die EuVTVO anlehnt.[1083] Diese Routine strahlte sodann auch auf die Rom II-Verordnung aus. Das Europäische Parlament

---

[1080] Vgl. Rat der Europäischen Union, Vermerk des Vorsitzes vom 30.06.2003, 10660/03, JUSTCIV 92, S. 2; Rat der Europäischen Union, Vermerk der deutschen Delegation vom 28.07.2003, 11813/03 JUSTCIV 122, S. 2; Thomas Rauscher-*Peter Mankowski:* Europäisches Zivilprozess- und Kollisionsrecht, 3. Aufl. 2011, Bd. I, Art. 1 Brüssel I-VO, Rn. 2c; *ders.:* Gerichtsbarkeit und internationale Zuständigkeit deutscher Zivilgerichte bei Menschenrechtsverletzungen, aus: Universalität der Menschenrechte (2009), S. 170.

[1081] *Jan Kropholler/Jan von Hein:* Europäisches Zivilprozessrecht, 9. Aufl. 2011, Art. 2 EuVTVO, Rn. 2; Thomas Rauscher-*Steffen Pabst:* Europäisches Zivilprozess- und Kollisionsrecht, 3. Aufl. 2010, Bd. 2, Art. 2 EG-VollstrTitelVO, Rn. 6; *Marta Requejo:* Transnational human rights claims against a State in the European Area of Freedom – Justice and Security, EuLF 5 (2007), S. 209; Thomas Rauscher-*Peter Mankowski:* Europäisches Zivilprozess- und Kollisionsrecht, 3. Aufl. 2011, Bd. I, Art. 1 Brüssel I-VO, Rn. 2c; *ders.:* Gerichtsbarkeit und internationale Zuständigkeit deutscher Zivilgerichte bei Menschenrechtsverletzungen, aus: Universalität der Menschenrechte (2009), S. 170.

[1082] Rat der Europäischen Union, Initiative der Bundesrepublik Deutschland vom 06.10.2000, 11808/00, JUSTCIV 103.

[1083] *Peter Mankowski:* Gerichtsbarkeit und internationale Zuständigkeit deutscher Zivilgerichte bei Menschenrechtsverletzungen, aus: Universalität der Menschenrechte (2009), S. 170.

D. Konfliktauflösung

hatte nach erster Lesung zu dem Vorschlag der Kommission zur Rom II-Verordnung folgenden klarstellenden Normlaut vorgeschlagen:[1084]

"Sie gilt weder für Steuer- und Zollsachen noch für verwaltungsrechtliche Angelegenheiten oder die Haftung der öffentlichen Verwaltung für die Maßnahmen oder Unterlassungen in Ausübung ihrer Funktionen."

Erst die Kommission übernahm den Klarstellungsvorschlag, zog „aber die in internationalen Übereinkommen allgemein übliche Formulierung"[1085], mithin also den Terminus *acta iure imperii* vor.[1086]

cc) Bewertung

Der Terminus *acta iure imperii* dient grundsätzlich der Eingrenzung von immunen Akten eines Staates. Für den deutschen Juristen mutet es fremd an, dass eine Maßgabe der Immunität in das Europäische Zivilprozessrecht Einzug gehalten hat, ist es doch nach deutschem Duktus Ausschlusskriterium der vorgelagerten Gerichtsbarkeit. Noch weniger zu erwarten ist ein Immunitätskriterium im Rahmen des materiellen Europäischen Zivilrechts. Die Rom II-Verordnung unionalisiert die Frage anwendbaren Rechts für außervertragliche Schuldverhältnisse. Die prozessualen Fragen der Immunität sind von den Fragen des materiellen Anspruchs aber streng zu unterscheiden.[1087] Nicht nur aus „deutscher" Perspektive ist eine solche Verortung eines zivilprozessualen Abwehrmechanismus wesensfremd.

Es ist im Übrigen nicht einsichtig, dass ein maßgebendes Kriterium der Staatenimmunität mittlerweile zum rechtsaktübergreifenden Besitzstand des Europäischen Zivilprozessrechts geriert. Zahlreiche Verordnungen älteren Ursprungs im Bereich der

---

1084 Bericht über den Vorschlag für eine Verordnung des Europäischen Parlaments und des Rates über das auf außervertragliche Schuldverhältnisse anzuwendende Recht („Rom II"), Doc. PE 349.977v03-00 v. 27.06.2005 (Änderungsantrag 18 betreffend Art. 1 Abs. 1).
1085 Kommission der Europäischen Gemeinschaften, Geänderter Vorschlag für eine Verordnung des Europäischen Parlaments und des Rates über das auf außervertragliche Schuldverhältnisse anzuwendende Recht, KOM(2006) 83 endg. v. 21.02.2006, S. 3 (zu Abänderung 18).
1086 Dazu auch Erwägungsgrund 9 der Rom-II-Verordnung, der jede Forderungen aufgrund von *acta iure imperii* vom Anwendungsbereich der Verordnung ausnimmt.
1087 Bezogen auf die hiesige Thematik bei *Christian Appelbaum*: Einschränkungen der Staatenimmunität in Fällen schwerer Menschenrechtsverletzungen – Klagen von Bürgern gegen einen fremden Staat oder ausländische staatliche Funktionsträger vor nationalen Gerichten (2007), S. 71 f., der a.a.O. das nationale Amtshaftungsrecht ohnehin nicht als gefährdet ansieht. Kritisch zu dieser Auseinanderhaltung *Helmut Damian*: Staatenimmunität und Gerichtszwang (1985), S. 72 f.

Viertes Kapitel – Verhältnis der EuGVVO zur Staatenimmunität

„Zivil- und Handelssachen" verzichten weiterhin auf diese Formulierung.[1088] Teilweise werden diese „Aussparungen" ernst genommen, so dass behauptete Amtshaftungsansprüche für Kriegsschäden kurzerhand als „Zivil- oder Handelssachen" in ihren Anwendungsbereich einbegriffen werden.[1089] Unverändert orientieren sich alle jüngeren Rechtsakten am bewährten Vorbild des Art. 1 Abs. 1 EuGVÜ.[1090] Daher ist verständlich, dass die Übernahme des Begriffs, trotz dahingehender Forderungen[1091], längste Zeit nicht auf der Agenda der Revision der EuGVVO stand.[1092] Die kurzfristige Aufnahme des Begriffs ist entsprechend kritisch zu betrachten, zumal dieses Kriterium vom Europäischen Übereinkommen zur Staatenimmunität, also von immerhin sieben EU-Staaten[1093], zur Feststellung der Immunitätsgewährung aufgegeben wurde.[1094]

Gemäß seiner Entstehungsgeschichte sollte die Einführung dieser Formulierung nur den Argumenten Vorschub leisten, dass das Europäische Kollisionsrecht das Immunitätsprinzip unberührt lässt. Eine solche Kollisionsregel ist aber nicht Bestandteil der EuGVVO, auch nicht nach ihrer Revision. Sie würde im Übrigen dem gewachsenen Integrationsstand der EuGVVO nicht entsprechen. Der Europäische Gesetzgeber wollte den Anwendungsbereich des Unionsrechts nicht zur (völkerrechtlichen) Disposition der Mitgliedstaaten stellen, sondern allein „hoheitliche Angelegenheiten" ausneh-

---

1088 Darauf verweist *Oliver L. Knöfel* im Loseblatt-Handbuch von Geimer/Schütze: Internationaler Rechtsverkehr in Zivil- und Handelssachen (2011), Bd. II, Art. 1 Beweisaufnahme-VO, Rn. 14.
1089 Zumindest in Bezug auf die EuZustVO bei *Burkhard Hess:* Europäisches Zivilprozessrecht (2010), S. 450 (Fußn. 43), der dort aber zugleich keinen Rückschluss auf den Anwendungsbereich der EuGVVO ziehen möchte. Ungeklärt bleibt allerdings, warum ein und derselbe Begriff unterschiedliche Auslegung erfahren soll.
1090 *Peter Mankowski:* Gerichtsbarkeit und internationale Zuständigkeit deutscher Zivilgerichte bei Menschenrechtsverletzungen, aus: Universalität der Menschenrechte (2009), S. 171.
1091 Für diese Forderung betont *Simon* die anhaltenden Schwierigkeiten der tschechischen Gerichtspraxis mit dem Umgang von *acta iure imperii* bei der Bestimmung des Anwendungsbereichs der EuGVVO. Study JLS/C4/2005/03, Evaluation of Questionnaire No. 3 (National Reporters), S. 6. Ohne dass dafür an die Rs. C-343/04 und C-115/08 (Land Oberösterreich ./. ČEZ) erinnert wird, können deren Schwierigkeiten dafür als exemplarisch betrachtet werden, dazu oben ab S. 171.
1092 Vgl. die Neufassung des Vorschlags der Europäischen Kommission für eine Verordnung des Europäischen Parlaments und des Rates über die gerichtliche Zuständigkeit und die Anerkennung und Vollstreckung von Entscheidungen in Zivil- und Handelssachen v. 14.12.2010, KOM(2010) 748 endg., S. 23.
1093 Mit Stand von Mai 2012 sind das namentlich die Bundesrepublik Deutschland, Belgien, Österreich, Luxemburg, Niederlande, Schweiz, das Vereinigtes Königreich und Zypern, Portugal hat das Abkommen nur gezeichnet.
1094 *Herbert Kronke:* Europäisches Übereinkommen über Staatenimmunität – Element der Kodifizierung des deutschen internationalen Zivilverfahrensrecht, IPRax 1991, S. 142.

D. Konfliktauflösung

men. Eine zivilprozessuale Kollisionslage der Staatenimmunität damit aufzulösen, ist weder gewollt noch gekonnt. Die Generalanwältin *Juliane Kokott* betont zum damaligen Art. 3 Abs. 1 EUV[1095], dass die justizielle Zusammenarbeit der Europäischen Union

> *„nicht nur die zwischenstaatliche Zusammenarbeit beinhaltet, sondern auch die gemeinsame Ausübung von Souveränität durch die Union. Artikel 3 Absatz 1 EU verpflichtet die Union im Übrigen dazu, den gemeinschaftlichen Besitzstand zu wahren und weiter zu entwickeln".*[1096]

Im Ergebnis kann die Kollision zwischen der EuGVVO und der Staatenimmunität außerhalb von Art. 71 Abs. 1 EuGVVO nicht mit dem Verweis auf einen Ausschluss von *acta iure imperii* beantwortet werden. Vielmehr ist der Terminus Teil des Lösungsansatzes. Es kann nämlich als *Grundsatz* des ungeschriebenen Völkerrechts herausgearbeitet werden, dass sich ein Staat nur für acta *iure imperii* Immunität beanspruchen kann.[1097] Es ist dieser Immunitätsanspruch, der den Konflikt mit der EuGVVO erst hervorruft, indes nicht schon seine Lösung ist.

2. *Unanwendbarkeit der Immunitätsregeln*

Einen Ansatz zur Auflösung des Konflikts bietet der Umgang des EuGH mit Verfahrensvorschriften an, welche der einheitlichen und effektiven Anwendung der EuGVVO entgegenstehen. So hat er nacheinander zwei traditionelle Institute des englischen Zivilprozessrechts, die Möglichkeiten der *anti-suit injunction*[1098] sowie die Doktrin des *forum non conveniens*[1099], im Rahmen der EuGVVO für unanwendbar erklärt.[1100]

1095 Der Vertrag von Lissabon hat diese Bestimmung aufgehoben und im Wesentlichen ersetzt durch Art. 7 AEUV und Art. 13 Abs. 1 sowie Art. 21 Abs. 3 UAbs. 2 EUV, vgl. zur Synopse ABl. EU C 115/361 v. 09.05.2008.
1096 Vgl. Schlussanträge der Generalanwältin *Juliane Kokott* v. 11.11.2004 – Rs. C-105/03 (Strafverfahren gegen Maria Pupino), Slg. 2005 (I), S. 5289–5308, Rn. 32.
1097 *Christian Appelbaum:* Einschränkungen der Staatenimmunität in Fällen schwerer Menschenrechtsverletzungen – Klagen von Bürgern gegen einen fremden Staat oder ausländische staatliche Funktionsträger vor nationalen Gerichten (2007), S. 49.
1098 EuGH, Urt. v. 27.04.2004 – Rs. C-159/02 (Gregory Paul Turner ./. Felix Fareed Ismail Grovit, Harada Ltd, Changepoint SA) – Fundstellenverzeichnis.
1099 EuGH, Urt. v. 01.03.2005 – Rs. C-281/92 (Andrew Owusu ./. N. B. Jackson) – Fundstellenverzeichnis.
1100 *Anatol Dutta/Christian A. Heinze:* Prozessführungsverbote im englischen und europäischen Zivilverfahrensrecht – Die Zukunft der anti-suit injunction nach der Entscheidung des Europäischen Gerichtshofs vom 27. April 2004, ZEuP 2005, S. 448–461; *dies.:* Ungeschriebene Grenzen für europäische Zuständigkeiten bei Streitigkeiten mit Drittstaatenbezug, IPRax 2005, S. 224–230.

Viertes Kapitel – Verhältnis der EuGVVO zur Staatenimmunität

a) Ausgangslage

Grundlage für die Rechtsprechung des EuGH ist das Prinzip der einheitlichen Anwendung des Unionsrechts.[1101] Gemäß Art. 288 AEUV entfaltet die EuGVVO als Verordnung allgemeine Geltung, ist in allen ihren Teilen verbindlich und gilt unmittelbar in jedem Mitgliedstaat. Daher müssen die Mitgliedstaaten die EuGVVO einheitlich und vorrangig anwenden. Soweit aber auf das nationale Verfahrensrecht zurückgegriffen wird, darf dieses nicht die praktische Wirksamkeit der unionalen Gerichtsstandsverordnung einschränken.[1102] Soweit die EuGVVO also eine abschließende Regelung in „Zivil- und Handelssachen" vorsieht, muss geprüft werden, wie weit Verfahrensrecht, hier in der Form des Immunitätseinwands, noch die Anwendung der EuGVVO verneinen kann. Nach Art. 4 Abs. 3 EUV müssen die Mitgliedstaaten ihr nationales Verfahrensrecht unter dem Vorbehalt des Effektivitätsprinzips ausgestalten.[1103] Das nationale Recht muss entsprechend dem Geltungsvorrang des Gemeinschaftsrechts soweit modifiziert werden, dass es die einheitliche Anwendung des Unionsrechts gewährt.[1104] Dort wo die Auslegung an die Grenzen des Normierten stößt, verlangt die Einheitlichkeit des Gemeinschaftsrechts die Außerachtlassung des innerstaatlichen Rechts, das dem vorrangigen Unionsrecht die Geltung in Abspruch stellt.[1105]

b) Problembeschreibung

Eine dem entgegenstehende und divergierende Anwendungspraxis kann sich grundsätzlich durch die unterschiedliche Bestimmung des Geltungsbereichs, der divergierenden Qualifikation von Vertragstermini oder einer gänzlichen Anwendungsverweigerung ergeben.[1106] Soweit der Immunitätseinwand die Anwendung der EuGVVO abschneidet, verquicken sich diese Divergenzzonen und machen das größte dieser

---

1101 Systematik bei *Rolf A. Schütze:* Zur Auslegung internationaler Übereinkommen, aus: Ausgewählte Probleme des internationalen Zivilprozessrechts (2006), S. 41.
1102 EuGH, Urt. v. 15.11.1983, Rs. 288/82 (Ferdinant Duijnstee ./. Lodewijk Goderbauer), Slg. 1983 (I), S. 3663–3687, Rn. 13 f.; EuGH, Urt. v. 15.05.1990, Rs. 365/88 (Kongress Agentur Hagen ./. Zeehage BV), Slg. 1990 (I), S. 1860–1867, Rn. 20.
1103 EuGH, Urt. v. 20.09.2001, Rs. C-453/99 (Courage ./. Bernard Crehan), Slg. 2001 (I), S. 6297–6328 = EuZW 2001, S. 715–717 = EuR 2002, S. 216–221, Rn. 25.
1104 Überblick bei *Margit Hintersteininger:* Zur Interpretation des Gemeinschaftsrechts, ZÖR 53 (1998), S. 239–261.
1105 *Margit Hintersteininger:* Zur Interpretation des Gemeinschaftsrechts, ZÖR 53 (1998), S. 246 f.
1106 *Rolf A. Schütze:* Zur Auslegung internationaler Übereinkommen, aus: Ausgewählte Probleme des internationalen Zivilprozessrechts (2006), S. 39 ff.

D. Konfliktauflösung

Probleme[1107], namentlich die Anwendungsverweigerung, virulent. Die hiesig kollidierenden Zivilprozessrechtsinstitute sind nämlich unterschiedlich anzuknüpfen.[1108]

Grundsätzlich unterliegen die Verfahrensvoraussetzungen zwar der *lex fori*.[1109] Die Regelungsbereiche der EuGVVO sind aber unionalisiert und werden entsprechend *unionsrechtsautonom* bestimmt. So divergiert der Anwendungsbereich der EuGVVO nicht nach der *lex fori* seiner Mitgliedstaaten.[1110] Das Qualifikationsstatut für die Frage der Staatenimmunität ist wiederum gesondert zu bestimmen. Die Gerichtspraxis rekrutiert dafür ihre *lex fori*.[1111] Teile des Schrifttums befürworten angesichts der Fortentwicklung des Völkerrechts durchaus eine Qualifikation nach völkerrechtlichen Kriterien.[1112] Wo diese nicht klar umgrenzt sind, könnten Kriterien zur Abgrenzung rechtsvergleichend gewonnen werden.[1113] Das Statut des Völkerrechts weicht damit aber jedenfalls von der unionsautonomen Qualifikation ab.[1114] Während also die Prüfung der Jurisdiktionsgewalt allein den divergierenden nationalen Rechten obliegt, wird der Anwendungsbereich der EuGVVO an unionsautonomen Maßstäben gemessen.[1115] Aus „deutscher" Sicht bedeutet dies das Auseinanderfallen der Qualifikationsstatute für die Fragen der

---

1107 Ebenda, S. 40.
1108 *Anatol Dutta:* Anmerkung zu EuGH v. 15.02.2007 – Rs. C-292/05, ZZP 11 (2006), S. 216; *ders.*: Amtshaftung wegen Völkerrechtsverstößen bei bewaffneten Auslandseinsätzen deutscher Streitkräfte, AöR 133 (2008), S. 197.
1109 *Reinhold Geimer:* Der Justizgewährungsanspruch nach dem Brüsseler Übereinkommen, aus: Internationale Zuständigkeit und Urteilsanerkennung in Europa – Berichte und Dokumente des Kolloquiums „Die Auslegung des Brüsseler Übereinkommens durch den Europäischen Gerichtshof und der Rechtsschutz im europäischen Raum" (1993), S. 35.
1110 Der *lex fori* kommt soweit lediglich eine Auffangfunktion zu, vgl. Schlussanträge des Generalanwalts *Francesco Capotorti* zu EuGH, Urt. v. 21.06.1978, Rs. 150/77 (Société Bertrand ./. Paul Ott KG), Slg. 1978 (I), S. 1431–1452 (1449).
1111 BVerfG, Urt. v. 30.04.1963 – 2 BvM 1/62 (Fundstellenverzeichnis); BGH v. 26.09.1978, Urt. v. 26.09.1978 – VI ZR 267/76, NJW 1979, S. 1101–1102; MDR 1979, S. 482–482 = WM 1979, S. 586–587; *Karsten Thorn:* Schadensersatzansprüche der Zivilbevölkerung gegen ausländische Besatzungsmächte, BerDGVR 44 (2009), S. 315.
1112 *Karsten Thorn:* Schadensersatzansprüche der Zivilbevölkerung gegen ausländische Besatzungsmächte, BerDGVR 44 (2009), S. 316; *Stefan Kröll:* Die Pfändung von Forderungen des russischen Staats gegen deutsche Schuldner – Investitionsschutz und Vollstreckungsimmunität, IPRax 2004, S. 225 f.; *Anatol Dutta:* Anmerkung zu EuGH v. 15.02.2007 – Rs. C-292/05, ZZP 11 (2006), S. 216; *Rolf A. Schütze:* Zur Auslegung internationaler Übereinkommen, aus: Ausgewählte Probleme des internationalen Zivilprozessrechts (2006), S. 41.
1113 *Karsten Thorn:* Schadensersatzansprüche der Zivilbevölkerung gegen ausländische Besatzungsmächte, BerDGVR 44 (2009), S. 316.
1114 *Anatol Dutta:* Anmerkung zu EuGH v. 15.02.2007 – Rs. C-292/05, ZZP 11 (2006), S. 216.
1115 Auf diesen Widerspruch weißt ersichtlich nur *Anatol Dutta* hin: Anmerkung zu EuGH v. 15.02.2007 – Rs. C-292/05, ZZP 11 (2006), S. 216.

Viertes Kapitel – Verhältnis der EuGVVO zur Staatenimmunität

Gerichtsbarkeit und die der Internationalen Zuständigkeit. Divergieren nun die Qualifikationsstatute, könnte daraus die Gefahr erwachsen, dass die EuGVVO sich in den einzelnen Mitgliedstaaten unterschiedlicher Anwendung ausgesetzt sieht bzw. nicht angewendet wird. Soweit die Mitgliedstaaten im Rahmen der Gerichtsbarkeit autonom entscheiden, welche „Zivil- und Handelssachen" immunen Charakter genießen, würden sie indirekt die Anwendbarkeit der EuGVVO in ihren Händen halten. Eine indirekte Einflussnahme aber,

> *„die in der Delegierung der internationalen Zuständigkeit der Gerichte an die nationalen Kollisionsregeln besteht, würde der praktischen Wirksamkeit (...) entgegenstehen".*[1116]

c) Modifikation des nationalen Zivilverfahrensrecht

Für die Modifikation des nationalen Zivilverfahrensrechts stehen zwei Prozessrechtsinstitute des *common law* Beispiel, die es im Folgenden darzustellen und nach ihrer Übertragbarkeit zu fragen gilt.

aa) *Anti-suit injunction*

Erstmals hatte sich der EuGH in der Rs. *Turner* vorgewagt, nationales Zivilverfahrensrecht zugunsten der einheitlichen Anwendung der EuGVVO zu modifizieren. So legte das House of Lords dem EuGH die Frage zur Vorabentscheidung vor, ob *anti-suit injunctions* mit dem Regime des damaligen EuGVÜ vereinbar sind.[1117] Danach können Gerichte gegen eine Partei das Verbot aussprechen, einen Prozess im Ausland zu führen, um den „richtigen" Gerichtsstand durchzusetzen.[1118] Soweit die Mitgliedstaaten ein supranationales Europäisches Zivilprozessrecht geschaffen haben, haben sie sich ihrer Kompetenz ergeben, von den Anwendungsbereichen abweichen zu können. Entsprechend formuliert der Generalanwalt *Philippe Léger*:

1116 Vgl. Schlussanträge des Generalanwalts *Dámaso Ruiz-Jarabo Colomer* v. 16.10.2008 zur Rs. C–339/07 (Christopher Seagon als Insolvenzverwalter über das Vermögen der Frick Teppichboden Supermärkte GmbH ./. Deko Marty Belgium NV), Rn. 73, Slg. 2009 (I), S. 767–802 und dazu *Sebastian Mock:* Anmerkung zu den Schlussanträgen des Generalanwalts Colomer vom 16.10.2008, Rs. C–339/07 (Zuständigkeit für Insolvenzanfechtungsklagen im Anwendungsbereich der EuInsVO, ZInsO 2008, S. 1381–1382.
1117 House of Lords, Beschl. v. 13.12.2001 (Gregory Paul Turner ./. Felix Fareed Ismail Grovit, Harada Ltd, Changepoint SA), ABl. C. 169 vom 13.07.2002, S. 18.
1118 Vgl. *Martin Illmer:* Anti-suit injunctions und nicht ausschließliche Gerichtsstandsvereinbarungen, IPRax 2012, S. 406 f.; zum Justizkonflikt der *anti-suit injunctions* im Bereich des Europäischen Gerichtsstands- und Vollstreckungsübereinkommens bei *Martina Maack:* Englische antisuit injunctions im europäischen Zivilrechtsverkehr (1999).

D. Konfliktauflösung

„*Das Übereinkommen soll eine vollständige Regelung darstellen, so dass es fraglich ist, ob eine Maßnahme, die seinen Anwendungsbereich beeinflusst, in der gemeinsamen Regelung, die es einführt, zulässig ist.*"[1119]

Der EuGH sieht in der nationalen Anwendung des Prozessführungsverbots die praktische Wirksamkeit des Übereinkommens gefährdet.[1120] Denn darin liegt ein mittelbarer Eingriff in die Zuständigkeit des ausländischen Gerichts vor, der als solcher mit der Systematik des Übereinkommens unvereinbar ist.[1121] Mithin scheidet eine *anti-suit injunction* im Anwendungsbereich der EuGVVO[1122] aus.

bb) *Forum non conveniens*

Der EuGH hatte in der Rs. Owusu darüber zu entscheiden, ob das *forum non conveniens*-Prinzip mit den europäischen Zuständigkeitsregeln vereinbar ist.[1123] Die Anwendungsbedingungen der *anti-suit injunctions* weichen zwar erheblich von der Doktrin des *forum non conveniens* ab, stellen aber ähnliche Problemlagen dar.[1124] Aufgrund der Einrede des *forum non conveniens,* wie es das anglo-amerikanische Prozessrecht kennt, kann ein nationales Gericht seine Zuständigkeit mit der Begründung verneinen, dass ein ebenfalls zuständiges Gericht in einem anderen Staat objektiv geeigneter ist, um über die Rechtssache zu befinden. Diese Zuständigkeitskorrektur ist den Mitgliedstaaten, deren Rechtssystem dem *civil law* zuzuordnen sind und die das Brüsseler Übereinkommen ausgehandelt haben, weitgehend fremd. Demgemäß enthielt die EuGVÜ in ihrer Urfassung keine Bestimmung, die mit der genannten Doktrin in Zusammenhang steht.[1125] Erst mit Beitritt der Staaten des *common law*-Rechtskreises musste sich das Brüsseler Übereinkommen damit auseinandersetzen.[1126] Eine auf-

---

1119 Schlussanträge des Generalanwalts *Dámaso Ruiz-Jarabo Colomer* zur Rs. C-159/02 (Gregory Paul Turner ./. Felix Fareed Ismail Grovit) v. 20.11.2003, Slg. 2004 (I), S. 3567–3577, Rn. 33.
1120 EuGH, Urt. v. 27.04.2004 – Rs. C-159/02 (Gregory Paul Turner ./. Felix Fareed Ismail Grovit, Harada Ltd, Changepoint SA), Rn. 29 und Leitsatz (Fundstellenverzeichnis).
1121 Ebenda, Rn. 27 f.
1122 *Martin Illmer:* Englische anti-suit injunctions in Drittstaatensachverhalten: zum kombinierten Effekt der Entscheidungen des EuGH in Owusu, Turner und West Tankers, IPRax 2011, S. 514–520.
1123 Vgl. Vorlagefrage des ersuchenden Court of Appeal, ABl. EU C. 233 vom 28.09.2002, S. 16.
1124 Schlussanträge des Generalanwalts *Philippe Léger* v. 14.12.2004 – Rs. C-281/02 (Andrew Owusu ./. N. B. Jackson), Rn. 6 und 260.
1125 Ebenda, Rn. 220.
1126 Schlussanträge des Generalanwalts *Philippe Léger* v. 14.12.2004 – Rs. C-281/02 (Andrew Owusu ./. N. B. Jackson), Rn. 221; Geimer/Schütze-*Reinhold Geimer:* Europäisches Zivilverfahrensrecht, 3. Aufl. 2010, Art. 2 EuGVVO, Rn. 72.

Viertes Kapitel – Verhältnis der EuGVVO zur Staatenimmunität

grund der Doktrin des *forum non conveniens* erhobene Einrede war von den Verfassern des Übereinkommens jedoch nicht vorgesehen.[1127] Der EuGH weist folgerichtig darauf hin,

> *"dass Artikel 2 des Brüsseler Übereinkommens zwingend ist und seinem Wortlaut nach von der dort aufgestellten grundsätzlichen Regel nur in den im Übereinkommen ausdrücklich vorgesehenen Fällen abgewichen werden darf".*[1128]

Insbesondere wäre die einheitliche Anwendung des Gerichtsstands- und Vollstreckungsübereinkommens gefährdet[1129] sowie die Vorhersehbarkeit der Zuständigkeitsregeln der EuGVVO und damit das Prinzip der Rechtssicherheit beeinträchtigt.[1130] Zwar kennt die EheGVVO mit Art. 15 eine sinngemäße Entsprechung des *forum non conveniens*. Die EuGVVO aber verwehrt einem mitgliedstaatlichen Gericht seine Zuständigkeit entgegen den Bestimmungen der EuGVVO wegen des *forum non conveniens* zu verneinen.[1131] Entsprechend gilt im Übrigen, dass die Vollstreckbarerklärung durch die EuGVVO keine *executio non conveniens* kennen darf.[1132]

d) Übertragbarkeit der Modifikationstheorie

Im Folgenden sei die Übertragbarkeit der vorgestellten Modifikationstheorie auf den hier dargelegten Konfliktfall zwischen der Staatenimmunität und der EuGVVO geprüft, was wegen der Komplexität der dahingehenden Überlegung schrittweise geschehen soll.

1127 Vgl. *Schlosser*-Bericht (1978), S. 71 (Nr. 77 f.), auf den auch der EuGH mit Urt. v. 01.03.2005 – Rs. C–281/02 (Owusu) in Rn. 37 (Fundstellenverzeichnis) zur Begründung der Unzulässigkeit des *forum non conveniens* verweist.
1128 EuGH, Urt. v. 01.03.2005 – Rs. C-281/92 (Andrew Owusu ./. N. B. Jackson), Rn. 37 (Fundstellenverzeichnis).
1129 Ebenda, Rn. 43.
1130 Ebenda, Rn. 41.
1131 Ebenda, Leitsatz; Geimer/Schütze-*Reinhold Geimer:* Europäisches Zivilverfahrensrecht, 3. Aufl. 2010, Art. 71 EuGVVO, Rn. 70 ff.; *ders.:* Der Justizgewährungsanspruch nach dem Brüsseler Übereinkommen, Berichte und Dokumente des Kolloquiums „Die Auslegung des Brüsseler Übereinkommens durch den Europäischen Gerichtshof und der Rechtsschutz im europäischen Raum" (1993), S. 35.
1132 So schon *Reinhold Geimer* in seiner Urteilsbesprechung zum LG Münster, Urt. v. 21.06.1978 – Az.: 14 O 164/78, NJW 1980, S. 1233 f. und *ders.:* Anerkennung ausländischer Entscheidungen in Deutschland (1995), S. 182.

D. Konfliktauflösung

aa) Vorüberlegung

Die Rechtsprechung des EuGH verdeutlicht, dass durch die EuGVVO ein verbindliches Zuständigkeits-[1133] sowie Anerkennungs- und Vollstreckungsregime[1134] eingeführt worden ist. Dieses ist von den nationalen Gerichten im Anwendungsbereich der EuGVVO zu befolgen.[1135] Fraglich ist nur, wie weit diese Verbindlichkeit eine Unausweichlichkeit bedeutet und in diesem Sinne das Immunitätsprinzip zu beschneiden vermag. Aus Sicht der hier erwähnten Rechtsprechung[1136] steht die Übertragbarkeit der EuGH-Rechtsprechung zum *forum non conveniens* auf den Immunitätseinwand tatsächlich in Frage. Die Übertragbarkeit auf das Prinzip der Staatenimmunität als Völkergewohnheitsrecht mit verfahrensrechtlichem Bezug untersucht aus der deutschen Literatur ausdrücklich nur *Anatol Dutta*.[1137] Allgemein formuliert auch *Joachim Bertele* diesen Gedankengang, wenn er die nationalen Vorschriften zur internationalen Zuständigkeit im Anwendungsbereich der EuGVVO durch diese als ersetzt ansieht.[1138] Dafür spricht zumindest, dass die hier betroffenen Verteidigungseinreden als sog. *avoidance techniques* zusammengefasst werden können, namentlich die fehlende inländische Gerichtsbarkeit, *forum non conveniens, political questions, non justiciability* und eben auch die Staatenimmunität.[1139] Diese Gemeinsamkeit genügt aber noch nicht zu deren gemeinsamen Modifikation.

[1133] Urt. v. 19.02.2002 – Rs. C-256/00 (Besix ./ WABAG und Plafog), Rn. 24–26 (Fundstellenverzeichnis); EuGH, Urt. v. 01.03.2005 – Rs. C-281/92 (Andrew Owusu ./. N. B. Jackson), Rn. 37 (Fundstellenverzeichnis). Rn. 37; EuGH, Urt. v. 09.12.2003 – Rs. C-116/02 (Erich Gasser GmbH ./. MISAT Srl), Rn. 67 und 72 (Fundstellenverzeichnis); EuGH, Urt. v. 27.04.2004 – Rs. C-159/02 (Gregory Paul Turner ./. Felix Fareed Ismail Grovit, Harada Ltd, Changepoint SA), Rn. 24 (Fundstellenverzeichnis).
[1134] EuGH, Urt. v. 09.12.2003 – Rs. C-116/02 (Erich Gasser GmbH ./. MISAT Srl), Rn. 72 (Fundstellenverzeichnis).
[1135] Ebenda sowie die dazu vorgebrachten Schlussanträge des Generalanwalts *Philippe Léger* v. 09.09.2003, Slg. 2003 (I), S. 14696–14720, Rn. 89.
[1136] High Court v. 20.12.2005 (Grovit ./. De Nederlandsche Bank), I.L.Pr. 22 (2006), S. 479, Rn. 36 und 82.
[1137] *Anatol Dutta:* Anmerkung zu EuGH v. 15.02.2007 – Rs. C-292/05, ZZP 11 (2006), S. 218 f., der daraus aber nur zurückhaltend Folgen ziehen möchte.
[1138] *Joachim Bertele:* Souveränität und Verfahrensrecht – Eine Untersuchung der aus dem Völkerrecht ableitbaren Grenzen staatlicher extraterritorialer Jurisdiktion im Verfahrensrecht (1998), S. 262.
[1139] So zusammenfassend *August Reinisch:* International Organizations Bevor National Courts (2000), S. 35 ff.

Viertes Kapitel – Verhältnis der EuGVVO zur Staatenimmunität

bb) Übertragbarkeit im Lichte des deutschen Trennungsmodells

Im Lichte der deutschen Trennung zwischen Gerichtsbarkeit und Internationaler Zuständigkeit erscheint im Gegenteil die Modifikationsrechtsprechung des EuGH auf das Prinzip der Staatenimmunität nicht übertragbar. Denn die traditionellen Zivilprozessrechtsinstitute des *common law* schneiden die Anwendung der EuGVVO erst auf einer Ebene ab, auf der die Anwendbarkeit der EuGVVO dem Grunde nach bereits feststehen muss. Demgegenüber stellen sich die Fragen der Immunität schon im Rahmen der Gerichtsbarkeit über einen Sachverhalt und damit „bevor" die EuGVVO überhaupt Geltung entfalten kann. Aus „deutscher" Sicht lässt sich daher aus der dargestellten Ablehnung des *forum non conveniens* oder *der anti-suit-injunction* keine oder nur begrenzte Aussagekraft für das Verhältnis zwischen vorgelagerter Immunitätsfrage und den „nachgelagerten" Regelungsmaterien der EuGVVO entnehmen.

Die Ablehnung der Modifikationsidee allein mit Rekurs auf den deutschen Trennungsduktus ist aber gleichwohl verkürzt. An dieser Stelle sei nochmals an den Urheber des deutschen Trennungsmodells, *Maximilian Pagenstecher*, erinnert, der mit dessen Einführung eine dogmatische Entflechtung zwischen Fragen der Gerichtsgewalt und der internationalen Zuständigkeitsverteilung sowie damit einhergehenden Unterschieden in deren rechtlichen Behandlung erreichen wollte.[1140] Er betonte im gleichen Zuge, dass

> *„doch das Ziel aller Kulturstaaten sein [muss], zu erreichen, daß nicht (wie jetzt) jeder Staat seine internationale Zuständigkeit selbständig festsetzt, sondern daß eine wirkliche internationale, also eine völkerrechtliche Zuständigkeitsordnung geschaffen wird. Eine solche Ordnung kann jedoch ihren praktischen Zweck nur erfüllen, wenn die einzelnen Staaten auch dafür Sorge tragen, dass sie peinlichst beobachtet wird. Geschieht das nicht, so tritt ja doch wieder der Zustand ein, den eine solche Ordnung gerade vermeiden will (...)".*[1141]

Wenn also das deutsche Trennungsmodell nach seiner inneren Logik den bisherigen Überlegungen zur Unanwendbarkeit des nationalen Zivilverfahrensrechts Stand zu halten scheint, wollte sein Vordenker – wohlgemerkt schon im Jahre 1937 – damit gleichwohl einer völkerrechtlichen Zuständigkeitsordnung und deren praktischen Wirksamkeit nicht entgegenstehen. So betrachtet, ist der „deutsche" Trennungsduktus keine genügend begründete Ablehnung, um die Rechtsprechung des EuGH auf die Immunitätsdoktrin nicht zu übertragen.

1140 *Maximilian Pagenstecher:* Gerichtsbarkeit und internationale Zuständigkeit als selbstständige Prozeßvoraussetzungen – Zugleich ein Beitrag zur Lehre von der internationalen Prorogation, RabelsZ 11 (1937), S. 346 ff.
1141 Ebenda, S. 438.

D. Konfliktauflösung

In diesem Sinne macht der EuGH in der Rs. Owusu deutlich, dass die praktische Wirksamkeit des damaligen EuGVÜ nicht von der Ausgestaltung des *nationalen Rechts* abhängig sein darf.[1142] Nach dem Grundsatz des *effet utile* kann und darf nämlich nicht entscheidend sein, ob das nationale Verfahrensrecht der EuGVVO *vor* oder *nach* ihrer Anwendbarkeit Barrieren aufbaut. Im Zusammenhang mit dem *forum non conveniens* berichtet *Peter Schlosser,* noch zum EuGVÜ, dass

> *„das EuGVÜ berechtige die Vertragsstaaten nicht nur, unter den Voraussetzungen seines zweiten Titels Gerichtsbarkeit auszuüben; es verpflichtet sie auch dazu".*[1143]

cc) Verwehrung der Immunitätsbehauptung im Anwendungsbereich der EuGVVO

Bevor zu der Frage der Übertragbarkeit nun selbst Stellung bezogen wird, sei an dieser Stelle der Ansatz von *Carsten René Beul* erwähnt, der auch an den gerade herangezogenen Grundsatz des *effet utile* anknüpft.[1144] Art. 5 Nr. 3 EuGVVO ermögliche gerade die fremdstaatliche Geltendmachung von Schadensersatzansprüchen gegen Staaten und würde seine praktische Wirksamkeit verlieren, wenn ein Staat sich diesem unter Vorwand seiner eigenen Immunität entziehen könnte. Ein solches Verhalten sei insbesondere durch das europäische Rechtsprinzip des *venire contra factum proprium* als Ausprägung des Grundsatzes von Treu und Glauben verboten.[1145] Es wäre treuwidrig,

> *„wenn sich ein Mitgliedstaat [...] im Rahmen des Schadensersatzanspruches auf seine Staatenimmunität berufen und dadurch eine effiziente Rechtsverfolgung zu seinen Gunsten und zu Lasten des Geschädigten erschweren könnte".*[1146]

1142 EuGH, Urt. v. 01.03.2005 – Rs. C-281/92 (Andrew Owusu ./. N. B. Jackson), Rn. 260 (Fundstellenverzeichnis).
1143 *Schlosser*-Bericht (1978), S. 71 (Rn. 78).
1144 *Carsten René Beul:* Die Geltendmachung unionsrechtlicher Schadensersatzansprüche gegen einen Mitgliedstaat in einem anderen Mitgliedstaat – Diskussionsanstoß zum Spannungsverhältnis zwischen Staatenimmunität und effektivem Rechtsschutz, SAM 2010, S. 85 f.
1145 *Carsten René Beul,* der unter diesem Aspekt auf die Entstehungsgeschichte des *exceptio doli* im römischen Recht eingeht: Die Geltendmachung unionsrechtlicher Schadensersatzansprüche gegen einen Mitgliedstaat in einem anderen Mitgliedstaat – Diskussionsanstoß zum Spannungsverhältnis zwischen Staatenimmunität und effektivem Rechtsschutz, SAM 2010, S. 85 f. Zur Dogmatik als eigenständiges europäisches Rechtsprinzip bei *Karl Riesenhuber:* Europäische Methodenlehre – Handbuch für Ausbildung und Praxis (2006), S. 153.
1146 *Carsten René Beul:* Die Geltendmachung unionsrechtlicher Schadensersatzansprüche gegen einen Mitgliedstaat in einem anderen Mitgliedstaat – Diskussionsanstoß zum Spannungsverhältnis zwischen Staatenimmunität und effektivem Rechtsschutz, SAM 2010, S. 86.

Viertes Kapitel – Verhältnis der EuGVVO zur Staatenimmunität

In der Begründung steht dies den zuvor gebotenen Argumenten zur Unanwendbarkeit sehr nahe. Zur Unterstützung dieser Sichtweise wird zudem das unionale Gebot auf effektiven Rechtsschutz betont.[1147]

dd) Stellungnahme

Für diese Überlegung wie auch generell für den in der Vorüberlegung dargelegten Gedanken der Übertragbarkeit aus Gründen des *effet utile* gilt, dass auch ein noch so breit angelegter Verweis auf die Geltungskraft des Unionsrechts allein nicht die völkerrechtliche Konfliktlage an sich aufzulösen vermag. Im Ergebnis mögen zwar alle diesen Ansatz aufgreifenden Ansichten richtigerweise darauf verweisen, dass im Anwendungsbereich der EuGVVO der Einwand der Staatenimmunität verwehrt sein muss, im Kern bedarf es aber einer anderen dogmatischen Begründung. Wenn nämlich völkerrechtliche Grundsätze, durch die das Recht der Staatenimmunität determiniert ist, den Rahmen vorgeben, innerhalb dessen die Staaten Immunität genießen[1148], dann ist die Lösung der Frage im Grunde in der Auflösung der völkerrechtlichen Konfliktlage zu suchen. Dieser Gedankengang liegt bereits der hiesigen Differenzierung zwischen einer Konfliktauflösung nach Art. 71 EuGVVO und außerhalb dieser Kollisionsnorm zu Grunde. Und das eben ist auch das Wesen der *avoidance techniques*, mit denen grundsätzlich alle Prozessordnungen, die inländische Gerichtsstände gegen ausländische Beklagte eröffnen, im Ergebnis eine völkerrechtliche Konfliktlage aufzulösen suchen.[1149] Wenn also erkannt wird, dass die EuGVVO im Konflikt mit völkergewohnheitsrechtlichen Regeln kollidiert, so stellt sich die Frage, welches Rechtsregime den Vorrang genießt. Im Grunde stellt sich die Kollision zwischen Staatenimmunität und der EuGVVO demnach als Verhältnisfrage zwischen den Rechtsebenen des (ungeschriebenen) Völkerrechts und des Unionsrechts heraus.

Im Lichte dieses dogmatischen Lösungsvorschlags ist der zuvor genannte Versuch, das Immunitätsprinzip im Wege der Modifikation durch die EuGVVO aufzulösen, nichts anderes, als die Einräumung eines Vorranges zugunsten des Europarechts. Mit Verweis darauf entfällt aber streng genommen auch die Grundlage dafür, die einheitliche Anwendung der EuGVVO zu begründen. Denn diese basiert auf dem Geltungsvorrang des Unionsrechts zum nationalen Verfahrensrecht. Gegenüber dem allgemeinen Völkerrecht steht aber das sekundäre Völkerrecht zurück.[1150] Insofern müssen

---

1147 Ebenda, S. 86 f.
1148 Schlussanträge des Generalanwalts *Dámaso Ruiz-Jarabo Colomer* zur Rs. C-292/05 (Eirini Lechouritou u. a.) v. 08.11.2006, Slg. 2007 (I), S. 1521–1539, Rn. 77.
1149 *August Reinisch*: International Organizations Bevor National Courts (2000), S. 35 ff.
1150 *Andreas Haratsch/Christian Koenig/Matthias Pechstein*: Europarecht, 8. Aufl. (2012), Rn. 445 ff.; *Helen Keller*: Rezeption des Völkerrechts (2003), S. 257.

D. Konfliktauflösung

die Immunitätsregeln nicht schon auf Grund eines Anwendungsvorrangs unangewendet bleiben. Die Rechtsprechung des EuGH, insbesondere zum *forum non conveniens,* ist insoweit nicht übertragbar.

Im Gegenteil sind die Bestimmungen des Völkerrechts zur Auflösung des Konfliktfalls maßgebend. In Bezug auf spezielles Völkervertragsrecht normiert dies schon Art. 71 EuGVVO. Und auch außerhalb spezieller Völkerrechtsregeln hat das Unionsrecht das Völkerrecht zu beachten.[1151] Da aber diesbezüglich keine solche Kollisionsnorm besteht, darf nicht vorschnell darauf geschlossen werden, dass die EuGVVO auch generell dem allgemeinen Völkerrecht nachsteht. Ansonsten wäre nicht nur Art. 71 EuGVVO obsolet, sondern das bereits erwähnte völkerrechtliche Prinzip des *pacta sunt servanda* konterkariert. Denn die EuGVVO bildet wiederum gegenüber dem allgemeinen Völkervertragsrecht die Spezialmaterie. Außerhalb des Art. 71 EuGVVO bekommt diese Frage grundsätzliche Züge und ist insoweit bisher nicht abschließend beantwortet.[1152] Daher kann hier nicht *Peter Mankowski* gefolgt werden, der im Konfliktfalle vorschlägt, die EuGVVO durch völkerrechtskonforme Auslegung zurückstehen zu lassen.[1153] Die Lösung ist vielmehr in einem gutbekannten Rechtsinstitut zu suchen, auf dessen Bereitschaft zur Auflösung des Themas hier bereits mehrfach hingewiesen wurde und dessen Erörterung bis zu dieser Stelle zurückgestellt wurde.

3. Immunitätsverzicht

Es ist namentlich das Institut des Verzichts, was in Gewand der mitgliedstaatlichen Zusammenarbeit das Immunitätsprinzip dahinstehen lassen könnte. Eben die EuGVVO könnte die Verständigung der Mitgliedstaaten darüber darstellen, dass das Prinzip der Staatenimmunität für das unionalisierte Zuständigkeitsregime sowie die Anerkennung und Vollstreckung ausnahmsweise „verdrängt" ist. Das Rechtsinstitut des Immunitätsverzichts wird im Rahmen der EuGVVO eingehend nur von *Anatol Dutta* versucht, fruchtbar zu machen.[1154] Mit Vorsicht erkennt mittlerweile auch *Burkhard Hess*

1151 *Michael Stürner:* Staatenimmunität und Brüssel I-Verordnung – Die zivilprozessuale Behandlung von Entschädigungsklagen wegen Kriegsverbrechen im Europäischen Justizraum, IPRax 2008, S. 203 f.
1152 Dazu *Horst G. Krenzler/Oliver Landwehr:* „A New Legal Order of International Law" – On the Relationship between Public International Law and European Union Law after Kadi, aus: From Bilateralism to Community Interest – Essays in Honour of Judge Bruno Simma (2011), S. 1004 ff. (1021 ff.).
1153 Thomas Rauscher-*Peter Mankowski:* Europäisches Zivilprozess- und Kollisionsrecht, 3. Aufl. 2011, Bd. I, Art. 1 Brüssel I-VO, Rn. 2f, wobei unklar bleibt, wie sich diese Konfliktsituation trotz seinerseitiger Befolgung des deutschen Trennungsprinzips überhaupt auftun kann.
1154 *Anatol Dutta:* Anmerkung zu EuGH v. 15.02.2007 – Rs. C-292/05, ZZP 11 (2006), S. 217.

Viertes Kapitel – Verhältnis der EuGVVO zur Staatenimmunität

diese Konstellation an.[1155] Andere Autoren greifen den Gedanken zwar auf, vertiefen ihn aber nicht weiter.[1156] Dabei durchgängig vernachlässigt werden zum einen dessen methodische Hinterfragung (dazu unter den Punkten a und b) sowie die dafür nötige Differenzierung zwischen den Regelungsbereichen der EuGVVO (dazu unter c).

a) Methodische Vorüberlegungen

Zunächst gilt zu klären, ob methodisch überhaupt von einem *Verzicht* gesprochen werden kann und ein solcher sodann in Betracht kommt.

aa) Möglichkeit für einen Immunitätsverzicht

Als Souverän über seine Verfahrensposition kann der Staat auf seinen Immunitätsanspruch freilich verzichten.[1157] Ein Verzicht auf die Ausübung eines Rechts setzt aber notwendigerweise die Innehabung der entsprechenden Rechtsposition voraus. Für *acta iure gestionis* besteht Einigkeit darüber, dass diese nicht dem Immunitätsanspruch unterliegen. Daher fehlt es für *acta iure gestionis* an einem Immunitätsschutz, auf den verzichtet werden könnte. Ein dennoch erklärter Verzicht in diesem Bereich hat lediglich deklaratorischen Charakter.[1158] Soweit also die EuGVVO allein *acta iure gestionis* zu ihrem Gegenstand macht, kann schon begrifflich nicht von einem Immunitätsverzicht gesprochen werden. Nun hängt aber der Anwendungsbereich der EuGVVO nicht vom Vorliegen von *acta iure gestionis* ab. Der Begriff findet sich nicht in der EuGVVO. Wenn also ein Immunitätsverzicht durch die EuGVVO angedacht wird, dann nicht für *acta iure gestionis,* sondern für „Zivil- und Handelssachen". Dass beide Begriffe zwar ähnlich, aber nicht deckungsgleich sind, ergibt sich schon aus deren unterschiedlichen Qualifikationsstatuten. Der Begriff der „Zivil- und Handelssache" wird unionsrechtsautonom bestimmt[1159], während die Qualifikation von *acta iure gestionis* eine völkerrechtliche Frage ist, die mangels fester Völkerrechtskriterien

---

1155 *Burkhard Hess:* European Civil Procedure and Public International Law, aus: From Bilateralism to Community Interest – Essays in Honour of Judge Bruno Simma (2011), S. 936 (Fußn. 24).
1156 *Karsten Thorn:* Schadensersatzansprüche der Zivilbevölkerung gegen ausländische Besatzungsmächte, BerDGVR 44 (2009), S. 313; *Carsten René Beul:* Die Geltendmachung unionsrechtlicher Schadensersatzansprüche gegen einen Mitgliedstaat in einem anderen Mitgliedstaat – Diskussionsanstoß zum Spannungsverhältnis zwischen Staatenimmunität und effektivem Rechtsschutz, SAM 2010, S. 85.
1157 *Reinhold Geimer:* Internationales Zivilprozessrecht, 6. Aufl. 2009, S. 238 (Rn. 506).
1158 BVerfG, Beschl. v. 06.12.2006 – 2 BvM 9/03, Rn. 33 (Fundstellenverzeichnis).
1159 Dazu später auf S. 242.

D. Konfliktauflösung

durch die *lex fori* bestimmt wird.[1160] Maßstab ist daher allein der Anwendungsbereich der EuGVVO. Sollte dieser auch Sachverhalte erfassen, die keine *acta iure gestionis* darstellen, wäre eine Immunitätsausnahme konstitutiv, demgemäß von einem Verzicht zu sprechen. Das war etwa der Fall, als der EuGH Amtshaftungsansprüche entgegen der traditionell deutschen Auffassung[1161] unter die EuGVVO subsumierte. Und das wäre der Fall, wenn schwere Menschenrechtsverletzungen, selbst wenn sie keine *acta iure gestionis* darstellen, als „Zivil- und Handelssachen" anzusehen *wären*.

bb) Völkerrechtliche Zulässigkeit eines Immunitätsverzichts

Es entspricht gängiger und erprobter Praxis, einen Verzicht auf einen sachlich abgegrenzten Bereich von Streitigkeiten zu beziehen.[1162] Dass dies auch durch ein internationales Übereinkommen möglich ist, wie es die EuGVVO vor ihrer „Unionalisierung" war, zeigen die beiden einzigen zur Unterzeichnung aufgelegten Immunitätsübereinkommen. So sehen Art. 7 Abs. 1 des UN-Übereinkommens zur Staatenimmunität sowie vergleichbar Art. 2 des Europäischen Übereinkommens zur Staatenimmunität die Möglichkeit eines Immunitätsverzichts durch internationale Vereinbarung vor. Genauso ist es völkerrechtlich zulässig, den Verzicht zu implizieren. Während das (noch nicht in Kraft getretene) UN-Übereinkommen zur Immunität von Staaten in Bezug auf jede Variante einen *ausdrücklichen* Verzicht verlangt, genügt es gemäß dem (bereits in Kraft getretenen) Europäischen Übereinkommen über die Staatenimmunität, jede internationale Vereinbarung, mit dem sich ein Vertragsstaat verpflichtet, der Gerichtsbarkeit eines anderen Vertragsstaates zu unterwerfen. Danach ist eine internationale Vereinbarung die einzige Möglichkeit, konkludent auf den Einwand der Immunität zu verzichten.[1163]

cc) Kontrollüberlegung

Die bisherigen Überlegungen werden auch von einem der sog. *Pinochet*-Urteile bestätigt, die für den Diskurs um eine Immunitätsausnahme für schwere Menschenrechtsverletzungen entscheidender Anstoß waren. Das zweite *Pinochet*-Urteil begründete die Immunitätsausnahme im Verfahren um den Arrestbefehl gegen den früheren

---

1160 Vgl. *Anatol Dutta:* Amtshaftung wegen Völkerrechtsverstößen bei bewaffneten Auslandseinsätzen deutscher Streitkräfte, AöR 133 (2008), S. 195.
1161 Stellvertretend *Wolfgang Grunsky:* Probleme des EWG-Übereinkommens über die gerichtliche Zuständigkeit und die Vollstreckung gerichtlicher Entscheidungen in Zivil- und Handelssachen, JZ 1973, S. 642.
1162 *Reinhold Geimer:* Internationales Zivilprozessrecht, 6. Aufl. 2009, S. 239 f. (Rn. 512).
1163 A. A. *Reinhold Geimer* ebenda (Rn. 506), der in beiden Varianten nur den ausdrücklichen Verzicht geregelt sieht.

Viertes Kapitel – Verhältnis der EuGVVO zur Staatenimmunität

chilenischen Staatspräsidenten abweichend zum ersten Urteil gegen diesen.[1164] Mit dem Beitritt Chiles zur sog. UN-Folterkonvention[1165] nämlich habe Chile auf seinen Immunitätsschutz verzichtet. Um ein widersprüchliches Ergebnis zwischen dem Konventionsziel der Universaljurisdiktion für Folterdelikte und den Immunitätsregeln zu vermeiden, müsse der gewohnheitsrechtliche Immunitätsschutz modifiziert werden.[1166] Mit dem Beitritt hätten die Staaten impliziet auf die Geltendmachung souveräner Rechte verzichtet.[1167] Zwar erging das Urteil in einem Strafverfahren gegen ein Staatsoberhaupt, die tenorierte Immunitätsausnahme kann jedoch seiner *ratio* nach übertragen werden.[1168] Eine multilaterale Übereinkunft darf nicht unter dem Vorwand der Immunität untergraben werden, als dass vielmehr die darin enthaltene Unterwerfung unter eine Gerichtsbarkeit einer Verzichtswirkung genügen kann und muss.

b) Souveränitätsübertragung

Eine solche implizite Unterwerfung kann mithin durch einen völkerrechtlichen Vertrag geschehen[1169], wie es einst das EuGVÜ war. Die EuGVVO ist indes streng genommen keine internationale Vereinbarung (mehr). Sie beruht auf den Verträgen von Lissabon, mit der die Mitgliedstaaten die frühere EuGVÜ in eine supranationale Form überführten. Demgemäß kommen *zwei Anknüpfungspunkte* als konkludenter völkerrechtlicher Verzicht auf die Geltendmachung der Immunität in Betracht. Zum einen die Ermächtigungsgrundlage der EuGVVO gemäß Art. 81 AEUV, zum anderen der Erlass der Verordnung selbst.

1164 Das erste Pinochet-Urteil wurde bereits auf S. 193 angesprochen, Überblick bei *Moritz von Unger:* Menschenrechte als transnationales Privatrecht (2008), S. 77 ff.
1165 United Nations Convention against Torture and Other Cruel, Inhuman or Degrading Treatment or Punishment, Resolution der Generalversammlung vom 10.12.1984, UN-Doc: A/RES/39/46, in Kraft getreten am 23.03.1976, UNTS Vol. 1465 (1996), S. 85. Für das Vereinigte Königreich trat die UN-Folterkonvention mit dem 8. Dezember in Kraft, für Chile seit dem 30. September 1988.
1166 House of Lords v. 24.03.1994, ILM 38 (1999), 432 (Pinochet II), Rn. 81. Mit dieser Entscheidung wurde das Ausweisungsverfahren fortgeführt und *Auguste Pinochet* wegen weiterer Anklagepunkte verhaftet.
1167 Ebenda; *Moritz von Unger:* Menschenrechte als transnationales Privatrecht (2008), S. 84; *Norman Paech:* Staatenimmunität und Kriegsverbrechen, AVR 47 (2009), S. 57; *Burkhard Hess:* Staatenimmunität bei Menschenrechtsverletzungen, aus: Wege zur Globalisierung des Rechts, Festschrift für Rolf A. Schütze (1999), S. 275.
1168 *Norman Paech:* Staatenimmunität und Kriegsverbrechen, AVR 47 (2009), S. 56 ff. argumentierend mit dem *ius cogens,* dazu unter S. 59.
1169 *Reinhold Geimer:* Internationales Zivilprozessrecht, 6. Aufl. 2009, S. 239 (Rn. 507).

D. Konfliktauflösung

aa) Immunitätsverzicht durch Art. 81 AEUV

Die Immunität ist Ausfluss der staatlichen Souveränität. Es erscheint so gesehen fraglich, ob die Mitgliedstaaten ihre Immunität behaupten können, wo sie sich ihrer souveränen Handlungsspielräume begeben haben. Die „Vertragsunion souveräner Staaten"[1170] hat sich für eine Öffnung ihrer mitgliedstaatlichen Souveränität entschieden.[1171] Die Vertragsstaaten von Lissabon statteten mit den Verträgen vom 13. Dezember 2007 die Europäische Union insbesondere mit der Kompetenz in „Zivilsachen" aus. Gemäß Art. 81 AEUV sind das Europäische Parlament sowie der Rat zum Erlass von Maßnahmen ermächtigt, die die gegenseitige Anerkennung und die Vollstreckung zur justiziellen Zusammenarbeit in Zivilsachen mit grenzüberschreitendem Bezug sicherstellen. Damit wurde die ursprünglich bei den Mitgliedstaaten liegende Kompetenz, Regelungen mit dem Anwendungsbereich der EuGVVO zu treffen, auf die Europäische Union übertragen. Streng genommen ist also die Europäische Union Träger der souveränen Rechte bezüglich der „justiziellen Zusammenarbeit in Zivilsachen mit grenzüberschreitendem Bezug, die auf dem Grundsatz der gegenseitigen Anerkennung gerichtlicher und außergerichtlicher Entscheidungen beruht", vgl. Art. 81 Abs. 1 AEUV. Dieser Gedanke wird durch das Abkommen bestätigt, mit dem die Europäische Gemeinschaft die EuGVVO auf das Königreich Dänemark ausgedehnt hat. Nach Art. 5 Abs. 2 des Abkommens zwischen der Europäischen Gemeinschaft und dem Königreich Dänemark[1172] enthält sich das Königreich Dänemark

„des Abschlusses internationaler Übereinkommen, die möglicherweise den Anwendungsbereich der [EuGVVO] berühren oder ändern, es sei denn, die Gemeinschaft erteilt ihr Einverständnis dazu".

Da das Königreich Dänemark sich nicht an der Souveränitätsübertragung in Bezug auf die Politiken des Raums der Freiheit, der Sicherheit und des Rechts beteiligt, ist

---

1170 Formulierung des „Lissabon-Urteils" des BVerfG v. 30.06.2009 – Az.: 2 BvE 2/08, 2 BvE 5/08, 2 BvR 1010/08, 2 BvR 1022/08, 2 BvR 1259/08, 2 BvR 182/09, BVerfGE 123, S. 267–437 = NJW 2009, S. 2267–2295 = EuGRZ 2009, S. 339–388 = DVBl. 2009, S. 1032–1040 = RIW 2009, S. 537–565 = JZ 2009, S. 890–905 = DÖV 2010, S. 84–108, Rn. 249.
1171 Bezugnehmend auf das eben angegebene „Lissabon-Urteil" *Martin Nettesheim:* Die Integrationsverantwortung – Vorgaben des BVerfG und gesetzgeberische Umsetzung, NJW 2010, S. 177; die Formulierung ist geprägt von *Albert Bleckmann* seit seiner 2. Aufl. zum Europarecht, der von der Durchbrechung des einzelstaatlichen „Souveränitätspanzers" spricht: Das Recht der Europäischen Wirtschaftsgemeinschaft (1976), S. 93 und 177.
1172 Abkommen zwischen der Europäischen Gemeinschaft und dem Königreich Dänemark vom 19. Oktober 2005 über die gerichtliche Zuständigkeit und die Anerkennung und Vollstreckung von Entscheidungen in Zivil- und Handelssachen, ABl. EU Nr. L 299 v. 16.11.2005, S. 62.

Viertes Kapitel – Verhältnis der EuGVVO zur Staatenimmunität

dieses Abkommen konstitutiv. Damit soll der Zustand hergestellt werden, der gegenüber den Mitgliedstaaten bereits mit dem Vertrag von Lissabon gilt. Dementsprechend gilt auch schon für die Mitgliedstaaten, dass sie ihre souveränen Rechte insoweit auf die Europäische Union übertragen haben.

bb) Immunitätsverzicht durch die EuGVVO selbst

Die Übertragung von Souveränität bedeutet also selbst noch keinen Immunitätsverzicht. Begründet wird durch Art. 81 AEUV nur eine Souveränitätsbündelung der Mitgliedstaaten als Kompetenzgrundlage. Die Mitgliedstaaten haben insoweit nicht auf die Ausübung ihrer Immunität *verzichtet,* die dahingehende Möglichkeit aber auf die Europäische Union *übertragen.* Damit ist es der unionalen Ausgestaltung überlassen, inwieweit auf nationalstaatliche Immunität im Rahmen des Europäischen Zivilprozessrechts *verzichtet* wird. Diesen Zusammenhang zwischen der Kompetenzübertragung und Souveränitätsverzicht sieht auch *Dámaso Ruiz-Jarabo Colomer,* wenn er konstatiert, dass

„innerhalb eines supranationalen Systems der Integration (...) die Staaten unter teilweisem Verzicht auf ihre Souveränität Zuständigkeiten auf fremde Instanzen mit Rechtssetzungsbefugnissen übertragen haben, [was für die] Pfeiler der Union charakteristisch ist. (...) In diesem Zusammenhang, gestützt auf das gegenseitige Vertrauen, geht die Förderung der Zusammenarbeit nicht von der Zusammenführung von Absichten unterschiedlichen Ursprungs aus, sondern von einer gemeinsamen Regelung".[1173]

Um einen Immunitätsverzicht zu begründen, ist mithin die Ausfüllung der Regelungskompetenz entscheidend. Mit Erlass der EuGVVO hat die damalige Europäische Gemeinschaft diese Kompetenz dafür genutzt, um das Europäische Zivilprozessrecht um den damaligen Stand der EuGVÜ zu erweitern. Erst mit dieser Kompetenzübertragung *und* mit der tatsächlichen Kompetenzausübung können die Mitgliedstaaten auf ihren Immunitätsschutz im Anwendungsbereich der EuGVVO verzichtet haben. Dieser immunitätsrelevante Verzicht ist völkerrechtlich – wie gesehen – auch zulässig.[1174]

1173 Schlussanträge des Generalanwalts *Dámaso Ruiz-Jarabo Colomer* v. 12.09.2006 in der Rs. C-303/05 (Advocaten voor de Wereld VZW ./. Leden van de Ministerraad), Rn. 43 und 45, welche die polizeiliche und justizielle Zusammenarbeit in Strafsachen vor ihrer Unionalisierung betreffen.
1174 Siehe zuvor auf S. 217.

D. Konfliktauflösung

cc) Kontrollüberlegung und Zwischenergebnis

Deutlich wurde dieses Gesamtkonstrukt mit dem Beitritt der Europäischen Union zur Haager Konferenz für Internationales Privatrecht. Um beitreten zu können, änderte diese ihr Statut[1175], indem es fortan in Art. 3 Abs. 2 lautet:

„Um die Mitgliedschaft in der Konferenz beantragen zu können, muss eine Organisation der regionalen Wirtschaftsintegration eine ausschließlich von souveränen Staaten gebildete Organisation sein, der ihre Mitgliedstaaten die Zuständigkeit für eine Reihe von in den Zuständigkeitsbereich der Konferenz fallenden Angelegenheiten übertragen haben, einschließlich der Befugnis, in diesen Angelegenheiten Beschlüsse zu fassen, die für ihre Mitgliedstaaten bindend sind."[1176]

Diese Regelung sichert nicht nur die Kompetenz einer Organisation der regionalen Wirtschaftsintegration, wie die Europäische Union sie darstellt. Die Versicherung von Souveränitätsrechten in Bezug auf die Regelungsmaterien ist die Voraussetzungen dafür, dass die Materie von der Haager Konferenz in Angriff genommen werden kann. Gleichsam stellt das Wort „bindend" klar, dass eine sodann beschlossene Angelegenheit nicht zur Disposition von Souveränitätsbedenken gestellt werden kann. Schon gar nicht darf im Gewand der Staatenimmunität ein zivilprozessuales Schild vor eine Angelegenheit gehalten werden, in der die souveräne Regelungskompetenz zugesichert wurden. In diesem rechtlichen Rahmen trat die Europäische Union – im Übrigen unter deutscher Ratspräsidentschaft – der Haager Konferenz für Internationales Privatrecht bei.[1177] Entsprechend der Beitrittserklärung der Europäischen Union sind auch „Zivil- und Handelssachen" Kompetenzfelder in diesem Lichte.[1178] Anders ausgedrückt können Erwägungen der Souveränität allein die Regelungskompetenz an sich angreifen,

---

1175 Zum Hergang im Überblick bei *Burkhard Hess*: Europäisches Zivilprozessrecht (2010), S. 68 ff. sowie *Jan Asmus Bischoff*: Die Europäische Gemeinschaft und die Haager Konferenz für Internationales Privatrecht, ZEuP 2008, S. 334–354.
1176 Satzung der Haager Konferenz für Internationales Privatrecht in der Fassung vom 30. Juni 2005.
1177 Dazu bei *Burkhard Hess*: Europäisches Zivilprozessrecht (2010), S. 70; *Rolf Wagner*: Die Haager Konferenz für Internationales Privatrecht zehn Jahre nach der Vergemeinschaftung der Gesetzgebungskompetenz in der justiziellen Zusammenarbeit in Zivilsachen, RabelsZ 73 (2009), S. 233 f.; *Jan Asmus Bischoff*: Die Europäische Gemeinschaft und die Haager Konferenz für Internationales Privatrecht, ZEuP 2008, S. 334–354.
1178 Vgl. Anhang II, Nr. 2 zum Beschluss des Rates 2006/719/EG vom 5.10.2006 über den Beitritt der Gemeinschaft zur Haager Konferenz für Internationales Privatrecht, ABl. L 297 vom 26.10.2006, S. 1–14 und dazu allgemein *Jan Asmus Bischoff*: Die Europäische Gemeinschaft und die Haager Konferenz für Internationales Privatrecht, ZEuP 2008, S. 348 f.

nicht jedoch als Reserve für Sachverhalte zurückbehalten werden, die trotz erfolgter Kompetenzausübung als unliebsam ausgenommen werden soll.

c) Immunitätsverzicht nach den Regelungsbereichen der EuGVVO

Ob die Mitgliedstaaten durch Art. 81 AEUV i.V. m. der EUGVVO auf ihre Immunität verzichtet haben, hängt maßgeblich davon ab, was Regelungsgehalt der EuGVVO ist. Demgemäß soll nun zwischen den Regelungsbereichen der EuGVVO unterschieden werden, namentlich dem erstgerichtlichen Zuständigkeitssystem und dem zweitgerichtlichen Anerkennungs- und Vollstreckungsverfahren. Hier ist die eingangs beschriebene Differenzierung zwischen den verschiedenen Konfliktpunkten wegweisend.

aa) Immunitätsverzicht vor dem Erstgericht

Mit ihrem zweiten Kapitel stellt die EuGVVO in Art. 2 bis 31 ein Zuständigkeitssystem auf, an das die Erstgerichte gebunden sind. Ganz grundsätzlich bedeutet jede Normierung der internationalen Zuständigkeit die Festlegung des Umfangs, in welchem ein Staat von seiner Gerichtsbarkeit Gebrauch machen will.[1179] Einen Immunitätsverzicht bejaht *Karsten Thorn* für den Fall, dass der Anwendungsbereich der EuGVVO in einer zukünftigen Revision auf Staatshaftungsansprüche ausgedehnt wird.[1180] Darin erkenne er *zwischen den Mitgliedstaaten* einen konkludenten Verzicht auf die Immunitätsbarriere.[1181] Dieses Konstrukt ist aber im Hinblick auf die Rs. Sonntag bereits teilweise der Fall. Zum anderen ist nicht ersichtlich, warum ein Immunitätsverzicht auf diesen Bereich beschränkt sein soll. Die Literatur scheint nur im Ergebnis die Möglichkeit eines Verzichts abzulehnen. Zu Unrecht wird *Anatol Dutta* fehl verstanden, dass er die grundsätzliche Möglichkeit eines Verzichts durch die EuGVVO ablehne.[1182] Dieser nämlich lehnt zunächst nur das Primat der einheitlichen Anwendung zur Kollisionsauflösung ab.[1183] Dies verhilft nach hier vertretener Auffassung tatsächlich nicht weiter. Im Übrigen knüpft *Anatol Dutta* dort, wo er einen

---

1179 *Reinhold Geimer:* Internationales Zivilprozessrecht, 6. Aufl. 2009, S. 339 (Rn. 846).
1180 *Karsten Thorn:* Schadensersatzansprüche der Zivilbevölkerung gegen ausländische Besatzungsmächte, BerDGVR 44 (2009), S. 313.
1181 Ebenda.
1182 So *Karsten Thorn:* Schadensersatzansprüche der Zivilbevölkerung gegen ausländische Besatzungsmächte, BerDGVR 44 (2009), S. 313 mit Verweis auf *Anatol Dutta:* Amtshaftung wegen Völkerrechtsverstößen bei bewaffneten Auslandseinsätzen deutscher Streitkräfte, AöR 133 (2008), S. 197.
1183 Vgl. ebenda.

D. Konfliktauflösung

Immunitätsverzicht andenkt, nur an außerhalb der EuGVVO liegende Punkte an.[1184] Im Falle einer Gerichtsstandsvereinbarung[1185] gemäß Art. 23 EuGVVO wäre das die Parteivereinbarung, im Falle von Art. 24 EuGVVO die rügelose Einlassung. Für beide Gedanken besteht Einigkeit, dass sie einen Verzicht auf die Staatenimmunität darstellen.[1186] Hier steht aber in Frage, ob gerade Art. 81 AEUV i.V.m. der EUGVVO selbst den Immunitätsverzicht bilden. Das hält *Anatol Dutta* zwischen den Mitgliedstaaten grundsätzlich für möglich:

> *„Anders im Ansatz stellt sich jedoch die Situation dar, wenn nach der EuGVVO die Gerichte eines Mitgliedstaates international für die Klage gegen einen anderen Mitgliedstaat zuständig wären, für die dieser Mitgliedstaat eigentlich nach allgemeinem Völkergewohnheitsrecht Immunität in Anspruch nehmen könnte. Das allgemeine (dispositive) Völkerrecht wird im EG-Binnenraum, d.h. im Verhältnis der Mitgliedstaaten zueinander, durch das Gemeinschaftsrecht überlagert. Grundsätzlich kann deshalb – eine entsprechende Kompetenz vorausgesetzt – eine gemeinschaftsrechtliche Norm bestimmen, dass die Grundsätze über die Staatenimmunität zwischen den Mitgliedstaaten nicht gelten. Fraglich ist allerdings, ob die EuGVO (stillschweigend) eine derartige Regelung trifft."*[1187]

Dies verneint *Anatol Dutta* mit dem Argument, die EuGVVO wolle nur die Internationale Zuständigkeit vereinheitlichen, nicht aber das übrige Verfahrensrecht.[1188] Wie gesehen, ist dies aber nur nach dem deutschen Duktus der Trennung zwischen Gerichtsbarkeit und Internationaler Zuständigkeit evident. Soweit etwa allgemein von *„jurisdiction"* gesprochen wird, könnte man sich nicht auf die Begriffstrennung stützen. Vielmehr ist entscheidend, dass die Mitgliedstaaten für „Zivil- und Handelssachen" ein abgeschlossenes Zuständigkeitsregime einrichten möchten, das nicht durch nationales Verfahrensrecht nivelliert werden kann. Im Anwendungsbereich der EuGVVO und zwischen den Mitgliedstaaten erlaubt das Europäische Zuständigkeitsregime keine dezentrale Entscheidungsgewalt. In den Berichten und Dokumenten des Kolloquiums über „die Auslegung des Brüsseler Übereinkommens durch den

---

1184 *Anatol Dutta:* Anmerkung zu EuGH v. 15.02.2007 – Rs. C-292/05, ZZP 11 (2006), S. 217.
1185 In jeder Gerichtsstandsvereinbarung ist eine Unterwerfung unter die Gerichtsbarkeit des Forumstaates zu sehen, vgl. *Helmut Damian:* Staatenimmunität und Gerichtszwang (1985), S. 52 ff. (55); *Reinhold Geimer:* Internationales Zivilprozessrecht, 6. Aufl. 2009, S. 241, Rn. 250.
1186 *Reinhold Geimer:* Internationales Zivilprozessrecht, 6. Aufl. 2009, S. 249 f. (Rn. 645 ff.).
1187 *Anatol Dutta:* Anmerkung zu EuGH v. 15.02.2007 – Rs. C-292/05, ZZP 11 (2006), S. 218.
1188 Ebenda.

Viertes Kapitel – Verhältnis der EuGVVO zur Staatenimmunität

Europäischen Gerichtshof und der Rechtsschutz im europäischen Raum" findet sich die Feststellung:

> „Hat ein Vertragsstaat nach dem Übereinkommen die Gerichtsbarkeit, so liegt es [...] nicht in seinem Ermessen, ob er seine Gerichtsbarkeit ausüben will oder nicht."[1189]

bb) Immunitätsverzicht vor dem Zweitgericht

Was für den Immunitätsverzicht vor dem Erstgericht festgestellt wurde, kann nicht ohne weiteres für einen Immunitätsverzicht vor dem Zweitgericht gelten. Zwar hängen das Erkenntnisverfahren und die anschließende Vollstreckung einer Entscheidung eng zusammen, gleichwohl sind die Voraussetzungen für den Immunitätsverzicht eines Staates im Erkenntnis- und im Vollstreckungsverfahren jeweils getrennt festzustellen.[1190] Ein Immunitätsverzicht im Erkenntnisverfahren bedeutet noch nicht einen entsprechenden Immunitätsverzicht im Zwangsvollstreckungsverfahren.[1191] Entscheidend ist daher die genaue Differenzierung zwischen den einzelnen Schritten der gerichtlichen Durchsetzung der erstgerichtlichen Entscheidung im Zweitstaat.

aaa) Immunität vor dem zweitgerichtlichem Feststellungsverfahren nach Art. 33 Abs. 3 EuGVVO

Die Wirkungen des Ersturteils machen an den Grenzen des Gerichtsstaates halt. Damit die erstgerichtliche Entscheidung auch in einem anderen Mitgliedstaat umlauffähig wird, bedarf es eines zweitgerichtlichen Verfahrens zu dessen Durchsetzung. Dies ist mehrstufig aufgebaut. Zunächst erfolgt gemäß Art. 33 Abs. 1 EuGVVO die Anerkennung im Zweitstaat. Damit wird dem Ersturteil die Wirkung für das Inland verliehen, die ihm nach dem Recht des Erststaates zukommt.[1192] Diese sog.

1189 *Reinhold Geimer:* Der Justizgewährungsanspruch nach dem Brüsseler Übereinkommen, aus: Internationale Zuständigkeit und Urteilsanerkennung in Europa – Berichte und Dokumente des Kolloquiums „Die Auslegung des Brüsseler Übereinkommens durch den Europäischen Gerichtshof und der Rechtsschutz im europäischen Raum" (1993), S. 35.
1190 BVerfG, Beschl. v. 06.12.2006 – 2 BvM 9/03, Rn. 36 (Fundstellenverzeichnis).
1191 *Georg Dahm / Jost Delbrück / Rüdiger Wolfrum:* Völkerrecht, Bd. I/1: Die Grundlagen – Die Völkerrechtssubjekte, 2. Aufl. 1989, S. 471; a.A. bei *Wilfried Schaumann:* Die Immunität ausländischer Staaten nach Völkerrecht, BerDGVR 8 (1968), S. 155 f.
1192 Geimer/Schütze-*Reinhold Geimer:* Europäisches Zivilverfahrensrecht, 3. Aufl. 2010, Art. 33 EuGVVO, Rn. 1 mit Verweis auf EuGH, Urt. v. 04.02.1988 – Rs. 145/86 und auf Art. 17 Abs. 1 der Verordnung (EG) Nr. 1346/2000 über Insolvenzverfahren v. 29.05.2000.

D. Konfliktauflösung

„Wirkungserstreckung"[1193] erfolgt gemäß Art. 33 Abs. 1 EuGVVO *ipso iure,* ohne dass es eines zweitstaatlichen Anerkennungsverfahrens bedarf. Soweit die Anerkennung also automatisch erfolgt, ist ein Konflikt mit dem Immunitätsprinzip unmöglich. Art. 33 Abs. 2 EuGVVO installiert aber ein einheitliches Verfahren, im Rahmen dessen die Anerkennungsfähigkeit des Ersturteils festgestellt werden kann. Nur wenn es zu einem solchen Feststellungsverfahren kommt, wird die Jurisdiktionsgewalt des Zweitgerichts im Rahmen der Anerkennung virulent. Das Zweitgericht muss die Gerichtsbarkeit[1194] über den Antragsgegner, d.h. mit deutschem Sprachduktus die Internationale Feststellungszuständigkeit besitzen. An dieser Stelle könnte die Staatenimmunität für *acta iure imperii* die prozessuale Barriere gegen die Behauptung aufstellen, das Zweitgericht besitze Gerichtsgewalt gegen einen Staat. Das zweitstaatliche Verfahren ist als Erkenntnisverfahren ausgestaltet. Das Zweitgericht erkennt darüber, ob die Anerkennung festgestellt werden kann. Die Anerkennung ist im Übrigen streng vom Vollstreckungsverfahren zu unterscheiden.[1195] Damit können die zuvor beschriebenen Erwägungen eines Immunitätsverzichts auf das Feststellungsverfahren übertragen werden. Im Umfang des Anwendungsbereichs der EuGVVO geht diese der (nichtkodifizierten) Staatenimmunität vor.

bbb) Immunität vor dem zweitgerichtlichem Vollstreckbarerklärungsverfahren

Zur gerichtlichen Durchsetzung der erstgerichtlichen Entscheidung muss zur Wirkungs*erstreckung* noch die Wirkungs*verleihung* hinzukommen.[1196] Damit wird ein zweitstaatlicher Vollstreckungstitel *er*stellt und die Vollstreckbarkeit im Zweitstaat unabhängig von ihrem Schicksal im Erststaat *ge*stellt.[1197] Diese Titelbeschaffung im Vollstreckbarerklärungsverfahren ist daher noch kein Vollstreckungsverfahren, sondern ein Erkenntnisverfahren, freilich „besonderer Art".[1198] Es ist nicht der Beginn

---

1193 Geimer/Schütze-*Reinhold Geimer:* Europäisches Zivilverfahrensrecht, 3. Aufl. 2010, Art. 33 EuGVVO, Rn. 1.
1194 Ebenda, Rn. 93.
1195 Für die EuGVVO wird dies durch die begriffliche Trennung zwischen beiden Begriffen deutlich. Die Verweisung in Art. 33 Abs. 2 EuGVVO zur Ausgestaltung des Feststellungsverfahrens auf die Vollstreckbarerklärung nach Art. 38 ff. EuGVVO verwischt lediglich diese Unterscheidung, Geimer/Schütze-*Reinhold Geimer:* Europäisches Zivilverfahrensrecht, 3. Aufl. 2010, Art. 33 EuGVVO, Rn. 74.
1196 Begriffspaar nach Geimer/Schütze-*Reinhold Geimer:* Europäisches Zivilverfahrensrecht, 3. Aufl. 2010, Art. 38 EuGVVO, Rn. 2.
1197 Geimer/Schütze-*Reinhold Geimer:* Europäisches Zivilverfahrensrecht, 3. Aufl. 2010, Art. 38 EuGVVO, Rn. 2.
1198 Ebenda, Rn. 11 mit Verweis auf BGH, Beschl. v. 17.07.2008 – IX ZR 150/05, Rn. 9 = MDR 2008, S. 1231 = WM 2008, S. 1794–1796 = FamRZ 2008, S. 1749–1751 = ZIP 2008, S. 1943–1944 = IPRspr. 2009, Nr. 228a, S. 579–582.

Viertes Kapitel – Verhältnis der EuGVVO zur Staatenimmunität

der eigentlichen Zwangsvollstreckung[1199], vielmehr seine Voraussetzung.[1200] Insoweit ist auch ein Konflikt mit der Vollstreckungsimmunität ausgeschlossen. Der bisher gefundene Lösungsansatz kann hier fortgesetzt werden. Im Anwendungsbereich von „Zivil- und Handelssachen" gibt es keine immunen Sachverhalte, deren Entscheidung nicht für vollstreckbar erklärt werden können. Die Vollstreckbarerklärung ist ganz unabhängig davon, welche Erfolgschancen die anschließende Zwangsvollstreckung im Zweitstaat haben wird.[1201]

ccc) Immunität vor dem zweitgerichtlichen Vollstreckungssystem

Deren Schicksal unterliegt nämlich der Vollstreckungsimmunität. Zwar gibt es auch im Vollstreckungsverfahren keinen absoluten Immunitätsschutz. Der staatliche Zugriff auf Vermögenswerte eines ausländischen Staates stellt aber einen besonders intensiven Eingriff in dessen Souveränität dar.[1202] Kraft der völkerrechtlichen Selbstbestimmung und der staatlichen Willensfreiheit ist zwar auch hier ein Verzicht grundsätzlich möglich. Jedoch genügt nach allgemeiner Auffassung ein bloß pauschaler Verzicht nicht dem erhöhten Schutzniveau, den Gegenstände und Vermögenswerte von Staaten genießen.[1203] Die Völkerrechtskommission der Vereinten Nationen sieht in einem allgemeinen Verzicht, der keine spezifischen Vermögenskategorien auflistet, keinen hinreichenden Immunitätsverzicht.[1204] Mit Art. 81 AEUV i.V. m. den Art. 38 ff. EuGVVO ist eine solche Konkretisierung weder normiert noch gewollt. Die EuGVVO errichtet allein ein erleichtertes Titelbeschaffungsverfahren. Die eigentliche Zwangsvollstreckung überlässt sie den Mitgliedstaaten.[1205]

Soweit also vor dem Zweitgericht keine Parallele zum Immunitätsverzicht vor dem Erstgericht gezogen werden kann, ist auf die allgemeinen Grundsätze zurückzugreifen. Erinnert sei daran, dass wegen Art. 71 Abs. 1 EuGVVO jeder spezielle Völkervertragstext vorgeht. Zwar gibt es zahlreiche einschlägige Übereinkommen, der Schutz ist aber nicht lückenlos. Zur Ergänzung ist das Völkergewohnheitsrecht he-

---

1199 Geimer/Schütze-*Reinhold Geimer:* Europäisches Zivilverfahrensrecht, 3. Aufl. 2010, Art. 38 EuGVVO, Rn. 11.
1200 Ebenda sowie *Helmut Damian:* Staatenimmunität und Gerichtszwang (1985), S. 19.
1201 Geimer/Schütze-*Reinhold Geimer:* Europäisches Zivilverfahrensrecht, 3. Aufl. 2010, Art. 38 EuGVVO, Rn. 81.
1202 Grundlegend zur getrennten Behandlung der Staatenimmunität im Erkenntnis- und Vollstreckungsverfahren bei *Walther J. Habscheid:* Die Immunität ausländischer Staaten nach deutschem Zivilprozeßrecht, BerDGVR 8 (1968), S. 134 ff.
1203 BVerfG, Beschl. v. 06.12.2006 – 2 BvM 9/03, Rn. 47 (Fundstellenverzeichnis).
1204 Kommentierung des Entwurfs zum damaligen Art. 19 – jetzt Art. 21 – des Übereinkommens, Yearbook of the International Law Commission (1991), Bd. II (Teil 2), S. 59.
1205 Geimer/Schütze-*Reinhold Geimer:* Europäisches Zivilverfahrensrecht, 3. Aufl. 2010, Art. 38 EuGVVO, Rn. 86 ff.

ranzuziehen. Soweit also dieses die Vollstreckungsimmunität für staatliches Vermögen vorsieht, kann das Zweitgericht keine Gerichtsbarkeit ausüben. Das gilt selbst im Anwendungsbereich der EuGVVO und selbst zwischen den Mitgliedstaaten. Soweit es das allgemeine Völkerrecht erlaubt, kann das Zweitgericht auch die Gerichtsbarkeit im Vollstreckungsverfahren annehmen. Genauso wie die Immunität im Erkenntnisverfahren im Rückzug begriffen ist, ist die ursprünglich geltende allgemeine Regel des absoluten Vollstreckungsschutzes im Zuge der Relativierung der Staatenimmunität bei der Durchsetzung von Urteilen geschrumpft. Die Staatenpraxis unterscheidet bei der Vollstreckung weitgehend zwischen Vermögen eines Staates, das kommerziellen Zwecken dient, und solchen Vermögensgegenständen oder -werten, die hoheitlichen Zwecken dienen. Nur soweit also Gerichtsbarkeit besteht, kann das Zweitgericht auch über die Anerkennung und Vollstreckung nach Maßgabe der EuGVVO entscheiden. In der Folge bedeutet dies, dass auch die Titelbeschaffung entsprechend eingeschränkt ausfallen muss.

IV. Zusammenfassung

Zusammengefasst verliert die staatliche Immunität im Anwendungsbereich des Unionsrechts ihren sakrosanten Charakter. Soweit die EuGVVO im Rahmen einer „Zivil- und Handelssache" anwendbar ist, haben sich die Mitgliedstaaten der Europäischen Union ihrem abschließenden Zuständigkeitsregime unterworfen. Der Immunitätseinwand für unionale „Zivil- und Handelssachen" ist – außerhalb von Art. 71 EuGVVO – vor einem Erstgericht unbeachtlich. Entsprechend sind auch die zweitstaatlichen Gerichte nicht durch Immunitätserwägungen gehindert, die Wirkungen der Entscheidung auf den Zweitstaat zu erstrecken und diese auch für den Zweitstaat zu verleihen. Im Anwendungsbereich der EuGVVO kann einem Verfahren zur Feststellung weder der Anerkennung noch der Vollstreckbarerklärung der Immunitätseinwand vorgeschoben werden. Dagegen muss die EuGVVO hinter Erwägungen der Vollstreckungsimmunität zurücktreten. Die Vollstreckung bewahrt ihre völkerrechtliche Ausgestaltung und ist nur soweit zulässig, wie es das ungeschriebene Völkerrecht vorsieht.

E. Zwischenergebnis

Weder werden dadurch die Regelungsbereiche der EuGVVO zur Disposition von nationalen Immunitätserwägungen gestellt, noch wird das völkerrechtliche Prinzip der Staatenimmunität unzulässig angetastet. Die Konstruktion eines Immunitätsverzichts entspricht den völkerrechtlichen Vorgaben, in denen die Europäische Union sich bewegt.

Viertes Kapitel – Verhältnis der EuGVVO zur Staatenimmunität

I. Bedeutung für das „deutsche" Trennungsmodell

Dieser Befund hat zunächst keine unmittelbare Auswirkung auf das im deutschen Recht vorherrschende Trennungsmodell zwischen Internationaler Zuständigkeit und Gerichtsbarkeit. Die Auseinandersetzung damit ist aber nötig, um den Konfliktfall zwischen Immunität und EuGVVO überhaupt zu erkennen und sodann nicht unzulässig zu verkürzen. Im Ergebnis unterscheidet sich die hier gefundene Lösung zwar grundlegend von der nach Lesart des „deutschen" Prioritätsverhältnisses. Letzteres wird aber durch die Auflösung des Immunitätskonflikts durch Annahme eines Immunitätsverzichts nicht verworfen. Denn selbst wenn die Frage der Gerichtsbarkeit vorgezogen vor der EuGVVO behandelt wird, ergibt sich die Bereichsausnahme der EuGVVO gleichermaßen. Konsequenterweise muss auch darüber der EuGH wachen, womit das deutsche Verständnis von der strikten Trennung zwischen beiden Rechtsinstituten an keiner Stelle angetastet werden muss. Es bleibt aber im Übrigen die Feststellung, dass die Unterscheidung zwischen Internationaler Zuständigkeit und Gerichtsbarkeit jedenfalls im Anwendungsbereich der EuGVVO ohne Mehrwert ist. Eine Feststellung, die nicht nur ihre Anhänger in der Literatur hat[1206], sondern dem Anliegen des Urhebers des deutschen Trennungsmodells am ehesten gerecht wird, „eine wirkliche internationale, also eine völkerrechtliche Zuständigkeitsordnung" einzurichten.[1207]

II. Auffangtatbestand des *ordre public*

Die EuGVVO belässt die zuvor entwickelte Kollisionslösung nicht ohne Sicherungsfunktion. Jede Konfrontation der EuGVVO mit immunitätssensiblen Bereichen ist dem Verdikt des *ordre public* ausgesetzt. Schon in Rs. Sonntag kommentierte die Rechtswissenschaft entsprechend[1208] und griff der BGH auf den naheliegenden *ordre public* zurück.[1209] Auch in seinen Schlussanträgen zur zweiten Anrufung des EuGH in der Rs. Oberösterreich ./. ČEZ erwägt Generalanwalt *M. Poiares Maduro*, dass das österreichische Urteil durchaus dem Verdikt des *ordre public* ausgesetzt ist.[1210]

1206 Siehe auf S. 162 f.
1207 Dazu auf S. 214.
1208 Vgl. vor allem die Entscheidungsbesprechung von *Sebastian Kubis:* Amtshaftung im GVÜ und ordre public, ZEuP 1995, S. 846–863 sowie *Burkhard Hess:* Amtshaftung als „Zivilsache" im Sinne von Art. 1 Abs. 1 EuGVÜ, IPRax 1994, S. 14 f.
1209 BGH, Urt. v. 26.06.2003 – III ZR 245/98, (Fundstellenverzeichnis), Rn. 13 ff.
1210 Schlussanträge des Generalanwalts *Miguel Poiares Maduro* v. 22.04.2009 – Rs. C–115/08 (Land Oberösterreich ./. ČEZ as), Rn. 19, Slg. 2009 (I), S. 10265–10331 = EuZW 2010, S. 26–33 = EuGRZ 2009, S. 588–600 = NVwZ 2010, S. 107–113; mit Anm. *Norbert Reich:* Kernkraft ante portas der Gemeinschaftsfreiheiten, EuZW 2009, S. 433 und

E. Zwischenergebnis

Der *ordre public*-Vorbehalt ist gewissermaßen das europäische Modell, um eine ausufernde Jurisdiktionsgewalt zu mäßigen:

> *"In Europe, courts are not expected to balance sovereign interests but to apply mechanical and ‚certain' jurisdictional rules."*[1211]

Soweit das Europäische Jurisdiktionssystem die Immunität als *Abwehrmechanismus* zurückstellt, übernimmt der *ordre public* einen *Defensivmechanismus*.[1212] Im Anwendungsbereich des Unionsrechts sind daher Fragen souveräner Interessen nicht im Wege der Immunitätseinrede geltend zu machen, sondern auf Ebene des *ordre public* zu würdigen. Selbst die traditionellen Stimmen verweisen als Auffangtatbestand auf die *ordre public*-Klausel.[1213] Inwieweit die Immunitätserwägungen darin ihre Fortsetzung finden können, ist Gegenstand des siebenten Kapitels.

III. Auslegungshoheit des EuGH

Die vorstehende Konfliktauflösung belässt schließlich auch die Auslegungshoheit über die EuGVVO bei dem Gericht, das über sie wachen soll: dem EuGH. Die Kollision und ihre Auflösung steht und fällt mit der unionsrechtsautonomen Würdigung dessen, ob eine „Zivil- und Handelssache" vorliegt. Die Anwendbarkeit der EuGVVO wird so nicht zur Disposition seiner Mitgliedstaaten gestellt. Solange und soweit sich diese zur justiziellen Zusammenarbeit in Zivilsachen entschieden haben, können sie nicht separat darüber befinden, welche Sachverhalte immun sind. Deutlich wird dies in der Rechtssache C–435/06, in der der EuGH darüber zu entscheiden hatte, ob die Inobhutnahme und Unterbringung von Kindern außerhalb der eigenen Familie als eine „Zivilsache" unter die sog. Brüssel IIa-Verordnung fällt. Nach Ansicht der schwedischen Regierung war

> *„kaum eine Entscheidung vorstellbar, die einen noch offenkundigeren Fall hoheitlichen Handelns darstelle als die Anordnung der Inobhutnahme eines Kindes, durch die unter bestimmten Umständen dem Kind sogar seine Freiheit entzogen werde".*[1214]

Wolf-Georg Schärf: Unterlassungsklage gegen Betrieb eines Kernkraftwerkes eines anderen Mitgliedstaates, EuZW 2010, S. 33–34.
1211 *Cedric Ryngaert:* Jurisdiction in International Law (2008), S. 169.
1212 In diesem Sinne *Cedric Ryngaert:* Jurisdiction in International Law (2008), S. 167 ff.
1213 *Burkhard Hess:* Amtshaftung als „Zivilsache" im Sinne von Art. 1 Abs. 1 EuGVÜ, IPRax 1994, S. 14 f.; *Reinhold Geimer:* Völkerrechtliche Staatenimmunität gegenüber Amtshaftungsansprüchen ausländischer Opfer von Kriegsexzessen, LMK 2003, S. 216.
1214 EuGH, Urt. v. 27.11.2007 – Rs. C-435/06, Rn. 43 (Fundstellenverzeichnis).

Viertes Kapitel – Verhältnis der EuGVVO zur Staatenimmunität

Der EuGH aber entfernte sich von diesem nationalen Auslegungshorizont.[1215] Das entscheidende Qualifikationsstatut ist und bleibt das Unionsrecht, über das der EuGH wachen kann. In diesem Sinne konstatiert Generalanwalt *Dámaso Ruiz-Jarabo Colomer:*

> *„Es wurden über die Auslegungsrolle, die dem Gerichtshof zusteht, hinaus keine übergeordneten Kontrollstrukturen geschaffen, und noch viel weniger wurde zugelassen, dass sich die Einrichtungen eines bestimmten Mitgliedstaats die Befugnis anmaßen, die Schwierigkeiten zu lösen, die gerade mit der europäischen Initiative beseitigt werden sollten."*[1216]

Diese abstrakte Feststellung ist für die hiesige Untersuchung von konkretem Wert. Die Frage, ob die Staatenimmunität aufgrund der schweren Menschenrechtsverletzungen eine Durchdringung gefunden hat, kann im Rahmen der verdrängten Immunität dahinstehen. Das Europäische Zivilprozessrecht muss nicht den Diskurs um Immunitätsausnahmen wegen schwerer Menschenrechtsverletzungen „abwarten". Vielmehr hat es in seinem Anwendungsbereich die Immunitätsbarriere zwischen den Mitgliedstaaten durchlässig gemacht. Untersuchungsauftrag des nächsten Kapitels ist sodann die Anwendbarkeit der EuGVVO für Schadensersatzklagen gegen Staaten wegen schwerer Menschenrechtsverletzungen.

1215 Ebenda, Rn. 44 ff.
1216 Schlussanträge des Generalanwalts *Dámaso Ruiz-Jarabo Colomer* zur Rs. C-159/02 (Gregory Paul Turner ./. Felix Fareed Ismail Grovit) v. 20.11.2003, Slg. 2004 (I), S. 3567–3577, Rn. 31 f.

Fünftes Kapitel

Anwendbarkeit der EuGVVO

Wenn im vierten Kapitel von der „Gretchenfrage" der hiesigen Thematik gesprochen wurde, ist das fünfte Kapitel dessen Weichenstellung. Es ist die Konsequenz der zuvor herausgearbeiteten Immunitätsverdrängung, dass der Anwendungsbereich der EuGVVO über die Behandlung von schweren Menschenrechtsverletzungen im Europäischen Rechtsraum entscheidet.

A. Anwendbarkeit ratione loci

In geographischer Hinsicht ergeben sich *zwischen den Mitgliedstaaten* keine dem Thema spezifischen Besonderheiten. Im Rahmen der hiesigen Fragestellung muss die Betrachtung aber auch insoweit beschränkt bleiben. Die Ausführungen des vorstehenden Kapitels können nur zwischen den Mitgliedstaaten der Europäischen Union Geltung beanspruchen. Folglich entfallen Sachverhalte mit Beteiligung von Drittstaaten oder Drittstaatlern *ratione loci* als Untersuchungsgegenstand. Dieser Feststellung fallen die aufwendig geführten Verfahren von Opfern und deren Hinterbliebenen des Völkermords von Srebrenica anheim. Soweit auch eine Schuldnerschaft der Niederlande zugesprochen wird, kann die europäische Urteilsfreizügigkeit nicht die Immunitätsbarriere zugunsten der drittstaatlichen Urteilsgläubiger überwinden. Die zivilrechtliche Behandlung des Völkermords von Srebrenica wird daher außerhalb des Europäischen Zivilprozessrechts stattfinden.

B. Anwendbarkeit ratione temporis

Jede Heranziehung der EuGVVO verlangt des Weiteren ihre Anwendbarkeit auch in zeitlicher Hinsicht. Diese Grundvoraussetzung wirft ein für den Themenkomplex latentes Problem auf: Fälle schwerer Menschenrechtsverletzungen liegen mitunter in ferner Vergangenheit, allein ihre Aufarbeitung nimmt regelmäßig eine große Zeitspanne in Anspruch. Damit einher geht eine große historische Diskontinuität mit sich ständig entwickelnden Rechtsverhältnissen. Die Frage danach, welches Recht *ratione temporis* Anwendung findet, ist gleichwohl ein wenig[1217], bisweilen gar

---
1217 So zurecht *Michael Stürner*: Staatenimmunität und Brüssel I-Verordnung – Die zivilprozessuale Behandlung von Entschädigungsklagen wegen Kriegsverbrechen im Euro-

nicht[1218], beachtetes Problem. Gerade aber aus Sicht des Europäischen Zivilprozessrechts ist diesem mit Sensibilität zu begegnen. Die hiesigen Ausgangsverfahren blicken auf Gräuel des Zweiten Weltkriegs vor mehr als einem halben Jahrhundert zurück. Damit ist der Akzent verbunden, Rechtsmaßstäbe des Europäischen Gemeinschaftsgebildes an eben jene Zeit anzulegen, in der die Völker Europas übereinander herfielen. Das Thema verlangt entsprechend seine intertemporale Würdigung.

I. Intertemporalität des Rechts

Für die Betrachtung des Rechts, wie auch des Themenkomplexes[1219] generell, gilt der Grundsatz der Intertemporalität. Dieser verlangt, Sachverhalte an dem im Zeitpunkt ihres Geschehens geltenden Rechts zu beurteilen.[1220] Für das Völkerrecht findet sich das intertemporale Rechtsverständnis heute etwa in Art. 13 der *Draft Articles on State Responsibility* normiert. Für das Privatrecht ist die Intertemporalität Bestandteil des Kollisionsrechts.[1221] Gerade der Charakter schwerster Menschenrechtsverletzungen legt die Überlegung nahe, die Intertemporalität des Rechts ausnahmsweise zu durchbrechen. So, wie der Grundsatz der Staatenimmunität durch Verletzungen des

---

päischen Justizraum, IPRax 2008, S. 202; wobei sich dieser selbst nicht näher mit dem Problem auseinandersetzt, vgl. auf S. 238.
1218 Darauf verweist zu Recht *Stefanie Schmahl:* Amtshaftung für Kriegsschäden, ZaöRV 66 (2006), S. 709.
1219 *Wolff Heintschel von Heinegg:* Entschädigung für Verletzungen des humanitären Völkerrechts, BerDGVR 40 (2003), S. 12; *Sigrid Boysen:* Kriegsverbrechen im Diskurs nationaler Gerichte – Der Distomo-Beschluss des Bundesverfassungsgerichts vom 15. Februar 2006, AVR 2006 (44), S. 367 ff.; *Andreas Fischer-Lescano/Carsten Gericke,* die dazu eine kursorische Zusammenfassung liefern: Der IGH und das transnationale Recht – Das Verfahren BRD ./. Italien als Wegweiser der zukünftigen Völkerrechtsordnung, KJ 2010, S. 85 f. = ZERP-Arbeitspapier 2/2010, S. 11 ff. = The ICJ and Transnational Law – The „Case Concerning Jurisdictional Immunities" as an Indicator for the Future of the Transnational Legal Order, ZERP-Arbeitspapier 2/2011, S. 12 f.
1220 Für das Völkerrecht bei *Theodor Schweisfurth:* Völkerrecht (2006), S. 239 (Rn. 57).
1221 Erstmals behauptet von *Friedrich Karl von Savigny:* System des heutigen römischen Rechts, Bd. 8 (1849), Vorrede S. VI f.: „(…) dass man stets die beiden Stücke, die in dem vorliegendem Werk verbunden erschienen, die örtlichen und die zeitlichen Gränzen der Herrschaft der Rechtsregeln, einzeln und abgesondert behandelt hat". Abgedruckt bei *Burkhard Hess:* Intertemporales Privatrecht (1998), S. 23 sowie der Diskussion darum nachgehend ebenda, S. 325 ff. Während das *Internationale* Privatrecht die Rechtsverhältnisse räumlich zuordnet, regelt das *Intertemporale* Privatrecht die Rechtsverhältnisse in der Zeit, so weiter *Friedrich Karl von Savigny* eingehend im zweiten Kapitel über die „zeitlichen Gränzen der Herrschaft der Rechtsregeln über die Rechtsverhältnisse": System des heutigen römischen Rechts, Bd. 8, S. 269; *Burkhard Hess:* Intertemporales Privatrecht (1998), S. 23.

ius cogens überlagert werde, so soll auch eine rückwirkende Anwendung des Rechts möglich sein.[1222] Ob aber das Kollisionsrecht einen eigenen *intertemporalen ordre public*-Vorbehalt kennt, ist höchst umstritten.[1223] Auch dieser Diskurs hat die Grenzen des Strafrechts noch nicht verlassen. In Fällen schwerster Menschenrechtsverletzungen neigt es bisher allein dazu, die Intertemporalität des Rechts zu durchbrechen. Vor allem die Nürnberger Kriegsverbrecherprozesse wurden unter diesem Gesichtspunkt viel diskutiert.[1224] In den Verfahren um die sog. Mauerschützen etwa fokussierte sich die Auseinandersetzung darauf, intertemporales Recht im Lichte der *Radbruch'schen Formel* unangewendet zu lassen.[1225] Für diese methodische Gangart wird auch im vorliegenden Kontext plädiert.[1226] Indes steht die Akzeptanz der *Radbruch'schen Formel* über das Strafrecht hinaus gleichfalls aus.[1227]

Für die Betrachtung des Europäischen Zivilprozessrechts sind solche Überlegungen indes wenig zielführend. Die intertemporale Betrachtung verfahrensrechtlicher Regeln stellt sich nämlich losgelöst von der des materiellen Rechts dar. Überwiegend wird formuliert, dass Verfahrensrecht grundsätzlich am *lex praesens* zu messen sei.[1228] Ein Rückgriff auf intertemporales Recht hieße eine Anknüpfung an den materiellen Streitstand, was grundsätzlich nicht Interesse und Aufgabe des Verfahrensrechts ist und sein kann.[1229] Nach hier vertretener Auffassung gilt der Grundsatz der Intertemporalität aber ungebrochen auch für das formelle Recht. Lediglich der Bezugspunkt ist ein anderer. Der Zivilprozess emanzipiert sich von dem Zeitpunkt des Sachverhalts und

---

1222 *Andreas Auer*: Staatenimmunität und Kriegsfolgen am Beispiel des Falles Distimo – Anmerkungen zum Urteil des Obersten Sondergerichts vom 17. September 2002, ZÖR 61 (2006), S. 458.
1223 *Burkhard Hess*: Intertemporales Privatrecht (1998), S. 402 ff.
1224 Darauf verweisen anlässlich des fünfundsechzigjährigen Jubiläums die Wissenschaftlichen Dienste des Deutschen Bundestages Nr. 29/11 v. 29.09.2011, im Rückblick: Vor 65 Jahren: Urteile im Nürnberger Hauptkriegsverbrecherprozess am 30. September und 1. Oktober 1946, S. 2. Eingehend dazu bei *Susanne Jung*: Die Rechtsprobleme der Nürnberger Prozesse – dargestellt am Verfahren gegen Friedrich Flick (1992), S. 138 ff.
1225 Darauf weist *Matthias Rossi* im hiesigem Zusammenhang hin: Staatenimmunität im europäischen Zivilprozessrecht, Jahrbuch für Italienisches Recht 23 (2010), S. 63.
1226 *Julia Schaarschmidt*: Die Reichweite des völkerrechtlichen Immunitätsschutzes – Deutschland v. Italien vor dem IGH, Beiträge zum Europa- und Völkerrecht 5 (2010), S. 35.
1227 *Sigrid Boysen*: Kriegsverbrechen im Diskurs nationaler Gerichte – Der Distimo-Beschluss des Bundesverfassungsgerichts vom 15. Februar 2006, AVR 2006 (44), S. 371 ff.; *Matthias Rossi*: Staatenimmunität im europäischen Zivilprozessrecht, Jahrbuch für Italienisches Recht 23 (2010), S. 63.
1228 *Burkhard Hess*: Intertemporales Privatrecht (1998), S. 337; *Andreas Pollinger*: Intertemporales Prozessrecht (1988), S. 2 ff.; BVerwG, Urt. v. 09.08.2007 – 1 C 47.06, BVerwGE 129, S. 162–175 = DVBl. 2007, S. 1377–1381 = NVwZ 2007, S. 1435–1439, Rn. 29.
1229 Vgl. *Burkhard Hess*: Intertemporales Privatrecht (1998), S. 337 ff.

Fünftes Kapitel – Anwendbarkeit der EuGVVO

bezieht sich allein auf den Zeitpunkt prozessualer Handlungen. So werden etwa die Fragen nach der Zuständigkeit gemäß dem zum Zeitpunkt der Verfahrenseinleitung anwendbaren Verfahrensrecht beurteilt. Für das Zuständigkeitsregime der EuGVVO bestimmt dies nicht nur Art. 30 EuGVVO.[1230] Dieses Verständnis der Intertemporalität liegt insbesondere auch Art. 66 Abs. 1 EuGVVO zu Grunde. Danach ist *ratione temporis* allein der Zeitpunkt der zivilprozessualen Handlung entscheidend. Diese Sichtweise führt zwar im Ergebnis auch zur Heranziehung der *lex praesens*, ist aber im Bezugspunkt genauer formuliert. Jedenfalls bleiben die Regelungsbereiche der EuGVVO unabhängig von intertemporalen Fragestellungen.

II. Zeitliche Bezugspunkte der EuGVVO

Für die Anwendung der EuGVVO genügt gemäß Art. 66 Abs. 1 EuGVVO jedenfalls eine Klageerhebung nach ihrem Inkrafttreten ab dem 1. März 2002. Im Rahmen der Anerkennung und Vollstreckung ermöglicht Art. 66 Abs. 2 EuGVVO zumal die Einbeziehung von Klagen, die früher erhoben worden sind. Nicht ganz so eindeutig ist aber der zeitliche Bezugspunkt festzustellen, der maßgebend für die Anerkennung und Vollstreckung ist. Dies kann aber mitunter von Interesse sein, wenn zwischen Ausspruch der Entscheidung und Vornahme seiner Durchsetzung mehrere Jahre liegen. Exemplarisch steht dafür das hier dargestellte Ausgangsverfahren um das Kriegsverbrechen von Dístimo, welches den Säulenwechsel des EuGVÜ zur EuGVVO miterlebte. Entschied das erstinstanzliche LG Livadía im Jahre 1997 noch gestützt auf Art. 5 EuGVÜ, richtet sich die fremdstaatliche Durchsetzung seit dem Jahr 2005 unter der zeitlichen Geltung der EuGVVO. Die Anerkennung eines fremdstaatlichen Zivilurteils erfolgt, anders als bei der Vollstreckung, ohne konstitutiven Rechtsakt. In den einzelnen Rechtsordnungen geschieht dies grundsätzlich formlos[1231], unter dem Rechtsregime der EuGVVO kraft Art. 33 Abs. 1 EuGVVO *eo ipso*. Dieser Automatismus lässt vermuten, dass die Wirkungen des erststaatlichen Urteils sich in dem Zeitpunkt auf den Zweitstaat erstrecken, zu dem sie im Erststaat eintreten.[1232] Das kann aber zunächst nur gegenüber dem beklagten Staat gelten. Dritte Staaten sind zunächst nicht von einem fremdstaatlichen Urteil berührt und halten keine inländische Rechtskrafterstreckung bereit. Erst mit einer Inlandsbeziehung erlangt eine

---

1230 Geimer/Schütze-*Reinhold Geimer:* Europäisches Zivilverfahrensrecht, 3. Aufl. 2010, Art. 30 EuGVVO, Rn. 1 und Art. 2 EuGVVO, Rn. 173.
1231 Vgl. für das deutsche Recht schon das RG v. 26.04.1941 – IV 313/40, RGZ 166, 367 ff.
1232 Geimer/Schütze-*Reinhold Geimer:* Europäisches Zivilverfahrensrecht, 3. Aufl. 2010, Art. 33 EuGVVO, Rn. 17.

Entscheidung rechtliche Bedeutung für den Zweitstaat.[1233] Aus der Perspektive von Art. 33 EuGVVO (bzw. früher von Art. 26 Abs. 1 EuGVÜ) gilt dies schon deswegen, weil dieser für seine Anwendung selbst eine entsprechende Auslandsberührung verlangt.[1234] Für das Ausgangsverfahren bedeutet diese Feststellung, dass nicht etwa der Zeitpunkt der Entscheidung oder der endgültigen Rechtskraft maßgebend für die Anerkennungsregeln ist, sondern erst die Vornahme der Vollstreckungsversuche im italienischen Ausland. Gleiches gilt für die intertemporale Bewertung der Vollstreckbarkeitserklärung.[1235]

III. Intertemporale Betrachtung des Immunitätsprinzips

Durchzogen ist der Themenkomplex allerdings von dem Prinzip der Staatenimmunität, für das die intertemporale Beurteilung nicht so evident ist. Entsprechend der zuvor dargestellten Systematik nimmt das Europäische Zivilprozessrecht die Staatenimmunität nur soweit aus, wie es ihr gegenüber nicht subsidiär ist. Das wiederum zwingt inzident zu einer intertemporalen Betrachtung des Immunitätsprinzips.

Noch Art. 35 Abs. 3 des Europäischen Übereinkommens zur Staatenimmunität bestimmt eine intertemporale Betrachtung des Rechts der Staatenimmunität, indem es „auf Verfahren und Entscheidungen [...], die Handlungen, Unterlassungen oder Tatbestände aus der Zeit, bevor das Übereinkommen zur Unterzeichnung aufgelegt worden ist, zum Gegenstand haben", unangewendet bleibt. Das Europäische Übereinkommen zur Staatenimmunität ist allerdings regional begrenzt und steht vor einer Ablösung durch die UN-Konvention zur Staatenimmunität. Diese bestimmt nun in Art. 4:

> *"the present Convention shall not apply to any question of jurisdictional immunities of States or their property arising in a proceeding instituted against a State before a court of another State prior to the entry into force of the present Convention for the States concerned."*

1233 *Rolf A. Schütze:* Der Zeitpunkt der Anerkennung ausländischer Zivilurteile, aus: Ausgewählte Probleme des internationalen Zivilprozessrechts (2006), S. 324 ff.

1234 Vgl. OLG München v. 28.09.1989 – 24 U 391/87, IPRax 1991, S. 46–51 = EuZW 1991, S. 59–64 = IPRspr. 1989, Nr. 194, S. 431–440, was von *Reinhold Geimer* ebenfalls bestritten wird, vgl. dessen Entscheidungsbesprechung: Ungeschriebene Anwendungsgrenzen des EuGVÜ – Müssen Berührungspunkte zu mehreren Vertragsstaaten bestehen?, IPRax 1991, S. 31–35.

1235 *Rolf A. Schütze:* Der Zeitpunkt der Anerkennung ausländischer Zivilurteile, aus: Ausgewählte Probleme des internationalen Zivilprozessrechts (2006), S. 324 ff.

Fünftes Kapitel – Anwendbarkeit der EuGVVO

Danach ist allein der Zeitpunkt der Verfahrenseinleitung maßgebend.[1236] Unentschieden ist also, ob die Staatenimmunität nach der *lex praesens* oder der *lex prior* bewertet wird. Entscheidend dafür ist, ob das Recht der Staatenimmunität als seiner Natur nach materieller oder prozessrechtlicher Art verstanden wird.[1237] Aus Sicht des Intertemporalen Privatrechts kann die Abgrenzung mit einer funktionellen Qualifikation ermittelt werden.[1238] Nach deren Grundsätzen wird darauf abgestellt, ob die Regelung unmittelbaren Einfluss auf die Sachentscheidung hat. Dort, wo diese Weichenstellung zwischen Verfahrens- und Sachrecht nicht vorgenommen wird, wird die intertemporale Betrachtung teilweise unterstellt.[1239] Soweit nicht die Koordinierungsfunktion der Staatenimmunität betont wird, kann die Staatenimmunität tatsächlich der *lex prior* unterworfen werden.[1240] Auch die traditionelle Rechtsprechung unterwirft die Frage der Staatenimmunität der intertemporalen Betrachtung der *lex prior*.[1241] Dafür spricht, dass sie Ausfluss der staatlichen Souveränität ist.[1242] Aber sie ist eben nur deren prozessualer Schutzschild. Die Immunitätsfrage beschränkt die fremdstaatliche Gerichts-

---

1236 *Karsten Thorn:* Schadensersatzansprüche der Zivilbevölkerung gegen ausländische Besatzungsmächte, BerDGVR 44 (2009), S. 322; a.A.: *Christian Appelbaum:* Einschränkungen der Staatenimmunität in Fällen schwerer Menschenrechtsverletzungen – Klagen von Bürgern gegen einen fremden Staat oder ausländische staatliche Funktionsträger vor nationalen Gerichten (2007), S. 210.
1237 *Karsten Thorn:* Schadensersatzansprüche der Zivilbevölkerung gegen ausländische Besatzungsmächte, BerDGVR 44 (2009), S. 322.
1238 Eingehend *Burkhard Hess:* Intertemporales Privatrecht (1998), S. 336 ff.; vgl. auch *Karsten Thorn:* Schadensersatzansprüche der Zivilbevölkerung gegen ausländische Besatzungsmächte, BerDGVR 44 (2009), S. 322.
1239 Davon geht etwa der BGH in seinem Dístimo-Urteil v. 26.06.2003 – III ZR 245/98 (Fundstellenverzeichnis) aus, vgl. aber auch *Michael Stürner,* der allein auf die völkerrechtliche Natur der Staatenimmunität abstellt: Staatenimmunität und Brüssel I-Verordnung – Die zivilprozessuale Behandlung von Entschädigungsklagen wegen Kriegsverbrechen im Europäischen Justizraum, IPRax 2008, S. 202; *Matthias Rossi:* Staatenimmunität im europäischen Zivilprozessrecht, Jahrbuch für Italienisches Recht 23 (2010), S. 62 f.
1240 *Heintschel von Heinegg:* Entschädigung für Verletzungen des humanitären Völkerrechts, BDGVR 40 (2003), S. 1 (12); *Christian Appelbaum:* Einschränkungen der Staatenimmunität in Fällen schwerer Menschenrechtsverletzungen – Klagen von Bürgern gegen einen fremden Staat oder ausländische staatliche Funktionsträger vor nationalen Gerichten (2007), S. 210 f.; *Julia Schaarschmidt:* Die Reichweite des völkerrechtlichen Immunitätsschutzes – Deutschland v. Italien vor dem IGH, Beiträge zum Europa- und Völkerrecht 5 (2010), S. 34.
1241 Übersicht bei *Christian Appelbaum:* Einschränkungen der Staatenimmunität in Fällen schwerer Menschenrechtsverletzungen – Klagen von Bürgern gegen einen fremden Staat oder ausländische staatliche Funktionsträger vor nationalen Gerichten (2007), S. 207 ff.
1242 Ausführlich bei *Wilfried Schaumann:* Die Immunität ausländischer Staaten nach Völkerrecht, BerDGVR 8 (1968), S. 56 ff.

B. Anwendbarkeit ratione temporis

barkeit, ohne das Schicksal des anwendbaren Rechts zu berühren.[1243] Die materielle Einklagbarkeit im Inland bleibt unberührt. In diesem Sinne sind die Immunitätsregeln als Jurisdiktionsschranke verfahrensrechtlich zu qualifizieren.[1244] Es kommt danach allein darauf an,

> *„ob das prozessuale Schild der Staatenimmunität zum Zeitpunkt seines Erhebens zur Abwehr noch so intakt ist, dass es die Einleitung eines Verfahrens von vornherein abzuwehren vermag".*[1245]

Neben vereinzelter Staatenpraxis[1246] bestätigen nicht nur die hier dargestellten Ausgangsverfahren diese Sichtweise. Auch der IGH musste sich in seinem Urteil vom 3. Februar 2012 (Deutschland ./. Italien) zu der hier fraglichen Einordnung positionieren. Konkret hing die Zulässigkeit der Klage und Widerklage zwischen Deutschland und Italien von deren intertemporalen Betrachtung ab. Während die Widerklage Italiens materielle Ansprüche weit vor der Jurisdiktionsgewalt des IGH betreffe, beziehe sich die Immunitätsproblematik auf das gegenwärtige Prozessverhalten.[1247] Entsprechend ist die Staatenimmunität – im Einklang mit dem Europäischen Zivilprozessrecht – an der *lex praesens* zu messen.[1248] Die Untersuchung kann sich damit ganz von intertemporalen Fragestellungen befreien. Soweit die EuGVVO zeitlich anwendbar ist, wird im Ergebnis auch kein überkommener Rechtsmaßstab angelegt, vielmehr allein deren zivilprozessualer Rahmen zur Aufarbeitung bestimmt.

1243 *Wilfried Schaumann:* Die Immunität ausländischer Staaten nach Völkerrecht, BerDGVR 8 (1968), S. 48 ff.
1244 *Enzo Cannizzaro / Beatrice I Bonafé:* Of Rights and Remedies – Sovereign Immunity and Fundamental Human Rights, aus: From Bilateralism to Community Interest – Essays in Honour of Judge Bruno Simma (2011), S. 825; *Karsten Thorn:* Schadensersatzansprüche der Zivilbevölkerung gegen ausländische Besatzungsmächte, BerDGVR 44 (2009), S. 322.
1245 *Tim René Salomon:* Die Staatenimmunität als Schild zur Abwehr gerechter Ansprüche? Zwangsarbeiterklagen vor italienischen Zivilgerichten gegen Deutschland, Bucerius Law Journal 2009, S. 66.
1246 So auch das abweichende Votum der Richterin Patricia Wald, dazu bei *Christian Appelbaum:* Einschränkungen der Staatenimmunität in Fällen schwerer Menschenrechtsverletzungen – Klagen von Bürgern gegen einen fremden Staat oder ausländische staatliche Funktionsträger vor nationalen Gerichten (2007), S. 274 f.
1247 IGH, Urt. v. 3.02.2012, Rn. 42 ff. (44).
1248 *Karsten Thorn:* Schadensersatzansprüche der Zivilbevölkerung gegen ausländische Besatzungsmächte, BerDGVR 44 (2009), S. 322; *Andreas Fischer-Lescano / Carsten Gericke:* Der IGH und das transnationale Recht – Das Verfahren BRD ./. Italien als Wegweiser der zukünftigen Völkerrechtsordnung, KJ 2010, S. 86 = ZERP-Arbeitspapier 2/2010, S. 12 f. = The ICJ and Transnational Law – The "Case Concerning Jurisdictional Immunities" as an Indicator for the Future of the Transnational Legal Order, ZERP-Arbeitspapier 2/2011, S. 13.

Fünftes Kapitel – Anwendbarkeit der EuGVVO

C. Anwendbarkeit ratione personae

Weiterhin muss auch der personelle Anwendungsbereich der EuGVVO für die Behandlung der Thematik zur Verfügung stehen. Die Konstellation mit einem Staat auf der Beklagtenseite mutet zumindest ungewöhnlich an.[1249] *Ratione personae* kennt die EuGVVO gleichwohl keine Anwendungseinschränkungen auf bestimmte Subjekte eines Rechtsstreits.[1250] Sie erfasst daher jeden Teilnehmer des Rechtsverkehrs, sowohl natürliche Personen unabhängig ihrer Staatsangehörigkeit[1251] als auch juristische Personen, vgl. Art. 60 EuGVVO. Eine dahingehende Definition überlässt die EuGVVO der autonomen Bestimmung durch die Mitgliedstaaten.[1252] Deren Rechtsordnungen anerkennen Staaten und Körperschaften, die öffentlichen Zwecken dienen, als juristische Personen des öffentlichen Rechts.[1253] Entsprechend bestätigte der EuGH bereits mit Entscheidung vom 14. Oktober 1976 in der Rs. LTU, dass ein Staat oder eines seiner Organe Kläger eines Rechtsstreits im Sinne der EuGVVO sein kann.[1254] Anlässlich der ersten Erweiterung des EuGVÜ wurden zwei Jahre später als Reaktion[1255] auf die Rs. LTU „Steuer- und Zollsachen sowie verwaltungsrechtliche Angelegenheiten" aus dem Anwendungsbereich herausgenommen. Ein Ausschluss von Sachverhalten mit Beteiligung eines Staates wurde aber nicht in Betracht gezogen. Das damals beigetretene Vereinigte Königreich kannte eine solche Ausnahme in Art. 2 Abs. 2 des Abkommens zwischen den USA und dem Vereinigten Königreich vom 26.10.1976.[1256] In diesem Sinne betonte der *Schlosser*-Bericht, dass der Staat und öffentlich-rechtliche Körperschaften wie Privatpersonen am Rechtsverkehr teilnehmen können.[1257] Ersicht-

---

1249 So problematisiert auch bei *Robin Falk Lengelsen:* Aktuelle Probleme der Staatenimmunität im Verfahren vor den Zivil- und Verwaltungsrecht (2011), S. 80.
1250 Vgl. *Anatol Dutta:* Anmerkung zu EuGH v. 15.02.2007 – Rs. C-292/05, ZZP 11 (2006), S. 212.
1251 Geimer/Schütze-*Reinhold Geimer:* Europäisches Zivilverfahrensrecht, 3. Aufl. 2010, Einl., Rn. 197.
1252 Geimer/Schütze-*Reinhold Geimer:* Europäisches Zivilverfahrensrecht, 3. Aufl. 2010, Art. 22 EuGVVO, Rn. 143.
1253 So zusammenfassend für die damaligen Vertragsstaaten des EuGVÜ im *Schlosser*-Bericht (1978), S. 83 (Rn. 25). Für die deutsche Staatslehre sprechend bei *Henning Uhlenbrock:* Der Staat als juristische Person – Dogmengeschichtliche Untersuchung zu einem Grundbegriff der deutschen Staatsrechtslehre (2002).
1254 Generalanwalt *Dámaso Ruiz-Jarabo Colomer* spricht in seinen Schlussanträgen zur Rs. C-292/05 (Eirini Lechouritou u. a.) v. 08.11.2006 von einer „Ausdehnung" des Anwendungsbereichs, Slg. 2007 (I), S. 1521–1539, Rn. 25.
1255 So resümierend Generalanwalt *Dámaso Ruiz-Jarabo Colomer* in seinen Schlussanträgen zur Rs. C-292/05 (Eirini Lechouritou u. a.) v. 08.11.2006, Slg. 2007 (I), S. 1521–1539, Rn. 27.
1256 Abgedruckt in ILM 16 (1977), S. 71–87.
1257 *Schlosser*-Bericht (1978), S. 83 (Rn. 25).

lich hatte der EuGH erstmals in der Rs. C-292/05 über eine Sachverhaltskonstellation zu entscheiden, in der ein Staat auf Beklagtenseite stand. Konsequenterweise sahen weder die Schlussanträge des Generalanwalts[1258] noch das Urteil des EuGH[1259] oder dessen Besprechungen[1260] darin ein Anwendungshindernis.

Auch die Haager Konferenz für Internationales Privatrecht entschied sich gegen eine anderslautende Verengung des vergleichbaren Anwendungsbereichs *ratione personae*. Sie überließ die Frage der Streitbeteiligung von Staaten zwei anderen Mechanismen: Einerseits nämlich der seinerzeit ausdrücklichen Kollisionsnorm zur Staatenimmunität. Soweit die EuGVVO eine solche nicht kennt, leistet ihre verordnete Subsidiarität diese Koordination zwischen Anwendung der Verordnung und Gewährung von Staatenimmunität. Andererseits beließ die damalige Haager Konvention die Grenzziehung des Anwendungsbereichs auf Staaten dem sachlichen Anwendungsbereich der Konvention. Dieses Verständnis ist auch an der EuGVVO immanent. Der Anwendungsbereich der EuGVVO schließt Staaten auf der Beklagtenseite nicht schon *ratione personae* aus. Vielmehr regelt dies – soweit nicht schon spezielle Immunitätsvorschriften die Anwendung der EuGVVO ausschließen – der sachliche Anwendungsbereich der Verordnung.

D. Anwendbarkeit ratione materie

Die sachliche Anwendbarkeit entscheidet mithin im Kern darüber, ob die EuGVVO für Klagen und Entscheidungen gegen Staaten wegen schwerer Menschenrechtsverletzungen zugänglich ist. Dieser Frage soll sich zunächst mit der Auslegung des Begriffs „Zivilsache" genähert werden (Teil I.), bevor mit Rekurs auf die Rechtsprechungspraxis des EuGH sodann eine konkrete Abgrenzungslinie zu finden ist (Teil II.). Sodann wird das für das Thema so immanente Kriterium der Rechtswidrigkeit von Hoheitsakten in die Begriffsfindung eingeordnet (Teil III.), um anschließend in einer Kasuistik zu überprüfen, welche schweren Menschenrechtsverletzungen in den Anwendungsbereich der EuGVVO fallen können (Teil IV.). Abschließend ist noch auf einen Gedankengang einzugehen, den Anwendungsbereich der EuGVVO im Wege des Adhäsionsverfahrens alternativ zu eröffnen (Teil V.).

1258 Vgl. Schlussanträge des Generalanwalts *Dámaso Ruiz-Jarabo Colomer* zur Rs. C-292/05 (Eirini Lechouritou u. a.) v. 08.11.2006, Slg. 2007 (I), S. 1521–1539, Rn. 25.
1259 Vgl. EuGH, Urt. v. 15.02.2007 – Rs. C-292/05 (Lechouritou u. a. ./. Bundesrepublik Deutschland), Rn. 30 ff.
1260 Vgl. *Anatol Dutta:* Anmerkung zu EuGH v. 15.02.2007 – Rs. C-292/05, ZZP 11 (2006), S. 212.

Fünftes Kapitel – Anwendbarkeit der EuGVVO

I. Auslegung

Ratione materie findet die EuGVVO gemäß ihrem Art. 1 Abs. 1 S. 1 Anwendung in „Zivil- und Handelssachen". Der textgründende Ausschuss hat aber

> „weder ausdrücklich festgelegt, was unter ‚Zivil- und Handelssachen' zu verstehen ist, noch hat er das Problem der Qualifikation durch Bestimmung des zur Auslegung dieses Ausdrucks anzuwendenden Gesetzes gelöst".[1261]

Dieses Vorgehen ist keine Besonderheit der EuGVVO, sondern findet sich in zahlreichen multilateralen sowie bilateralen Abkommen wieder.[1262] Die EuGVVO hat sich jedoch von ihren historischen Vorbildern gelöst und lässt den Begriff der „Zivil- und Handelssache" unionsrechtsautonom bestimmen.[1263]

1. Grammatikalische Vorgaben

Die grammatikalischen Vorgaben[1264] der EuGVVO kennen positive wie negative Eingrenzungen des Begriffs der „Zivil- und Handelssache" zu dessen Annäherung. Der Negativkatalog aus Art. 1 Abs. 1 S. 2 sowie Abs. 2 der EuGVVO schließt Streitigkeiten wegen schwerer Menschenrechtsverletzungen keinesfalls ausdrücklich aus. Auch Art. 1 Abs. 1 S. 1 EuGVVO gibt negativ nur vor, dass es für die Bestimmung der Streitnatur nicht auf die Art der nationalen Gerichtsbarkeit ankommt. Damit ist der sachliche Anwendungsbereich der EuGVVO allein von der Sache her und nicht nach der Gerichtsbarkeit zu beurteilen, innerhalb derer der Rechtsstreit aufgeworfen ist.[1265]

1261 *Jenard*-Bericht zum EuGVÜ (1968), S. 9.
1262 Vgl. Schlussanträge des Generalanwalts *Marco Darmon* zur Rs. C-172/91 (Volker Sonntag ./. Waidmann) v. 02.12.1992, Slg. 1993 (I), S. 1963–1989, Rn. 19.
1263 Ständige Rechtsprechung des EuGH, grundlegend die ersten Urteile des EuGH zur Auslegung des EuGVÜ v. 06.10.1976, Rs. 12/76 (Industrie Tessili Italiana Como ./. Dunlop AG), Slg. 1976 (I), S. 1473–1496, Rn. 11 sowie Urt. v. 14.10.1976 – Rs. 29/76 (LTU ./. Eurocontrol), Rn. 4 (Fundstellenverzeichnis). Eine kritische Analyse der Rechtsprechung des EuGH findet sich bei *Ingo Scholz:* Das Problem der autonomen Auslegung des EuGVÜ (1998) sowie bei *Ulrich Soltész:* Der Begriff der Zivilsache im Europäischen Zivilprozeßrecht – Zur Auslegung von Art. 1 Abs. 1 EuGVÜ (1998). Allgemein *Burkhard Hess:* Methoden der Rechtsfindung im Europäischen Zivilprozessrecht, IPRax 2006, S. 351 ff.
1264 Dazu bei *Margit Hintersteininger:* Zur Interpretation des Gemeinschaftsrechts, ZÖR 53 (1998), S. 253 f.
1265 *Jenard*-Bericht zum EuGVÜ (1968), S. 9; vgl. auch *Evrigenis/Kerameus*-Bericht (1986), S. 9, Nr. 26.

D. Anwendbarkeit ratione materie

Maßgebend ist vielmehr die Natur des Rechtsverhältnisses zwischen den streitenden Parteien oder des Klagegegenstands.[1266]

2. Genetische Anhaltspunkte

Dem Mangel grammatikalischer Vorgaben entspricht der Mangel an genetischen Anhaltspunkten. Der Europäische Verordnungsgeber lässt keine Beweggründe das Thema betreffend erkennen.[1267] Dies ist insoweit kein Selbstverstänis, als dass die Thematik zur Zeit der Überführung des EuGVÜ in die EuGVVO von der Haager Konferenz für Internationales Privatrecht um die Jahrtausendwende diskutiert wurde. Die Haager Diskussionen fanden aber keinen erkennbaren redaktorischen Einfluss in Brüssel. Erst das jüngere Europäische Zivilprozessrecht ist von den hiesigen Ausgangsverfahren beeinflusst, ohne Bedeutung für die EuGVVO *ratione materie*.[1268] Es ist mithin nicht ersichtlich, ob Klagen und Entscheidungen wegen schwerer Menschenrechtsverletzungen historisch als „Zivilsachen" anzusehen sind oder nicht.

3. Systematische Auslegung

Soweit weder ein grammatikalischer oder historischer Interpretationshinweis gegeben ist, kann sich mit einer systematischen Auslegung dem Begriff der „Zivil- und Handelssache" in Bezug auf schwere Menschenrechtsverletzungen genähert werden. Aus seiner Stellung im Verordnungstext heraus und im Sinne des *effet utile* ist der Begriff der „Zivil- und Handelssachen" grundsätzlich weit auszulegen.[1269] Eine in diesem Zusammenhang wichtige Grenze stellt das Verhältnismäßigkeitsprinzip nach Art. 5 Abs. 1 und 4 EUV dar. Danach darf etwa eine ausufernde Auslegung des Anwendungsbereichs der EuGVVO nicht ihre kompetenzrechtliche Grundlage ausheben. Zwar bestehen heute keine Zweifel mehr daran, dass die damaligen Art. 61 lit. c) i.V.m. Art. 65 lit. a)/3 eine ausreichende Kompetenzgrundlage für den Erlass der EuGVVO darstellten.[1270] Jede Auslegung des Begriffs der „Zivil- und Handelssachen"

1266 EuGH, Urt. v. 14.10.1976 – Rs. 29/76 (LTU ./. Eurocontrol), Rn. 4 (Fundstellenverzeichnis) und EuGH, Urt. v. 16.12.1980 – Rs. 814/79 (Niederlande ./. Reinhold Rüffer), Rn. 14 (Fundstellenverzeichnis).
1267 Vgl. *Kinga Timar:* Staatenimmunität und internationale Zuständigkeit im Lichte der aktuellen Rechtsprechung des EuGH, aus: Europäisches Zivilprozessrecht – Einfluss auf Deutschland und Ungarn (2011), S. 244 (Fußn. 51).
1268 Siehe oben zur Entstehungsgeschichte des Ausschluss von *acta iure imperii* auf S. 204.
1269 Geimer/Schütze-*Reinhold Geimer:* Europäisches Zivilverfahrensrecht, 3. Aufl. 2010, Art. 1 EuGVVO, Rn. 20; *Adrian Briggs/Peter Rees:* Civil Jurisdiction and Judgements, 5. Aufl. 2009, Rn. 1.03.
1270 Vgl. *Rolf Wagner:* Zur Kompetenz der Europäischen Gemeinschaft in der justiziellen Zusammenarbeit in Zivilsachen, IPRax 2007, S. 290.

muss aber verhältnismäßig auf den Kompetenztitel der EuGVVO zurückzuführen sein. Mithin muss jeder Subsumtionsversuch einer Klage oder einer Entscheidung gegen einen Staat wegen einer schweren Menschenrechtsverletzung unter den Begriff der „Zivilsache" dem Zweck der justiziellen Zusammenarbeit in Zivilsachen mit grenzüberschreitendem Bezug dienen, vgl. Art. 81 Abs. 1 AEUV. Das ist danach „insbesondere" der Fall, wenn es das reibungslose Funktionieren des Binnenmarkts erfordert, vgl. Art. 81 Abs. 2 AEUV. Es wird aber nie ein Markterfordernis sein, Klagen und Entscheidungen wegen schwerer Menschenrechtsverletzungen umlauffähig zu machen. Das Wort „insbesondere" lässt davon außenstehende Zwecke gleichwohl zu. Soweit also Opfer und Hinterbliebene schwerer Menschenrechtsverletzungen vermehrt um Schadensersatz vor mitgliedstaatlichen Gerichten streiten, ist eine grenzüberschreitende Koordination der Zuständigkeitsregeln sowie der Durchsetzbarkeit entsprechender Entscheidungen gefragt. Es ist kompetenzrechtlich nicht ausgeschlossen, Klagen und Entscheidungen gegen Staaten wegen schwerer Menschenrechtsverletzungen unter den Begriff einer „Zivil- und Handelssache" zu zählen. Die justizielle Zusammenarbeit der Mitgliedstaaten kann dafür – systematisch betrachtet – den Rahmen bieten.

4. Teleologische Auslegung

Soweit also vorstehende Auslegungsmethoden die Behandlung von Klagen und Entscheidungen schwerer Menschenrechtsverletzungen unter dem Anwendungsbereich der EuGVVO *ratione materie* offen lassen, ist ein konkretes Auslegungsergebnis anhand des Telos der EuGVVO zu ermitteln. Gerade der EuGH erhebt das Telos des Unionsrechts zum maßgebenden Instrument seiner Interpretation.[1271]

a) Gegenseitiges Vertrauen

In Anknüpfung an die zuletzt getroffene Auslegung in systematischer Hinsicht sei an das Grundanliegen des Europäischen Zivilprozessrechts zu erinnern. Der EuGH weist in ständiger Rechtsprechung darauf hin, dass

„das Brüsseler Übereinkommen auf dem Vertrauen beruht, das die Vertragsstaaten gegenseitig ihren Rechtssystemen und Rechtspflegeorganen entgegenbrin-

---

1271 Vgl. mit immer speziellerem Bezug zum Europäischen Zivilprozessrecht bei *Margit Hintersteininger:* Zur Interpretation des Gemeinschaftsrechts, ZÖR 53 (1998), S. 255 ff.; als Auslegungsmethode des unionalen Sekundärrechts bei *Karl Riesenhuber:* Europäische Methodenlehre – Handbuch für Ausbildung und Praxis (2006), S. 261 ff.; *Burkhard Hess:* Methoden der Rechtsfindung im Europäischen Zivilprozessrecht, IPRax 2006, S. 356 f.

D. Anwendbarkeit ratione materie

gen. Dieses gegenseitige Vertrauen hat es ermöglicht, im Anwendungsbereich des Übereinkommens ein für die Gerichte verbindliches Zuständigkeitssystem zu schaffen und dementsprechend auf die innerstaatlichen Vorschriften der Vertragsstaaten über die Anerkennung und die Vollstreckbarkeitserklärung ausländischer Urteile zugunsten eines vereinfachten Anerkennungs- und Vollstreckungsverfahrens zu verzichten".[1272]

Mithin darf die Anwendbarmachung der EuGVVO nicht gegen dieses Vertrauen verstoßen.[1273] Jeder nachhaltige Justizkonflikt ist entsprechend geeignet, dieses wechselseitige Vertrauen in die Justizsysteme der EU-Mitgliedstaaten zu erschüttern.[1274] Das Potential an Zerrüttung wurde bereits mit dem Justizkonflikt zwischen Europa und den USA im Rahmen der dortigen Zwangsarbeiterklagen deutlich.[1275] Erst recht sind die zahlreichen Ausgangsverfahren des hiesigen Themas geeignet, in diese Richtung auszuschlagen. So wurde nicht versäumt, den griechischen und italienischen Verfahren materiell-rechtliche Mängel anzuheften. Jeder Versuch, eine solche Entscheidung umlauffähig zu machen, rüttet an den Grundfesten des Europäischen Vertrauens. Unter der Schwelle des Vorwurfs mangelhafter Verfahrensführung und fehlerhafter Entscheidungsfindung haben die Ausgangsverfahren jedenfalls aufgezeigt, dass in den Mitgliedstaaten widersprüchliche Urteile gesprochen wurden. Das Europäische Zivilprozessrecht zielt aber darauf ab, miteinander unvereinbare Entscheidungen zu vermeiden.[1276] In diesem Lichte ist der Begriff der „Zivil- und Handelssache" mit Bedacht von jeder Ausuferung fernzuhalten. Das Verlangen nach einem harmonischen Auslegungsweg ist entsprechend dringend. Das verlangt schon der Grundsatz der Vorhersehbarkeit der Zuständigkeitsregeln und der damit einhergehende Grundsatz der Rechtssicherheit.[1277]

1272 EuGH, Urt. v. 27.04.2004 – Rs. C-159/02 (Gregory Paul Turner ./. Felix Fareed Ismail Grovit, Harada Ltd, Changepoint SA), Rn. 24 (Fundstellenverzeichnis) mit Verweis auf EuGH, Urt. v. 09.12.2003 – Rs. C-116/02 (Erich Gasser GmbH ./. MISAT Srl), Rn. 72 (Fundstellenverzeichnis).
1273 EuGH v. 10.02.2009, Rs. C–185/07 (Allianz SpA, vormals Riunione Adriatica Di Sicurtà SpA, Generali Assicurazioni Generali SpA ./. West Tankers Inc.), Rn. 30 (Fundstellenverzeichnis).
1274 Vgl. dazu der Hintergrund zur Anrufung des IGH zwischen Deutschland und Italien, S. 87.
1275 *Heribert Hirte:* Spielt das amerikanische Rechtssystem verrückt?, NJW 2002, S. 345 f.
1276 EuGH v. 30.11.1976 – Rs. 21/76 (Handelskwekerij G. J. Bier B. V. ./. Mines de Potasse d'Alence S. A.), Slg. 1976 (I), S. 1735–1748 = NJW 1977, S. 493–494; mit Anm. bei *Peter Schlosser:* Der EuGH und das Europäische Gerichtsstands- und Vollstreckungsübereinkommen, NJW 1977, S. 457–463.
1277 Vgl. EuGH, Urt. v. 15.02.2007 – Rs. C-292/05 (Lechouritou u. a. ./. Bundesrepublik Deutschland), Rn. 44 (Fundstellenverzeichnis).

Fünftes Kapitel – Anwendbarkeit der EuGVVO

Ein Duktus, der vom elften Erwägungsgrund der EuGVVO postuliert und in ständiger Rechtsprechung vom EuGH gewahrt wird.[1278]

b) Teleologische Lösungsstrategie

Eine Lösungsstrategie bietet sich teleologisch betrachtet vom Anfang und vom Ende des Problems her an. Letzteres meint die Gefahr, dass Klagen und Entscheidungen über Schadensersatzansprüche gegen Staaten wegen schwerer Menschenrechtsverletzungen den *ordre public*-Vorbehalt zum Regelfall werden lassen. Die Funktionsfähigkeit des Europäischen Zivilprozessrechts wäre, zumindest durch eine häufige Inanspruchnahme des *ordre public,* gestört.[1279] Dieser wird nach Art. 38 ff. EuGVVO nur noch geprüft, wenn der Schuldner einen Rechtsbehelf einlegt. Mittelfristig soll die Kontrolle im Vollstreckungsstaat für den Europäischen Justizraum sogar ganz entfallen, so dass gerichtliche Entscheidungen wechselseitig weitestgehend anerkannt werden.[1280] Diese Zielsetzung beruht auf der Prämisse, dass das Europäische Prozessrecht

---

1278 EuGH, Urt. v. 13.07.2006 – Rs. C–539/03 (Roche Nederland BV u. a. ./. Frederick Primus, Milton Goldenberg), Rn. 37, Slg. 2006 (I), S. 6535–6584 = RIW 2006, S. 685–688 = EuZW 2006, S. 573–575 = IPRax 2007, S. 38–41 = JZ 2007, S. 303–305 = ZZPInt 2006, S. 165–171; mit Verweis auf seine Rspr. mit Urt. v. 19.02.2002 – Rs. C–256/00 (Besix ./. WABAG und Plafog), Rn. 24–26 (Fundstellenverzeichnis), Urt. v. 01.03.2005 – Rs. C–281/92 (Andrew Owusu ./. N. B. Jackson), Rn. 41 (Fundstellenverzeichnis) und EuGH, Urt. v. 13.07.2006 – Rs. C–4/03 (GAT), Rn. 28 (Fundstellenverzeichnis). Teilweise wird dieses Ergebnis als Konsequenz der vertragsautonomen Auslegung gesehen, vgl. *Burkhard Hess:* Amtshaftung als „Zivilsache" im Sinne von Art. 1 Abs. 1 EuGVÜ, IPRax 1994, S. 12; *Peter Schlosser:* Zum Begriff „Zivil- und Handelssachen" in Art. 1 Abs. 1 EuGVÜ, IPRax 1981, S. 154 f. zu EuGH, Urt. v. 16.12.1980 – Rs. 814/79 (Niederlande ./. Reinhold Rüffer).
1279 Zur restriktiven Interpretation des Art. 27 Nr. 1 EuGVÜ / Art. 34 Nr. 1 EuGVVO vgl. EuGH v. 11.05.2000, Rs. C–38/98 (Régie nationale des usines Renault SA ./. Maxicar SpA und Orazio Formento), Rn. 26, Slg. 2000 (I), S. 2973–3024 = NJW 2000, S. 2185–2186 = IPRax 2001, S. 328–331 = ZZPInt 2000, S. 248–254; mit Anm. *Reinhold Geimer:* Zur Anerkennung ausländischer Urteile, EWiR 2000, S. 627–628; *Burkhard Hess:* Urteilsfreizügigkeit und ordre-public-Vorbehalt bei Verstößen gegen Verfahrensgrundrechte und Marktfreiheiten, IPRax 2001, S. 301–306; *Jörg Fritzsche:* Auslegung des Begriffs ordre public in Art. 27 Nr. 1 EuGVÜ, ZZPInt 2000, S. 254–266.
1280 Vgl. Schlussfolgerungen Nr. 34 und 35 der finnischen Ratspräsidentschaft in Tampere, NJW 1999, S. 1925; später bestätigt vom Haager Programm vom 30.11.2004, ABl. EU v. 03.03.2005, C 53, S. 1 (13); Mitteilung der Kommission an den Rat und das Europäische Parlament vom 10.05.2005: Das Haager Programm – 10 Prioritäten für die nächsten fünf Jahre, KOM (2005), 184 endg. Beide politische Leitlinien wurden aufgenommen vom Stockholmer Programm des Europäischen Rates für ein offenes und sicheres Europa im Dienste und zum Schutz der Bürger v. 10./11.12.2009, S. 30. Vgl. auch den Vorschlag im Generalbericht von *Burkhard Hess* zur Evaluierung der EuGVVO (Study JLS/C4/2005/03) aus *Burkhard Hess / Thomas Pfeiffer / Peter Schlosser:* The Brussels I

nur Verfahren mit *nicht unmittelbar öffentlichem Interesse* berühren, vgl. etwa Art. 1 Abs. 2 EuGVVO.

Zugleich bildet dieser Gedankengang im Kern den Ausgangspunkt der Problemstellung. Die hiesigen Subsumtionsschwierigkeiten liegen im Schnittpunkt zwischen EuGVVO und Staatenimmunität, eben dort, wo das öffentliche Interesse sensibel wird. Gewissermaßen sind die Subsumtionsschwierigkeiten der Preis dafür, dass die EuGVVO Vorrang vor dem nicht speziell kodifizierten Recht der Staatenimmunität genießt. Diesbezüglich wird eine Parallelität zwischen der Bestimmung der Immunität und des Anwendungsbereichs der EuGVVO deutlich.[1281] Die Bereiche, in denen hoheitliches Handeln keinen Immunitätsschutz genießt *(acta iure gestionis),* fallen regelmäßig unter den Anwendungsbereich der „Zivil- und Handelssache". Eine Privilegierung des Staates in derartigen Streitigkeiten ist nicht gerechtfertigt.[1282] Vielmehr wird insoweit ein weitreichendes wechselseitiges Vertrauen in die Rechtsordnung, Gerichtsorganisation und Rechtsprechung der anderen Mitgliedstaaten sowie eine volle Urteilsfreizügigkeit angestrebt. Die EuGVVO ist ein Instrument zur Erleichterung von Zivilrechtsstreitigkeiten im Binnenmarkt und nimmt öffentlich-rechtliche Streitigkeiten aus.[1283] Solche berühren – ähnlich der Abgrenzung zu *acta iure imperii* – das Souveränitätsverhältnis zwischen dem Staat und seinen Einwohnern.[1284] Die teleologische Lösungsstrategie liegt mithin in der *Ausgrenzung* von „öffentlich-rechtlichen" Streitigkeiten.

II. Abgrenzungslinie von öffentlich-rechtlichen Sachen

1. Abgrenzungsvorgabe des EuGH

Den vertragsgründenden Mitgliedstaaten war eine Unterteilung zwischen Privat- und öffentlichem Recht noch gemeinsam bekannt.[1285] Mit Zuwachs der Rechtsfamilie im Kreis der EuGVVO ist das im Hinblick auf die *common law*-Länder nicht mehr durch-

---

Regulation No 44/2001 – The Heidelberger Report on the Application of the Regulation Brussels I in the 25 Member States (2008), Rn. 727 ff.

1281 *Peter Mankowski:* Gerichtsbarkeit und internationale Zuständigkeit deutscher Zivilgerichte bei Menschenrechtsverletzungen, aus: Universalität der Menschenrechte (2009), S. 168 (169).

1282 *Adrian Briggs/Peter Rees:* Civil jurisdiction and judgments, 5. Aufl. 2009, Rn. 2.23; *Ulrich Soltész:* Der Begriff der Zivilsache im Europäischem Zivilprozessrecht – Zur Auslegung von Art. 1 Abs. 1 EuGVÜ (1998), S. 188 f.

1283 *Peter Mankowski:* Gerichtsbarkeit und internationale Zuständigkeit deutscher Zivilgerichte bei Menschenrechtsverletzungen, aus: Universalität der Menschenrechte (2009), S. 169.

1284 Thomas Rauscher-*Peter Mankowski:* Europäisches Zivilprozess- und Kollisionsrecht, 3. Aufl. 2011, Bd. I, Art. 1 Brüssel I-VO, Rn. 2 f.

1285 Vgl. *Schlosser*-Bericht (1978), S. 23.

Fünftes Kapitel – Anwendbarkeit der EuGVVO

gehend der Fall.[1286] Die positive Beschreibung von „Zivil- und Handelssachen" ohne Verwendung des Terminus „öffentlich-rechtlich" in Art. 1 Abs. 1 EuGVVO vermeidet dahingehend divergierende Rechtsverständnisse in den Mitgliedstaaten.[1287] Die entsprechend mannigfaltigen Abgrenzungsversuche hat der EuGH in einer ganzen Reihe von Entscheidungen geordnet und fortentwickelt. Die Vorgabe einer Auslegungslinie hat sich im Wesentlichen durch drei Leitentscheidungen entwickelt. Schon früh hat der EuGH in der Rs. LTU konstatiert:

> „Zwar können bestimmte Entscheidungen, die in Verfahren ergehen, in denen sich eine Behörde und eine Privatperson gegenüberstehen, unter das Übereinkommen fallen, doch verhält es sich anders, wenn die Behörde einen Rechtsstreit im Zusammenhang mit der Ausübung hoheitlicher Befugnisse führt."[1288]

Dafür verlangte der EuGH einen „zwingenden und ausschließlichen Charakter".[1289] Nach welchen Kriterien diese Maßgabe aber auszufüllen ist, ließ der EuGH offen.[1290] Dieses wurde mit seiner folgenden Leitentscheidung in der Rs. *Rüffer* versucht:

> „Der Klage (...) liegt ein Anspruch zugrunde, der seinen Ursprung in einem hoheitlichen Akt hat; dieser Umstand genügt, um die Geltendmachung dieses Anspruchs unabhängig von der Art des Verfahrens, das das nationale Recht hierfür bereithält, als vom Anwendungsbereich des Brüsseler Übereinkommens ausgenommen anzusehen."[1291]

Dieses Kriterium ist jedoch umstritten.[1292] Es bietet kein „trennscharfes"[1293] Abgrenzungskriterium, verwinkuliert das vorherige mehr noch. So hat der EuGH in der Rs. Frahuil den Rückgriff eines Zollbürgen, der vom Staat in Anspruch genommen

---

1286 Ebenda.
1287 Thomas Rauscher-*Peter Mankowski*, Europäisches Zivilprozess- und Kollisionsrecht, 3. Aufl. 2011, Bd. I, Art. 1 Brüssel I-VO, Rn. 2g.
1288 EuGH, Urt. v. 14.10.1976 – Rs. 29/76 (LTU ./. Eurocontrol), Erwägungsgrund 4 (Fundstellenverzeichnis).
1289 Ebenda.
1290 So kritisch mit Nachw. in der Lit. bei *Ulrich Soltész:* Der Begriff der Zivilsache im Europäischem Zivilprozessrecht – Zur Auslegung von Art. 1 Abs. 1 EuGVÜ (1998), S. 43 f.
1291 EuGH, Urt. v. 16.12.1980 – Rs. 814/79 (Niederlande ./. Reinhold Rüffer), Erwägungsgrund 15 (Fundstellenverzeichnis).
1292 *Anatol Dutta:* Anmerkung zu EuGH v. 15.02.2007 – Rs. C-292/05, ZZP 11 (2006), S. 214 f.
1293 *Ulrich Soltész:* Der Begriff der Zivilsache im Europäischem Zivilprozessrecht – Zur Auslegung von Art. 1 Abs. 1 EuGVÜ (1998), S. 52.

wurde, als „Zivil- und Handelssache" eingestuft.[1294] Unklar bleibt auch, wie weit die Aussagen nur eine fallspezifische Reaktion sind[1295] und das Primat der autonomen Auslegung gefährden.[1296] Ohne ein scharfes Abgrenzungskriterium bietet die Bejahung einer Handlung „im Zusammenhang mit der Ausübung hoheitlicher Befugnisse" eine ausufernde Zurückdrängung des Anwendungsbereichs der EuGVVO.[1297]

2. Abgrenzungslinie der Rs. Sonntag

Die vorstehenden Abgrenzungsversuche hat der EuGH in der – hier bereits vorgestellten und unter anderem Aspekt erörterten – Rs. Sonntag weitergeführt und mit einem verwertbaren Abgrenzungskriterium konkretisiert.

a) Weiterführung der Abgrenzungslinie

Zunächst verabschiedete sich der EuGH mit der Rs. Sonntag von seinem weitläufigen Verständnis öffentlich-rechtlicher Sachen.

„Wie sich aus den Urteilen LTU und Rüffer ergibt, ist eine solche Klage vom Anwendungsbereich des Übereinkommens nur ausgeschlossen, wenn der Schädiger, gegen den sich die Klage richtet, als Hoheitsträger anzusehen ist, der in Ausübung hoheitlicher Befugnisse gehandelt hat."[1298]

Das Wort „nur" verdeutlicht, dass – im Gegensatz zur Rs. Rüffer – die Ausübung hoheitlicher Befugnisse nicht schon „genügt"[1299], sondern alleinige und damit zwin-

---

1294 EuGH v. 05.02.2004 – Rs. C-265/02 (Frahuil), Rn. 21 (Fundstellenverzeichnis); Thomas Rauscher-*Peter Mankowski*, Europäisches Zivilprozess- und Kollisionsrecht, 3. Aufl. 2011, Bd. I, Art. 1 Brüssel I-VO, Rn. 4e.
1295 Zur Ausdifferenzierung des Ausgangsverfahren eingehend bei *Ulrich Soltész*: Der Begriff der Zivilsache im Europäischem Zivilprozessrecht – Zur Auslegung von Art. 1 Abs. 1 EuGVÜ (1998), S. 51 f. Dieser weist auf ähnliche Ansätze in der Rechtsprechung des EuGH hin, vgl. ebenda, S. 52.
1296 Kritisch dazu *Peter Schlosser*: Zum Begriff „Zivil- und Handelssachen" in Art. 1 Abs. 1 EuGVÜ, IPRax 1981, S. 154 f., relativierend bei *Ulrich Soltész*: Der Begriff der Zivilsache im Europäischem Zivilprozessrecht – Zur Auslegung von Art. 1 Abs. 1 EuGVÜ (1998), S. 53 f.
1297 *Ulrich Soltész*: Der Begriff der Zivilsache im Europäischem Zivilprozessrecht – Zur Auslegung von Art. 1 Abs. 1 EuGVÜ (1998), S. 44 und 57 mit weiteren Nachw. in der Kommentarliteratur.
1298 EuGH, Urt. v. 21.04.1993 – Rs. C-172/91 (Sonntag ./. Waldmann), Erwägungsgrund 20 (Fundstellenverzeichnis).
1299 EuGH, Urt. v. 16.12.1980 – Rs. 814/79 (Niederlande ./. Reinhold Rüffer), Erwägungsgrund 15 (Fundstellenverzeichnis).

gende Voraussetzung ist.¹³⁰⁰ Zudem ist – im Gegensatz zur Rs. LTU/Eurocontrol – nicht schon jeder „Zusammenhang mit der Ausübung hoheitlicher Befugnisse"¹³⁰¹ ausreichend. Ein Hoheitsträger muss vielmehr konkret „in" Ausübung seiner hoheitlichen Befugnisse auftreten. Der EuGH tendiert damit mit der Rechtswissenschaft zu einer Einschränkung des öffentlich-rechtlichen Bereichs¹³⁰², zumal die Unterscheidung angesichts des Entwicklungsstands der Europäischen Union als zunehmend überholt angesehen wird.¹³⁰³

b) Konkretisierung mit einem Abgrenzungskriterium

Ohne Konkretisierung aber erscheint die generalklauselartige¹³⁰⁴ Formulierung sehr weitgehend.¹³⁰⁵ Den eigentlichen Entwicklungsschritt geht die Rs. Sonntag also dort, wo sie sich von dem divergierenden Verständnis hoheitlicher Befugnisse loslöst. Nach deutschem Recht hätte nämlich eine hoheitliche Handlung des verbeamteten Lehrers *Volker Sonntag* vorgelegen.¹³⁰⁶ Der EuGH betont aber zweierlei:

„Dazu ist erstens festzustellen, daß es nicht entscheidend ist, ob der Lehrer Beamter ist und als solcher handelt. Selbst wenn ein Beamter für den Staat handelt, übt

---

1300 *Ulrich Soltész:* Der Begriff der Zivilsache im Europäischem Zivilprozessrecht – Zur Auslegung von Art. 1 Abs. 1 EuGVÜ, 1998, S. 61.
1301 EuGH, Urt. v. 14.10.1976 – Rs. 29/76 (LTU ./. Eurocontrol), Erwägungsgrund 4 (Fundstellenverzeichnis). Siehe zuvor den gesamten Erwägungsgrund wiedergegeben.
1302 *Ulrich Soltész:* Der Begriff der Zivilsache im Europäischem Zivilprozessrecht – Zur Auslegung von Art. 1 Abs. 1 EuGVÜ (1998), S. 61 sowie *Peter Schlosser:* EU-Zivilprozessrecht, 3. Aufl. 2009, Art. 1 EuGVVO, Rn. 10 sowie Geimer/Schütze-*Reinhold Geimer:* Europäisches Zivilverfahrensrecht, 3. Aufl. 2010, Art. 1 EuGVVO, Rn. 1.
1303 So *Reinhold Geimer* bereits in: Der Justizgewährungsanspruch nach dem Brüsseler Übereinkommen, aus: Internationale Zuständigkeit und Urteilsanerkennung in Europa – Berichte und Dokumente des Kolloquiums „Die Auslegung des Brüsseler Übereinkommens durch den Europäischen Gerichtshof und der Rechtsschutz im europäischen Raum" (1993), S. 35. Aus heutiger Sicht *ders.* in Geimer/Schütze: Europäisches Zivilverfahrensrecht, 3. Aufl. 2010, Art. 1 EuGVVO, Rn. 1 und eingehend *Ulrich Soltész:* Der Begriff der Zivilsache im Europäischem Zivilprozessrecht – Zur Auslegung von Art. 1 Abs. 1 EuGVÜ (1998), S. 167 ff.; a.A. *Peter Mankowski* in Thomas Rauscher: Europäisches Zivilprozess- und Kollisionsrecht, 3. Aufl. 2011, Bd. I, Art. 1 Brüssel I-VO, Rn. 2g.
1304 *Jürgen Basedow:* Europäisches Zivilprozeßrecht – Allgemeine Fragen des Europäischen Gerichtsstands und Vollstreckungsübereinkommens, aus: Handbuch des Internationalen Zivilverfahrensrecht (1982), Bd. I, Kap. II, S. 140 (Rn. 82).
1305 Eingehend *Ulrich Soltész:* Der Begriff der Zivilsache im Europäischem Zivilprozessrecht – Zur Auslegung von Art. 1 Abs. 1 EuGVÜ (1998), S. 44 f.
1306 *Ulrich Soltész:* Der Begriff der Zivilsache im Europäischem Zivilprozessrecht – Zur Auslegung von Art. 1 Abs. 1 EuGVÜ (1998), S. 61, der auf BGH, Vorlagebeschluss v. 28.05.1991 – IX ZB 82/90, EuZW 1991, S. 571–574 = IPRspr. 1991, Nr. 206, S. 434–438 verweist.

D. Anwendbarkeit ratione materie

er nämlich nicht immer hoheitliche Befugnisse aus. Zweitens stellt in den Rechtsordnungen der meisten Mitgliedstaaten das Verhalten eines Lehrers einer öffentlichen Schule im Rahmen der ihm übertragenen Betreuung der Schüler auf einem Schulausflug keine Wahrnehmung hoheitlicher Befugnisse dar, da dieser insoweit keine Befugnisse wahrnimmt, die von den im Verhältnis zwischen Privatpersonen geltenden Regeln abweichen."[1307]

Damit begrenzt der EuGH den Anwendungsbereich negativ dahin ab, dass nur Handlungen, die ausschließlich von staatlichen Stellen aufgrund besonderer Befugnisse wahrgenommen werden, mithin nicht von Privaten vorgenommen werden können, unter den Anwendungsbereich fallen.[1308]

c) Bewertung

Während *Burkhard Hess* darin die Einführung eines neuen Abgrenzungskriteriums erkennt[1309], sieht *Ulrich Soltész* die bisherige Formulierung der „Wahrnehmung hoheitlicher Befugnisse" nur spiegelbildlich beschrieben.[1310] Weder das eine noch das andere ist dem Urteil des EuGH eindeutig zu entnehmen. Das erstmals formulierte Abgrenzungskriterium bricht nicht mit der Rechtsprechungslinie[1311], konkretisiert diese aber so, dass die Feststellung der „Wahrnehmung hoheitlicher Befugnisse" handhabbar ist. In mittlerweile ständiger Rechtsprechung hält der EuGH mit diesem Abgrenzungs-

---

1307 EuGH, Urt. v. 21.04.1993 – Rs. C-172/91 (Volker Sonntag ./. Waldmann), Erwägungsgrund 21 f. (Fundstellenverzeichnis).
1308 *Burkhard Hess:* Amtshaftung als „Zivilsache" im Sinne von Art. 1 Abs. 1 EuGVÜ, IPRax 1994, S. 12; *Sebastian Kubis:* Amtshaftung im GVÜ und ordre public, ZEuP 1995, S. 857 zu EuGH v. 21.04.1993 – Rs. 172/91 (Volker Sonntag ./. Thomas Waidmann), Rn. 21 (Fundstellenverzeichnis).
1309 In seiner Entscheidungsbesprechung zur Rs. Sonntag schlägt dieser folgendes Abgrenzungskriterium vor: „Handelt der Staat auf fremdem Territorium, so wird dieses Verhalten, wenn es nicht um die Ausübung diplomatischer Privilegien geht, dem Verhalten Privater vergleichbar sein." Dabei knüpft *Burkhard Hess* an die überkommene restriktive Immunitätsgewährung an, deren Abgrenzungskriterien sich auch der EuGH annähert, vgl. *Burkhard Hess:* Amtshaftung als „Zivilsache" im Sinne von Art. 1 Abs. 1 EuGVÜ, IPRax 1994, S. 12. Soweit eine Parallelität besteht, ist der Vorschlag aber wenig allgemeingültig auf sein Dissertationsthema der Distanzdelikte beschränkt, für die bekanntermaßen eine Immunitätsausnahme etabliert ist: Dissertation von *Burkhard Hess:* Staatenimmunität bei Distanzdelikten – Der private Kläger im Schnittpunkt von zivilgerichtlichen und völkerrechtlichen Rechtsschutz (1992).
1310 *Ulrich Soltész:* Der Begriff der Zivilsache im Europäischem Zivilprozessrecht – Zur Auslegung von Art. 1 Abs. 1 EuGVÜ (1998), S. 63 ff.
1311 Vgl. EuGH, Urt. v. 15.02.2007 – Rs. C-292/05 (Lechouritou u. a. ./. Bundesrepublik Deutschland), Rn. 41 (Fundstellenverzeichnis) mit Verweis auf EuGH, Urt. v. 16.12.1980 – Rs. 814/79 (Niederlande ./. Reinhold Rüffer), Rn. 15 (Fundstellenverzeichnis).

Fünftes Kapitel – Anwendbarkeit der EuGVVO

kriterium an seiner Auslegungslinie fest.[1312] Damit stellt der EuGH *erstens* sicher, dass es trotz des Wortes „Befugnisse" nicht auf die Rechtmäßigkeit des hoheitlichen Handelns ankommen kann.[1313] *Zweitens* macht der EuGH sich damit unabhängig von nationalen Begriffsverständnissen und stärkt entsprechend das Primat der autonomen Auslegung der EuGVVO.[1314] Damit einher geht *drittens* eine begrüßenswerte Nachvollziehbarkeit der Argumentation und damit eine erhöhte Transparenz.[1315] *Viertens* schließlich und vor allem stellt der EuGH einen Gleichlauf zum sog. „Privatpersonentest" her[1316], mit dem üblicherweise auch *acta iure imperii* von *acta iure gestionis* unterschieden werden.[1317] Das Kriterium ist gesicherte mitgliedstaatliche Rechtsprechungspraxis[1318] und wird auch vom BVerfG angewendet, wenn es konstatiert:

1312 EuGH, Urt. v. 28.04.2009 – C–420/07 (Meletis Apostolides ./. David Charles Orams, Linda Elizabeth Orams), Rn. 44, Slg. 2009 (I), S. 3571–3638 = EuGRZ 2009, S. 210–216 mit Anm. bei *Dominik Schnichels/Ulrich Stege:* Die Rechtsprechung des EuGH zur EuGVVO und zum EuGVÜ – Übersicht über die Jahre 2008 und 2009, EuZW 2010, S. 807–811; EuGH, Urt. v. 15.02.2007 – Rs. C-292/05 (Lechouritou u. a. ./. Bundesrepublik Deutschland), Rn. 34 (Fundstellenverzeichnis); EuGH, Urt. v. 15.05.2003 – C–266/01, Rn. 30, Slg. 2003 (I), S. 4867–4898 = ABl. EU 2003, Nr. C 158, 6 = EuLF 2003, S. 172–175 = IPRax 2003, S. 528–531; mit Anm. bei *Reinhold Geimer:* Zur Beschränkung des Anwendungsbereichs der EuGVVO bzw. des EuGVÜ/LugÜ auf Zivil- und Handelssachen, IPRax 2003, S. 512–515; *Alexander Wittwer:* Die EuGH-Rechtsprechung zum Europäischen Zivilprozessrecht aus den Jahren 2003 und 2004, ZEuP 2005, S. 868–894.
1313 *Burkhard Hess:* Amtshaftung als „Zivilsache" im Sinne von Art. 1 Abs. 1 EuGVÜ, IPRax 1994, S. 12.
1314 Was *Peter Schlosser* vor allem dem Urteil des EuGH v. 16.12.1980 in der Rs. 814/79 (Niederlande ./. Reinhold Rüffer) vorgeworfen hatte, vgl. S. 244. Siehe auch in diesem Sinne bei *Burkhard Hess:* Amtshaftung als „Zivilsache" im Sinne von Art. 1 Abs. 1 EuGVÜ, IPRax 1994, S. 12.
1315 *Ulrich Soltész:* Der Begriff der Zivilsache im Europäischem Zivilprozessrecht – Zur Auslegung von Art. 1 Abs. 1 EuGVÜ (1998), S. 63.
1316 So konkret bei *Robin Falk Lengelsen:* Aktuelle Probleme der Staatenimmunität im Verfahren vor den Zivil- und Verwaltungsrecht (2011), S. 82; *Kinga Timar:* Staatenimmunität und internationale Zuständigkeit im Lichte der aktuellen Rechtsprechung des EuGH, aus: Europäisches Zivilprozessrecht – Einfluss auf Deutschland und Ungarn (2011), S. 236; mit Nachw. in der internationalen Spruchpraxis und bezogen auf die Rs. Sonntag bei *Burkhard Hess:* Amtshaftung als „Zivilsache" im Sinne von Art. 1 Abs. 1 EuGVÜ, IPRax 1994, S. 13.
1317 Allgemein bei *Thilo Rennsmann:* Wertordnung und Verfassung – Das Grundgesetz im Kontext grenzüberschreitender Konstitutionalisierung (2007), S. 391 (Rn. 175) und *Christian Appelbaum:* Einschränkungen der Staatenimmunität in Fällen schwerer Menschenrechtsverletzungen – Klagen von Bürgern gegen einen fremden Staat oder ausländische staatliche Funktionsträger vor nationalen Gerichten (2007), S. 83 f.
1318 Mit Nachw. jeweils ebenda.

D. Anwendbarkeit ratione materie

„Maßgebend [...] kann vielmehr nur die Natur der staatlichen Handlung oder des entstandenen Rechtsverhältnisses sein, nicht aber Motiv oder Zweck der Staatstätigkeit. Es kommt also darauf an, ob der ausländische Staat in Ausübung der ihm zustehenden Hoheitsgewalt, also öffentlich-rechtlich, oder wie eine Privatperson, also privatrechtlich, tätig geworden ist."[1319]

Gerade dies macht die Rechtsprechung des EuGH für die hiesige Untersuchung wegweisend. Einhellig wird die Rs. Sonntag als Stärkung des privaten Klägerschutzes im Grenzbereich zu öffentlich-rechtlichen Sachverhalten verstanden.[1320] Wenn *Karl Doehring* in der fremdgerichtlichen Inanspruchnahme eines Staates die Gleichstellung mit einer Privatperson befürchtet[1321], dann kann eben genau der „Privatpersonentest" diesen Bedenken in die Bedingung umkehren, unter der ein fremder Staat in einen Haftungsprozess gezogen werden kann. Im Bereich von Privatpersonen bilden die souveränen Interessen keine grundsätzliche Prozessgrenze sondern sind eben darauf gerichtet, Streitsachen gemäß dem Europäischen Zivilprozessrecht zu koordinieren.[1322]

Nachdem der EuGH im Jahr 1993 die Rs. Sonntag vorabentschieden hat, ist ihr Einfluss auf die Konventionsarbeiten der Haager Konferenz für Internationales Privatrecht für ein weltweites Gerichtsstands-, Anerkennungs- und Vollstreckungsübereinkommen unverkennbar. Ihre Redakteure kommentierten den sachlichen Anwendungsbereich des Art. 1 Abs. 3 des Arbeitsentwurfes 1999 bzw. Art. 1 Abs. 4 des Arbeitsentwurfes 2001 ebenfalls unter Bezug auf einen „Privatpersonentest".[1323] Auf dessen erster Stufe sollte gleichbedeutend zum Maßstab werden, ob das Verhalten, auf dem die Sache beruht, ein solches Verhalten darstellt, das auch von einer privaten Person vorgenommen werden kann. Indem der „Privatpersonentest" der Haager Konferenz im Übrigen sogar wesentlich ausdifferenzierter als sein Europäisches Vorbild

---

1319 BVerfG, Urt. v. 30.04.1963 – 2 BvM 1/62 (Fundstellenverzeichnis) und dazu in Bezug auf das hiesige Thema bei *Christian Appelbaum:* Einschränkungen der Staatenimmunität in Fällen schwerer Menschenrechtsverletzungen – Klagen von Bürgern gegen einen fremden Staat oder ausländische staatliche Funktionsträger vor nationalen Gerichten (2007), S. 83.
1320 *Burkhard Hess:* Amtshaftung als „Zivilsache" im Sinne von Art. 1 Abs. 1 EuGVÜ, IPRax 1994, S. 12; *Ulrich Soltész:* Der Begriff der Zivilsache im Europäischem Zivilprozessrecht – Zur Auslegung von Art. 1 Abs. 1 EuGVÜ (1998), S. 70.
1321 *Karl Doehring:* Reparationen für Kriegsschäden, aus: Jahrhundertschuld – Jahrhundertsühne: Reparationen, Wiedergutmachung, Entschädigung für nationalsozialistisches Kriegs- und Verfolgungsunrecht (2001), S. 47 f.
1322 Entgegen den Bedenken von *Karl Doehring* sind die souveränen Interessen der Staaten dort nicht aufgehoben, wo sie für die justizielle Zusammenarbeit zwischen den Mitgliedstaaten der Europäischen Union auf diese übertragen sind, vgl. ebenda, S. 48.
1323 Working Document Nr. 286, zitiert nach *Nygh/Pocar*-Bericht (2000), S. 36 f.

ausfiel, bestätigt es wiederum dessen Eignung zur Feststellung hoheitlicher Handlungen und Behandlung des hiesigen Themas.

III. Rechtswidrigkeit von Hoheitsakten als Lösungsmodell

Auf dem Boden des „Privatpersonentests" wurde im Rahmen des Vorabentscheidungsverfahrens der Rs. C-292/05 ein altbekanntes und durchaus interessantes Abgrenzungskriterium bemüht. Ein zentrales Vorbringen des vorlegenden Gerichts war namentlich die Überlegung, dass die Rechtswidrigkeit von Hoheitsakten deren hoheitlichen Charakter aufbrauchen würde.[1324] Auf Ebene der Staatenimmunität wird dieses Argument mit dem Verweis darauf hervorgebracht, dass Folter, Sklaverei und Kriegsverbrechen trotz tatbestandlicher Staatsgewalt auch von Privatpersonen begangen werden könnten.[1325] Als Einstufungsmodell einer „Zivilsache" war das Unrechtskriterium jedoch nicht erprobt und stand erstmals in der Rs. C-292/05 zur höchstrichterlichen Klärung an. Den Gedankengang zu stützen scheint die Allgemeinformel des EuGH, wonach schlechthin „hoheitliche Befugnisse" die Abgrenzungslinie zu öffentlich-rechtlichen Sachen abzeichnen. Rechts*widrigen* Handlungen ist es aber immanent, dass sie jeder Befugnis konterkarierend sind. Auf selber Linie argumentierten einige Richter in der ersten und dritten *Pinochet*-Entscheidung dahingehend, dass die Zufügung von Folter keiner offiziellen Funktion diene.[1326] Soweit sich auch die Spruchpraxis diesbezüglich zurückgehalten hat[1327], sprach der IGH unter den Eindrücken der britischen *Pinochet*-Entscheidungen *obiter dictum* aus,

---

1324 EuGH, Urt. v. 15.02.2007 – Rs. C-292/05 (Lechouritou u. a. ./. Bundesrepublik Deutschland), Rn. 10 (Fundstellenverzeichnis), Rn. 15 (Fundstellenverzeichnis) und in den diesbezüglichen Schlussanträgen des Generalanwalts *Dámaso Ruiz-Jarabo Colomer* v. 08.11.2006, Slg. 2007 (I), S. 1521–1539, Rn. 63.
1325 Vgl. *Alexander Orakhelshvili:* State Immunity and International Public Order, GYIL 45 (2002), S. 237 und allgemein bei *Christian Appelbaum:* Einschränkungen der Staatenimmunität in Fällen schwerer Menschenrechtsverletzungen – Klagen von Bürgern gegen einen fremden Staat oder ausländische staatliche Funktionsträger vor nationalen Gerichten (2007), S. 83 ff.; *Oliver Dörr:* Staatliche Immunität auf dem Rückzug?, AVR 41 (2003), S. 214.
1326 Mit Nachw. bei *Christopher Keith Hall:* UN Convention on State Immunity – The need for a Human Rights Protocol, ICLQ 55 (2006), S. 417.
1327 Vgl. nur Gerechtshof Amsterdam, R. Wingaarde ./. Desiré Delano Bouterse – R97/163/12 Sv und R.A.L. Hoost ./. Desiré Delano Bouterse – R 97/176/12 Sv., Urt. v. 20.11.2000; Berufungsurteil des Hoge Raad v. 18.09.2001 – 00749/01 – CW 2323.

D. Anwendbarkeit ratione materie

"that serious international crimes cannot be regarded as official acts because they are neighter normal State functions that a State alone (in contrast to an individual) can perform".[1328]

Für die Immunitätsausnahme wegen schwerer Menschenrechtsverletzungen ist damit ein Begründungsansatz formuliert.[1329] Der IGH selbst hat diesen aber als Schlusspunkt der Ausgangsverfahren ausdrücklich abgelehnt.[1330] Und auch in Bezug auf die sachliche Anwendbarkeit der EuGVVO vermag das Argument nicht durchzugreifen. Entscheidend ist hier nämlich die Rechtsnatur der einer Sache zugrundeliegenden Handlung. Die Rechtswidrigkeit einer Handlung kann zwar entscheidend für deren Justiziabilität sein, berührt aber nicht deren Rechtsnatur.[1331] Selbst wenn die Grenzen der Justiziabilität nicht entlang den Begriffen *iure imperii* und *acta iure gestionis* verliefe[1332], zwingt dies nicht zu einer Behandlung als „Zivilsache". Die Ermöglichung von Justiziabilität ersetzt in keiner Hinsicht deren Prüfung.[1333] Eine Übertragung des Gedankens der funktionellen Immunität kann daher nicht gelingen. Entsprechend vertrat der EuGH in der Rs. C-292/05, dass die Rechtswidrigkeit einer Handlung mitnichten der Anwendung der EuGVVO Befehl geben könne.[1334] Zumal die Rechtmäßigkeit eines Rechtsakts zur Vorfrage gerieren würde. Zwar wäre deren Beantwor-

---

1328 So die Joint Separate Opinion der IGH-Richter *Rosalyn Higgins, Pieter Hendrik* und *Thomas Buergenthal* im Arrest Warrant-Fall v. 11.04.2000 (Democratic Republic of Congo ./. Belgium), Preliminary Objections and Merits, Judgment, ICJ Report 2002, Rn. 85, die sich ausdrücklich auf die Pinochet-Entscheidungen beziehen.
1329 Eingehend zu den Pinochet-Urteilen bei *Moritz von Unger:* Menschenrechte als transnationales Privatrecht (2008), S. 77 ff. sowie *Christian Appelbaum:* Einschränkungen der Staatenimmunität in Fällen schwerer Menschenrechtsverletzungen – Klagen von Bürgern gegen einen fremden Staat oder ausländische staatliche Funktionsträger vor nationalen Gerichten (2007), S. 102; *Christopher Keith Hall:* UN Convention on State Immunity – The need for a Human Rights Protocol, ICLQ 55 (2006), S. 416; *Andrew Dickinson:* Statuts o Forces under the UN Convention on State Immunity, ICLQ 55 (2006), S. 435.
1330 IGH, Urt. v. 3.02.2012 (Deutschland ./. Italien), Rn. 60 (Fundstellenverzeichnis).
1331 EuGH, Urt. v. 15.02.2007 – Rs. C-292/05 (Lechouritou u. a. ./. Bundesrepublik Deutschland), Rn. 43 (Fundstellenverzeichnis) mit zustimmender Anm. *Anatol Dutta:* Anmerkung zu EuGH v. 15.02.2007 – Rs. C-292/05, ZZP 11 (2006), S. 215.
1332 Nach allgemeiner Auffassung verliert ein Hoheitsakt nicht dadurch seine Qualität als *actum iure imperii,* dass er gegen Völkerrecht verstößt, vgl. *Helmut Damian:* Staatenimmunität und Gerichtszwang (1985), S. 19; *Reinhold Geimer:* Internationales Zivilprozessrecht, 6. Aufl. 2009, S. 236 (Rn. 502). Dagegen *Norman Paech:* Staatenimmunität und Kriegsverbrechen, AVR 47 (2009), S. 64.
1333 *Jennie Hatfield-Lyon:* Nelson v. Saudi-Arabia: An Opportunity for Judicial Enforcement of International Human Rights Standards, 86 American Society of International Law Proceedin (1992), S. 335.
1334 EuGH, Urt. v. 15.02.2007 – Rs. C-292/05 (Lechouritou u. a. ./. Bundesrepublik Deutschland), Rn. 43 ff. (Fundstellenverzeichnis).

Fünftes Kapitel – Anwendbarkeit der EuGVVO

tung nicht vom divergierenden mitgliedstaatlichen Recht abhängig.[1335] Maßstab der Rechtmäßigkeit der Handlungen wäre aber das in diesem Bereich mitunter diffizil zu bestimmende Völkerrecht, vgl. Art. 3 der *Draft Articles on State Responsibility*.[1336] Selbst aber, soweit eine einheitliche Auslegung im Lichte des Völkerrechts möglich ist, wären

> *„derartige Schwierigkeiten [...] sicherlich nicht mit System und Zweck des Übereinkommens vereinbar, das (...) auf dem gegenseitigen Vertrauen der Vertragsstaaten in ihre Rechtssysteme und Rechtspflegeorgane beruht und Rechtssicherheit gewährleisten soll, indem einheitliche Regeln für Kompetenzkonflikte auf dem Gebiet des Zivil- und Handelsrechts sowie eine Vereinfachung der Förmlichkeiten zum Zweck der raschen Anerkennung und Vollstreckung gerichtlicher Entscheidungen aus den Vertragsstaaten vorgesehen werden".*[1337]

Demgemäß kann dem themenspezifischen Gesichtspunkt der Rechtswidrigkeit kein weiterführendes Abgrenzungskriterium entlehnt werden.

IV. Kasuistik

Wenn nun die Abgrenzungslinie feststeht und wie gezeigt auch nicht durch die themenspezifische Argumentation im Hinblick auf die Rechtswidrigkeit der in Streit stehenden Handlungen beeinflusst wurde, gilt es demgemäß zu untersuchen, welche schweren Menschenrechtsverletzungen *in concreto* als „Zivil- und Handelssache" anzusehen sind. Wie eingehend im dritten Kapitel nachgezeichnet, zeigen die Vorarbeiten der Haager Konferenz für Internationales Privatrecht, dass im Umkehrschluss zu Art. 18 Abs. 3 des Übereinkommens schwere Menschenrechtsverletzungen in den sachlichen Anwendungsbereich von „Zivil- und Handelssachen" fallen *können*. Allein der Umstand, dass die Entwürfe der Haager Konferenz eine „Menschenrechtsklausel" in ihrem Anwendungsbereich vorsahen, bedeutet indes nicht *per se,* dass schwere Menschenrechtsverletzungen eine „Zivilsache" darstellen. Noch weniger kann der rechtliche Sammelbegriff der schweren Menschenrechtsverletzungen pauschal am „Privatpersonentest" gemessen werden. Die Reichweite von „Zivil- und Handelssachen" *ratione materie* soll daher im Lichte der bisherigen Überlegungen

---

1335 Entgegen *Anatol Dutta:* Anmerkung zu EuGH v. 15.02.2007 – Rs. C-292/05, ZZP 11 (2006), S. 215.
1336 Wonach für die Bestimmung eines Handelns eines Staates als völkerrechtswidrig das Völkerrecht gilt, ohne davon beeinflusst, dass innerstaatliches Recht dasselbe Handeln als rechtmäßig bestimmt.
1337 EuGH, Urt. v. 15.02.2007 – Rs. C-292/05 (Lechouritou u. a. ./. Bundesrepublik Deutschland), Rn. 44 (Fundstellenverzeichnis).

D. Anwendbarkeit ratione materie

mit einer Kasuistik bestimmt werden. Orientierung gibt dafür der – bis zuletzt umstrittene – Art. 18 Abs. 3 der Haager Entwürfe von 1999/2001.

1. Kriegsverbrechen

Nach Ansicht der Haager Konferenz für Internationales Privatrecht können Kriegsverbrechen die Grundlage einer „Zivilsache" darstellen, vgl. Art. 18 Abs. 3 lit. a) Var. 3 beider Entwürfe von 1999/2001. Trotzdem die Behandlung von Kriegsverbrechen im Rahmen der EuGVVO ungewöhnlich anmutet, haben sich in jüngster Zeit die obersten Zivilgerichte aus vier Mitgliedstaaten[1338] sowie der EuGH ausdrücklich dazu geäußert. Jedes der Verfahren hatte – wie eingangs vorgestellt – das Handeln deutscher Besatzungstruppen bzw. Besatzungsbehörden während des Zweiten Weltkriegs zum Gegenstand.

a) Mitgliedstaatliche Rechtsprechung

aa) Polnische Spruchpraxis

Das jüngste Verfahren wurde von *Winicjusz Natoniewski* vor den Gerichten der Republik Polen betrieben. Mit letztinstanzlichem Urteil vom 29. Oktober 2010[1339] äußerte sich das Oberste Polnische Gericht ausdrücklich zur Anwendbarkeit der EuGVVO bezüglich Kriegsverbrechen. Das Sąd Najwyższy erklärte in Übereinstimmung mit den Instanzgerichten und auf Grundlage der EuGH-Entscheidung in der Rs. C-292/05 die EuGVVO diesbezüglich für unanwendbar.[1340] Auf den Prüfstand der Entscheidung lag vielmehr das Bestehen einer Immunitätsausnahme wegen schwerer Menschen-

---

1338 Entgegen der Auffassung von *Burkhard Hess,* vertreten in Europäisches Zivilprozessrecht (2010), S. 346 (Fußn. 56), verpasste es die französische Cour de Cassation, sich ausdrücklich zum Anwendungsbereich der EuGVVO zu äußern. Sie hatte über zwei Klagen französischer Staatsangehöriger zu entscheiden, die die Bundesrepublik Deutschland wegen ihrer Verschleppung zur Zwangsarbeit in Deutschland durch deutsche Besatzungstruppen in Anspruch nehmen wollten. Namentlich forderte *Giminez-Exposito* ausstehenden Lohn und immateriellen Schadensersatz in Höhe von 630.000 Francs, *Bucheron* aus gleichem Klagegrund auf 520.000 Francs. Die Cour de Cassation würdigte das Handeln deutscher Besatzungsbehörden aber als Maßnahme mit eindeutig hoheitlichem Charakter und wies die Klagen mit Urteil v. 02.06.2004 (Giminez Exposito ./. RFA), Revue Critique DIP, S. 79 f. sowie Urt. v. 16.12.2003 (Bucheron ./. RFA) Bull. Civ. I 258, S. 206 wegen der Immunität Deutschlands wegen Unzuständigkeit ab.
1339 Urt. v. 29.10.2010 – IV CSK 465/09, Polish Yearbook of International Law 30 (2010), S. 299 ff., auszugsweise abgedruckt und übersetzt in IPRax 2011, S. 596 f.
1340 Vgl. Entscheidungsbesprechung von *Michael Stürner:* Staatenimmunität bei Entschädigungsklagen wegen Kriegsverbrechen, IPRax 2011, S. 601.

Fünftes Kapitel – Anwendbarkeit der EuGVVO

rechtsverletzungen.[1341] Das oberste polnische Gericht verneint dies nach derzeitigem Entwicklungsgrad des Völkerrechts trotz Verweis auf die Rechtsprechung in Italien und Griechenland.[1342]

bb) Italienische Spruchpraxis zu Ferrini und Dístimo

Die Immunitätsbarriere überwunden hatten bekanntlich die italienischen Gerichte in den eingangs dargestellten Ausgangsverfahren. Ihre Aussagen bezüglich der Anwendbarkeit der EuGVVO sind daher von besonderem Interesse. Die Corte di Cassazione hat bereits in ihrem vielbesprochenen *Ferrini*-Urteil ausdrücklich zur Anwendbarkeit der EuGVVO Stellung genommen. Der Kläger *Luigi Ferrini* rügte vor dem Kassationshof, dass die Instanzgerichte sich nicht auf die Art. 1, 5 Nr. 3 und 57 EuGVVO gestützt hatten. Der römische Gerichtshof konstatierte:

„Die in diesem Sinn formulierte Beschwerde ist offensichtlich unbegründet. Richtigerweise ist das Übereinkommen (…) auf Rechtsstreitigkeiten nicht anwendbar, welche sich auf Handlungen beziehen, die Ausdruck der Souveränität der einzelnen Staaten sind. Der Europäische Gerichtshof hat dies wiederholt festgestellt und zur Haftung der öffentlichen Verwaltung entschieden, dass eine Schadensersatzklage nur dann als ‚Zivilsache' anzusehen ist (und daher vom Anwendungsbereich des Übereinkommens erfasst wird), wenn sie sich auf Handlungen gründet, die von der öffentlichen Verwaltung nicht ‚in Ausübung ihrer Hoheitsgewalt' vorgenommen wurden (Entscheidungen vom 21.04.1993, Rs. 171/91; 16.12.1980, Rs. 814/79; 14.10.1976, Rs. 29/76)."[1343]

Ohne auf die Rs. Sonntag einzugehen, die ihren Ausgangspunkt ebenfalls vor italienischen Gerichten hatte, bezog sich die Corte di Cassazione vor allem auf die hier bereits vorgestellte Rs. LTU. Der streitgegenständlichen Zwangsarbeit von *Luigi Ferrini* maß sie hoheitlichen Charakter zu, wegen dessen die EuGVVO keine Anwendung finden könne.

Einen Monat nachdem auch der EuGH auf die Vorlagefrage der Rs. C-292/05 mit gleicher Linie antwortete, erklärte die italienische Corte d'Appello di Firenze das Livadía-Urteil auf Basis der EuGVVO hinsichtlich der Gerichtskosten und eines Teilbetrags von knapp 3.000 Euro für vollstreckbar.[1344] Den gemäß Art. 43 Abs. 1

1341 Ebenda, S. 601 f. sowie die insoweit abgedruckten und übersetzten Entscheidungsgründe des Sąd Najwyższy, Urt. v. 29.10.2010 – IV CSK 465/09, in der IPRax 2011, S. 596 f.
1342 Ebenda, S. 597.
1343 Corte di Cassazione, sez. un. v. 11.03.2004 (Ferrini ./. Repubblica Federale di Germania) – 5044/2004, Gliederungspunkt 2.1 des Urteils, (Fundstellenverzeichnis).
1344 Corte d'Appello di Firenze, Dekret v. 02.05.2005 – cass. un. 486/2007 (Fundstellenverzeichnis).

D. Anwendbarkeit ratione materie

EuGVVO verhandelten Rechtsbehelf der Bundesrepublik Deutschland wies die Corte d'Appello di Firenze mit Beschluss vom 22. März 2007 zurück.[1345] Die Richter stützten ihre Entscheidung auf Art. 38 Abs. 1 EuGVVO, wonach im Urteilsstaat gegebene Vollstreckungshindernisse nicht zwingend auch im Vollstreckungsstaat zu berücksichtigen sind.[1346] Sie erklärten damit inzident – und trotz[1347] sachverhaltsnaher Rechtsprechung des EuGH – die EuGVVO für Kriegsverbrechen aus dem Zweiten Weltkrieg für anwendbar. Erst der oberste Kassationsgerichtshof nahm wegen der Entscheidung des EuGH mit Urteil vom 29.05.2008 davon Abstand.[1348] Es erklärte die EuGVVO

„in zeitlicher wie sachlicher Hinsicht unanwendbar (vgl. EuGH Rs. 295/05)".

Nicht nur zitierte die Corte Suprema di Cassazione den EuGH mit falscher Rechtssache[1349], auch geht sie in der Annahme fehl, der EuGH hätte sich zur zeitlichen Anwendbarkeit der EuGVVO geäußert. Ihre Feststellung entbehrt daher einer angemessenen Auseinandersetzung mit der besagten EuGH-Entscheidung. Zumal das Urteil des EuGH in der Rs. C-292/05 im Wege des Vorabentscheidungsverfahrens erging und seine Rechtskraft über das Verfahren hinaus nur eine enge Bindungswirkung zeitigt.[1350] Die Corte Suprema di Cassazione vermied aber eine Diskrepanz zum EuGH,

---

1345 Corte d'Appello di Firenze v. 22.03.2007 – cass. un. 2360-2005.
1346 *Michael Stürner:* Staatenimmunität und Brüssel I-Verordnung – Die zivilprozessuale Behandlung von Entschädigungsklagen wegen Kriegsverbrechen im Europäischen Justizraum, IPRax 2008, S. 204.
1347 Fälschlicherweise notieren *Eike Michael Frenzel* und *Richard Wiedemann,* dass die Corte d'Apello nicht unter dem Eindruck der EuGH-Entscheidung stand, vgl. Das Vertrauen in die Staatenimmunität und seine Herausforderung – Die Bewältigung von NS-Unrecht im Mehrebenensystem, NVwZ 2008, S. 1089.
1348 Corte Suprema di Cassazione v. 29.05.2008 – 14201 (Fundstellenverzeichnis), zu den Ausgangsverfahren unter Punkt A des zweiten Kapitels ab S. 47.
1349 Statt der Rs. 295/05 war die Rs. 292/05 gemeint, worauf Richard Wiedemann und Eike Michael Frenzel in NVwZ 2008, S. 1100 richtigerweise hinweisen. Der EuGH entschied in der Rs. C-295/05 über Fragen des Vergaberechts und wurde offensichtlich unrichtig zitiert.
1350 Eine Vorabentscheidung bindet streng genommen nur das vorlegende Gericht sowie alle Instanzgerichte des konkreten Verfahrens, vgl. Streinz-*Ulrich Ehricke:* EUV/AEUV, 2. Aufl. 2012, Art. 267, Rn. 68 AEUV sowie schon Leitsatz 1 des EuGH, Urt. v. 24.06.1969 – Rs. 29/68 (Deutsche Milchkontor), Slg. 1969, S. 165 f. (173 ff.). Eine *erga omnes* Wirkung eines das Auslegungsurteils ist unionsrechtlich nicht geregelt und kommt nur im engen Bezug zur Vorlagefrage in Betracht, vgl. ebenda, Rn. 69 ff. sowie EuGH v. 15.09.1998 – Rs. C-231/96 (Edis ./. Ministerio delle Finanze), Slg. 1998 (I), S. 4951–4996 = EuZW 1998, S. 664–667 = NJW 1999, S. 129–132 = EuR 1998, S. 767–775 = RIW 1999, S. 956–959; *Kirsten Schmalenbach:* Die rechtliche Wirkung der Vertragsauslegung durch IGH, EuGH und EGMR, ZÖR 59 (2004), S. 220; *Andreas Haratsch/Christian Koenig/Matthias Pechstein:* Europarecht, 8. Aufl. (2012), Rn. 570. Im Rahmen des *effet utile* ist insoweit eine gewisse Präjudizwirkung des *case law* des

die es angesichts der Bejahung der Anerkennung und Vollstreckung nach nationalem Recht nicht benötigte. Eine inhaltliche Kassation der Vorinstanz fand daher nicht statt. Entsprechend beließ es die Corte Suprema di Cassazione in ihrer Entscheidung vom selbigen Tag betreffend die Italienischen Militärinternierten bei der Feststellung, dass die italienischen Gerichte im Falle schwerer Menschenrechtsverletzungen ihre Gerichtsbarkeit über die Bundesrepublik Deutschland ausüben dürfen, ohne diesbezüglich auf die EuGVVO einzugehen.[1351] Mit Entscheidung vom 12. Januar 2011 bestätigte die Corte Suprema di Cassazione, dass sich die Vollstreckbarkeit nicht nach dem Regime der EuGVVO richte, sondern nach dem autonomen italienischen Recht.[1352] Obwohl die Corte Suprema di Cassazione in der Hauptsache entschied und entsprechend mehr Begründungsaufwand betrieb, wurde die Ablehnung der EuGVVO nicht weiter ausgeführt.[1353]

cc) Deutsche Spruchpraxis um das Kriegsverbrechen von Dístimo

Auch vor deutschen Gerichten fand in den Verfahren um das Kriegsverbrechen von Dístimo eine mehrinstanzliche Berührung der Frage statt, ob solche schweren Menschenrechtsverletzungen in den Anwendungsbereich der heutigen EuGVVO fallen können. Einfallstor dafür war die Frage, inwieweit das Urteil des griechischen Landgerichts Livadía vom 30. Oktober 1997 zu beachten war. Wegen dessen Rechtshängigkeit vor griechischen Instanzgerichten wurde die Abweisung der Klageverfahren vor deutschen Gerichten gleichermaßen diskutiert, während die Kläger dessen inhaltliche Bindung suchten. Im Rahmen der Zulässigkeit der Klage hatte der BGH zu prüfen, ob die Rechtskraft des griechischen Urteils im Parallelverfahren vor dem LG

EuGH anzuerkennen, vgl. Thomas Rauscher-*Ansgar Staudinger*, Europäisches Zivilprozess- und Kollisionsrecht, 3. Aufl. 2011, Bd. I, Einl. Brüssel I-VO, Rn. 62.

1351 Corte Suprema di Cassazione v. 29.05.2008 – no. 14201 (Fundstellenverzeichnis). Bezüglich der Inanspruchnahme der Daimler-Benz AG war die Anwendbarkeit der EuGVVO hingegen unbestritten, allein ihr Zuständigkeitsregime wurde als nicht einschlägig angesehen, vgl. die auszugsweise Übersetzung der Urteilsgründe bei *Eike Michael Frenzel/Richard Wiedemann*: Zuständigkeit italienischer Gerichte für Schadensersatzklagen gegen die Bundesrepublik Deutschland – Italienische Zwangsarbeiter, NVwZ 2008, S. 1101 f. sowie besprochen von *Giuseppe Serranò*: Immunità degli Stati stranieri e crimini internazionali nella recente giurisprudenza della Corte di Cassazione: Rivista di diritto internazionale privato e processuale 65 (2009), S. 622 ff.

1352 Corte Suprema di Cassazione v. 12.01.2011 – 11163/11, Rn. 24, mit Anm. bei *Michael Stürner:* Staatenimmunität bei Entschädigungsklagen wegen Kriegsverbrechen, IPRax 2011, S. 600 ff.
Ebenda, S. 602.

1353 Vgl. die Entscheidungsbesprechung von *Michael Stürner:* Staatenimmunität bei Entschädigungsklagen wegen Kriegsverbrechen, IPRax 2011, S. 602.

D. Anwendbarkeit ratione materie

Livadía einer erneuten Klage entgegenstand. Eine Sperre ist nach deutschem Recht nur dann begründet, wenn das rechtskräftige Urteil in Deutschland anerkannt werden kann. Dazu konstatierte der BGH:

"Die Frage, ob das (rechtskräftige) Urteil des Landgerichts Livadeia anzuerkennen ist, richtet sich nicht nach dem Brüsseler Übereinkommen über die gerichtliche Zuständigkeit und die Vollstreckung gerichtlicher Entscheidungen in Zivil- und Handelssachen (EuGVÜ). Denn zu den Zivil- und Handelssachen, in denen dieses multilaterale Abkommen gemäß Art. 1 Abs. 1 Satz 1 EuGVÜ anzuwenden ist, gehört – bei einer vertragsautonomen Qualifikation dieses Begriffes – nicht der Schadensersatzanspruch gegen einen Hoheitsträger, der in Ausübung hoheitlicher Befugnisse gehandelt hat (vgl. EuGH, Urteil vom 21. April 1993 – Rs. C-172/91 (...). "[1354]

Eine Vorlage an den EuGH zog der BGH gemäß des damaligen Art. 68 Abs. 1 EGV nicht in Betracht. Eine Vorlage war im Grunde dadurch geboten, dass der BGH europäisches Sekundärrecht unangewendet ließ.[1355] Eine Ausnahme der Vorlagepflicht[1356] lag nicht auf der Hand. Weder war die Rechtsfrage offensichtlich, noch lag eine gesicherte Rechtsprechung des EuGH vor. Soweit sich der BGH auf die Rs. Sonntag bezog, sei daran erinnert, dass der EuGH darin schon einmal das deutsche Verständnis von hoheitlichen Befugnissen konterkariert hatte.

Das BVerfG nahm mit Beschluss vom 15. Februar 2003 die Beschwerde gegen das Urteil des BGH nicht an.[1357] In seiner Begründung bestätigte das BVerfG vielmehr, dass die deutschen Gerichte nicht an das Urteil des griechischen Landgerichts Livadía vom 30. Oktober 1997 gebunden seien.[1358] Ohne das Kind beim Namen zu nennen, erklärte es damit die EuGVVO auf die streitgegenständlichen Kriegsverbrechen für nicht anwendbar. Obwohl die Beachtung ausländischer Rechtshängigkeit von der EuGVVO unionalisiert ist und Anwendungsvorrang genießt, benennt das BVerfG in keinem Wort die EuGVVO. Allein die Heranziehung des Immunitätsprinzips wird als ausreichende Begründung erachtet, eine Hinterfragung dessen Geltungsanspruchs im Anwendungsbereich der EuGVVO nimmt die erste Kammer des zweiten Senats nicht vor. Das wird besonders dadurch deutlich, dass das BVerfG sich auf das Urteil des EGMR im Fall Al-Adsani beruft, das bekanntlich die Immunitätsverdrängung im

---

1354 BGH, Urt. v. 26.06.2003 – III ZR 245/98, unter Gliederungspunkt I. 1. des Urteils (Fundstellenverzeichnis).
1355 Dazu allgemein bei *Andreas Haratsch/Christian Koenig/Matthias Pechstein:* Europarecht, 8. Aufl. (2012), Rn. 563.
1356 *Ebenda,* Rn. 564.
1357 BVerfG, Beschl. v. 15.02.2006 – 2 BvR 1476/03 (Fundstellenverzeichnis).
1358 Ebenda, Orientierungssatz 1a und Rn. 18.

Fünftes Kapitel – Anwendbarkeit der EuGVVO

Falle schwerer Menschenrechtsverletzungen zum Gegenstand hatte. An dieser Stelle verdeckt das deutsche Trennungsmodell den Blick für eine Auseinandersetzung mit der eigentlichen Fragestellung.

dd) Griechische Spruchpraxis um das Kriegsverbrechen von Dístimo

Das LG Livadía hat im Versäumnisurteil vom 30.10.1997 seine Zuständigkeit auf Art. 5 Nr. 3 EuGVVO gestützt.[1359] Deren Anwendung wurde aber weniger geprüft, als vielmehr unterstellt. Auch der angerufene Areios Pagos nahm zur Zuständigkeitsannahme keine Stellung.[1360] In der Summe der mitgliedstaatlichen Spruchpraxis besteht mithin in jede Richtung die Gefahr, die Anwendung EuGVVO pauschal und ohne Vertiefung zu beantworten. Selbst wenn aber eine Auseinandersetzung Platz findet, haben die Gerichte zumeist Qualifikation einer hoheitlichen Maßnahme im Sinne der völkerrechtlichen Staatenimmunität und der unionalen Anwendung der EuGVVO unzulässig vermengt. Wenn überhaupt findet sich ein struktureller Lösungsansatz in den vom griechischen Efeteio Patron angestoßene Vorabentscheidung zum EuGH. Soweit auch das griechische Gericht selbst sich zur Anwendbarkeit der EuGVVO im Falle von Kriegsverbrechen nicht äußerte, so hielt es eine Entscheidung des EuGH darüber erforderlich.

b) Rechtsprechung des EuGH in der Rs. C-292/05

Dem EuGH lag sodann in der Rs. C-292/05 das Kriegsverbrechen von Kalavryta zu Grunde. Im Lichte des „Privatpersonentest" aus der Rs. Sonntag konstatierte der EuGH, dass

„Operationen von Streitkräften insbesondere deswegen ein typischer Ausdruck staatlicher Souveränität [sind], weil sie von den zuständigen staatlichen Stellen einseitig und zwingend beschlossen werden und sich als mit der Außen- und Verteidigungspolitik von Staaten untrennbar verknüpft zeigen."[1361]

Damit verweist der EuGH auf die hierarchische Organisation von Armeen, deren Befehlsgewalt zumeist der Regierung obliegt und deren Auftrag bisweilen in den Verfas-

---

1359 Polymelés Protodikeío Livadía, Versäumnisurteil v. 25.09.1997 – Case No. 137/1997 (Prefecture of Voiotia ./. Federal Republic of Germany), veröffentlicht am 30.10.1997 (Fundstellenverzeichnis).
1360 Areios Pagos v. 04.05.2000 – Case No. 11/2000 (Fundstellenverzeichnis).
1361 EuGH, Urt. v. 15.02.2007 – Rs. C-292/05 (Lechouritou u. a. ./. Bundesrepublik Deutschland), Rn. 34 (Fundstellenverzeichnis).

sungen der Staaten beschrieben werden.¹³⁶² Ohne allein bei der Kategorie von Kriegsverbrechen zu verweilen, urteilte der EuGH folgerichtig:

> „*Art. 1 Abs. 1 Satz 1 des [damalige EUGVÜ] ist dahin auszulegen, dass eine Klage, die natürliche Personen in einem Vertragsstaat gegen einen anderen Vertragsstaat erheben und die auf Ersatz des Schadens gerichtet ist, den die Hinterbliebenen der Opfer des Verhaltens von Streitkräften im Rahmen von Kriegshandlungen im Hoheitsgebiet des erstgenannten Staates erlitten haben, keine 'Zivilsache' im Sinne dieser Bestimmung ist.*"¹³⁶³

c) Stellungnahme

Mit den Worten des EuGH und am Maßstab des „Privatpersonentests" ist das Handeln von Streitkräften allein noch kein zwingender Ausdruck hoheitlichen Auftretens. Daran erinnert schon die Rs. Sonntag, wonach sich nicht jedes Handeln eines Lehrers zwingend als hoheitlich gebiert. Entsprechend ist es auch denkbar, dass Private dergleichen Handlungen befähigt sind, wie Streitkräfte. Die Praxis zeigt mittlerweile, dass private Sicherheitsfirmen eine immer größere Rolle in Bürgerkriegen spielen oder gar die Aufgaben traditioneller Streitkräfte übernehmen.¹³⁶⁴ Sog. *Privatized Military Firms* (PMF)¹³⁶⁵ bzw. *Private Security Companies* (PSC) unterstützen seit 2003 die alliierten Streitkräfte im Irak¹³⁶⁶ bzw. seit 2001 in Afghanistan. Vor allem in den Vereinigten Staaten von Amerika, Russland und Deutschland wächst die Bedeutung Privater Militärunternehmen.¹³⁶⁷ Das staatliche Militär wird immer abhängiger von Leistungen, die vor einiger Zeit allein ihm vorbehalten waren.¹³⁶⁸ Entsprechend ernst

---

1362 *Anestis Nessou:* Griechenland 1941–1944 – Deutsche Besatzungspolitik und Verbrechen gegen die Zivilbevölkerung – eine Beurteilung nach dem Völkerrecht (2009), S. 587.
1363 EuGH, Urt. v. 15.02.2007 – Rs. C-292/05 (Lechouritou u. a. ./. Bundesrepublik Deutschland), Leitsatz (Fundstellenverzeichnis).
1364 Mit Nachw. bei: *Peter Mankowski:* Gerichtsbarkeit und internationale Zuständigkeit deutscher Zivilgerichte bei Menschenrechtsverletzungen, aus: Universalität der Menschenrechte (2009), S. 145.
1365 Dazu *Alwin Schrittwieser:* Private Military Companies – Die Auftraggeber privater Militärfirmen und ihre politökonomischen Interessen (2009).
1366 *Peter Mankowski:* Gerichtsbarkeit und internationale Zuständigkeit deutscher Zivilgerichte bei Menschenrechtsverletzungen, aus: Universalität der Menschenrechte (2009), S. 145.
1367 Vgl. *Johanna Wallenhorst/Marie Vaudlet:* Rechtsfolgen des Einsatzes privater Sicherheits- und Militärfirmen, ZERP-Arbeitspapier 1/2010; *Parag Khanna:* Willkommen bei den neuen Mächtigen, DIE ZEIT Nr. 9/2011 v. 24.02.2011, S. 10.
1368 Kurios mutet etwa der Fall an, als im November 2010 eine nicaraguanische Militäreinheit in das Nachbarland Costa Rica einmarschiert ist, weil sie sich laut Pressemeldungen auf den Kartendienst von Google verlassen hatte, der aber einen fehlerhaften Grenzver-

nimmt der EuGH den „Privatpersonentest", wenn er in der Rs. C-292/05 darauf abstellt, dass Streitkräfte *im Rahmen von Kriegshandlungen* agieren müssten.

Diese Formulierung erscheint im Lichte einer definitionsgemäßen Betrachtung von Kriegsverbrechen ergebnisführend. Im Entwurf von 1999 bezog sich die Haager Konferenz ausdrücklich auf das ein Jahr zuvor verabschiedete Rom-Statut des Internationalen Strafgerichtshofs. Dieses kennt in Art. 8 Abs. 2 eine enumerative Legaldefinition von Kriegsverbrechen. Insgesamt listet das Rom-Statut in seinem Art. 8 Abs. 2 fünfzig Tatbestände auf, die von der internationalen Gemeinschaft als Kriegsverbrechen verstanden werden. Ihnen allen ist gemein, dass sie entweder einen Krieg bzw. einen bewaffneten Konflikt voraussetzen. Deren mitunter schwierige Bestimmung setzt jedenfalls die staatliche Konfliktsituation voraus. Darauf aufbauend verlangt Art. 8 Abs. 1 Rom-Statut, dass ein Kriegsverbrechen insbesondere als Teil eines Planes oder einer Politik oder als Teil der Begehung solcher Verbrechen in großem Umfang verübt werde. Ein Kriegsverbrechen prägt daher die Ausartung von Staatenmacht. Zwar gibt es politische Versuche, die Definitionsschwelle aufzuweichen. Deutsche Politiker sprachen im Zusammenhang mit Afghanistan bewusst von „kriegsähnlichen Zuständen"[1369], der damalige amerikanische Sonderbeauftragte für Pakistan und Afghanistan, *Richard Holbrooke,* sogar von „Krieg".[1370] Die juristischen Kategorien von Krieg und bewaffnetem Konflikt sind damit aber nicht berührt. Dessen zum Trotz sieht zwar *Alexander Orakhelashvili* Kriegsverbrechen trotz tatbestandlicher Staatsgewalt auch von Privatpersonen begehbar.[1371] Weder aber ist die definitionsgemäße Hürde überwindbar, noch ist es überhaupt denkbar, dass Private zur Ausführung von Kriegsverbrechen fähig sind.[1372] Selbst wenn etwa die Corte Suprema di Cassazione im Lazono-Fall eine eher eigenwillige Definition eines Kriegsverbrechens zum Maßstab erklärt, schließt es doch jedenfalls individuelles Handeln aus.[1373] Es ist ausgeschlossen, dass Kriegsverbrechen eine „Zivilsache" im Sinne des Art. 1 Abs. 1 EuGVVO darstellen.

---

lauf führte. Der Vorfall hat daraufhin zur Anrufung des IGH geführt, vgl. dessen Press Release No. 2010/38 v. 19.11.2010.

1369 Vgl. Der Spiegel 5/2010 v. 01.02.2010: Ein deutsches Verbrechen, S. 55.
1370 Vgl. Der Spiegel Nr. 48/2009 v. 23.11.2009, S. 118.
1371 Vgl. *Alexander Orakhelshvili:* State Immunity and International Public Order, GYIL 45 (2002), S. 237 und mit Abstand von zwei Jahren die Entwicklung der Rechtsprechung auftuend *ders.:* State Immunity and International Public Order Revisited, GYIL 49 (2006), S. 327–365.
1372 Vgl. *Kinga Timar:* Staatenimmunität und internationale Zuständigkeit im Lichte der aktuellen Rechtsprechung des EuGH, aus: Europäisches Zivilprozessrecht – Einfluss auf Deutschland und Ungarn (2011), S. 237.
1373 *Antonio Cassese:* The Italian Court of Cassation Misapprehends the Notion of War Crimes – The Lozano Case, JICJ 6 (2008), S. 1085 ff.

D. Anwendbarkeit ratione materie

2. Verbrechen der Aggression

Diese Feststellung gilt erst recht mit Blick auf das Verbrechen der Aggression. Das Verbrechen der Aggression ist zwar nicht ausdrücklich von Art. 18 Abs. 3 lit. a) der Haager Entwürfe von 1999/2001 genannt. Zur Zeit ihrer Kodifizierungsarbeiten um die Jahrtausendwende konnte die Haager Konferenz noch nicht auf eine feste Definition zurückgreifen. Wegen der (dynamischen) Anbindung an das Rom-Statut[1374] ist das Verbrechen der Aggression aber von den Vorarbeiten der Haager Konferenz als erfasst anzusehen. Entsprechend kommt es für den Anwendungsbereich von „Zivilsachen" in Betracht. Erst jüngst wurde mit dem Kompromiss von Kampala die Aggression als *"use of armed force by a State against the sovereignty, territorial integrity or political independence of another State, or in any other manner inconsistent with the Charter of the United Nations"* definiert, vgl. Art. 8 bis Abs. 2. Im Kern werden darunter staatliche Akte der UN-chartawidrigen Gewaltausübung verstanden.[1375] Unabhängig der Verhandlungsschwierigkeiten ist jedenfalls ausgeschlossen, dass Private ein Verbrechen der Aggression ausüben können. Auch hier führt der Maßstab des „Privatpersonentests" zur Bejahung eines rein hoheitlichen Handlungsspielraums.

3. Verbrechen gegen die Menschlichkeit

Weiterhin sah die Haager Konferenz auch Verbrechen gegen die Menschlichkeit in Art. 18 Abs. 3 lit. a) von „Zivilsachen" erfasst. Darunter zählen gemäß Art. 7 Abs. 1 folgende elf Tatbestände:

a) vorsätzliche Tötung,

b) Ausrottung,

c) Versklavung,

d) Vertreibung oder zwangsweise Überführung der Bevölkerung,

e) Freiheitsentzug oder sonstige schwerwiegende Beraubung der körperlichen Freiheit [...],

f) Folter,

1374 *Nygh/Pocar*-Bericht (2000), S. 84. Von einem direkten Bezug wurde nur deswegen Abstand genommen, weil das Rom-Statut zu dieser Zeit noch nicht in Kraft getreten war, vgl. Fußn. 120 des Konventionsentwurfs. Das Rom-Statut trat nach Art. 126 Nr. 1 am ersten Tag des Monats in Kraft, der auf den sechzigsten Tag nach Hinterlegung der sechzigsten Ratifikations-, Annahme-, Genehmigungs- oder Beitrittsurkunde beim Generalsekretär der Vereinten Nationen folgte, mithin am 1. Juli 2002.

1375 *Stefan Barriga:* Der Kompromiss von Kampala zum Verbrechen der Aggression – Ein Blick aus der Verhandlungsperspektive, ZIS 2010, S. 644.

g) Vergewaltigung [...] oder jede andere Form sexueller Gewalt von vergleichbarer Schwere,
h) Verfolgung einer identifizierbaren Gruppe oder Gemeinschaft [...],
i) zwangsweises Verschwindenlassen von Personen,
j) das Verbrechen der Apartheid,
k) andere unmenschliche Handlungen ähnlicher Art [...].

Jede dieser Handlungen geriert gemäß Art. 7 Abs. 1 des Rom-Statuts aber erst dann zu einem Verbrechen gegen die Menschlichkeit, wenn sie im Rahmen eines ausgedehnten oder systematischen Angriffs gegen die Zivilbevölkerung und in Kenntnis des Angriffs begangen werden. Art. 7 Abs. 2 lit. a) des Rom-Statuts bestimmt sodann den „Angriff gegen die Zivilbevölkerung" als eine Verhaltensweise, die mit der mehrfachen Begehung der in Abs. 1 genannten Handlungen gegen eine Zivilbevölkerung verbunden ist, in Ausführung oder zur Unterstützung der Politik eines *Staates oder einer Organisation,* die einen solchen Angriff zum Ziel hat. Damit ist zwar legaldefiniert, dass nicht allein ein staatliches Verhalten vorausgesetzt ist. Gemeinsame Tatbestandsvoraussetzung ist aber eine staatliche oder quasi-staatliche Federführung.[1376] Dahinter steckt die Einsicht, dass Verbrechen gegen die Menschlichkeit ohne „obrigkeitliche" Urheberschaft ausgeschlossen sind.[1377] So hat der Internationale Strafgerichtshof für Ruanda sich dieser Sichtweise verschrieben, als er den ruandischen Geschäftsmann *Gaspard Kanyarukiga* wegen Ausrottung als Verbrechen gegen die Menschlichkeit verurteilte.[1378] Zur Bejahung der dafür zwingenden Voraussetzung des systematischen Angriffs musste Bezug genommen werden auf den herrschenden Konflikt, ohne dessen Begehungszusammenhang[1379] die genannte Verurteilung nicht möglich gewesen wäre. Auch wenn etwa im Fall der Attentate von *Anders Behring Breivik* in Oslo und auf der Insel Utöya eine Anklage wegen eines Verbrechens gegen die Menschlichkeit in Rede stand[1380], scheiden – nach völkerrechtlichem Maßstab – rein persönlich motivierte Taten aus.[1381]

[1376] *Stefan Kirsch:* Begehungszusammenhang der Verbrechen gegen die Menschlichkeit (2009), S. 130.
[1377] Ebenda.
[1378] Urt. v. 01.11.2010 – No. ICTR-02-78 (Prosecutor v. Gaspard Kanyarukiga).
[1379] Eingehend bei *Stefan Kirsch:* Begehungszusammenhang der Verbrechen gegen die Menschlichkeit (2009).
[1380] Vgl. Der Spiegel 31/2011 v. 01.08.2011: Der Terrorist und die Brandstifter, S. 71.
[1381] *Stefan Kirsch:* Beziehungszusammenhang der Verbrechen gegen die Menschlichkeit (2009), S. 131.

4. Völkermord

Den Kanon schwerster Menschenrechtsverletzung komplettiert das Delikt des Völkermords.

a) Begriffsfassung des Völkermords

Das Rom-Statut versteht den Begriff des Völkermords als Verbrechen, das in der Absicht begangen wird, eine nationale, ethnische, rassische oder religiöse Gruppe als solche ganz oder teilweise zu zerstören, vgl. Art. 6 S. 1 Rom-Statut. Dieser umfasst die

- a) Tötung von Mitgliedern der Gruppe,
- b) Verursachung von schwerem körperlichem oder seelischem Schaden an Mitgliedern der Gruppe,
- c) vorsätzliche Auferlegung von Lebensbedingungen für die Gruppe, die geeignet sind, ihre körperliche Zerstörung ganz oder teilweise herbeizuführen,
- d) Verhängung von Maßnahmen, die auf die Geburtenverhinderung innerhalb der Gruppe gerichtet sind,
- e) gewaltsame Überführung von Kindern der Gruppe in eine andere Gruppe.

Im Gegensatz zu den Begriffen des Kriegsverbrechens und des Verbrechens der Aggression determiniert sich ein Völkermord nicht bereits tatbestandlich durch eine Staatenhandlung. Umstritten ist hier, ob das vielfach angesprochene, sog. *policy*-Element hinzutreten muss, mit anderen Worten eine „strukturell organisierte zentrale Lenkung" erforderlich ist.[1382] Im Gegensatz aber zum Verbrechen gegen die Menschlichkeit wird ein solcher Begehungszusammenhang normativ nicht verlangt. Vielmehr verlagern sich die Unrechtsmerkmale des Völkermords in den subjektiven Tatbestand. Mit dieser Lesart ist weder ein tatsächlicher Deliktserfolg verlangt noch eine real existierende Urheberschaft staatlicher Seite vonnöten. Dadurch bewährt sich der Tatbestand des Völkermords *in praxi*, ermöglicht in der Theorie aber die Tatbegehung durch eine Privatperson. Diese Situation wird im Schrifttum als *„lone genocidal maniac"*[1383] bezeichnet. In der Konsequenz der Verlagerung des *policy*-Elements in den subjektiven Tatbestand scheint es nicht von vornherein ausgeschlossen, dass ein Völkermord der Handlung von Privaten zugänglich ist.

1382 Darstellung bei *Christoph J. M. Safferling:* Internationales Strafrecht – Strafanwendungsrecht – Völkerstrafrecht (2011), S. 162.
1383 Vgl. Ebenda.

Fünftes Kapitel – Anwendbarkeit der EuGVVO

b) Schlussfolgerung

Die Ad hoc-Tribunale sowie der IGH sehen das *policy*-Element als wichtiges Indiz für die individuelle Vernichtungsabsicht, nicht aber als unrechtskonstituierendes Merkmal.[1384] Zwar zeigt die bereits angesprochene Praxis der beiden Ad-hoc-Tribunale für Ruanda und das ehemalige Jugoslawien deutlich, dass in schwerste Menschenrechtsverletzungen fast immer[1385] höchste Stellen verwickelt sind. Gerade die Praxis vor dem JStGH[1386] und dem RStGH[1387] verdeutlicht aber, wie schwierig die Grenzziehung zwischen privat oder hoheitlich Handelnden mitunter ist. Das erstinstanzliche Urteil des JStGH gegen *Goran Jelisić* führte dazu *obiter dictum* aus:

> *"It ensues from this omission that the drafters of the Convention did not deem the existence of an organisation or a system serving a genocidal objective as a legal ingredient of the crime. In so doing, they did not discount the possibility of a lone individual seeking to destroy a group as such."*[1388]

Mit dem ruandischen Geschäftsmann *Gaspard Kanyarukiga* verurteilte der Internationale Strafgerichtshof für Ruanda erstmals einen nichtstaatlichen Akteur. Ausdrücklich griffen die Richter dafür nicht auf Art. 2 Abs. 3 (e) des Statuts, der „bloßen" Beteiligung an einem Völkermord, zurück.[1389] Mit Ablehnung dieses Anklagepunktes stützten und betonten die Richter vielmehr die Verurteilung wegen Völkermord nach Art. 6 Abs. 1 des Statuts. *Gaspard Kanyarukiga* wurde erstinstanzlich zu 30 Jahre Haft verurteilt.[1390] Zwar bleibt die Verurteilung einer Privatperson bisher singulär, sie verdeutlicht aber, dass es nicht zwingend der Handlung eines Staates bedarf. Es ist demnach ausnahmsweise denkbar, dass Private für einen Völkermord verantwortbar sind. Nach Maßstab des „Privatpersonentests" des EuGH versteht sich der Vorwurf des Völkermords streng genommen als Anwendungsfall einer „Zivilsache" im Sinne der EuGVVO.

1384 Mit Nachw. in der Rspr. ebenda.
1385 Entgegen *Christian Maierhöfer*, der „praktisch immer" höchste Stellen für schwerste Menschenrechtsverletzungen verantwortlich sieht: Weltrechtsprinzip und Immunität: das Völkerstrafrecht vor den Haager Richtern, EuGRZ 2003, S. 545.
1386 Az.: IT-95-10-T (Prosecutor v. Goran Jelisić), dazu sogleich.
1387 So wird etwa eine Anklage gegen den ruandischen Pastor *Jean Bosco Uwinkindi* verhandelt, Az.: ICTR-01-75.
1388 Urt. v. 14.12.1999 – IT-95-10-T (Prosecutor v. Goran Jelisić), Rn. 100.
1389 Urt. v. 01.11.2010 – ICTR-02-78 (Prosecutor v. Gaspard Kanyarukiga), Rn. 655.
1390 Urt. v. 01.11.2010 – ICTR-02-78 (Prosecutor v. Gaspard Kanyarukiga).

5. Sonstige schwere völkerrechtliche Verbrechen

Über das enumerative Quartett an schwersten Menschenrechtsverletzungen hinaus öffneten sich die Vorschläge der Haager Konferenz für Internationales Privatrecht in Bezug auf sonstige schwere völkerrechtliche Verbrechen in Art. 18 Abs. 3 lit. b) beider Konventionsentwürfe. Noch 1999 flankierte die Generalklausel eine weitere Auflistung nicht derogierbare Rechtsschutzziele, namentlich das Verbrechen der Folter, Sklaverei, Zwangsarbeit und das Verschwindenlassen. Zwei Jahre später wurde stattdessen und allgemein gehalten verlangt, dass nur solche schweren völkerrechtlichen Verbrechen erfasst seien, über die ein Staat völkervertragsrechtlich verpflichtet seine Strafgerichtsbarkeit ausübt. Hier wird die ständige Parallele des Themas zum Strafrecht auch normativ deutlich. Dabei ist das „Ausüben" einer Strafgerichtsbarkeit enger zu verstehen als das bloße Anerkennen einer Strafverfolgungspflicht.[1391] Insbesondere kommen nachstehende schweren völkerrechtlichen Verbrechen in Betracht:[1392]

a) Verschwindenlassen

Das jüngste Übereinkommen in diesem Zusammenhang verabschiedeten die Vereinten Nationen zum Schutz aller Personen vor dem Verschwindenlassen durch Resolution der Generalversammlung vom 20. Dezember 2006. Im Sinne dieses Übereinkommens bedeutet „Verschwindenlassen" gemäß Art. 2 der Konvention die

> *„Festnahme, den Entzug der Freiheit, die Entführung oder jede andere Form der Freiheitsberaubung durch Bedienstete des Staates oder durch Personen oder Personengruppen, die mit Ermächtigung, Unterstützung oder Duldung des Staates handeln, gefolgt von der Weigerung, diese Freiheitsberaubung anzuerkennen, oder der Verschleierung des Schicksals oder des Verbleibs der verschwundenen Person, wodurch sie dem Schutz des Gesetzes entzogen wird."*

Im Unterschied zu Art. 7 des Rom-Statuts wird kein ausgedehnter oder systematischer Angriff gegen die Zivilbevölkerung verlangt, um gemäß Völkerstrafrecht verfolgt werden zu können. Aber auch außerhalb der Kategorie eines Verbrechens gegen die Menschlichkeit ist der Terminus des „Verschwindenlassen" von einer staatlichen oder quasi-staatlichen Handlung abhängig. Es ist definitionsgemäß ausgeschlossen, dass Private den Tatbestand des „Verschwindenlassen" erfüllen können. Im Lichte des

---

1391 Worauf der *Nygh/Pocar*-Berichts (2000) in Fußn. 122 hinweist.
1392 Wegen der Anknüpfung an die Strafverfolgungspflicht kann in diesem Zusammenhang auf *Georg Karl* verwiesen werden, der diesbezüglich einen umfassenden Überblick gibt: Völkervertragliche Immunität im Bereich der Strafverfolgung schwerster Menschenrechtsverletzungen (2002), S. 71 ff.

„Privatpersonentests" des EuGH ist diese schwere Menschenrechtsverletzung keine „Zivilsache" im Sinne der EuGVVO.

b) Das Verbrechen der Apartheid

Auch das Verbrechen der Apartheid wurde bereits im Rahmen des Verbrechens gegen die Menschlichkeit unter Art. 7 Abs. 1 lit. j) des Rom-Statuts aufgelistet und behandelt. Nachdem die Situation in Südafrika und dessen damaligen Mandatsgebiet Namibia jahrzehntelang auf der Agenda der internationalen Gemeinschaft stand, haben die Vereinten Nationen das Verbrechen der Apartheid in besonderer Weise kodifiziert. Sie verabschiedeten am 30. November 1973 das Internationale Übereinkommen über die Bekämpfung und Ahndung des Verbrechens der Apartheid. Deren Bestimmung erfolgt unabhängig seiner Qualifikation als Verbrechen gegen die Menschlichkeit, also ohne Zuhilfenahme des *policy*-Elements in Art. 7 Abs. 1 des Rom-Statuts. Denn schon begrifflich definiert Art. II der Konvention den Begriff der Apartheid wie folgt:

> *„Im Sinne dieses Übereinkommens gilt der Ausdruck ‚das Verbrechen der Apartheid', der auch ähnliche Politiken und Praktiken der Rassentrennung und -diskriminierung, wie sie in Südafrika angewendet werden, mit einschließt, für die folgenden unmenschlichen Handlungen, die zum Zwecke der Errichtung und Aufrechterhaltung der Herrschaft einer Rassengruppe über eine andere Rassengruppe begangen werden und dieses systematisch unterdrücken [...]".*

Als „institutionelle Form der Politik zur Unterdrückung einer Rasse durch eine andere"[1393] ist das Verbrechen der Apartheid schon begrifflich nicht von privaten Akteuren einrichtbar. Im Lichte des „Privatpersonentest" wäre es niemals ein Fall einer „Zivilsache".

c) Verbot der Folter

Eine ähnliche Divergenz der Begriffsdefinitionen ist auch in Bezug auf das Verbot der Folter festzustellen und im Lichte des „Privatpersonentests" zu bewältigen. Das Recht und die Pflicht, Folter auf nationaler Ebene strafrechtlich zu verfolgen, begründet das Übereinkommen gegen Folter und andere grausame, unmenschliche oder erniedrigende Behandlung oder Strafe vom 10. Dezember 1984. Gemäß Art. 1 Abs. 1 bezeichnet der Ausdruck „Folter"

> *jede Handlung, durch die einer Person vorsätzlich große körperliche oder seelische Schmerzen oder Leiden zugefügt werden, [...], wenn diese Schmerzen oder*

1393 *Georg Karl* gibt einen aktuellen Überblick: Völkervertragliche Immunität im Bereich der Strafverfolgung schwerster Menschenrechtsverletzungen (2002), S. 82.

Leiden von einem Angehörigen des öffentlichen Dienstes oder einer anderen in amtlicher Eigenschaft handelnden Person, auf deren Veranlassung oder mit deren ausdrücklichem oder stillschweigendem Einverständnis verursacht werden.

Außerhalb des Vorwurfs eines Verbrechens gegen die Menschlichkeit ist hier definitionsgemäß kein *policy*-Element verlangt. Dagegen versteht Art. 7 Abs. 1 lit. f) des Rom-Statuts den Begriff der Folter ausdrücklich nur kumulativ zusammen mit dem *policy*-Element. Diese Divergenz spiegelt sich auch im Schrifttum wieder, welches den Zurechnungszusammenhang uneinheitlich beurteilt.[1394] Zwar kommt selbst die oben zitierte Folterkonvention nicht ohne die „amtliche Eigenschaft" der Handlung aus, um sie als Folter zu qualifizieren. Der zu vermutende Gleichlauf zu *acta iure imperii*[1395] ist für den „Privatpersonentest" aber nicht ausschlaggebend. An dieser Stelle interessant ist vielmehr, dass die redaktorische Einführung einer Amtsträgereigenschaft darauf zurückgeht, dass die Begehungsform durch Private auf nationaler Ebene schon immer strafbar ist.[1396] Entsprechend ist die staatliche Duldung „‚privater' Folterhandlungen"[1397] im Europäischen Rechtsraum von Art. 1 i.V.m. Art. 3 EMRK pönalisiert. Entsprechend weißt vor allem *Alexander Orakhelashvili* darauf hin, dass die Tatbestandsmerkmale der Folter auch privaten Akteuren nicht verschlossen sind.[1398] Gemessen am „Privatpersonentest" kann der Vorwurf der Folter daher durchaus als „Zivilsache" im Sinne der EuGVVO zur Diskussion stehen.

d) Verbrechen gegen das humanitäre Völkerrecht

Schließlich statuieren in Bezug auf die Gebräuche und Verhaltensregeln kriegführender Parteien die vier Genfer Konventionen gemäß Art. 49 der 1. Genfer Konvention die Pflicht, besonders schwere Verstöße gegen das humanitäre Völkerrecht strafrecht-

---

1394 Mit entgegenstehenden Beurteilungen bei *Thomas Bruha/Dominik Steiger:* Das Folterverbot im Völkerrecht (2006), S. 25 f. und *Julia Schaarschmidt:* Die Reichweite des völkerrechtlichen Immunitätsschutzes – Deutschland v. Italien vor dem IGH, Beiträge zum Europa- und Völkerrecht 5 (2010), S. 25 f.
1395 *Julia Schaarschmidt:* Die Reichweite des völkerrechtlichen Immunitätsschutzes – Deutschland v. Italien vor dem IGH, Beiträge zum Europa- und Völkerrecht 5 (2010), S. 9; BT-Drucks. 16/1634 v. 30.05.2006, S. 25.
1396 Mit Nachw. bei *Thomas Bruha/Dominik Steiger:* Das Folterverbot im Völkerrecht (2006), S. 26.
1397 Ebenda.
1398 Vgl. *Alexander Orakhelshvili:* State Immunity and International Public Order, GYIL 45 (2002), S. 237 und mit Abstand von zwei Jahren die Entwicklung der Rechtsprechung auftuend *ders.:* State Immunity and International Public Order Revisited, GYIL 49 (2006), S. 327–365.

lich zu verfolgen.¹³⁹⁹ Deren Einhaltung ist Voraussetzung des Art. 8 Abs. 2 Rom-Statut.¹⁴⁰⁰ Im Lichte des „Privatpersonentest" kann auch hier nichts anderes gelten. Ihre humanitären Regeln gelten für kriegerische Auseinandersetzungen und sind damit dem privaten Handlungsbereich entzogen. Eine „Zivilsache" für die Verletzung der Genfer Konventionen lässt sich mitnichten konstruieren.

e) Völkermord

Noch älter als die Genfer Konventionen ist die Konvention über die Verhütung und Bestrafung des Völkermordes vom 9. Dezember 1948. Ihre Formulierungen standen Vorbild für den gleichlautenden Straftatbestand des Rom-Statuts.¹⁴⁰¹ So entspricht dessen Formulierung dem Art. II der Völkermordkonvention.¹⁴⁰² Die in diesem Zusammenhang bereits getroffenen Feststellungen zur möglichen Bejahung des dahingehenden „Privatpersonentests" gelten mithin uneingeschränkt auch im Lichte der Völkermordkonvention.

V. Inanspruchnahme der individuell Verantwortlichen

Schließlich verbleibt die Nutzbarmachung eines kombinierten Effekts aus der Fortschrittlichkeit der Immunitätsdurchbrechung bei der strafrechtlichen Verfolgung individuell Verantwortlicher mit den Grundsätzen des EuGH aus der Rs. Sonntag. Wie im vierten Kapitel beschrieben, verspricht die Adhäsionsklage im Rahmen eines strafrechtlichen Verfahrens gegen einen individuell Handelnden auf Umweg das Europäische Zivilprozessrecht zu erreichen. Hier kombiniert sich die strafrechtliche Verfolgbarkeit schwerer Menschenrechtsverletzungen mit den Grundsätzen der Rs. Sonntag. Soweit die Anwendbarmachung der EuGVVO über die Adhäsionsklage überlegt wird¹⁴⁰³, steht aber der sachliche Anwendungsbereich der EuGVVO in Frage. Auch im Falle eines Adhäsionsverfahrens mit Aussicht auf die Staatshaftung muss eine „Zivil- und Handelssache" vorliegen. Dafür sprechen drei Erwägungen. Nach

---

1399 *Georg Karl* einen aktuellen Überblick: Völkervertragliche Immunität im Bereich der Strafverfolgung schwerster Menschenrechtsverletzungen (2002), S. 86.
1400 Vgl. auch Art. 2 IStGHJ-Statut und Art. 4 IStGHR-Statut.
1401 Triffterer-*William A. Schabas:* Commentary on the Rome Statute of the International Criminal Court, 2. Aufl. 2008, Art. 6 Rom-Statut, Rn. 1.
1402 Ebenda.
1403 *Catherine Kessedjian:* Les actions civiles pour violation des droits de l'homme – Aspects de Droit International Privé, Trav. Com. Fr. Dr. Int. Pr. 2002–2004, S. 151–184; *Jan Dietze/Dominik Schnichels:* Die aktuelle Rechtsprechung des EuGH zum EuGVÜ und zur EuGVVO, EuZW 2009, S. 34.

D. Anwendbarkeit ratione materie

den hier bereits dargestellten Grundsätzen der Rs. Sonntag[1404] schadet es *erstens* nicht, dass der Schuldner eine öffentliche Stelle ist.[1405] Ebenso wenig spricht *zweitens* gegen den Charakter einer „Zivilsache" das strafrechtliche Gewandt, in dem die Adhäsionsklage auftritt. Denn die EuGVVO

„ist auch auf zivilrechtliche Ansprüche anzuwenden, die vor einem Strafgericht geltend gemacht werden. Dies gilt sowohl für die Bestimmungen der Zuständigkeit als auch für die Anerkennung und Vollstreckung von Urteilen, die von einem Strafgericht im Adhäsionsverfahren über solche Ansprüche erlassen werden"[1406].

Dies folgt schon aus Art. 5 Nr. 4 EuGVVO und findet sich bestätigt durch den EuGH in der Rs. Sonntag.[1407] Und *drittens* qualifiziert der EuGH nach den Grundsätzen der Rs. Sonntag auch Amtshaftungsansprüche als „Zivilsachen" im Sinne von Art. 1 EuGVVO.[1408] In Deutschland lehnte die h.M. zwar lange Zeit eine Anwendung der EuGVVO auf Staatshaftungsansprüche ab.[1409] In der Tat ist es eine Entscheidung des nationalen Gesetzgebers, inwieweit er Personen hoheitlich handeln lässt. Mit der Rs. Sonntag wurde aber deutlich, dass sich die unionsrechtsautonome Auslegung nicht von der mitgliedstaatlichen Einordnung der Streitigkeiten abhängig machen kann.[1410] Da der EuGH also den Anwendungsbereich der EuGVVO für die Amtshaftung öffnete, steht in der Kombination mit einer Adhäsionsklage die Haftung des Staates selbst im Raum.

Diesen Umweg halten Teile des Schrifttums auch in Bezug auf schwere Menschenrechtsverletzungen für zulässig. Vor allem *Catherine Kessedjian* spricht sich dafür aus, die Inanspruchnahme von individuell Handelnden im Wege des Adhäsionsverfahrens über die EuGVVO zu ermöglichen.[1411] Diese war zu der Zeit Generalsekretärin der Haager Konferenz für Internationales Privatrecht, in der das weltweit konzipierte Gerichtsstandsübereinkommen verhandelt wurde.[1412] Selbst Stimmen, die der EuGH-

---

1404 Dazu im vierten Kapitel ab S. 165.
1405 EuGH v. 21.04.1993 – Rs. C-172/91 (Volker Sonntag ./. Thomas Waidmann), Rn. 20 ff. (Fundstelle).
1406 *Jenard*-Bericht zum EuGVÜ (1968), S. 9.
1407 EuGH v. 21.04.1993 – Rs. C-172/91 (Volker Sonntag ./. Thomas Waidmann), Rn. 13 ff. (Fundstellenverzeichnis).
1408 EuGH v. 21.04.1993 – Rs. 172/91 (Volker Sonntag ./. Waidmann) – Fundstellenverzeichnis.
1409 Vgl. damals *Reinhold Geimer*, Anm. zu EuGH v. 06.10.1976, NJW 1977, S. 492; mit weiteren Nachw. in der Lit. bei *Burkhard Hess*: Amtshaftung als „Zivilsache" im Sinne von Art. 1 Abs. 1 EuGVÜ, IPRax 1994, S. 11 (Fußn. 5).
1410 *Adrian Briggs/Peter Rees*: Civil Jurisdiction and Judgements, 5. Aufl. 2009, Rn. 2.23.
1411 *Catherine Kessedjian*: Les actions civiles pour violation des droits de l'homme – Aspects de Droit International Privé, Trav. Com. Fr. Dr. Int. Pr. 2002–2004, S. 151–184.
1412 Siehe dazu bereits im dritten Kapitel auf S. 157.

Rechtsprechung in der Rs. C-202/05 vollumfänglich beipflichten, wollen die Inanspruchnahme der Handelnden unter der EuGVVO anders werten.[1413] Das Vorliegen einer Adhäsionsklage begründet bei genauer Betrachtung aber mitnichten das Vorliegen einer „Zivilsache". Diese begnügt sich nicht mit dem Vorliegen eines Adhäsionsverfahrens. Vielmehr stellt der EuGH auf den der Adhäsionsklage zugrundeliegenden Sachverhalt ab.[1414] Das ist auch der Hintergrund, warum – wie zuvor dargestellt – das Adhäsionsverfahren auch im Rahmen der EuGVVO Anerkennung findet. Der Umweg über das Adhäsionsverfahren kann demnach zwar die Immunitätsbarriere umgehen, führt aber zu keiner Loslösung vom Sachverhalt. Als Weichenstellung bleibt die Frage, ob dem Sachverhalt eine hoheitliche Handlung zugrunde liegt. Wie zuvor beschrieben, ist dafür der „Privatpersonentest" des EuGH maßgebend. Daran scheitern die Fälle schwerer Menschenrechtsverletzungen in aller Regel.

E. Zwischenergebnis

Zusammenfassend stellt sich dar, dass schwere Menschenrechtsverletzungen grundsätzlich keine „Zivilsache" im Sinne der EuGVVO sind. Sie sind dergestalt definiert, dass der „Privatpersonentest" am staatlich vorbehaltenden Handlungsspielraum versagt. Allein die Absicht eines Völkermords sowie der Vorwurf der Folter trifft dieser Vorbehalt nicht. Ihnen fehlt in ihrer eigenständigen Definition die zwingende Voraussetzung eines staatlichen Begehungszusammenhangs. Gemessen an den *bisherigen Maßstäben* könnte eine insoweit formulierte Schadensersatzklage gegen einen Staat eine „Zivilsache" darstellen.

1413 *Jan Dietze/Dominik Schnichels:* Die aktuelle Rechtsprechung des EuGH zum EuGVÜ und zur EuGVVO, EuZW 2009, S. 34.
1414 Ebenda, Rn. 17 ff.

Sechstes Kapitel

Folgenbetrachtungen und Lösungsvorschlag

Das soeben entwickelte Zwischenergebnis ist die logische Konsequenz aus den vorstehenden drei Kapiteln. Zur Entwicklung eines Lösungsvorschlags und zur Bewertung der EuGVVO-Novelle soll in diesem Kapitel eine Folgebetrachtung erfolgen. Dabei seien zunächst das Zuständigkeitsregime der EuGVVO für Klagen und Entscheidungen gegen einen Staat wegen einer schweren Menschenrechtsverletzung (dazu unter A.) sowie die dahingehenden Korrekturmöglichkeiten und insbesondere etwaige Anerkennungshindernisse (dazu unter B.) untersucht. Nach einer sodann folgenden wertenden Betrachtung zur Eignung des Europäischen Zivilprozessrechts in Bezug auf die Behandlung des Themas (dazu unter C.) soll schließlich und endlich der Lösungsvorschlag als Ergebnis der Untersuchung entwickelt werden (dazu unter D.).

A. Zuständigkeitsstatute für schwere Menschenrechtsverletzungen
I. Entscheidungszuständigkeit

Soweit Schadensersatzklagen gegen Staaten wegen schwerer Menschenrechtsverletzungen namentlich des Völkermords oder der Folter als „Zivilsache" im Sinne des Art. 1 Abs. 1 S. 1 EuGVVO eingeordnet werden würden, wären die Art. 2 ff. EuGVVO für die Bestimmung der Internationalen Entscheidungszuständigkeit maßgeblich.[1415]

1. Allgemeiner Gerichtsstand des Art. 2 Abs. 1 EuGVVO

Im Grundsatz stellt die EuGVVO den allgemeinen Gerichtsstand nach Art. 2 Abs. 1 EuGVVO im Wohnsitzstaat des Beklagten zur Verfügung. Darin statuiert die Verordnung den römischen Rechtssatz *actor sequitur forum rei,* dass nämlich der Kläger den Beklagten nur an dessen Wohnsitz vor Gericht ziehen kann.[1416] Ihren Wohnsitz haben

---

[1415] Fragen der örtlichen Zuständigkeit bleiben von der EuGVVO im Grundsatz unberührt und im Einzelnen von dem jeweils beklagten Organ abhängig, vgl. dazu Geimer/Schütze-*Reinhold Geimer:* Europäisches Zivilverfahrensrecht, 3. Aufl. 2010, Art. 2 EuGVVO, Rn. 175 ff.
[1416] Fragen der örtlichen Zuständigkeit bleiben von der EuGVVO im Grundsatz unberührt und im Einzelnen von dem jeweils beklagten Organ abhängig, vgl. dazu Geimer/Schütze-*Reinhold Geimer:* Europäisches Zivilverfahrensrecht, 3. Aufl. 2010, Art. 2 EuGVVO, Rn. 159.

Sechstes Kapitel – Folgenbetrachtungen und Lösungsvorschlag

Staaten im Lichte des Art. 60 EuGVVO vor ihren eigenen Gerichten.[1417] Schadensersatzklagen gegen Staaten könnten damit jedenfalls vor den Gerichten des beklagten Staates selbst unternommen werden. Selbst wenn das nationale Verfahrensrecht des beklagten Staates denselben Gerichtsstand bereithält[1418], muss es das Regelungssystem der EuGVVO zugrunde legen.[1419] Soweit die EuGVVO auch für reine Inlandssachverhalte anwendbar gestellt wird, gilt dies sogar für Rechtsstreitigkeiten ohne jede Auslandsberührung.[1420] Da in einem Zweitverfahren eine Nachprüfung der erstgerichtlichen Entscheidungszuständigkeit grundsätzlich verwehrt bleibt, steigt entsprechend die dahingehende Einlassungslast des Beklagten vor dem Erststaat.[1421] Die EuGVVO würde demnach jedenfalls vor die Gerichte des Staates führen, dem eine schwere Menschenrechtsverletzung vorgeworfen wird. Damit ist die Zurverfügungstellung des Forums gewährleistet, das nach allgemeiner Auffassung für Schadensersatzklagen mindestens zur Verfügung stehen muss. Dort besteht, unabhängig von der EuGVVO, keine Immunitätsbarriere. Die EuGVVO ist es aber, die eine Pflicht zur „Bereitstellung eines Gerichts zur Sachentscheidung"[1422] garantiert.

1417 Bezogen auf die Bundesrepublik Deutschland bei *Peter Mankowski:* Gerichtsbarkeit und internationale Zuständigkeit deutscher Zivilgerichte bei Menschenrechtsverletzungen, aus: Universalität der Menschenrechte (2009), S. 173.
1418 Wie es etwa für das deutsche Zivilprozessrecht nach §§ 12, 13 ZPO der Fall ist, wobei diese wiederum Vorbild standen für den Allgemeinen Gerichtsstand der EuGVVO, vgl. Geimer/Schütze-*Reinhold Geimer:* Europäisches Zivilverfahrensrecht, 3. Aufl. 2010, Art. 2 EuGVVO, Rn. 160.
1419 Deswegen ist etwa eine Zurückweisung als *forum non conveniens* unzulässig, vgl. dazu im vierten Kapitel ab S. 211.
1420 Dafür und den Diskussionsstand wiedergebend Geimer/Schütze-*Reinhold Geimer:* Europäisches Zivilverfahrensrecht, 3. Aufl. 2010, Art. 2 EuGVVO, Rn. 101 ff.; Thomas/Putzo-*Rainer Hüßtege:* Zivilprozessordnung – EU-Zivilverfahrensrecht, 32. Aufl. 2011, Vorbem. EuGVVO, Rn. 12. Dagegen fordert der EuGH einen Auslandsbezug, vgl. Urt. v. 17.11.2011 – Rs. C-327/10 (Hypoteční banka ./. Udo Mike Lindner), Rn. 29, NJW 2012, S. 1199–1202, ZIP 2011, S. 2377–2380, EuZW 2012, S. 103–106 = RIW 2012, S. 158–161 mit Anm. bei *Rolf Wagner:* Aktuelle Entwicklungen in der justiziellen Zusammenarbeit in Zivilsachen, NJW 2012, S. 1333–1338 (1336).
1421 Geimer/Schütze-*Reinhold Geimer:* Europäisches Zivilverfahrensrecht, 3. Aufl. 2010, Art. 2 EuGVVO, Rn. 33 ff.
1422 Ebenda, Rn. 69, was etwa auch Erwägungen nach den Grundsätzen des *forum non conveniens,* wie hier bereits auf S. 211 dargestellt, verwehrt.

A. Zuständigkeitsstatute für schwere Menschenrechtsverletzungen

2. Art. 5 Nr. 3 EuGVVO

Mit dem Gerichtsstand am Wohnsitz des Beklagten verwirklicht die EuGVVO dessen grundsätzliche Inschutznahme.[1423] Im Falle von deliktischem Unrecht erkennt die sie aber ausnahmsweise an, dass es dem Kläger unzumutbar ist, dem Beklagten an seinen allgemeinen Gerichtsstand aus Art. 2 Abs. 1 EuGVVO zu folgen.[1424] Für Deliktsklagen stellt die EuGVVO daher den Gerichtsstand am Ort der unerlaubten Handlung nach Art. 5 Nr. 3 EuGVVO zur Verfügung.

a) Anwendungsbereich des Art. 5 Nr. 3 EuGVVO

Auf den Deliktsgerichtsstand aus Art. 5 Nr. 3 EuGVVO kann sich nur der unmittelbar Geschädigte stützen[1425], über den Verletzten hinaus aber auch dessen Rechtsnachfolger[1426], wie es im Falle von schweren Menschenrechtsverletzungen oftmals die Klagekonstellation war und sein wird. Der Begriff der unerlaubten Handlung ist weit auszulegen und erfasst jedenfalls Menschenrechtsverletzungen[1427] durch den Staat und seine Organe[1428], definitionsgemäß sind die Tatbestände des Völkermords und der Folter eingeschlossen. Die Individualhaftung eines Staates würde, soweit die EuGVVO *ratione materie* auf schwere Menschenrechtsverletzungen anwendbar ist, unter den Deliktsgerichtsstand fallen.[1429]

1423 Geimer/Schütze-*Reinhold Geimer*: Europäisches Zivilverfahrensrecht, 3. Aufl. 2010, Einl., Rn. 61 ff. und Art. 2 EuGVVO, Rn. 217.
1424 Geimer/Schütze-*Reinhold Geimer*: Europäisches Zivilverfahrensrecht, 3. Aufl. 2010, Art. 5 EuGVVO, Rn. 202.
1425 EuGH, Urt. v. 11.01.1990, Rs. C-220/88 (Dumez France, Tracoba ./. Hessische Landesbank u. a.), ABl. EG 1990, Nr. C 26, S. 11–12 = Slg. 1990 (I), S. 49–81 = DB 1990, S. 524–525 = EuZW 1991, S. 34–35 = NJW 1991, S. 631–632; Thomas/Putzo-*Rainer Hüßtege*: Zivilprozessordnung – EU-Zivilverfahrensrecht, 32. Aufl. 2011, Art. 5 EuGVVO, Rn. 20.
1426 Geimer/Schütze-*Reinhold Geimer*: Europäisches Zivilverfahrensrecht, 3. Aufl. 2010, Art. 5 EuGVVO, Rn. 238.
1427 Im Falle von Zwangsarbeit könnte aber der vertragliche Charakter überwiegen und als vertragliche Haftung den Gerichtsstand für außervertragliche Rechtsverletzung verdrängen. Allerdings ist die EuGVVO auf Zwangsarbeiterklagen *ratione materie* wie schon in Bezug auf den Oberbergriff des Kriegsverbrechens geprüft, nicht anwendbar, dazu im fünften Kapitel ab S. 257.
1428 *Peter Mankowski*: Gerichtsbarkeit und internationale Zuständigkeit deutscher Zivilgerichte bei Menschenrechtsverletzungen, aus: Universalität der Menschenrechte (2009), S. 177.
1429 So verstanden von *Anatol Dutta,* der dafür Bezug nimmt auf die Rs. Sonntag, jedoch die hier verneinte Immunitätsgewährung bejaht: Amtshaftung wegen Völkerrechtsverstößen bei bewaffneten Auslandseinsätzen deutscher Streitkräfte, AöR 133 (2008), S. 195.

Sechstes Kapitel – Folgenbetrachtungen und Lösungsvorschlag

b) Gerichtspflichtigkeit am Deliktsort

Das *forum delicti commissi* greift den im Schwerpunkt deliktischen Charakter schwerer Menschenrechtsverletzungen auf. Die besagte Zurückstellung des Beklagtenschutzes durch Art. 5 Nr. 3 EuGVVO entspricht gerade im Falle schwerer Menschenrechtsverletzungen dem Bedürfnis der Klägerschaft. Dafür spricht schon der Gedanke, dem Recht des Opfers nach Genugtuung am Deliktsort nachzukommen.[1430] Ein Gleichlauf zwischen Zuständigkeit und anwendbarem Recht wird damit zwar nicht erzeugt, jedenfalls aber eine prozessuale Nähe zum Deliktsort.[1431] Wo dieser genau eintritt, ist unter Geltung des Ubiquitätsprinzips gleichermaßen nach Handlungs- und am Erfolgsort zu bestimmen. Knüpft man an den *Handlungsort* an, so ist dies der Ort, wo der Schädiger aktiv wird.[1432] Das ist bei Menschenrechtsverletzungen typischerweise in Form physischer Gewalt am Ort des Geschehens der Fall.[1433] Denkbar ist aber auch, dass sich die Aktivität in Form von Befehlen „vom Schreibtisch aus" entfaltet[1434], was wohl wiederum zum beklagten Staat führen würde. Im Falle mehrerer Schädigerstaaten würde jeder Ort eines Tatbeitrags einen Gerichtsstand für den Kläger gegen seine Schädiger gemeinsam begründen.[1435] Als Deliktsort im Sinne des Art. 5 Nr. 3 EuGVVO gilt daneben auch jeder *Erfolgsort,* an welchem das geschützte Rechtsgut verletzt wird.[1436] Typischerweise tritt bei Menschenrechtsverletzungen die Schädigung der Gesundheit

---

1430 Geimer/Schütze-*Reinhold Geimer:* Europäisches Zivilverfahrensrecht, 3. Aufl. 2010, Art. 5 EuGVVO, Rn. 202.
1431 Was vor allem vom EuGH betont wird, mit Nachw. in seiner Rspr. im Urt. v. 01.10.2002, Rs. C-167/00 (Verein für Konsumenteninformation ./. Karl Heinz Henkel), Rn. 46, Slg. 2002 (I), S. 8111–8145; NJW 2002, S. 3617–3619; EuZW 2002, S. 657–660; IPRax 2003, S. 341–344; ZZPInt 2002, S. 277–284 mit Anm. bei *Alexander Wittwer:* Die EuGH-Rechtsprechung zum Europäischen Zivilprozessrecht aus den Jahren 2003 und 2004, ZEuP 2005, S. 868–894; *Chrisoula Michailidou:* Internationale Zuständigkeit bei vorbeugenden Verbandsklagen, IPRax 2003, S. 223–227; *Astrid Stadler:* Gerichtsstand aus Art 5 Nr 3 EuGVÜ bei vorbeugenden Unterlassungsklagen, ZZPInt 2002, S. 284–292; kritisch Geimer/Schütze-*Reinhold Geimer:* Europäisches Zivilverfahrensrecht, 3. Aufl. 2010, Art. 5 EuGVVO, Rn. 202.
1432 Geimer/Schütze-*Reinhold Geimer:* Europäisches Zivilverfahrensrecht, 3. Aufl. 2010, Art. 5 EuGVVO, Rn. 248.
1433 *Peter Mankowski:* Gerichtsbarkeit und internationale Zuständigkeit deutscher Zivilgerichte bei Menschenrechtsverletzungen, aus: Universalität der Menschenrechte (2009), S. 178.
1434 Ebenda.
1435 Geimer/Schütze-*Reinhold Geimer:* Europäisches Zivilverfahrensrecht, 3. Aufl. 2010, Art. 5 EuGVVO, Rn. 250.
1436 Ebenda, Rn. 253.

A. Zuständigkeitsstatute für schwere Menschenrechtsverletzungen

„an Ort und Stelle als unmittelbare Folge der direkten physischen Einwirkung" auf.[1437] Problematisch wird es aber dann, wenn die Schäden auch noch später an einem anderen Ort auftreten. Das betrifft nicht nur Folgeschäden an Leib, sondern vor allem an der Seele, die das schwere Leid oftmals mit sich bringen wird. Teilweise wird ein solcher Schadensort als mögliches Forum rundum abgelehnt.[1438] Dies ist jedenfalls dann einzusehen, wenn sich etwa der Sterbeort in einen anderen Staat verlegt, als die Verletzung erfolgte.[1439] Gerade aber bei Menschenrechtsverletzungen kann sich etwa ein Trauma erst mit zeitlichem und räumlichem Abstand auftun, was als ein möglicher Erfolgsort im Sinne des Art. 5 Nr. 3 EuGVVO angesehen werden muss.[1440]

c) Zusammenfassung

Die so begründete Gerichtspflichtigkeit bedeutet freilich keinen ausschließlichen Gerichtsstand, schafft aber im Ergebnis die Grundlage der internationalen wie örtlichen Zuständigkeit vor den Gerichten am Deliktsort. Das mitgliedstaatliche Zuständigkeitsrecht wäre insofern vollständig verdrängt.[1441]

3. *Exorbitante Gerichtsstände*

Im Falle schwerer Menschenrechtsverletzungen fällt der Deliktsgerichtsstand oftmals mit dem allgemeinen Gerichtsstand zusammen, was dem Kläger aus eingangs dargestellten Gründen gleichfalls nicht weiterhilft.[1442] Dem immanenten Drang vor fremde Zivilgerichte wird insoweit abgeholfen, als dass beide vorgenannten Gerichtsstände auseinanderfallen. Für das Forum am Deliktsort überwindet aber nicht allein die konsequente Anwendung der EuGVVO die dortige Immunitätsbarriere. Dieser Gerichtsstand ist vielmehr Ausdruck einer mittlerweile anerkannten Immunitätsausnahme für

---

1437 *Peter Mankowski:* Gerichtsbarkeit und internationale Zuständigkeit deutscher Zivilgerichte bei Menschenrechtsverletzungen, aus: Universalität der Menschenrechte (2009), S. 179.
1438 Geimer/Schütze-*Reinhold Geimer:* Europäisches Zivilverfahrensrecht, 3. Aufl. 2010, Art. 5 EuGVVO, Rn. 254 ff.
1439 Ebenda, Rn. 253.
1440 Vgl. *Peter Mankowski,* der aber das einschränkende Kriterium der Vorhersehbarkeit als gegenläufiges Gewicht heranziehen will: Gerichtsbarkeit und internationale Zuständigkeit deutscher Zivilgerichte bei Menschenrechtsverletzungen, aus: Universalität der Menschenrechte (2009), S. 179.
1441 Geimer/Schütze-*Reinhold Geimer:* Europäisches Zivilverfahrensrecht, 3. Aufl. 2010, Art. 5 EuGVVO, Rn. 268.
1442 *Rolf Wagner:* Die Bemühungen der Haager Konferenz für Internationales Privatrecht um ein Übereinkommen über die gerichtliche Zuständigkeit und ausländische Entscheidungen in Zivil- und Handelssachen – Ein Sachstandsbericht nach dem 1. Teil der Diplomatischen Konferenz, IPRax 2001, S. 343.

Sechstes Kapitel – Folgenbetrachtungen und Lösungsvorschlag

Distanzdelikte.[1443] Insoweit bietet die EuGVVO nicht den versprochenen Mehrwert für Klagemöglichkeiten im Falle schwerer Menschenrechtsverletzungen. Zwangsläufig von Interesse sind im Grunde solche Gerichtsstände, die losgelöst vom Beklagtenstaat und Deliktsort anknüpfen.[1444] Damit schwindet jedoch jede *wesentliche Verbindung* zwischen der Streitigkeit und dem Gerichtsstaat, die aber ein allgemein anerkannter Grundsatz des Internationalen Zivilverfahrensrechts ist.[1445] Während das Strafrecht im Falle von schweren Menschenrechtsverletzungen mittlerweile vollständig auf einen *genuin link* verzichten kann, haben das Internationale Privatrecht und das Internationale Zivilprozessrecht dieses Strukturmerkmal behalten.[1446] Gerade die EuGVVO verfolgt im Grundsatz die Zurückdrängung von Gerichtsständen, die als exorbitant angesehen werden[1447], vgl. Art. 3 Abs. 2 in Verbindung mit der „schwarzen Liste" in Anhang I zur EuGVVO.

Dort ist auch die *transient jurisdiction* zu finden, also die Gerichtsstandsbegründung durch Zustellung von Klageschrift und Ladung. Während sie in den USA das hiesige Thema vielfach bewegt hat[1448], bleibt sie im Europäischen Rechtsraum von der

---

1443 Diese Immunitätsausnahme ist in zahlreichen nationalen Gesetzen zur Staatenimmunität sowie weltweit anerkannt. Nur Kontinentaleuropa selbst kennt keine diesbezügliche positive Deskription, grundlegend dazu *Burkhard Hess:* Staatenimmunität bei Distanzdelikten – Der private Kläger im Schnittpunkt von zivilgerichtlichen und völkerrechtlichen Rechtsschutz (1992). Die Vorlage an den EuGH in der Rs. C-292/05 wurde vor allem auch auf dieses Konstrukt gestützt, warum *Burkhard Hess,* der eben seine Dissertation zu diesem Thema verfasste, die Bundesrepublik Deutschland im Verfahren unter anderem vertrat.
1444 Vgl. *Burkhard Hess:* Kriegsentschädigungen aus kollisionsrechtlicher und rechtsvergleichender Sicht, BerDGVR 40 (2003), S. 184; *Rolf Wagner:* Die Bemühungen der Haager Konferenz für Internationales Privatrecht um ein Übereinkommen über die gerichtliche Zuständigkeit und ausländische Entscheidungen in Zivil- und Handelssachen, IPRax 2001, S. 343.
1445 BT-Drucks. 17/992 v. 12.03.2010, S. 2.
1446 Vgl. *Joachim Bertele:* Souveränität und Verfahrensrecht – Eine Untersuchung der aus dem Völkerrecht ableitbaren Grenzen staatlicher extraterritorialer Jurisdiktion im Verfahrensrecht (1998), S. 221 ff.; *Moritz von Unger:* Menschenrechte als transnationales Privatrecht (2008), S. 47. Eine Ausnahme bildet aber etwa das Seerechtsübereinkommens, welches eine zivilrechtliche Annexzuständigkeit der universalen Strafgewalt kennt, vgl. Art. 105 des Seerechtsübereinkommen der Vereinten Nationen v. 16.11.1994, in Kraft getreten am 10.12.1982.
1447 Es sei daran erinnert, dass etwa die Europäische Konvention über die Staatenimmunität exorbitante Gerichtsstände ausschließt, so dass insoweit schon keine Gerichtsbarkeit besteht, vgl. dessen Anlage.
1448 Neben dem hier bereits dargestellten Fall von *Radovan Karadžić* sei der Fall des Vorsitzenden des chinesischen Volkskongresses und früheren Premierminister *Li Peng* genannt, dem unter Mithilfe seines offiziellen US-amerikanischen Begleitpersonals am 30.08.2000 in der Tiefgarage des Waldorf Astoria Hotels in New York eine Klage wegen

A. Zuständigkeitsstatute für schwere Menschenrechtsverletzungen

EuGVVO verpönt.[1449] Gemäß Art. 3 Abs. 2 in Verbindung mit der „schwarzen Liste" in Anhang I zur EuGVVO ist auch eine Begründung des Gerichtsstands der Vermögensbelegenheit versagt[1450], wie sie etwa das deutsche Recht in § 23 ZPO kennt. So sehr dieser als Hoffnung auf effektive Sanktionierung von Menschenrechtsverletzungen[1451] und Entzug deretwegen unrechtmäßig erlangter Gewinne[1452] zu Felde gezogen wird, so aussichtslos ist dessen Heranziehung im Geltungsbereich der EuGVVO *de lege lata*.[1453]

Entsprechend verschlossen ist die EuGVVO *de lege lata* jeder Überlegung für einen allgemeinen Gerichtsstand der Universalität zur Durchsetzung von Menschenrechten durch Zivilklagen, wie ihn *Burkhard Hess* allgemein fordert.[1454] Selbst in Ansehung auf in Rede stehende Menschenrechtsverletzungen, wie allgemein von *Markus Rau* als Anknüpfungspunkt vorgeschlagen[1455], kann die EuGVVO außerhalb des *forum delicti commissi* keine Ausnahme anerkennen. Das Aufsuchen exorbitanter Gerichtsstände ist der EuGVVO *grundsätzlich* fremd. Selbst die Entwürfe der Haager Konferenz für Internationales Privatrecht aus 1999/2001 enthielten keine originären Zuständigkeitsregeln für schwere Menschenrechtsverletzungen.

4. Ordre public-*Zuständigkeit*

Eine Ausnahme könnte im Wege einer Zuständigkeit unter dem Gesichtspunkt des *ordre public* erwogen werden. In jeder Schadensersatzklage wegen eines Völkermords perpetuiert sich der Menschenrechtsschutz auf zivilprozessualem Weg. Soweit

---

des Massakers auf dem Tianamen-Platz in Peking von 1989 zugestellt wurde, dazu *Eric Gruzen*: The United States as a Forum for Human Rights Litigation: Is This the Best Solution?, Transnational Lawyer 14 (2001), S. 208.

1449 Vgl. *Axel Halfmaier*: Menschenrechte und Internationales Privatrecht im Kontext der Globalisierung, RabelsZ 68 (2004), S. 660 ff.
1450 Der Gerichtsstand für inländisches Vermögen wurde bereits von der ursprünglichen Sechsergemeinschaft im Rahmen des EuGVÜ ausgeschaltet, vgl. *Ekkehard Schumann*: Aktuelle Fragen und Probleme des Gerichtsstands des Vermögens (§ 23 ZPO) – Zugleich ein Beitrag über Gerichtsverfahren gegen ausländische Staaten, ZZP 93 (1980), S. 420 f.
1451 *Gerfried Fischer*: Schadensersatzansprüche wegen Menschenrechtsverletzungen im Internationalen Privat- und Prozeßrecht, aus: Vertrauen in den Rechtsstaat, Festschrift für Walter Remmers (1995), S. 459.
1452 *Detlev Vagts/Jens Drolshammer/Peter Murray*: Mit Prozessieren den Holocaust bewältigen? Die Rolle des Zivilrechts und Zivilprozesses beim Versuch der Wiedergutmachung internationaler Katastrophen, ZfSR 118 (1999), S. 519.
1453 Zu den dahingehend relevanten Reformvorschlägen sogleich ab S. 312.
1454 Vgl. *Burkhard Hess*: Kriegsentschädigungen aus kollisionsrechtlicher und rechtsvergleichender Sicht, BerDGVR 40 (2003), S. 185.
1455 Schadensersatzklagen wegen extraterritorial begangener Menschenrechtsverletzungen: der US-amerikanische Alien Tort Claims Act, IPRax 2000, S. 560.

Sechstes Kapitel – Folgenbetrachtungen und Lösungsvorschlag

der Menschenrechtsschutz den materiellen *ordre public* berührt[1456], liegt die Überlegung hinsichtlich der Begründung einer so hergeleiteten Zuständigkeit nahe.[1457] Schon unter Geltung des EuGVÜ war die Möglichkeit einer *ordre public*-Zuständigkeit umstritten.[1458] Unter dem Regime der EuGVVO gilt aber ein *numerus clausus* an Zuständigkeitsanknüpfungen, der keine *ordre public*-Zuständigkeit zulässt[1459], vgl. auch Art. 3 Abs. 1 EuGVVO. Eine *ordre public*-Zuständigkeit lässt sich, auch im Lichte schwerer Menschenrechtsverletzungen, unter dem Rechtsregime der EuGVVO nicht begründen.

5. Gerichtsstand für Adhäsionsklagen nach Art. 5 Nr. 4 EuGVVO

De lege lata können allein und ausnahmsweise über den Gerichtsstand für Adhäsionsklagen exorbitante Gerichtsstände zugelassen werden. Während man sich in den Haager Entwürfen von 1999 und 2001 nicht auf die ausdrückliche Erwähnung eines Adhäsionsverfahrens einigen konnte[1460], kennt die EuGVVO diesen Mangel nicht. Die EuGVVO

> *„ist auch auf zivilrechtliche Ansprüche anzuwenden, die vor einem Strafgericht geltend gemacht werden. Dies gilt sowohl für die Bestimmungen der Zuständigkeit als auch für die Anerkennung und Vollstreckung von Urteilen, die von einem Strafgericht im Adhäsionsverfahren über solche Ansprüche erlassen werden"*[1461].

Der damit angesprochene Art. 5 Nr. 4 EuGVVO verschafft auch solchen Gerichtsständen „Zutritt", die ansonsten von der EuGVVO verwehrt wären.[1462] Namentlich werden die Foren zugelassen, für die die mitgliedstaatlichen Strafprozessordnungen eine Zuständigkeit kennen. Diese Anbindung kann im Falle von schweren Menschen-

---

1456 *Markus Voltz:* Menschenrechte und ordre public im Internationalen Privatrecht (2002).
1457 *Gerfried Fischer:* Schadensersatzansprüche wegen Menschenrechtsverletzungen im Internationalen Privat- und Prozeßrecht, aus: Vertrauen in den Rechtsstaat, Festschrift für Walter Remmers (1995), S. 459.
1458 Vgl. *Thomas Pfeiffer:* Internationale Zuständigkeit und prozessuale Gerechtigkeit – Die internationale Zuständigkeit im Zivilprozess zwischen effektivem Rechtsschutz und nationaler Zuständigkeitspolitik (1995), S. 762 ff.
1459 Geimer/Schütze-*Reinhold Geimer:* Europäisches Zivilverfahrensrecht, 3. Aufl. 2010, Einl., EuGVVO, Rn. 79.
1460 *Catherine Kessedjian:* Les actions civiles pour violation des droits de l'homme – Aspects de Droit International Privé, Trav. Com. Fr. Dr. Int. Pr. 2002–2004, S. 174.
1461 *Jenard*-Bericht zum EuGVÜ (1968), S. 9.
1462 *Peter Mankowski:* Gerichtsbarkeit und internationale Zuständigkeit deutscher Zivilgerichte bei Menschenrechtsverletzungen, aus: Universalität der Menschenrechte (2009), S. 175 f.

A. Zuständigkeitsstatute für schwere Menschenrechtsverletzungen

rechtsverletzungen das Weltrechtsprinzip durchgreifen lassen[1463], wie es etwa das deutsche Völkerstrafgesetzbuch vorsieht.[1464] Dieser Rückgriff auf mitgliedstaatliches Recht entspricht im Ergebnis der Regelung der Haager Entwürfe von 1999/2001, die in Bezug auf schwere Menschenrechtsverletzungen den Rückgriff auf mitgliedstaatliche Entscheidungszuständigkeiten ausnahmsweise erlaubten, vgl. Art. 18 beider Entwürfe. Das Recht, zivilrechtliche Ansprüche vor einem Strafgericht mitentscheiden zu lassen, wurde durch den Rahmenbeschluss des Rats der Europäischen Union vom 15. März 2001 über die Stellung des Opfers im Strafverfahren für den gesamten Europäischen Rechtsraum manifestiert, vgl. dessen Art. 9, konkretisiert durch die Richtlinie 2004/80/EG des Rates vom 29. April 2004 zur Entschädigung der Opfer von Straftaten. Die Individualhaftung eines Staates kann wiederum nach den Grundsätzen der Rs. Sonntag hergestellt werden, welche danach gleichfalls unter den Art. 5 Nr. 4 EuGVVO fallen kann.[1465]

II. Anerkennungs- und Vollstreckungszuständigkeit

Während die Haager Entwürfe bezüglich der Anerkennungs- und Vollstreckungszuständigkeit für schwere Menschenrechtsverletzungen keine Einigung präsentieren konnten und auf das nationale Verfahrensrecht verwiesen, wäre im Europäischen Rechtsraum die EuGVVO weiterführend. Die EuGVVO verpflichtet die Mitgliedstaaten der Europäischen Union unabhängig vom Zuständigkeitskatalog der Art. 2 ff. EuGVVO zur Anerkennung und Vollstreckung von Entscheidungen in „Zivil- und Handelssachen". Der sachliche Anwendungsbereich der EuGVVO zieht damit zugleich die sachliche Grenze der Anerkennungspflicht.[1466] Zu dessen Bestimmung ist der Zweitrichter – anders als bei der Prüfung der internationalen Zuständigkeit nach Art. 28 Abs. 2 und 3 EuGVVO – nicht an die Beurteilung des Erstrichters gebun-

---

1463 *Theresa Wilhelmi:* Menschenrechtsschutz durch universale Jurisdiktion im internationalen Privat- und Strafrecht, aus: Universalität der Menschenrechte (2009), S. 236 sowie *dies.* dazu allgemein: Das Weltrechtsprinzip im internationalen Privat- und Strafrecht – Zugleich eine Untersuchung zu Parallelitäten, Divergenzen und Interdepedenzen von internationalem und internationalem Strafrecht (2007).
1464 *Peter Mankowski:* Gerichtsbarkeit und internationale Zuständigkeit deutscher Zivilgerichte bei Menschenrechtsverletzungen, aus: Universalität der Menschenrechte (2009), S. 176.
1465 Vgl. *Anatol Dutta,* der in diesen Zusammenhang auch auf Art. 5 Nr. 3 EuGVVO verweist: Amtshaftung wegen Völkerrechtsverstößen bei bewaffneten Auslandseinsätzen deutscher Streitkräfte, AöR 133 (2008), S. 195.
1466 Entsprechende Begrenzungen ergeben sich *ratione temporis, loci* und *personae.*

den.[1467] Mithin hängt die Anerkennungszuständigkeit ganz von der Reichweite der EuGVVO *ratione materie* ab. Soweit der Vorwurf des Völkermords oder der Folter als „Zivilsache" angesehen würde, wäre eine Entscheidung darüber von einem mitgliedstaatlichen Gericht in jedem anderen Mitgliedstaat der Europäischen Union anzuerkennen und zu vollstrecken.

B. Korrekturmöglichkeiten der EuGVVO

Soweit die EuGVVO für die Zuständigkeit für Klagen bzw. für die Anerkennung und Vollstreckung von Entscheidungen wegen eines Völkermords oder des Verbrechens der Folter gegen einen Staat herangezogen würde, bleibt die Frage danach, ob die EuGVVO gegenläufige Korrekturmöglichkeiten – insbesondere Anerkennungshindernisse – bereithielte.

I. Korrekturmöglichkeiten auf Zuständigkeitsebene

Für das Erstgericht ist das Zuständigkeitsregime der EuGVVO abschließend und zwingend, *argumentum e contrario* Art. 35 Abs. 3 EuGVVO. Ebenso wie eine ungeschriebene Erweiterung des Zuständigkeitskatalogs abgelehnt wurde, muss dessen Einschränkung verneint werden. Soweit die EuGVVO die Internationale Entscheidungszuständigkeit statuiert, ist eine Korrekturmöglichkeit nicht gegeben. Als einziges Korrektiv kann die Betrachtung des Anwendungsbereichs selbst dienen, was wiederum dem abschließendem Lösungsvorschlag vorbehalten ist.

II. Anerkennungshindernisse

Im Gegensatz zum Erkenntnisverfahren ist die Ebene der Anerkennung und Vollstreckung von ungleich höherer Eingriffsintensivität, so dass die EuGVVO diesbezüglich mehrere Korrekturmöglichkeiten in Form von Anerkennungshindernissen zur Verfügung stellt.

1. Fehlende Vollstreckbarkeit

Einem ersten Problem gaben die vielfachen Vollstreckungsversuche um das Urteil des LG Livadia Konturen. Seine Vollstreckung wurde erst in Italien versucht, nachdem

---

1467 EuGH, Urt. v. 14.10.1976 – Rs. 29/76 (LTU ./. Eurocontrol), Fundstellenverzeichnis; Geimer/Schütze-*Reinhold Geimer:* Europäisches Zivilverfahrensrecht, 3. Aufl. 2010, Art. 32 EuGVVO, Rn. 9.

B. Korrekturmöglichkeiten der EuGVVO

der griechische Justizminister seine Erlaubnis für die Zwangsvollstreckung gemäß Art. 923 hellenischer Zivilprozessordnung verweigerte. Die italienischen Gerichte hatten demzufolge die Auswirkung der fehlenden Vollstreckung im Urteilsstaat auf die Vollstreckung im Ausland zu klären.[1468] Die Corte di Cassazione verlangte allein die Rechtskraft des Urteils, nicht jedoch, dass eine Zwangsvollstreckung im Urteilsstaat tatsächlich stattgefunden hat oder aus rechtlichen Gründen nicht stattfindet. Eine fehlende Genehmigung des Justizministers verhindert zwar die innerstaatliche Vollstreckung, nimmt aber einem Urteil noch nicht seine mitgliedstaatliche Umlauffähigkeit.[1469] Die fehlende Vollstreckung berührt mithin nicht die Wirksamkeit einer Entscheidung[1470], sondern ist gleichwohl der Wirksamkeitserstreckung durch die EuGVVO zugänglich.

2. *Ungeschriebenes Anerkennungshindernis der Staatenimmunität*

Mit dem System der EuGVVO ist es auch unvereinbar, die Zuständigkeit des erkennenden Gerichts nachzuprüfen, vgl. Art. 35 Abs. 3 S. 1 EuGVVO.[1471] Genauso wenig aber, wie die EuGVVO im Rahmen der Anwendbarkeit das Immunitätsproblem verortet, genauso schweigt die EuGVVO zu dessen möglichen Verortung als Anerkennungshindernis. Gegen die Internationale Gerichtszuständigkeit wird vor allem eine Verkennung der Gerichtshoheit des beklagten Staates vorgebracht.[1472] Teilweise befürwortet das Schrifttum eine Überprüfung der Gerichtsbarkeit des Erststaates als ungeschriebenes Anerkennungshindernis.[1473] Diese Erwägung wird getragen von der Überlegung, dass im Falle fehlender Gerichtsbarkeit des Erststaates ein völkerrechts-

---

1468 *Karsten Thorn:* Schadensersatzansprüche der Zivilbevölkerung gegen ausländische Besatzungsmächte, BerDGVR 44 (2009), S. 310.
1469 Vorsichtig zustimmend ebenda, S. 311.
1470 Ein Urteil, das vollstreckungsunfähig ist, wäre unzulässig, vgl. etwa OLG Koblenz, Urt. v. 16.04.2009 – 6 U 574/08, NJW 2009, S. 3519–3521 = MDR 2010, S. 27–28 (Leitsatz 2).
1471 Nicht einmal gehören die Vorschriften über die Zuständigkeit zur öffentlichen Ordnung im Sinne des Artikels 34 Nr. 1, vgl. Art. 35 Abs. 3 S. 2 EuGVVO. Nur in Ausnahmefällen ist eine Nachprüfung der internationalen Zuständigkeit vorgesehen, vgl. Art. 35 Abs. 1, 66 Abs. 2 EuGVVO, Art. 28 Abs. 1, 54 Abs. 2 EuGVÜ/LugÜ bzw. deren Parallelvorschriften in den Beitrittsübereinkommen zum EuGVÜ.
1472 BT-Drucks. 17/1992 v. 12.03.2010, S. 2.
1473 Geimer/Schütze-*Reinhold Geimer:* Europäisches Zivilverfahrensrecht, 3. Aufl. 2010, Art. 34 EuGVVO, Rn. 6; *ders.:* Zur Prüfung der Gerichtsbarkeit und der internationalen Zuständigkeit bei der Anerkennung ausländischer Entscheidungen (1966), S. 77; *Matthias Rossi:* Staatenimmunität im europäischen Zivilprozessrecht, Jahrbuch für Italienisches Recht 23 (2010), S. 61.

widriges Urteil im Umlauf wäre.[1474] Wenn aber das Völkerrecht die Anerkennung völkerrechtswidriger Urteile verbietet[1475], müsse es das Europäische Zivilprozessrecht dem gleichtun.[1476] Hier muss indes weder geklärt werden, ob diese Sichtweise für jede Völkerrechtswidrigkeit begründet erscheint, noch bedarf die Vereinbarkeit eines ungeschriebenen Anerkennungshindernisses mit der EuGVVO eine Beantwortung. Das vierte Kapitel hat verdeutlicht, dass sich die Behandlung von schweren Menschenrechtsverletzungen im Europäischen Zivilprozessrecht gerade nicht von der umstrittenen Immunitätsausnahme für schwere Menschenrechtsverletzungen abhängig macht. Vielmehr liegt im Anwendungsbereich der EuGVVO und vorbehaltlich ihres Art. 71 eine völkerrechtskonforme Immunitätsausnahme vor. Soweit ein Völkermord oder das Verbrechen der Folter als „Zivilsache" eingestuft würde, wäre die Gefahr der *facultas iurisdictionis* nicht gegeben. Im Übrigen bleibt das Verdikt der Völkerrechtswidrigkeit auch innerhalb des Art. 34 EuGVVO nicht unbeachtet. Es spricht alles dafür, die Immunitätsproblematik innerhalb der allgemeinen *ordre public*-Klausel des Art. 34 Nr. 1 EuGVVO zu verorten.[1477] Auch der BGH ordnet die erststaatliche Verkennung der fehlenden Gerichtsbarkeit rechtstechnisch dem Versagungsgrund des anerkennungsrechtlichen *ordre public* zu.[1478] Ein ungeschriebenes Anerkennungshindernis braucht mithin nicht konstruiert werden.

3. Anerkennungshindernisse nach Art. 34 Nr. 2 EuGVVO

Für das Thema von unweit größerer Brisanz ist die Wahrung rechtlichen Gehörs, für welches die EuGVVO als Anerkennungshindernis nach ihrem Art. 43 Nr. 2 sensibel ist.

1474 *Rainer Hausmann* in seiner Entscheidungsbesprechung: Zur Prüfung der Gerichtsbarkeit der New Yorker Gerichte über ein iranisches Staatsunternehmen im inländischen Arrestverfahren, S. IPRax 1982, S. 53; *Maximilian Pagenstecher:* Gerichtsbarkeit und internationale Zuständigkeit als selbstständige Prozeßvoraussetzungen – Zugleich ein Beitrag zur Lehre von der internationalen Prorogation, RabelsZ 11 (1937), S. 344; *Wolfgang Eickhoff:* Inländische Gerichtsbarkeit und internationale Zuständigkeit für Aufrechnung und Widerklage unter besonderer Berücksichtigung des Europäischen Gerichtsstands- und Vollstreckungsübereinkommens (1986), S. 25.
1475 Ebenda.
1476 Ebenda.
1477 *Haimo Schack:* Perspektiven eines weltweiten Anerkennungs- und Vollstreckungsübereinkommens, ZEuP 1993, S. 317 f.
1478 BGH, Urt. v. 26.06.2003 – III ZR 245/98 (Fundstellenverzeichnis).

B. Korrekturmöglichkeiten der EuGVVO

a) Recht und Last zur Prozessführung

Die Bundesrepublik Deutschland hat es in Bezug auf die Ausgangsverfahren zumeist abgelehnt, Staatshaftungsklagen als Zustellungsempfänger aus anderen Staaten entgegenzunehmen.[1479] Exemplarisch stehen dafür die Zustellungsversuche an die Deutsche Botschaft in Tel Aviv und der Berliner Senatsverwaltung für Justiz, mit denen seit April 2003 versucht wird, eine Sammelklage vor dem Bezirksgericht in Jerusalem gegen die Bundesrepublik Deutschland auf Entschädigung für bisher noch nicht restituierte Vermögenswerte, die deutschen Juden während der NS-Zeit entzogen wurden, an die deutsche Bundesregierung zuzustellen.[1480] Den *droits de la défence* kommt aber im Internationalen Anerkennungsrecht[1481] sowie in der Praxis[1482] besondere Bedeutung zu. In Gussform des Art. 34 Nr. 2 EuGVVO formuliert, wird eine Entscheidung dann nicht anerkannt, wenn dem Beklagten, der sich auf das Verfahren nicht eingelassen hat, das verfahrenseinleitende Schriftstück oder ein gleichwertiges Schriftstück nicht so rechtzeitig und in einer Weise zugestellt worden ist, dass er sich verteidigen konnte, es sei denn, der Beklagte hat gegen die Entscheidung keinen Rechtsbehelf eingelegt, obwohl er die Möglichkeit dazu hatte. Diese – gegenüber dem EuGVÜ und dem LugÜ-I flexiblere[1483] – Regelung gewährt dem Beklagten ein Mindestmaß an Einlassungsmöglichkeit. Diese ist nicht verletzt, soweit der Beklagte lediglich Zustellungsfehler rügt oder die Internationale Zuständigkeit bestreitet.[1484] Art. 34 Nr. 2 EuGVVO verhindert gerade ein prozessuales Taktieren[1485] sowie ein missbräuchliches

---

1479 Etwa verweigerte sie von Anfang an die Annahme einer Abschrift der Klage und die Beteiligung im Verfahren vor dem LG Livadía um das Kriegsverbrechen von Distimo, vgl. *Anestis Nessou:* Griechenland 1941–1944 – Deutsche Besatzungspolitik und Verbrechen gegen die Zivilbevölkerung – eine Beurteilung nach dem Völkerrecht (2009), S. 498.
1480 Vgl. Elfter Bericht der Bundesregierung über den Stand der Rechtssicherheit für deutsche Unternehmen im Zusammenhang mit der Stiftung „Erinnerung, Verantwortung und Zukunft", Unterrichtung durch die Bundesregierung, BT-Drucks. 17/1398 v. 15.04.2010, S. 3.
1481 Geimer/Schütze-*Reinhold Geimer:* Europäisches Zivilverfahrensrecht, 3. Aufl. 2010, Art. 43 EuGVVO, Rn. 68.
1482 Vgl. Berichte der Kommission an das Europäische Parlament, den Rat und den Europäischen Wirtschafts- und Sozialausschuss über die Anwendung der Verordnung (EG) Nr. 44/2001 des Rates über die gerichtliche Zuständigkeit und die Anerkennung und Vollstreckung von Entscheidungen in Zivil- und Handelssachen, KOM(2009) 174 endg. v. 21.04.2009, S. 4.
1483 Dazu eingehend bei Geimer/Schütze-*Reinhold Geimer:* Europäisches Zivilverfahrensrecht, 3. Aufl. 2010, Art. 34 EuGVVO, Rn. 71 ff.
1484 Thomas/Putzo-*Rainer Hüßtege:* Zivilprozessordnung – EU-Zivilverfahrensrecht, 32. Aufl. 2011, Art. 24, Rn. 4.
1485 *Burkhard Hess:* Amtshaftung als „Zivilsache" im Sinne von Art. 1 Abs. 1 EuGVÜ, IPRax 1994, S. 12.

Sechstes Kapitel – Folgenbetrachtungen und Lösungsvorschlag

Verhalten des Beklagten.[1486] Die Zustellung für den Europäischen Rechtsraum regelt die Verordnung über die Zustellung gerichtlicher und außergerichtlicher Schriftstücke in Zivil- oder Handelssachen.[1487] Auch hier ist also das Vorliegen einer „Zivil- und Handelssache" maßgebend.[1488] Im gesamten Geltungsbereich des Europäischen Zivilprozessrechts muss der Beklagte seiner Prozessführungslast durch Mitwirkung am ausländischen Verfahren nachkommen.[1489] Im Übrigen erschöpft sich Art. 34 Nr. 2 EuGVVO in der Wahrung rechtlichen Gehörs bei der Verfahrenseröffnung.[1490] Spätere schwere Verletzungen können nur noch vom prozessualen *ordre public* nach Art. 34 Nr. 1 EuGVVO aufgefangen werden.

b)   Problemkonstellation bei Adhäsionsklagen

Soweit die EuGVVO auf den Umwegen eines Adhäsionsverfahrens zur Anwendung kommt, ergeben sich zusätzliche Probleme.[1491] Die EuGVVO garantiert in ihrem Art. 61 zwar einen Mindeststandard im Falle des nicht persönlichen Erscheinens im Adhäsionsverfahren. Für den umgekehrten Fall aber, die fehlende Möglichkeit des Auftretens im Adhäsionsverfahren, klafft eine Regelungslücke. Sowenig der Staat im Rahmen eines Adhäsionsverfahrens Beklagter ist, so ausgeschlossen ist es, dass er seine fehlende Einlassungsmöglichkeit monieren kann. Befürchtet er Regressansprüche wegen der Haftungsübernahme für Amtshandlungen, kann er nur einen Streitbeitritt auf Beklagtenseite anstrengen. Das deutsche Recht beispielsweise verhindert aber gemäß § 403 StPO einen solchen Streitbeitritt im Adhäsionsverfahren. Darüber hinaus sehen die Art. 43 ff. EuGVVO keine Intervention im Anerkennungsverfahren vor. Auf die diesbezügliche Vorlagefrage in der Rs. Sonntag antwortete der EuGH, dass

---

1486 Dazu eingehend bei Geimer/Schütze-*Reinhold Geimer:* Europäisches Zivilverfahrensrecht, 3. Aufl. 2010, Art. 34 EuGVVO, Rn. 82.
1487 Verordnung (EG) Nr. 1348/2000 des Rates vom 29.05.2000 über die Zustellung gerichtlicher und außergerichtlicher Schriftstücke in Zivil- oder Handelssachen in den Mitgliedstaaten, ABl. v. 30.6.2000, L 160/37 ff.
1488 Das gilt im Übrigen auch für das Haager Übereinkommen über die Zustellung gerichtlicher und außergerichtlicher Schriftstücke im Ausland in Zivil- oder Handelssachen vom 15. November 1965 (HZÜ). Die Erledigung eines Zustellungsantrags kann nach dieser Vorschrift dann ab- gelehnt werden, wenn der ersuchte Staat die Zustellung für geeignet hält, seine Hoheitsrechte oder seine Sicherheit zu gefährden.
1489 *Burkhard Hess:* Amtshaftung als „Zivilsache" im Sinne von Art. 1 Abs. 1 EuGVÜ, IPRax 1994, S. 16.
1490 *Haimo Schack:* Internationales Zivilverfahrensrecht, 4. Aufl. 2006, § 17 III, Rn. 852.
1491 Dazu bereits im vierten Kapitel ab S. 156 und weiterführend im fünften Kapitel ab S. 272.

B. Korrekturmöglichkeiten der EuGVVO

jeder Rechtsbehelf „interessierter" Dritter von der EuGVVO ausgeschlossen ist.[1492] In dieser Konstellation gibt es eine „völlige Rechtlosstellung" des im Innenverhältnis zur Freistellung verpflichteten Staates.[1493] Da eben keine Streitbeteiligung vorliegt, kann Art. 34 Nr. 2 EuGVVO kein Anerkennungshindernis bilden. In Betracht kommt allein die Versagung der Anerkennung aus Gründen des *ordre public*.[1494]

4. Anerkennungshindernis des ordre public nach Art. 34 Nr. 1 EuGVVO

Der Diskurs um die Behandlung von schweren Menschenrechtsverletzungen im Europäischen Zivilprozessrecht mündet mithin und zumeist mit einem Verweis auf den anerkennungsrechtlichen *ordre public*.

a) Maßstab

Eine Entscheidung wird nach Art. 34 Nr. 1 EuGVVO nicht anerkannt, wenn sie der öffentlichen Ordnung des Mitgliedstaats, in dem sie geltend gemacht wird, offensichtlich widersprechen würde. Schon *Friedrich Carl von Savigny* füllte eine Vorbehaltsklausel mit „sittlichen Gründen" und solchen des öffentlichen Wohls.[1495] Im Rahmen der EuGVVO kommt es dabei nicht auf die materielle Richtigkeit der anzuerkennenden Entscheidung an, was auf eine unzulässige *révision au fond* hinausliefe, vgl. Art. 29, 34 Abs. 2 EuGVVO. Allein maßgebend ist, ob das Ergebnis ausländischer Rechtsanwendung mit den international geltenden Gerechtigkeitsvorstellungen offensichtlich unvereinbar ist.[1496]

b) Anspruch auf rechtliches Gehör nach Verfahrenseinleitung

Zunächst setzen sich im Rahmen des *ordre public* die zuvor behandelten prozeduralen Bedenken hinsichtlich des Anspruchs auf rechtliches Gehör fort.

1492 Urt. v. 21.04.1993 – Rs. C-172/91 (Volker Sonntag ./. Thomas Waldmann), Rn. 20 (Fundstellenverzeichnis), Leitsatz 2.
1493 *Burkhard Hess*: Amtshaftung als „Zivilsache" im Sinne von Art. 1 Abs. 1 EuGVÜ, IPRax 1994, S. 15.
1494 Ebenda, S. 14 (Fußn. 78).
1495 *Friedrich Karl von Savigny*: System des heutigen römischen Rechts, Bd. 8 (1849), Buch 3, Kapitel I, S. 36. Beispielhaft nennt dieser den Grundstückerwerb durch jüdische Bevölkerung, S. 36 f., wohlgemerkt bereits im Jahre 1849.
1496 Geimer/Schütze-*Reinhold Geimer*: Europäisches Zivilverfahrensrecht, 3. Aufl. 2010, Art. 34 EuGVVO, Rn. 14.

Sechstes Kapitel – Folgenbetrachtungen und Lösungsvorschlag

aa) Recht und Last zur Prozessführung

Zahlreiche Urteile gegen Staaten wegen schwerer Menschenrechtsverletzungen ergehen im Wege des Versäumnisurteils. Darin kann insoweit ein Verstoß gegen die Rechtsordnung des Vollstreckungsstaates begründet liegen, als dass dies den Anspruch auf rechtliches Gehör verwehrt.[1497] Das Recht auf Wahrung der Verteidigungsrechte ist, wie zuvor aufgezeigt, kein absolutes.[1498] Art. 34 Nr. 2 EuGVVO sichert nur ein Mindestmaß rechtlichen Gehörs bei der Verfahrenseröffnung.[1499] Diese garantierte Einlassungsmöglichkeit genügt der EuGVVO, im Übrigen kann jede Säumnis des Schuldnerstaates als solche sanktioniert werden. Es ist im Europäischen Rechtsraum keine unüberwindbare Hürde, an einem Verfahren teilzunehmen. Jede Partei hat selbst nach besten Kräften für ihre eigene ordnungsgemäße Vertretung in einem ihr bekannten Gerichtsverfahren zu sorgen[1500], zumal die Säumnisfolgen im Europäischen Rechtsraum ähnlich sind. Für die griechischen Ausgangsverfahren gilt dies schon deswegen, weil dass die griechische Zivilprozessordnung der deutschen nachkonzipiert ist.[1501] Im gesamten Geltungsbereich des Europäischen Zivilprozessrechts muss der Beklagte seiner Prozessführungslast durch Mitwirkung am ausländischen Verfahren nachkommen.[1502]

bb) Problemkonstellation bei Adhäsionsklagen

Anknüpfend an die vorstehend beschriebene Problemkonstellation kann der Anspruch auf rechtliches Gehör für den Schuldnerstaat bei Anwendung der EuGVVO im Adhäsionsverfahren völlig unterlaufen werden. Wie in Bezug auf ein Anerkennungshindernis nach Art. 34 Nr. 2 EuGVVO erwogen wurde, ist es dem rückgriffsschuldenden Staat teilweise verwehrt, im mitgliedstaatlichen Adhäsionsverfahren zu intervenieren. Im Anerkennungsverfahren sieht die EuGVVO wegen ihrer Art. 43 ff. EuGVVO keine Interventionsmöglichkeit vor. Diese „völlige Rechtlosstellung" des

---
1497 Vgl. für Deutschland: BGH, Beschl. v. 02.09.2009 – XII ZB 50/06, BGHZ 182, S. 204–218 = EuLF 2009, II-126 – II-130 = MDR 2010, S. 29–31 = NJW 2010, S. 153–157 = JR 2010, S. 432–436 = IPRspr. 2009, Nr. 248, S. 637–645.
1498 Ebenda, Rn. 30.
1499 *Haimo Schack:* Internationales Zivilverfahrensrecht, 4. Aufl. 2006, § 17 III, Rn. 852.
1500 St. Rspr. des BGH, vgl. Urt. v. 29.04.1999 – IX ZR 263/97, Rn. 30, BGHZ 141, S. 286–307 = ZIP 1999, S. 1226–1232 = RIW 1999, S. 698–703 = NJW 1999, S. 3198–3203 = ZZP 1999, S. 473–483 = JZ 2000, S. 107–112 = WM 1999, S. 1381–1388 = IPRspr. 1999, Nr. 160 = IPRax 2001, S. 230–236.
1501 Jüngst dazu *Nick Oberheiden:* Der Geltungsanspruch deutschen Rechts im Ausland, ZRP 2010, S. 17.
1502 *Burkhard Hess:* Amtshaftung als „Zivilsache" im Sinne von Art. 1 Abs. 1 EuGVÜ, IPRax 1994, S. 16.

im Innenverhältnis zur Freistellung verpflichteten Dritten steht zwar an der Grenze zum *ordre public*[1503], jedoch ist die „Regelungslücke" nicht ungewollt. Soweit sich etwa das deutsche Strafrecht gegen eine Interventionsmöglichkeit Dritter entscheidet, entspricht diese Konstellation der eigenen öffentlichen Ordnung und widerspricht ihr gerade nicht. Auf Ebene der Anerkennung und Vollstreckung ist es die bewusste Entscheidung der EuGVVO, die justizielle Zusammenarbeit auf einige wenige Rechtsbehelfe zu reduzieren. Auch dieser Wille kann schwerlich dem Verdikt des *ordre public* anheimfallen. Die Bedenken sind vielmehr grundsätzlicher Natur und betreffen die sogleich zu behandelnde Frage, ob das Europäische Zivilprozessrecht überhaupt geeignet ist, schwere Menschenrechtsverletzungen zu behandeln.

c) Immunität als *ordre public*-Vorbehalt

Im Zusammenhang mit der Anerkennung und Vollstreckung von Entscheidungen wegen schwerer Menschenrechtsverletzungen erscheint sodann die Frage nach der Staatenimmunität als dringendster Versagungsgrund. Unschädlich ist zunächst eine Konstellation, in der weder die Immunität des Urteilsstaates noch die des Anerkennungsstaates in Frage stehen. Der *ordre public* verlangt nicht allein die Missachtung des zwingenden Rechtes des eigenen Forums.[1504] Vielmehr ist die Wahrung unverzichtbarer Werte mit „internationaler Geltung" nötig.[1505] So selbstverständlich dafür das Immunitätsschild der Staaten im Falle schwerer Menschenrechtsverletzungen hochgehalten wird[1506], so wenig berührt ist es aber im Anwendungsbereich der EuGVVO. Das vierte Kapitel hat betont, dass es für die Behandlung der EuGVVO nicht auf den Diskurs um die Immunitätsausnahme wegen schwerer Menschenrechtsverletzungen ankommt. Soweit Art. 71 EuGVVO und der Anwendungsbereich der EuGVVO es erlauben, stehen Immunitätserwägungen zwischen den Mitgliedstaaten hinter deren justizieller Zusammenarbeit zurück. Bei konsequenter Einhaltung bedarf der Streit nicht im Rahmen des *ordre public* aufzuleben. Davon freilich unberührt bleibt die Wahrung der Immunität in Fällen des Art. 71 EuGVVO und auf Ebene der Vollstreckung. Hier steht der Anwendungsbereich der EuGVVO zwingend zurück.

1503 Ebenda, S. 14 (Fußn. 78).
1504 Vgl. EuGH v. 11.05.2000, Rs. C-28/98 (Régie nationale des usines Renault SA ./. Maicar SpA und Orazio Formento), Slg. 2000 (I), S. 3009–3024 = NJW 2000, S. 2185–2186 = IPRax 2001, S. 328–330 mit Anm. *Burkhard Hess:* Urteilsfreizügigkeit und ordre public-Vorbehalt bei Verstößen gegen Verfahrensgrundrechte und Marktfreiheiten, IPRax 2001, S. 301–306.
1505 Geimer/Schütze-*Reinhold Geimer:* Europäisches Zivilverfahrensrecht, 3. Aufl. 2010, Art. 34 EuGVVO, Rn. 14.
1506 *Matthias Rossi:* Staatenimmunität im europäischen Zivilprozessrecht, Jahrbuch für Italienisches Recht 23 (2010), S. 61.

Sechstes Kapitel – Folgenbetrachtungen und Lösungsvorschlag

Problematisch wird es gleichwohl, wenn die EuGVVO im Adhäsionsverfahren ohne Beteiligung eines Staates zur Anwendung kommt. Über den immunitätsrechtlichen Schutz eines Staates vor unmittelbarer Verfahrensbeteiligung hinaus kann die Immunität auch *Drittwirkung* zeitigen.[1507] Das gilt jedenfalls dann, wenn die beklagte Partei zu einem Verhalten gezwungen wäre, das einen Eingriff in ein dingliches Recht eines am Verfahren nicht beteiligten Staates bedeuten würde.[1508] Diese Konstellation lag dem BGH in dem hier besprochenen Fall nach Vorlage an den EuGH in der Rs. Sonntag vor.[1509] Tatsächlich wendete der BGH den damaligen Art. 27 EuGVÜ an, dies jedoch lediglich als Korrektiv für den Umfang der Schadensersatzpflicht im Innenverhältnis.[1510] Der Vorbehalt greife danach soweit, wie die Haftungsbefreiung im Innenverhältnis.[1511] Immunitätserwägungen waren und sind nicht Gegenstand der Vorbehaltsklausel. Dahinterstehende Souveränitätsinteressen bleiben damit allein außerhalb des Vorwurfs einer Immunitätsverletzung zu würdigen.

d)   Souveränitätsinteressen des Staates

Ohne das sakrosankte Schild der Immunität ist bildlich beschrieben die Sicht für die Würdigung der dahinterstehenden Souveränitätsinteressen frei. Diese zu schützen, ist Kernbestand des *ordre public*.[1512] Von Privaten eingeleitete Verfahren zur Durchsetzung von Menschenrechten können in der Tat erhebliche Eingriffe in den Staatenverkehr bewirken.[1513] Das Völkerrecht ist im Eigentlichen Konsensrecht zwischen den Staaten[1514], gelenkt von Staatsinteressen.[1515] In Gefahr stehen geordnete und harmoni-

---

1507 *Reinhold Geimer:* Internationales Zivilprozessrecht, 6. Aufl. 2009, S. 238 (Rn. 504 f.).
1508 Ebenda, Rn. 504.
1509 Geimer/Schütze-*Reinhold Geimer:* Europäisches Zivilverfahrensrecht, 3. Aufl. 2010, Art. 34 EuGVVO, Rn. 15; hier besprochen im vierten Kapitel ab S. 165 ff. sowie S. 249 ff.
1510 BGH, Beschl. v. 16.09.1993 – IX ZB 82/90 (Fundstellenverzeichnis), Leitsatz 4 und Entscheidungsgründe ab Rn. 37 ff.
1511 Ebenda, Rn. 54.
1512 *Aurelio Lopez-Tarruella:* Der ordre public im System von Anerkennung und Vollstreckung nach dem EuGVÜ, EuLF 2000, S. 122.
1513 *Norman Paech:* Staatenimmunität und Kriegsverbrechen, AVR 47 (2009), S. 58.
1514 *Kirsten Schmalenbach:* Die rechtliche Wirkung der Vertragsauslegung durch IGH, EuGH und EGMR, ZÖR 59 (2004), S. 216; *Martin Kriele:* Völkerrecht im Werden, ZRP 2011, S. 185.
1515 Pervertiert wurde dies von den Nationalsozialisten, die mithilfe der „Wehrmachts-Untersuchungsstelle für Verletzungen des Völkerrechts" der Völkergemeinschaft ein neues Kriegsrecht diktieren wollten. Eine wissenschaftliche Auseinandersetzung steht noch aus, vgl. hierzu instruktiv *Christoph Rass:* „Missbrauchte Verbrechen", DIE ZEIT v. 12.11.2009, S. 110; Aggression mit Grausamkeit beantwortet – Dokumente über Kriegs-

sche Beziehungen zwischen den Staaten[1516] sowie die Vermeidung internationaler Justizkonflikte.[1517] Im Staatenverkehr werden nicht für Menschenrechte streitende Werte angeglichen, sondern Macht ausgeglichen.[1518] Daher konstatiert *Thilo Rensmann:*

> *„Strahlen Werte zu stark auf die Rechtsordnung ein, so drohen sie gewachsene Differenzierungen des überkommenen Rechts einzuebnen."*[1519]

Sogar beschworen wird die Gefahr, dass eine Verrechtlichung zu mehr Gewalt führen könnte.[1520] Diese Gedanken tragen allerdings nur schwer in Bezug auf die Mitgliedstaaten der Europäischen Union, welche auf dem Zusammenwachsen ihrer souveränen Rechte basiert. Insbesondere ist die justizielle Zusammenarbeit in Zivilsachen gerade ihr gemeinsames Erfolgsmodell. Auch soweit also der Exklusivitätsanspruch des Staates zu Felde gezogen werden kann, ist der *ordre public* nicht automatisch berührt.[1521]

aa) Spannungen zwischen den Mitgliedstaaten

Die im zweiten Kapitel besprochenen Ausgangsverfahren haben zunächst natürlich für spürbare Spannungen innerhalb der europäischen Familie gesorgt. Bereits die Erfahrungen mit den klagezuweisenden Urteilen aus Griechenland sind negativ. Das

---

verbrechen an Deutschen im Zweiten Weltkrieg, Der Spiegel 4/1980 v. 21.01.1980, S. 77–81.
1516 *Tim René Salomon:* Die Staatenimmunität als Schild zur Abwehr gerechter Ansprüche? Zwangsarbeiterklagen vor italienischen Zivilgerichten gegen Deutschland, Bucerius Law Journal 2009, S. 63.
1517 *Burkhard Hess:* Staatenimmunität bei Menschenrechtsverletzungen, aus: Wege zur Globalisierung des Rechts, Festschrift für Rolf A. Schütze (1999), S. 285.
1518 In diesem Sinne anlässlich der vom UN-Sicherheitsrat mit Resolution S/RES/1973 am 17. März 2011 beschlossenen Militärintervention in Libyen *Ulrich Ladurner:* Das Motiv des Interventionisten ist Macht. Der Schutz der Menschenrechte ist nur ein Mittel zum Zweck, DIE ZEIT Nr. 18 v. 28.04.2011, S. 4.
1519 *Thilo Rensmann:* Wertordnung und Verfassung – Das Grundgesetz im Kontext grenzüberschreitender Konstitutionalisierung (2007), S. 388.
1520 *Thomas Jäger:* Am Nasenring – Recht wird Macht nicht wirksam begrenzen, solange die Staatenwelt existiert, FAZ v. 10.03.2011, S. 8.
1521 Vgl. Schlussanträge des Generalanwalts *Dámaso Ruiz-Jarabo Colomer* v. 10.02.2009 – Rs. C-284/05 (Kommission ./. Republik Finnland), Rs. C-294/05 (Kommission ./. Königreich Schweden), Rs. C-372/05 (Kommission ./. Bundesrepublik Deutschland), Rs. C-387/05 und C-239/06 (Kommission ./. Italienische Republik), Rs. C-409/05 (Kommission ./. Hellenische Republik), Rs. C-461/05 Kommission ./. Königreich Dänemark), Rn. 130.

Sechstes Kapitel – Folgenbetrachtungen und Lösungsvorschlag

Urteil des Areios Pagos war auch für die Athener Politik ein Eklat[1522] und löste eine diplomatische Krise zwischen den beteiligten Staaten aus.[1523] Bereits in den 50er und 60er Jahren wurden griechische Reparationsansprüche zu Gunsten deutscher Wirtschaftshilfen zurückgestellt.[1524] Heute erscheint es für die griechische Regierung angesichts massiver Wirtschaftshilfen[1525] mehr denn je unopportun, die Durchsetzung zivilrechtlicher Ansprüche mit Nachdruck zu verfolgen. Mindestens von politischen Anspannungen muss auch zwischen Berlin und Rom gesprochen werden, die Hintergrund der deswegen herbeigeführten Entscheidung des IGH waren. Hinzu kommt eine anhaltende Rechtsunsicherheit das Thema betreffend. Auf der einen Seite stellt jede Verweigerung des Rechtsschutzes – mithin auch der Anerkennung und Vollstreckung – grundsätzlich ein internationales Delikt dar.[1526] Erstarken könnte hier das völkerrechtliche Selbsthilferecht, um Entscheidungen durchzusetzen.[1527] Die Barriere der Staatenimmunität schneidet den Rechtsschutz gegen Staaten vor fremder Judizierung bisweilen aber verhältnismäßig ab. Andersherum kann aber auch das Vorgehen der italienischen und griechischen Gerichte dann problematisch sein, soweit der IGH seine Rechtswidrigkeit festgestellt hat. Einer rechtswidrigen Praxis könnte mit Repressalien geantwortet werden, speziell im Europäischen Justizraum etwa mit „EU-Sanktionen". Auch wenn sich nach deren Pionierversuch von 14 Mitgliedstaaten ge-

---

1522 Auf diesen Umstand weist selbst der Europäische Integrationsbericht von 2000/2001 hin, vgl. *Peter Zervakis:* Griechenland, Jahrbuch der Europäischen Integration 2000/2001, S. 348.
1523 Vgl. *Bernhard Kempen:* Der Fall Distomo – Griechische Reparationsforderungen gegen die Bundesrepublik Deutschland, aus: Tradition und Weltoffenheit, Festschrift für Helmut Steinberger (2002), S. 179 ff.
1524 Oben ab S. 48 und *Hagen Fleischer:* „Endlösung" der Kriegsverbrecherfrage – Die verhinderte Ahndung deutscher Kriegsverbrechen in Griechenland, in: Transnationale Vergangenheitspolitik – Der Umgang mit deutschen Kriegsverbrechen in Europa nach dem Zweiten Weltkrieg (2006), S. 514 ff.).
1525 Dazu allgemein *Nicolas Sonder:* Solidarität in der Währungsunion: Griechenland, Irland und kein Ende?, ZRP 2011, S. 33–36.
1526 *Georg Dahm/Jost Delbrück/Rüdiger Wolfrum:* Völkerrecht, Bd. I/2: Der Staat und andere Völkerrechtssubjekte – Räume unter internationaler Verwaltung, 2. Aufl. 2002, S. 122.
1527 Vgl. *Hans Sachs:* Rechtsdurchsetzung bei Entscheidungen des IGH, Beiträge aus Sicherheitspolitik und Friedensforschung 23 (2005), S. 146.

gen Österreich noch kein allgemeines unionales Sanktionsverfahren gefunden hat[1528], ermöglicht Art. 7 EUV ein spezifisches Vorgehen in diese Richtung.[1529]

bb) Erweiterung der Europäischen Union

Über die innere Zerreißprobe hinaus, kann das Thema mehr noch das Zusammenwachsen des geografischen Europas behindern. Lückenhaft und brisant erscheint vor allem das Gebiet des ehemaligen Jugoslawien. Slowenien ist seit 2004 Mitgliedstaat der Europäischen Union, Kroatien soll noch als achtundzwanzigster Mitgliedstaat im Jahr 2013 folgen. Darüber hinaus stehen Bosnien und Herzegowina, Mazedonien, Montenegro, der Kosovo und Serbien Schlange, die allesamt auf einen noch jungen Konfliktherd zurückblicken. Gerade für die letztgenannten, Kroatien und insbesondere Bosnien, waren die Kriegsverbrechen während des Balkankonflikts eine ausgesprochene Hürde. Diese belasten bis heute nicht nur ihr Verhältnis untereinander[1530], sondern die Beitrittsbemühungen zur Europäischen Union. Der Europäische Rat machte den Beginn der Beitrittsverhandlungen mit Kroatien am 3. Oktober 2005 von der vollständigen Zusammenarbeit mit dem Kriegsverbrechertribunal in Den Haag abhängig. Der kroatische Ex-General *Ante Gotovina* wurde 2005 festgenommen und an das Den Haager Kriegsverbrechertribunal ausgeliefert. Zusammen mit *Mladen Markac* wurden beide am 15. April 2011 vom UN-Kriegsverbrechertribunal zu 24 bzw. 18 Jahren Haft verurteilt. Eine ähnliche Hürde hat Serbien erst jüngst mit der Verhaftung von *Ratko Mladic* genommen, was aus verständlichen Gründen vor allem von den Niederlanden gefordert wurde. Dazu bleibt das Thema Kosovo in den Bestrebungen zu einem künftigen EU-Beitritt Serbiens eine ständige Gratwanderung. Unausgesprochen steht auch die zivilrechtliche Aufarbeitung des Jugoslawienkrieges aus. Vor niederländischen Gerichten erzielten diesbezügliche Klagen zumindest in den Instanzen Erfolge. Entschädigung fordern die Kläger auch von Serbien.[1531] Dass unaufgearbeitete Menschenrechtsverletzungen den Aufnahmeprozess zumindest be-

---

1528 Dazu bei *Waldemar Hummer:* Das Ende der EU-Sanktionen gegen Österreich – Präjudiz für ein neues Sanktionsverfahren?, EuLF 2000, S. 77–83; *ders./Walter Obwexer:* Die Wahrung der „Verfassungsgrundsätze" der EU – Rechtsfragen der „EU-Sanktionen" gegen Österreich, EuZW 2000, S. 493 ff.
1529 Gemäß den Art. 7 Abs. 2 und Abs. 4 EUV können bei einer „schwerwiegenden und anhaltenden Verletzung" der in Art. 2 genannten Werte bestimmte Rechte ausgesetzt werden, die sich aus der Anwendung der Verträge auf den betroffenen Mitgliedstaat herleiten, einschließlich der Stimmrechte des Vertreters der Regierung dieses Mitgliedstaates im Rat, vgl. dazu jüngst *Stephan Bitter:* Die Sanktionen im Recht der Europäischen Union – Der Begriff und seine Funktionen im europäischen Rechtsschutzsystem (2011).
1530 FAZ Nr. 58 v. 10.03.2011: Serbisch-bosnische Spannungen – Belgrad fordert Auslieferung von General Divjaj, S. 7.
1531 Vgl. *Hasan Nuhanović:* „Entschädigt die Opfer!", DIE ZEIT Nr. 23 v. 01.06.2011, S. 4.

Sechstes Kapitel – Folgenbetrachtungen und Lösungsvorschlag

lasten, zeigen seit langem die Beitrittsverhandlungen der Türkei.[1532] In dieser Konsequenz ist auch die als ferne Idee erscheinende Erweiterung der Europäischen Union in Richtung des Maghreb[1533] belastet mit früherer Kolonialgeschichte, heutigen Verstrickungen oder gar dem „arabischen Frühling".

cc) Gerichtliche Zugänglichkeit als Kompetenzkonflikt

Hinterfragt wird schließlich, ob das hiesige Thema überhaupt einer gerichtlichen Behandlung zugänglich ist. Zwar scheint der Zivilprozess zur Durchsetzung von subjektiven Rechten unter Gewährleistung materieller Gerechtigkeit prädestiniert,[1534] die Fragestellung beginnt aber mit Zweifeln daran, ob die Entschädigungsfrage allein mit den Mitteln des Rechts bewältigt werden kann.[1535] Zumeist

> „stellt sich die Frage, ob Menschenrechtsverstöße der zivilgerichtlichen Beurteilung durch fremde Staaten [...] überhaupt zugänglich sind".[1536]

Ausgemacht wird dem Grunde nach ein Kompetenzkonflikt. Letztlich sei die Frage nach der Entschädigung nicht den (mitgliedstaatlichen) Gerichten zu überlassen, sondern seitens der verantwortlichen Regierungen aufzulösen.[1537] *Anatol Dutta* sieht in der Durchsetzung des Völkerrechts durch inländische Gerichte einen Eingriff in äußere Gewalt, die grundsätzlich der Exekutive zusteht.[1538] Das Zusprechen von Ansprüchen beeinflusse inzident die Außenpolitik und könnte so die Regierungskompetenz gefährden.[1539] Entsprechend ungeeignet erscheint *in concreto* das Prozess- und Kolli-

---

1532 Nachgehend *Ümit Yazicioglu:* Erwartungen und Probleme hinsichtlich der Integrationsfrage der Türkei in die Europäische Union (2005), S. 217 ff.
1533 *Gero von Randow:* Willkommen, Tunesien! – Das Land sollte EU-Mitglied werden – wenn es denn überhaupt will, DIE ZEIT Nr. 18 v. 28.04.2011, S. 12.
1534 *Eberhard Schilken:* Zivilprozessrecht, 5. Aufl. 2006, S. IX.
1535 *Anestis Nessou:* Griechenland 1941–1944, Deutsche Besatzungspolitik und Verbrechen gegen die Zivilbevölkerung – eine Beurteilung nach dem Völkerrecht (2009), S. 598.
1536 *Markus Rau:* Schadensersatzklagen wegen extraterritorial begangener Menschenrechtsverletzungen: der US-amerikanische Alien Tort Claims Act, IPRax 2000, S. 560.
1537 *Burkhard Hess:* Staatenimmunität und ius cogens im geltenden Völkerrecht – Der Internationale Gerichtshof zeigt die Grenzen auf, IPRax 2012, S. 206; *Anestis Nessou:* Griechenland 1941–1944, Deutsche Besatzungspolitik und Verbrechen gegen die Zivilbevölkerung – eine Beurteilung nach dem Völkerrecht (2009), S. 598. In diesem Sinne auch *Thilo Rensmann:* Staatenimmunität und völkerrechtliche Hoheitsakte, IPRax 1998, S. 47 f.
1538 *Anatol Dutta* anschließt: Amtshaftung wegen Völkerrechtsverstößen bei bewaffneten Auslandseinsätzen deutscher Streitkräfte, AöR 133 (2008), S. 214.
1539 Ebenda.

B. Korrekturmöglichkeiten der EuGVVO

sionsrecht zur Aufarbeitung hoheitlich begangenen Unrechts.[1540] Die Frage kann hier aber dahinstehen, ob die Auflösung schwerer Menschenrechtsverletzungen der diskontinuitiven Außenpolitik zur Disposition anheim gestellt werden darf. Es erübrigt sich auch die Grenzziehung zwischen Menschenrechtsgewährung zum Kernbereich der auswärtigen Gewalt, die der Wortführung hier entgegengestellt werden könnte. Denn an Schlagkraft verliert der Gedanke jedenfalls bei seiner Übertragung auf das Europäische Zivilprozessrecht. Seine Bereitschaft zur Behandlung des Themas steht und fällt mit seiner Anwendbarkeit. Ist es aber anwendbar – wofür das vierte und fünfte Kapitel Wege aufzeigen – steht die gerichtliche Behandlung von Schadensersatzbemühungen für schwere Menschenrechtsverletzungen im Kontext der Europäischen Rechtsgemeinschaft. Die Mitgliedstaaten haben ihre Kompetenzen für eine gemeinsame justizielle Zusammenarbeit in Zivilsachen auf die Europäische Union übertragen. Solange die Europäische Gemeinschaft, insbesondere die Rechtsprechung des EuGH, die Souveränitätsrechte gewährleistet, gibt es keine Bedenken. In „Zivilsachen" stehen sich keine europäischen Grenzen mehr gegenüber, welche „mit Blut"[1541] verteidigt werden müssten. Das europäische Gefüge ist im Gegenteil geradezu immun gegen den permanenten Verweis auf die Souveränitätsinteressen seiner Mitgliedstaaten und etabliert vielmehr einen Raum dahingehender gerichtlicher Zugänglichkeit. Allein die Einsicht bleibt, dass Zivilgerichte auch in Europa eine weitergehende politische Aufarbeitung nicht zu leisten vermögen.[1542] Sie sind entweder Anreiz für eine hoheitliche Aufarbeitungsbereitschaft oder deren Begleiterscheinung.

dd) Konkordanz zum Menschenrechtsschutz

Schließlich und betontermaßen müssen die Souveränitätserwägungen der Staaten im Rahmen des *ordre public* in Einklang zum Menschenrechtsschutz gesetzt werden. Überkommende Einsicht ist, dass die Grundlage der Souveränität eines Staates seine Verantwortung zum Menschenrechtsschutz ist.[1543] Das Souveränitätsinteresse der Staaten muss verhältnismäßig vorgebracht werden[1544] und mit dem Ziel eines effekti-

---

1540 *Burkhard Hess:* Staatenimmunität bei Menschenrechtsverletzungen, aus: Wege zur Globalisierung des Rechts, Festschrift für Rolf A. Schütze (1999), S. 285.
1541 Für den Ernst dieser Wortwahl sei an ein Interview mit dem serbischen Oberbefehlshaber *Ratko Mladić* ein Jahr vor dem Völkermord von Srebrenica erinnert: „Grenzen werden mit Blut gezogen", Der Spiegel Nr. 45/1994 v. 7.11.1994, S. 150 f.
1542 *Burkhard Hess:* Staatenimmunität bei Menschenrechtsverletzungen, aus: Wege zur Globalisierung des Rechts, Festschrift für Rolf A. Schütze (1999), S. 284.
1543 *Anne Peters:* Humanity as the A and Ω of Sovereignty, EJIL 20 (2009), S. 522.
1544 Vgl. Schlussanträge des Generalanwalts *Dámaso Ruiz-Jarabo Colomer* v. 10.02.2009 – Rs. C-284/05 (Kommission ./. Republik Finnland), Rs. C-294/05 (Kommission ./. Königreich Schweden), Rs. C-372/05 (Kommission ./. Bundesrepublik Deutschland),

Sechstes Kapitel – Folgenbetrachtungen und Lösungsvorschlag

ven Menschenrechtsschutzes abgewogen werden.[1545] Gewissermaßen streitet das Interesse der (inländischen) Gesamtheit um die Aufopferung der Interessen von (fremdstaatlichen) Einzelnen.[1546] Diesen gebührt zur Durchsetzung von Menschenrechten ein effektives Rechtsschutzinteresse, für den Europäischen Rechtsraum beides umfassend garantiert in der EMRK und der Europäischen Grundrechtecharta. Soweit Menschenrechte betroffen sind, füllt sich der *ordre public* also mit menschenrechtlichen Aspekten.[1547] Das Rechtsanwendungsergebnis müsste in diesem Lichte an den widerstreitenden Interessen gemessen werden, welche gewissermaßen im Wege der praktischen Konkordanz ausbalanciert werden wollen. Dazu verlangt das Völkerrecht, dass, je dichter der Konflikt mit einer auswärtigen Rechtshoheit, desto höher die Anforderungen an die völkerrechtliche Rechtfertigung sein müssen.[1548] Das Internationale Zivilprozessrecht ist an dieser Stelle stark rechtspolitisch beeinflusst.[1549] Hier werden im Ergebnis und abhängig von der Grenzziehung in Bezug auf die Anwendbarkeit der EuGVVO unterschiedliche Meinungen für[1550] und gegen die Heranziehung des *ordre public* vertreten. Tatsächlich spricht einiges dafür, dass auf politische Beziehungen zu reduzierende Interessen von Staaten nicht vordringlichen Interessen der Opfer und dem Schutz der Menschenrechte vorgezogen werden dürfen.[1551] Zumal den Menschenrechten ein *ius cogens* Charakter zukommt, der durch gegenstreitende Interessen nur schwerlich zu versagen ist. Das tragende Argumentum um die Immunitätsausnahme wegen schwerer Menschenrechtsverletzungen kann zumindest an dieser Stelle aufgegriffen und weiter verfolgt werden.

Rs. C-387/05 und C-239/06 (Kommission ./. Italienische Republik), Rs. C-409/05 (Kommission ./. Hellenische Republik), Rs. C-461/05 Kommission ./. Königreich Dänemark), Rn. 124.

1545 *Burkhard Hess:* Kriegsentschädigungen aus kollisionsrechtlicher und rechtsvergleichender Sicht, BerDGVR 40 (2003), S. 120.
1546 *Kostas E. Beys:* Die Zwangsvollstreckung gegen einen ausländischen Staat im hellenischen Recht, aus: Grenzüberschreitungen – Beiträge zum Internationalen Verfahrensrecht und zur Schiedsgerichtsbarkeit, Festschrift für Peter Schlosser (2005), S. 44.
1547 *Karl Kreuzer:* Clash of civilizations und Internationales Privatrecht, RW 2010, S. 178; *Walter Kälin:* Menschenrechtsverträge als Gewährleistung einer objektiven Ordnung, BerDGVR 33 (1994), S. 39 f.
1548 *Moritz von Unger:* Menschenrechte als transnationales Privatrecht (2008), S. 46.
1549 Auch anhand der EuGVVO bei *Rolf A. Schütze:* Internationales Zivilprozessrecht und Politik, Ausgewählte Probleme des internationalen Zivilprozessrechts (2006), S. 27 ff. (35).
1550 Für die positive Anwendung des *ordre public* zur Wiedergutmachung schwerer Menschenrechtsverletzungen plädiert *Burkhard Hess:* Kriegsentschädigungen aus kollisionsrechtlicher und rechtsvergleichender Sicht, BerDGVR 40 (2003), S. 162 und 166.
1551 *Norman Paech:* Staatenimmunität und Kriegsverbrechen, AVR 47 (2009), S. 58.

B. Korrekturmöglichkeiten der EuGVVO

e) Exorbitante Schadensverpflichtungen

Der diplomatischen Zerreißprobe folgt die monetäre. Eine Öffnung der EuGVVO für Schadensersatzklagen wegen schwerer Menschenrechtsverletzungen kann die Leistungsfähigkeit eines Staates arg strapazieren. Die Bundesrepublik Deutschland leistete allein auf Grundlage des BEG rund 48 Milliarden Euro[1552], insgesamt weit über 100 Milliarden.[1553] Selbst die Schulden aus dem Ersten Weltkrieg in Form der Zinstilgung für die Anleihen zur Rückzahlungsfinanzierung waren erst am 3. Oktober 2010 getilgt.

aa) Exorbitante Schadensersatzsummen

Die exorbitanten Schadensersatzsummen kommen im hiesigen Zusammenhang durch den Umstand zustande, dass ein Ausgangsverfahren eine unüberschaubare Flut von Verfahren befürchten lässt. Dies kann mitunter die Leistungsfähigkeit des Schuldnerstaates gefährden. Entsprechend befand sich noch im ersten Entwurf der *International Law Commission* zur Staatenverantwortlichkeit von 1996:

"*in no case shall reparation result in depriving the population of a State of its own means of subsistence*".[1554]

Diese Erwägung war zwar selbst in ihrer ersten noch angenommen Fassung nicht unumstritten,[1555] ist aber die ausgesprochene Konsequenz aus historischen Einsichten: Unrealistische Lasten können der Keim neuer Konflikte sein.[1556] Die Grenze zu den schützenswerten Souveränitätsinteressen ist fließend. Zudem ist die Grenze der Leistungsfähigkeit keiner Generation aufzuerlegen, die nur postverantwortlich ist.[1557] In

---

[1552] Angabe nach BT-Drucks. 17/9331 v. 17.04.2012, S. 3.
[1553] Vgl. die Zusammenstellung bei *Hermann-Josef Brodesser/Bernd Josef Fehn/Tilo Franosch/Wilfried Wirth:* Wiedergutmachung und Kriegsfolgenliquidation – Geschichte – Regelungen – Zahlungen (2000), S. 247 ff. (249), wobei die Ausstattung der Stiftung EVZ darin noch keine Berücksichtigung fand.
[1554] Vgl. dessen Art. 42 Abs. 3, 48th Session, First Report v. 24.04.1998 (A/CN.4/490).
[1555] *Christian Tomuschat:* Individual Reparations Claims in Instances of Grave Human Rights Violations – The Position under General International Law, aus: *ders./*Albrecht Randelzhofer (Hrsg.): State Responsibility and the Individual – Reparations in Instances of Grave Violations of Human Rights (1999), S. 22 f.
[1556] Darauf verweist die deutsche Stellungnahme des Auswärtigen Amts v. 18.12.1997, A/CN.4/488 – 25.03.1998. Auch die Official Records of the General Assembly, Fifty-first Session, Supplement No. 10 (A/51/10), S. 152 konstatieren dies.
[1557] *Christian Tomuschat:* Individual Reparations Claims in Instances of Grave Human Rights Violations – The Position under General International Law, aus: *ders./*Albrecht Randelzhofer (Hrsg.): State Responsibility and the Individual – Reparations in Instances of Grave Violations of Human Rights (1999), S. 24.

Sechstes Kapitel – Folgenbetrachtungen und Lösungsvorschlag

diesem Zusammenhang wird betont, dass das Interesse einer staatlichen Haftungsfreistellung zur Erhaltung der staatlichen Leistungsfähigkeit bzw. zur Verhinderung eines staatlichen Konkurses nicht als menschenrechtswidrig angesehen werden kann.[1558] Auch wenn der EuGH nach ständiger Rechtsprechung zur Einschränkbarkeit der Binnenmarktfreiheiten rein wirtschaftliche Erwägungen dem *ordre public* nicht unterwirft[1559], könnten die ungewohnten Dimensionen der Schadensforderungen in der Summe die Vorbehaltsklausel auslösen.

bb) Exorbitant abweichende Schadenspositionen

Problematisch werden exorbitante Schadensersatzpflichten auch dann, wenn das erststaatliche Deliktsrecht in eben diesem Maße vom Deliktsrecht des Zweitstaates abweicht.[1560] Die Höhe einer Schadensersatzsumme ist nicht schon deswegen bedenklich, weil sie in unbekannte Region vorstößt oder aufgrund einer abstrakten Pauschalierung des Schadens beruht.[1561] Horrende Schadenssummen können um den unerträglichen Teil gekürzt werden, der einer Sühne für immaterielle Schäden oder dem Schuldausspruch zum Strafschadensersatz gleichkommt.[1562] Und auch ohne diese Verdikte sind solche Schadenspositionen vom *ordre public* betroffen, die das inländische Amtshaftungsrecht überfordern. So hat der BGH nach Vorlage der Rs. Sonntag zum EuGH solchen Schadensposten die Anerkennung verweigert, die das innerstaatliche Sozialversicherungssystem gefährden. Hier wiederum sind die Grenzen zur kollisionsrechtlichen Kontrolle fließend.

f) Kollisionsrechtliche Kontrolle

Wenn der BGH in der Rs. Sonntag einzelne Schadenspositionen dem *ordre public* unterwirft, so tut er dies lediglich als Reflex auf die fehlerhafte Anwendung materiellen Rechts, nicht wegen der monetären Betroffenheit. Über die Akzeptanz des Adhäsionsverfahrens kann es nämlich dazu kommen, dass, während das erststaatliche Verfahren sich nur an das Individuum hält, das zweitstaatliche Verfahren erstmals die Haftungsübernahme durch den Staat verlangt. So lag vor allem der Fall vor

---

1558 *Burkhard Hess:* Kriegsentschädigungen aus kollisionsrechtlicher und rechtsvergleichender Sicht, BerDGVR 40 (2003), S. 120 f.
1559 Ständige Rspr. des EuGH, vgl. mit Nachw. bei EuGH v. 27.10.2009 – Rs. C-115/08 (Land Oberösterreich ./. ČEZ as), Rn. 109, Slg. 2009 (I), S. 10265–10331 = EuZW 2010, S. 26–33 = EuGRZ 2009, S. 588–600 = NVwZ 2010, S. 107–113.
1560 Geimer/Schütze-*Reinhold Geimer:* Europäisches Zivilverfahrensrecht, 3. Aufl. 2010, Art. 34 EuGVVO, Rn. 49.
1561 Ebenda.
1562 Ebenda.

B. Korrekturmöglichkeiten der EuGVVO

dem BGH, indem er den EuGH in der Rs. Sonntag anrief. Im Erststaat hielt sich der Vollstreckungsgläubiger allein an den handelnden Lehrer. Dessen Anstellungskörperschaft wurde erst im zweitstaatlichen Verfahren versucht zu beteiligen und haftete im Ergebnis teilweise für das Verhalten des Vollstreckungsschuldners. Das Ergebnis ist nur aus Sicht des Zweitstaates ungewöhnlich, der eine Übernahme der Haftung des Individuums kennt. Eine Überleitung der Ansprüche, wie sie das deutsche Recht kennt, ist in ausländischen Rechtsordnungen zumeist fremd.[1563] In der Rs. Sonntag unterwarf das erststaatliche italienische Gericht den Sachverhalt der *lex loci delicti*, während nach deutschem Recht die Staatshaftung gesondert angeknüpft hätte werden müssen. Die Inanspruchnahme von individuell Verantwortlichen kann mithin zu einer kollisionsrechtlichen Divergenz zwischen dem Recht des Erststaates und des Zweitstaates führen. Früher, bzw. heute noch außerhalb des Anwendungsbereichs der EuGVVO, gestattet(e) Art. 27 Nr. 4 EuGVÜ/LugÜ-I in beschränktem Umfang eine kollisionsrechtliche Kontrolle.[1564] Bei der Redaktion der EuGVVO hat man allerdings in ihrem Art. 34 auf eine solche Möglichkeit als Anerkennungshindernis verzichtet.[1565] Ob dafür der *ordre public* als Auffangnetz herangezogen werden kann, erscheint im Rahmen der EuGVVO mehr als fraglich. Allein die Nonkonformalität der Sachrechte begründet noch keinen *ordre public*-Verstoß.[1566] Mithin lässt Art. 34 EuGVVO, auch über den Umweg des *ordre public*, keine kollisionsrechtliche Kontrolle mehr zu.[1567]

[1563] *Karsten Thorn:* Schadensersatzansprüche der Zivilbevölkerung gegen ausländische Besatzungsmächte, BerDGVR 44 (2009), S. 313.

[1564] Sie beschränkt(e) sich auf Vorfragen hinsichtlich des Personenstands, der Rechts- und Handlungsfähigkeit sowie der gesetzlichen Vertretung einer natürlichen Person, die ehelichen Güterstände und das Gebiet des Erbrechts einschließlich des Testamentsrechts. Angesichts des enumerativ eingegrenzten Kontrollkatalogs wurde teilweise nur ein untragbarer Widerspruch zum autonomen IPR als eine *ordre public*-Verletzung bewertet, vgl. die damalige Kommentierung von *Jan Kropholler:* Europäisches Zivilprozessrecht, 6. Aufl. 1998, Art. 27 EuGVÜ, Rn. 13; dagegen *Dieter Martiny:* Handbuch des Internationalen Zivilverfahrensrechts, Bd. III/2 – Anerkennung nach multilateralen Staatsverträgen – Anerkennung nach bilateralen Staatsverträgen – Vollstreckbarerklärung (1984), Kap. II, Rn. 85, 94.

[1565] Begründung des Vorschlags für eine Verordnung (EG) des Rates über die gerichtliche Zuständigkeit und die Anerkennung und Vollstreckung von Entscheidungen in Zivil- und Handelssachen, KOM(1999) 348 endg. v. 14.07.1999 , 99/0154 (CNS), S. 25.

[1566] So schon der *Jenard*-Bericht zum EuGVÜ (1968), S. 44; speziell bei *Sebastian Kubis:* Amtshaftung im GVÜ und ordre public, ZEuP 1995, S. 860.

[1567] Geimer/Schütze-*Reinhold Geimer:* Europäisches Zivilverfahrensrecht, 3. Aufl. 2010, Art. 34 EuGVVO, Rn. 185.

Sechstes Kapitel – Folgenbetrachtungen und Lösungsvorschlag

g) Gerichtliche Zugänglichkeit als Bewältigungsfrage

Nicht nur die Leistungsfähigkeit des Staates wird als problematisch ausgemacht. Auch die Leistungsfähigkeit der Gerichte im Lichte der Bewältigungsfrage könnte an ihre Grenzen stoßen und ihre Funktionsfähigkeit im Sinne der öffentlichen Ordnung gefährden. Der Präsident des IGH, *Gilbert Guillaume,* formulierte im *Arrest Warrant*-Fall die Gefahr eines *judicial chaos*.[1568] Quantitative Zweifel sind geradezu reflexartig auf die aufkommende Klageflut von Menschenrechtsklagen entstanden. Zivil- und Zivilprozessrecht könnten mit der Bewältigung von Massenschäden schlichtweg überfordert sein.[1569] So richtig das Argument auf den ersten Blick wirkt, so aussagelos ist es bei näherer Betrachtung. Richtig ist, dass mit einer zunehmenden Schwere einer Untat nicht auch das Maß ihrer Durchdringung folgt. An diesem Anspruch wird das Recht etwa immer scheitern, wie die Erinnerung an bis zu 25.000[1570] Opfer der alliierten Luftangriffe auf Dresden in der Nacht zum 13. Februar 1945 immer mahnen wird.[1571] In Wahrheit erscheint kein Gericht, sei es völkerrechtlich eingesetzt oder

---

1568 So das Sondervotum des damaligen Präsidenten des IGH Gilbert Guillaume zum Urteil des IGH v. 14.02.2002 im Fall betreffend den Haftbefehl vom 11. April 2000 (Demokratische Republik Kongo ./. Belgien), Rn. 15; dazu *Nikolaus Schultz:* Ist Lotus verblüht?, ZaöRV 62 (2002), S. 716; *Andreas Fischer-Lescano/Carsten Gericke:* Der IGH und das transnationale Recht – Das Verfahren BRD ./. Italien als Wegweiser der zukünftigen Völkerrechtsordnung, KJ 2010, S. 86 = ZERP-Arbeitspapier 2/2010, S. 13 = The ICJ and Transnational Law – The „Case Concerning Jurisdictional Immunities" as an Indicator for the Future of the Transnational Legal Order, ZERP-Arbeitspapier 2/2011, S. 13.
1569 *Burkhard Hess:* Kriegsentschädigungen aus kollisionsrechtlicher und rechtsvergleichender Sicht, BerDGVR 40 (2003), S. 208. Bis heute wird die Prämisse verteidigt, dass jeder Krieg ein Massenschadensereignis sei, dass seiner Natur her individuelle Schadensersatzansprüche ausschließt, vgl. stellvertretend den hier bereits in anderem Zusammenhang erwähnten Beitrag von *Christian Tomuschat:* Rechtsansprüche ehemaliger Zwangsarbeiter gegen die Bundesrepublik Deutschland? (zu OLG Köln, 3.12.1998 – 7 U 222/97), IPRax 1999, S. 238 f.
1570 Erklärung der Dresdner Historikerkommission v. 01.10.2008 zur Ermittlung der Opferzahlen der Luftangriffe auf die Stadt Dresden am 13./14. Februar 1945 Dresden; Wissenschaftliche Dienste des Deutschen Bundestags Nr. 07/10 v. 18.02.2010: Die Nagelkreuzgemeinschaft, S. 1. Das Zahlengewicht ist weder singulär noch unübertroffen. Trotz noch schwankenden Angaben sind die Luftangriffe auf Hamburg zahlenmäßig noch verheerender gewesen, allein die Nacht zum 27. Juli 1943 überlebten 45.000 Menschen nicht, vgl. *Pit Pietersen:* Kriegsverbrechen der alliierten Siegermächte (2006), S. 50 ff. Die alliierten Luftangriffe sind dort umfangreich nachgezeichnet und stehen wegen ihrer Komplexität in Entstehung, Sinn und Ausmaß exemplarisch für die Unbegreiflichkeit schwerer Menschenrechtsverletzungen.
1571 *Gerd Ueberschär,* der Herausgeber des für die Untersuchung bereits mehrfach herangezogenen Werkes Orte des Grauens – Verbrechen im Zweiten Weltkriegs (2003), widmet den alliierten Luftangriffen auf Dresden ein eigenes Kapitel: Dresden 1945, S. 37–48.

B. Korrekturmöglichkeiten der EuGVVO

als Spruchkörper der eigenen Judikative ausgestaltet, die Ausmaße einer schweren Menschenrechtsverletzung begreifen zu können. Was an gerichtlicher Leistungsfähigkeit der Zivilgerichtsbarkeit vorgeworfen werden muss, ist so fremd auch den Internationalen Spruchkörpern und den nationalen Strafgerichten nicht. Dennoch hat die Internationale Staatengemeinschaft ihre Ohnmacht gegenüber schweren Menschenrechtsverletzungen überwunden und zieht zunehmend strafrechtliche Konsequenzen. Gleichermaßen darf das Zivilrecht nicht schon aus dem Grunde vor seiner Herausforderung haltmachen, weil es niemals die gesamte Komplexität durchdringen kann. Es ist nicht ersichtlich, dass sich eine Staatsführung diesem Verdikt entziehen könnte. Beide streiten um die „Deutungshoheit" der Geschichte.[1572] In umgekehrter Lesart vermag einzig der Zivilprozess, was durch die oftmals unbegreifliche Zahl von Opfern nur schwer gelingt: Es rückt das Schicksal Einzelner in den Vordergrund.[1573] Denn zur Durchdringung von schweren Menschenrechtsverletzungen kann letztlich nur das Einzelschicksal verhelfen.

Jedenfalls hat die Vergangenheit gezeigt, dass die Exekutive nicht zwingend besser in der Lage ist, Massenschäden zu bewältigen, als die Judikative. Mit deren Einsatz werden nationale Gerichte zu Durchsetzungsorganen des Völkerrechts.[1574] Sie setzen nicht nur mehr nationales Recht durch, sondern auch Völkerrecht. Es kommt damit zu einer „Funktionsverdopplung"[1575] der nationalen Spruchkörper.[1576] Soweit teilweise eine Überforderung der Gerichte vorgezeichnet wird, können sie andersherum auch als ein-

---

[1572] *Thomas Moser:* Geschichts-Prozesse – Der Fall einer als Stalinismusopfer entschädigten KZ-Aufseherin und weitere Verfahren, KJ 2001, S. 227.

[1573] In seinem Vorwort zu dem hier bereits verwendeten Sammelband von Helga und Hermann Fischer-Hübner (Hrsg.): Die Kehrseite der „Wiedergutmachung" – Das Leiden von NS-Verfolgten in den Entschädigungsverfahren (1990), S. 7, erinnert *Hans Koschnick* an ein bezeichnendes Zitat des niederländisch-jüdischen Anwalts und Schriftstellers *Abel Jacob Herzberg:* „Nicht sechs Millionen Juden wurden ermordet. Ein Jude wurde ermordet und das ist sechs Millionen Mal geschehen".

[1574] *Andreas Fischer-Lescano/Carsten Gericke:* Der IGH und das transnationale Recht – Das Verfahren BRD ./. Italien als Wegweiser der zukünftigen Völkerrechtsordnung, KJ 2010, S. 86 f. = ZERP-Arbeitspapier 2/2010, S. 13 f. = The ICJ and Transnational Law – The "Case Concerning Jurisdictional Immunities" as an Indicator for the Future of the Transnational Legal Order, ZERP-Arbeitspapier 2/2011, S. 14 f.; *Michael Bothe:* Complementarity – Ensuring compliance with international law through criminal prosecutions, Die Friedens-Warte 83 (2008), S. 59–72.

[1575] Dieser – bereits 1932 von *George Scelle* geprägten – Theorie geht *Antonio Cassese* nach: Remarks on Scelle's Theory of 'Role Splitting' (dédoublement fonctionnel) in International Law, EJIL 1 (1990), S. 210–231.

[1576] *Andreas Fischer-Lescano/Carsten Gericke,* die dazu eine kursorische Zusammenfassung liefern: Der IGH und das transnationale Recht – Das Verfahren BRD ./. Italien als Wegweiser der zukünftigen Völkerrechtsordnung, KJ 2010, S. 86 = ZERP-Arbeitspapier 2/2010, S. 13 = The ICJ and Transnational Law – The "Case Concerning Jurisdictional

Sechstes Kapitel – Folgenbetrachtungen und Lösungsvorschlag

zige Alternative zur Durchsetzung von Menschenrechten im nötigen Umfang betrachtet werden. Im Rahmen der strafrechtlichen Verfolgung von Tätern ist eine dezentrale Befassung der nationalen Gerichte bereits praktizierte Übung. In diesem Sinne formuliert, ist eine „dezentrale" Durchsetzung von Menschenrechten[1577] die einzig effektive Möglichkeit, ihnen ihre Geltung zu verschaffen. Sie bilden eine wichtige Ergänzung zu internationalen Spruchkörpern[1578] oder springen dort ein, wo der völkerrechtliche Menschenrechtsschutz versagt.[1579]

h) *forum* und *enforcement shopping*

Den gerichtlichen Weg überall in Europa zu suchen, bringt letztlich auch Bedenken des *forum shoppings* hervor. Im Verfahren vor dem IGH hatte die Bundesrepublik Deutschland den darin enthaltenen Vorwurf versucht nutzbar zu machen.[1580] Soweit nämlich eine Anwendung der EuGVVO möglich scheint, eröffnet sich den Opfern und Angehörigen von Folter oder eines Völkermords eine Wahlmöglichkeit zwischen den verschiedenen zur Verfügung stehenden Foren im gesamten Europäischen Rechtsraum. Sowohl im Erkenntnisverfahren als auch im Stadium der Anerkennung und Vollstreckung ermöglicht es die Suche nach dem aus Klägersicht günstigsten Forum in rechtlicher und tatsächlicher Hinsicht.[1581]

Immunities" as an Indicator for the Future of the Transnational Legal Order, ZERP-Arbeitspapier 2/2011, S. 14.

1577 *Burkhard Hess:* Kriegsentschädigungen aus kollisionsrechtlicher und rechtsvergleichender Sicht, BerDGVR 40 (2003), S. 111 und 185; *Andreas Fischer-Lescano/Carsten Gericke:* Der IGH und das transnationale Recht – Das Verfahren BRD ./. Italien als Wegweiser der zukünftigen Völkerrechtsordnung, KJ 2010, S. 86 f. = ZERP-Arbeitspapier 2/2010, S. 13 f. = The ICJ and Transnational Law – The "Case Concerning Jurisdictional Immunities" as an Indicator for the Future of the Transnational Legal Order, ZERP-Arbeitspapier 2/2011, S. 13 ff.

1578 Vgl. *Andreas Fischer-Lescano/Carsten Gericke:* Der IGH und das transnationale Recht – Das Verfahren BRD ./. Italien als Wegweiser der zukünftigen Völkerrechtsordnung, KJ 2010, S. 86 = ZERP-Arbeitspapier 2/2010, S. 13 f. = The ICJ and Transnational Law – The "Case Concerning Jurisdictional Immunities" as an Indicator for the Future of the Transnational Legal Order, ZERP-Arbeitspapier 2/2011, S. 14.

1579 *Moritz von Unger:* Menschenrechte als transnationales Privatrecht (2008), S. 245.

1580 Vgl. dissenting opinion of von *Cançado Trindade* zum Urteils des IGH vom 3. Februar 2012 (Deutschland ./. Italien) und dazu *Kerstin Blome:* Die Auswahl des Gerichtsstands im Kriegsvölkerrecht – Zur Legitimität von „Forum Shopping", KJ 2012, S. 287 ff.

1581 Wobei der Begriff umstritten ist, vgl. allgemein bei *Reinhold Geimer:* Internationales Zivilprozessrecht, 6. Aufl. 2009, S. 373 ff. (Rn. 1095 ff.) und auf das Thema bezogen bei *Kerstin Blome:* Die Auswahl des Gerichtsstands im Kriegsvölkerrecht – Zur Legitimität von „Forum Shopping", KJ 2012, S. 286–297.

B. Korrekturmöglichkeiten der EuGVVO

aa) *forum shopping*

Ein solches *forum shopping* ist grundsätzlich legitim.[1582] Auf Ebene der Zuständigkeit werden lediglich die harmonisierten Zuständigkeitsvorschriften genutzt. Zwischen den Mitgliedstaaten der Europäischen Union besteht eine weitgehende justizielle Zusammenarbeit, getragen vom gegenseitigen Vertrauen auf die Gleichwertigkeit der Rechtsordnungen. Das Konzept des *ordre public* zum Schutze nationaler Souveränität[1583] verliert im Europäischen Justizraum in dem Maß an Bedeutung, wie der „Sprung ins Dunkle"[1584] einer Rechtsangleichung und Rechtsvereinheitlichung weicht.[1585] Im Kern sind die Bedenken auch dahingehend unbegründet, dass die EuGVVO nicht über das anwendbare Recht entscheidet oder einer ihrer Gerichtsstände einen dahingehenden Gleichlauf indiziert. Auch ein *forum shopping for human rights*[1586] ist so wenig zu befürchten, wie die Mitgliedstaaten Europas an die gleichen Menschenrechtsverbürgungen gebunden sind. Ein Missbrauch ist hier nur noch mit tatsächlichen Unwägbarkeiten zu erwägen. Die besonderen Gerichtsstände der EuGVVO lassen diese Form der Rechtsverfolgung aber gerade zu[1587] und sind Ausdruck gelebter europäischer Freizügigkeit.

bb) *enforcement shopping*

Gleiches gilt auch in Bezug auf die Anerkennung und Vollstreckung. Das Verhalten der Kläger der Ausgangsverfahren stellt gewissermaßen auf fortgesetzter Ebene ein *enforcement shopping* dar.[1588] Nicht umsonst wendeten sich die Kläger der Ausgangs-

---

1582 In Bezug auf das hiesige Thema bei *Kerstin Blome:* Die Auswahl des Gerichtsstands im Kriegsvölkerrecht – Zur Legitimität von „Forum Shopping", KJ 2012, S. 294 f.; allgemein bei *Kurt Siehr:* „Forum Shopping" im internationalen Rechtsverkehr, ZfRV 25 (1984), S. 139 ff.
1583 *Aurelio Lopez-Tarruella:* Der ordre public im System von Anerkennung und Vollstreckung nach dem EuGVÜ, EuLF 2000, S. 122.
1584 Metaphorisierung von *Leo Raape:* Internationales Privatrecht (1961), S. 90.
1585 *Aurelio Lopez-Tarruella:* Der ordre public im System von Anerkennung und Vollstreckung nach dem EuGVÜ, EuLF 2000, S. 122.
1586 *Burkhard Hess:* Kriegsentschädigungen aus kollisionsrechtlicher und rechtsvergleichender Sicht, BerDGVR 40 (2003), S. 184; *Aleksandar Jakšić:* Direktklagen von Kriegsopfern gegen Staaten mit genauerem Blick auf die NATO Operation „Allied Force" in der BR Jugoslawien, Belgrade Law Review 57 (2009), S. 167.
1587 *Burkhard Hess:* Amtshaftung als „Zivilsache" im Sinne von Art. 1 Abs. 1 EuGVÜ, IPRax 1994, S. 15; Geimer/Schütze-*Reinhold Geimer:* Europäisches Zivilverfahrensrecht, 3. Aufl. 2010, Einl., Rn. 66.
1588 *Michael Stürner:* Staatenimmunität und Brüssel I-Verordnung – Die zivilprozessuale Behandlung von Entschädigungsklagen wegen Kriegsverbrechen im Europäischen Justizraum, IPRax 2008, S. 199 (Fußn. 20).

Sechstes Kapitel – Folgenbetrachtungen und Lösungsvorschlag

verfahren nach aussichtsloser Vollstreckung im Urteilsstaat nach Italien. Hier ist nicht nur mehr der rechtliche Aspekt maßgebend. Die dortige Rechtsprechung war mit der *Ferrini*-Entscheidung vergleichsweise erfolgversprechend. Tatsächliche Umstände treten in den Vordergrund: Namentlich ist nicht zu verkennen, dass die Bundesrepublik Deutschland in keinem anderen Land so viele kulturelle Institutionen unterhält wie in Italien. Dieses *enforcement shopping* aus Vollstreckungsperspektive verhindert der Erwägungsgrund Nr. 4 der Verordnung 1346/2000 des Rates vom 29. Mai 2000 über Insolvenzverfahren:

> *„Im Interesse eines ordnungsgemäßen Funktionierens des Binnenmarktes muß verhindert werden, daß es für die Parteien vorteilhafter ist, Vermögensgegenstände oder Rechtsstreitigkeiten von einem Mitgliedstaat in einen anderen zu verlagern, um auf diese Weise eine verbesserte Rechtsstellung anzustreben (sog. ‚forum shopping')."*

Derweil ist und bleibt eine solche Ausschlussklausel der EuGVVO fremd. Sowieso bleibt der Vollstreckungserfolg bestimmt von den Vorgaben der völkerrechtlichen Vollstreckungsimmunität, die von der EuGVVO unberührt bleiben. Aus Sicht der EuGVVO kann daher auch im Stadium der Anerkennung und Vollstreckung kein Einwand des *enforcement shopping* begründet sein.

III. Korrekturmöglichkeiten auf Vollstreckungsebene

Die Voraussetzungen für eine Vollstreckbarerklärung stimmen mit den Anerkennungsvoraussetzungen trotz Wesensverschiedenheit inhaltlich weitgehend überein[1589], vgl. Art. 45 Abs. 1 EuGVVO. Insoweit gelten vorstehende Überlegungen ungebrochen auch für die Voraussetzungen der Vollstreckung im Rahmen der EuGVVO. Auch für die besonderen Vollstreckbarerklärungsvoraussetzungen gelten die vorstehenden Überlegungen, insbesondere für die Erfordernisse der Vollstreckbarkeit des ausländischen Titels[1590] und für das Vorliegen der Gerichtsbarkeit des Vollstreckungsstaats.[1591] Weiterhin ergeben sich aus Sicht der EuGVVO keine themenspezifischen Probleme in Bezug auf die Vollstreckung selbst. Soweit dem Thema Probleme mit der Vollstreckungsimmunität immanent sind, bleibt die EuGVVO davon unberührt. Wie im vierten Kapitel beschrieben, werden diese von der völkerrechtlichen Vollstreckungsimmunität und außerhalb der EuGVVO behandelt.

1589 Geimer/Schütze-*Reinhold Geimer:* Europäisches Zivilverfahrensrecht, 3. Aufl. 2010, Art. 41 EuGVVO, Rn. 10.
1590 Vgl. auf S. 284.
1591 Vgl. daran anschließend ab S. 285.

C. Eignung des Europäischen Zivilprozessrechts

Vorstehend wurden unter Annahme der Anwendbarkeit der EuGVVO zumindest für die Tatbestände des Völkermords und der Folter die daraus erwachsenen Zuständigkeitsstatute sowie gegenläufige Korrekturmöglichkeiten aufgezeigt. Diese Folgebetrachtung hat Probleme aufgezeigt, welche die Eignung der EuGVVO zur Behandlung des Themas in Frage stellen können. Dem revisorischen Charakter des hiesigen Themas entsprechend, und im Rahmen der reformatorischen Bemühungen um die EuGVVO üblich[1592], soll nun eine Folgenabschätzung für das Europäische Zivilprozessrecht allgemein und für die EuGVVO im Speziellen vorgenommen werden (dazu unter I.). Daran anschließend soll insbesondere eine Betonung der Überlastung des soeben geprüften *ordre public* im Konkreten (dazu unter II.) erfolgen, um daraus schließlich eine Zusammenfassung und darauf aufbauende Schlussfolgerungen zur Eignung des Europäischen Zivilprozessrechts (dazu unter III.) treffen zu können.

I. Folgenabschätzung für das Europäische Zivilprozessrecht im Allgemeinen

Gemäß dem derzeit offenen Begriffsverständnis von „Zivil- und Handelssachen" ist das hiesige Thema ein Einfallstor in alle Teile des Europäischen Privat- und Kollisionsrecht, die mit eben diesem Referenzbegriff ihren Anwendungsbereich definieren. Die grundsätzliche Offenheit des Europäischen Zivilprozessrechts für die Behandlung schwerer Menschenrechtsverletzungen betrifft damit nicht nur makrosystematisch die Entwicklung der Europäischen Union als solche, sondern mikrosystematisch das Voranschreiten der justiziellen Zusammenarbeit in Zivilsachen im Besonderen. Dass der EuGH die Rs. C-292/05 nicht vor dem Plenum oder seiner Großen Kammer behandelte, hatte eher verfahrenstechnische Gründe, als dass es eine geringe Bedeutung des Themas implizierte.[1593] Im Gegenteil ist die mögliche Behandlung schwerer Menschenrechtsverletzungen im Europäischen Zivilprozessrecht bedeutungsschwer.

1592 Vgl. das begleitende sog. „Impact Assessment" zum Verordnungsvorschlag der Kommission zur Revision der EuGVVO v. 14.12.2010, KOM(2010) 748 endg.
1593 Die Kläger des Ausgangsverfahrens fanden keine Rechtsgrundlage dafür, die vorliegende Rechtssache an das Plenum oder die Große Kammer zu verweisen. Während der EuGH eine Verweisung an das Plenum gemäß Art. 16 Abs. 3 Satzung des Gerichtshofs nicht für erforderlich hielt, hatten die beteiligten Mitgliedstaaten eine Verweisung an die Große Kammer gemäß Art. 16 Abs. 3 Satzung des Gerichtshofs nicht beantragt, vgl. EuGH, Urt. v. 15.02.2007 – Rs. C-292/05 (Lechouritou u. a. ./. Bundesrepublik Deutschland), Rn. 17 ff. (Fundstellenverzeichnis). Jedenfalls die Bundesrepublik Deutschland hatte kein Interesse daran, die außergewöhnliche Bedeutung der Rechtssache verfahrenstechnisch zu betonen.

Sechstes Kapitel – Folgenbetrachtungen und Lösungsvorschlag

Wie nervös der Europäische Gesetzgeber auf die Entwicklung des hiesigen Themas reagiert, wird bereits durch die reaktionäre Ausnahmeklausel von *acta iure imperii* in zahlreichen Akten des Europäischen Zivilprozessrechts und *de lege ferenda* auch in der novellierten Fassung EuGVVO deutlich.

II. Folgenabschätzung für die EuGVVO im Speziellen

1. Vereinfachung und Vorhersehbarkeit

In Anbetracht ihrer Erfolgsgeschichte wirkt sich das hiesige Thema wie Sand im Getriebe der EuGVVO aus. In qualitativer Hinsicht mutet es heute zwar nicht mehr befremdlich an, wenn ein Strafgericht im Rahmen der Rechtfertigungsgründe auf völkerrechtliche Erwägungen der Kriegsrepressalie eingeht.[1594] Zivilgerichte sind aber normalerweise nicht sehr vertraut mit Menschenrechtsfragen.[1595] Bedenkt man dazu, wie unvertraut die mitgliedstaatlichen Gerichte ganz allgemein mit der Heranziehung der EuGVVO sind[1596], kann zumindest befürchtet werden, dass die hiesige Problematik mitgliedstaatliche Zivilgerichte vor Anwendungsschwierigkeiten stellt. Wenn diese schon Schwierigkeiten mit der Anwendung von Art. 71 EuGVVO zeigen[1597], wird dies erst recht für das ungeschriebene Verhältnis zwischen der Staatenimmunität und der EuGVVO gelten. Auch nicht zwingend offensichtlich ist die Anwendbarkeit der EuGVVO selbst zu beantworten. Zwar vermelden die mitgliedstaatlichen Gerichte hier grundsätzlich keine nennenswerten Anwendungsschwierigkeiten.[1598] Auch hat der EuGH in der Rs. C–292/05 dazu auszugsweise Stellung genommen. Die Komplexität des Themas ist damit aber nicht aufgelöst und konterkariert den Grundsatz der Vorhersehbarkeit der Zuständigkeitsregeln nach dem 11. Erwägungsgrund der EuGVVO und der Effektuierung des Exequaturverfahrens[1599] insgesamt.

1594 Vgl. etwa BGH, Beschl. v. 25.10.2010 – Az.: 1 StR 57/10 in: BGHSt 56, S. 11–27 = NJW 2011, S. 1014–1018.
1595 *Karl Kreuzer:* Clash of civilizations und Internationales Privatrecht, RW 2010, S. 179.
1596 Vgl. Bericht der Kommission an das Europäische Parlament, den Rat und den Europäischen Wirtschafts- und Sozialausschuss über die Anwendung der Verordnung (EG) Nr. 44/2001 des Rates über die gerichtliche Zuständigkeit und die Anerkennung und Vollstreckung von Entscheidungen in Zivil- und Handelssachen, KOM(2009) 174 endg. v. 21.04.2009, Rn. 2.1.
1597 Vgl. ebenda, Rn. 3.7. f.
1598 Ausgenommen dem Verhältnis zwischen Verordnung und Schiedsgerichtsbarkeit, vgl. ebenda, Rn. 3.8.1.
1599 Vgl. Geimer/Schütze-*Reinhold Geimer:* Europäisches Zivilverfahrensrecht, 3. Aufl. 2010, Einl., Rn. 13 f.

C. Eignung des Europäischen Zivilprozessrechts

2. Vermeidung paralleler Zuständigkeiten

Diese materiell-rechtlichen „Stolpersteine" werden begleitet von Tabubrüchen in prozessualer Hinsicht. Gemäß dem Anerkennungs- und Vollstreckungsregime der EuGVVO werden Entscheidungen der Mitgliedstaaten untereinander beachtet. So vermeidet die EuGVVO gemäß ihren Art. 27 ff. und ihrem 15. Erwägungsgrund eine Zuständigkeitsbegründung bei bereits bestehender Rechtshängigkeit. Die eingangs dargestellten Ausgangsverfahren konterkarieren aber auch diese Grundsätze, worauf außerhalb des Dístimo-Verfahrens nur selten hingewiesen wird.[1600] Unerwünschte Parallelverfahren sind an dieser Stelle nicht unbedingt durch Koordinierungsschwierigkeiten verursacht, sondern in Bezug auf die deutsche Rechtsprechung dem spezifisch deutschen Duktus von Internationaler Zuständigkeit und Gerichtsbarkeit geschuldet. Der BGH erkannte dies in seiner Dístimo-Entscheidung zwar, sah die Gerichtsbarkeit über den Sachverhalt von Dístimo aber nur für bundesdeutsche Gerichte gegeben[1601] und überging das Problem damit im Zirkelschluss. Eine ähnliche Problematik lässt sich im Übrigen auch auf Ebene des Strafrechts beobachten, wenn sich die Strafgerichte verschiedener Mitgliedstaaten mit einem grenzüberschreitenden Sachverhalt doppelt beschäftigen.[1602]

3. Überbeanspruchung des Exequaturverfahrens bzw. des ordre public

Der vorstehende Grundsatz der Vereinfachung und Vorhersehbarkeit setzt sich auf Ebene der Anerkennung und Vollstreckung mit dem Wesen der EuGVVO fort, ein dahingehend nur noch verschlanktes Verfahren zur Verfügung zu stellen. Das hiesige Thema verlangt auch insoweit eine Folgebetrachtung und stellt die Abschaffungsperspektive des *ordre public* in Frage.

a) Überstrapazierung des bisherigen Exequaturverfahrens

In diesem Zusammenhang sei nochmals daran erinnert, dass die Effektuierung des Exequaturverfahrens ein wesentlicher Verdienst der EuGVVO ist.[1603] Damit einher

---

1600 Vgl. *Kerstin Blome:* Die Auswahl des Gerichtsstands im Kriegsvölkerrecht – Zur Legitimität von „Forum Shopping", KJ 2012, S. 287.
1601 Vgl. BGH, Urt. v. 26.06.2003 – III ZR 245/98 (Fundstellenverzeichnis).
1602 Vgl. BGH, Beschl. v. 25.10.2010 – 1 StR 57/10 (Fundstellenverzeichnis) zur Tötung von Unbeteiligten im Zweiten Weltkrieg als Rache für einen Partisanenangriff nahe Falzone di Cortona in der Toskana (Italien).
1603 *Burkhard Hess/David Bittmann:* Die Effektuierung des Exequaturverfahrens nach der Europäischen Gerichtsstands- und Vollstreckungsverordnung, IPRax 2007, S. 277–380; Generalbericht von *Burkhard Hess* zur Evaluierung der EuGVVO (Study JLS/C4/2005/03) aus *Burkhard Hess/Thomas Pfeiffer/Peter Schlosser:* The Brussels I Re-

Sechstes Kapitel – Folgenbetrachtungen und Lösungsvorschlag

geht der Ausnahmecharakter des *ordre public*-Vorbehalts. Die schon vom *Jenard*-Bericht geforderte Zurückhaltung bei der Anwendung und Auslegung der *ordre public*-Klausel[1604] wird von den nationalen Gerichten berücksichtigt[1605], erscheint aber in Bezug auf das hiesige Thema gefährdet. Neben grundsätzlichen Bedenken[1606] transportiert das hiesige Thema ein beträchtliches Konfliktpotential in die Anwendungspraxis der EuGVVO. Mindestens die Kumulierung der Bedenken vermögen den *ordre public* auszulösen.[1607] Zwar erscheint der *ordre public*-Vorbehalt im Grundsatz als ein funktionell geeignetes Instrument, mit dem der innerstaatliche Rechtsanwender einen Konflikt zwischen Kollisionsrecht und Menschenrechtsschutz aufzulösen im Stande ist.[1608] Die Vorbehaltsklausel ist indes nicht auf nachhaltige Justizkonflikte mit politischer Folgenwirkung ausgelegt. Der *ordre public* steht bei der Behandlung von schweren Menschenrechtsverletzungen dermaßen im Mittelpunkt der Betrachtung, dass er an Bedenken überlastet scheint. Der hier beschriebene Prüfungsaufwand in Bezug auf die Vorbehaltsklausel wird dessen Aufgabe im Rahmen der EuGVVO nicht mehr gerecht und widerstrebt der justiziellen Zusammenarbeit zwischen den Mitgliedstaaten.

b) Gefährdung der Abschaffungsperspektive des *ordre public*

Vor allem aber torpediert der Streit die Bestrebungen innerhalb des Europäischen Rechtsraums, auch im Rahmen der EuGVVO die *ordre public*-Kontrolle abzu-

---

gulation No 44/2001 – The Heidelberger Report on the Application of the Regulation Brussels I in the 25 Member States (2008), Rn. 59.
1604 *Jenard*-Bericht zum EuGVÜ (1968), S. 44.
1605 *Erik Jayme/Christian Kohler:* Europäisches Kollisionsrecht 2001 – Anerkennungsprinzip statt IPR?, IPRax 2001, S. 507. Der *ordre public* wird *in praxi* zwar häufig bemüht, schlägt jedoch nur selten durch, vgl. resümierend *Burkhard Hess/David Bittmann:* Die Effektuierung des Exequaturverfahrens nach der Europäischen Gerichtsstands- und Vollstreckungsverordnung, IPRax 2007, S. 279 (Fußn. 31); zur vergleichenden Studie JLS/C4/2005/03, vgl. Antworten der 25 Nationalberichterstatter zur dritten Fragestellung, Frage 4.1.7.
1606 *Bartosz Sujecki:* Die Möglichkeiten und Grenzen der Abschaffung des ordre public-Vorbehalts im Europäischen Zivilprozessrecht, ZEuP 2008, S. 458.
1607 Wobei ganz unterschiedlich die Frage beurteilt wird, ob verschiedene Probleme zu einem Vorbehalt nach dem *ordre public* kumulieren können, dafür: *Rolf A. Schütze:* Internationales Zivilprozessrecht und Politik, S. 35 und *ders.*: Aktuelle Fragen der Anerkennung und Vollstreckbarerklärung von US-Amerikanischen Schiedssprüchen und Gerichtsurteilen in Deutschland, S. 348, beides aus: Ausgewählte Probleme des internationalen Zivilprozessrechts (2006).
1608 *Markus Voltz:* Menschenrechte und ordre public im internationalen Privatrecht (2002), S. 220.

schaffen.[1609] Es ist zu unterstreichen, dass der europäische Integrationsprozess und die Entwicklung des Europäischen Zivilprozessrechts auf die Abschaffung des Vollstreckbarerklärungsverfahrens und damit grundsätzlich auch auf das Entfallen der Versagungsgründe gerichtet ist.[1610] Schon im Zusammenhang mit der Reform des Brüsseler Übereinkommens bzw. dessen Überführung in die EuGVVO erwog die Kommission einen Verzicht auf den anerkennungsrechtlichen *ordre public,* was sich seinerzeit nicht durchsetzen konnte.[1611] Tatsächlich sieht die novellierte EuGVVO in ihrem Art. 39 zwar die Abschaffung des Exequaturverfahrens vor, allerdings unter Beibehaltung der Versagungsgründe im Rahmen der Vollstreckung, vgl. Art. 45 f. der Neufassung.[1612] Demgemäß bleibt bleibt auch der *ordre public*-Vorbehalt erhalten.[1613] Die Systematik des „umgekehrten Verfahrens" wurde von der deutschen Bundesregierung durchgesetzt und geht auf deren Vorschlag zur EuVTVO zurück[1614], jene Verordnung, in die von deutscher Seite auch die Ausschlussklausel von *acta iure imperii* mit dem hier besprochenem Hintergrund eingeführt wurde.[1615]

Auch wenn vorerst die Abschaffung des *ordre public* gescheitert ist, bleibt der Paradigmenwechsel die erklärte Perspektive des europäischen Zivilprozessrechts. Mit

---

1609 Dazu allgemein bei *Bartosz Sujecki:* Die Möglichkeiten und Grenzen der Abschaffung des ordre public-Vorbehalts im Europäischen Zivilprozessrecht, ZEuP 2008, S. 458–479.
1610 *Ivo Bach:* Drei Entwicklungsschritte im europäischen Zivilprozessrecht – Kommissionsentwurf für eine Reform der EuGVVO, ZRP 2011, S. 97 ff.; *Burkhard Hess:* Die Reform der EuGVVO und die Zukunft des Europäischen Zivilprozessrechts, IPRax 2011, S. 127 ff.; ders./*David Bittmann:* Die Effektuierung des Exequaturverfahrens nach der Europäischen Gerichtsstands- und Vollstreckungsverordnung, IPRax 2007, S. 278 ff.; *Bartosz Sujecki:* Die Möglichkeiten und Grenzen der Abschaffung des ordre public-Vorbehalts im Europäischen Zivilprozessrecht, ZEuP 2008, S. 459.
1611 Vgl. *Bartosz Sujecki:* Die Möglichkeiten und Grenzen der Abschaffung des ordre public-Vorbehalts im Europäischen Zivilprozessrecht, ZEuP 2008, S. 458 f.; Geimer/Schütze-*Reinhold Geimer:* Europäisches Zivilverfahrensrecht, 3. Aufl. 2010, Einl., Rn. 5.
1612 *Jan von Hein:* Die Neufassung der Europäischen Gerichtsstands- und Vollstreckungsverordnung (EuGVVO), RIW 2013, S. 109; *Felix Netzer:* Status quo und Konsolidierung des Europäischen Zivilverfahrensrechts (2011) sowie überblicksweise bei *Heinz-Peter Mansel/Karsten Thorn/Rolf Wagner:* Europäisches Kollisionsrecht 2011 – Gegenläufige Entwicklungen, IPRax 2012, S. 5 ff.; *Burkhard Hess:* Die Reform der EuGVVO und die Zukunft des Europäischen Zivilprozessrechts, IPRax 2011, S. 127 ff.
1613 Nicht durchsetzen konnte sich die Zurückdrängung des *ordre public* auf seinen verfahrensrechtlichen Aspekt, namentlich nur noch für „wesentliche Grundsätze, die dem Recht auf ein faires Verfahren zugrunde liegen", vgl. dazu noch *Ivo Bach:* Drei Entwicklungsschritte im europäischen Zivilprozessrecht – Kommissionsentwurf für eine Reform der EuGVVO, ZRP 2011, S. 99; *Rolf Wagner:* Aktuelle Entwicklungen in der justiziellen Zusammenarbeit in Zivilsachen, NJW 2012, S. 1334.
1614 *Jan von Hein:* Die Neufassung der Europäischen Gerichtsstands- und Vollstreckungsverordnung (EuGVVO), RIW 2013, S. 109.
1615 Siehe dazu im vierten Kapitel ab S. 204.

Sechstes Kapitel – Folgenbetrachtungen und Lösungsvorschlag

dessen Abschaffung würde aber ein wesentlicher Abwehrmechanismus entfallen, ohne dass die Defensivaufgaben der Immunität anderweitig gewährleistet werden. Das zivilprozessuale Schild der Immunität geht, wie gesehen, in der justiziellen Zusammenarbeit der Mitgliedstaaten auf. Die dahinterstehenden Souveränitätsinteressen müssen im Rahmen des *ordre public* gewürdigt werden und können eine diesbezügliche Reform solange nicht erlauben, wie das Thema einen grundlegenden Lösungsansatz sucht. Die Behandlung schwerer Menschenrechtsverletzungen gefährden nach dem gegenwärtigen Verständnis von „Zivil- und Handelssachen" und vorbehaltlich nachstehender Lösungsmöglichkeiten nicht nur die bereits erreichte Effektivität der EuGVVO, sondern auch die perspektivische Abschaffung des *ordre public*.[1616]

4. Subsidiäre Zuständigkeit nach den Reformvorschlägen

Exkursorisch können die damit im Zusammenhang stehenden Reformvorschläge zur EuGVVO betrachtet werden, welche die Abschaffung des *ordre public* flankieren sollten und nun ihr unausgefülltes Schicksal teilen. Die Reformvorschläge[1617] sahen eine subsidiäre Zuständigkeit sowie eine Notzuständigkeit in einem eigenst dafür geschaffenen Abschnitt der EuGVVO vor.

a) Subsidiäre Zuständigkeit nach Art. 25 Reformvorschlag zur EuGVVO

Die Reformvorschläge sahen nach Art. 25 vor:

„Soweit sich aus den Artikeln 2 bis 24 keine Zuständigkeit eines mitgliedstaatlichen Gerichts ergibt, sind die Gerichte des Mitgliedstaates zuständig, in dem sich Vermögen des Beklagten befindet, sofern

a) der Wert des Vermögens nicht in einem unangemessenen Verhältnis zur Höhe der Forderung steht und

b) die Streitigkeit einen ausreichenden Bezug zu dem Mitgliedstaat des angerufenen Gerichts aufweist."

1616 Insoweit entgegen *Burkhard Hess,* der die Abschaffung des Exequaturverfahrens auch angesichts des Urteils des IGH vom 3. Februar 2012 (Deutschland ./. Italien) als unbedenklich erachtet: *Burkhard Hess:* Staatenimmunität und ius cogens im geltenden Völkerrecht – Der Internationale Gerichtshof zeigt die Grenzen auf, IPRax 2012, S. 206.
1617 Vorschlag für eine Verordnung des Europäischen Parlaments und des Rates über die gerichtliche Zuständigkeit und die Anerkennung und Vollstreckung von Entscheidungen in Zivil- und Handelssachen v. 14.12.2010, KOM(2010) 748 endg., Neufassungen SEK(2010) 1547 endg. und SEK(2010) 1548 endg.

Damit sollte eine Art Vermögensgerichtsstand Platz geschaffen werden[1618], wie er unter dem Regime der EuGVVO verpönt war und bleibt. Die Einschränkung des lit. a) EuGVVO hätte die Behandlung des hiesigen Themas jedenfalls nicht beschränken können, da einzelne Klageforderungen regelmäßig nicht unverhältnismäßig formuliert sein müssen. Begrenzend verlangte aber lit. b) einen „ausreichenden Bezug" zu einem Mitgliedstaat, was über das Vermögen hinaus regelmäßig nicht gegeben ist.

b) Notzuständigkeit nach Art. 26 Reformvorschlag zur EuGVVO

Für den Fall, dass auch Art. 25 des Reformvorschlags keine Zuständigkeit begründet hätte, griffen die Reformvorschläge die Forderung[1619] nach einer Notzuständigkeit auf, demgemäß es in Art. 26 lautete:

„Ergibt sich aus dieser Verordnung keine Zuständigkeit eines mitgliedstaatlichen Gerichts, so kann die Streitigkeit in Ausnahmefällen vor den Gerichten eines Mitgliedstaates verhandelt werden, wenn dies erforderlich ist, um das Recht auf ein faires Verfahren oder das Recht auf gerichtlichen Rechtsschutz zu gewährleisten, vor allem

a) wenn es nicht zumutbar ist oder es sich als unmöglich erweist, ein Verfahren in einem Drittstaat, zu dem die Streitigkeit einen engen Bezug aufweist, einzuleiten oder zu führen, oder (...).“

Diese Notzuständigkeit war an die Gewährleistung des Rechts auf ein faires Verfahren und das Recht auf gerichtlichen Rechtsschutz geknüpft und sah zwei Regelbeispiele vor. Das hier ausgesparte Regelbeispiel verlangte beschränkend einen ausreichenden Bezug zu dem Mitgliedstaat des angerufenen Gerichts und war als Vollstreckungsnotstand auf eine undurchführbare Vollstreckung gerichtet[1620], was hier wegen der lediglich juristischen Problemlage ohne Relevanz gewesen wäre. Dagegen formulierte lit. a) einen Verfahrensnotstand, bedingt von tatsächlichen Momenten.[1621] An dieser Stelle hätten sich die eingangs dargestellten Probleme verwirklicht, die den Drang vor fremde Gerichte begründen. Es wäre nach dem Wortlaut nicht ausgeschlossen, dieses Regelbeispiel für das hiesige Thema und damit einen Verfahrensnotstand zu bejahen.

1618 *Ivo Bach:* Drei Entwicklungsschritte im europäischen Zivilprozessrecht – Kommissionsentwurf für eine Reform der EuGVVO, ZRP 2011, S. 98; *Jan von Hein:* Die Neufassung der Europäischen Gerichtsstands- und Vollstreckungsverordnung (EuGVVO), RIW 2013, S. 102.

1619 Dazu bei Geimer/Schütze-*Reinhold Geimer:* Europäisches Zivilverfahrensrecht, 3. Aufl. 2010, Art. 3 EuGVVO, Rn. 7 ff.

1620 *Ivo Bach:* Drei Entwicklungsschritte im europäischen Zivilprozessrecht – Kommissionsentwurf für eine Reform der EuGVVO, ZRP 2011, S. 98.

1621 Ebenda.

Sechstes Kapitel – Folgenbetrachtungen und Lösungsvorschlag

Als Regelbeispiel ist die Systematik aber mit dem gegenläufigen Gewicht in Einklang zu bringen, welches den scheinbaren Verfahrensnotstand hervorruft. Es ist eben das Prinzip der Staatenimmunität, dass die Zuständigkeit in nur einen Staat konzentrieren will. Hier kollidieren beide Interessen und hätte für das Thema eine *Hintertür* geöffnet, welche die Abwägung zwischen Rechtsschutzinteresse und Immunitätsprinzip verlangt bzw. ermöglicht hätte. Insbesondere die Fülle an Judikatur des EGMR zur Abwägung zwischen beiden Rechtsinstituten[1622] zeigt, dass damit ein am Einzelfall zu beurteilendes und mithin immer offenes Wagnis bestünden hätte. Selbst die Entscheidungen des IGH im Streit zwischen Deutschland und Italien, des EGMR bezüglich der Überprüfung des EuGH-Urteils in der Rs. C-292/05 sowie dessen Entscheidung selbst wären nur Momentaufnahmen geblieben, hätten sich die Reformvorschläge erhalten.

III. Zusammenfassung und Schlussfolgerungen

Den Schlussfolgerungen aus den vorstehenden Ausführungen und Kapiteln sei auch der Maßstab gesetzt, den sich die Behandlung von schweren Menschenrechtsverletzungen vom Europäischen Zivilprozessrecht verspricht. Ausgangspunkt war der Drang vor fremde Gerichte, der die Hürde der Staatenimmunität „kostet". Das vierte Kapitel hat dargelegt, dass *im Anwendungsbereich* der EuGVVO der Einwand der Staatenimmunität ausgeschlossen ist. Insoweit verspricht die EuGVVO die Gretchenfrage der Thematik auflösen zu können, nämlich den zivilprozessualen Schutz vor fremdgerichtlicher Inanspruchnahme zu durchbrechen. Nicht der Diskurs um die Immunitätsausnahme wegen schwerer Menschenrechtsverletzungen ist dafür entscheidend, sondern die Anwendbarkeit der EuGVVO. *Weichenstellung ratione materie* ist hier der Begriff der „Zivil- und Handelssache". Wie gesehen, scheitert dieser aber im überwiegenden Teil der Fälle am „Privatpersonentest" zur Feststellung einer hoheitlichen Maßnahme im Sinne der EuGVVO. Insoweit läuft die große Hoffnung von der Nutzbarmachung der EuGVVO, die eben auch den Ausgangsverfahren zu Grunde lag, größtenteils ins Leere.

Allein und immerhin sind das Verbrechen des Völkermords sowie der Folter im Sinne des „Privatpersonentests" unter das bisherige Begriffsverständnis der „Zivilsache" fassbar. Dementsprechend von Interesse wäre die Eignung der Regelungsbereiche der EuGVVO für die Behandlung entsprechender Klagen und Entscheidungen.

[1622] Dazu insbesondere mit Anm. zu den knappen Entscheidungen des EGMR bei *Christian Maierhöfer:* Der EGMR als „Modernisierer" des Völkerrechts? Staatenimmunität und ius cogens auf dem Prüfstand – Anmerkung zu den Urteilen Fogarty, McElhinney und Al-Adsani, EuGRZ 2002, S. 391–398. Zum Urteil des EGMR-Urteil bezüglich der Überprüfung der Entscheidung des EuGH in der Rs. C-292/05 bereits auf S. 76.

Vor den Gerichten des vermeintlichen Schuldnerstaates bestünde zwar der allgemeine Gerichtsstand, von dem es aber die Opfer und Hinterbliebenen gerade wegzieht. Sowieso besteht dort auch nicht die Immunitätsbarriere, deretwegen die EuGVVO erprobt wird. Das Deliktsforum ist zwar interessant, gleichwohl nicht wegweisend neu. Vor fremde Gerichte führt im Eigentlichen nur der Gerichtsstand für Adhäsionsklagen. Diese Konstellation ist eher dem deutschen Recht eigen, als dass sie verallgemeinerungsfähig zur Lösung des Problems beiträgt. Vor allem aber überlastet die adhäsionsrechtliche Konstellation den Vorbehalt des *ordre public*. Die sensiblen Souveränitätsinteressen der Staaten und der fundamentale Anspruch auf rechtliches Gehör sind dermaßen beeinträchtigt, dass sie ein Anerkennungshindernis darstellen können. Im Übrigen hat die Rs. Sonntag gezeigt, dass mindestens eine Korrektur der Schadensersatzpflichtigkeit geboten ist, die das eigentliche Klageziel in die Schranken der öffentlichen Ordnung weist.

Diese Überlegungen widerstreben den Bemühungen zur Abschaffung des *ordre public* im Herzstück des Europäischen Zivilprozessrechts. Nicht nur ist die Vorbehaltsklausel durch das Thema so sehr in Beanspruchung, dass auf sie nicht ohne Weiteres verzichtet werden kann. Vor allem hätte der vorgeschlagene Verfahrensnotstand wie gesehen eine Hintertür zur Behandlung schwerer Menschenrechtsverletzungen im Rahmen der EuGVVO eröffnet und damit ein Vehikel für die Behandlung des Themas ermöglicht. Wenn eingangs der Konflikt zwischen dem Menschenrechtsschutz und der Immunitätszurückdrängung als „*the coming conflict*"[1623] bezeichnet wurde, liegt hierin „*the next coming conflict*".

D. Lösungsmöglichkeiten

Damit ausgesprochen und im Verlauf dieses Kapitels verdeutlicht wurde die Dringlichkeit einer Lösungsfindung für die hiesige Thematik. Systematisch gilt auch hier die bereits angesprochene Lösungsstrategie, wonach das Problem vom Anfang und vom Ende her betrachtet und aufgelöst werden kann.[1624] Während sich Letzteres in Anknüpfung an das soeben Gesagte sogleich als ungeeignet herausstellt (dazu unter I.), sollen die Lösungsmöglichkeiten vom Ansatz des Problems her schrittweise entwickelt werden (dazu unter II. und III.).

1623 In Bezugnahme von *Paul R. Dubinsky*: Human Rights Law Meets Private Law Harmonization – The Coming Conflict, The Yale Journal of International Law 30 (2005), S. 211–317. Dazu einleitend auf S. 7 f.
1624 Siehe oben auf S. 246.

Sechstes Kapitel – Folgenbetrachtungen und Lösungsvorschlag

I. Ungeeignetheit des *ordre public*-Vorbehalts

De lege lata ist der *ordre public*-Vorbehalt grundsätzlich ein zur Verfügung stehendes Instrumentarium zur Auflösung der hiesigen Thematik. Wie gesehen, verweist die mit dem Thema beschäftigte Literatur reflexartig auf dessen Heranziehung. Dafür spricht zumindest, dass die EuGVVO, selbst wenn man ihr nach der bisherigen Rechtsprechung des EuGH den Tatbestand des Völkermords oder der Folter einverleibt, einen bereits inkorporierten Lösungsmechanismus bereithält.[1625] Dieser Gedanke kann innerhalb eines *weltweit* konzeptionierten Gerichtsstands- sowie Anerkennungs- und Vollstreckungsübereinkommens überzeugen, wie es die Haager Entwürfe von 1999/2001 vorsahen. Für ein solches Vorhaben kommt dem *ordre public* eine notwendige und nicht unerhebliche Bedeutung zu[1626], insbesondere die Ausklammerung von Sachverhalten, die zwar nicht ausdrücklich ausgeschlossen werden, aber deren Interessen „unversöhnlich aufeinanderprallen".[1627] Im Europäischen Rechtsraum ist die Funktion des *ordre public* aber – wie bereits gesehen – zurückzudrängen. Seine Überstrapazierung mit komplexen Rechtsproblemen würde seine Auffangfunktion konterkarieren. Während also der *ordre public* für ein weltweites Übereinkommen eine Lösung bietet, gilt dies nicht für den Europäischen Rechtsraum, wo dieser im Lichte der justiziellen Zusammenarbeit gerade abgeschafft werden soll. Die EuGVVO muss eine Lösung *de lege ferenda* außerhalb der Vorbehaltsklausel suchen, um ihre Abschaffung im Auge behalten zu können und auch ohne sie das mögliche Konfliktpotential effektiv – im Sinne von vorhersehbar – beantworten zu können.

II. Pauschalklauseln *de lege ferenda*

Die Schlussfolgerung kann nur sein, die Tatbestände des Völkermords und der Folter aus dem Anwendungsbereich der „Zivilsache" herauszunehmen. Hierzu gibt es mehrere Hebel, an denen mit einer *Pauschalklausel* angesetzt werden könnte.

1. Ausschluss von acta iure imperii

In diesem Bild gesprochen hat die Novellierung der EuGVVO vom kürzesten Hebel Gebrauch gemacht. Art. 1 Abs. 1 der Neufassung schließt „die Haftung des Staates für Handlungen oder Unterlassungen im Rahmen der Ausübung hoheitlicher Rechte

---

[1625] Zumindest hinsichtlich der Auflösung des Konflikts zwischen Kollisionsrecht und Menschenrechtsschutz spricht sich *Markus Voltz* dafür aus: Menschenrechte und ordre public im internationalen Privatrecht (2002), S. 220.
[1626] *Haimo Schack:* Perspektiven eines weltweiten Anerkennungs- und Vollstreckungsübereinkommens, ZEuP 1993, S. 328.
[1627] Ebenda, S. 317 f.

D. Lösungsmöglichkeiten

(acta iure imperii)" aus. Dafür sprach sich etwa *Pavel Simon* aus, der auf die anhaltenden Probleme mit deren Umgang bei der Bestimmung des Anwendungsbereichs der EuGVVO hingewiesen hat.[1628] Die nunmehr erfolgte Aufnahme der Sachverhaltsausnahme entspricht der bereits dargelegten und widerlegten Behauptung, dass der Ausschluss von *acta iure imperii* bereits integraler Bestandteil der EuGVVO sei; im vierten Kapitel wurde erläutert, dass dies *de lege lata* nicht der Fall ist.[1629] Es sei auch daran erinnert, dass der Ausschluss unmittelbar auf das hiesige Thema zurückgeht[1630] und damit seine Geschichte verschleiernd unter einem rechtsaktübergreifenden Deckmantel daherkommt.

Interessant ist die ausdrückliche Ausnahme von *acta iure imperii* insoweit, als dass sie einen unionsrechtsübergreifenden *Gleichlauf* mit dem völkerrechtlich determinierten Immunitätsverständnis herstellt. Ohnehin hat sich der EuGH mit der Einführung des „Privatpersonentest" inhaltlich bereits an die völkerrechtliche Abgrenzung zwischen *acta iure imperii* und *acta iure gestionis* angenähert.[1631] Derweil bestehen aus eben diesen Gründen Bedenken gegen eine solche begriffliche Abhängigmachung. Die EuGVVO muss sich ihren unionsrechtsautonom zu bestimmenden Anwendungsbereich bewahren und darf sich nicht von Begriffen abhängig machen, über die der EuGH nicht die Deutungshoheit behaupten kann. Im Übrigen ist durch den Ausschluss von *acta iure imperii* für die hiesige Thematik an Rechtssicherheit wenig gewonnen, soweit es eine Tendenz dahingehend gibt, schweren Menschenrechtsverletzungen ihren hoheitlichen Charakter zu nehmen. Selbst wenn der IGH die Ausgangsverfahren mit der Feststellung abschloss, dass diese Bestrebungen nicht dem gegenwärtigen Stand des Völkerrechts entsprechen, bleibt eine dahingehende Entwicklung weiterhin offen. Für die EuGVVO wäre damit kein eigenständiger Lösungsansatz gewonnen.

2. *Erweiterung des Ausnahmekatalogs der EuGVVO*

Als Alternative könnte der Ausnahmekatalog der EuGVVO um den Bereich schwerer Menschenrechtsverletzungen erweitert werden. Dieser Gedanke knüpft direkt an

---

1628 Vgl. Study JLS/C4/2005/03, Compilation of All National Reports (Questionnaire No. 3: Legal Problem Analysis), S. 6. In diesem Zusammenhang wird zwar nicht ausdrücklich an die Rs. C-343/04 und C-115/08 (Land Oberösterreich ./. ČEZ) erinnert, die dort behandelte Konstellation wäre aber auch davon betroffen, dazu oben auf S. 171.
1629 Siehe dazu ab S. 205; vgl. auch *Oliver L. Knöfel* im Loseblatt-Handbuch von Geimer/Schütze: Internationaler Rechtsverkehr in Zivil- und Handelssachen (2011), Bd. II, Art. 1 Beweisaufnahme-VO, Rn. 14; a.A. stellvertretend bei *Jan von Hein:* Die Neufassung der Europäischen Gerichtsstands- und Vollstreckungsverordnung (EuGVVO), RIW 2013, S. 100.
1630 Dazu ab S. 205.
1631 Dazu bereits im fünften Kapitel auf S. 252.

Sechstes Kapitel – Folgenbetrachtungen und Lösungsvorschlag

den stetig bemühten Verweis auf den *ordre public* an. Der Ausnahmekatalog sollte seit seiner Einrichtung im EuGVÜ Spannungen und Verwicklungen verhindern, die eine Überstrapazierung des *ordre public* befürchten lassen würden.[1632] Nicht nur aber ist jede Verlängerung des Ausnahmekatalogs aus Art. 1 EuGVVO unattraktiv. Die Haager Entwürfe von 1999/2001 haben auch aufgezeigt, wie schwer ein redaktorischer Konsens zu finden ist. Im Übrigen erscheint, genauso wie die justizielle Zusammenarbeit in Zivilsachen auf die Abschaffung des *ordre public* ausgerichtet ist, eine Zurückdrängung der Ausnahmetatbestände im Lichte der zunehmenden Integration wünschenswert.[1633]

Aber auch in dogmatischer Hinsicht ist eine Erweiterung des Ausnahmekatalogs der EuGVVO abzulehnen. *Erstens* wäre damit dem Völkermord oder dem Foltervorwurf nur kraft normativen Ausschlusses der Charakter einer „Zivilsache" genommen, nicht jedoch die Frage dogmatisch beantwortet. Denklogisch wären Völkermord und Folter eine „Zivilsache", was lediglich für den Rechtsanwender vom Anwendungsbereich ausgeschlossen wäre. *Zweitens* sind im Ausnahmekatalog des Art. 1 EuGVVO nur Rechtsgebiete verortet, für welche die nationalen Rechtsordnungen (noch) zu stark voneinander abweichen.[1634] Das hiesige Thema ist unter diesem Blickwinkel aber weniger ein Problem, als dass es zur Behandlung durch die EuGVVO ungeeignet erscheint. Aus diesen beiden Gründen wäre der Ausnahmekatalog der EuGVVO der dogmatisch falsche Weg, um eine Lösung zu verorten. Im Übrigen liefe ein pauschaler Ausschluss von schweren Menschenrechtsverletzungen *drittens* die Gefahr, ein Rückschritt im Vergleich zu den langen Vorarbeiten der Haager Konferenz für Internationales Privatrecht zu werden. Die Grenzziehung muss nämlich dort erfolgen, wo schwere Menschenrechtsverletzungen keinen Charakter einer „Zivilsache" aufweisen.

3. Kollisionsklausel in Bezug auf das Immunitätsverhältnis

Im Rahmen der Auswertung der EuGVVO vor englischen und walisischen Gerichten schlägt das *British Institute of International and Comparative Law* vor, Schwierigkeiten mit dem Verhältnis zwischen der EuGVVO und der Staatenimmunität durch Aufnahme einer ausdrücklichen Kollisionsklausel die Immunität betreffend zu lösen.[1635] Da sie gleichzeitig auch die Vorrechte von Internationalen Organisationen mitgeregelt sehen möchte, erinnert der Vorschlag stark an die Vorschläge der Haager Kon-

---

[1632] Geimer/Schütze-*Reinhold Geimer:* Europäisches Zivilverfahrensrecht, 3. Aufl. 2010, Art. 1 EuGVVO, Rn. 67.
[1633] Ebenda, Rn. 68.
[1634] Geimer/Schütze-*Reinhold Geimer:* Europäisches Zivilverfahrensrecht, 3. Aufl. 2010, Art. 1 EuGVVO, Rn. 66.
[1635] Vgl. Study JLS/C4/2005/03, Compilation of All National Reports (Questionnaire No. 3: Legal Problem Analysis), S. 195 und 659.

D. Lösungsmöglichkeiten

ferenz für Internationales Privatrecht. Diese Forderung findet sich auch bei *Reinhold Geimer*.[1636] In dem weltweiten Maßstab, den die Haager Konferenz für Internationales Privatrecht anstrebte, war solch eine Pauschalklausel verständlich. Denn auf weltweiter Ebene fehlt eine Rechtsharmonisierung[1637], wie sie den Europäischen Rechtsraum auszeichnet.[1638] Auf europäischer Ebene aber würde ein pauschaler Vorzug der Staatenimmunität weder dem unionalen Charakter der EuGVVO noch dem Integrationsstand der Europäischen Union insgesamt entsprechen, weshalb einer entsprechend ausgestalteten Pauschalklausel eine Absage zu erteilen ist.

III. Erweiterung des „Privatpersonentests"

Die vorstehenden Überlegungen verdeutlichen, dass der Tatbestand des Völkermords am dogmatisch präzisesten aus dem Anwendungsbereich der „Zivilsache" herausgenommen werden kann, wenn er bereits nicht als solche verstanden wird. Das fünfte Kapitel hat gezeigt, dass das derzeitige Verständnis zur Definition des Begriffs der „Zivil- und Handelssache" dafür nicht ausreicht, respektive die Rechtsprechung des EuGH nicht weit genug fortgeschritten ist bzw. fortgeschrieben werden musste. Entsprechend dieser begrifflichen Ungenauigkeit erscheint eine Konkretisierung auf Tatbestandsebene am dogmatisch präzisesten.

1. Teleologischer Ansatz

Ein erster greifbarer Ansatz ist eine entsprechend teleologische Interpretation des Begriffs der „Zivil- und Handelssache". Dies kann und darf aber nicht bedeuten, das hier formulierte Ergebnis als Ziel dem Begriff der „Zivilsache" überzustülpen. Eine teleologische Auslegung bedeutet nämlich nicht die Vorwegnahme eines Ergebnisses, als vielmehr die Zugrundelegung der Regelungsziele an sich.[1639] Daher ist die teleologische Auslegung nicht die Lösung selbst, sondern vielmehr der Ansatz, mit dem eine Lösung gelingen kann. Dazu sei an die Darstellung des fünften Kapitels erinnert, wonach die teleologische Lösungsstrategie in der *Ausgrenzung* von „öffentlich-rechtlichen" Streitigkeiten liegt. Auch wurde an dieser Stelle dargestellt, dass der EuGH

1636 Geimer/Schütze-*Reinhold Geimer:* Europäisches Zivilverfahrensrecht, 3. Aufl. 2010, Art. 2 EuGVVO, Rn. 50.
1637 Woran letztlich die Verhandlungen gescheitert sind, die auf ein allgemeines Gerichtsstands-, Anerkennungs- und Vollstreckungsübereinkommen ambitionierten, dazu auf S. 148
1638 Geimer/Schütze-*Reinhold Geimer:* Europäisches Zivilverfahrensrecht, 3. Aufl. 2010, Einl., Rn. 258.
1639 Vgl. *Karl Riesenhuber:* Europäische Methodenlehre – Handbuch für Ausbildung und Praxis (2006), S. 254.

Sechstes Kapitel – Folgenbetrachtungen und Lösungsvorschlag

den dahingehenden Prüfungsmaßstab mittels des „Privatpersonentests" herzustellen versucht. Der „Privatpersonentest" greift aber – nach derzeitigem Stand – zu kurz, um die Tatbestände des Völkermords und den Vorwurf der Folter aus dem Begriff der „Zivilsache" herauszunehmen. Die dazu entwickelte Rechtsprechung des EuGH ist weder aufzugeben noch abzuändern, vielmehr ist der „Privatpersonentest" im Lichte dieses Untersuchungsergebnisses zu *erweitern*.

2. Vorarbeiten der Haager Konferenz für Internationales Privatrecht

Hierzu bietet sich zunächst eine Anlehnung an die Vorarbeiten der beiden Entwürfe aus 1999/2001 der Haager Konferenz für Internationales Privatrecht an. Ihre Kommentatoren griffen im Grenzbereich zu Sachverhalten mit der Beteiligung eines Staates auf jenen „Privatpersonentest" zurück, den kurze Zeit zuvor der EuGH in der Rs. Sonntag entwickelt hatte. Anders aber als der EuGH oder die Verordnungsgeber selbst sah sich die Haager Konferenz für Internationales Privatrecht seinerzeit mit dem hiesigen Thema konfrontiert.[1640] Sie tendierte während ihrer Redaktionsarbeiten für den Einbezug von schweren Menschenrechtsverletzungen einschließlich des Völkermords und der Folter unter den Begriff der „Zivilsache", vgl. Art. 18 Abs. 3. Eine Delegation der Haager Konferenz fasste nach ihrem Verständnis nur solche Streitigkeiten unter diesen Absatz, die folgende „Kernkriterien" erfüllen:[1641]

- *the conduct upon which the claim is based is conduct in which a private person can engage;*
- *the injury alleged is injury which can be sustained by a private person;*
- *the relief requested is of a type available to private persons seeking a remedy for the same injury as the result of the same conduct.*

Damit beschrieben ist eine Art *dreistufiger* „Privatpersonentest".

a) Erste (bisherige) Stufe des Privatpersonentests

Auf erster Stufe findet sich beschrieben, was der EuGH seit der Rs. Sonntag fordert. Nur solche Verhaltensweisen fallen in den Anwendungsbereich von „Zivilsachen", die auch von einer Privatperson vorgenommen werden können. Da der Tatbestand des Völkermords seinen Schwerpunkt in den subjektiven Tatbestand verlagert und es damit nicht von vornherein ausgeschlossen ist, dass sich ein Privater zu einem solchen Vorhaben entschließt, endet der „Privatpersonentest" nicht auf dieser „Stufe". Ent-

---

1640 Dazu ab S. 126.
1641 Working Document Nr. 286, zitiert nach *Nygh/Pocar*-Bericht (2000), S. 36 f.

D. Lösungsmöglichkeiten

sprechendes gilt für den Tatbestand der Folter, der wie beschrieben auch von Privaten erfüllt werden kann. Neu sind die zwei folgenden hinzutretenden Stufen.

b) Zweite (neuerliche) Stufe des Privatpersonentests

Die behauptete Rechtsverletzung ist auf *zweiter Stufe* kumulativ daran zu messen, ob sie von einer privaten Person erlitten sein kann. Dieses Kriterium wäre sinnentleert, wenn es bereits dann erfüllt wäre, wenn eine Privatperson Restitution begehrt. Vielmehr ist konkret zu hinterfragen, ob die geltend gemachte Verletzung von einer Privatperson erlitten sein kann. Dieses Kriterium ist nicht unproblematisch in Bezug auf einen Völkermord. Es ist umstritten, ob dessen Schutzgut allein eine spezifische Gruppe ist oder ob der Tatbestand allein oder zumindest auch dem Schutz des Individuums in der Gruppe dient.[1642] Nimmt man hier den Wortlaut des Delikts genauso ernst wie im Rahmen der vorstehenden Kasuistik, wäre definitionsgemäß nur die nationale, ethnische, rassische oder religiöse Gruppe das geschützte Rechtsgut. Dies nimmt in diesem Lichte dem Völkermord seinen selbst nur ausnahmsweise privaten Charakter. Es wäre auf zweiter Stufe des „Privatpersonentests" der Haager Konferenz nicht denkbar, dass ein Völkermord eine „Zivilsache" sein kann. In Bezug auf den Vorwurf der Folter muss aber etwas anderes gelten, da dieser unstritig und definitionsgemäß individuelle Rechtsgüter, namentlich die körperliche und seelische Integrität, schützt. Unter diesem Gesichtspunkt behält der Tatbestand der Folter seinen Charakter als „Zivilsache".

c) Dritte (neuerliche) Stufe des Privatpersonentests

Auf dritter Stufe wird schließlich zweierlei verlangt. Die verwinkulierte Maßgabe stellt nicht nur darauf ab, dass das Klagebegehren aus dem Schaden hervorgeht, der das kausale Ergebnis der Handlung ist. Vor allem muss das Klagebegehren auch einer Privatperson zugänglich sein. Damit scheinen die Formen von Bestrafung, vor allem ein Strafschadensbegehren, ausgeschlossen. Dieses Verständnis legten jedenfalls beide Arbeitsentwürfe der Haager Konferenz für Internationales Privatrecht in Art. 33 einheitlich an. Die dritte Stufe bleibt damit für die vorliegende Abgrenzung ohne Mehrwert, zumindest aber zu ungenau.

d) Stellungnahme

Über die letztgenannte Ungenauigkeit hinaus erscheint der „Privatpersonentest" in Form einer dreistufigen Prüfung insgesamt sehr umständlich. Einer klaren Begriffs-

---

1642 Vgl. *Christoph J. M. Safferling*: Internationales Strafrecht – Strafanwendungsrecht – Völkerstrafrecht – Europäisches Strafrecht(2011), S. 160.

321

bestimmung erscheint damit wenig Kontur gegeben. Teilweise – nämlich in Bezug auf den Völkermord – sichert ein so geführter „Privatpersonentest" den sachlichen Anwendungsbereich von „Zivil- und Handelssachen" gegen Streitsachen mit „öffentlich-rechtlichem" Charakter zwar ab. Für den Vorwurf der Folter zeigt dieses Vorgehen aber keinen Mehrwert. Im Übrigen befragen die verschiedenen Kriterien einen Sachverhalt zwar rundherum nach ihrem „privaten" Charakter, lassen aber nicht erkennen, nach welcher Logik sie dies schrittweise tun. Genauso wenig, wie der „Privatpersonentest" in die Konventionsentwürfe (einschließlich ihren kommentarischen Erläuterungen) Eingang gefunden haben, werden sie hier als Lösung übernommen.

3. Eigener Lösungsvorschlag

Deutlicher erscheint eine Lösung, die an das definitionsgemäße Einfallstor für schwere Menschenrechtsverletzungen anknüpft. Es ist nämlich das fehlende *comity*-Element, das diese im Lichte des „Privatpersonentests" als „Zivilsache" erscheinen lassen. Erst aber ein staatlicher Begehungszusammenhang gibt den beiden Tatbeständen ihren Charakter einer schweren Menschenrechtsverletzung. *Einerseits* steht der Vorwurf des Völkermords nicht ohne staatliche Begehung in Frage, auch wenn nach dem Rom-Statut zur strafrechtlichen Verfolgungseffektivität – wie gesehen – bereits die dahingehende Absicht genügt. Die Würdigung eines Sachverhalts muss sich hier insoweit objektivieren. Das gilt *andererseits* auch für den Tatbestand der Folter, welche zwar quantitativ von einem Individuum ausgehen kann, qualitativ aber das staatliche Moment verlangt, um den Unterschied zu einer privaten Körperverletzung zu konstituieren. Demzufolge muss der bisherige „Privatpersonentest" um den staatlichen Begehungszusammenhang in der Weise *erweitert* werden, dass ein solcher nicht vorliegen darf, um den „Privatpersonentest" bejahen zu können. Demzufolge muss die Abgrenzung einer „Zivil- und Handelssache" in *zweierlei* Hinsicht geprüft werden. *Positive* Voraussetzung ist der „Privatpersonentest", wie ihn der EuGH formuliert. *Negativ* muss hinzukommen, dass kein staatlicher Begehungszusammenhang besteht. So verstanden wäre keine schwere Menschenrechtsverletzung eine „Zivilsache". Die Abgrenzung bleibt zudem überschaubar und ergänzt lediglich die bisherige Rechtsprechung des EuGH. Letztlich und vor allem behält der EuGH die Auslegungshoheit über den Begriff der „Zivil- und Handelssache".

E. Ausblick

Diesem Lösungsvorschlag folgend, stellen schwere Menschenrechtsverletzungen im Lichte eines erweiterten „Privatpersonentests" keine „Zivil- und Handelssachen" dar und sind insoweit nicht vom Europäischen Zivilprozessrecht erfasst. Weder der derzeitige Stand des Völkerrechts noch der erreichte Integrationsgrad der justiziellen Zusammenarbeit in Zivilsachen zwischen den Mitgliedstaaten der Europäischen Union ermöglichen eine extraterritoriale Durchsetzungsoption, auf den künftigen Ausschluss von *acta iure imperii* kommt es nicht an. Eine Weiterverfolgung des Themas ist mit dem abschließenden Ausblick gleichwohl weiterhin denkbar.

I. Weiterverfolgung des Diskurses um eine Immunitätsausnahme wegen schwerer Menschenrechtsverletzungen

Zum einen kann der Diskurs um eine Immunitätsausnahme wegen schwerer Menschenrechtsverletzungen auch nach der diesbezüglichen IGH Entscheidung fortgesetzt werden. Denkbar wäre etwa eine völkervertragliche Regelung, wie sie etwa *Jürgen Bröhmer* in einem Entwurfsvorschlag *„Proposal for a Draft Article on an Exception to Immunity from Adjudication in Cases Involving Violations of Jus Cogens Human Rights"*[1643] zugunsten der Immunitätsausnahme für schwere Menschenrechtsverletzungen vorschlägt. Eine Perspektive wäre auch die Einrichtung eines Spruchkörpers, genuin zuständig für Individualschäden. Das Thema betreffend schlagen *Moritz von Unger* ein Internationales Restitutionsgericht[1644] und *Aleksandar Jakšić* ein Europäisches Schiedsgericht vor.[1645] Beide Ansätze sind so neu nicht, wenn man an die Idee eines Europäischen Gerichts für Staatenimmunität erinnert[1646] oder die Möglichkeiten

---

1643 Angelehnt and die Revised Draft Articles For a Convention on State Immunity of the ILA v. 1994 bei *Jürgen Bröhmer:* State Immunity and the violation of Human Rights (1997), S. 214 f.
1644 *Moritz von Unger:* Menschenrechte als transnationales Privatrecht (2008), S. 246.
1645 *Aleksandar Jakšić:* Direktklagen von Kriegsopfern gegen Staaten mit genauerem Blick auf die NATO Operation „Allied Force" in der BR Jugoslawien, Belgrade Law Review 57 (2009), S. 181.
1646 Schon das Zusatzprotokoll zum Europäischen Übereinkommen über Staatenimmunität sieht in Art. 4 die Einrichtung eines solchen Europäischen Gerichts für Staatenimmunität vor. Das Protokoll ist in Kraft, allerdings nur von sechs Staaten ratifiziert. Seit seiner Gründung war das Europäische Gericht für Staatenimmunität mit keinem Verfahren befasst. Wichtige Staaten, wie etwa die Bundesrepublik Deutschland, beabsichtigen aber keine Ratifizierung des Zusatzprotokolls, vgl. Bericht der Bundesregierung über den Stand der Unterzeichnung und Ratifikation europäischer Abkommen und Konventionen durch die Bundesrepublik Deutschland für den Zeitraum Juli 2005 bis Juni 2007, Abschnitt III: Europarats-Übereinkommen, deren Unterzeichnung oder Ratifikation nicht beabsichtigt ist, Nr. 74A, BT-Drucks. 16/5375 v. 11.05.2007, S. 7.

Sechstes Kapitel – Folgenbetrachtungen und Lösungsvorschlag

bestehender Spruchkörper weiterverfolgt, insbesondere die des EGMR[1647] oder des IStGH[1648] weiter ausschöpft.[1649]

II. Internationale Entschädigungsinstitutionen

Soweit diese normativen Schritte noch zu weit in die Zukunft blicken lassen, ist das Ausweichen auf Internationale Entschädigungsinstitutionen eine Alternative. Sie erlebten ihre Renaissance[1650] mit der Einrichtung der United Nations Compensation Commission (UNCC), mit der der UN-Sicherheitsrat nach dem ersten Golfkrieg eine Entschädigungspflicht Iraks für alle direkten Schäden aus der Invasion und Besatzung Kuwaits fixierte.[1651] Heute werden zunehmend Reparationsfonds unter der Verwaltung der Vereinten Nationen zum Zwecke der individuellen Restitution einge-

---

1647 Einerseits könnten zumindest für die Vertragsstaaten der EMRK deren Entschädigungsinstrumente genutzt werden. Art. 41 EMRK und Art. 63 AMRK gewähren den Menschenrechtsgerichtshöfen das Recht, einer Partei eine gerechte Entschädigung zuzusprechen. Der EGMR hat die Pflicht bereits hinreichend ausgesprochen, dass Staaten wegen Menschenrechtsverletzungen und Kriegsverbrechen Schadensersatz zahlen müssen. Eine ganze Reihe von Urteilen betrifft den Russischen Staat, aktuell aber auch etwa die Türkei.

1648 Unterrichtung durch die Delegation des Deutschen Bundestages in der Interparlamentarischen Union zur 112. Interparlamentarischen Versammlung vom 3. bis 8. April 2005, Erster Ausschuss für Frieden und internationale Sicherheit, BT-Drucks. 15/5786 v. 17.06.2005, S. 2.

1649 Teilweise findet sich auch der allgemeine Hinweis darauf, die völkerrechtlichen Rechtsbehelfe für den Konflikt zwischen Staatenimmunität bei Menschenrechtsverletzungen weiter auszubauen, vgl. *Burkhard Hess:* Staatenimmunität bei Menschenrechtsverletzungen, aus: Wege zur Globalisierung des Rechts, Festschrift für Rolf A. Schütze (1999), S. 285.

1650 So *Burkhard Hess* im Hinblick auf den als Zäsur wirkenden Kalten Krieg: Kriegsentschädigungen aus kollisionsrechtlicher und rechtsvergleichender Sicht, BerDGVR 40 (2003), S. 152.

1651 UN-Doc. S/RES/687 v. 03.04.1991, Nr. 18 der Resolution konstituiert einen Fonds zur Zahlungsaufbringung, der sich aus den Ölverkäufen Iraks finanzierte. Vor der UNCC können Privatpersonen völkerrechtliche Wiedergutmachungsansprüche für Schäden geltend machen, die aufgrund der Invasion und Okkupation Kuwaits durch den Irak entstanden sind. Diese wurde aus den Erfahrungen des Iran/US Claims Tribunal (IUCT) gebildet und verwaltet Ansprüche von 96 Staaten. Privatpersonen müssen grundsätzlich über ihren Heimatstaat den Entschädigungsanspruch einreichen. Dazu *Andreas Fischer-Lescano:* Subjektivierung völkerrechtlicher Regelungen – Die Individualrechte auf Entschädigung und effektiven Rechtsschutz bei Verletzungen des Völkerrecht, AVR 45 (2007), S. 328 ff.; *Stefanie Schmahl:* Amtshaftung für Kriegsschäden, ZaöRV 66 (2006), S. 703; *Stefan Kadelbach:* Staatsverantwortlichkeit für Angriffskriege und Verbrechen gegen die Menschlichkeit, BerDGVR 40 (2003), S. 96.

richtet.[1652] Diese Internationalen Entschädigungsinstitutionen haben eine Aufgabe zu lösen, die der eines Insolvenzgerichts gleicht.[1653] So errichtete die Generalversammlung einen Härtefonds für Nationalgeschädigte beim Hohen Flüchtlingskommissar der Vereinten Nationen[1654], einen Fonds zur Entschädigung von Folteropfern[1655] sowie zur Entschädigung von Opfern zeitgenössischer Sklaverei.[1656] Seine politische Abhängigkeit charakterisiert sie aber *prima facie.*[1657] Das Europäische Parlament bevorzugte im Übrigen schon seit Langem die Einrichtung eines Fonds zur Entschädigung von NS-Zwangsarbeitern.[1658]

III. Außergerichtliche Streitbeilegungen

An normativer Dichte verlierend, aber durchaus eine Alternative, sind außergerichtliche Streitbeilegungen. Bezüglich der zuvor dargestellten griechischen Ausgangsverfahren erklärte beispielsweise der damalige Bundespräsident *Johannes Rau,* er könne sich eine Lösung ohne Anerkenntnis eines Präjudizes vorstellen, die dennoch der besonderen Tragik der offenen Entschädigungsfrage Rechnung trage.[1659] Die außergerichtliche Streitbeilegung wurde aktuell etwa im Zusammenhang mit dem deutschen

---

1652 *Stefanie Schmahl:* Amtshaftung für Kriegsschäden, ZaöRV 66 (2006), S. 715; *Moritz von Unger:* Menschenrechte als transnationales Privatrecht (2008), S. 70.
1653 *David J. Bederman:* The United Nations Compensation Commission and the Tradition of International Claims Settlement, New York University Journal of International Law & Politics 27 (1994), S. 3.
1654 Vgl. Bericht über Härtefonds für Nationalgeschädigte beim Hohen Flüchtlingskommissar der Vereinten Nationen, BT-Drucks. 11/6287 v. 22.01.1990.
1655 United Nations voluntary fund for victims of torture, gegründet durch die Resolution der Generalversammlung der Vereinten Nationen, UN-Doc. A/RES/36/151 v. 16.12.1981.
1656 United Nations Voluntary Trust Fund on Contemporary Forms of Slavery, gegründet durch die Resolution der Generalversammlung der Vereinten Nationen, UN-Doc. A/RES/46/122 v. 17.12.1991.
1657 *Stefan Kadelbach:* Staatenverantwortlichkeit für Angriffskriege und Verbrechen gegen die Menschlichkeit, BerDGVR 40 (2003), S. 97.
1658 Entschließung des Europäischen Parlaments zu Entschädigungsleistungen für ehemalige Sklavenarbeiter der deutschen Industrie vom 16.01.1986, ABl. EU C 36/129 v. 17.02.1986. Darauf hatte sich die Bundesrepublik Deutschland bereits im sog. Artikel-2-Abkommen mit der Deutschen Demokratischen Republik zur Durchführung des Einigungsvertrags geeinigt, vgl. die Vereinbarung zwischen der Bundesrepublik Deutschland und der Deutschen Demokratischen Republik zur Durchführung und Auslegung des am 31. August 1990 in Berlin unterzeichneten Vertrages zwischen der Bundesrepublik Deutschland und der Deutschen Demokratischen Republik über die Herstellung der Einheit Deutschlands (Einigungsvertrag) v. 18.09.1990, BGBl. 1990 II, S. 1239.
1659 *Marcus Schladebach/Lars Riensche:* Griechische Entschädigungsforderungen wegen deutscher Kriegsverbrechen, Südosteuropa 52 (2003), S. 487.

Sechstes Kapitel – Folgenbetrachtungen und Lösungsvorschlag

Luftangriff in der afghanischen Provinz Kundus vom 4. September 2009 gesucht.[1660] Dies entspricht der US-amerikanischen Strategie von *solatia*-Zahlungen in Afghanistan und Irak.[1661] Es wird so versucht, den Rechtsgrund der Zahlungen in lokalen Gewohnheiten zu verorten.[1662] Die Frage der nationalen oder internationalen Rechtspflicht zur Zahlung bleibt dabei genauso in der Schwebe, wie dieses Vorgehen zahlreiche prozedurale Intransparenzen birgt.[1663]

IV. Behandlung im Internationalen Zivilprozessrecht

Gerade wegen letztgenannten Kritikpunkts wird das Europäische wie Internationale Zivilprozessrecht sich dem Thema nie gänzlich entziehen können. Seit den Entwürfen der Haager Konferenz für Internationales Privatrecht aus 1999 und 2001 gab es keine gubernativen Initiativen zur Kodifizierung zur Behandlung von Klagen und Entscheidungen wegen schwerer Menschenrechtsverletzungen. Die Europäische Union genießt mit Art. 67 Abs. 4 i.V.m. Art. 81 Abs. 1, Abs. 2 lit. a) AEUV zumindest die Kompetenz zum Abschluss eines weltweiten Gerichtsstands- und Vollstreckungsübereinkommens, wie es von der Haager Konferenz vorgeschlagen wurde.[1664] Der

---

1660 Zur völker(straf)rechtlichen Bewertung bei *Kai Ambos:* Afghanistan-Einsatz der Bundeswehr und Völker(straf)recht, NJW 2010, S. 1725–1727. Die diesbezüglichen Ermittlungen der deutschen Staatsanwaltschaft wurden ein halbes Jahr später eingestellt, vgl. ebenda, S. 1725.
1661 *Andreas Fischer-Lescano:* Subjektivierung völkerrechtlicher Regelungen – Die Individualrechte auf Entschädigung und effektiven Rechtsschutz bei Verletzungen des Völkerrecht, AVR 45 (2007), S. 363 ff. sowie *ders./Carsten Gericke:* Der IGH und das transnationale Recht – Das Verfahren BRD ./. Italien als Wegweiser der zukünftigen Völkerrechtsordnung, KJ 2010, S. 87 (Fußn. 67) = ZERP-Arbeitspapier 2/2010, S. 15 (Fußn. 67) = The ICJ and Transnational Law – The "Case Concerning Jurisdictional Immunities" as an Indicator for the Future of the Transnational Legal Order, ZERP-Arbeitspapier 2/2011, S. 15 (Fußn. 70).
1662 Ebenda sowie *Andreas Fischer-Lescano:* Subjektivierung völkerrechtlicher Regelungen – Die Individualrechte auf Entschädigung und effektiven Rechtsschutz bei Verletzungen des Völkerrecht, AVR 45 (2007), S. 365 f.
1663 *Andreas Fischer-Lescano/Carsten Gericke:* Der IGH und das transnationale Recht – Das Verfahren BRD ./. Italien als Wegweiser der zukünftigen Völkerrechtsordnung, KJ 2010, S. 87 (Fußn. 67) = ZERP-Arbeitspapier 2/2010, S. 15 (Fußn. 67) = The ICJ and Transnational Law – The "Case Concerning Jurisdictional Immunities" as an Indicator for the Future of the Transnational Legal Order, ZERP-Arbeitspapier 2/2011, S. 15 (Fußn. 70).
1664 Thomas Rauscher-*Ansgar Staudinger,* Europäisches Zivilprozess- und Kollisionsrecht, 3. Aufl. 2011, Bd. I, Einl. Brüssel I-VO, Rn. 21. Art. 81 Abs. 2 AEUV verlangt, dass die Ausübung der Gesetzgebungskompetenz in der justiziellen Zusammenarbeit in Zivilsachen insbesondere das Erfordernis eines reibungsloses Funktionierens des Binnenmarkts erforderlich ist. Im Vergleich zum Vertragstext von Amsterdam, der in Art. 65 EGV noch zwingend darauf abstellte, ist diese Voraussetzung nun nicht mehr speziell verfolgt wor-

E. Ausblick

derzeitige Mangel an politischer Agenda bedeutet nicht die Weiterentwicklung des Themenkomplexes auf weltweiter Ebene oder im Europäischen Rechtsraum. Dem Bedürfnis nach der zivilprozessualen Koordination von Klagen und Entscheidungen wegen schwerer Menschenrechtsverletzungen entsprechend, ist es durchaus denkbar, ihre Behandlung in die eine oder andere Richtung auch normativ in der EuGVVO festzuhalten. Hier wiederum ist das Europäische Zivilprozessrecht nur der verfahrensrechtliche Gradmesser des Integrationsstands zwischen den Mitgliedstaaten und der Fortentwicklung der Thematik aus zivilrechtlicher Perspektive.

---

den und damit abgeschwächt, vgl. *Rolf Wagner:* Zur Kompetenz der Europäischen Gemeinschaft in der justiziellen Zusammenarbeit in Zivilsachen, IPRax 2007, S. 291.

Nachwort

An letztgenannter Feststellung lässt sich mit Nachdruck anschließen. Das Europäische Zivilprozessrecht kann zwar kein Vehikel sein, um das Thema reformatorisch zu bereichern. Es muss dem Thema dem Grunde nach aber so offen gegenüberstehen, wie es die Haager Entwürfe aus den Jahren 1999 und 2001 vorgegeben haben. Die zivilprozessuale Behandlung mit Hilfe des Internationalen respektive des Europäischen Zivilprozessrechts hat genauso das Potential, den „Charakter des Außergewöhnlichen"[1665] zu verlieren, wie es bereits im Rahmen der strafrechtlichen Aufarbeitung schwerer Menschenrechtsverletzungen zu beobachten ist. Dafür muss das Recht aber mehr sein als nur ein „Druckmittel"[1666], um mit hörbarer Stimme den politischen Raum zu betreten. Es ist vielmehr die Aufgabe der Gerichtsbarkeit[1667], die breit angelegte Entwicklung zur Behandlung schwerer Menschenrechtsverletzungen auch mit Mitteln des Zivilprozessrechts zu domestizieren.[1668] Darin lag im Kern das Anliegen der Haager Konferenz für Internationales Privatrecht auf ihrer 19. Sitzung, die sich – trotz aller Divergenzen – dem Thema annahm. Ihre Vorarbeiten zur Behandlung schwerer Menschenrechtsverletzungen können ungebrochenes Vorbild für anstehende Vorhaben sein. Die Europäische Union hat dahingehend jedenfalls die Möglichkeit, eine Vorreiterrolle einzunehmen, so sich der souveräne Wille ihrer Mitgliedstaaten dazu bildet. Die Auseinandersetzung anzunehmen ist jedenfalls in ihrer Geschichte verwurzelt:

> *„Die Gründerväter Europas [riefen] aus den Ruinen eines zerstörten Kontinents die Europäischen Gemeinschaften ins Leben."*[1669]

1665 *Andrea Böhm/Heinrich Wefing:* Schlechte Zeiten für Diktatoren – Mladić kommt vor Gericht – und nicht allein: Das Recht macht Fortschritte im Ringen mit der Macht, DIE ZEIT Nr. 23 v. 11.06.2011, S. 3.
1666 *Burkhard Hess:* Staatenimmunität bei Menschenrechtsverletzungen, aus: Wege zur Globalisierung des Rechts, Festschrift für Rolf A. Schütze (1999), S. 284. *Aline Levin* spricht in diesem Zusammenhang auch vom „Einsatz des Rechts als Taktik": Die Beweggründe für die gemeinsame Entschädigung durch den deutschen Staat und die deutsche Industrie für historisches Unrecht, S. 119.
1667 Ebenda.
1668 Dabei wurde der Versuch, mit dem Zivilrecht den Krieg zu domestizieren, bereits mit dem Unterfang verglichen, mit einem Schmetterlingsnetz einen Drachen zu erlegen, vgl. *Albrecht Randelzhofer* im Diskussionsbeitrag zu den Referaten von Heintschel von Heinegg, Kadelbach und Hess, S. 220 (221), dem sich auch *Anatol Dutta* anschließt: Amtshaftung wegen Völkerrechtsverstößen bei bewaffneten Auslandseinsätzen deutscher Streitkräfte, AöR 133 (2008), S. 194.
1669 Präsident des Europäischen Parlaments, *Hans-Gert Pöttering,* in der Plenardebatte zur Proklamierung und Unterzeichnung der Charta der Grundrechte v. 12.12.2007.

Nachwort

Die Europäische Union ist als „ehrgeizige[s] und historisch beispiellose[s]" Projekt aus der historischen Einsicht heraus erwachsen, dass schwerste Menschenrechtsverletzungen keinen Platz mehr haben dürfen.[1670] Seine heutigen Mitgliedstaaten stehen nicht weniger in einer Verantwortung in diesem Lichte:

> *„Nur ein Europa, das sich zu seinen Werten bekennt, wird seinen Weg erfolgreich weitergehen können."*[1671]

Zwei Klammern seien nachwortlich geschlossen. Mit den Worten *Hans Georg Calmeyers* sei daran erinnert, dass das Recht über seine ordnende Funktion hinaus einen „moralischen Besitz des Individuums" verkörpert. Das Europäische Zivilprozessrecht steht einer Schönfärberei zwar nicht zur Verfügung, es ist aber ein wichtiger Teil des Kolorits, welches es zur vielschichtigen Behandlung von schweren Menschenrechtsverletzungen zu komplettieren gilt. So scheinbar unberührt die EuGVVO dem Thema gegenübersteht, so effektiv sind seine Mechanismen, um einen Beitrag das Thema betreffend zu leisten. Eingangs wurde an die Türhüterparabel erinnert, die sich wie folgt fortsetzt:

> *„(...) Schließlich wird sein Augenlicht schwach und er weiß nicht ob es um ihn wirklich dunkler wird oder ob ihn nur seine Augen täuschen. Wohl aber erkennt er jetzt im Dunkeln einen Glanz, der unverlöschlich aus der Türe des Gesetzes bricht."*[1672]

1670 Vgl. die Erinnerung an die friedenswahrende Funktion des Europäischen Gemeinschaftsprojektes vom Präsidenten des Deutschen Bundestags *Norbert Lammert:* Inventur statt Ausverkauf, FAZ v. 01.11.2011, S. 10 und in Bezug auf den hiesigen Kontext bei *Joseph Halevi Horowitz Weiler:* Europe's Dark Legacy Reclaiming Nationalism and Patriotism, aus: Darker Legacies of Law in Europe: The Shadow of National Socialism and Fascism Over Europe and Its Legal Traditions (2003), S. 389 f.
1671 Regierungserklärung von Bundeskanzlerin *Angela Merkel* zur Unterzeichnung des Vertrages von Lissabon am 13. Dezember und zum Europäischen Rat am 14. Dezember 2007 vor dem Deutschen Bundestag am 12. Dezember 2007 in Berlin, Plenarprotokoll des Deutschen Bundestags 16/132 v. 12.12.2007, S. 13797 ff. (13801), abgedruckt im Bulletin der Bundesregierung Nr. 141-1 v. 12.12.2007, S. 10.
1672 Zitiert nach der handschriftlichen Originalfassung von *Franz Kafka:* Der Proceß, 4. Aufl. (2010), S. 227.

Thesen

Erstes Kapitel – Einführung

Der Behandlung von Klagen und Entscheidungen gegen Staaten wegen schwerer Menschenrechtsverletzungen ist der Drang vor fremde Zivilgerichte immanent und „kostet" dergestalt die Hürde der Staatenimmunität. Als Rechtskonzepte für deren Überwindung bieten sich sowohl die Betonung der Schwere von Menschenrechtsverletzungen als Argument für die Durchbrechung des *Immunitätsschilds* an, oder aber ein Rechtsraum, in dem der *Souveränitätspanzer* zum Zwecke einer gemeinsamen Zusammenarbeit geöffnet ist, wie es im Europäischen Rechtsraum der Fall ist.

Erstes Theorem: Die EuGVVO im historisch angelegten Spannungsverhältnis

Die justizielle Zusammenarbeit der europäischen Mitgliedstaaten, respektive die EuGVVO als zivilprozessuales Herzstück bietet sich für die Behandlung von schweren Menschenrechtsverletzungen an und trifft damit auf das historisch angelegte Spannungsverhältnisses zwischen einem (erstarkenden) Menschenrechtsschutz und einer (schrumpfenden) Immunitätsgewährung.

Zweites Kapitel – Judikatur

Spätestens nachdem der IGH der vielbesprochenen Tendenz zur Durchbrechung der Staatenimmunität im Falle von schweren Menschenrechtsverletzungen Einhalt geboten hat, verspricht das Europäische Zivilprozessrecht die derzeit letztmögliche Gangart zu sein, Schadensersatzansprüche von Individuen wegen schwerer Menschenrechtsverletzungen gegen einen Staat vor fremden Gerichten geltend zu machen. Die Thematik findet in der europäischen Judikatur mitnichten eine klare Linie und wurde vom EuGH bisher nur unzureichend beantwortet.

Drittes Kapitel – Konventionsvorschläge der Haager Konferenz von 1999 und 2001

Die Haager Konferenz für Internationales Privatrecht hat auf ihrer 19. Konferenz in den Jahren 1999 und 2001 zwei Entwürfe für ein weltweit konzipiertes Gerichtsstands-, Anerkennungs- und Vollstreckungsübereinkommen vorgelegt, die – auch ohne je in Kraft getreten zu sein – die Behandlung des Themas beeinflussen. Das Scheitern der Konventionsarbeiten liegt nicht in der Umstrittenheit der in diesem Zusammenhang formulierten „Menschenrechtsklausel" begründet.

Thesen

Zweites Theorem: Die Haager Konventionsentwürfe

Die von der Haager Konferenz für Internationales Privatrecht diskutierte „Menschenrechtsklausel" unterstreicht die grundsätzliche Möglichkeit, schwere Menschenrechtsverletzungen unter den Begriff der „Zivil- und Handelssache" fassen zu können.

Viertes Kapitel – Verhältnis der EuGVVO zur Staatenimmunität

Das spezifisch deutsche Begriffsverständnis zwischen Gerichtsbarkeit und Internationaler Zuständigkeit versperrt die dogmatische Befassung mit dem Verhältnis zwischen der EuGVVO und der Staatenimmunität. Es muss für dessen Klärung nicht aufgegeben werden, sondern kann mit dem folgenden Lösungsvorschlag in Einklang gebracht werden.

Die Staatenimmunität ist außerhalb spezieller völkerrechtlicher Vereinbarungen keine prozedurale Hürde, die eine Anwendbarkeit der EuGVVO verhindern könnte. Die Antwort auf die vom EuGH in der Rs. C-292/05 unbeantwortet gelassene Frage zum Verhältnis zwischen der EuGVVO und der Staatenimmunität ist wie vorgeschlagen zu klären.

Drittes Theorem: Das Verhältnis zwischen EuGVVO und Staatenimmunität

Die EuGVVO ist gemäß Art. 71 Abs. 1 EuGVVO gegenüber völkervertraglicher Spezialmaterie zur Staatenimmunität nachrangig. Im Übrigen ist im unionsrechtsautonom zu bestimmenden Anwendungsbereich von „Zivil- und Handelssachen" auf den Einwand der Staatenimmunität verzichtet, soweit die EuGVVO die erst- oder zweitgerichtliche Zuständigkeit begründet.

Fünftes Kapitel – Anwendbarkeit der EuGVVO

Die EuGVVO findet demgemäß auf die Behandlung von schweren Menschenrechtsverletzungen insoweit Anwendung, wie sie nicht mit Drittstaatssachverhalten befasst ist. Ihre zeitliche Anwendbarkeit ist als Koordinationswerk des Zivilprozesses emanzipiert vom Alter des Sachverhalts und kann damit auch weit zurückliegende Sachverhalte erfassen.

Für die Anwendbarkeit der EuGVVO *ratione materie* ist es nicht von Belang, ob die einem Sachverhalt zu Grunde liegende Handlung eine rechtswidrige Handlung darstellt, selbst wenn es sich dabei um eine schwere Menschenrechtsverletzung handelt.

Viertes Theorem: Zur Anwendbarkeit der EuGVVO

Die EuGVVO findet *de lege lata* und nach derzeitiger Rechtsprechung zur Definition des Begriffs der „Zivil- und Handelssache" in Bezug auf eine schwere Menschenrechtsverletzung *ratione materie* Anwendung, soweit der Tatbestand des Völkermords oder der Folter in Rede steht.

Sechstes Kapitel – Folgenbetrachtungen und Lösungsvorschlag

Das Institut der Staatenimmunität ist im Falle der Anwendbarkeit der EuGVVO kein Vorbehaltskriterium im Rahmen des *ordre public*. Allein dahinterstehende Souveränitätsinteressen können diesen mit Bedenken ausfüllen und auslösen.

Fünftes Theorem: Die Ungeeignetheit der EuGVVO zur Behandlung der Thematik

Die EuGVVO ist für die Behandlung des Themas, insbesondere zur Einrichtung exorbitanter Gerichtsstände unzugänglich bzw. unter dem Gesichtspunkt des *ordre public* ungeeignet. Die Behandlung der Thematik gefährdet die Effektivität der EuGVVO und die perspektivische Abschaffung des *ordre public*.

Sechstes Theorem: Erweiterung des Privatpersonentests

Der *de lege ferenda* eingeführte Ausschluss von *acta iure imperii* schneidet das Thema von der EuGVVO zwar ab, gefährdet aber die autonome Anwendungsbestimmung. Zur Auflösung der Problematik sollte vielmehr der EuGH den Begriff der „Zivil- und Handelssache" mit einer Erweiterung des „Privatpersonentests" um die Voraussetzung eines staatlichen Begehungszusammenhangs fortschreiben, um die Behandlung des Themas zu beantworten.

Anhang

A. Textverzeichnis

AEUV — Vertrag über die Arbeitsweise der Europäischen Union in der Fassung aufgrund des am 1.12.2009 in Kraft getretenen Vertrages von Lissabon, ABl. EG Nr. C 115 v. 9.05.2008, S. 47–199

Draft Articles on State Responsibility — Draft Articles on Responsibility of States for Internationally Wrongful Acts, verabschiedet mit Resolution 56/83 v. 12.12.2001; abgedruckt bei *James Crawford:* The International Law Commission's Articles on State Responsibility – Introduction, Text and Commentaries (2002), S. 61–73

EMRK — Europäische Konvention zum Schutze der Menschenrechte und Grundfreiheiten v. 04.11.1950, zuletzt geändert durch Protokoll Nr. 14, BGBl. 2010 II, S. 1198

EuEheVO (sog. Brüssel IIa-VO) — Verordnung Nr. 2201/2003 des Rates vom 27.11.2003 über die Zuständigkeit und die Anerkennung und Vollstreckung von Entscheidungen in Ehesachen und in Verfahren betreffend die elterliche Verantwortung, ABl. EU Nr. L 338 v. 23.12.2003, S. 1

EuGVÜ — Übereinkommen über die gerichtliche Zuständigkeit und die Vollstreckung gerichtlicher Entscheidungen in Zivil- und Handelssachen v. 27.09.1968, zuletzt geändert durch das Beitrittsübereinkommen vom 29.11.1996, BGBl III 1998, S. 209

EuGVVO (sog. Brüssel I-VO) — Verordnung Nr. 44/2001 des Rates vom 22.12.2000 über die gerichtliche Zuständigkeit und die Anerkennung und Vollstreckung von Entscheidungen in Zivil- und Handelssachen, ABl. EU Nr. L 12 vom 16.1.2001, S. 1, in Kraft getreten am 1.3.2002, zuletzt geändert durch Verordnung Nr. 1103/2008 vom 22.10.2008

EuMahnVO — Verordnung Nr. 1896/2006 des Europäischen Parlaments und des Rates vom 12. Dezember 2006 zur Einführung eines Europäischen Mahnverfahrens, ABl. EU Nr. L 399 v. 30/12/2006, S. 1–32

Anhang

Europäisches Übereinkommen zur Staatenimmunität	Europäische Übereinkommen über Staatenimmunität vom 16. Mai 1972, BGBl. 1990 II, S. 35; Wortlaut und Denkschrift in BT-Drucks. 11/4307 v. 06.04.1989, S. 7–39
EUV	Vertrag über die Europäische Union in der Fassung aufgrund des am 1.12.2009 in Kraft getretenen Vertrages von Lissabon, ABl. EG Nr. C 115 v. 9.05.2008, S. 1–45
EuVTVO	Verordnung Nr. 861/2007 des Europäischen Parlaments und des Rates vom 11. Juli 2007 zur Einführung eines europäischen Verfahrens für geringfügige Forderungen, ABl. EU Nr. L 199 v. 31.07.2007 S. 1–22
Evrigenis/Kerameus-**Bericht**	Bericht von *Demetrios Evrigenis* und *Konstantin Kerameus* über den Beitritt der Republik Griechenland zum EG-Übereinkommen über die gerichtliche Zuständigkeit und die Vollstreckung gerichtlicher Entscheidungen in Zivil- und Handelssachen, unterzeichnet in Luxemburg am 25.10.1982, ABl. EG 1986 C 298/1
IGH-Statut	Statut des Internationalen Gerichtshofs, BGBl. 1973 II. v. 09.06.1973, S. 505–531
Jenard-**Bericht**	Bericht von *Paul Jenard* zu dem Übereinkommen über die gerichtliche Zuständigkeit und die Vollstreckung gerichtlicher Entscheidungen in Zivil- und Handelssachen, unterzeichnet in Brüssel am 27.09.1968, ABl. EU Nr. C 59 v. 05.03.1979, S. 1–65 = BT-Drucks. VI/1973, S. 52 ff.
LugÜ-I	Übereinkommen über die gerichtliche Zuständigkeit und die Vollstreckung gerichtlicher Entscheidungen in Zivil- und Handelssachen v. 16.09.1988, BGBl. II 1994, S. 3772
LugÜ-II	Übereinkommen über die gerichtliche Zuständigkeit und die Vollstreckung gerichtlicher Entscheidungen in Zivil- und Handelssachen v. 30.10.2007, ABl. EU L v. 10.06.2009, S. 5–43

A. Textverzeichnis

Nygh/Pocar-Bericht   Bericht von *Peter Edward Nygh* und *Fausto Pocar* v. 11.08.2000 zum Preliminary draft convention on jurisdiction and foreign judgments in civil and commercial matters, adopted by the Special Commission, Preliminary Document No 11 of August 2000, abgedruckt bei *Ronald A. Brand/Paul Herrup:* The 2005 Hague Convention on Choice of Court Agreements: Commentary and Documens (2008), Anhang B

Protokoll zur EMRK   Zusatzprotokoll zur Konvention zum Schutze der Menschenrechte und Grundfreiheiten v. 20.03.1952, zuletzt geändert durch Protokoll Nr. 11, BGBl. 2002 II, S. 1054

Rom II-Verordnung   Verordnung (EG) Nr. 864/2007 des Europäischen Parlaments und des Rates vom 11. Juli 2007 über das auf außervertragliche Schuldverhältnisse anzuwendende Recht („Rom II") v. 11.07.2007, ABl. EU Nr. L 199 v. 31.7.2007, S. 40–49

Rom-Statut   Römisches Statut des Internationalen Strafgerichtshofs, UN-Doc. A/CONF.183/9 v. 17.07.1998; Wortlaut und Denkschrift in BT-Drucks. 14/2682 v. 14.02.2000, S. 9–126

Schlosser-Bericht   Bericht von *Peter Schlosser* zu dem Übereinkommen über den Beitritt des Königreichs Dänemark, Irlands und des Vereinigten Königreichs Großbritannien und Nordirland zum Übereinkommen über die gerichtliche Zuständigkeit und die Vollstreckung gerichtlicher Entscheidungen in Zivil- und Handelssachen sowie zum Protokoll betreffend die Auslegung dieses Übereinkommens durch den Gerichtshof, unterzeichnet in Luxemburg am 9.10.1978, ABl. EU Nr. C 59 v. 05.03.1979, S. 71–144

UN-Übereinkommen zur Staatenimmunität   Übereinkommen der Vereinten Nationen über die Immunität der Staaten, verabschiedet auf der 65. Plenarsitzung der Vereinten Nationen mit Resolution 59/38 v. 2.12.2004, ohne Abstimmung, auf Empfehlung des Ausschusses, UN-Doc. A/59/508

Vertrag von Amsterdam   Vertrag von Amsterdam zur Änderung des Vertrags über die Europäische Union, der Verträge zur Gründung der Europäischen Gemeinschaften sowie einiger damit zusammenhängender Rechtsakte v. 02.10.1997, ABl. EU Nr. C 340 v. 10.11.1997

WVK   Wiener Übereinkommen über das Recht der Verträge v. 23.05.1969, BGBl. 1985 II, S. 927 ff. = UNTS Vol. 1155, S. 331

B. Literaturverzeichnis

Aceves, William J.:
Liberalism and international legal scholarship – the Pinochet Case and the move toward a universal system of transnational law litigation, Harvard ILJ 41 (2000), S. 129–184

Ambos, Kai:
Afghanistan-Einsatz der Bundeswehr und Völker(straf)recht, NJW 2010, S. 1725–1727

Anweiler, Jochen:
Die Auslegungsmethoden des EuGH (1997)

Appelbaum, Christian:
Einschränkungen der Staatenimmunität in Fällen schwerer Menschenrechtsverletzungen – Klagen von Bürgern gegen einen fremden Staat oder ausländische staatliche Funktionsträger vor nationalen Gerichten, Schriften zum Völkerrecht 171 (2007)

Auer, Andreas:
Staatenimmunität und Kriegsfolgen am Beispiel des Falles Distomo – Anmerkungen zum Urteil des Obersten Sondergerichts vom 17. September 2002, ZÖR 61 (2006), S. 449–461

Bach, Ivo:
Drei Entwicklungsschritte im europäischen Zivilprozessrecht – Kommissionsentwurf für eine Reform der EuGVVO, ZRP 2011, S. 97–100

Baetge, Dietmar:
Globalisierung des Wettbewerbsrechts – Eine internationale Wettbewerbsordnung zwischen Kartell- und Welthandelsrecht, Beiträge zum ausländischen und internationalen Privatrecht, Bd. 90 (2009)

Barcz, Jan / Frowein, Jochen Abraham:
Gutachten zu Ansprüchen aus Deutschland gegen Polen in Zusammenhang mit dem Zweiten Weltkrieg, ZaöRV 65 (2005), S. 625–650

Barriga, Stefan:
Der Kompromiss von Kampala zum Verbrechen der Aggression – Ein Blick aus der Verhandlungsperspektive, ZIS 2010, S. 644–648

Bartsch, Kerstin / Elberling, Björn:
Jus Cogens vs. State Immunity, Round Two – The Decision of the European Court of Human Rights in the Kalogeropoulou et al. v. Greece and Germany Decision, German Law Journal 4 (2003), S. 477–491

Basedow, Jürgen:
Was wird aus der Haager Konferenz für Internationales Privatrecht?, aus: Festschrift für Werner Lorenz (2001), S. 463–482
Europäisches Zivilprozeßrecht – Allgemeine Fragen des Europäischen Gerichtsstands und Vollstreckungsübereinkommens, aus: Handbuch des Internationalen Zivilverfahrensrecht (1982), Bd. I, Kap. II, S. 99–181

Basse, Hermann:
Das Verhältnis zwischen der Gerichtsbarkeit des Gerichtshofes der Europäischen Gemeinschaften und der deutschen Zivilgerichtsbarkeit, Schriften zum Prozeßrecht, Bd. 10 (1967)

Baumgartner, Samuel P.:
The Proposed Hague Convention on Jurisdiciton and Foreign Judgements – Trans-Atlantic lawmaking for transnational litigagtion, Veröffentlichungen zum Verfahrensrecht, Bd. 32 (2003)

Bederman, David J.:
The United Nations Compensation Commission and the Tradition of International Claims Settlement, New York University Journal of International Law & Politics 27 (1994), S. 1–42

Begemann, Dieter:
Distimo 1994, aus: Orte des Grauens – Verbrechen im Zweiten Weltkrieg (2003), S. 30–36

Bertele, Joachim:
Souveränität und Verfahrensrecht – Eine Untersuchung der aus dem Völkerrecht ableitbaren Grenzen staatlicher extraterritorialer Jurisdiktion im Verfahrensrecht, Veröffentlichungen zum Verfahrensrecht, Bd. 20 (1998)

Beul, Carsten R.:
Die Geltendmachung unionsrechtlicher Schadensersatzansprüche gegen einen Mitgliedstaat in einem anderen Mitgliedstaat – Diskussionsanstoß zum Spannungsverhältnis zwischen Staatenimmunität und effektivem Rechtsschutz, SAM 2010, S. 82–87

Beys, Kostas E.:
Die Zwangsvollstreckung gegen einen ausländischen Staat im hellenischen Recht, aus: Grenzüberschreitungen – Beiträge zum Internationalen Verfahrensrecht und zur Schiedsgerichtsbarkeit, Festschrift für Peter Schlosser (2005), S. 37–48

Biehler, Gernot:
Auswärtige Gewalt – Auswirkungen auswärtiger Interessen im innerstaatlichen Recht (2005)

Bischoff, Jan A.:
Die Europäische Gemeinschaft und die Konventionen des einheitlichen Privatrechts (2010), Studien zum ausländischen und internationalen Privatrecht 243 (2010)

Die Europäische Gemeinschaft und die Haager Konferenz für Internationales Privatrecht, ZEuP 2008, S. 334–354

Bitter, Stephan:
Die Sanktionen im Recht der Europäischen Union – Der Begriff und seine Funktionen im europäischen Rechtsschutzsystem, aus: Beiträge zum ausländischen öffentlichen Recht und Völkerrecht, Bd. 222 (2011)

Bleckmann, Albert:
Das Recht der Europäischen Wirtschaftsgemeinschaft, 2. Aufl. 1976

Blome, Kerstin:
Die Auswahl des Gerichtsstands im Kriegsvölkerrecht – Zur Legitimität von „Forum Shopping", KJ 2012, S. 286–297

Bobbio, Norberto:
Das Zeitalter der Menschenrechte – Ist Toleranz durchsetzbar? (1999)

Bong, Shin Hae:
Compensation for Victims of Wartime Atrocities – Recent Developments in Japan's Case Law, JICJ 3 (2005), S. 187–206

Bothe, Michael:
Wandel des Völkerrechts – Herausforderungen an die Steuerungsfähigkeit des Rechts im Zeitalter der Globalisierung, KritV 2008, S. 235–246
Complementarity – Ensuring compliance with international law through criminal prosecutions, Die Friedens-Warte 83 (2008), S. 59–72

ders./Klein, Eckart:
Bericht einer Studiengruppe zur Anerkennung der Gerichtsbarkeit des IGH gemäß Art. 36 Abs. 2 IGH-Statut, ZaöRV 67 (2007), S. 825–841

Boysen, Sigrid:
Kriegsverbrechen im Diskurs nationaler Gerichte – Der Distimo-Beschluss des Bundesverfassungsgerichts vom 15. Februar 2006, AVR 2006 (44), S. 363–379

Braun, Kathrin/Herrmann, Svea L./Brekke, Ole:
Zwischen Gesetz und Gerechtigkeit – Staatliche Sterilisationspolitiken und der Kampf der Opfer um Wiedergutmachung, KJ 2012, S. 298–315

Briggs, Adrian/Rees, Peter:
Civil Jurisdiction and Judgments, 5. Aufl. (2009)

Brodesser, Hermann-Josef/Fehn, Bernd J./Franosch, Tilo/Wirth, Wilfried:
Wiedergutmachung und Kriegsfolgenliquidation: Geschichte – Regelungen – Zahlungen (2000)

Bröhmer, Jürgen:
State Immunity and the Violation of Human Rights, International Studies in Human Rights 47 (1997)

Bruha, Thomas/Steiger, Dominik:
Das Folterverbot im Völkerrecht, Beiträge zur Friedensethik, Bd. 39 (2006)

Burbank, Stephen B.:
Jurisdictional equilibration – the proposed Hague Convention and progress in nation law, AJCL 49 (2001), S. 203–247

Calliess, Gralf-Peter:
Value-added Norms, Local Litigation, and Global Enforcement – Why the Brussels-Philosophy failed in The Hague, German Law Journal 5 (2004), S. 1490–1520

Anhang

Cannizzaro, Enzo/Bonafé, Beatrice I.:
Of Rights and Remedies – Sovereign Immunity and Fundamental Human Rights, aus: From Bilateralism to Community Interest – Essays in Honour of Judge Bruno Simma (2011), S. 825–842

Cassese, Antonio:
The Italian Court of Cassation Misapprehends the Notion of War Crimes – The Lozano Case, JICJ 6 (2008), S. 1077–1089
Remarks on Scelle's Theory of 'Role Splitting' (dédoublement fonctionnel) in International Law, EJIL 1 (1990), S. 210–231

Cheung, Ivy/Dharmadasa, Nika/Flood, Lauren/Pereira, Rebecca/Trinh, Quang/Tsang, Stephanie:
Mothers of Srebrenica Case (interlocutory proceedings), Mallesons Stephen Jaques Humanitarian Law Perspectives (2009)

Ciampi, Annalisa:
The Italian Court of Cassation Asserts Civil Jurisdiction over Germany in a Criminal Case Relating to the Second World War – The Civitella Case, JICJ 7 (2009), S. 597–615

Coester-Waltjen, Dagmar:
Die Anerkennung gerichtlicher Entscheidungen in den Haager Übereinkommen, RabelsZ 57 (1993), S. 263–302

Collotti, Enzo:
Zur italienischen Repressionspolitik auf dem Balkan, aus: Von Lidice bis Kalavryta – Widerstand und Besatzungsterror – Studien zur Repressalienpraxis im Zweiten Weltkrieg (1999), S. 105–124

Conze, Eckart/Frei, Norbert/Hayes, Peter/Zimmermann, Moshe:
Das Amt und die Vergangenheit – Deutsche Diplomaten im Dritten Reich und in der Bundesrepublik (2010)

Cremer, Wolfram:
Entschädigungsklagen wegen schwerer Menschenrechtsverletzungen und Staatenimmunität vor nationaler Zivilgerichtsbarkeit, AVR 41 (2003), S. 137–168

Dahm, Georg/Delbrück, Jost/Wolfrum, Rüdiger:
Völkerrecht, Bd. I/1: Die Grundlagen – Die Völkerrechtssubjekte, 2. Aufl. 1989
Völkerrecht, Bd. I/2: Der Staat und andere Völkerrechtssubjekte – Räume unter internationaler Verwaltung, 2. Aufl. 2002

Damian, Helmut:
Staatenimmunität und Gerichtszwang – Grundlagen und Grenzen der völkerrechtlichen Freiheit fremder Staaten von inländischer Gerichtsbarkeit in Verfahren der Zwangsvollstreckung oder Anspruchssicherung, Beiträge zum ausländischen öffentlichen Recht und Völkerrecht 89 (1985) [zitiert als: Helmut Damian: Staatenimmunität und Gerichtszwang (1985), S.]

Dederichs, Mariele:
Die Methodik des EuGH – und Bedeutung methodischer Argumente in den Begründungen des Gerichtshofes der Europäischen Gemeinschaften (2004)

Dickinson, Andrew:
Statuts of Forces under the UN Convention on State Immunity, ICLQ 55 (2006), S. 427–436

Dietze, Jan/Schnichels, Dominik:
Die aktuelle Rechtsprechung des EuGH zum EuGVÜ und zur EuGVVO, EuZW 2009, S. 33–37

Doehring, Karl:
Reparationen für Kriegsschäden, aus: Jahrhundertschuld-Jahrhundertsühne: Reparationen, Wiedergutmachung, Entschädigung für nationalsozialistisches Kriegs- und Verfolgungsunrecht (2001), S. 9–52

Dörr, Oliver:
Schadensersatzklagen wegen der NATO-Luftangriffe 1999 auf Jugoslawien, JZ 2004, S. 574–577
Staatliche Immunität auf dem Rückzug?, AVR 41 (2003), S. 201–219

Drommer, Günther:
Erwin Strittmatter und der Krieg unserer Väter – Fakten, Vermutungen, Ansichten – eine Streitschrift (2010)

Anhang

Dubinsky, Paul R.:
Human Rights Law Meets Private Law Harmonization – The Coming Conflict, The Yale Journal of International Law 30 (2005), S. 211–317

Dutta, Anatol:
Amtshaftung wegen Völkerrechtsverstößen bei bewaffneten Auslandseinsätzen deutscher Streitkräfte, AöR 133 (2008), S. 191–234

Anmerkung zu EuGH v. 15.02.2007 – Rs. C-292/05, ZZP 11 (2006), S. 208–220

ders./Heinze, Christian A.:
Prozessführungsverbote im englischen und europäischen Zivilverfahrensrecht – Die Zukunft der anti-suit injunction nach der Entscheidung des Europäischen Gerichtshofs vom 27. April 2004, ZEuP 2005, S. 428–461

Ungeschriebene Grenzen für europäische Zuständigkeiten bei Streitigkeiten mit Drittstaatenbezug, IPRax 2005, S. 224–230

Eichel, Florian:
Das Haager Übereinkommen über Gerichtsstandsvereinbarungen vom 30.6.2005 – Eine Bestandsaufnahme nach der Unterzeichnung durch die USA, RIW 2009, S. 289–297

Eick, Christophe:
Die Anerkennung der obligatorschen Gerichtsbarkeit des Internationalen Gerichtshofs durch Deutschland, ZaöRV 68 (2008), S. 763–777

Eickhoff, Wolfgang:
Inländische Gerichtsbarkeit und internationale Zuständigkeit für Aufrechnung und Widerklage unter besonderer Berücksichtigung des Europäischen Gerichtsstands- und Vollstreckungsübereinkommens, Schriften zum Prozessrecht 84 (1986)

Engert, Stefan:
Die Staatenwelt nach Canossa – Eine liberale Theorie politischer Entschuldigungen, Die Friedens-Warte 86 (2011), S. 155–189

Engle, Eric:
Private Law Remedies for Extraterritorial Human Rights Violations (2006)

Esplugues-Mota, Carlos:
Die internationale Zuständigkeit spanischer Gerichte und ihre Überprüfung in dem neuen spanischen Zivilprozeßgesetz vom 7.1.2000, ZZPInt 5 (2000), S. 131–149

Esser, Rainer:
Klagen gegen ausländische Staaten, aus: Studien zum vergleichenden und internationalen Recht 6 (1990)

Fassbender, Bardo:
Idee und Anspruch der Menschenrechte im Völkerrecht, APuZ 2008, S. 3–8

Fawcett, James/Carruthers, Janeen/North, Peter:
Private International Law, 14. Aufl. 2008

Fischer, Gerfried:
Schadensersatzansprüche wegen Menschenrechtsverletzungen im Internationalen Privat- und Prozeßrecht, aus: Vertrauen in den Rechtsstaat, Festschrift für Walter Remmers (1995), S. 447–464

Fischer-Hübner, Hermann:
Zur Geschichte der Entschädigungsmaßnahmen für Opfer nationalsozialistischen Unrechts, aus: Die Kehrseite der „Wiedergutmachung" – Das Leiden von NS-Verfolgten in den Entschädigungsverfahren (1990), S. 9–40

Fischer-Lescano, Andreas:
Subjektivierung völkerrechtlicher Regelungen – Die Individualrechte auf Entschädigung und effektiven Rechtsschutz bei Verletzungen des Völkerrecht, AVR 45 (2007), S. 299–381

Weltrecht als Prinzip – Die Strafanzeige in Deutschland gegen Donald Rumsfeld wegen der Folterungen in Abu Ghraib, KJ 38 (2005), S. 72–93

Völkerrechtliche Praxis der Bundesrepublik Deutschland in den Jahren 2000 bis 2002 – 1. Teil – Allgemeine Fragen des Völkerrechts und Individualrechte, ZaöRV 64 (2004), S. 195–242

ders./Gericke, Carsten:
Der IGH und das transnationale Recht – Das Verfahren BRD ./. Italien als Wegweiser der zukünftigen Völkerrechtsordnung, KJ 2010, S. 78–88 = ZERP-Arbeitspapier 2/2010 = The ICJ and Transnational Law The "Case Concerning Jurisdictional Im-

munities" as an Indicator for the Future of the Transnational Legal Order, ZERP-Arbeitspapier 2/2011

Fleischer, Hagen:
„Endlösung" der Kriegsverbrecherfrage – Die verhinderte Ahndung deutscher Kriegsverbrechen in Griechenland, in: Transnationale Vergangenheitspolitik – Der Umgang mit deutschen Kriegsverbrechen in Europa nach dem Zweiten Weltkrieg (2006), S. 474–535

Francioni, Francesco:
The Jurisprudence of international Human Rights Enforcement – Reflections of the Italien Experience, aus: Enforcing International Human Rights in domestic Courts, International Studies in Human Rights 49 (1997), S. 15–34

Frenzel, Eike Michael / Wiedemann, Richard:
Das Vertrauen in die Staatenimmunität und seine Herausforderung – Die Bewältigung von NS-Unrecht im Mehrebenensystem, NVwZ 2008, S. 1088–1091

Fricke, Martin:
Das Haager Übereinkommen über Gerichtsstandsvereinbarungen unter besonderer Berücksichtigung seiner Bedeutung für die Versicherungswirtschaft, VersR 2006, S. 476–483

Gebauer, Martin:
Strafschadensersatz und italienischer ordre public – Urteil des italienischen Kassationshofs vom 19. Januar 2007, ZEuP 2009, S. 409–420

Geimer, Reinhold:
Internationales Zivilprozessrecht, 6. Aufl. 2009
Los Desastres de la Guerra und das Brüssel I-System, IPRax 2008, S. 225–227
Völkerrechtliche Staatenimmunität gegenüber Amtshaftungsansprüchen ausländischer Opfer von Kriegsexzessen, LMK 2003, S. 215–216
Anerkennung ausländischer Entscheidungen in Deutschland (1995)
Der Justizgewährungsanspruch nach dem Brüsseler Übereinkommen, aus: Internationale Zuständigkeit und Urteilsanerkennung in Europa – Berichte und Dokumente des Kolloquiums „Die Auslegung des Brüsseler Übereinkommens durch den Europäischen Gerichtshof und der Rechtsschutz im europäischen Raum" (1993), S. 35–38

Zur Prüfung der Gerichtsbarkeit und der internationalen Zuständigkeit bei der Anerkennung ausländischer Entscheidungen, Schriften zum deutschen und europäischen Zivil-, Handels- und Prozessrecht, Bd. 42 (1966)

ders./Schütze, Rolf A.:
Internationaler Rechtsverkehr in Zivil- und Handelssachen, Loseblatt-Handbuch mit Stand der 42. Ergänzungslieferung aus 2011, Bd. II [zitiert als: Geimer/Schütze-*Autor:* Internationaler Rechtsverkehr in Zivil- und Handelssachen (2011), Bd. II, Art., Rn.]
Europäisches Zivilverfahrensrecht – Kommentar zur EuGVVO, EuEheVO, EuZustellungsVO, EuInsVO, EuVTVO, zum Lugano-Übereinkommen und zum nationalen Kompetenz- und Anerkennungsrecht, 3. Aufl. 2010 [zitiert als: Geimer/Schütze-*Autor:* Europäisches Zivilverfahrensrecht, Einl./Art., Rn.]
Internationale Urteilsanerkennung, Bd. 1, Halbband 1 – Das EWG-Übereinkommen über die gerichtliche Zuständigkeit und die Vollstreckung gerichtlicher Entscheidung in Zivil- und Handelssachen (1983)

Gentile, Carlo:
Sant' Anna di Stazzema 1994, Orte des Grauens – Verbrechen im Zweiten Weltkriegs (2003), S. 231–236

Geulen, Reiner:
Deutsche Firmen vor US-Gerichten, NJW 2003, S. 3244–3246

Grabau, Fritz-René/Hennecka, Jürgen:
Entwicklung des weltweiten Zuständigkeits und Anerkennungsübereinkommens – Aktueller Überblick, RIW 2001, S. 569–572

Grosser, Henning:
Der ordre public-Vorbehalt im Europäischen Kollisionsrecht, Bucerius Law Journal 2008, S. 9–14

Grothe, Helmut:
Exorbitante Gerichtszuständigkeiten im Rechtsverkehr zwischen Deutschland und den USA, RabelsZ 58 (1994), S. 687–726

Anhang

Grundmann, Stephan M.:
Die Auslegung des Gemeinschaftsrechts durch den Europäischen Gerichtshof – Zugleich eine rechtsvergleichende Studie zur Auslegung im Völkerrecht und im Gemeinschaftsrecht (1997)

Grunsky, Wolfgang:
Probleme des EWG-Übereinkommens über die gerichtliche Zuständigkeit und die Vollstreckung gerichtlicher Entscheidungen in Zivil- und Handelssachen, JZ 1973, S. 641–647

Gruzen, Eric:
The United States as a Forum for Human Rights Litigation: Is This the Best Solution?, Transnat'l Lawyer 14 (2001), S. 207–242

Habermas, Jürgen:
Kants Idee des Ewigen Friedens – aus dem historischen Abstand von 200 Jahren, KJ 1995, S. 293–319

Jenseits des Nationalstaats? Bemerkungen zu Folgeproblemen der wirtschaftlichen Globalisierung, aus: Politik und Globalisierung (1998), S. 67–84

Habscheid, Walther J.:
Die Immunität internationaler Organisationen im Zivilprozeß, ZZP 110 (1997), S. 269–286

Die Immunität ausländischer Staaten nach deutschem Zivilprozeßrecht, BerDGVR 8 (1968), S. 159–324

Hafner, Gerhard:
Das Übereinkommen der Vereinten Nationen über die Immunität des Staaten und ihres Vermögens von der Gerichtsbarkeit, ZÖR 61 (2006), S. 381–395

Hahn, Hugo:
Entschädigung für Zwangsarbeit im Zweiten Weltkrieg – Zum Fälligwerden von Ansprüchen gegen die Bundesrepublik im Lichte des Artikels 5 Abs. 2 des Londoner Schuldenabkommens, aus: Recht und Kriminalität, Festschrift für Friedrich-Wilhelm Krause (1990)

Halfmeier, Axel:
Menschenrechte und Internationales Privatrecht im Kontext der Globalisierung, RabelsZ 68 (2004), S. 653–686

Hall, Christopher K.:
UN Convention on State Immunity – The need for a Human Rights Protocol, ICLQ 55 (2006), S. 411–426

Hammermann, Gabriele:
Die Verhandlungen um eine Entschädigung der italienischen Militärinternierten 1945–2007, aus: Zwangsarbeit im Nationalsozialismus und die Rolle der Justiz – Täterschaft, Nachkriegsprozesse und die Auseinandersetzung um Entschädigungsleistungen (2007), S. 132–151

Handl, Elisabeth:
Staatenimmunität und Kriegsfolgen am Beispiel des Falles Distomo – Anmerkungen zur Entscheidung des Obersten Gerichtshofs Griechenlands (Areopag) vom 4. Mai 2000, ZÖR 61 (2006), S. 433–448

Haratsch, Andreas:
Die Solange-Rechtsprechung des Europäischen Gerichtshofs für Menschenrechte – Das Kooperationsverhältnis zwischen EGMR und EuGH, ZaöRV 66 (2006), S. 927–947

ders./Koenig, Christian/Pechstein, Matthias:
Europarecht, 8. Aufl. (2012)

Hausmann, Rainer:
Zur Prüfung der Gerichtsbarkeit der New Yorker Gerichte über ein iranisches Staatsunternehmen im inländischen Arrestverfahren, IPRax 1982, S. 51–56

Heidenberger, Peter:
Die Praxis von US-Gerichten zur Staatenimmunität Deutschlands, ZVglRWiss 97 (1998), S. 440–453

Heinelt, Peer:
Die Entschädigung der NS-Zwangsarbeiterinnen und -Zwangsarbeiter (2008)

Heintschel von Heinegg, Wolff:
Entschädigung für Verletzungen des humanitären Völkerrechts, aus: Entschädigung nach bewaffneten Konflikten/Die Konstitutionalisierung der Welthandelsordnung, BerDGVR 40 (2003), S. 1–61

Anhang

Herbert, Ulrich:
Nicht entschädigungsfähig? Die Wiedergutmachungsansprüche der Ausländer, aus: Ludolf Herbst/Constantin Goschler (Hrsg.): Wiedergutmachung in der Bundesrepublik Deutschland (1989), S. 273–302

Hess, Burkhard:
Staatenimmunität und ius cogens im geltenden Völkerrecht – Der Internationale Gerichtshof zeigt die Grenzen auf, IPRax 2012, S. 201–206

European Civil Procedure and Public International Law, aus: From Bilateralism to Community Interest – Essays in Honour of Judge Bruno Simma (2011), S. 932–943

Europäisches Zivilprozessrecht (2010)

Methoden der Rechtsfindung im Europäischem Zivilprozessrecht, IPRax 2006, S. 348–363 mit Diskussionsbericht ebenda, S. 364

Geschichte vor den Richter! Entschädigungsfragen im deutsch-polnischen Verhältnis, DGAPanalyse 1/2005

Kriegsentschädigungen aus kollisionsrechtlicher und rechtsvergleichender Sicht, aus: Entschädigung nach bewaffneten Konflikten/Die Konstitutionalisierung der Welthandelsordnung, BerDGVR 40 (2003), S. 107–208

Die Integrationsfunktion des Europäischen Zivilprozessrechts, IPRax 2001, S. 389–396

Steht das geplante weltweite Zuständigkeits- und Vollstreckungsübereinkommen vor dem Aus?, IPRax 2000, S. 342–343

Die Anerkennung eines Class Action Settlement in Deutschland, JZ 2000, S. 373–382

Staatenimmunität bei Menschenrechtsverletzungen, aus: Wege zur Globalisierung des Rechts, Festschrift für Rolf A. Schütze (1999), S. 269–285

Intertemporales Privatrecht, Ius privatum 26 (1998)

Amtshaftung als „Zivilsache" im Sinne von Art. 1 Abs. 1 EuGVÜ, IPRax 1994, S. 10–17

Staatenimmunität und völkerrechtlicher Rechtsschutz bei politischem Mord – Die Beilegung der Letelier-Affäre vor einer US-chilenischen Schiedskommission im Januar 1992, IPRax 1993, S. 110–114

Staatenimmunität bei Distanzdelikten – Der private Kläger im Schnittpunkt von zivilgerichtlichen und völkerrechtlichen Rechtsschutz (1992)

ders./Bittmann, David:
Die Effektuierung des Exequaturverfahrens nach der Europäischen Gerichtsstands- und Vollstreckungsverordnung, IPRax 2007, S. 277–380

ders./Pfeiffer, Thomas/Schlosser, Peter:
The Brussels I Regulation No 44/2001 – The Heidelberger Report on the Application of the Regulation Brussels I in the 25 Member States (2008)

Hess, Christine:
Die rechtliche Aufarbeitung von Kriegsverbrechen und schwerwiegenden Menschenrechtsverletzungen – eine Analyse aus der Perspektive der Opfer (2007)

Hintersteininger, Margit:
Zur Interpretation des Gemeinschaftsrechts, ZÖR 53 (1998), S. 239–261

Hirte, Heribert:
Spielt das amerikanische Rechtssystem verrückt?, NJW 2002, S. 345 f.

Hobe, Stephan:
Einführung in das Völkerrecht (2008)

Hockerts, Hans Günter:
Wiedergutmachung in Deutschland – Eine historische Bilanz 1945–2000, VfZ 49 (2001), S. 188–214

Hofmann, Rainer:
Zur Unterscheidung Verbrechen und Delikt im Bereich der Staatenverantwortlichkeit, ZaöRV 45 (1985), S. 195–231

Horelt, Michel-André:
Durch Recht oder Symbolik zur Versöhnung? Ein Vergleich der Versöhnungswirkung des Internationalen Strafgerichtshofs für das ehemalige Jugoslawien (ICTY) und politischer Entschuldigung im ehemaligen Jugoslawien, Die Friedens-Warte 86 (2011), S. 131–155

Hummer, Waldemar:
Temelín – Das Kernkraftwerk an der Grenze, ZÖR 62 (2008), S. 501–557

Das Ende der EU-Sanktionen gegen Österreich – Präjudiz für ein neues Sanktionsverfahren?, EuLF 2000, S. 77–83

ders./Obwexer, Walter:
Die Wahrung der „Verfassungsgrundsätze" der EU – Rechtsfragen der „EU-Sanktionen" gegen Österreich, EuZW 2000, S. 485–496

Illmer, Martin:
Anti-suit injunctions und nicht ausschließliche Gerichtsstandsvereinbarungen, IPRax 2012, S. 406–413
Englische anti-suit injunctions in Drittstaatensachverhalten: zum kombinierten Effekt der Entscheidungen des EuGH in Owusu, Turner und West Tankers, IPRax 2011, S. 514–520

Ipsen, Knut:
Völkerrecht, 5. Aufl. 2004

Jakšić, Aleksandar:
Direktklagen von Kriegsopfern gegen Staaten mit genauerem Blick auf die NATO Operation „Allied Force" in der BR Jugoslawien – 10 Jahre später, Belgrade Law Review 57 (2009), S. 161–182

Jayme, Erik/Kohler, Christian:
Europäisches Kollisionsrecht 2001 – Anerkennungsprinzip statt IPR?, IPRax 2001, S. 507–514

Jeßberger, Florian:
Die I.G. Farben vor Gericht – Von den Ursprüngen eines „Wirtschaftsvölkerstrafrecht", JZ 2009, S. 924–932

Jung, Susanne:
Die Rechtsprobleme der Nürnberger Prozesse – dargestellt am Verfahren gegen Friedrich Flick, Beiträge zur Rechtsgeschichte des 20. Jahrhunderts 8 (1992)

Junker, Abbo:
Grenzen der Staatenimmunität und europäische Gerichtsstände bei arbeitsrechtlichen Streitigkeiten von Botschaftsangestellten, EuZA 2013, S. 83–95

Kadelbach, Stefan:
Staatenverantwortlichkeit für Angriffskriege und Verbrechen gegen die Menschlichkeit, aus: Entschädigung nach bewaffneten Konflikten/Die Konstitutionalisierung der Welthandelsordnung, BerDGVR 40 (2003), S. 63–105

Kafka, Franz:
Der Proceß, 4. Aufl. (2010)

Kälin, Walter:
Menschenrechtsverträge als Gewährleistung einer objektiven Ordnung, aus: Aktuelle Probleme des Menschenrechtsschutzes, BerDGVR33 (1994), S. 9–48

Kämmerer, Jörn A.:
Kriegsrepressalie oder Kriegsverbrechen – Zur rechtlichen Beurteilung des Massenexekutionen von Zivilisten durch die deutsche Besatzungsmacht im Zweiten Weltkrieg, AVR 37 (1999), AVR 37 (1999), S. 283–317

Karakostas, Ioannis K./Emmanouil, Nicola:
Die Anwendung des Grundsatzes der Verhältnismäßigkeit bei der Bemessung der Höhe der Geldentschädigung für immateriellen Schaden durch den Richter im griechischen Recht, ZEuP 2009, S. 349 – 367

Karl, Georg:
Völkerrechtliche Immunität im Bereich der Strafverfolgung schwerster Menschenrechtsverletzungen, Völkerrecht und Außenpolitik 61 (2002)

Keller, Helen:
Rezeption des Völkerrechts – Eine rechtsvergleichende Studie zur Praxis des U. S. Supreme Court, des Gerichtshofes der Europäischen Gemeinschaften und des schweizerischen Bundesgerichts in ausgewählten Bereichen (2003) [zitiert als: *Helen Keller: Rezeption des Völkerrechts (2003), S.*]

Kempen, Bernhard:
Der Fall Distomo – Griechische Reparationsforderungen gegen die Bundesrepublik Deutschland, aus: Tradition und Weltoffenheit, Festschrift für Helmut Steinberger, Beiträge zum öffentlichen Recht und Völkerrecht 152 (2002), S. 179–195

Kessedjian, Catherina:
Les actions civiles pour violation des droits de l'homme – Aspects de Droit International Privé, Trav. Com. Fr. Dr. Int. Pr. 2002–2004, S. 151–184

Jurisdiction and Foreign Judgements in Civil and Commercial Matters – the Draft Convention proposed by the Hague Conference on Private International Law, Forum Internationale 26 (2000), S. 43–61

Kirsch, Stefan:
Begehungszusammenhang der Verbrechen gegen die Menschlichkeit, Frankfurter kriminalwissenschaftliche Studien 115 (2009)

Kischel, Uwe:
Wiedergutmachungsrecht und Reparationen – Zur Dogmatik der Kriegsfolgen, JZ 1997, S. 126–131

Klemperer, Victor:
LTI – Notizbuch eines Philologen, 22. Aufl. (2007)

Knieper, Rolf:
Einige Probleme des Internationalen Zivilprozessrechts, WiRO 2007, S. 137–140

Kokott, Juliane:
Mißbrauch und Verwirkung von Souveränitätsrechten bei gravierenden Völkerrechtsverstößen, aus: Recht zwischen Umbruch und Bewahrung, Festschrift für Rudolf Bernhard, Beiträge zum ausländischen öffentlichen Recht und Völkerrecht 120 (1995), S. 135–151

Körber, Torsten:
Grundfreiheiten und Privatrecht, Ius Privatum 93 (2004)

Kotuby, Charles T.:
External competence of the European Community in the Hague Conference on Private International Law: Community harmonization and worldwideunification, NILR 2001, S. 1–30

Krenzler, Horst G./Landwehr, Oliver:
"A New Legal Order of International Law" – On the Relationship between Public International Law and European Union Law after Kadi, aus: From Bilateralism to Community Interest – Essays in Honour of Judge Bruno Simma (2011), S. 1004–1023

Kreuzer, Karl:
Clash of civilizations und Internationales Privatrecht, RW 2010, S. 143–183

Entnationalisierung des Privatrechts durch globale Rechtsintegration?, aus Raum und Recht – Festschrift 600 Jahre Würzburger Juristenfakultät (2002), S. 247–295

Kriele, Martin:
Völkerrecht im Werden, ZRP 2011, S. 184–185

Kröll, Stefan:
Die Pfändung von Forderungen des russischen Staats gegen deutsche Schuldner – Investitionsschutz und Vollstreckungsimmunität, IPRax 2004, S. 223–229

Kronke, Herbert:
Europäisches Übereinkommen über Staatenimmunität – Element der Kodifizierung des deutschen internationalen Zivilverfahrensrecht, IPRax 1991, S. 141–148

Kropholler, Jan / von Hein, Jan:
Kommentar zum Europäisches Zivilprozessrecht, 9. Aufl. 2011

Kubis, Sebastian:
Amtshaftung im GVÜ und ordre public, ZEUP 1995, S. 846–863

Lau, Edward:
Update on the Hague Convention on the Recognition and Enforcement of Foreign Judgements, ASICL 6 (2000), S. 13–25

Lehnstaedt, Stephan:
Ghetto-„Bilder" – Historische Aussagen in Urteilen der Sozialgerichtsbarkeit, aus: Entschädigungspolitik, Rechtsprechung und historische Forschung, Zeitgeschichte im Gespräch 6 (2010), S. 89–100

Leibholz, Gerhard:
„Aggression" im Völkerrecht und im Bereich ideologischer Auseinandersetzung, VfZ 6 (1958), S. 165–171

Leisle, Jörg-Marcus:
Dependenzen auf dem Weg vom EuGVÜ, über die EuGVVO, zur EuZPO, Europäische Hochschulschriften 3504 (2002)

Lengelsen, Robin F.:
Aktuelle Probleme der Staatenimmunität im Verfahren vor den Zivil- und Verwaltungsrecht – Unter besonderer Berücksichtigung des „UN-Übereinkomens über Staatenimmunität der Staaten und ihres Vermögens von der Gerichtsbarkeit", Beiträge zum nationalen und internationalen öffentlichen Recht Recht 18 (2011) [zitiert als:

Anhang

Robin Falk Lengelsen: Aktuelle Probleme der Staatenimmunität im Verfahren vor den Zivil- und Verwaltungsrecht (2011), S.]

Levin, Aline:
Die Beweggründe für die gemeinsame Entschädigung durch den deutschen Staat und die deutsche Industrie für historisches Unrecht (2007)

Lopez-Tarruella, Aurelio:
Der ordre public im System von Anerkennung und Vollstreckung nach dem EuGVÜ, EuLF 2000, S. 122–133

Lutz, Dieter S.:
Zehn „Ernstfälle des Friedens" – Bundespräsident Johannes Rau formuliert in und mit seinen Beiträgen und Reden eine friedenspolitische Konzeption, aus: Hamburger Beiträge zur Friedensforschung und Sicherheitspolitik 124 (2000)

Lyons, Carole:
A Door into the Dark – Doing Justice to History in the Courts of the European Union, EUI Working Papers LAW 11/2008

Maack, Martina:
Englische antisuit injunctions im europäischen Zivilrechtsverkehr, Schriften zum Prozessrecht 152 (1999)

Maierhöfer, Christian:
Weltrechtsprinzip und Immunität: das Völkerstrafrecht vor den Haager Richtern, EuGRZ 2003, S. 545

Der EGMR als „Modernisierer" des Völkerrechts? Staatenimmunität und ius cogens auf dem Prüfstand – Anmerkung zu den Urteilen Fogarty, McElhinney und Al-Adsani, EuGRZ 2002, S. 391–398

de Maizière, Thomas:
Grenzen des Rechts, NJ 2003, S. 281–286

Mankowski, Peter:
Gerichtsbarkeit und internationale Zuständigkeit deutscher Zivilgerichte bei Menschenrechtsverletzungen, aus: Universalität der Menschenrechte, Rechtspolitisches Symposium 7 (2009), S. 139–203

Manoschek, Walter:
Kraljevo – Kragujevać – Kalavryta – Die Massaker der 717. Infanteriedivision bzw. 117. Jägerdivision am Balkan, aus: Von Lidice bis Kalavryta – Widerstand und Besatzungsterror – Studien zur Repressalienpraxis im Zweiten Weltkrieg, Nationalsozialistische Besatzungspolitik in Europa 1939–1945, Bd. 8 (1999), S. 93–104

Mansel, Heinz-Peter/Thorn, Karsten/Wagner, Rolf:
Europäisches Kollisionsrecht 2011 – Gegenläufige Entwicklungen, IPRax 2012, S. 1–31
Europäisches Kollisionsrecht 2010 – Verstärkte Zusammenarbeit als Motor der Vereinheitlichung?, IPRax 2011, S. 1 – 30

Martiny, Dieter:
Handbuch des Internationalen Zivilverfahrensrechts, Bd. III/1, Anerkennung ausländischer Entscheidungen nach autonomem Recht und Bd. III/2 – Anerkennung nach multilateralen Staatsverträgen – Anerkennung nach bilateralen Staatsverträgen – Vollstreckbarerklärung (1984)

Matscher, Franz:
Zur prozessualen Behandlung der inländischen Gerichtsbarkeit (der internationalen Zuständigkeit) – eine Skizze, aus: Grenzüberschreitungen – Beiträge zum Internationalen Verfahrensrecht und zur Schiedsgerichtsbarkeit, Festschrift für Peter Schlosser (2005), S. 561–578

Matthies, Heinrich:
Die deutsche Internationale Zuständigkeit (1955)

Matthiesen, Nora:
Wiedergutmachung für Opfer internationaler bewaffneter Konflikte – Die Rechtsposition des Individuums bei Verletzungen des humanitären Völkerrechts, Völkerrecht und internationale Beziehungen 5 (2012)

Maurer, Andreas:
Die Verhandlungen zum Reformvertrag unter deutschem Vorsitz, APuZ 43/2007, S. 3–8

Mayr, Peter:
Die „österreichischen" EuGH-Entscheidungen zu EuGVÜ/EuGVVO, aus: Europäisches Zivilverfahrensrecht in Österreich – Bilanz nach 10 Jahren (2007), S. 27–72

Anhang

McGregor, Lorna:
State Immunity and jus cogens, ICQL 55 (2006), S. 437–445

Meyer, Ahlrich:
Oradour 1944, aus: Orte des Grauens – Verbrechen im Zweiten Weltkrieg (2003), S. 176–186

Michaels, Ralf:
Some Fundamental Jurisdictional Conceptions as Applied in Judgment Conventions, Duke Law School Legal Studies Paper 123 (2006)

ders./Rühl, Giesela:
Arthur Taylor von Mehren – 10. August 1922 – 16. Januar 2006, RabelsZ 70 (2006) S. 233–234

Middelberg, Matthias:
Judenrecht, Judenpolitik und der Jurist Hans Calmeyer in den besetzten Niederlanden 1940–1945, Osnabrücker Schriften zur Rechtsgeschichte 5 (2005)

Mölk, Ulrich:
Literatur und Recht – literarische Rechtsfälle von der Antike bis in die Gegenwart (1996)

Moser, Thomas:
Geschichts-Prozesse – Der Fall einer als Stalinismusopfer entschädigten KZ-Aufseherin und weitere Verfahren, KJ 2001, S. 222–227

Moses, Siegfried:
Die jüdischen Nachkriegsfordeurngen (Tel Aviv 1944), aus: Ius Vivens – Quellentexte zur Rechtsgeschichte 4 (1998)

Münch, Fritz:
Zum Stand der internationalen obligatorischen Gerichtsbarkeit, ZaöRV 21 (1961), ZaöRV 21 (1961), S. 221–248

Nagel, Heinrich/Gottwald, Peter:
Internationales Zivilprozessrecht, 6. Aufl. 2007 [zitiert als: Nagel/Gottwald-Peter Gottwald: Internationales Zivilprozessrecht, 6. Aufl. 2007, §, Rn.]

Nelle, Andreas:
Anspruch, Titel und Vollstreckung im internationalen Rechtsverkehr, Beiträge zum ausländischen und internationalen Privatrecht 71 (2000)

Nessou, Anestis:
Griechenland 1941–1944, Deutsche Besatzungspolitik und Verbrechen gegen die Zivilbevölkerung – eine Beurteilung nach dem Völkerrecht, Osnabrücker Schriften zur Rechtsgeschichte 15 (2009)

Nettesheim, Martin:
Die Integrationsverantwortung – Vorgaben des BVerfG und gesetzgeberische Umsetzung, NJW 2010, S. 177–183

Netzer, Felix:
Status quo und Konsolidierung des Europäischen Zivilverfahrensrechts, Studien zum ausländischen und internationalen Privatrecht 261 (2011)

Neuner, Robert:
Internationale Zuständigkeit, Beiträge zum Zivilprozess 6 (1929)

Niebaum, Peter:
Ein Gerechter unter den Völkern – Hans Calmeyer in seiner Zeit (1903–1972) (2001) [zitiert als: Peter Niebaum: Ein Gerechter unter den Völkern – Hans Calmeyer in seiner Zeit (2001), S.]

Nuhanović, Hasan:
Under the UN Flag – The International Community and the Srebrenica Genocide (2007)

Oberheiden, Nick:
Der Geltungsanspruch deutschen Rechts im Ausland, ZRP 2010, S. 17–20

O'Brian Jr., William E.:
The Hague Convention on Jurisdiction and Judgments – The Way Forward, Modern Law Review 66 (2003), S. 491–509

Obwexer, Walter:
Der Beitritt der EU zur EMRK: Rechtsgrundlagen, Rechtsfragen und Rechtsfolgen, EuR 2012, S. 115–148

Oellers-Frahm, Karin:
Judicial Redress of War-Related Claims by Individuals – The Example of the Italian Courts, aus: From Bilateralism to Community Interest – Essays in Honour of Judge Bruno Simma (2011), S. 1055–1078
Zur Vollstreckung der Entscheidungen internationaler Gerichte im Völkerrecht, ZaöRV 36 (1976), S. 654–679

Oeter, Stefan:
Zur Zukunft der Völkerrechtswissenschaft in Deutschland, ZaöRV 67 (2007), S. 675–693

Orakhelshvili, Alexander:
State Immunity and International Public Order, GYIL 45 (2002), S. 227–267
State Immunity and International Public Order Revisited, GYIL 49 (2006), S. 327–365

Paech, Norman:
Staatenimmunität und Kriegsverbrechen, AVR 47 (2009), S. 36–92

Pagenstecher, Max:
Gerichtsbarkeit und internationale Zuständigkeit als selbstständige Prozeßvoraussetzungen – Zugleich ein Beitrag zur Lehre von der internationalen Prorogation, Zeitschrift für Ausländisches und Internationales Privatrecht 11 (1937), S. 337–483
Maximilian Pagenstecher: Besprechung des Beitrags von Robert Neuner aus 1929, Zeitschrift für Ausländisches und Internationales Privatrecht 4 (1930), S. 713–723

Pawlita, Cornelius:
Geschichte der Entschädigung in der Bundesrepublik Deutschland, aus: Zwangsarbeit im Nationalsozialismus und die Rolle der Justiz Täterschaft, Nachkriegsprozesse und die Auseinandersetzung um Entschädigungsleistungen (2007), S. 68–85

Peters, Anne:
Humanity as the A and Ω of Sovereignty, EJIL 20 (2009), S. 513–544

Pfeiffer, Thomas:
Internationale Zuständigkeit und prozessuale Gerechtigkeit – Die internationale Zuständigkeit im Zivilprozess zwischen effektivem Rechtsschutz und nationaler Zuständigkeitspolitik, Juristische Abhandlungen 26 (1995)

Pichl, Maximilian:
Staatssouveränität auf der Kippe? Der Kampf und Entschädigungszahlungen im Recht, FoR 2010, S. 59–61

Pietersen, Pit:
Kriegsverbrechen der alliierten Siegermächte (2006)

Pollinger, Andreas:
Intertemporales Prozessrecht (1988)

Prauser, Steffen:
Mord in Rom? Der Anschlag in der Via Rasella und die deutsche Vergeltung in den Fosse Ardeatine im März 1944, VfZ 50 (2002), S. 269–304

Raape, Leo:
Internationales Privatrecht, 5. Aufl. (1961)

Ramos, Manuel O.:
Der neue spanische Zivilprozeß – Leitlinien der Ley de Enjuiciamiento Civil vom 7. Januar 2000, ZZPInt 5 (2000), S. 95–129

Randelzhofer, Albrecht / Dörr, Oliver:
Entschädigung für Zwangsarbeit? – Zum Problem individueller Entschädigungsansprüche von ausländischen Zwangsarbeitern während des Zweiten Weltkrieges gegen die Bundesrepublik Deutschland, Studien und Gutachten aus dem Institut für Staatslehre, Staats- und Verwaltungsrecht der Freien Universität Berlin 15 (1994)

Rau, Markus:
Schadensersatzklagen wegen extraterritorial begangener Menschenrechtsverletzungen: der US-amerikanische Alien Tort Claims Act, IPRax 2000, S. 558–560

Rauscher, Thomas:
Von prosaischen Synonymen und anderen Schäden – Zum Umgang mit der Rechtssprache im EuZPR/EuIPR, IPRax 2012, S. 40–48

Internationales Privatrecht – Mit internationalen und europäischem Verfahrensrecht, 3. Aufl. 2009 [zitiert als: *Thomas Rauscher:* Internationales Privatrecht, 3. Auf. 2009, Rn.]

Europäisches Zivilprozess- und Kollisionrecht, Bd. I: Brüssel I-VO und LugÜbk, 3. Aufl. 2011 und Bd. II: EG-VollstrTitelVO, EG-MahnVO, EG-BagatellVO, EG-

ZustVO, EG-BewVO, EG-InsVO [zitiert als: Thomas Rauscher-*Autor:* Europäisches Zivilprozessrecht, 3. Aufl. 2011, Bd., Art., Rn.]

Reinisch, August:
International Organizations Bevor National Courts (2000)

Rensmann, Thilo:
Wertordnung und Verfassung – Das Grundgesetz im Kontext grenzüberschreitender Konstitutionalisierung, Jus Publicum 156 (2007)
Staatenimmunität und völkerrechtswidrige Hoheitsakte, IPRax 1998, S. 44–98

Requejo, Marta:
Transnational human rights claims against a State in the European Area of Freedom – Justice and Security – A view on ECJ Judgment, 15 February 2007 – C 292/05 – Lechouritou, and some recent Regulations, EuLF 5 (2007), S. 206–211 [zitiert als: *Marta Requejo:* Transnational human rights claims against a State in the European Area of Freedom – Justice and Security, EuLF 5 (2007), S.]

Ress, Georg:
Supranationaler Menschenrechtsschutz und der Wandel der Staatlichkeit, ZaöRV 64 (2004), S. 621–639

Riedel, Eibe H.:
Menschenrechte der dritten Dimension, EuGRZ 1989, S. 9–21

Riesenhuber, Karl:
Europäische Methodenlehre – Handbuch für Ausbildung und Praxis (2006)

Rondholz, Eberhard:
Kalavryta 1943, aus: Orte des Grauens – Verbrechen im Zweiten Weltkrieg (2003), S. 60–70

Rossi, Matthias:
Staatenimmunität im europäischen Zivilprozessrecht, Jahrbuch für Italienisches Recht 23 (2010), S. 47–64

Roth, Günter H.:
Zusammenfassung und Schlussfolgerungen, aus: Der EuGH und die Souveränität der Mitgliedstaaten – Eine kritische Analyse richterlicher Rechtsschöpfung auf ausgewählten Rechtsgebieten (2008), S. 561–607

Rühl, Gisela:
Das Haager Übereinkommen über die Vereinbarung gerichtlicher Zuständigkeiten – Rückschritt oder Fortschritt?, IPRax 2005, S. 410 bis 415

Rüter, Christiaan F./Bästlein, Klaus:
Die Ahndung von NS-Gewaltverbrechen im deutsch-deutschen Vergleich – Das „Unsere-Leute-Prinzip", ZRP 2010, S. 92–96

Rumpf, Helmut:
Die deutsche Frage und die Reparationen, ZaöRV 33 (1973), S. 344–371

Rumpf, Joachim:
Die Entschädigungsansprüche ausländischer Zwangsarbeiter vor Gericht – Wie die deutsche Industrie mit Art. 5 Abs. 2 Londoner Schuldenabkommen die Klagen ausländischer Zwangsarbeiter/-innen abwehrte, aus: Zwangsarbeit im Nationalsozialismus und die Rolle der Justiz – Täterschaft, Nachkriegsprozesse und die Auseinandersetzung um Entschädigungsleistungen (2007), S. 86–102

Ryngaert, Cedric:
Jurisdiction in International Law (2008)

Sachs, Hans:
Rechtsdurchsetzung bei Entscheidungen des IGH, Beiträge aus Sicherheitspolitik und Friedensforschung 23 (2005), S. 144 -150

Safferling, Christoph J. M.:
Internationales Strafrecht – Strafanwendungsrecht – Völkerstrafrecht – Europäisches Strafrecht (2011)

Can Criminal Prosecution be the Answer to massive Human Rights Violations?, German Law Journal 5 (2004), S. 1469–1488

Das Opfer völkerrechtlicher Verbrechen: Die Stellung der Verbrechensopfer vor dem Internationalen Strafgerichtshof, Zeitschrift für die gesamte Strafrechtswissenschaft, 115 (2003), S. 352–384

Anhang

Salomon, Tim R.:
Die Staatenimmunität als Schild zur Abwehr gerrechter Ansprüche? Zwangsarbeiterklagen vor italienischen Zivilgerichten gegen Deutschland, Bucerius Law Journal 2009, S. 62–68

Sauer, Heiko:
Jurisdiktionskonflikte in Mehrebenensystemen – Die Entwicklung eines Modells zur Lösung von Konflikten zwischen Gerichten unterschiedlicher Ebenen in vernetzten Rechtsordnungen, Beiträge zum ausländischen öffentlichen Recht und Völkerrecht 195 (2008)

Schaarschmidt, Julia:
Die Reichweite des völkerrechtlichen Immunitätsschutzes – Deutschland v. Italien vor dem IGH, Beiträge zum Europa- und Völkerrecht 5 (2010)

Schack, Haimo:
Perspektiven eines weltweiten Anerkennungs- und Vollstreckungsübereinkommens, ZEuP 1993, S. 306–334

Entscheidungszuständigkeiten in einem weltweiten Gerichtsstands- und Vollstreckungsübereinkommen, ZEuP 1998, S. 931–956

Hundert Jahre Haager Konferenz für IPR – Ihre Bedeutung für die Vereinheitlichung des Internationalen Zivilverfahrensrechts, RabelsZ 57 (1993), S. 224–262

Internationales Zivilverfahrensrecht, 4. Aufl. (2006)

Schäfers, Alfons:
Haager Konferenz für internationales Privatrecht – Entwurf eines Übereinkommens über gerichtliche Zuständigkeiten und ausländische Urteile in Zivil- und Handelssachen, GRUR 2001, S. 809–810

Schaumann, Wilfried:
Die Immunität ausländischer Staaten nach Völkerrecht, BerDGVR 8 (1968), S. 1–157

Scheffler, Arndt:
Die Bewältigung hoheitlich begangenen Unrechts durch fremde Zivilgerichte, Schriften zum Internationalen Recht 91 (1997)

Schilken, Eberhard:
Zivilprozessrecht, 5. Aufl. 2006

Schladebach, Marcus / Riensche, Lars:
Griechische Entschädigungsforderungen wegen deutscher Kriegsverbrechen, Südosteuropa 52 (2003), S. 473–499

Schlosser, Peter:
Kommentar zum EU-Zivilprozessrecht, 3. Aufl. 2009 [zitiert als *Peter Schlosser:* EU-Zivilprozessrecht, 3. Aufl. 2009, Art., Rn.]
Zum Begriff „Zivil- und Handelssachen" in Art. 1 Abs. 1 EuGVÜ, IPRax 1981, S. 154–155

Schmahl, Stefanie:
Amtshaftung für Kriegsschäden, ZaöRV 66 (2006), S. 699–718

Schmalenbach, Kirsten:
Die rechtliche Wirkung der Vertragsauslegung durch IGH, EuGH und EGMR, ZÖR 59 (2004), S. 213–231

Schminck-Gustavus, Christoph:
Nemesis – Anmerkungen zum Urteil des Areopag zur Entschädigung griechischer Opfer von NS-Kriegsverbrechen, KJ 2001, S. 111–117

Scholz, Ingo:
Das Problem der autonomen Auslegung des EuGVÜ, Studien zum ausländischen und internationalen Privatrecht 61 (1998)

Schreiber, Gerhard:
Die italienischen Militärinternierten im deutschen Machtbereich 1943–1945, Beiträge zur Militärgeschichte 28 (1990)
Deutsche Kriegsverbrechen in Italien – Täter, Opfer, Strafverfolgung (1996)

Schrittwieser, Alwin:
Private Military Companies – Die Auftraggeber privater Militärfirmen und ihre politökonomischen Interessen (2009)

Schütze, Rolf A.:
Internationales Zivilprozessrecht und Politik, aus: Ausgewählte Probleme des internationalen Zivilprozessrechts (2006), S. 27–38
Zur Auslegung internationaler Übereinkommen, aus: Ausgewählte Probleme des internationalen Zivilprozessrechts, Berlin 2006, S. 39–52

Anhang

Der Zeitpunkt der Anerkennung ausländischer Zivilurteile, aus: Ausgewählte Probleme des internationalen Zivilprozessrechts (2006), S. 323–327

Aktuelle Fragen der Anerkennung und Vollstreckbarerklärung von US-Amerikanischen Schiedssprüchen und Gerichtsurteilen in Deutschland, aus: Ausgewählte Probleme des internationalen Zivilprozessrechts (2006), S. 337–357

Schuller, Konrad:
Der letzte Tag von Borów – Polnische Bauern, deutsche Soldaten und ein unvergangener Krieg (2009)

Schultz, Nikolaus:
Ist Lotus verblüht? Anmerkungen zum Urteil des IGH vom 14. Februar 2002 im Fall betreffend den Haftbefehl vom 11. April 2000 (Demokratische Republik Kongo gegen Belgien), ZaöRV 62 (2002), S. 703–758 [zitiert als: *Nikolaus Schultz:* Ist Lotus verblüht?, ZaöRV 62 (2002), S.]

Schulz, Andrea:
The Hague convention of 30 june 2005 on choice of court agreements, Yearbook of private international law, Volume VII (2005)

Gerichtsbarkeit und Immunität im Spiegel der italienischen Rechtsprechung 1989–1993, AVR 33 (1995), S. 377–415

Schumann, Ekkehard:
Aktuelle Fragen und Probleme des Gerichtsstands des Vermögens (§ 23 ZPO) – Zugleich ein Beitrag über Gerichtsverfahren gegen ausländische Staaten, ZZP 93 (1980), S. 408–443

Schwarze, Jürgen:
EU-Kommentar, 3. Aufl. 2012

Schweisfurth, Theodor:
Völkerrecht (2006)

Sedlmeier, Johannes:
Internationales und europäisches Verfahrensrecht – Neuere Entwicklungen bei der gegenseitigen Urteilsanerkennung in Europa und weltweit, EuLF 2002, S. 35 – 46

Seegers, Martin:
Das Individualrecht auf Wiedergutmachung – Theorie, Struktur und Erscheinungsformen der völkerrechtlichen Staatenverantwortlichkeit gegenüber dem Individuum, aus: Kölner Schriften zum Internationalen und Europäischem Recht 14 (2005)

Serafini, Antonella (Hrsg.):
Sant'Anna Di Stazzema, La Strage – Dipinti e disegni 1951–1966 (2001)

Serranò, Giuseppe:
Immunità degli Stati stranieri e crimini internazionali nella recente giurisprudenza della Corte di Cassazione: Rivista di diritto internazionale privato e processuale 65 (2009), S. 605–628

Siehr, Kurt:
„Forum Shopping" im internationalen Rechtsverkehr, ZfRV 25 (1984), S. 124 -144
Simma, Bruno/Paulus, Andreas L.:
The responsibility of individuals for Human Rights Abuses in internal conflicts – A positivist view, AJIL 93 (1999), S. 302–316

Soltész, Ulrich:
Der Begriff der Zivilsache im europäischen Zivilprozessrecht – Zur Auslegung von Art. 1 Abs. 1 EuGVÜ, Europäischen Hochschulschriften 2412 (1998)

Sonder, Nicolas:
Solidarität in der Währungsunion: Griechenland, Irland und kein Ende?, ZRP 2011, S. 33–36

Stammler, Philipp:
Der Anspruch von Kriegsopfern auf Schadensersatz – Eine Darstellung der völkerrechtlichen Grundlagen sowie der Praxis internationaler Organisationen und verschiedener Staaten zur Anerkennung individueller Wiedergutmachungsansprüche bei Verstößen gegen humanitäres Völkerrecht, aus Schriften zum Völkerrecht, Bd. 189 (2009)

Staubach, Lina:
Transnationale Konzerne und die Menschenrechte – Auf den Spuren privater Akteure in der Global Governance, Forum Recht 2010, S. 52–55

Stewart, David P.:
The UN Convention on Jurisdictional Immunities of States and Their Property, AJIL 99 (2005), S. 194–211

Streinz, Rudolf:
Kommentar zum Vertrag über die Europäische Union und den Vertrag über die Arbeitsweise der Europäischen Union, 2. Aufl. 2012 [zitiert als: Streinz-*Autor:* EUV/ AEUV, Art., Rn.]

Stürner, Michael:
Staatenimmunität bei Entschädigungsklagen wegen Kriegsverbrechen, IPRax 2011, S. 600–603

Staatenimmunität und Brüssel I-Verordnung – Die zivilprozessuale Behandlung von Entschädigungsklagen wegen Kriegsverbrechen im Europäischem Justizraum, IPRax 2008, S. 197–206

Stürner, Rolf:
Modellregeln für den Internationalen Zivilprozeß? Zum Stand eines gemeinsamen Vorhabens des American Law Institute und des Institut International pour l'Unification du Droit (Unidroit), ZZP 112 (1999), S. 185–203

Sujecki, Bartosz:
Die Möglichkeiten und Grenzen der Abschaffung des ordre public-Vorbehalts im Europäischen Zivilprozessrecht, ZEuP 2008, S. 458–479

Sukopp, Thomas:
Menschenrechte – Anspruch und Wirklichkeit – Menschenwürde, Naturrecht und die Natur des Menschen (2003)

Thomas, Heinz/Putzo, Hans:
Kommentar zur Zivilprozessordnung – FamFG, Verfahren in Familiensachen, GVG, Einführungsgesetze, EU-Zivilverfahrensrecht, 32. Aufl. 2011 [zitiert als Thomas/ Putzo-*Autor,* Zivilprozessordnung – EU-Zivilverfahrensrecht, 32. Aufl. 2011, Art., Rn.]

Thorn, Karsten:
Schadensersatzansprüche der Zivilbevölkerung gegen Ausländische Besatzungsmächte, aus: Moderne Konfliktformen – Humanitäres Völkerrecht und privatrechtliche Folgen, BerDGVR 44 (2009), S. 305–340

Timar, Kinga:
Staatenimmunität und internationale Zuständigkeit im Lichte der aktuellen Rechtsprechung des EuGH, aus: Europäisches Zivilprozessrecht – Einfluss auf Deutschland und Ungarn, Göttinger Juristische Schriften 11 (2011), S. 225–246

Tomuschat, Christian:
Reparations for Grave Human Rights Violations, Tulane Journal of International and Comparative Law 10 (2002), S. 157–184

Individual Reparations Claims in Instances of Grave Human Rights Violations – The Position under General International Law, aus: *ders.*/Albrecht Randelzhofer (Hrsg.): State Responsibility and the Individual – Reparations in Instances of Grave Violations of Human Rights (1999)

Rechtsansprüche ehemaliger Zwangsarbeiter gegen die Bundesrepublik Deutschland? (zu OLG Köln, 3.12.1998 – 7 U 222/97), IPRax 1999, S. 237–240

Völkerrechtliche Aspekte des Kosovo-Konflikts, Die Friedens-Warte 74 (1999), S. 33–37

Die Vertreibung der Sudetendeutschen – Zur Frage des Bestehens von Rechtsansprüchen nach Völkerrecht und deutschem Recht, ZaöRV 56 (1996), S. 1–69

Gewalt und Gewaltverbot als Bestimmungsfaktoren der Weltordnung, Europa-Archiv 36 (1981), S. 325–334

Triffterer, Otto:
Commentary on the Rome Statute of the International Criminal Court, 2. Aufl. 2008 [zitiert als: Triffterer-*Autor:* Commentary on the Rome Statute of the International Criminal Court, 2. Aufl. 2008, Art., Rn.]

Ueberschär, Gerd:
Dresden 1945, aus: Orte des Grauens – Verbrechen im Zweiten Weltkrieg (2003), S. 37–48

Uhlenbrock, Henning:
Der Staat als juristische Person – Dogmengeschichtliche Untersuchung zu einem Grundbegriff der deutschen Staatsrechtslehre, Schriften zur Verfassungsgeschichte 61 (2002)

Unruh, Peter:
Die Unionstreue – Anmerkungen zu einem Rechtsgrundsatz der Europäischen Union, EuR 2002, S. 41–66

Anhang

Vagts, Detlev/Drolshammer, Jens/Murray, Peter:
Mit Prozessieren den Holocaust bewältigen? Die Rolle des Zivilrechts und Zivilprozesses beim Versuch der Wiedergutmachung internationaler Katastrophen, ZfSR 118 (1999), S. 511–528

van Boven, Theodoor C.:
Human Rights and Rights of Peoples, EJIL 6 (1995), S. 461–476

van Schaack, Beth:
In Defense of Civil Redress: The Domestic Enforcement of Human Rights Norms in the Context of the Proposed Hague Judgements Convention, Harvard ILJ 42 (2001), S. 141–200

The Civil Enforcement of Human Rights Norms in Domestic Courts, ILSA Journal of International & Comparative Law 6 (2000), S. 295–308

Vassilakakis, Evangelos:
Die Anwendung des EuGVÜ und der EuGVO in der griechischen Rechtsprechung, IPRax 2005, S. 279–283

Voltz, Markus:
Menschenrechte und ordre public im internationalen Privatrecht (2002)

von Arnauld, Andreas:
Souveränität und responsibility to protect, Die Friedeswarte 84 (2009), S. 11–52

von Hein, Jan:
Die Neufassung der Europäischen Gerichtsstands- und Vollstreckungsverordnung (EuGVVO), RIW 2013, S. 97–111

von Mehren, Arthur Taylor:
Drafting a Convetion on International Jurisdiction and the Effects of Foreign Judgments Acceptable World-Wide – Can the Hague-Conference Project Succeed?, AJCL 49 (2001), S. 191–202

The Hague Jurisdiciton and Enforcement Convention Project Faces an Impasse – A Diagnosis and Guidelines for a Cure, IPRax 2000, S. 465–468

The Case for a Convention-mixte Approach to Jurisdiction to Adjudicate and Recognition and Enforcement of Foreign Judgments, RabelsZ 61 (1997), S. 86–92

Recognition of United States Judgements Abroad and Foreign Judgments in the United States – Would an International Convention Be Useful?, RabelsZ 57 (1993), S. 449–459

von Savigny, Friedrich K.:
System des heutigen römischen Rechts, Bd. I (1840) und Bd. 8 (1849)

von Unger, Moritz:
Menschenrechte als transnationales Privatrecht, Schriften zum Völkerrecht 182 (2008)

von Woedtke, Niclas:
Die Verantwortlichkeit Deutschlands für seine Streitkräfte im Auslandseinsatz und die sich daraus ergebenden Schadensersatzansprüche von Einzelpersonen als Opfer deutscher Militärhandlungen, Schriften zum Völkerrecht 190 (2010)

Wagner, Jens-Christian:
Zwangsarbeit in den Konzentrationslagern, aus: Zwangsarbeit im Nationalsozialismus und die Rolle der Justiz – Täterschaft, Nachkriegsprozesse und die Auseinandersetzung um Entschädigungsleistungen (2007), S. 48–67

Wagner, Rolf:
Aktuelle Entwicklungen in der justiziellen Zusammenarbeit in Zivilsachen, NJW 2012, S. 1333–1338
Aktuelle Entwicklungen in der europäischen justiziellen Zusammenarbeit in Zivilsachen, NJW 2010, S. 1707–1712
Die politischen Leitlinien zur justiziellen Zusammenarbeit in Zivilsachen im Stockholmer Programm, IPRax 2010, S. 97–100
Die Haager Konferenz für Internationales Privatrecht zehn Jahre nach der Vergemeinschaftung der Gesetzgebungskompetenz in der justiziellen Zusammenarbeit in Zivilsachen, RabelsZ 73 (2009), S. 215–240
Das Haager Übereinkommen vom 30.6.2005 über Gerichtsstandsvereinbarungen, RabelsZ 73 (2009), S. 100–149
Zur Kompetenz der Europäischen Gemeinschaft in der justiziellen Zusammenarbeit in Zivilsachen, IPRax 2007, S. 290–293
Die Aussagen zur justiziellen Zusammenarbeit in Zivilsachen im Haager Programm, IPRax 2005, S. 66–67
Die Bemühungen der Haager Konferenz für Internationales Privatrecht um ein Übereinkommen über die gerichtliche Zuständigkeit und ausländische Entscheidungen in

Zivil- und Handelssachen – Ein Sachstandsbericht nach dem 1. Teil der Diplomatischen Konferenz, IPRax 2001, S. 533 – 547

Wallenhorst, Johanna / Vaudlet, Marie:
Rechtsfolgen des Einsatzes privater Sicherheits- und Militärfirmen, ZERP-Arbeitspapier 1/2010

Walter, Gerhard:
Modellregeln für den internationalen Zivilprozeß – deutscher Text, ZZP 112 (1999), S. 204–216

Weiler, Joseph H. H.:
Europe's Dark Legacy Reclaiming Nationalism and Patriotism, aus: Darker Legacies of Law in Europe: The Shadow of National Socialism and Fascism Over Europe and Its Legal Traditions (2003), S. 389–402

Wilhelmi, Theresa:
Menschenrechtsschutz durch universale Jurisdiktion im internationalen Privat- und Strafrecht, aus: Universalität der Menschenrechte, Rechtspolitisches Symposium 7 (2009), S. 139–203

Das Weltrechtsprinzip im internationalen Privat- und Strafrecht – Zugleich eine Untersuchung zu Parallelitäten, Divergenzen und Interdepedenzen von internationalem und internationalem Strafrecht, Studien zum vergleichenden und internationalen Recht 147 (2007)

Wolf, Joachim:
Die Haftung der Staaten für Privatpersonen nach Völkerrecht, Schriften zum Völkerrecht 129 (1997)

Woodhouse, Christopher:
Zur Geschichte der Resistance in Griechenland, VfZ 6 (1958), S. 138–150

Wrobel, Hans:
Heinrich Schönfelder – Sammler Deutscher Gesetze 1902–1944 (1997)

Yael, Danieli:
Preliminary reflections from a psychological perspective, aus: Seminar on the Right to Restitution, Compensation and Rehabilitation for Victims of Gross Violations of Human Rights and Fundamental Freedoms, 2. Aufl. (2004)

Yamauchi, Koresuke:
Staatshaftung für Kriegsgeschädigte im Japanischen IPR, aus: Festschrift für Otto Sandrock (2000), S. 1057–1064

Yazicioglu, Ümit:
Erwartungen und Probleme hinsichtlich der Integrationsfrage der Türkei in die Europäische Union (2005)

Zarusky, Jürgen:
Ghettorenten – Entschädigungspolitik, Rechtsprechung und historische Forschung, Zeitgeschichte im Gespräch 6 (2010)

Zervakis, Peter:
Griechenland, Jahrbuch der Europäischen Integration 2000/2001, S. 345–350

Zimmermann, Andreas:
Deutschland und die obligatorische Gerichtsbarkeit des Internationalen Gerichtshofs, in: ZRP 2006, S. 248–250

C. Fundstellenverzeichnis
1. IGH

IGH, Urt. v. 03.02.2012 (Jurisdictional Immunities of the State, Germany v. Italy)
mit Anm. bei *Helmut Kreicker:* Die Entscheidung des Internationalen Gerichtshofs zur Staatenimmunität – Auswirkungen auf das (Völker-)Strafrecht? Anmerkungen zum Urteil des IGH vom 3.2.2012 aus strafrechtlicher Sicht, ZIS 2012, S. 107–123; *Burkhard Hess:* Staatenimmunität und ius cogens im geltenden Völkerrecht – Der Internationale Gerichtshof zeigt die Grenzen auf, IPRax 2012, S. 201–206; *Kerstin Blome:* Die Auswahl des Gerichtsstands im Kriegsvölkerrecht – Zur Legitimität von „Forum Shopping", KJ 2012, S. 286–297; Besprechung vor Ausspruch des Urteils bei *Maximilian Pichl:* Staatssouveränität auf der Kippe? Der Kampf und Entschädigungszahlungen im Recht, FoR 2010, S. 59–61; *Axel Knabe:* Pending ICJ Case questions scope of Foreign Sovereign Immunity Defense, International Enforcement Law Report 25 (2009), S. 162 ff.; *Tobias Hofmann:* Deutschland vs. Italien – Gilt der Grundsatz der Staatenimmunität noch unbegrenzt?, GreifRecht 2010, S. 31–42; *Andrea Gattini:* International Curt of Justice – The Dispute on Jurisdictional Immunities of the State before the ICJ: Is the Time Ripe for a Change of the Law?, Leiden Journal of International Law 24 (2011), S. 173–200; *Andreas Fischer-Lescano/Carsten Geri-*

Anhang

cke: Der IGH und das transnationale Recht – Das Verfahren BRD ./. Italien als Wegweiser der zukünftigen Völkerrechtsordnung, KJ 2010 = ZERP-Arbeitspapier 2/2010 = The ICJ and Transnational Law – The "Case Concerning Jurisdictional Immunities" as an Indicator for the Future of the Transnational Legal Order, ZERP-Arbeitspapier 2/2011; *Julia Schaarschmidt:* Die Reichweite des völkerrechtlichen Immunitätsschutzes – Deutschland v. Italien vor dem IGH, Beiträge zum Europa- und Völkerrecht 5 (2010)

2. EGMR

EGMR, Urt. v. 12.12.2002 – Az.: 59021/00 (Aikaterini Kalogeropoulou u. a. ./. Bundesrepublik Deutschland und Griechenland)
ECHR Reports 2002-X, S. 417 = ILR 129 (2007), S. 537–555 = NJW 2004, S. 273–277; mit Anm. bei *Anestis Nessou:* Griechenland 1941–1944 – Deutsche Besatzungspolitik und Verbrechen gegen die Zivilbevölkerung – eine Beurteilung nach dem Völkerrecht (2009), S. 573–579; *Tanja Marktler:* Staatenimmunität und Kriegsfolgen am Beispiel des Falles Distomo – Anmerkungen zur Entscheidung des EGMR vom 12. Dezember 2002, ZÖR 61 (2006), S. 463–476; *Kerstin Bartsch/Björn Elberling:* Jus Cogens vs. State Immunity, Round Two – The Decision of the European Court of Human Rights in the Kalogeropoulou et al. v. Greece and Germany Decision, German Law Journal 4 (2003), S. 477–491

3. EuGH und EuG

EuGH, Urt. v. 10.02.2009 – Rs. C–185/07 (Allianz SpA, vormals Riunione Adriatica Di Sicurtà SpA, Generali Assicurazioni Generali SpA ./. West Tankers Inc.)
Slg. 2009 (I), S. 663–700 = EuZW 2009, S. 215–218 = RIW 2009, S. 236–238 = NJW 2009, S. 1655–1656 = IPRax 2009, S. 336–338 = ZEuP 2010, S. 168–170; mit Anm. bei *Hans-Patrick Schroeder:* Zum gemeinschaftswidrigen gerichtlichen Verbot der Klageerhebung wegen Schiedsvereinbarung, EuZW 2009, S. 218–219; *Dominik Schnichels/Ulrich Stege:* Die Rechtsprechung des EuGH zur EuGVVO und zum EuGVÜ – Übersicht über die Jahre 2008 und 2009, EuZW 2010, S. 807–811; *Moritz Becker:* Zur Zulässigkeit von anti-suit injunctions, EWiR 2009, S. 265–266; *Martin Illmer:* Anti-suit injunctions zur Durchsetzung von Schiedsvereinbarungen in Europa – der letze Vorhang ist gefallen, IPRax 2009, S. 312–318; *ders.:* Englische anti-suit injunctions in Drittstaatensachverhalten: zum kombinierten Effekt der Entscheidungen des EuGH in Owusu, Turner uns West Tankers, IPRax 2011, S. 514–520; *Matthias Lehmann:* Anti-suit injunctions zum Schutz internationaler Schiedsverein-

barungen und EuGVVO, NJW 2009, S. 1645–1648; *Alexander Wittwer:* EuGH-Rechtsprechung zur EuGVVO 2009 und 2010, ZEuP 2011, S. 636–654

EuGH, Urt. v. 27.11.2007 – Rs. C-435/06
Slg. 2007 (I), S. 10141–10194 = FamRZ 2008, S. 125–128 = EuGRZ 2007, S. 681–686 = IPRax 2008, S. 509–513; mit Anm. bei *Alexander Wittwer:* ELR 2008, S. 68–69; *Anatol Dutta:* Staatliches Wächteramt und europäisches Kindschaftsverfahrensrecht – Die Anwendbarkeit der Brüssel IIa-Verordnung auf staatliche Maßnahmen zum Schutz des KindesFamRZ 2008, S. 835–841

EuGH, Urt. v. 15.02.2007 – Rs. C-292/05 (Eirini Lechouritou, Vasileios Karkoulias, Georgios Pavlopoulos, Panagiotis Brátsikas, Dimitrios Sotiropoulos, Georgios Dimopoulos ./. Dimosio tis Omospondiakis Dimokratias tis Germanias)
Slg. 2007 (I), S. 1540–1558 = EuZW 2007, S. 252–254 = EuGRZ 2007, S. 192–195 = IPRax 2008, S. 250–253 = EuLF 2007, I-91-94 = ZZPInt 2006, S. 202–208; mit Anm. *Anatol Dutta,* ZZPInt 2006, S. 208–220; *Reinhold Geimer:* Los Desastres de la Guerra und das Brüssel I-System, IPRax 2008, S. 225–227; *Robin Falk Lengelsen:* Aktuelle Probleme der Staatenimmunität im Verfahren vor den Zivil- und Verwaltungsrecht (2011), S. 78–85; *Anestis Nessou:* Griechenland 1941–1944–Deutsche Besatzungspolitik und Verbrechen gegen die Zivilbevölkerung – eine Beurteilung nach dem Völkerrecht (2009), S. 31 und 579–588; M*ichael Stürner:* Unanwendbarkeit des EuGVÜ auf acta iure imperii: Anmerkung zu EuGH, Urteil vom 15.2.2007, C-292/05 – Lechouritou u.a./Bundesrepublik Deutschland, GPR 2007, S. 300–302; *Kinga Timar:* Staatenimmunität und internationale Zuständigkeit im Lichte der aktuellen Rechtsprechung des EuGH, aus: Europäisches Zivilprozessrecht – Einfluss auf Deutschland und Ungarn (2011), S. 225–246; *Veronika Gärtner:* The Brussels Convention and Reparations – Remarks on the Judgment of the European Court of Justice in Lechouritou and others v. the State of the Federal Republic of Germany, German Law Journal 7 (2007), S. 417–442; *Marta Requejo:* Transnational human rights claims against a State in the European Area of Freedom – Justice and Security, EuLF 5 (2007), S. 206–211; *Carole Lyons:* The persistence of memory – the Lechouritou case and history before the European Court of Justice, European Law Review 2007, S. 563–581

EuG, Urt. v. 12.12.2006 – Rs. T-155/04 (SELEX Sistemi Integrati SpA ./. Kommission)
Slg. 2006 (II), S. 4797–4856 mit Anm. bei *Andreas Klees:* Welcher Unternehmensbegriff gilt im GWB?, EWS 2010, S. 1–7

Anhang

EuGH, Urt. v. 13.07.2006 – Rs. C–4/03 (GAT)
Slg. 2006 (I), S. 6509–6534 = EWS 2006, S. 382–384 = RIW 2006, S. 688–690 = EuZW 2006, S. 575–576 = IPRax 2007, S. 36–38 = JZ 2007, S. 299–300 = ZZPInt 2006, S. 171–175; mit Anm. bei *Eckart Gottschalk,* JZ 2007, S. 300–303; *Jens Adolphsen:* Renationalisierung von Patentstreitigkeiten in Europa, IPRax 2007, S. 15–21; *Christian Schmitt:* Reichweite des ausschließlichen Gerichtsstandes nach Art. 22 Nr. 2 EuGVVO, IPRax 2010, S. 310–313; *Haimo Schack:* Zur Frage der Erstreckung der ausschließliche Zuständigkeit des Art. 22 Nr. 2 EuGVVO auch auf Streitigkeiten aus Rechtsgeschäften, die aufgrund eines unwirksamen Organbeschlusses abgeschlossen worden sind, ZEuP 2012, S. 195–201; *Jens Adolphsen:* Das Territorialitätsprinzip im europäischen Patentrecht Zugleich eine Besprechung der neusten Rechtsprechung des EuGH, ZZPInt 2006, S. 137–163

EuGH, Urt. v. 18.05.2006 – Rs. C-343/04 (Land Oberösterreich ./. ČEZ as)
Slg. 2006 (I), S. 4558–4600 = EuZW 2006, S. 435–437 = RIW 2006, S. 624–627 = EuGRZ 2006, S. 413–416 = NVwZ 2006, S. 1149–1151 = IPRax 2006, S. 591–594; mit Anm. bei *Christoph Thole:* Die internationale Zuständigkeit nach Art. 22 Nr. 1 EuGVVO für Immissionsabwehrklagen, IPRax 2006, S. 564–567; *Oliver Knöfel:* Zur Frage der Gerichtszuständigkeit im Falle von Beeinträchtigungen von Grundstücken durch Betrieb eines Atomkraftwerks im Hoheitsgebiets eines Nachbarstaates, RIW 2006, S. 627–629

EuGH, Urt. v. 28.04.2005 – Rs. C–104/03 (St. Paul Dairy Industries NV ./. Unibel Exser BVBA)
Slg. 2005 (I), S. 3481–3506 = RIW 2005, S. 538–540 = EuZW 2005, S. 401–402 = JZ 2005, S. 1166–1167 = IPRax 2007, S. 208–210; mit Anm. bei *Burkhard Hess/Cui Zhou:* Beweissicherung und Beweisbeschaffung im europäischen Justizraum, IPRax 2007, S. 183–190; *Peter Mankowski:* Selbstständiges Beweisverfahren und einstweiliger Rechtsschutz in Europa, JZ 2005, S. 1144–1150

EuGH, Urt. v. 01.03.2005 – Rs. C-281/92 (Andrew Owusu ./. N. B. Jackson)
Slg. 2005 (I), S. 1383–1464 = RIW 2005, S. 292–296 = IPRax 2005, S. 244–248 = EuZW 2005, S. 345–349 = EWS 2005, S. 284–288 = JZ 2005, S. 887–890 = ZEuP 2006, S. 459–463 = ZZPInt 2006, S. 277–285; mit Anm. *Felix Blobel:* Unzulässigkeit der forum non conveniens-Doktrien im Europäischem Zivilprozessrecht, GPR 2005, S. 140–142; *Martin Illmer:* Englische anti-suit injunctions in Drittstaatensachverhalten: zum kombinierten Effekt der Entscheidungen des EuGH in Owusu, Turner und West Tankers, IPRax 2011, S. 514–520; *Christian A. Heinze/Anatol Dutta:* Ungeschriebene Grenzen für europäische Zuständigkeiten bei Streitigkeiten mit Drittstaa-

tenbezug, IPRax 2005, S. 224–230; *Alexander Bruns:* Zur Reichweite des EuGVÜ in Fällen mit Drittstaatenberührung, JZ 2005, S. 890–892; *Johannes Weber:* Rechtshängigkeit und Drittstaatenbezug im Spiegel der EuGVVO, RIW 2009, S. 620–625; *Martin Schaper/Carl-Philipp Eberlein:* Die Behandlung von Drittstaaten-Gerichtsstandsvereinbarungen vor europäischen Gerichten – de lege lata und de lege ferenda, RIW 2012, 43–49; *Thomas Rauscher/Alexander Fehre:* VollstrZustÜbk bzw EGV 44/2001 und forum non conveniens-Doktrin, ZEuP 2006, S. 463–475; *Peter Huber/Christoph Stieber:* Zuständigkeitsordnung nach dem EuGVÜ, ZZPInt 2005, S. 285–290

EuGH, Urt. v. 27.04.2004 – Rs. C-159/02 (Gregory Paul Turner ./. Felix Fareed Ismail Grovit, Harada Ltd, Changepoint SA)
Slg. 2004 (I), S. 3578–3592 = RIW 2004, S. 541–543 = EWS 2004, S. 334–336 = EuZW 2004, S. 468–470 = ZEuP 2005, S. 428–431 = ZZPInt 2005, S. 186–191 = IPRax 2004, S. 425–427; mit Anm. bei *Hans-Patrick Schroeder:* Zur Frage der Vereinbarkeit von Anti-suit injunctions mit dem EuGVÜ, EuZW 2004, S. 470–471; *Jan Dietze/Dominik Schnichels:* Die Rechtsprechung des EuGH zum EuGVÜ und zur EuGVVO im Jahre 2004, EuZW 2005, S. 552–558; *Peter Mankowski:* Zum Prozessführungsverbot, EWiR 2004, S. 755–756, *Moritz Becker:* Zur Zulässigkeit von anti-suit injunctions, EWiR 2009, S. 265–266; *Thomas Rauscher:* Unzulässigkeit einer anti-suit injunction unter Brüssel I, IPRax 2004, S. 405–409; *Martin Illmer:* Englische anti-suit injunctions in Drittstaatensachverhalten – zum kombinierten Effekt der Entscheidungen des EuGH in Owusu, Turner uns West Tankers, IPRax 2011, S. 514–520; *Jan Krause:* Turner/Grovit – Der EuGH erklärt Prozessführungsverbote für unvereinbar mit dem EuGVÜ, RIW 2004, S. 533–541; *Anatol Dutta/Christian A. Heinze:* Prozessführungsverbote im englischen und europäischen Zivilverfahrensrecht – Die Zukunft der anti-suit injunction nach der Entscheidung des Europäischen Gerichtshofs vom 27. April 2004, ZEuP 2005, S. 428–461; *Peter Kindler:* Aktuelle Hauptfragen des Europäischen Zivilprozessrechts, ZVglRWiss 105 (2006), S. 243–249; *Wolfgang Hau:* Prozessführungsverbot und EuGVÜ, ZZPInt 2004, S. 191–197; *Christoph Althammer/Martin Löhnig:* Zwischen Realität und Utopie: Der Vertrauensgrundsatz in der Rechtsprechung des EuGH zum europäischen Zivilprozessrecht, ZZPInt 2004, S. 23–38

EuGH, Urt. v. 05.02.2004 – Rs. C-265/02 (Frahuil SA ./. Assitalia SpA)
Slg. 2004 (I), S. 1543–1557 = IPRax 2004, S. 334–336 = EuZW 2004, S. 351–352 = RIW 2004, S. 385–387 = EuLF 2004, S. 42–43 = ZZPInt 2005, S. 168–186 = NJW 2004, S. 1291–1292, mit Anm. bei *Peter Mankowski:* Zur Auslegung des VollstrZustÜbk, EWiR 2004, S. 379–380; *Stephan Lorenz:* Der Bürgenregress im Vertragsgerichtsstand – ‚Mutation' durch Gläubigerwechsel?, IPRax 2004, S. 298–304; *Robert*

Anhang

Freitag: Anwendung von EuGVÜ, EuGVO und LugÜ auf öffentlich-rechtliche Forderungen?, IPRax 2004, S. 305–309; *Alexander Wittwer:* Die EuGH-Rechtsprechung zum Europäischen Zivilprozessrecht aus den Jahren 2003 und 2004, ZEuP 2005, S. 868–894; *Matthias Lehmann:* Anwendbarkeit des EuGVÜ sowie des Gerichtsstandes nach Art. 5 Nummer 1 EuGVÜ, ZZPInt 2004, S. 172–186

EuGH, Urt. v. 09.12.2003 – Rs. C-116/02 (Erich Gasser GmbH ./. MISAT Srl)
Slg. 2003 (I), S. 14693–14749 = EuZW 2004, S. 188–192 = EuLF 2004, 50–55 = RIW 2004, S. 289–292 = IPRax 2004, S. 243–249 = EuGRZ 2004, S. 293–299 = ZZPInt 2003, S. 510–521; mit Anm. bei *Peter Mankowski:* Zur Auslegung des VollstrZustÜbk Art 21, EWiR 2004, S. 439–440; *Mary-Rose McGuire,* GPR 2004, S. 159–162; *Helmut Grothe:* Zwei Einschränkungen des Prioritätenprinzips im europäischen Zuständigkeitsrecht – ausschließliche Gerichtsstände und Prozessverschleppung, IPRax 2004, S. 205–212; *Theodor Schilling:* Internationale Rechtshängigkeit vs. Entscheidung binnen angemessener Frist, IPRax 2004, S. 294–298; *Christian Thiele:* Anderweitige Rechtshängigkeit im Europäischen Zivilprozessrecht – Rechtssicherheit vor Einzelfallgerechtigkeit, RIW 2004, S. 285–289; *Stephan Balthasar/Roman Richers:* Europäisches Verfahrensrecht und das Ende der anti-suit injunction, RIW 2009, S. 351–357; *Alexander Wittwer:* Die EuGH-Rechtsprechung zum Europäischen Zivilprozessrecht aus den Jahren 2003 und 2004, ZEuP 2005, S. 868–894; *Karsten Otte:* Auslegung des Art. 21 EuGVÜ, ZZPInt 2003, S. 521–527; *Christoph Althammer/Martin Löhnig:* Zwischen Realität und Utopie – Der Vertrauensgrundsatz in der Rechtsprechung des EuGH zum europäischen Zivilprozessrecht, ZZPInt 2004, S. 23–38

EuGH, Urt. v. 19.02.2002 – Rs. C–256/00 (Besix ./. WABAG und Plafog)
Slg. 2002 (I), S. 1699–1735 = EuZW 2002, S. 217–220 = NJW 2002, S. 1407–1410 = IPRax 2002, S. 392–395 = ZZPInt 2002, S. 207–214; mit Anm. bei *Peter Mankowski:* Zum Anwendungsbereich des VollstrZustÜbk Art 5 Nr 1, EWiR 2002, S. 519–520; *Burkhard Hess:* Vertragspflichten ohne Erfüllungsort?, IPRax 2002, S. 376–378; *Alexander Wittwer:* Die aktuelle EuGH-Rechtsprechung zum Europäischen Zivilprozessrecht aus dem Jahre 2002, ZEuP 2003, S. 847–864; *Wolfgang Hau:* Zur Auslegung des Art 5 Nr 1 VollstrZustÜbk – die Besix-Entscheidung des EuGH, ZZPInt 2002, S. 214–220

EuGH, Urt. v. 06.12.1994 – Rs. C-406/92 (Tatry ./. Maciej Rataj)
Slg. 1994 (I), S. 5439–5482 = EuZW 1995, S. 309–313 = ZIP 1995, S. 943–947 = JZ 1995, S. 616–619 = IPRax 1996, S. 108–112 = TranspR 1996, S. 190–196; mit Anm. *Rolf Herber:* Zur Gerichtsstandswahl des Schuldners in den Fällen des CMR Art 31,

TranspR 1996, S. 196–198; *Christian Wolf:* Rechtshängigkeit und Verfahrenskonnexität nach EuGVÜ, EuZW 1995, S. 365–367; *Haimo Schack:* Gerechtigkeit durch weniger Verfahren, IPRax 1996, S. 80–83; *Peter Huber:* Fragen zur Rechtshängigkeit im Rahmen des EuGVÜ – Deutliche Worte des EuGH, JZ 1995, S. 603–611

EuGH, Urt. v. 21.04.1993 – Rs. C-172/91 (Volker Sonntag ./. Waldmann)
Slg. 1993 (I), S. 1993–2003 = EuZW 1993, S. 417–420 = NJW 1993, S. 2091–2093 = IPRax 1994, S. 37–40 = ZEuP 1995, S. 846–858; mit Anm. bei *Burkhard Hess:* Urteilsanerkennung – Vereinbarkeit eines ausländischen Urteils mit deutschem Sozialrecht und deutschem Amtshaftungsrecht, EWiR 1994, S. 51–52; *ders.:* Amtshaftung als „Zivilsache" im Sinne von Art. 1 Abs. 1 EuGVÜ, IPRax 1994, 10–17; *Sebastian Kubis:* Amtshaftung im GVÜ und ordre public, ZEuP 1995, S. 846–863; *Ulrich Haas:* Unfallversicherungsschutz und ordre public, ZZP 108 (1995), S. 219–239; *Ulrich Soltész:* Der Begriff der Zivilsache im Europäischem Zivilprozessrecht – Zur Auslegung von Art. 1 Abs. 1 EuGVÜ (1998), S. 57–70

EuGH, Urt. v. 27.09.1988 – Rs. 89/85, 104/85, 114/85, 116/85, 117/85, 125 BIS 129/85 (Zellstoff ./. Kommission der Europäischen Gemeinschaften)
Slg. 1988 (I), S. 5193–5247 = EuR 1988, S. 404–409 = IPRax 1989, S. 374–380 = NJW 1988, S. 3086–3088; mit Anm. bei *Michael Martinek:* Das uneingestandene Auswirkungsprinzip des EuGH zur extraterritorialen Anwendbarkeit der EG-Wettbewerbsregeln, IPRax 1989, S. 347–347; *Bernhard Beck:* Extraterritoriale Anwendung des EG-Kartellrechts Rechtsvergleichende Anmerkungen zum „Zellstoff"-Urteil des Europäischen Gerichtshofs, RIW 1990, S. 91–95; *Alexander Georgieff:* Zur Begründung extraterritorialer Jurisdiktion des EuGH, GRUR Int 1989, S. 671–675

EuGH, Urt. v. 16.12.1980 – Rs. 814/79 (Niederlande ./. Reinhold Rüffer)
Slg. 1980 (I), S. 3807–3822 = RIW 1981, S. 711–712; mit Anm. bei *Peter Schlosser:* Zum Begriff „Zivilsachen und Handelssachen" in Art 1 Abs 1 EuGVÜ, IPRax 1981, S. 154–155; *Ulrich Soltész:* Der Begriff der Zivilsache im Europäischem Zivilprozessrecht – Zur Auslegung von Art. 1 Abs. 1 EuGVÜ (1998), S. 47–57

EuGH, Urt. v. 14.10.1976 – Rs. 29/76 (LTU ./. Eurocontrol)
Slg. 1976 (I), S. 1541–1560 = NJW 1977, S. 489–490; mit Anm. bei *Reinhold Geimer:* Auslegung des Begriffs „Zivil- und Handelssachen" und internationaler Gerichtsstand der Erfüllung nach ZustZHÜbk, NJW 1977, S. 492–493; *Hartmut Linke:* Zur Auslegung des ZustZHÜbk Artikel 1 Absatz 1 und Artikel 5 Nr 1, RIW 1977, S. 43–47; *Ulrich Soltész:* Der Begriff der Zivilsache im Europäischem Zivilprozessrecht – Zur Auslegung von Art. 1 Abs. 1 EuGVÜ (1998), S. 17–47

Anhang

4. BVerfG

BVerfG, Beschl. v. 06.12.2006 – Az.: 2 BvM 9/03
BVerfGE 117, S. 141–163 = WM 2007, S. 57–62 = DVBl. 2007, S. 242–248 = RIW 2007, S. 206–211 = NJW 2007, S. 2605–2610 = IPRax 2007, S. 438–444 = IPRspr. 2006, Nr. 106, S. 206–217

BVerfG, Beschl. v. 15.02.2006 – Az.:2 BvR 1476/03 („SS-Massaker, Distomo")
EuGRZ 2006, S. 105–108 = DÖV 2006, S. 516–518 = NJW 2006, S. 2542–2544 = DVBl. 2006, S. 622–624; mit Anm. bei *Sigrid Boysen:* Kriegsverbrechen im Diskurs nationaler Gerichte – Der Distimo-Beschluss des Bundesverfassungsgerichts vom 15. Februar 2006, AVR 2006 (44), S. 363–379; *Anestis Nessou:* Griechenland 1941– 1944 – Deutsche Besatzungspolitik und Verbrechen gegen die Zivilbevölkerung – eine Beurteilung nach dem Völkerrecht (2009), S. 530–573; *Markus Rau:* State Liability for Violations of International Humanitarian Law – The Distimo Case Before the German Federal Constitutional Court, German Law Journal 7 (2006), S. 701–720

BVerfG, Beschl. v. 28.06.2004 – Az.: 2 BvR 1379/01 (Zwangsarbeiter, Stiftung „Erinnerung, Verantwortung und Zukunft")
EuGRZ 2004, S. 439–442 = WM 2004, S. 1654–1656 = NJW 2004, S. 3257–3258 = BVerfGK 3, S. 277–285

BVerfG, Beschl. v. 30.04.1963 – Az.: 2 BvM 1/62
BVerfGE 16, S. 27–64 (61 f.) = NJW 1963, 1732 = DVBl. 1963, 718 = DÖV 1963, 692 = MDR 1963, 821 = JZ 1964, 171 = WM 1963, 803–806; mit Anm. von *Rudolf Geiger:* Staatenimmunität – Grundsatz und Ausnahme, NJW 1987, S. 1124–1126 sowie *ders.:* Zur Lehre vom Völkergewohnheitsrecht in der Rechtsprechung des Bundesverfassungsgerichts, AöR 103 (1978), S. 382–407

5. BGH

BGH, Beschl. v. 25.10.2010 – Az.: 1 StR 57/10
BGHSt 56, S. 11–27 = NStZ-RR 2011, S. 7–10 = NJW 2011, S. 1014–1018; mit Anm. bei *Martin Böse:* Die transnationale Geltung des Grundsatzes ‚ne bis in idem' und das ‚Vollstreckungselement', GA 2011, S. 504 – 513

BGH, Urt. v. 26.06.2003 – Az.: III ZR 245/98
BGHZ 155, S. 279–300 = NJW 2003, S. 3488–3493 = DVBl. 2004, S. 37–43 = VersR 2004, S. 112–117 = IPRspr. 116 (2003), S. 345–350 = ILM 42 (2003), S. 1042–1055;

in englischer Übersetzung in ILR 129 (2007), S. 556–570 und ILM 42 (2003), S. 1030–1042; mit Anm. bei *Stefanie Schmahl:* Amtshaftung für Kriegsschäden, ZaöRV 66 (2006), S. 709 f.; *Anestis Nessou:* Griechenland 1941–1944 – Deutsche Besatzungspolitik und Verbrechen gegen die Zivilbevölkerung – eine Beurteilung nach dem Völkerrecht (2009), S. 524–573; *Niclas von Woedtke:* Die Verantwortlichkeit Deutschlands für seine Streitkräfte im Auslandseinsatz und die sich daraus ergebenden Schadensersatzansprüche von Einzelpersonen als Opfer deutscher Militärhandlungen (2010), S. 285 f. und S. 316 f.; *Axel Halfmeier:* Menschenrechte und Internationales Privatrecht im Kontext der Globalisierung, RabelsZ 68 (2004), S. 670 f.

BGH, Beschl. v. 16.09.1993 – Az.: IX ZB 82/90
BGHZ 123, S. 268–281 = NJW 1993, S. 3269–3273 = MDR 1994, S. 39–41 = WM 1993, S. 2252–2258 = EuZW 1994, S. 29–32 = VersR 1994, S. 243–246 = ZZP 108, S. 241–250 (1995) = ZEuP 1995, S. 846–863 mit Anm. bei *Burkhard Hess:* Vereinbarkeit eines ausländischen Urteils mit deutschem Sozialrecht und deutschem Amtshaftungsrecht, EWiR 1994, S. 51–52; *Jürgen Basedow:* Haftungsersetzung durch Versicherungsschutz – ein Stück ordre public?, IPRax 1994, S. 85–86; *Eberhard Eichenhofer:* Können die im deutschen Recht geltenden Regeln bzgl der Konkurrenz von öffentlich-rechtlicher und privatrechtlicher Haftung als Ausfluß des deutschen ordre publik auch auf ausländische privatrechtliche Ansprüche erstreckt werden?, JZ 1994, S. 258–259; *Sebastian Kubis:* Amtshaftung im GVÜ und ordre public, ZEuP 1995, S. 846–863; *Ulrich Haas:* Unfallversicherungsschutz und ordre public, ZZP 108 (1995), S. 219–239

6. Griechische Gerichte

Anotato Eidiko Dikastririo v. 17.09.2002 – 6/2002 (Bundesrepublik Deutschland ./. Miltiadis Margellos)
ILR 129 (2007), S. 525 – 536; in deutscher Sprache in Dike 2002, S. 1283 ff.; besprochen und (auszugsweise) in englischer Übersetzung bei *Maria Panezi:* Sovereign immunity and violation of ius cogens norms, RHDI 56 (2003), S. 199 ff.; *Andreas Fischer-Lescano:* Subjektivierung völkerrechtlicher Regelungen – Die Individualrechte auf Entschädigung und effektiven Rechtsschutz bei Verletzungen des Völkerrecht, AVR 45 (2007), S. 343 f.; *Andreas Auer:* Staatenimmunität und Kriegsfolgen am Beispiel des Falles Distomo – Anmerkungen zum Urteil des Obersten Sondergerichts vom 17. September 2002, ZÖR 61 (2006), S. 449–461; *Kerstin Bartsch/Björn Elberling:* Jus Cogens vs. State Immunity, Round Two – The Decision of the European Court of Human Rights in the Kalogeropoulou et al. v. Greece and Germany Decision, German Law Journal 4 (2003), S. 481 f.

Anhang

Areios Pagos v. 04.05.2000 – Case No. 11/2000
DIKE International 2000, S. 722 ff.; englische Übersetzunge in ILR 129 (2007), S. 513–524; auszugsweise deutsche Übersetzung in der KJ 2000, S. 472–476; mit Anm. bei *Maria Gavounelli/Ilias Bantekas:* Prefecture of Voiotia v. Federal Republic of Germany, AJIL 2001 (95), S. 198–204; *Karl Doehring:* Reparationen für Kriegsschäden, aus: Jahrhundertschuld – Jahrhundertsühne: Reparationen, Wiedergutmachung, Entschädigung für nationalsozialistisches Kriegs- und Verfolgungsunrecht (2001), S. 46–52; *Elisabeth Handl:* Staatenimmunität und Kriegsfolgen am Beispiel des Falles Distomo – Anmerkungen zur Entscheidung des Obersten Gerichtshofs Griechenlands (Areopag) vom 4. Mai 2000, ZÖR 61 (2006), S. 433–448; *Rudolf Dolzer:* Der Areopag im Abseits, NJW 2001, S. 3525; *Lorna McGregor:* State immunity and jus cogens, ICQl 55 (2006), S. 440 f.; *Axel Halfmeier:* Menschenrechte und Internationales Privatrecht im Kontext der Globalisierung, RabelsZ 68 (2004), S. 669–670; *Alexander Orakhelashvili:* State Immunity and International Public Order Revisited, GYIL 49 (2006), S. 327–365; *Kerstin Bartsch/Björn Elberling:* Jus Cogens vs. State Immunity, Round Two – The Decision of the European Court of Human Rights in the Kalogeropoulou et al. v. Greece and Germany Decision, German Law Journal 4 (2003), S. 480 ff.

Polymeles Protodikeio Kalavriton aus 1998 – 70/1998 (nicht veröffentlicht)
mit Anm. bei *Peter Mankowski:* Gerichtsbarkeit und internationale Zuständigkeit deutscher Zivilgerichte bei Menschenrechtsverletzungen, aus: Universalität der Menschenrechte (2009), S. 165; *Norman Paech:* Wehrmachtsverbrechen in Griechenland, KJ 1999, S. 380–397; *Robin Falk Lengelsen:* Aktuelle Probleme der Staatenimmunität im Verfahren vor den Zivil- und Verwaltungsrecht (2011), S. 79 f.

Polymelés Protodikeío Livadía v. 30.10.1997 – Case No. 137/1997 (Prefecture of Voiotia ./. Federal Repubic of Germany)
Englische Übersetzung bei *Maria Gavounelli:* War Reparation Claims and State Immunity, RHDI 50 (1997), S. 595–599; auszugsweise in Griechisch und seiner deutschen Übersetzung bei *Andreas Fischer-Lescano:* Subjektivierung völkerrechtlicher Regelungen – Die Individualrechte auf Entschädigung und effektiven Rechtsschutz bei Verletzungen des Völkerrecht, AVR 45 (2007), S. 344 f.; mit Anm. bei *Ilias Bantekas:* Case Report – Prefecture of Voiotia v. Federal Republic of Germany, AJIL 92 (1998), S. 765–768; *Anestis Nessou:* Griechenland 1941–1944 – Deutsche Besatzungspolitik und Verbrechen gegen die Zivilbevölkerung – eine Beurteilung nach dem Völkerrecht (2009), S. 497 f.; *Peter Mankowski:* Gerichtsbarkeit und internationale Zuständigkeit deutscher Zivilgerichte bei Menschenrechtsverletzungen, aus: Universalität der Menschenrechte (2009), S. 163–164; *Niclas von Woedtke:* Die Ver-

antwortlichkeit Deutschlands für seine Streitkräfte im Auslandseinsatz und die sich daraus ergebenden Schadensersatzansprüche von Einzelpersonen als Opfer deutscher Militärhandlungen (2010), S. 286–287; *Norman Paech:* Wehrmachtsverbrechen in Griechenland, KJ 1999, S. 380–397; *Robin Falk Lengelsen:* Aktuelle Probleme der Staatenimmunität im Verfahren vor den Zivil- und Verwaltungsrecht (2011), S. 96; *Lee M. Caplan:* State immunity, human Rrights and jus cogens – a critique of the normative hierarchy theory, AJIL 97 (2003), S. 741–781

7. Italienische Gerichte

Corte Suprema di Cassazione v. 29.05.2008 – no. 14201
auszugsweise Übersetzung bei *Eike Michael Frenzel/Richard Wiedemann:* Zuständigkeit italienischer Gerichte für Schadensersatzklagen gegen die Bundesrepublik Deutschland – Italienische Zwangsarbeiter, NVwZ 2008, S. 1101 f.; mit Anm. von *denselben.:* Das Vertrauen in die Staatenimmunität und seine Herausforderung – Die Bewältigung von NS-Unrecht im Mehrebenensystem, NVwZ 2008, S. 1088–1091; *Norman Paech:* Staatenimmunität und Kriegsverbrechen, AVR 47 (2009), S. 45; *Giuseppe Serranò:* Immunità degli Stati stranieri e crimini inter-nazionali nella recente giurisprudenza della Corte di Cassazione: Rivista di diritto internazionale privato e processuale 65 (2009), S. 605–628; *Carlo Focarelli:* Federal Republic of Germany v. Giovanni Mantelli and others, AJIL 103 (2009), S. 122–131; *Karin Oellers-Frahm:* Judicial Redress of War-Related Claims by Individuals – The Example of the Italian Courts, aus: From Bilateralism to Community Interest – Essays in Honour of Judge Bruno Simma (2011), S. 1055–1078

Corte Suprema di Cassazione, Sez. un. v. 06.05.2008, case no. 14199–14212
mit Anm. bei *Norman Paech:* Staatenimmunität und Kriegsverbrechen, AVR 47 (2009), S. 45; *Eike Michael Frenzel/Richard Wiedemann:* Das Vertrauen in die Staatenimmunität und seine Herausforderung – Die Bewältigung von NS-Unrecht im Mehrebenensystem, NVwZ 2008, S. 1088–1091; *Carlo Focarelli:* Case Report of Federal Republic of Germany v. Giovanni Mantelli and others, order no. 14201, AJIL 103 (2009), S. 122–131; *Karin Oellers-Frahm:* Judicial Redress of War-Related Claims by Individuals – The Example of the Italian Courts, aus: From Bilateralism to Community Interest – Essays in Honour of Judge Bruno Simma (2011), S. 1055–1078

Corte d'Appello di Firenze, Dekret v. 02.05.2005 – cass. un. 486/2007
Foro italiano 133 (2008), S. 1308–1314 mit Anm. bei *Michael Stürner:* Staatenimmunität und Brüssel I-Verordnung – Die zivilprozessuale Behandlung von Entschädigungsklagen wegen Kriegsverbrechen im Europäischen Justizraum, IPRax 2008,

Anhang

S. 197–206; *Julia Schaarschmidt:* Die Reichweite des völkerrechtlichen Immunitätsschutzes – Deutschland v. Italien vor dem IGH, Beiträge zum Europa- und Völkerrecht 5 (2010), S. 10 ff.

Corte di Cassazione, sez. un. v. 11.03.2004 – 5044/2004 (Ferrini ./. Repubblica Federale di Germania)
Rivista di diritto internazionale 87 (2004), S. 539 ff., in englischer Übersetzung in: ILR 128 (2006), S. 658–675; mit Anm. bei *Andrea Bianchi:* Ferrini v. Federal Republic of Germany, AJIL 99 (2005), S. 242–248; *Andreas Fischer-Lescano:* Subjektivierung völkerrechtlicher Regelungen – Die Individualrechte auf Entschädigung und effektiven Rechtsschutz bei Verletzungen des Völkerrecht, AVR 45 (2007), S. 340 ff.; *Michael Stürner:* Staatenimmunität und Brüssel I-Verordnung – Die zivilprozessuale Behandlung von Entschädigungsklagen wegen Kriegsverbrechen im Europäischen Justizraum, IPRax 2008, S. 201; *Peter Mankowski:* Gerichtsbarkeit und internationale Zuständigkeit deutscher Zivilgerichte bei Menschenrechtsverletzungen, aus: Universalität der Menschenrechte (2009), S. 165 f.; *Pasquale De Sena/Francesca De Vittor:* State Immunity and Human Rights – The Italian Supreme Court Decision on the Ferrini Case, EJIL 16 (2005), S. 89–112; *Lorna McGregor:* State immunity and jus cogens, ICQl 55 (2006), S. 439 f.; *Giuseppe Serranò:* Immunità degli Stati stranieri e crimini internazionali nella recente giurisprudenza della Corte di Cassazione: Rivista di diritto internazionale privato e processuale 65 (2009), S. 605–628; *Matthias Rossi:* Staatenimmunität im europäischen Zivilprozessrecht, Jahrbuch für Italienisches Recht 23 (2010), S. 50 ff.; *Alexander Orakhelashvili:* State Immunity and International Public Order Revisited, GYIL 49 (2006), S. 327–365; *Karin Oellers-Frahm:* Judicial Redress of War-Related Claims by Individuals – The Example of the Italian Courts, aus: From Bilateralism to Community Interest – Essays in Honour of Judge Bruno Simma (2011), S. 1055–1078

Michael-Lysander Fremuth

Menschenrechte

Grundlagen und Dokumente

Der vorliegende Band kombiniert eine Einführung in den internationalen und regionalen Menschenrechtsschutz (Teil I) mit einer Zusammenstellung von Menschenrechtsdokumenten (Teil II).

Er bietet Studierenden, Schüler_innen, Referendar_innen, Praktiker_innen aus Justiz, Wirtschaft und Verwaltung, Journalist_innen sowie interessierten Bürger_innen einen umfassenden Überblick über die komplexen Strukturen des Menschenrechtsschutzes und erleichtert den Zugang zu menschenrechtlichen Dokumenten. Damit rüstet das Buch seine Leser_innen auch für den öffentlichen und mitunter kontrovers geführten Menschenrechtsdiskurs.

Im ersten Teil wird das erforderliche Grundwissen vermittelt, indem der Begriff der Menschenrechte definiert, die verschiedenen Arten von Menschenrechten klassifiziert und ihre Bedeutung, Begründung und Geschichte dargestellt werden. Im Anschluss wird nach Begründung der vorrangigen Verantwortung der Staaten der Schutz der Menschenrechte auf internationaler Ebene, insbesondere durch die Vereinten Nationen, sowie auf regionaler Ebene besprochen. Es folgt eine exemplarische Prüfung einer Menschenrechtsverletzung, bevor der erste Teil mit einem Ausblick auf aktuelle Entwicklungen und Herausforderungen schließt. Im zweiten Teil des Bandes wird eine annotierte Auswahl der wichtigsten historischen, internationalen und regionalen Menschenrechtsdokumente abgedruckt – darunter einige erstmals in deutscher Sprache.

2015, 800 S., 3 s/w Abb., 9 farb. Abb., 3 s/w Fotos, 2 Tab., kart., 29,80 €, 978-3-8305-3599-7

BWV • BERLINER WISSENSCHAFTS-VERLAG
Markgrafenstraße 12–14 | 10969 Berlin
Tel. 030 84 17 70-0 | Fax 030 84 17 70-21
www.bwv-verlag.de | bwv@bwv-verlag.de

Berliner Wissenschafts-Verlag

Andreas von Arnauld, Tobias Debiel,
Christian Tomuschat,
Volker Rittberger † (Hrsg.)

Der „Islamische Staat"

Der selbsternannte „Islamische Staat" scheint verschieden von anderen uns bekannten Terrororganisationen. Seinem Plan, mittels brutaler und medienwirksam inszenierter Gewalt Land zu erobern und zu kontrollieren, haftet etwas Archaisches an. Diese Ausgabe der „Friedens-Warte" untersucht das Phänomen näher: Wie unterscheidet sich der IS von Terrorgruppen wie Al-Qaida? Welche Bedeutung kommt der „Landnahme" in strategischer und religiös-ideologischer Hinsicht zu? Haben wir es mit einem „Staat" im Werden zu tun? Was bringt junge Menschen, insbesondere Frauen, dazu, sich dem IS anzuschließen? Auf welche völkerrechtlichen Grundlagen lassen sich Militäreinsätze gegen den IS stützen? Ergänzt wird das Heft durch einen Beitrag, der Peacebuilding vor dem Hintergrund der Einbeziehung nichtstaatlicher Akteure als ein polyzentrisches Governance-Problem interpretiert.

2015, 225 S., 3 s/w Tab., kart., 40,– €,
978-3-8305-3683-3
(Zeitschrift Friedenswarte,
Heft 3–4/2015, Jg. 90)
ISSN Print: 0340-0255
ISSN Online: 2366-6714

**BWV • BERLINER
WISSENSCHAFTS-VERLAG**
Markgrafenstraße 12–14 | 10969 Berlin
Tel. 030 84 17 70-0 | Fax 030 84 17 70-21
www.bwv-verlag.de | bwv@bwv-verlag.de

Berliner
Wissenschafts-Verlag